법학적성시험
문제 해설

추리논증 I

2024~2020
학년도

법학전문대학원협의회 엮음

Legal Education Eligibility Test

에피스테메
EPISTEME

법학적성시험 문제 해설

LEET 추리논증 I (2024~2020학년도)

©법학전문대학원협의회, 2023

제1판　1쇄 펴낸 날　2011년 4월 1일
제14판 1쇄 펴낸 날　2023년 11월 30일

엮은이　법학전문대학원협의회
펴낸이　고성환
펴낸곳　(사) 한국방송통신대학교출판문화원
　　　　우03088 서울시 종로구 이화장길 54
　　　　전화 | 02-3668-4764
　　　　팩스 | 02-742-0956
　　　　출판등록 | 1982년 6월 7일 제1-491호
　　　　홈페이지 | press.knou.ac.kr

출판위원장 박지호
편집　　　박혜원·김양형
본문디자인 한진인쇄공사
표지디자인 김민정

ISBN　978-89-20-04876-0 13360
값　　22,000원

머리말

　법학적성시험은 법학전문대학원에서 학습할 수 있는 수학 능력을 평가하기 위한 시험입니다. 2009학년도부터 2024학년도까지 총 16회의 시험이 치러졌으며, 출제의 전문성과 시행의 안정성이란 측면에서 신뢰를 받고 있습니다.

　시험은 언어이해, 추리논증, 논술의 세 영역으로 이루어져 있습니다. 언어이해 영역은 비교적 긴 분량의 글을 읽고 분석하여 이해하는 능력을, 추리논증 영역은 주어진 정보를 바탕으로 새로운 정보를 추리해 내는 능력과 제시된 논증을 분석하고 비판하는 능력을 측정합니다. 논술 영역은 논증적인 글쓰기 능력을 평가합니다.

　법학적성평가연구원은 시험을 안정적으로 출제하고 시행하는 데 그치지 않고 법조인으로서의 자질 및 적성을 효과적으로 측정하는 시험이 될 수 있도록 꾸준히 노력해 왔으며, 시험의 타당도와 신뢰도 제고를 위해 앞으로도 문항에 대한 연구를 진행하여 이를 시험에 반영할 것입니다.

　이 책은 최근 5년간(2020~2024학년도까지) 출제된 법학적성시험 문제와 이에 대한 해설을 담고 있습니다. 다양한 학문 분야의 많은 교수님께서 바쁜 일정에도 불구하고 출제에 참여하여 해설까지 해 주셨습니다. 기출문제를 혼자 힘으로 풀어 본 후 자신의 풀이와 이 책의 해설을 비교하면서 학습하는 것은 법학적성시험을 효과적으로 준비하는 일인 동시에 그 자체로서 지적 흥미와 만족을 주리라 기대합니다.

　끝으로 법학적성시험 출제에 참여하셨던 교수님들, 법학적성평가연구원의 연구위원님들께 깊은 감사의 말씀을 드립니다. 시험을 준비하는 여러분들이 미래 법률가를 향한 원대한 목표를 이루어 나가시기를 기원합니다.

법학전문대학원협의회 법학적성평가연구원장
정병호

CONTENTS

법학적성시험 개요

1. 시험의 성격 및 목적

- 법학적성시험은 법학전문대학원 교육을 이수하는 데 필요한 수학 능력과 법조 인으로서 지녀야 할 기본적 소양 및 잠재적인 적성을 가지고 있는지를 측정하는 시험이다. 법학전문대학원 입학 전형에서 적격자 선발 기능을 제고하고, 법학 교육 발전을 도모하는 데 목적이 있다.

2. 법학전문대학원 입학 자격

- 법학전문대학원 입학 자격은 「법학전문대학원 설치·운영에 관한 법률」 제22조 에 따라 '학사 학위를 가지고 있는 자 또는 법령에 의하여 이와 동등 학력이 있 다고 인정된 자'와 '해당 연도 졸업 예정자(학위 취득 예정자 포함)'이다.

3. 시험 영역 및 시험 시간

- 법학적성시험은 언어이해 영역, 추리논증 영역, 논술 영역으로 구성된다. 언어 이해 영역과 추리논증 영역은 5지선다형이고, 논술 영역은 서답형이다.
- 영역별 문항 수 및 시험 시간

교시	시험 영역	문항 수	시험 시간	문항 형태
1	언어이해	30	09:00~10:10(70분)	5지선다형
2	추리논증	40	10:45~12:50(125분)	5지선다형
	점심시간		12:50~13:50	
3	논술	2	14:00~15:50(110분)	서답형
계	3개 영역	72문항	305분	

4. 출제의 기본 방향 및 범위

가. 공통 사항

■ 특정 전공 영역에 대한 세부 지식이 없더라도 대학 교육과정을 정상적으로 마쳤거나 마칠 예정인 수험생이면 주어진 자료에 제공된 정보와 종합적 사고력을 활용하여 문제를 해결할 수 있도록 문항을 구성한다.

나. 언어이해 영역

■ 법학전문대학원 교육에 필요한 독해 능력, 의사소통 능력 및 종합적인 사고력을 측정한다.

■ 평가 틀

〈언어이해 영역 문항 분류표〉

내용 영역＼문항 유형	주제, 구조, 관점 파악	정보의 확인과 재구성	정보의 추론과 해석	정보의 평가와 적용
인문				
사회				
과학기술				
규범				

(1) 내용 영역

인문, 사회, 과학기술, 규범 영역

1) 인문 : 인간의 본질과 문화에 대한 탐구와 설명을 목적으로 하는 텍스트

2) 사회 : 사회 현상에 대한 탐구와 설명을 목적으로 하는 텍스트

3) 과학기술 : 자연 현상, 기술 공학에 대한 탐구와 설명을 목적으로 하는 텍스트

4) 규범 : 법과 윤리에 대한 탐구와 설명을 목적으로 하는 텍스트

(2) 문항 유형

1) 주제, 구조, 관점 파악 : 제시문의 주제나 구조와 전개 방식 또는 제시문에 소개된 인물(글쓴이 포함)이나 이론의 관점을 파악한다.

2) 정보의 확인과 재구성 : 제시문에 나타난 정보 및 정보의 관계를 정확히 파악하여 다른 표현으로 재구성한다.

3) 정보의 추론과 해석 : 제시문에 제시된 정보를 바탕으로 새로운 정보를 추론한다. 맥락을 고려한 해석을 통하여 정보가 가지는 적합한 의미를 밝혀낸다.

4) 정보의 평가와 적용 : 제시문에 주어진 논증이나 설명의 타당성을 평가한다. 제시문에 소개된 원리를 새로운 사례나 상황에 적용한다.

다. 추리논증 영역

■ 사실, 주장, 이론, 해석 또는 정책이나 실천적 의사결정 등을 다루는 다양한 분야의 소재를 활용하여 법학전문대학원 교육에 필요한 추리(reasoning) 능력과 논증(argumentation) 능력을 측정한다.

■ 평가 틀

〈추리논증 영역 문항 분류표〉

문항 유형 / 내용 영역	추리		논증		
	언어 추리	모형 추리	논증 분석	논쟁 및 반론	논증 평가 및 문제해결
논리학·수학					
인문					
사회					
과학기술					
규범					

가) 추리

(1) 내용 영역

논리학·수학, 인문, 사회, 과학기술, 규범 영역

(2) 문항 유형

1) 언어 추리 : 일상어를 통하여 이루어지는 추리

2) 모형 추리 : 도형, 표, 그래프, 수, 기호 등과 같은 비언어적 표상(모형)을 이용하여 이루어지는 추리(형식적 추리, 논리 게임, 수리 추리로 구성됨)

　① 형식적 추리 : 형식적으로 타당한 추론 규칙을 이용하여 이루어지는 추리

　② 논리 게임 : 연역적인 추리 능력을 검사하는 전형적인 논리 퍼즐

　③ 수리 추리 : 수리적인 자료로부터 수리적으로 이루어지는 계산이나 추리

나) 논증

(1) 내용 영역

인문, 사회, 과학기술, 규범 영역

(2) 문항 유형

1) 논증 분석 : 논증의 주장과 제시된 근거 파악하기, 논증이 기반하고 있는 원리나 가정 등 파악하기, 논증에서 생략된 전제 찾기, 논증의 구조를 분석하거나 논증 유형 비교하기 등

2) 논쟁 및 반론 : 논쟁의 쟁점을 파악하거나 공통의 가정 내지 전제 파악하기, 주어진 논증에 대하여 반론 제기하기, 비판이나 반론에 대하여 논증을 수정·보완하거나 재구성할 방안 찾기, 논증이 범하고 있는 오류 파악하기 등

3) 논증 평가 및 문제해결 : 논증에서 결론의 정당성을 강화하거나 약화하는 사례 내지 조건 파악하기, 논증에 대하여 종합적으로 평가하기, 갈등이나 역설의 논리적 기반을 파악하거나 그 해소 방안 찾기 등

라. 논술 영역

■법학전문대학원 교육 및 법조 현장에서 필요한 논증적 글쓰기 능력을 측정한다.

■평가 틀

〈논술 영역 평가 목표 분류표〉

인지 활동 유형 / 내용 영역	분석		구성			
	논제 분석	제시문 분석	논증	비판	전개	표현
인문						
사회						
과학기술						
규범						
복합						

(1) 내용 영역

인문, 사회, 과학기술, 규범 및 이들의 복합 영역

(2) 인지 활동 유형

1) 분석 : 텍스트를 분석하고 이해하는 능력

• 논제 분석 : 주어진 논제의 의도와 그것이 요구하는 과제의 성격을 정확히 파악할 수 있는 능력

• 제시문 분석 : 주어진 제시문을 이해하고 그것이 조직되어 있는 방식을 발견해 내는 능력

2) 구성 : 사고를 구성하여 글로 완성하는 능력

• 논증 : 논리적으로 사고를 구성하는 능력

• 비판 : 타당한 근거를 바탕으로 한 평가 및 판단 능력

• 전개 : 심층적 및 독창적 사고를 구성하는 능력

• 표현 : 적절한 언어를 사용하여 글로 표현하는 능력

(3) 문항 유형

• 사례형 : 주어진 사례의 문제 상황을 해결하는 방안과 그 논거를 논리적으로 구성하고, 이를 설득력 있게 표현할 수 있는지를 평가하는 유형

5. 법학적성시험 언어이해 및 추리논증 영역 점수 체제

■ 채점 및 점수 체제

• 언어이해 영역, 추리논증 영역의 정답 문항은 1점, 오답 문항은 0점으로 채점한다.

• 언어이해 영역은 평균 45, 표준편차 9인 표준점수를 사용한다.

• 추리논증 영역은 평균 60, 표준편차 12인 표준점수를 사용한다.

〈법학적성시험의 영역별 문항 수 및 표준점수〉

영역	문항 수	표준점수		
		평균	표준편차	범위
언어이해	30	45	9	0~90
추리논증	40	60	12	0~120

6. 법학적성시험 성적의 활용

■ 법학적성시험 성적은 당해 학년도에 한하여 유효하며, 개별 법학전문대학원의 결정에 따라 학부 성적, (심층)면접, 자기소개서, 어학 성적 등과 함께 법학전문

대학원 입학 전형 요소의 하나로 활용된다.
- 「법학전문대학원 설치·운영에 관한 법률」 제23조(학생 선발)

7. 장애인 수험생 편의 지원
- 원서접수자 중 신체장애로 인해 시험 응시에 현실적인 어려움이 있는 자
- 「장애인복지법 시행령」 제2조에 의한 등록 장애인 : 시각장애인, 뇌병변장애인, 지체장애인 등
- 임신부 등 편의지원 제공이 필요한 자

8. 응시수수료 면제
- 취지
- 저소득 가구 수험생의 응시수수료 면제를 통해 서민의 법조계 진입장벽 완화에 기여
- 대상
- 「국민기초생활보장법」 제2조 제1호의 수급권자, 「국민기초생활보장법」 제2조 제10호의 차상위계층 또는 「한부모가족지원법」 제5조 및 제5조의2에 따른 지원대상자로 「법학전문대학원 적성시험의 응시수수료 및 반환금액, 절차·방법 등에 관한 고시」의 증빙서류를 지정된 기간에 제출한 자

9. 기타 사항
- 자세한 사항은 법학적성시험 홈페이지(http://www.leet.or.kr)를 참조하기 바란다.

법학적성시험
추리논증 영역

2024

2024학년도 추리논증 영역 출제 방향

1. 출제의 기본 방향

추리논증 문항 출제의 기본 방향은 법학적성을 평가하는 데 중요한 기준인 추리와 논증 능력을 측정하기 위해서 적합한 제시문을 통해 수험생의 이해 능력, 추리 능력, 비판 능력을 골고루 측정하는 완성도 있는 문항을 제시하는 것이다. 이 기본 방향은 올해도 그대로 유지되도록 하였다. 이는 다음과 같이 요약될 수 있다.

첫째, 문항의 성격. 문항의 풀이 과정에서 제시문의 의미, 상황, 함의를 논리적으로 분석하고 핵심 정보를 체계적으로 취합하여 종합적으로 평가할 수 있어야 문항의 정답을 고를 수 있도록 하였다. 또한 제시문의 내용이나 영역에 관한 선지식이 문제 해결에 끼치는 영향을 최소화함으로써 정상적인 학업과 폭넓은 독서 생활을 통해 사고력을 함양한 사람이라면 충분히 해결할 수 있는 문항을 만들고자 하였다.

둘째, 제시문의 다양성. 제재의 측면에서 전 학문 분야 및 일상적·실천적 영역에 걸친 다양한 소재를 활용하였고, 영역 간 균형을 맞추어 전공에 따른 유·불리를 최소화하고자 하였다. 추리 능력을 측정하는 문항과 논증 분석 및 평가 능력을 측정하는 문항을 규범, 인문, 사회, 과학기술의 각 영역 모두에서 균형 있게 출제하였다. 특히, 고도의 생각을 요구하는 내용의 글을 가능한 한 일상적인 맥락으로 풀어서 쓰고자 노력하였다.

셋째, 난이도와 가독성. 지문에서 불필요한 내용을 배제하고 제시문을 명료하게 작성하도록 하였다. 전체 글자 수를 4만자 이하가 되도록 하여 수험생이 문제를 읽는 부담을 덜도록 하였다.

2. 출제 범위

규범, 인문, 사회, 과학기술과 같은 학문 영역별 문항 수는 예년과 큰 차이가 없이 균형 있게 출제되었다. 규범 영역의 문항은 공법, 사법, 윤리학 등 소재를 다양화하였고, 인문, 사회, 과학기술 영역의 문항들은 예술비평, 철학, 경제학, 사회학, 심리학, 물리학, 화학, 생물학 등의 다양한 영역에서 출제되었다.

3. 문항 구성

전체 문항에서 추리 문항과 논증 문항은 비슷한 분량으로 구성되었다.

4. 난이도

제시문의 이해도를 높이기 위해서 전문적인 용어는 순화하여 전공 여부에 상관없이 내용에 접근하고 이해할 수 있도록 하였다. 문제를 해결하기 위해 거쳐야 할 추리나 비판 및 평가의 단계도 지나치게 복잡해지지 않도록 하였고, 문제풀이와 관계없는 자료는 최대한 줄여 불필요한 독해의 부담이나 함정으로 난이도가 상승하는 일이 없도록 하였다. 특히 예년에 비해서 전체 글자 수를 소폭 줄임으로써 읽기에 소비되는 시간을 조금이나마 줄이고 좀 더 논리적 구조에 집중할 수 있도록 하였다. 문항 간 난이도에서 큰 차이가 없도록 노력하였다. 그 결과, 이번 추리논증 영역 문항의 난이도는 전체적으로 예년과 거의 같을 것으로 예상한다.

5. 출제 시 유의점

- 추리 문항과 논증 문항의 문항별 성격을 명료하게 하여, 문항별로 측정하고자 하는 능력을 정확히 평가할 수 있도록 하였다.
- 선지식으로 문제를 풀거나 전공에 따른 유·불리가 분명한 제시문의 선택이나 문항의 출제는 지양하였다.
- 제시문을 분석하고 평가하는 데 충분한 시간을 사용할 수 있도록 제시문의 독해 부담을 줄여 주고자 하였다.
- 제시문이 전달하고자 하는 내용을 효과적으로 전달할 수 있도록 전반적인 가독성을 높이고, 문두와 선지의 내용을 최대한 명료하게 만들었다.
- 법학적성 능력을 평가하기 위하여 법학의 기본 원리를 응용한 내용을 소재로 하면서도, 문항에 나오는 개념, 진술, 논리구조, 함의 등을 이해하는 데 법학지식이 요구되지 않도록 하여 법학지식 평가를 배제하였다.
- 출제의 의도를 감추거나 오해하게 하는 질문을 피하고, 문항 및 선택지 간의 간섭을 최소화함으로써, 문항의 의도에 충실한 변별이 이루어지도록 하였다.

01.

〈견해〉에 대한 평가로 옳은 것만을 〈보기〉에서 있는 대로 고른 것은?

〈견해〉

A : 불법행위는 본래 존재하던 정의로운 상태 또는 형평상태를 파괴하는 행위이다. 따라서 불법 행위법은 불법행위로 인하여 파괴된 본래 상태를 회복하여 피해자를 구제하는 시스템이다. 불법행위법에서 회복을 지향하는 것은 정의 또는 윤리에 기초한 요청이고, 그것이 사회의 효 용증진에 이바지하거나 기능적으로 유용하기 때문이 아니다. 나아가 가해자나 제3자(사회공 동체 포함)가 아닌 피해자의 관점에서 불법행위 이전의 상태로 완전하게 회복되지 않는 한 진 정한 피해자 구제는 실패한 것이다.

B : 불법행위는 사람이 고의나 과실로 저지르는 위법행위라는 점에 본질이 있다. 따라서 불법행 위법은 불법행위로 말미암은 손해의 회복과 더불어 불법행위의 예방을 목표로 하여야 한다. 불법행위법은 사회 구성원들에게 행위지침을 제시하고 바람직한 행위로 나아갈 인센티브를 부여하여야 한다. 예방을 위한 메시지는 가해자에게만이 아니라, 가해자를 포함한 공동체 구 성원 전원에게 발신되어야 한다. 어떠한 메시지를 전달할 것인가를 정할 때도 무엇이 공동체 에 최고의 선인가를 진지하게 고려하여야 한다.

보기

ㄱ. 불법행위로 물건을 파손한 사안에서 수리비가 그 물건의 교환가치를 초과한 경우 에도 수리비 전액을 피해자에게 배상하도록 X국 법원이 판결하였다면, A는 약화 된다.

ㄴ. 회사의 영업비밀 자료를 경쟁사에 넘겨 이득을 취하였으나 회사에는 현실적 손해가 발생하지 않은 사안에서 그 이득을 손해로 보아 회사에 배상하도록 X국 법원이 판 결하였다면, B는 강화된다.

ㄷ. 비하적 표현을 반복적으로 사용하여 명예를 훼손하였으나 피해자가 용서한 사안에 서 그러한 비하적 표현을 용인하는 것이 사회의 자유로운 토론을 저해함을 이유로 제3자에게 배상하도록 X국 법원이 판결하였다면, A는 약화되고 B는 강화된다.

① ㄱ   ② ㄷ   ③ ㄱ, ㄴ

④ ㄴ, ㄷ   ⑤ ㄱ, ㄴ, ㄷ

불법행위 재판에서 법관이 오로지 소송당사자들의 이익조정에 초점을 맞출 것인가, 그렇지 않으면 일견 사적으로 보이는 분쟁을 공동체 차원의 이익에 부합하는 방향으로 해결할 것인가 하는 문제에 관하여 두 견해가 대립한다. 견해 A는 손해의 회복, 견해 B는 불법행위의 예방에 각각 중점을 두고 있다. A와 B의 요지는 다음과 같다.

A : 불법행위법은 불법행위로 손상된 피해자의 이익을 이전 상태로 되돌리는 것을 우선시해야 하고, 다른 사회적 효용증진이나 유용성은 고려할 필요가 없다. 배상은 피해자의 관점에서 불법행위 이전 상태로 완전하게 회복될 수 있도록 하는 것이어야 한다.

B : 불법행위법이 사회를 구성하는 구성원에게 행위지침을 제시하여 불법행위를 예방할 수 있도록 해야 한다. 이때 예방의 메시지는 공동체에 최고의 선을 가져올 수 있는 것으로서 가해자를 넘어 사회 구성원 전체를 향해 발신되어야 한다.

| 〈보기〉 해설 | ㄱ. 불법행위로 물건이 파손된 경우에 파손 부분의 수리비보다 그 물건의 교환가치가 낮은 경우가 있을 수 있다. 이 경우 파손된 물건을 불법행위 이전의 상태로 완전하게 회복시키는 것은 수리를 통하여야 가능할 것이므로, 설사 수리비가 교환가치를 초과하더라도 가해자는 교환가치를 배상하는 데에 그치지 않고 수리비까지를 배상하도록 하는 판결이 있었다면, 이는 피해자의 관점에서의 원상회복을 강조하는 A를 강화한다. ㄱ은 옳지 않은 평가이다. |

ㄴ. 회사의 영업비밀 자료를 경쟁사에 넘겨 이득을 취하였지만 회사 입장에서는 그 자료의 가치가 극히 낮거나 거의 없어 회사에 현실적 손해가 발생하지 않는 경우가 있을 수 있다. 이 경우에도 가해자가 취한 부당한 이득을 전부 피해자인 회사에 손해배상의 형식으로 지급하도록 하는 판결이 있었다면, 이는 원상회복의 관점보다는 예방의 관점을 보여 준다. 즉 해당 행위가 법적으로 옳지 않은 행위라는 점을 가해자를 포함한 사회 구성원에게 선언하여 일종의 행위지침을 제시함으로써 동종의 불법행위를 예방하고자 하는 취지로 볼 수 있다. 이는 B를 강화하므로 ㄴ은 옳은 평가이다.

ㄷ. 피해자가 아닌 제3자에게 배상하라는 판결이 있었고 그 이유가 비하적인 표현의 반복적인 사용을 용인하는 것이 사회의 자유로운 토론을 저해하기 때문이라면, 이는 사회적 효용증진이나 유용성은 고려하지 않고 피해자의 원상회복을 강

조하는 견해인 A를 약화한다. 반면에 이 판결은 B를 강화한다. 사회의 자유로운 토론을 저해함을 이유로 그러한 비하적 표현을 용인하지 않겠다는 메시지의 발신은 공동체의 입장에서 요구되는 선(善)이 무엇인가를 고려하면서 이러한 명예훼손 행위를 금지한다는 행위지침을 제시하기 때문이다. ㄷ은 옳은 평가이다.

〈보기〉의 ㄴ, ㄷ만이 옳은 평가이므로 정답은 ④이다.

02.

〈원칙〉에 따라 [규정]을 〈사례〉에 적용한 것으로 옳은 것만을 〈보기〉에서 있는 대로 고른 것은?

〈원칙〉

법률을 사건에 적용할 때 ㉠법률 규정의 문언이 가지는 '통상적 의미'에 따른다. '통상적 의미'는 '일상적 의미'로 해석하지만, 법학계에서 확립된 '전문적 의미'가 있어서 '일상적 의미'와 다르면 '전문적 의미'가 우선한다. 만약 단일한 해석이 불가능하면 ㉡문제된 조항과 관련된 조항 또는 관련된 다른 법률과의 연관관계를 고려하여 해석하고, 그래도 단일한 해석이 불가능하면 ㉢입법목적 또는 유사사례와의 형평을 고려하여 해석한다.

[규정]

제1조 공무원으로 정년까지 근무한 사람에게 정년퇴직수당을 지급한다.

제2조 ① 공무원으로 총 15년 이상 재직한 사람은 정년퇴직일의 1년 전까지 명예퇴직을 신청할 수 있다.

② 명예퇴직을 신청하는 사람에게 명예퇴직수당을 지급한다. 다만 ⓐ명예퇴직수당을 지급받은 사실이 있는 경우에는 그러하지 아니하다.

〈사례〉

X국의 갑은 A직 공무원으로 17년 근무한 후 명예퇴직하여 명예퇴직수당을 지급받았다. 퇴직한 후 갑은 B직 공무원으로 재임용되었고 이전에 지급받은 명예퇴직수당 전액과 이자 상당액을 반환하였다. 갑은 B직 공무원으로 5년 근무한 후 정년퇴직일 2년 전에 명예퇴직을 신청하였다(갑은 총 22년의 재직기간을 인정받아 명예퇴직 신청자격은 충족됨).

<보 기>

ㄱ. ⓐ가 수당으로 받은 금전적 이익을 실제로 향유하고 있는 경우만을 의미한다는 것이 법학계의 확립된 견해라면, ㉠만으로 갑에게 명예퇴직수당이 지급된다.

ㄴ. ⓐ가 수당으로 받은 금전적 이익을 실제로 향유하고 있는 경우만을 의미하는지, 혹은 수당으로 받은 금전적 이익을 실제로 누린 바 없어도 지급받은 사실이 있는 경우까지 의미하는지 논란이 있다면, ㉡에 따라 갑에게 명예퇴직수당이 지급된다.

ㄷ. ⓐ의 의미가 불명확하고 관련 법률·조항을 고려해도 단일한 해석이 불가능한 경우, [규정] 제2조 제2항 단서의 입법목적이 명예퇴직수당의 실질적인 중복 수혜를 막기 위한 것이라면, ㉢에 따라 갑에게 명예퇴직수당이 지급된다.

① ㄱ   ② ㄴ   ③ ㄱ, ㄷ

④ ㄴ, ㄷ   ⑤ ㄱ, ㄴ, ㄷ

문항 성격   문항유형 : 언어 추리

내용영역 : 규범

평가 목표   이 문항은 제시된 법률해석 방법으로 규정을 해석하여 주어진 문제를 해결하는 능력을 평가하는 문항이다.

문제 풀이   정답 : ③

법률 규정을 사건에 적용하기 위해 의미를 해석할 때에는 법률 규정의 문언이 가지는 '통상적 의미'에 따라야 한다. '통상적 의미'와 관련하여 '일상적 의미'와 '전문적 의미'가 다른 경우에는 후자를 따른다. 그러나 '통상적 의미'에 따라 법률 규정을 해석할 때 단일한 해석이 나오지 않을 수도 있다. 이때는 문제된 조항과 관련된 조항 또는 관련된 다른 법률과의 연관관계를 고려하여 해석하여야 한다. 연관관계를 고려한 해석으로도 단일한 해석이 불가능하면 입법목적 또는 유사사례와의 형평을 고려하여 해석한다. '통상적 의미'에 따라 단일한 해석이 나오면 그렇게 해석해야 하고, 다른 법률과의 연관관계나 입법목적 또는 유사사례와의 형평을 고려한 해석은 하지 않는다.

〈보기〉 해설   ㄱ. 법학계의 확립된 견해는 '전문적 의미'로서 '일상적 의미'에 우선하므로, ⓐ를 수당으로 받은 금전적 이익을 실제로 향유하고 있는 경우만을 의미하는 것으로 해석하여야 한다. 갑은 이전에 지급받은 명예퇴직수당 전액과 이자 상당액을 반환하였기 때문에, 명예퇴직수당으로 받은 금전적 이익을 실제로 향유하고 있지 않다. ㉠만으로 ⓐ에 관한 단일한 해석이 나오며, 이에 따를 때 갑이 ⓐ에 해당하지 않으므로 갑에게 명예퇴직수당이 지급된다. ㄱ은 옳은 적용이다.

ㄴ. ㉠으로는 ⓐ의 의미에 관하여 양립할 수 없는 해석이 존재하고, 어느 해석을 취하느냐에 따라 갑에게 명예퇴직수당이 지급되는지 여부가 달라진다. (1) 수당으로 받은 금전적 이익을 실제로 향유하고 있는 경우만을 의미한다고 해석하면, ㄱ과 같으므로 갑에게 명예퇴직수당이 지급된다. (2) 수당으로 받은 금전적 이익을 실제로 누린 바 없어도 지급받은 사실이 있는 경우까지 의미한다고 해석하면, 갑은 이미 한 차례 명예퇴직수당을 지급받은 적이 있으므로 [규정] 제2조 제2항 단서에 따라 명예퇴직수당의 지급 대상이 아니다. ㉠으로는 복수의 해석가능성이 있으므로 ㉡에 따른다. [규정]에서 관련 조항인 제1조를 보면 '정년퇴직수당'을 정하고 있는데, 이 조항과의 연관관계를 고려하여도 복수의 해석가능성은 여전히 남는다. ㉡에 따르더라도 갑에게 명예퇴직수당이 지급되는지 여부가 불분명한 것이다. ㄴ은 옳지 않은 적용이다.

ㄷ. ㉠과 ㉡으로는 단일한 해석이 불가능한 경우이므로 ㉢에 따라야 한다. 명예퇴직수당의 실질적인 중복 수혜를 막는다는 입법목적을 고려하면, 이전에 지급받은 명예퇴직수당 전액과 이자 상당액을 반환한 갑에게 명예퇴직수당을 지급하여도 실질적으로 중복 수혜가 되지 않으므로, 갑은 ⓐ에 해당하지 않는다고 해석하여야 할 것이다. 따라서 이 경우 ㉢에 따라 갑에게 명예퇴직수당이 지급된다. ㄷ은 옳은 적용이다.

〈보기〉의 ㄱ, ㄷ만이 옳은 적용이므로 정답은 ③이다.

03.

다음으로부터 〈사례〉를 판단한 것으로 옳은 것만을 〈보기〉에서 있는 대로 고른 것은?

거래 당사자들은 특별한 경우에는 거래에 필요한 정보를 상대방에게 고지해야 한다.

객관적이고 평균적인 거래 당사자의 입장에서 보아 거래를 결정하는 데에 중요하지 않은 정보는 고지할 필요가 없다. 거래의 당사자 일방이 가지는 주관적 사정을 고려하면 중요한 정보이더라도 객관적이고 평균적인 거래 당사자에게 중요한 정보가 아니라면 고지할 필요가 없다. 거래의 당사자 일방이 상대방에게 의미가 있는 주관적인 사정을 인지하였더라도 마찬가지이다. 객관적이고 평균적인 거래 당사자의 입장에서 중요한 정보(이하 '객관적 정보')인지는 세대별 시장 가격 차이를 가져오는 요인을 통해 판단한다.

객관적 정보는 정보 보유자가 목적한 바에 따라 비용을 들여 조사한 결과로 취득한 것인지 아니면 우연히 취득한 것인지에 따라 고지의무 유무가 달라진다. 전자의 경우 정보 보유자가 거래 상대방에게 정보를 고지할 필요가 없지만 거래의 일방 당사자가 정보 취득을 위해 탐지 비용을 들인 경우에도 취득한 정보를 통해 이미 비용 지출 목적을 달성하였다면 정보를 고지해야 한다. 후자의 경우 고지의무를 부담하나 정보 제공에 의해 거래 상대방이 거래 가격을 상승시킬 유인이 된다면 그 정보를 고지할 필요가 없다. 또한 시장 가격보다 낮은 금액으로 거래할 경우 객관적 정보이더라도 거래 상대방에게 고지할 필요는 없다.

〈사례〉

거래 대상인 A지역 B아파트의 세대별 평(3.3m²)당 시장 가격은 아래 표와 같다.

	강 조망	숲 조망	도시 조망	기타 조망
평당 가격(만 원)	2,000	1,800	1,600	1,400

보 기

ㄱ. 갑이 우연히 B아파트가 재건축되어 시장 가격이 상승될 것임을 알게 된 후 B아파트의 도시 조망 세대를 평당 1,600만 원에 매수하는 경우, 갑은 매도인에게 이 정보를 고지할 의무가 있다.

ㄴ. 매수인이 강을 보는 것을 두려워한다는 사실을 밝혔음에도 B아파트 강 조망 세대의 소유자 을이 매수인에게 강 조망이라는 사실을 알리지 않고 평당 1,600만 원에 매도하였다면, 을은 고지의무를 위반한 것이다.

ㄷ. B아파트 숲 조망 세대의 소유자 병이 시장 가격 하락 요인인 바닥의 누수 여부를 확인하기 위해 비용을 들여 조사한 결과 바닥에 누수가 발생하였음을 확인한 후 이 정보를 알리지 않고 평당 1,800만 원에 매도하였다면, 병은 고지의무를 위반한 것이다.

① ㄱ   ② ㄷ   ③ ㄱ, ㄴ

④ ㄴ, ㄷ   ⑤ ㄱ, ㄴ, ㄷ

문항 성격   문항유형 : 언어 추리

내용영역 : 규범

평가 목표   이 문항은 거래의 당사자 일방이 어느 경우에 거래 상대방에게 정보를 제공해야 하는지에 대한 기준을 올바르게 이해하여, 그 기준에 따라 주어진 사례를 판단할 수 있는 능력을 평가하는 문항이다.

정답 : ②

거래 당사자 일방이 가지는 정보를 상대방에게 고지해야 하는 경우를 판단하기 위한 기준을 정확히 이해하여 〈보기〉에서 고지의무를 위반한 사안을 판단하여야 한다. 먼저 객관적 정보인지를 판단해야 하고 그 정보가 비용을 들여 취득한 정보인지 우연히 취득한 정보인지를 판단해야 한다. 비용을 들여 취득한 정보라면 원칙상 고지할 필요가 없으나 예외적으로 고지해야 하는 경우가 발생하고 우연히 취득한 정보는 원칙상 고지해야 하나 예외적으로 고지의무가 발생하지 않는 경우가 있다.

〈보기〉 해설

ㄱ. 원칙적으로 우연히 취득한 객관적 정보는 상대방에게 고지할 의무가 있으나 그 정보의 제공이 상대방이 거래 가격을 상승시킬 유인이 된다면 고지할 필요가 없다. 재건축으로 시장 가격이 상승될 것이라는 점은 시장 가격을 높이는 정보이므로 객관적 정보에 해당하고, 갑은 그 정보를 우연히 취득하였다. 그러나 그 정보를 상대방에게 제공하면 그 정보 제공에 의해 상대방이 현재 시장 가격인 평당 1,600만 원(B아파트의 도시 조망 세대 가격)보다 거래 가격을 상승시킬 수 있다. 따라서 갑은 B아파트가 재건축되어 시장 가격이 상승될 것이라는 정보를 고지할 필요가 없다. ㄱ은 옳지 않은 판단이다.

ㄴ. '강 조망'이라는 정보는 세대별 시장 가격 차이를 가져오는 요인이므로 강 조망이라는 사실은 객관적 정보에 해당한다. 그러나 을은 강 조망임에도 불구하고 평당 2,000만 원이 아닌 1,600만 원에 매도하였다. 시장 가격보다 낮은 금액으로 거래할 경우에는 객관적 정보이더라도 상대방에게 고지할 필요가 없다는 점을 고려하면, 을은 '강 조망'이라는 정보를 고지할 의무가 없다. ㄴ은 옳지 않은 판단이다.

ㄷ. 가격 하락 요인인 누수(하자)는 객관적이고 평균적인 매수인의 입장에서 보아 계약의 체결 여부 및 가격에 상당한 영향을 미치는 정보, 즉 객관적 정보에 해당한다. 병은 누수를 확인하기 위해 비용을 지출하였지만, 누수를 확인하여 비용지출 목적을 달성하였다. 이에 병은 숲 조망 세대를 시장 가격인 평당 1,800만 원에 매도하는 경우에 누수에 대한 객관적 정보를 상대방에게 고지해야 한다. ㄷ은 옳은 판단이다.

〈보기〉의 ㄷ만이 옳은 판단이므로 정답은 ②이다.

04.

[규정]의 적용으로 옳은 것만을 〈보기〉에서 있는 대로 고른 것은?

[규정]

제1조 용도지역 또는 용도지구(이하 '용도지역등')에 있는 대지의 용적률(대지 면적에 대한 건물 각 층의 바닥 면적을 합한 전체 면적의 비율)과 건폐율(대지 면적에 대한 건물 바닥 면적의 비율)은 다음과 같다.

	용도지역		용도지구	
	주거지역	상업지역	고도지구	경관지구
용적률(%)	500	1,500	200	100
건폐율(%)	70	90	60	50

제2조 하나의 대지가 둘 이상의 용도지역등에 걸치는 경우에 다음 각호를 제외하고는 그 대지 중 가장 넓은 면적이 속하는 용도지역등에 관한 규정을 적용한다.

1. 각 용도지역등에 걸치는 부분 중 가장 작은 부분의 규모가 400m² 이하인 경우, 전체 대지의 용적률과 건폐율은 〈계산식〉에 따른 결과값(가중평균 용적률 또는 건폐율)을 적용한다. 다만 대지의 용도변경에 의해 각 용도지역등에 걸치는 부분 중 가장 작은 부분의 규모가 400m² 이하가 된 경우에는 종전보다 용적률과 건폐율이 모두 증가하는 경우에 한하여 〈계산식〉에 따른 결과값을 적용한다.

2. 대지 위 건축물이 고도지구에 걸치는 경우, 그 대지의 전부에 대하여 고도지구의 대지에 관한 용적률과 건폐율을 적용한다. 다만 건축물이 경관지구에도 걸치는 경우에는 대지의 절반은 경관지구로 나머지 절반은 고도지구로 보고, 전체 대지의 용적률과 건폐율은 〈계산식〉에 따른 결과값을 적용한다.

〈계산식〉

• 가중평균 용적률(건폐율)=[각 용도지역등에 해당하는 토지 부분의 면적에 그 부분의 용적률 (건폐율)을 곱한 값의 총합]÷[전체 대지 면적]

보기

ㄱ. 1,000m²의 대지가 상업지역 600m²와 주거지역 400m²로 걸치는 경우, 대지의 용적률은 1,100%이고 건폐율은 82%이다.

ㄴ. 1,000m²의 대지가 상업지역 550m²와 주거지역 450m²로 걸치고 대지 위 건축물이 고도지구와 경관지구에 걸치는 경우, 대지의 용적률은 150%이고 건폐율은 55%이다.

ㄷ. 1,000m²의 대지가 주거지역 550m²와 상업지역 450m²로 걸쳐 있었는데 관할관청의 용도변경으로 주거지역 400m²와 상업지역 600m²로 걸치게 되는 경우, 대지의 용적률은 500%이고 건폐율은 70%이다.

① ㄱ   ② ㄷ   ③ ㄱ, ㄴ

④ ㄴ, ㄷ   ⑤ ㄱ, ㄴ, ㄷ

문항 성격   문항유형 : 언어 추리

내용영역 : 규범

평가 목표   이 문항은 용도지역과 용도지구에 있는 대지의 용적률과 건폐율에 관한 규정을 정확히 이해하여 개별 사례에 적용하는 능력을 평가하는 문항이다.

문제 풀이   정답 : ③

하나의 대지가 둘 이상의 용도지역등에 걸치는 경우에 전체 대지의 용적률과 건폐율을 어떻게 계산하는지를 이해해야 한다. 대지가 각 용도지역등에 걸치는 부분 중 가장 작은 부분의 규모가 400m² 이하인 경우, 대지의 용도변경으로 각 용도지역등에 걸치는 부분 중 가장 작은 부분의 규모가 400m² 이하가 된 경우, 대지 위 건축물이 고도지구에 걸치는 경우, 대지 위 건축물이 고도지구와 경관지구에 걸치는 경우, 용적률과 건폐율을 정확하게 도출할 수 있어야 한다.

〈보기〉 해설   ㄱ. 1,000m²의 대지가 상업지역 600m²와 주거지역 400m²로 걸치는 경우에는 가장 작은 부분의 규모가 400m² 이하이므로, 〈계산식〉에 따른 결과값을 적용한다([규정] 제2조 제1호 첫 문장). 〈계산식〉에 따른 가중평균 용적률은 [600m²×1,500%＋400m²×500%]÷[1,000m²]＝1,100%이고 가중평균 건폐율은 [600m²×90%＋400m²×70%]÷[1,000m²]＝82%이다. ㄱ은 옳은 적용이다.

ㄴ. 1,000m² 대지 위의 건축물이 고도지구와 경관지구에 걸치므로, 대지의 절반인 500m²는 경관지구로, 나머지 절반인 500m²는 고도지구로 보고 〈계산식〉에 따른 결과값을 적용한다([규정] 제2조 제2호). 〈계산식〉에 따른 가중평균 용적률은 [500m²×100%＋500m²×200%]÷[1,000m²]＝150%이고 가중평균 건폐율은 [500m²×50%＋500m²×60%]÷[1,000m²]＝55%이다. ㄴ은 옳은 적용이다.

ㄷ. 1,000m²의 대지가 각 용도지역에 걸치는 부분 중 가장 작은 부분의 규모가 원
   래는 400m²보다 큰 450m²였는데 관할관청의 용도변경으로 400m² 이하가 된
   경우이므로, 〈계산식〉에 따른 용도변경 이후의 결과값이 용도변경 이전의 결과
   값보다 크면 용도변경 이후의 결과값을 적용하고, 그렇지 않으면 용도변경 이전
   의 결과값을 적용한다([규정] 제2조 제1호 둘째 문장). 용도변경 전에는 가장 작
   은 부분의 규모가 400m²보다 큰 450m²이므로, 제2조 본문에 의하여 가장 넓
   은 면적(550m²)이 속하는 용도지역인 주거지역에 관한 규정을 적용한다. 따라
   서 용도변경 전의 용적률은 500%이고 건폐율은 70%이다. 용도변경 후의 용적
   률 및 건폐율은 ㄱ과 같으므로 각각 1,100%와 82%이다. 용도변경 이후의 결과
   값이 용도변경 이전의 결과값보다 크므로, 대지의 용적률은 1,100%이고 건폐율
   은 82%이다. ㄷ은 옳지 않은 적용이다.

〈보기〉의 ㄱ, ㄴ만이 옳은 적용이므로 정답은 ③이다.

05.

다음으로부터 추론한 것으로 옳지 <u>않은</u> 것은?

계약은 당사자의 자율적 합의로 성립된다. 계약의 본질과 기능에 비추어 계약법은 당사자의 자
율을 승인할 뿐만 아니라 이를 최대한 관철시키고 강화하는 규범체계라야 한다. 당사자의 자율은
어느 경우에 제한할 수 있는가? 이에 대해 세 가지 견해가 있다.

A : 자율은 그것이 가져오는 결과보다는 자율 그 자체에 가치가 있는 것이기에 보호되어야 한다.
   당사자의 의사는 '원래' 존중할 가치가 있기 때문에, 당사자 일방이 의도했던 의사가 다르게
   표시되어 상대방이 그 표시대로 믿었더라도 표시보다는 당사자 일방이 의도한 의사를 존중해
   야 한다. 국가의 후견적 관여는 자율의 행사가 오히려 자율 그 자체를 본질적으로 침해하는
   정도에 이르러야 비로소 정당화된다.

B : 자율 그 자체의 가치보다는 자율이 당사자에게 가져다주는 효용에 주목하여 자율을 보호해야
   한다. 자율을 제한함으로써 당사자에게 발생하는 비용(−)의 절댓값이 당사자에게 발생하는
   효용(+)의 절댓값보다 작으면, 자율에 대한 제한은 정당화된다. 자율을 제한하여 당사자 이외
   의 제3자(국가나 사회 포함)의 효용을 높일 수 있다는 것만으로는 자율에 대한 제한이 정당화
   되지 않는다.

C : 자율 그 자체의 가치보다는 자율이 사회 전체에 가져다주는 효용에 주목하여 자율을 보호해야 한다. 이러한 사고는 효용을 평가할 때 당사자가 아닌 사회 전체에 초점을 맞춘다. 다만 자율을 제한함으로써 당사자에게 발생하는 비용(−)의 절댓값이 당사자에게 발생하는 효용(+)의 절댓값보다 큰 경우에는 그 차액만큼 국가 등이 보상해주어야 자율을 제한할 수 있다. 보상된 만큼 당사자의 효용은 증가된 것으로 본다.

① A에 따르면, 당사자 일방이 자신이 의도했던 의사가 ㉮임에도 실수로 ㉯로 표시하여 상대방이 ㉯로 인식한 경우에도 당사자 일방의 의사를 ㉮로 본다.

② B에 따르면, 당사자의 자율을 정당하게 제한함으로써 발생하는 당사자의 비용(−)과 효용(+)의 합은 항상 양(+)이다.

③ C에 따르면, 당사자의 자율을 제한하는 경우에 당사자의 비용(−)과 효용(+)의 합이 음(−)인 경우가 발생한다.

④ A와 C 중 어느 것에 따르든, 당사자의 자율을 제한하여 발생하는 당사자의 비용(−)과 효용(+)의 합이 양(+)이 되더라도 당사자의 자율을 제한할 수 없는 경우가 존재한다.

⑤ X국 규제기본법이 "사회 전체에 창출되는 효용의 총합이 자율을 제한하여 발생하는 비용을 초과하는 경우에만 당사자의 자율을 제한한다."라고 규정한다면, 이는 B보다는 C에 따라 입법된 것이다.

문항 성격　문항유형 : 논쟁 및 반론
　　　　　　　내용영역 : 규범

평가 목표　이 문항은 계약 당사자의 자율은 어느 경우에 제한할 수 있는지에 관한 견해들을 이해하여 각 견해에 따른 결론을 정확히 판단하는 능력을 평가하는 문항이다.

문제 풀이　정답 : ③

계약 당사자의 자율은 최대한 관철시키고 강화하여야 하므로, 원칙적으로는 국가 등이 제한할 수 없다. 어떤 경우에 예외적으로 자율을 제한할 수 있는지에 관하여 세 가지 견해가 있다. A는 자율의 행사가 오히려 자율 그 자체를 본질적으로 침해하는 정도에 이르러야만 자율의 제한이 정당화된다고 주장한다. B는 자율을 제한함으로써 당사자에게 발생하는 비용(−)의 절댓값이 당사자에게 발생하는 효용(+)의 절댓값보다 작은 경우에만 자율에 대한 제한이 정당화된다고 주장한다. C는 자율을 제한함으로써 사회 전체에 발생하는 비용(−)의 절댓값이 사회 전체에 발생하는 효용(+)의 절댓값보다 작은 경우에만 자율에 대한 제한이 정당화된다고 주장한다.

③ C에 따르면, 자율을 제한함으로써 당사자에게 발생하는 비용(−)의 절댓값이 당사자에게 발생하는 효용(+)의 절댓값보다 큰 경우에는 그 차액만큼 국가 등이 보상해 주어야만 자율을 제한할 수 있다. 이때 보상된 만큼 계약 당사자의 효용은 증가된 것으로 보기 때문에, 당사자에게 발생하는 비용(−)의 절댓값과 당사자에게 발생하는 효용(+)의 절댓값이 같아짐으로써 비용(−)과 효용(+)의 합은 0이 된다. 그러므로 C에 따라 당사자의 자율을 제한하는 경우에는 당사자의 비용(−)과 효용(+)의 합이 음(−)이 되는 경우가 없고, 반드시 양(+) 또는 0이다. ③은 옳지 않은 추론이다.

① A에 따르면, 당사자 일방이 의도했던 의사가 다르게 표시되어 상대방이 그 표시대로 믿은 경우에도 표시보다는 당사자 일방이 의도한 의사를 존중해야 하므로, 당사자 일방이 자신이 의도했던 의사가 ㉮임에도 실수로 ㉯로 표시하여 상대방이 ㉯로 인식한 경우에도 당사자 일방의 의사를 ㉮로 본다. ①은 옳은 추론이다.

② B에 따르면, 자율에 대한 제한이 정당하다는 것은 자율을 제한함으로써 당사자에게 발생하는 비용(−)의 절댓값이 당사자에게 발생하는 효용(+)의 절댓값보다 작다는 것을 의미한다. 이때 비용(−)과 효용(+)의 합은 양(+)이다. 따라서 당사자의 자율을 정당하게 제한함으로써 발생하는 당사자의 비용(−)과 효용(+)의 합은 항상 양(+)이 된다. ②는 옳은 추론이다.

④ A는 자율을 제한함으로써 당사자에게 발생하는 효용에 초점을 맞추지 않고, 자율 그 자체에 가치가 있기 때문에 보호되어야 한다고 주장한다. 따라서 A에 따르는 경우에는, 당사자의 자율을 제한하여 발생하는 당사자의 비용(−)과 효용(+)의 합이 양(+)이 되더라도, 자율의 행사가 오히려 자율 그 자체를 본질적으로 침해하지만 않으면 당사자의 자율을 제한할 수 없다. C에 따르면, 당사자의 자율을 제한하여 발생하는 당사자의 비용(−)과 효용(+)의 합이 양(+)이 되는 경우에도 사회 전체에 발생하는 비용(−)과 효용(+)의 합이 음(−)이 된다면 당사자의 자율을 제한할 수 없다. ④는 옳은 추론이다.

⑤ B는 사회 전체의 효용보다는 당사자의 효용에 초점을 맞춘다. 반면에 C는 당사자의 효용보다는 사회 전체의 효용에 초점을 맞춘다. X국 규제기본법은 사회 전체의 효용에 초점을 맞추고 있다는 점에서 B보다는 C에 의해서 정당화된다. ⑤는 옳은 추론이다.

06.

〈견해〉에 대한 평가로 옳은 것만을 〈보기〉에서 있는 대로 고른 것은?

> X국에서 드론을 이용하여 고층 아파트 거실을 무단으로 촬영한 사건이 발생하였고, ㉠타인의 주거 내부를 외부에서 무단으로 촬영한 행위를 [규정]에 따라 처벌할 수 있는지가 문제되고 있다.
>
> [규정]
> 제1조(비밀탐지죄) 공개되지 아니한 타인의 주거나 건조물 내부를 녹음 또는 청취 등의 방식으로 탐지한 자는 5년 이하의 징역에 처한다.
> 제2조(불법수색죄) 타인의 주거나 건조물을 권한 없이 수색한 자는 3년 이하의 징역에 처한다.
>
> 〈견해〉
> A : ㉠은 비밀탐지죄에 해당한다. '탐지'는 주거 내부의 정보를 알아내어 거주자가 누리는 사생활의 안전감을 침해하는 것이고, '녹음 또는 청취 등의 방식'은 반드시 음향적 또는 청각적 방식에 제한되지 않으므로 녹화 또는 조망의 방식을 포함한다.
> B : ㉠은 불법수색죄에 해당한다. '수색'은 사람이나 물건을 발견하기 위하여 일정한 장소를 조사하는 것이다. 기존에 불법수색죄는 주거나 건조물에 적법하게 들어간 사람이 권한 없이 수색하는 경우를 처벌해왔지만, 불법수색죄의 문언 자체는 주거나 건조물에 들어간 경우만으로 제한하고 있지 않다. 따라서 불법수색죄는 위법하게 주거나 건조물에 들어가 권한 없이 수색한 사람도 처벌할 수 있고 주거나 건조물 밖에서 그 내부를 권한 없이 수색한 사람도 처벌할 수 있다고 보아야 한다.

보기

ㄱ. 외부에서 창문을 통해 육안으로 타인의 주거를 들여다보는 것만으로는 비밀탐지죄의 '탐지'에 해당하지 않는다고 X국 법원이 판결하였다면, A는 약화된다.

ㄴ. 타인의 주거에 위법하게 들어가 정보를 획득하는 행위가 적법하게 들어가 정보를 획득하는 행위보다 더 위법하다는 것이 [규정] 제1조와 제2조의 형량을 다르게 정한 입법 취지라면, B는 강화된다.

ㄷ. 경찰이 수배자 갑을 찾기 위해 드론으로 영장 없이 을의 주거를 외부에서 촬영한 행위가 사생활의 안전감을 침해하지는 않았으나 위법한 '수색'에는 해당한다고 X국 법원이 판결하였다면, A는 약화되고 B는 강화된다.

① ㄱ   ② ㄴ   ③ ㄱ, ㄷ
④ ㄴ, ㄷ   ⑤ ㄱ, ㄴ, ㄷ

드론을 이용하여 무단으로 고층 아파트의 외부에서 주거 내부를 촬영한 행위를 처벌할 수 있는지에 관하여, 〈견해〉 중 A는 제1조를 적용하여 비밀탐지죄로 처벌할 수 있다고 주장하며, B는 제2조를 적용하여 불법수색죄로 처벌할 수 있다고 주장한다. 〈견해〉 A와 B의 논거는 다음과 같다.

A : 첫째, '탐지'의 개념이 '주거 내부의 정보를 알아내어 거주자가 누리는 사생활의 안전감을 침해하는 것'이라는 점을 근거로 든다. A는 드론을 이용한 주거 내부의 촬영이 거주자의 사생활의 안전감을 침해했다고 보는 것이다. 둘째, 제1조는 주거 내부를 '녹음 또는 청취 등의 방식'으로 탐지한 행위를 처벌한다고 규정되어 있음을 근거로 든다. 여기의 '등'은 다른 해석의 가능성을 열어둔 것이므로 '녹화 또는 조망의 방식'과 같은 시각적 방식에 의한 탐지를 포함할 수 있다고 한다. 즉 A는 드론을 이용한 촬영이라는 시각적 방식도 '녹음 또는 청취 등의 방식'에 해당할 수 있다고 보는 것이다.

B : X국의 기존 해석론에 따르면, 불법수색죄는 '주거나 건조물에 적법하게 들어간 사람이 권한 없이 수색하는 경우'로 제한되었다. 그러나 제2조에는 주거나 건조물에 들어간 경우에만 불법수색죄가 성립한다고 명시적으로 규정되어 있지 않다. 이를 토대로 B는 '위법하게 주거나 건조물에 들어가 권한 없이 수색한 경우'와 주거나 건조물에 들어가지 않고 '주거나 건조물 밖에서 그 내부를 권한 없이 수색한 경우'도 불법수색죄로 처벌할 수 있다고 주장한다. 그러므로 드론을 이용한 촬영은 주거나 건조물 밖에서 그 내부를 수색한 경우로서 처벌할 수 있다고 볼 것이다.

〈보기〉 해설 ㄱ. 외부에서 창문을 통해 육안으로 들여다보는 것은 조망에 해당하고, 이는 A가 '탐지'에 포함된다고 주장하는 시각적 방식이다. 그런데 X국 법원은 조망이 비밀탐지죄의 '탐지'에 해당하지 않는다고 판결하였다. 촬영도 조망과 마찬가지로 시각적 방식이므로, X국 법원은 촬영이 비밀탐지죄의 '탐지'에 해당하지 않는다고 볼 가능성이 크다. 따라서 이 판결은 '탐지'가 음향적 또는 청각적 방식 외에 시각적 방식을 포함한다고 주장하는 A를 약화한다. ㄱ은 옳은 평가이다.

ㄴ. [규정] 제1조(비밀탐지죄)와 제2조(불법수색죄)는 형량이 각각 5년 이하와 3년 이하이다. 타인의 주거에 위법하게 들어가 정보를 획득하는 행위가 적법하게 들어가 정보를 획득하는 행위보다 더 위법하다는 것이 두 범죄의 형량에 차등을 둔 취지라면, 비밀탐지는 타인의 주거에 위법하게 들어가 정보를 획득하는 행위

이고 불법수색은 타인의 주거에 적법하게 들어가 정보를 획득하는 행위라고 본 것이다. 즉 [규정] 제1조와 제2조는 모두 '주거에 들어간 경우'를 예상하고 만들어진 조문으로서 적법한가 혹은 위법한가라는 점에만 차이가 있다고 본 것이다. 그러므로 제1조와 제2조의 형량을 다르게 정한 입법 취지에 의하여, 주거나 건조물에 적법하게 들어간 경우에만 제2조의 불법수색죄가 성립한다는 기존 해석은 강화된다. 그런데 B는 기존 해석론에 반대하면서, 불법수색죄의 문언이 명시적으로 주거나 건조물에 들어간 경우만으로 제한하고 있지 않다는 점을 근거로, 주거나 건조물 밖에서 그 내부를 권한 없이 수색한 사람도 불법수색죄로 처벌할 수 있다고 주장한다. 따라서 B는 강화되지 않는다. ㄴ은 옳지 않은 평가이다.

ㄷ. X국 법원은 경찰이 드론으로 영장 없이 주거를 외부에서 촬영한 행위가 사생활의 안전감을 침해하지는 않았으나 위법한 '수색'에는 해당한다고 보았다. 우선 X국 법원은 이러한 행위가 사생활의 안전감을 침해하지 않는다고 판단하였으므로, '탐지'는 사생활의 안전감을 침해하는 것이라고 설명하면서 드론을 이용하여 주거 내부를 외부에서 무단으로 촬영한 행위가 비밀탐지죄에 해당한다고 주장하는 A는 약화된다. 다음으로, 경찰이 드론을 이용하여 주거 내부를 촬영한 행위를 위법한 '수색'이라고 본 것은 경찰의 행위를 '수색'으로 파악하면서 그 수색이 위법하다고 본 것이므로 드론을 이용하여 주거 내부를 외부에서 무단으로 촬영한 행위가 불법수색죄에 해당한다고 주장하는 B는 강화된다. ㄷ은 옳은 평가이다.

〈보기〉의 ㄱ, ㄷ만이 옳은 평가이므로 정답은 ③이다.

07.

[규정]의 적용으로 옳은 것만을 〈보기〉에서 있는 대로 고른 것은?

[규정]

제1조 ① 도로관리청은 도로와 도로구역을 관리한다.

② '도로'란 차도, 보도를 말하며, 도로의 부속물(도로관리청이 도로의 이용과 관리를 위하여 설치하는 주차장, 버스정류시설, 휴게시설 등)을 포함한다.

③ '도로구역'이란 도로를 구성하는 일단의 토지를 말한다.

제2조 ① 도로관리청은 도로 노선의 지정 또는 폐지의 고시가 있으면 해당 도로구역을 지정 또는 폐지하여야 한다. 도로구역의 지정 또는 폐지의 효력은 고시함으로써 발생한다.

② 도로(도로구역 포함)로 지정된 국유지 또는 사유지를 점용하려는 자는 도로관리청의 허가를 받아야 하고, 매월 일정한 토지점용료(이하 '월 토지점용료')를 납부하여야 한다.

제3조 ① 도로관리청은 도로점용허가를 받지 아니하고 도로를 점용(이하 '무단점용')한 경우 무단점용한 기간에 대하여 무단점용한 토지에 부과되어야 하는 월 토지점용료의 100분의 150에 상당하는 금액을 변상금으로 징수한다.

② 도로점용허가를 받은 자가 도로점용허가의 내용을 초과하여 도로를 점용(이하 '초과점용')한 경우 초과점용한 기간에 대하여 초과점용한 토지에 부과되어야 하는 월 토지점용료의 100분의 120에 상당하는 금액을 변상금으로 징수한다. 다만 초과점용이 도로 점용자의 고의·과실로 인한 것이 아닌 경우에는 도로관리청은 초과점용 부분에 대한 토지점용료 상당액을 징수한다.

보기

ㄱ. 도로의 초과점용에 대하여 6,000만 원의 변상금 부과처분을 하였으나, 고의·과실 없이 초과점용한 것으로 밝혀져 변상금 부과처분이 취소된 경우, 도로관리청이 초과점용을 이유로 부과할 토지점용료 상당액은 5,000만 원이다.

ㄴ. 신도로 완공 후, 구도로 노선의 도로구역으로 지정되었던 토지에 도로관리청의 도로점용허가 없이 농지를 조성한 경우가 변상금 부과처분 대상이 아닌 것으로 확정되었다면, 구도로 노선의 도로구역 폐지의 고시가 있었을 것이다.

ㄷ. 도로인 X국유지(월 토지점용료 1,200만 원)를 도로점용허가 없이 1개월간 점용한 경우 부과처분될 변상금액은, X국유지에 대하여 도로점용허가를 받은 후 인근의 도로구역인 사유지(월 토지점용료 1,500만 원)를 고의로 1개월간 초과점용한 경우 부과처분될 변상금액과 같다.

① ㄱ   ② ㄷ   ③ ㄱ, ㄴ
④ ㄴ, ㄷ   ⑤ ㄱ, ㄴ, ㄷ

문항 성격	문항유형 : 언어 추리
	내용영역 : 규범
평가 목표	이 문항은 도로 노선의 지정과 폐지, 토지점용료, 무단점용과 초과점용의 경우에 부과되는 변상금 등 도로의 관리에 관한 규정을 정확하게 이해하여 구체적인 사례에 적용하는 능력을 평가하는 문항이다.

도로관리청은 도로 노선 지정의 고시가 있으면 해당 도로구역을 지정하여야 하고, 도로 노선 폐지의 고시가 있으면 해당 도로구역을 폐지하여야 한다. 도로구역 지정과 도로구역 폐지의 효력은 고시함으로써 발생한다. 도로(도로구역 포함)로 지정된 토지를 점용하려는 자는 제2조 제2항에 따라 도로관리청의 허가를 받고 매월 토지점용료를 납부하여야 한다. 도로관리청은 도로점용 허가 없이 도로를 무단으로 점용한(무단점용) 자에게서 그 토지에 부과되어야 하는 토지점용료의 150%에 해당하는 금액을 변상금으로 징수한다. 고의 또는 과실로 인해 허가의 내용을 초과하여 점용하는(초과점용) 자에게서는 초과점용한 토지에 부과되어야 하는 토지점용료의 120%에 해당하는 금액을 변상금으로 징수하고, 초과점용이 점용자의 고의 또는 과실로 인한 것이 아니면 토지점용료에 해당하는 금액만 징수한다. 허가를 받고 허가된 범위 내에서 점용하는 토지와 고의·과실 없이 초과점용하는 토지에 대하여는 토지점용료에 해당하는 금액을 납부하고, 무단점용하는 토지에 대하여는 토지점용료의 1.5배에 해당하는 금액을 납부하며, 고의 또는 과실로 초과점용하는 토지에 대하여는 토지점용료의 1.2배에 해당하는 금액을 납부하는 것이다.

〈보기〉 해설   ㄱ. 도로의 초과점용에 대하여 6,000만 원의 변상금 부과처분을 하였으므로, 초과점용한 토지에 부과되어야 하는 토지점용료의 1.2배에 해당하는 금액이 6,000만 원이다. 초과점용에 고의나 과실이 없었음이 밝혀졌으므로, 도로관리청은 토지점용료에 해당하는 금액만 부과할 것이다. 그 금액을 계산하면 6,000만 원÷1.2=5,000만 원이다. 따라서 도로관리청이 초과점용을 이유로 부과할 토지점용료 상당액은 5,000만 원이다. ㄱ은 옳은 적용이다.

ㄴ. 도로관리청의 도로점용허가 없이 농지를 조성하였는데도 변상금 부과처분 대상이 아닌 것으로 확정되었으므로, 그 토지가 도로관리청의 도로점용허가의 대상이 아니라는 것을 알 수 있다. 구도로 노선의 도로구역으로 지정되었던 토지가 현재 도로관리청의 도로점용허가의 대상이 아닌 것은 이 토지에 대하여 도로구역 폐지가 있었기 때문일 것이다. 도로구역 폐지의 효력은 고시함으로써 발생하므로, 구도로 노선의 도로구역 폐지의 고시가 있었을 것이다. ㄴ은 옳은 적용이다.

ㄷ. 도로인 X국유지를 도로점용허가 없이 점용한 것은 무단점용이고 점용기간은 1개월이므로, 월 토지점용료 1,200만 원의 1.5배인 1,800만 원이 변상금으로 부과될 것이다. 도로인 X국유지에 대하여 도로점용허가를 받은 후 인근의 도로구역을 초과점용하였는데 고의로 한 것이고 점용기간이 1개월이므로, 월 토지점용료 1,500만 원의 1.2배인 1,800만 원이 변상금으로 부과될 것이다. 두 경우에 부과처분될 변상금액은 1,800만 원으로 같다. ㄷ은 옳은 적용이다.

〈보기〉의 ㄱ, ㄴ, ㄷ 모두 옳은 적용이므로 정답은 ⑤이다.

08.

[선발 규칙]과 [조정 규칙]의 적용으로 옳은 것만을 〈보기〉에서 있는 대로 고른 것은?

> P사는 신입사원을 선발할 때 [선발 규칙]의 세 가지 안 중 하나를 적용하여 1,600명을 우선 선발하였고, [조정 규칙]을 적용하여 추가 선발하였다.
>
> [선발 규칙]
>
> 1안 : 공대 출신과 비공대 출신을 3 : 1로 선발한다.
>
> 2안 : 공대 출신과 비공대 출신을 3 : 2로 선발하고, 경력자와 비경력자도 3 : 2로 선발한다. 이때 비공대 출신 경력자와 비공대 출신 비경력자는 같은 수가 되도록 한다.
>
> 3안 : 공대 출신 경력자, 공대 출신 비경력자, 비공대 출신 경력자, 비공대 출신 비경력자를 1 : 1 : 1 : 1로 선발한다.
>
> [조정 규칙]
>
> 1안 : 비공대 출신 선발자 수의 4분의 1에 해당하는 비공대 출신을 추가로 선발한다. 추가 선발자 중 경력자와 비경력자는 같은 수가 되도록 한다.
>
> 2안 : 선발된 경력자 수의 2분의 1에 해당하는 경력자를 추가로 선발한다. 추가 선발자 중 공대 출신과 비공대 출신은 같은 수가 되도록 한다.

보 기

ㄱ. [선발 규칙] 1안에 따른 결과를 [조정 규칙] 1안에 따라 조정하였다면, 최종 선발자 중 경력자의 수는 1,650명을 넘을 수 없다.

ㄴ. [선발 규칙] 2안에 따른 결과를 [조정 규칙] 2안에 따라 조정하였다면, 최종 선발자 중 공대 출신의 수는 비공대 출신의 수의 1.5배를 초과한다.

ㄷ. [선발 규칙] 3안에 따른 결과를 [조정 규칙] 1안에 따라 조정하고 그 결과를 [조정 규칙] 2안에 따라 조정하였든, [선발 규칙] 3안에 따른 결과를 [조정 규칙] 2안에 따라 조정하고 그 결과를 [조정 규칙] 1안에 따라 조정하였든, 최종 선발된 공대 출신 비경력자의 수는 같다.

① ㄱ   ② ㄴ   ③ ㄱ, ㄷ

④ ㄴ, ㄷ   ⑤ ㄱ, ㄴ, ㄷ

문항유형 : 언어 추리

내용영역 : 규범

이 문항은 두 종류의 규칙을 정확하게 이해하여 구체적인 사례에 적용하는 능력을 평가하는 문항이다.

정답 : ③

우선 [선발 규칙]의 세 가지 안 중 하나를 적용하여 1,600명의 신입사원을 선발하고, [조정 규칙]을 적용하여 추가로 신입사원을 선발한다. [선발 규칙]에 따른 우선 선발자 중 비공대 출신이 몇 명인지 또는 경력자가 몇 명인지에 따라 [조정 규칙]에 따른 추가 선발자의 수가 달라질 수 있다. 추가 선발에서는 비공대 출신 또는 경력자만 선발한다.

ㄱ. [선발 규칙] 1안에 따라 1,600명을 선발하면, 공대 출신 1,200명과 비공대 출신 400명이 선발된다. 이 결과를 [조정 규칙] 1안에 따라 조정하면, 비공대 출신 선발자 400명의 4분의 1에 해당하는 100명의 비공대 출신을 추가로 선발하면서 이들 중 경력자와 비경력자가 같은 수가 되도록 하므로, 경력자 50명과 비경력자 50명이 선발된다. 따라서 최종 선발자 1,700명 가운데 비경력자가 최소 50명이므로, 경력자의 수는 1,650명을 넘을 수 없다. ㄱ은 옳은 적용이다.

ㄴ. [선발 규칙] 2안에 따라 공대 출신과 비공대 출신을 3 : 2로 선발하고 [조정 규칙] 2안에 따라 공대 출신과 비공대 출신이 같은 수가 되도록 추가 선발하면, 우선 선발된 신입사원은 공대 출신의 수가 비공대 출신의 수의 1.5배이고 추가 선발된 신입사원은 공대 출신의 수가 비공대 출신의 수의 1배이므로, 최종 선발자 중 공대 출신의 수는 비공대 출신의 수의 1.5배보다 작다. ㄴ은 옳지 않은 적용이다.

ㄷ. [조정 규칙] 1안은 비공대 출신(비공대 출신 경력자와 비공대 출신 비경력자)을 추가로 선발하는 것이고, [조정 규칙] 2안은 경력자(공대 출신 경력자와 비공대 출신 경력자)를 추가적으로 선발하는 것이다. 그러므로 [조정 규칙] 1안을 적용하든 2안을 적용하든 공대 출신 비경력자의 수는 [선발 규칙]에 따라 우선 선발된 수에서 증가하지 않는다. 따라서 [조정 규칙] 1안과 2안의 적용 여부나 순서에 관계없이 공대 출신 비경력자의 수는 [선발 규칙] 3안에 따라 우선 선발된 수에서 증가하지 않으므로, [조정 규칙] 1안을 먼저 적용하든 [조정 규칙] 2안을 먼저 적용하든 최종 선발된 공대 출신 비경력자의 수는 같다. ㄷ은 옳은 적용이다.

〈보기〉의 ㄱ, ㄷ만이 옳은 적용이므로 정답은 ③이다.

09.

[규정]과 〈약관〉으로부터 추론한 것으로 옳은 것만을 〈보기〉에서 있는 대로 고른 것은?

렌터카 사업을 하는 P사는 포인트 적립 계약과 관련한 〈약관〉을 두고 있었는데, 〈약관〉의 일부 조항을 개정하여 즉시 시행한다고 공지하자 기존 가입자 중 일부가 개정된 조항이 [규정]에 위반되는 불공정약관조항이라고 주장하고 있다.

[규정]

제1조 '불공정약관조항'이란 사업자에게만 이익이 되고 고객에게 일방적으로 불리한 내용을 정하고 있는 약관조항을 말한다.

제2조 위원회는 사업자가 제1조를 위반한 경우 사업자에게 해당 불공정약관조항의 삭제·수정 등 시정에 필요한 조치를 권고할 수 있다.

〈약관〉

1. 소비자는 렌터카를 이용하여 1년간 주행할 것으로 예상되는 거리에 따라 A, B 플랜 중 하나만 선택하여 가입할 수 있다.

2. 각 플랜의 계약기간은 1년으로 하고, 적립포인트의 유효기간은 각 플랜의 계약기간이 종료된 날로부터 2년으로 한다.

3. 포인트는 다음 표에 따라 적립된다. A 플랜에서는 기준거리를 초과한 경우에만 전체 주행거리에 대해서 포인트가 적립된다.

플랜	기준거리	적립포인트(km당)	
		개정 전	개정 후
A	1,000km	1.5	2.0
B	없음	1.0	0.5

보 기

ㄱ. 〈약관〉 개정 후 A 플랜 계약자는 〈약관〉 개정 전과 동일한 포인트를 적립하기 위하여 25% 더 적은 거리를 주행하여도 충분하나, B 플랜 계약자는 100% 더 많은 거리를 주행하여야 한다.

ㄴ. 위원회가 개정된 〈약관〉의 '개정 후' 부분에 대해서 [규정] 제2조에 따라 시정조치를 권고하는 경우, 기존 가입자에게 개정된 〈약관〉을 잔여 계약기간에 적용할지를

선택할 수 있도록 함으로써 기존 가입자의 그 기간에 대한 불공정성을 완화할 수 있다.

ㄷ. 위원회의 시정조치 권고에 따라, 개정 후 〈약관〉의 B 플랜을 선택하는 계약자에게 1,000km를 초과한 부분에 대해서는 1.5포인트를 적립해주기로 한다면, 2,000km를 초과하여 운행해야만 개정 전 〈약관〉에 따라 B 플랜을 선택한 경우보다 더 많은 포인트가 적립된다.

① ㄱ   ② ㄴ   ③ ㄱ, ㄷ

④ ㄴ, ㄷ   ⑤ ㄱ, ㄴ, ㄷ

문항 성격	문항유형 : 언어 추리
	내용영역 : 규범
평가 목표	이 문항은 기존 약관과 개정 약관을 비교·분석하여 구체적인 차이를 찾아내고 제시된 방안이 불공정성을 완화하는 방안인지 판단하는 능력을 평가하는 문항이다.
문제 풀이	정답 : ④

P사는 포인트 적립과 관련한 〈약관〉의 일부 조항을 개정하여 즉시 시행한다고 공지하였다. 그런데 개정된 조항의 주행거리당 적립되는 포인트를 변경함에 따라 불공정의 문제가 발생하게 되었다. A 플랜의 경우 기준거리인 1,000km를 초과하여 주행하는 것을 전제로 개정 전 km당 1.5포인트가 적립되던 것을 개정 후 km당 2.0포인트가 적립되도록 변경하였기 때문에 유리한 변경으로 평가된다. 반면에 B 플랜의 경우 주행거리와 무관하게 개정 전 km당 1.0포인트가 적립되던 것을 개정 후 0.5포인트가 적립되는 것으로 변경하였기 때문에 불리한 변경으로 평가된다. 이에 B 플랜 계약자는 개정 조항이 불공정하다고 주장할 수 있다.

〈보기〉 해설   ㄱ. B 플랜의 경우 〈약관〉 개정 전 km당 1.0포인트 적립되었는데 개정 후에는 km당 0.5포인트 적립되므로, B 플랜 계약자가 개정 전과 동일한 포인트를 적립하기 위해서는 개정 후 100% 더 많은 거리를 주행하여야 한다. 그러나 A 플랜 계약자는 기준거리인 1,000km를 초과한 경우에만 포인트가 적립된다. 예컨대 개정 전에 1,200km를 주행하였다면 km당 1.5포인트를 적립하여 총 1,800포인트를 적립할 수 있었으나, 개정 후에 25% 적은 거리인 900km를 주행하면 포인트를 전혀 적립하지 못한다. 따라서 〈약관〉 개정 후 A 플랜 계약자는 〈약관〉 개정 전과 동일한 포인트를 적립하기 위하여 25% 더 적은 거리를 주행하여도 충분하다는 것은 틀린 진술이다. ㄱ은 옳지 않은 추론이다.

ㄴ. 기존 가입자 중 일부가 개정된 조항이 [규정]에 위반되는 불공정약관조항이라 주장할 수 있으며, 실제로 B 플랜 계약자의 경우 개정 전보다 불리하게 개정되었음을 확인할 수 있다. 위원회가 시정조치를 권고한다면 이러한 불공정성을 인정하였기 때문이다. 그런데 기존 가입자에게 개정된 〈약관〉을 잔여 계약기간에 적용할지를 선택할 수 있도록 한다면, B 플랜으로 계약한 기존 가입자들은 개정된 〈약관〉을 적용하지 않는 것을 선택함으로써 잔여 계약기간에 대하여 불공정성을 제거할 수 있을 것이다. ㄴ은 옳은 추론이다.

ㄷ. 개정 전 〈약관〉에 따라 B 플랜을 선택한 경우 km당 1.0포인트 적립된다. 위원회의 권고에 따른 시정조치에 의하면 개정 후 〈약관〉의 B 플랜을 선택하는 계약자는 주행거리 1,000km까지 km당 0.5포인트 적립되고 1,000km를 초과한 부분에 대해서는 km당 1.5포인트 적립되므로, 2,000km를 운행하면 총 2,000포인트 적립으로 km당 1.0포인트 적립과 같게 된다. 따라서 개정 후 〈약관〉의 B 플랜을 선택하는 계약자가 개정 전 〈약관〉에 따라 B 플랜을 선택한 경우보다 더 많은 포인트를 적립하려면 2,000km를 초과하여 운행하여야 한다. ㄷ은 옳은 추론이다.

〈보기〉의 ㄴ, ㄷ만이 옳은 추론이므로 정답은 ④이다.

10.

〈이론〉에 따라 [규정]을 〈사례〉에 적용한 것으로 옳은 것만을 〈보기〉에서 있는 대로 고른 것은?

상표는 그것이 등록된 나라에서 상표권으로 보호된다. 그런데 상표가 등록되지 않은 나라에서 상표를 무단 복제하여 상품을 생산하거나 판매하는 경우에 대하여 그 나라의 법원이 재판권을 행사할 수 있는지가 문제된다. 이에 관한 X국의 [규정]은 〈이론〉에 따라 해석한다.

[규정]
제○조 X국 법원은 X국에서 상표권이 침해되는 경우 그로 인한 손해배상청구 사건에 대하여 재판권을 행사할 수 있다. 다만 이 경우 X국에서 상표권자가 입은 손해액을 한도로 재판권을 행사한다.

〈이론〉

A : 상표권은 오직 상표가 등록된 나라에서만 침해될 수 있다. 상표가 등록되지 않은 나라에서 상표를 무단 복제하여 상품을 생산하거나 판매하더라도 상표권 침해는 그 나라가 아니라 그 시점에 상표가 등록되어 있는 나라에서 발생한 것으로 보아야 한다.

B : 상표권은 상표가 등록되지 않은 나라에서도 침해될 수 있다. 상표가 등록되지 않은 나라에서 상표를 무단 복제하여 상품을 생산하거나 판매하면 상표권 침해는 그 나라에서 발생한 것으로 보아야 한다.

〈사례〉

　갑은 P상표를 W국에는 등록하였으나 X국, Y국에는 등록하지 않았다. 을은 X국 공장에서 P상표를 무단 복제하여 부착한 Q상품을 생산하여 W국, X국, Y국에서 판매하였다. 을이 Q상품을 각국에서 판매하여 얻은 이익만큼 갑은 각국에서 손해를 입었다. 갑은 을을 상대로 X국 법원에 을의 P상표 침해에 대한 손해배상청구소송을 제기하였다. X국 법원은 이 사건에 대하여 재판권을 행사할 수 있는지를 [규정]에 따라 판단하고자 한다.

보 기

ㄱ. A에 따르면 을이 Q상품을 W국에서 판매하여 갑이 입은 손해에 대하여 X국 법원은 재판권을 행사할 수 있다.

ㄴ. B에 따르면 을이 Q상품을 X국에서 판매하여 갑이 입은 손해에 대하여 X국 법원은 재판권을 행사할 수 있다.

ㄷ. A와 B 중 어느 것에 따르든 을이 Q상품을 Y국에서 판매하여 갑이 입은 손해에 대하여 X국 법원은 재판권을 행사할 수 없다.

① ㄱ　　　　　　　　② ㄴ　　　　　　　　③ ㄱ, ㄷ
④ ㄴ, ㄷ　　　　　　⑤ ㄱ, ㄴ, ㄷ

문항 성격　문항유형 : 언어 추리

　　　　　　　내용영역 : 규범

평가 목표　이 문항은 국제적인 등록 상표권 침해 사건에서 침해지를 어디로 볼 것인가에 관한 이론에 따라 구체적인 경우에 나타나는 차이를 판별하는 능력을 평가하는 문항이다.

〈이론〉의 A에 따르든 B에 따르든, 어떤 국가에 등록된 상표를 다른 나라에서 무단 복제하여 상품을 생산하거나 판매하는 경우에도 상표권 침해는 인정된다. 그러나 A는 그러한 경우에 상표권 침해가 상표가 등록되어 있는 나라에서 발생한 것으로 보고, B는 무단 복제한 상표가 부착된 상품을 실제로 생산하거나 판매한 나라에서 상표권 침해가 발생한 것으로 본다는 차이가 있다. 이 문항은 이러한 견해 대립을 기초로 [규정]을 〈사례〉에 적용해 볼 것을 요구한다. [규정]은 X국에서 상표권이 침해되고 이로 인하여 X국에서 상표권자에게 손해가 발생한 경우에 그 손해에 대하여만 X국 법원이 재판권을 행사할 수 있다고 한다. 그러므로 〈이론〉의 A와 B에 따라 〈보기〉의 각 경우에 상표권 침해의 장소와 손해 발생의 장소가 어떻게 파악되는지를 정확히 판단하는 것이 핵심이다.

〈보기〉 해설 ㄱ. A에 따르면 을이 X국에서 생산한 Q상품을 W국, X국, Y국에서 판매했어도 상표권 침해는 모두 상표 등록지인 W국에서 발생한 것으로 보기 때문에, X국에서 발생한 상표권 침해는 없는 것으로 본다. 제ㅇ조의 "X국에서 상표권이 침해되는 경우"에 해당하지 않으므로 X국 법원은 재판권을 행사할 수 없다. ㄱ은 옳지 않은 적용이다.

ㄴ. B에 따르면 을이 X국에서 Q상품을 생산하고 또 판매하였으므로 X국에서 상표권 침해가 발생한 것으로 본다. 따라서 갑이 X국에서 입은 손해에 한하여 X국 법원이 재판권을 행사할 수 있다. ㄴ은 옳은 적용이다.

ㄷ. A에 따르면 을이 X국에서 생산한 Q상품을 W국, X국, Y국에서 판매했어도 상표권 침해는 모두 상표 등록지인 W국에서 발생한 것으로 보기 때문에, X국 법원은 재판권을 행사할 수 없다(ㄱ에 대한 해설 참조). B에 따르면 을이 Q상품을 Y국에서 판매하였을지라도 X국에서 생산한 것이기 때문에 X국에서 상표권 침해가 발생한 것으로 본다. 따라서 제ㅇ조 본문에 따르면 X국 법원은 재판권을 행사할 수 있다. 그러나 제ㅇ조 단서에 따라 재판권의 범위는 X국에서 상표권자가 입은 손해액을 한도로 하므로, 을이 Q상품을 Y국에서 판매하여 갑이 입은 손해에 대하여는 X국 법원이 재판권을 행사할 수 없다. ㄷ은 옳은 적용이다.

〈보기〉의 ㄴ, ㄷ만이 옳은 적용이므로 정답은 ④이다.

11.

[규정]을 〈사례〉에 적용한 것으로 옳은 것만을 〈보기〉에서 있는 대로 고른 것은?

W국은 X주, Y주 등으로 구성된 연방국가이다. [규정]은 W국의 모든 주에 적용된다.

[규정]

제1조 당사자들 사이에 형성된 일정한 법률관계로 말미암아 분쟁이 발생하면 당사자들은 그 법률관계와 관련이 있는 주 법원에 그 분쟁에 관한 소송을 제기한다. 하나의 분쟁에 관한 소송은 하나의 주 법원에서만 소송절차를 개시할 수 있고, 같은 분쟁에 관하여 나중에 소송이 제기된 주 법원은 소송절차를 개시할 수 없다.

제2조 당사자들은 그들 사이에 형성된 일정한 법률관계로 말미암아 분쟁이 발생하면 그 분쟁에 관한 소송을 특정한 주 법원에만 제기하기로 하는 합의(이하 '전속관할합의')를 할 수 있다. 전속관할합의의 대상인 법률관계로 말미암은 소송이 당사자들이 합의하지 않은 주 법원에 제기되면 그 주 법원은 소송절차를 개시할 수 없다.

제3조 당사자들이 전속관할합의를 한 법원이 그 합의의 대상인 법률관계와 아무런 관련이 없는 경우 그 합의는 처음부터 무효인 것으로 본다. 그 법원이 있는 주에 당사자들의 영업소 소재지 또는 의무 이행지가 없다면 그 법원은 전속관할합의의 대상인 법률관계와 아무런 관련이 없는 것으로 본다. 이는 어느 주 법원에 소송이 제기되어 해당 전속관할합의의 유효 여부가 문제되는 시점을 기준으로 판단한다. 전속관할합의가 무효라면 당사자들이 합의한 주 법원은 소송절차를 개시할 수 없고, 그 법원에 처음부터 소송이 제기되지 않은 것으로 본다.

제4조 제3조는 2023. 1. 1.부터 시행한다. 제3조 시행 당시 어느 주 법원에서든 소송절차가 이미 개시된 분쟁에는 제3조를 적용하지 않는다.

〈사례〉

갑과 을의 영업소는 X주에만 있다. 2022. 10. 1. 갑과 을은 물품매매계약을 체결하면서, 갑의 물품인도의무와 을의 대금지급의무는 추후 갑의 영업소에서 동시에 이행하기로 하고, 그 계약으로 말미암은 소송은 Y주 법원에만 제기하기로 합의하였다. 이후 갑과 을 사이에 위 계약으로 말미암은 분쟁 P가 발생하였다.

ㄱ. 2022. 12. 1. 갑이 을을 상대로 X주 법원에 P에 관한 소송을 제기하였다면, X주 법원은 소송절차를 개시할 수 없다.

ㄴ. 2022. 12. 1. 갑이 을을 상대로 Y주 법원에 P에 관한 소송을 제기하였고 2023. 1. 1. 을이 갑을 상대로 X주 법원에 P에 관한 소송을 제기하였다면, X주 법원은 소송절차를 개시할 수 없다.

ㄷ. 2023. 2. 1. 갑이 을을 상대로 Y주 법원에 P에 관한 소송을 제기하였고 2023. 3. 1. 을이 갑을 상대로 X주 법원에 P에 관한 소송을 제기하였다면, X주 법원은 소송절차를 개시할 수 없다.

① ㄴ   ② ㄷ   ③ ㄱ, ㄴ

④ ㄱ, ㄷ   ⑤ ㄱ, ㄴ, ㄷ

문항 성격   문항유형 : 언어 추리

내용영역 : 규범

평가 목표   이 문항은 특정 법률관계에 관한 분쟁에 대하여 어느 법역의 법원이 재판관할을 가지고 재판권을 행사하는가를 결정하기 위한 기준과, 당사자들이 특정한 법역의 법원으로 전속관할합의를 한 경우 그 유효성을 판단하기 위한 기준을 구체적인 사례에 적용하는 능력을 평가하는 문항이다.

문제 풀이   정답 : ③

[규정]의 제1조는 하나의 분쟁에 관한 소송은 복수의 법역의 법원에 중복하여 제기될 수 없다는 원칙을 제시하고 있고, 제2조는 특정한 법역의 법원으로의 당사자들의 유효한 전속관할합의가 있으면 기타 법역의 법원은 소송절차를 개시할 수 없다는 원칙을 제시하고 있으며, 제3조는 전속관할합의가 유효하기 위한 요건으로 당사자들이 합의한 법역과 해당 법률관계 사이에 관련성이 있을 것을 제시하고 있다(해당 법역에 당사자의 영업소 소재지나 의무 이행지가 있어야 함). 제4조는 제3조의 시행일자를 규정하고 그 시행 당시 진행 중인 소송에는 제3조의 유효요건이 적용되지 않는다는 조건을 제시하고 있다. 〈사례〉에서 갑과 을의 영업소는 X주에만 있고 갑과 을의 의무 이행지는 갑의 영업소이므로, 영업소 소재지와 의무 이행지가 모두 X주에만 있다. 따라서 Y주 법원은 갑과 을 간의 법률관계와 아무런 관련이 없는데, 두 사람이 소송은 Y주 법원에만 제기하기로 합의하였다. 전속관할합의의 유효 여부를 판단할 때 매매계약일인 2022. 10. 1.은 아무런 의미가 없다.

〈보기〉 해설

ㄱ. 2022. 12. 1.은 제3조 시행 전이므로 Y주 법원이 갑과 을 간의 법률관계와 아무런 관련이 없더라도 Y주 법원으로의 전속관할합의의 유효성은 인정된다. 그러므로 제2조 제2문에 따라 X주 법원은 소송절차를 개시할 수 없다. ㄱ은 옳은 적용이다.

ㄴ. 제3조 시행 전인 2022. 12. 1.에 Y주 법원에 소송이 제기되었으므로 Y주 법원은 소송절차를 개시하였다. 제3조 시행 전에 이미 소송절차가 개시되었으므로 제4조 제2문에 따라 제3조가 적용되지 않고 Y주 법원으로의 전속관할합의의 유효성은 여전히 인정된다. 그러므로 제3조 시행 이후인 2023. 1. 1.에 X주 법원에 소송이 제기되더라도 X주 법원은 소송절차를 개시할 수 없다. ㄴ은 옳은 적용이다.

ㄷ. 제3조 시행 이후인 2023. 2. 1.에 Y주 법원에 소송이 제기되었으므로 Y주 법원으로의 전속관할합의는 처음부터 무효인 것으로 본다. 그러므로 제3조 제4문에 따라 Y주 법원은 소송절차를 개시할 수 없고, Y주 법원에 처음부터 소송이 제기되지 않은 것으로 본다. 따라서 X주 법원은 제1조 제2문의 "같은 분쟁에 관하여 나중에 소송이 제기된 주 법원"에 해당하지 않고, 갑과 을 간의 법률관계와 관련이 있으므로, 소송절차를 개시할 수 있다. ㄷ은 옳지 않은 적용이다.

〈보기〉의 ㄱ, ㄴ만이 옳은 적용이므로 정답은 ③이다.

12.

[규칙]을 〈사례〉에 적용한 것으로 옳은 것만을 〈보기〉에서 있는 대로 고른 것은?

과거 P집안은 같은 성(姓)을 사용하되 그 집안 소속 남성들의 이름을 [규칙]에 따라 지었다.

[규칙]

1. 같은 항렬에 있는 세대는 오행(五行), 즉 목(木), 화(火), 토(土), 금(金), 수(水) 중 하나를 부수(部首)로 하는 같은 한자를 사용하여 이름을 짓는다. 그 한자를 '돌림자'라고 한다. 돌림자의 부수는 목, 화, 토, 금, 수를 순서대로 반복하여 사용한다.

2. 이름을 두 글자로 짓는 경우 돌림자는 이름의 첫째 글자로든 둘째 글자로든 사용할 수 있으나, 같은 세대이면 한쪽으로 일치시킨다. 그리고 돌림자 아닌 글자로는 형제간이라면 같은 부수가

왼쪽에 붙은 한자를 사용한다. 그 부수를 '돌림변'이라고 하는데, 사촌간이라면 다른 돌림변을 사용한다.

3. 이름을 한 글자로 짓는 경우 같은 항렬에 있는 세대는 돌림자 대신에 돌림변을 사용한다. 그 세대에서 이름을 두 글자로 지었더라면 사용하였을 돌림자의 부수는 바로 다음 세대에서 사용한다.

〈사례〉

갑, 을, 병, 정, 무는 P집안 소속의 남성이다. 갑의 이름은 '일곤(一坤)'이다. 을과 병은 갑의 아들이다.

(상황 1) 정과 무는 을의 아들이다.

(상황 2) 정은 을의 아들이고 무는 병의 아들이다.

보 기

ㄱ. 을과 병의 이름은 '인(仁)'과 '신(信)'일 수 없다.

ㄴ. (상황 1)이면 정과 무의 이름은 '종인(鍾仁)'과 '종근(鍾根)'일 수 없다.

ㄷ. (상황 2)이면 정과 무의 이름은 '근(根)'과 '식(植)'일 수 없다.

① ㄱ   ② ㄴ   ③ ㄱ, ㄷ

④ ㄴ, ㄷ   ⑤ ㄱ, ㄴ, ㄷ

문항 성격	문항유형 : 언어 추리
	내용영역 : 규범
평가 목표	이 문항은 특정한 집안에서 이름을 지을 때 실제로 적용하였던 돌림자 사용 규칙을 변형하여 제시하고 이를 구체적인 사례에 적용하는 능력을 평가하는 문항이다.
문제 풀이	정답 : ②

돌림자로는 오행 중 하나를 부수로 하는 한자를 사용하고, 오행은 목 → 화 → 토 → 금 → 수의 순서대로 반복하여 사용한다([규칙]의 1.). 두 글자 이름의 경우 돌림자를 사용하되 형제간에는 같은 돌림변을 사용하고 사촌간에는 다른 돌림변을 사용한다([규칙]의 2.). 한 글자 이름의 경우 돌림변을 사용하되 해당 세대에서 두 글자 이름을 지었다면 사용하였을 돌림자의 부수는 바로 다음 세대에서 사용한다([규칙]의 3.). 돌림자와 달리, 돌림변은 오행 중 하나일 필요가 없고, 오행 중 하나를 사용하는 경우에도 위 순서를 지킬 필요가 없다. 이들 규칙을 일곤(一坤)의 아들과 손자의 사례에 적용하는 문제이다.

ㄱ. 돌림변은 오행 중 하나를 사용할 필요가 없으므로, 형제간으로서 같은 항렬에 있는 을과 병은 '亻'을 돌림변으로 사용하여 한 글자 이름을 지을 수 있다. ㄱ은 옳지 않은 적용이다.

ㄴ. 을과 병이 한 글자 이름이면, 다음 세대인 정과 무가 '금(金)'을 부수로 하는 돌림자인 '종(鍾)'을 사용하여 두 글자 이름을 지을 수 있다. 이 경우 정과 무는 형제간이므로 돌림자 외의 글자에는 같은 돌림변을 사용하여야 하는데, '인(仁)'과 '근(根)'은 돌림변이 다르다. ㄴ은 옳은 적용이다.

ㄷ. 돌림변은 오행의 순서를 지킬 필요가 없으므로, 사촌간으로서 같은 항렬에 있는 정과 무는 '목(木)'을 돌림변으로 사용하여 한 글자 이름을 지을 수 있다. ㄷ은 옳지 않은 적용이다.

<보기>의 ㄴ만이 옳은 적용이므로 정답은 ②이다.

13.

〈견해〉에 대한 분석으로 옳은 것만을 〈보기〉에서 있는 대로 고른 것은?

우리의 직관에 따르면 살인은 도덕적으로 정당화되지 못하며 살인자에게 도덕적 책임이 있다. 아래 두 상황을 살펴보자.

(상황 1) 은행강도를 계획한 마피아 조직의 책임자 갑이 조직원 을에게 은행 보안담당자를 죽이라고 지시하였다. 을은 갑의 지시에 따라 보안담당자를 저격하여 살해하였다.

(상황 2) 적과 치열한 교전 중 지휘관 병이 부하 정에게 적의 저격수를 사살하라고 지시하였다. 정은 병의 지시에 따라 적의 저격수를 사살하였다.

위 두 상황에서 을과 정의 행위에 대해 도덕적 책임을 평가하는 원리와 관련하여 아래와 같은 두 견해가 있다.

〈견해〉

A : (상황 1)과 (상황 2)는 살인 행위가 발생하였다는 점에서 차이가 없다. 따라서 (상황 1)과 (상황 2)에서 살인에 대한 도덕적 책임을 평가하는 원리가 달라야 할 이유는 없다. 도덕적 책임을 평가하는 원리 P를 "자기방어가 아닌 어떠한 살인도, 살인 명령도, 살인 명령의 수행도 해서는 안 되며 이를 위반한 행위에 대해 도덕적 책임이 있다."라고 하자. (상황 1)의 을과 (상황 2)의 정의 살인에 대해 도덕적 책임을 평가할 때 P를 똑같이 적용할 수 있어야 한다.

B : 전쟁에서의 폭력과 일상생활에서의 폭력은 분명히 다르므로, 일상생활에서 살인에 대한 도덕적 책임을 평가하는 원리와는 다른 특수한 도덕적 원리가 전쟁에서 요구된다. 따라서 (상황 1)의 을과 (상황 2)의 정의 행위에 대한 도덕적 책임을 평가하기 위해서는 적어도 두 가지 원리가 필요하다. 전쟁에서의 살인에 대한 도덕적 책임을 적절히 평가하기 위해서는 일상생활에서 적용되는 도덕적 원리가 아닌 다른 도덕적 원리를 적용할 수 있어야 한다.

보 기

ㄱ. P에 의해 을에게 도덕적 책임이 있지만 정에게 도덕적 책임이 없다는 결론이 도출된다면, A는 약화된다.
ㄴ. A에 따라 (상황 2)에서 P에 의해 정에게 살인에 대한 도덕적 책임이 있다고 주장하기 위해서는 정의 행위가 자기방어에 해당하지 않는 것임을 입증해야 한다.
ㄷ. B에 따르면 을과 정 모두에게 도덕적 책임이 있다는 결론은 도출될 수 없다.

① ㄴ   ② ㄷ   ③ ㄱ, ㄴ
④ ㄱ, ㄷ   ⑤ ㄱ, ㄴ, ㄷ

문항 성격	문항유형 : 논쟁 및 반론
	내용영역 : 규범
평가 목표	이 문항은 전쟁에서 살인의 도덕적 책임을 평가하는 도덕적 원리를 구성하는 데 요구되는 이론에 관한 다른 두 입장으로부터 옳게 추론할 수 있는 능력을 평가하는 문항이다.
문제 풀이	정답 : ①

견해 A는 환원주의로 전쟁에서 살인에 대한 도덕적 책임을 적절하게 평가할 수 있는 어떤 원리가 있다면, 이 원리는 일상생활에서의 살인에 대한 도덕적 책임 또한 적절하게 평가할 수 있어야 함을 주장한다. 견해 B는 비환원주의에 대한 설명으로 전쟁에서 살인을 정당화하는 도덕적 원리는 일상생활에서 적용되는 도덕적 원리와 구분된다는 것이다. 이는 전쟁에서 발생하는 폭력 또는 살인에 관한 특성들이 일상생활의 폭력으로 환원되지 못한다는 견해에서 비롯된 입장이다.

〈보기〉 해설   ㄱ. P에 의해 을에게 도덕적 책임이 있지만 정에게 도덕적 책임이 없다는 결론이 도출된다면, 도덕적 책임을 평가하는 원리 P를 (상황 1)의 을과 (상황 2)의 정에게 똑같이 적용한 것이므로, 살인에 대한 도덕적 책임을 평가하는 데 원리 P를 두 상황에 똑같이 적용할 수 있어야 한다는 A를 약화하지 않는다. ㄱ은 옳지 않은 분석이다.

ㄴ. A는 살인에 대한 도덕적 책임을 평가하는 데 원리 P를 두 상황에 똑같이 적용할 수 있어야 한다는 주장이다. P에 따르면, (상황 2)에서 병의 지시에 따라 정이 적의 저격수를 사살한 것이 자기방어가 아니라면 이에 대해 도덕적 책임이 있다. 따라서 P에 의해 정의 살인 행위가 도덕적 책임이 있다고 주장하기 위해서는 정의 행위가 자기방어에 해당하지 않는 것임을 입증해야 한다. ㄴ은 옳은 분석이다.

ㄷ. B는 전쟁에서의 폭력과 일상생활에서의 폭력은 분명히 다르므로, 전쟁에서는 일상생활에서 적용되는 도덕적 원리와 구분되는 특별한 도덕적 원리가 필요하다고 말한다. 이는 (상황 1)의 을과 (상황 2)의 정에게 다른 도덕적 원리를 적용해야 함을 의미한다. 만약 다른 도덕적 원리를 적용한다면 을과 정의 도덕적 책임의 유무는 각 상황에 적용되는 도덕적 원리가 무엇인지에 의해 결정된다. 따라서 견해 B에 따르면 각 상황에 적용되는 도덕적 원리가 무엇인지에 따라 을과 정 모두에게 도덕적 책임이 있다는 결론이 도출될 수도 있다. ㄷ은 옳지 않은 분석이다.

〈보기〉의 ㄴ만이 옳은 분석이므로 정답은 ①이다.

14.

㉠에 대한 평가로 옳은 것은?

여론 형성 과정에서 진실보다 개인적인 신념이나 감정이 더 큰 영향력을 발휘하는 현상이 만연하고 있다. 개인적인 감정에 기초하여 작성된 누리소통망 글이 사실과 다름에도 사회적으로 큰 영향력을 끼치는 현상이 한 가지 예이다. 이러한 현상은 여러 유형으로 나타나는데, 그중 하나는 정보의 진위를 확인할 수 있음에도 확인하지 않고 진실인 것처럼 주장하는 경우이다. 우리는 그러한 경우 화자에게 책임이 귀속된다고 단순하게 생각하기 쉽다. 하지만 A에 따르면 ㉠그러한 경우라 하더라도 언제나 화자에게 책임이 귀속되는 것은 아니다.

가령 정상적인 관찰 조건에서 갑이 높은 빌딩 옥상에서 내려다보니 빌딩 옆 광장에 사람들이 많이 모여 있는 듯 보였다고 하자. 그래서 갑은 "광장에 사람들이 많이 모여 있다."라고 주장한다. 그런데 실은 광장에 있는 것은 사람이 아니라 행사를 위해 설치한 사람 모양의 인형들이었다. 갑에게 자신의 관찰은 분명한 것으로 느껴졌기에, 갑은 1층으로 내려가 정확한 정보를 확인하는 간단한 조치도 하지 않았다. 갑 스스로 증거가 미심쩍다고 여겼거나 타인으로부터 확인을 요구받았더라면 갑은 확인했을 것이지만, 굳이 그럴 필요를 느끼지 않았을 만큼 자신의 경험을 확신했던 것이다.

A에 따르면 이 경우 갑의 주장이 진실이 아니더라도 갑에게 책임을 귀속시키기 어렵다. A는 어떤 행위가 그 자체로 비난의 대상이 되는 오직 그 경우에만 그 행위자에게 책임이 귀속된다는 전제를 받아들인다. A에 따르면 위 예에서 "광장에 사람들이 많이 모여 있다."라는 갑의 주장 행위는 그 자체로는 비난의 대상이 아니다. 갑의 주장 행위는 인지적 착각에 불과하기 때문이다. 따라서 갑에게는 책임이 귀속되지 않는다. A는 진실이 아닌 것을 진실이라고 믿거나 주장하는 행위에서 중요한 부분은 위의 예와 같은 허용 가능한 수준의 태만이나 인지적 실수가 아니라, 의도적으로 정보의 습득을 회피하거나 거부하는 적극적인 회피 태도라고 말한다. 그러한 태도를 지닌 주체에게 책임이 귀속됨은 물론이다. 아주 간단한 확인 절차만으로 무엇이 진실인지를 알 수 있음에도 확인을 의도적으로 거부하면서 가짜 뉴스를 신봉하여 전파하는 사람에게 책임이 귀속되는 것은 자명하다.

① 그 자체로 비난의 대상이 아닌 행위는 어떤 것도 인지적 착각이 아니라면, ㉠은 약화된다.
② 가짜 뉴스를 신봉하여 전파하는 사람에게 언제나 책임이 귀속되는 것은 아니라면, ㉠은 약화된다.
③ 그 자체로 비난의 대상이 아닌 행위의 행위자에게 책임이 귀속되지 않는 경우가 있다면, ㉠은 약화된다.
④ 정상적인 관찰 조건에서의 거짓 주장은 언제나 적극적인 회피 태도에서 비롯한 것이라면, ㉠은 강화된다.
⑤ 진실 여부를 확인하는 것이 불가능한 상황에서는 인지적 착각에 불과한 행위가 일어날 수 없다면, ㉠은 강화된다.

문항 성격	문항유형 : 논증 평가 및 문제해결
	내용영역 : 인문
평가 목표	이 문항은 탈진실 현상과 관련한 책임의 귀속 문제에서 책임 귀속의 예외가 존재한다는 주장을 뒷받침하는 논증을 적절하게 분석하고 평가할 수 있는 능력을 측정하는 문항이다.
문제 풀이	정답 : ①

㉠을 주장하기 위해 A가 제시하는 논증은 다음과 같다.

[전제 1] 행위자에게 책임이 귀속된다면, 그 행위는 그 자체로 비난의 대상이다. ("어떤 행위가 그 자체로 비난의 대상이 되는 오직 그 경우에만 그 행위자에게 책임이 귀속된다…")

[전제 2] 갑의 사례는 단순한 인지적 착각에 불과하다.

[전제 3] 단순한 인지적 착각에 불과한 행위는 그 자체로는 비난의 대상이 아니다.

[결론 1] 따라서 갑의 사례는 행위자에게 책임이 귀속되는 사례가 아니다.

[전제 4] 갑의 사례는 정보의 진위를 확인할 수 있음에도 확인하지 않고 진실인 것처럼 주장하는 행위이다.

[결론 2] 따라서 정보의 진위를 확인할 수 있음에도 확인하지 않고 진실인 것처럼 주장하는 모든 경우에서 화자에게 책임이 귀속되는 것은 아니다.

정답 해설 ① ⓒ의 앞부분을 대우로 변형하면, 인지적 착각인 행위는 모두 그 자체로 비난의 대상이 되는 행위라는 것이다. 이는 [전제 3]을 거짓으로 만들기 때문에 A의 논증을 약화한다. 따라서 ①은 옳은 평가이다.

오답 해설 ② ㉠의 주장은 정보의 진위를 확인할 수 있음에도 확인하지 않고 거짓 주장을 하는 경우 모두에서 화자에게 책임이 귀속되는 것은 아니라는 것이다. 그리고 가짜 뉴스를 신봉하여 전파하는 것이 그러한 '경우'의 하나임은 제시문의 끝부분을 통해 확인할 수 있다. 가짜 뉴스를 신봉하여 전파하는 '경우' 언제나 책임이 귀속되는 것이 아니라면, 이것은 오히려 ㉠과 부합하므로 ㉠을 강화한다. 따라서 ②는 옳지 않은 평가이다.

③ 제시문에서 A가 예로 드는 갑의 예가 바로, "그 자체로 비난의 대상이 아닌 행위의 행위자에게 책임이 귀속되지 않는 경우"이다. 이처럼 ③은 A가 자신의 주장의 예시로 드는 예인 갑의 예와 부합하므로 ㉠을 강화한다. 따라서 ③은 옳지 않은 평가이다.

④ 정상적인 관찰 조건임에도 불구하고, 즉 진실을 확인할 수 있음에도 불구하고, 거짓 주장이 언제나 단순한 인지적 착각이 아닌 적극적인 회피 태도에서 비롯한다면, 화자에게 책임이 귀속되는 범위가 정상적인 관찰 조건의 모든 경우를 포괄하게 된다. 즉 화자에게 책임이 귀속되지 않는 경우가 있다는 주장인 ㉠을 약화하게 된다. 따라서 ④는 옳지 않은 평가이다.

⑤ 제시문의 A의 논증은 진실 여부를 확인하는 것이 가능한 상황에 국한하여 논의를 제시한다. 확인이 가능함에도 "허용 가능한 수준의 태만이나 인지적 실수"를 하는 경우와, "의도적으로 정보의 습득을 회피하거나 거부하는 적극적인 회피 태도"를 대비시켜 후자의 경우에만 책임이 귀속된다는 것이 ㉠의 주장이다. 그러므로 진실 여부를 확인하는 것이 불가능한 상황에서 A가 어떤 입장을 취할지

는 알 수 없다. 설령 그러한 상황을 A의 논증에 포함시킨다 하더라도, 그러한 상황에서 인지적 착각에 불과한 행위가 일어날 수 없다는 것은 A가 주장하는 책임 귀속 면제의 범위를 축소시키는 결과를 낳는다. 따라서 ⑤는 옳지 않은 평가이다.

15.

〈견해〉에 대한 평가로 옳은 것만을 〈보기〉에서 있는 대로 고른 것은?

A, B, C 세계가 있다고 하자.

A : 1억 명이 산다. 이들 모두는 각자 100단위의 높은 복지를 누린다.

B : 100억 명이 낮은 수준이지만 살 만한 가치가 있는 각자 5단위의 복지를 누리며 살고 있었는데, A에 살고 있던 1억 명이 이주해 왔다. A에서 이주한 1억 명은 각자 105단위의 복지를 누린다. B에 본래 살고 있던 100억 명은 각자 5단위의 복지를 그대로 누린다.

C : 아무도 살지 않던 C로 B에 살고 있던 101억 명이 모두 이주하였다. C에 사는 101억 명 모두 각자 10단위의 복지를 누린다.

〈견해〉

갑 : A에 살다가 B로 이주한 사람들은 A에 살았을 때보다 복지 수준이 높아졌다. 또한 B에 사는 나머지 사람들은 살 만한 가치가 있는 각자 5단위의 복지 수준을 그대로 누리고 있다. 따라서 B가 A보다 좋다.

을 : C에는 완전한 평등이 있고, C가 B보다 복지 평균도 높다. 따라서 C가 B보다 좋다.

병 : 복지 총합은 C가 A보다 크지만, 복지 평균은 A가 C보다 높다. 따라서 A가 C보다 좋다.

보 기

ㄱ. 불평등이 더 적은 세계가 더 좋은 세계라면, 갑의 결론은 부정되고 을의 결론은 부정되지 않는다.

ㄴ. 을이 C가 B보다 좋다고 주장하는 이유를 적용한다면, 을은 병의 결론에는 동의하고 갑의 결론에는 동의하지 않을 것이다.

ㄷ. 복지 평균이 더 높은 세계가 더 좋은 세계라면 갑의 결론은 부정되며, 복지 총합이 더 큰 세계가 더 좋은 세계라면 을의 결론은 부정되지 않고 병의 결론은 부정된다.

① ㄱ   ② ㄷ   ③ ㄱ, ㄴ

④ ㄴ, ㄷ   ⑤ ㄱ, ㄴ, ㄷ

문항 성격	문항유형 : 논증 평가 및 문제해결
	내용영역 : 인문
평가 목표	이 문항은 가능한 세계의 상대적 좋음에 대한 각각의 주장을 이해하고, 주어진 정보가 각 주장을 부정하는지 그렇지 않은지를 판단하는 능력을 평가하는 문항이다.
문제 풀이	정답 : ⑤

A, B, C 세계는 다음과 같이 그림으로 표현할 수 있다. 그림에서 사각형의 가로 넓이는 사람의 인구 수를 나타내며, 높이는 복지 수준을 나타낸다.

[A]   [B]   [C]

〈보기〉 해설   ㄱ. A와 C는 완전히 평등한 세계이지만 B는 불평등이 있는 세계이다. 갑의 결론은 B(불평등한 세계)가 A(평등한 세계)보다 좋다는 것이고, 을의 결론은 C(평등한 세계)가 B(불평등한 세계)보다 좋다는 것이다. 따라서 불평등이 더 적은 세계가 더 좋은 세계라면, 갑의 결론은 부정되고 을의 결론은 부정되지 않는다. ㄱ은 옳은 평가이다.

            ㄴ. 을이 C가 B보다 좋다고 주장하는 이유는 ⑴ 완전한 평등이 있으며, ⑵ 복지 평균이 높다는 것이다. 병의 결론은 A가 C보다 좋다는 것이다. 을의 이유 ⑴, ⑵를 A와 C에 적용해 보면, A와 C는 완전한 평등이라는 점에서 동일하지만 A의 복지 평균이 C의 복지 평균보다 더 높으므로, A가 C보다 좋다는 결론이 도출된다. 따라서 을이 ⑴과 ⑵를 적용한다면, 을은 병의 결론에 동의할 것이다. 한편 갑의 결론은 B가 A보다 좋다는 것이다. ⑴과 ⑵를 적용해 보면 A는 완전한 평등이 있지만 B는 불평등이 있으며 복지 평균도 A가 B보다 높으므로, A가 B보다 좋다는 결론이 도출된다. 따라서 을이 ⑴과 ⑵를 적용한다면 을은 갑의 결론에는 동의하지 않을 것이다. ㄴ은 옳은 평가이다.

ㄷ. 각 세계의 복지 평균과 복지 총합은 다음과 같다.

	A	B	C
사람 수	100,000,000	10,100,000,000	10,100,000,000
복지 평균	100	약 6	10
복지 총합	10,000,000,000	60,500,000,000	101,000,000,000

A가 B보다 복지 평균이 더 높기 때문에, 복지 평균이 더 높은 세계가 더 좋은 세계라면 A가 B보다 더 좋은 세계이다. 따라서 B가 A보다 더 좋다는 갑의 결론은 부정된다. A, B, C 순서로 복지 총합이 더 커지므로, 복지 총합이 더 큰 세계가 더 좋은 세계라면 C가 B보다 더 좋은 세계이고 C가 A보다 더 좋은 세계이다. 따라서 C가 B보다 더 좋은 세계라는 을의 결론은 부정되지 않고 A가 C보다 더 좋다는 병의 결론은 부정된다. ㄷ은 옳은 평가이다.

〈보기〉의 ㄱ, ㄴ, ㄷ 모두 옳은 평가이므로 정답은 ⑤이다.

16.

〈사례 1〉, 〈사례 2〉에 대한 판단으로 옳은 것만을 〈보기〉에서 있는 대로 고른 것은?

> 선택이 제한적인 상황에서 취해야 하는 행위를 어떻게 평가해야 할까? 주어진 상황에서 사회 공리를 극대화하는 행위는 '허용가능하다'고 하고, 그렇지 않은 행위는 '허용불가능하다'고 하자. 어떤 행위가 '칭찬할 만하다'는 것은 그 행위를 해야 할 충분히 좋은 이유가 존재하고 그것을 함으로써 자기희생도 따른다는 것을 의미한다. 자신이 피해를 겪음에도 불구하고 사회 공리를 높이는 행위를 했다면, 이는 칭찬할 만하다. 반대로 어떤 행위가 '비난할 만하다'는 것은 그 행위를 할 충분히 좋은 이유가 없거나 그 행위가 나쁜 이유에 기초한 행위라는 것을 의미한다.
>
> 우리는 어떤 행위를 '부분적으로', 즉 대안과 상관없이 그 행위 자체가 칭찬할 만한지 혹은 비난할 만한지 평가할 수 있다. 또한 행위에 대해 '전체적으로' 평가하는 것도 가능하다. 칭찬할 만한 어떤 행위가 다른 모든 대안보다 사회 공리를 더 높인다면, 이 행위는 전체적으로 칭찬할 만하다. 반면에 어떤 비난할 만한 행위가 다른 모든 대안과 비교할 때 사회 공리를 최소화한다면, 이 행위는 전체적으로 비난할 만하다.

〈사례 1〉

어린이 2명의 생명이 위험한 상황이며, 당신에겐 오직 3개의 선택지가 있다. 첫째, 당신은 어떠한 손해도 보지 않고 1명을 구한다. 둘째, 당신은 어떠한 손해도 보지 않고 2명을 구한다. 셋째, 당신은 그냥 지나치고 2명은 죽게 된다.

〈사례 2〉

빨강 버튼과 녹색 버튼이 있다. 어떤 버튼이든 누르고 나면 당신은 손가락을 잃고, 누르지 않으면 당신에게 아무 일도 일어나지 않는다. 오직 3개의 선택지가 있다. 첫째, 당신은 아무것도 하지 않고, 결국 10명이 죽는다. 둘째, 빨강 버튼을 눌러 10명의 목숨을 구하지만 그중 1명은 손가락을 잃는다. 셋째, 녹색 버튼을 눌러 10명의 목숨을 구하고 그중 1명이 손가락을 잃는 것도 막는다.

보 기

ㄱ. 〈사례 1〉에서 그냥 지나치는 행위는 허용불가능하면서 전체적으로 비난할 만하다.
ㄴ. 〈사례 2〉에서 빨강 버튼을 누르는 행위는 허용불가능하지만 부분적으로 칭찬할 만하다.
ㄷ. 〈사례 1〉과 〈사례 2〉 각각에서, 허용가능하며 전체적으로 칭찬할 만한 행위의 선택지가 있다.

① ㄱ   ② ㄷ   ③ ㄱ, ㄴ
④ ㄴ, ㄷ   ⑤ ㄱ, ㄴ, ㄷ

문항 성격   문항유형 : 언어 추리

             내용영역 : 규범

평가 목표   이 문항은 한 행위의 윤리성에 관한 개념을 정확히 이해한 후, 구체적인 사례에 적용하여 옳게 추론할 수 있는 능력을 평가하는 문항이다.

문제 풀이   정답 : ③

제시문에서 각 개념은 다음과 같이 정의된다.

• 허용가능하다 : 주어진 상황에서 사회 공리를 극대화하는 행위
• 허용불가능하다 : 주어진 상황에서 사회 공리를 극대화하지 않는 행위
• 칭찬할 만함 : 그 행위를 해야 할 충분히 좋은 이유가 존재하며 자기희생도 따름
• 비난할 만함 : 그 행위를 해야 할 충분히 좋은 이유가 없거나 그 행위가 나쁜 이유에 기초한 행위임

- 부분적으로 칭찬할 만함 : 대안과 상관없이 그 자체로 칭찬할 만함
- 부분적으로 비난할 만함 : 대안과 상관없이 그 자체로 비난할 만함
- 전체적으로 칭찬할 만함 : 칭찬할 만하며 다른 모든 대안보다 사회 공리를 더 높임
- 전체적으로 비난할 만함 : 비난할 만하며 다른 모든 대안과 비교할 때 사회 공리를 최소화함

이와 같은 정의를 〈사례 1〉과 〈사례 2〉에 적용하면 다음과 같다.

〈사례 1〉

첫째, 손해를 보지 않고 1명을 구하는 행위 : 사회 공리를 최대화하지 않으므로 허용불가능하며, 자기희생이 없으므로 칭찬할 만한 행위는 아님

둘째, 손해를 보지 않고 2명을 구하는 행위 : 사회 공리를 최대화하므로 허용가능하며, 자기희생이 없으므로 칭찬할 만한 행위는 아님

셋째, 그냥 지나치는 행위 : 사회 공리를 최대화하지 않으므로 허용불가능하며, 이 행위를 해야할 충분히 좋은 이유가 없거나 나쁜 이유에 기초한 행위이며 다른 모든 대안과 비교할 때 사회 공리를 최소화하는 행위이므로 전체적으로 비난할 만한 행위임

〈사례 2〉

첫째, 아무것도 하지 않는 행위 : 사회 공리를 최대화하지 않으므로 허용불가능함

둘째, 빨강 버튼을 누르는 행위 : 사회 공리를 최대화하지 않으므로 허용불가능하지만, 해야 할 충분히 좋은 이유가 존재하며 자기희생이 따르므로 부분적으로 칭찬할 만함

셋째, 녹색 버튼을 누르는 행위 : 사회 공리를 최대화하므로 허용가능하며, 해야 할 충분히 좋은 이유가 존재하며 자기희생이 따르므로 칭찬할 만하며, 다른 모든 대안보다 사회 공리를 더 높이므로 전체적으로 칭찬할 만함

〈보기〉 해설 ㄱ. 앞의 설명에 따르면 〈사례 1〉의 셋째 행위는 허용불가능하면서 전체적으로 비난할 만한 행위이다. ㄱ은 옳은 판단이다.

ㄴ. 앞의 설명에 따르면 〈사례 2〉의 둘째 행위는 허용불가능하지만 부분적으로 칭찬할 만한 행위이다. ㄴ은 옳은 판단이다.

ㄷ. 앞의 설명에 따르면 〈사례 2〉의 셋째 행위는 허용가능하며 전체적으로 칭찬할 만한 선택지이지만, 〈사례 1〉에는 허용가능하며 칭찬할 만한 행위의 선택지가 없다. ㄷ은 옳지 않은 판단이다.

〈보기〉의 ㄱ, ㄴ만이 옳은 판단이므로 정답은 ③이다.

17.

다음 글에 대한 분석으로 적절한 것만을 〈보기〉에서 있는 대로 고른 것은?

선(善), 즉 좋음에는 두 가지 차원이 있다. ㉠일차적 선은 한 존재가 지니는 본질적 완전성을 의미한다. 모든 존재자는 이것을 결여하면 더 이상 그 존재가 아니라는 점에서 이는 본질적인 선이다. 이러한 선은 적극적 의미에서 결여의 부정을 뜻한다. 인간에게 인간성이 없으면 더 이상 인간이 아니다. 인간이 인간으로 존재하는 한, 설사 개인 간의 신체 능력이나 덕성의 차이가 아무리 크다고 한들 그것 때문에 누가 더 인간이라는 진술은 성립하지 않는다.

이차적 선은 인간이라는 존재에 '직립 보행'이라는 우연적인 성질이 속하는 것처럼 어떤 주체와 이에 속하는 부수적 성질 사이의 관계를 의미한다. 이러한 선은 '존재성을 형성하는 선'이 아니라 '존재성에 수반되는 선'이다. 이차적 선은 다시 둘로 나뉜다. ㉡첫 번째 이차적 선은, 어떤 성질이 그 자체로 그것이 속하는 존재의 완전성에 기여하는 적합성을 가리킨다. 건강은 인간에게 일차적 선이 아니라 이차적 선이다. 아픈 인간도 여전히 인간이기 때문이다. 그리고 건강이 인간에게 좋다면, 건강은 그 자체로 인간에게 좋은 성질이다. ㉢두 번째 이차적 선은, 어떤 성질이 어떤 존재에 속했을 때 그 존재에서 발견되는 선함을 가리킨다. 이러한 의미의 선은 세부 성질 자체가 아닌, 한 존재가 가지는 좋음이다. 어떤 음식이 맛있다고 한다면, 염도, 산도, 식감 등이 잘 어울릴 때 그 음식이 맛있는 것이다. 여러 요소 중 하나만 떼어 맛있다고 하기는 어렵다.

보 기

ㄱ. 악이 선의 결여라면, 악은 ㉠이다.

ㄴ. "어떤 대상이 아름답다면, 아름다움은 그 대상이 가지는 크기, 형태, 색채 등의 조화로운 총체이다."라는 말에서 아름다움은 ㉢이다.

ㄷ. 어떤 것이 누구에게 언제나 좋으면 ㉠이고, 그렇지 않으면 ㉡ 또는 ㉢이다.

① ㄱ   ② ㄴ   ③ ㄱ, ㄷ

④ ㄴ, ㄷ   ⑤ ㄱ, ㄴ, ㄷ

문항 성격	문항유형 : 논증 분석
	내용영역 : 인문
평가 목표	이 문항은 선의 여러 차원에 관한 정의를 정확하게 이해하고 그 차이를 분석하는 능력을 평가하는 문항이다.

제시문은 '선'(좋음)의 개념에 대한 둔스 스코투스의 분석에 대한 해설로서, '선' 개념에 두 차원이 있음을 설명한다. 즉, 선에는 "모든 인간은 선하다."라고 말할 때와 같이 형이상학적 차원의 선이 존재하며, 일상적으로 어떤 개별자가 다른 개별자보다 더 완전할 때 그것을 선하다고 말하는 경우처럼 자연적 차원의 선도 존재한다. 본문에서는 그것들을 일차적 선과 이차적 선으로 구별하고 있다. 일차적 선은 그것이 없으면 그 존재일 수 없는 본질적인 선이며, 이차적 선은 귀속 관계를 전제한 선이다. 한편, 이차적 선은 다시 두 가지 용법으로 나뉘는데, 성질에 대해서 진술되는 경우와 주체에 대해 진술되는 경우다. 어떤 성질이 자신이 속하는 주체인 대상에 그 자체로서 기여한다면, 이 성질은 첫 번째 이차적 선이고, 어떤 성질이 어떤 존재에 속했을 때 그 존재에게서 발견되는 선함은 두 번째 이차적 선이다.

〈보기〉 해설　ㄱ. 악이 선의 결여라고 정의된다면, 악은 결코 일차적 선일 수 없다. 일차적 선은 적극적으로 결여의 부정을 의미하기 때문이다. ㄱ은 적절하지 않은 분석이다.

　　　　　　ㄴ. 두 번째 이차적 선은 어떤 성질이 어떤 존재에 속했을 때 그 존재에게서 발견되는 선함이다. 이 의미의 선은 세부 성질 자체가 아닌 한 존재가 가지는 좋음이다. 제시문의 사례로 어떤 음식이 맛있다고 한다면, 염도, 산도, 식감 등이 그 자체로 맛있다고 하기는 어렵지만 잘 어울려서 그 음식이 맛있기 때문에 그 음식의 맛있음은 두 번째 이차적 선이다. ㄴ의 '아름다움'도 어떤 대상이 아름답다면 그 대상이 가지는 크기, 형태, 색채 등 여러 요소의 조화로서 그 대상이 아름답기 때문에 두 번째 이차적 선이다. ㄴ은 적절한 분석이다.

　　　　　　ㄷ. 일차적 선은 본질적 선으로서 어떤 존재가 이를 결여하면 더 이상 그 존재일 수 없다는 의미에서 일종의 필요조건이다. 그러나 어떤 것이 누구에게 언제나 좋다고 하여도 그것이 그 인간이기 위한 필요조건일 필요는 없다. 예컨대 인간에게 언제나 좋다고 할 수 있는 건강은, 아픈 인간도 여전히 인간이므로, 일차적 선은 아니다. 반면 어떤 것이 누구에게 언제나 좋은 것이 아니라면 그것은 선일 수도 있지만 아예 선이 아닐 수도 있다. ㄷ은 적절하지 않은 분석이다.

　　　　〈보기〉의 ㄴ만이 적절한 분석이므로 정답은 ②이다.

18.

다음 논쟁에 대한 분석으로 옳은 것만을 〈보기〉에서 있는 대로 고른 것은?

갑1 : 종이에 쓰인 '개'라는 기호는 개에 관한 것이야. 마찬가지로 우리 머릿속의 개–생각 또한 개에 관한 것이지. 그런데 '개'라는 임의의 기호가 왜 개에 관한 것인지를 설명할 때와 마찬가지로, 개–생각이 어떻게 개에 관한 것인지를 설명하기도 까다로운 것 같아.

을1 : 그건 간단히 설명할 수 있어. 만약 대상 X가 어떤 생각을 인과적으로 야기하고, 그리고 X가 있을 때만 그 생각이 인과적으로 야기된다면, 그 생각은 X에 관한 것이지. 승강기 지시등을 생각해봐. 7층 지시등은 승강기가 7층에 도달하면 그리고 오직 그 경우에만 켜지잖아. 7층 지시등이 7층에 관한 것임과 똑같은 방식으로 개–생각은 개에 관한 것이야.

갑2 : 너의 견해는 만족스럽지 않아. 예를 들어 병이 개를 본다고 해봐. 개에서 병의 개–생각까지 이어지는 인과적 경로는 매우 길어. 빛이 개의 털에 반사되어 병의 망막으로 들어오지. 망막은 특정한 양식으로 활성화되고 그 정보는 시신경을 통해 뇌에 전달돼. 마지막으로 개–생각이 병의 뇌 깊은 데서 형성되지. ㉠병의 망막 위의 활성화 양식을 'd–양식'이라 하자. 그렇다면 개가 아닌 d–양식이라는 대상에 의해, 그리고 오직 그 대상이 있을 때만 병의 개–생각이 인과적으로 야기된다고 말할 수 있지.

을2 : 하지만 그 d–양식을 인과적으로 야기한 대상의 인과관계를 계속 거슬러 올라가면 마지막에는 항상 개가 있지. 그러므로 병의 개–생각은 여전히 개에 관한 것임에 변함이 없어.

갑3 : 그러면 병이 안개 낀 저녁에 양을 개로 오인하고 '저 안개 너머에 개가 있다.'라고 생각했다고 해볼까? 지금 병의 개–생각은 양에 의해서 야기되었어. 반면 정상적인 상황에서는 양이 아닌 개가 병의 개–생각을 야기하겠지. 개–생각은 양에 의해 야기되기도 하고 개에 의해 야기되기도 해. 그렇다면 개–생각은 개 또는 양에 의해 야기된다고 해야 해. 그러므로 너의 견해가 옳다면 병의 개–생각은 개가 아닌 개–또는–양이라는 대상에 관한 것이라는 결론에 도달해.

보기

ㄱ. ㉠까지 이어지는 인과적 경로의 출발점이 개 전체가 아니라 개의 일부라고 가정하더라도 갑2의 결론은 똑같이 도출된다.

ㄴ. 을2는 대상 a, b, c에 대해서 만약 a가 b를 인과적으로 야기하고 b가 c를 인과적으로 야기한다면 a는 c를 인과적으로 야기한다는 원리를 전제한다.

ㄷ. 갑2와 갑3에 제시된 논증은, 만약 을1의 견해를 수용한다면 병의 개–생각이 개가 아닌 다른 무언가에 관한 것일 수 있다는 것이다.

① ㄱ   ② ㄷ   ③ ㄱ, ㄴ
④ ㄴ, ㄷ   ⑤ ㄱ, ㄴ, ㄷ

문항 성격	문항유형 : 논쟁 및 반론
	내용영역 : 인문
평가 목표	이 문항은 생각 내용의 지향성에 관한 인과적 이론을 제시하는 을과 그에 대한 반론을 제시하는 갑 사이의 논쟁을 적절하게 분석할 수 있는 능력을 평가하는 문항이다.
문제 풀이	정답 : ⑤

제시문의 내용을 정리하면 다음과 같다.

- 을1의 이론 : 대상 X가 생각 C를 인과적으로 야기하고 그리고 X가 있을 때만 C가 인과적으로 야기된다면, 생각 C는 대상 X에 관한 것이다.
- 갑2의 반론 : 을의 이론을 받아들이면, 병의 개–생각은 개가 아닌 d–양식에 관한 것이라는 결론에 도달한다.
- 을2의 재반론 : 개에서 d–양식까지 이어지는 인과관계의 연쇄를 역추적하면 그 마지막에는 항상 개가 있다. 즉 "개가 개–생각을 인과적으로 야기하고 그리고 개가 있을 때만 개–생각이 인과적으로 야기된다."가 성립한다. 따라서 자신의 이론 하에서 병의 개–생각이 개에 관한 것이라는 결론은 유지된다.
- 갑3의 반론 : 을의 이론을 받아들이면, 병의 개–생각은 개가 아닌 개–또는–양이라는 선언적(disjunctive) 대상에 관한 것이라는 결론에 도달한다.

〈보기〉 해설	ㄱ. 병의 망막 위의 특정한 활성화까지 이어지는 인과적 경로의 출발점이 개 전체가 아니라 개의 일부라고 하더라도, "d–양식이라는 대상에 의해 그리고 오직 그 대상이 있을 때만 병의 개–생각이 인과적으로 야기된다"는 갑2의 주장은 여전히 성립한다. 따라서 을의 이론을 받아들이면, 병의 개–생각은 개가 아닌 d–양식에 관한 것이라는 갑2의 결론은 똑같이 도출된다. ㄱ은 옳은 분석이다.
	ㄴ. 을2는 "그 d–양식을 인과적으로 야기한 대상의 인과관계를 계속 거슬러 올라가면 마지막에는 항상 개가 있다"로부터 "병의 개–생각은 여전히 개에 관한 것임에는 변함이 없다"고 결론을 내린다. 그런데 이 결론이 도출되기 위해서는 "개가 병의 개–생각을 인과적으로 야기한다."가 성립해야 한다. 이것이 성립하기

위해서는 대상 a, b, c에 대해서 만약 a가 b를 인과적으로 야기하고 b가 c를 인과적으로 야기한다면 a는 c를 인과적으로 야기한다는 원리를 전제해야 한다. ㄴ은 옳은 분석이다.

ㄷ. 앞에서 설명한 것처럼, 갑2와 갑3 모두, 을의 이론을 수용한다면, 병의 개-생각이 갑2에서는 개가 아닌 d-양식, 갑3에서는 개가 아닌 개-또는-양에 관한 것이라는 결론이 도출된다는 것이다. ㄷ은 옳은 분석이다.

〈보기〉의 ㄱ, ㄴ, ㄷ 모두 옳은 분석이므로 정답은 ⑤이다.

19.

다음 논쟁에 대한 분석으로 옳은 것만을 〈보기〉에서 있는 대로 고른 것은?

갑 : 모든 명제는 수학, 윤리 등 어느 하나의 논의 주제에만 관한 것이며 어떤 논의 주제에 관한 것도 아닌 명제는 없다. 또한 명제는 그 명제의 논의 주제에 상대적으로만 참이거나 거짓이다. 그래서 "명제 p는 참이다.", "명제 q는 거짓이다."와 같이 말하는 것은 적절하지 않으며, "명제 p는 수학적-참이다.", "명제 q는 윤리적-거짓이다." 등과 같이 말해야 옳다. 명제는 그 명제의 논의 주제가 아닌 다른 주제에 관해서는 참이 아니다. 즉 윤리에 관한 명제 p는 수학적-참이 아니다. 그런데 '이가 원리'에 의하면 모든 명제는 참이거나 거짓이거나 둘 중 하나이다. 다시 말해, 어떤 명제가 참이 아니라면 그 명제는 거짓이고, 그 명제가 거짓이 아니라면 그 명제는 참이다. 나의 견해는 얼핏 이가 원리와 충돌하는 것처럼 보인다. 하나의 명제가 수학적-참이면서 윤리적-참은 아닐 수 있기 때문이다. 그러나 어떤 명제가 수학적-참이면서 수학적-참이 아니라고 말하는 것이 모순이지, 수학적-참이면서 윤리적-참이 아니라고 말하는 것은 모순이 아니다.

을 : 그렇지 않다. 너의 견해와 이가 원리를 모두 받아들이면 모순이 발생한다. "살인은 나쁘다."라는 명제를 r라고 하자. r는 윤리에 관한 명제이므로 수학적-참이 아니다. 그런데 너의 견해에 따르면 모든 참 거짓은 논의 주제에 상대적이므로, r가 수학적-참이 아니라는 명제 또한 어떤 특정한 논의 주제에 상대적으로 참이다. 살인에 대한 가치 평가의 참 거짓 문제가 수학적 주제에 관한 것이 아니라는 것은 명백하기에, r가 수학적-참이 아니라는 명제가 윤리의 논의 주제에 관한 것이라고 가정해보자. 우리의 가정에 의해서, r가 수학적-참이 아니라는 명제는 윤리적-참이다. 그런데 너의 견해에 따르면 모든 명제는 하나의 논의 주제에만 속하므

로, 윤리적-참인 명제는 수학적-참이 아니다. 그러므로 r가 수학적-참이 아니라는 명제는 수학적-참이 아니다. 그런데 이가 원리에 따르면 모든 명제 p에 대해서, p가 참이 아니라는 것이 참이 아니라면, p는 참이다. 그러므로 r는 수학적-참이다. 이는 r가 수학적-참이 아니라는 우리의 가정과 충돌한다.

보 기

ㄱ. 논의 주제 s에 관한 명제 p에 대해서, p가 s-참이 아니라면 p가 s-거짓이라는 것을 갑은 부정하지 않는다.

ㄴ. "p는 참이 아니라는 것은 참이 아니다."에서 앞의 '참'과 뒤의 '참'이 같은 논의 주제에 관한 것일 수 없다면, 을의 주장은 약화된다.

ㄷ. r가 수학적-참이 아니라는 명제가 윤리의 논의 주제가 아닌 예술의 논의 주제에 관한 것이라고 가정하더라도 을의 결론은 똑같이 도출된다.

① ㄱ   ② ㄴ   ③ ㄱ, ㄷ
④ ㄴ, ㄷ   ⑤ ㄱ, ㄴ, ㄷ

문항 성격 문항유형 : 논쟁 및 반론
내용영역 : 인문

평가 목표 이 문항은 갑의 이론인 '소박한 진리 다원주의'가 이가 원리와 양립 가능한가에 관한 문제에서 양립 가능하다는 갑의 주장과 그에 대한 을의 논박을 적절하게 분석하고 평가할 수 있는 능력을 측정하는 문항이다.

문제 풀이 정답 : ⑤

제시문의 내용을 정리하면 다음과 같다.

[갑의 주장]

(1) 모든 명제는 하나의 논의 주제에만 속한다.

(2) 논의 주제 s에 속하는 명제는 s-참이거나 s-거짓이다.

(3) 논의 주제 s에 속하는 명제는, 다른 논의 주제 r에 대해서, r-참이 아니다.

(4) 주장 (1)~(3)은 이가 원리와 충돌하지 않는다.

[을의 논증]

(1) "살인은 나쁘다."를 r라고 하자.

(2) r는 윤리적-참이다.

(3) 따라서 r는 수학적-참이 아니다. ((2)와 갑의 주장으로부터 도출됨)

(4) "r는 수학적–참이 아니다."는 윤리적–참이다. ((3)이 윤리의 논의 주제에 관한 것이라는 가정

으로부터 도출됨)

(5) "r는 수학적–참이 아니다."는 수학적–참이 아니다. ((4)와 갑의 주장으로부터 도출됨)

(6) 따라서 r는 수학적–참이다. ((5)와 이가 원리에 의한 이중 부정 제거 법칙으로부터 도출됨)

〈보기〉 해설 ㄱ. 여기서 말하는 원리는 이가 원리이다. 즉, s라는 하나의 논의 주제로 국한했을

때, s–참이 아닌 명제는 모두 s–거짓이고 s–거짓이 아닌 명제는 모두 s–참이라

는 것이 이가 원리이다. 갑은 이가 원리와 자신의 주장이 모순을 일으키지 않는

다고 주장한다. 즉, 갑은 이가 원리를 부정하지 않는다. ㄱ은 옳은 분석이다.

ㄴ. "p는 참이 아니라는 것은 참이 아니다."에서 앞의 '참'과 뒤의 '참'이 같은 논

의 주제에 관한 것일 수 없다면, "r가 참이 아니라는 것은 참이 아니다."에서 두

'참'에 똑같이 '수학적–'을 붙일 수 없게 된다. 즉, "r가 수학적–참이 아니라는

것은 수학적–참이 아니다."라고 말할 수 없게 된다. 이는 [을의 논증]에서 (5)를

성립하지 않게 하므로 을의 주장을 약화한다. ㄴ은 옳은 분석이다.

ㄷ. r가 수학적–참이 아니라는 명제가 예술의 논의 주제에 속한다고 하더라도, 위

[을의 논증]에서 (4)가 '"r는 수학적–참이 아니다."는 예술적–참이다'로 바뀔 뿐

이다. 이렇게 바뀌어도 예술적–참은 수학적–참이 아니므로 (4)로부터 (5)가 도출

되어 [을의 논증]의 결론이 똑같이 도출된다. ㄷ은 옳은 분석이다.

〈보기〉의 ㄱ, ㄴ, ㄷ 모두 옳은 분석이므로 정답은 ⑤이다.

20.

다음 논쟁에 대한 분석으로 적절한 것만을 〈보기〉에서 있는 대로 고른 것은?

갑 : 인간은 지각을 바탕으로 세상과 상호작용해. 그런데 인간은 때로 대상을 잘못 보기도 하지.
외부 세계에 정확히 대응하도록 지각하는 능력은 인간의 진화 과정에서 중요해. 실제 행동에
서 차이가 날 테니까. 그래서 정확한 표상과 오표상을 구분하는 것이 중요한 거야.

을 : 우리는 주어진 지각만으로는 정확한 표상과 오표상을 가려낼 수 없어. 시지각은 오직 망막에
전달된 정보에 의해 결정돼. 이때 동일한 지각에 대응하는 외부 대상은 복수일 수 있는데, 우
리는 그중 무엇이 진짜인지 알 수 없어. 갈색이 섞인 노란 표면도 주위가 붉을 때 중립적인 노
란색으로 지각되고, 연두색이 섞인 노란 표면도 주위가 녹색일 때 중립적인 노란색으로 지각
돼. 이 경우 우리는 중립적인 노란색만을 지각할 뿐, 표면이 원래 무슨 색인지 알 방법은 없지.

갑 : 네 말은 결국 설익은 바나나와 잘 익은 바나나를 구분하기 어렵다는 것이지? 내가 보는 것이 무엇인지 알 수 없으면, 잘 익은 바나나를 골라 먹을 수 없잖아. 이는 진화 과정에서 인간에게 불리하게 작용해.

을 : 물론 잘 익은 것만 알아내어 먹을 수 있으면 좋겠지. 그런데 우리는 설익었는지 잘 익었는지를 매번 정확하게 알 필요는 없어. 우리 행동반경 안에는 노란 바나나가 더 많아. 마트 진열대는 노란 바나나로 가득하잖아. 노란색 지각에 따라 먹는다면, 잘 익은 바나나를 먹게 될 거야.

보 기

ㄱ. 같은 지각을 산출하는 복수의 대상 중 어떤 것이 그 지각에 정확하게 대응할 확률이 가장 높은지를 지각자가 알 수 있다고 하더라도 갑의 주장은 약화되지 않는다.

ㄴ. 서로 다른 크기의 두 동그라미가 각각을 둘러싼 다른 동그라미의 크기에 따라서 같은 크기의 동그라미로 지각될 수 있다면, 을의 주장은 약화된다.

ㄷ. "어떤 지각은 외부 대상에 정확하게 대응한다."라는 명제에 대해 갑은 동의하지 않지만 을은 동의한다.

① ㄱ   ② ㄴ   ③ ㄱ, ㄷ
④ ㄴ, ㄷ   ⑤ ㄱ, ㄴ, ㄷ

문항 성격	문항유형 : 논쟁 및 반론
	내용영역 : 인문
평가 목표	이 문항은 새로운 사례나 정보가 주어진 논쟁의 특정 견해를 강화 또는 약화하는지 옳게 평가하는 능력과 어떤 견해가 특정 주장에 동의할 수 있는지 판단하는 능력을 측정하는 문항이다.
문제 풀이	정답 : ①

갑은 표상은 외부 대상에 대응하며 지각이 어떤 대상에 대응하는지를 지각자가 아는 것이 중요하다고 주장한다. 표상이 어떤 대상과 대응하는지 알 수 없으면 결국 진화과정에서 불리하게 작용한다는 것이다. 을은 갑의 주장을 반박하며 지각자는 내부 지각만을 알 수 있을 뿐 한 지각에 대응하는 외부 대상을 알 수 없다고 주장한다. 동일한 지각이 여러 외부 대상에 대응할 수 있는데, 오직 망막에 전달된 정보만을 가진 지각자는 무엇이 실제로 지각에 대응하는 대상인지 알 수 없다는 것이다.

ㄱ. 같은 지각을 산출하는 복수의 대상 중 어떤 것이 그 지각에 정확하게 대응할 확률이 가장 높은지를 지각자가 알 수 있다면, 지각자는 정확한 표상과 오표상을 구분할 가능성이 높아진다. 지각자는 자신의 지각에 대응하는 복수의 대상 중 그 지각에 정확하게 대응할 확률이 가장 높은 대상을 그 지각이 표상하는 것으로 판단할 것이기 때문이다. 따라서 지각이 어떤 대상과 정확히 대응하는지 지각자가 아는 것이 중요하다는 갑의 주장은 약화되지 않는다. ㄱ은 적절한 분석이다.

ㄴ. 서로 다른 크기의 두 동그라미가 각각을 둘러싼 다른 동그라미의 크기에 따라 같은 크기의 동그라미로 지각될 수 있다면, 이 현상은 을이 제시한 사례와 같이 같은 지각에 대응하는 두 대상에 관한 사례이므로 을의 주장이 약화되지는 않는다. ㄴ은 적절하지 않은 분석이다.

ㄷ. 갑은 외부 세계에 정확히 대응하도록 지각하는 능력이 중요하다고 주장하기 때문에, "어떤 지각은 외부 대상에 정확하게 대응한다."라는 명제에 대해 동의할 것이다. 따라서 이 명제에 대해 갑이 동의하지 않는다고 주장하는 ㄷ은 적절하지 않은 분석이다. (한편, 을도 이 명제에 동의할 수는 있다. 을이 지각과 대상 사이의 정확한 대응 가능성 자체를 부인하는 것은 아니기 때문이다.)

〈보기〉의 ㄱ만이 적절한 분석이므로 정답은 ①이다.

21.
다음 글에 대한 분석으로 옳은 것만을 〈보기〉에서 있는 대로 고른 것은?

예술비평은 예술작품을 평가하는 언어적 활동이다. 비평가는 작품의 구조적 특징이나 재현적·표현적 성질에 주목하고, 이를 바탕으로 작품의 의미를 발굴하는 등의 활동을 통해 작품에 대한 예술적 가치평가의 근거가 되는 이유들을 제시한다. 다음 〈비평〉을 놓고 갑과 을이 견해를 개진한다.

〈비평〉
• 평가 : 미켈란젤로의 〈피에타〉는 훌륭하다.
• 이유 : 미켈란젤로의 〈피에타〉는 실물 같다.

갑 : 〈비평〉의 평가가 타당하다고 여기는 누군가는 "만약 예술작품 W가 실물 같다면, W는 훌륭하다."라는 기준이 〈비평〉에 적용됐다고 주장할 수 있을 것이다. 그러나 이 기준은 워홀의 〈브릴로 상자〉에는 적용될 수 없다. 〈브릴로 상자〉가 실제 세제 상자와 동일한 외관을 지녔지만, 그 때문에 훌륭한 것은 아니기 때문이다. "예술작품 W에 대해서 속성 F가 W에 귀속된다면, W는 훌륭하다."라는 비평의 기준은 확립될 수 없다.

을 : 모든 예술작품에 예외 없이 적용될 수 있는 일반화된 비평 기준은 없다. 그러나 예술작품은 최소한 하나 이상의 범주에 속하는 것으로 분류될 수 있다. 그렇다면 우리는 각각의 범주에서 그것의 목적을 실현한다는 의미에서 작품의 훌륭함을 보장하는 일반화된 비평 기준, 즉 "범주 C에 속하는 예술작품 W에 대해서 속성 F가 C의 목적에 기여한다면, F는 W를 훌륭하게 만든다."를 찾아낼 수 있다. 〈비평〉의 평가는 "르네상스 조각에 속하는 예술작품 W에 대해, '실물 같음'이라는 속성이 르네상스 조각의 목적에 기여하는 한, '실물 같음'은 W를 훌륭하게 만든다."라는 기준이 적용된 것으로 볼 수 있다.

보기

ㄱ. 갑에 따르면, 비평의 기준은 어떤 방식으로도 일반화될 수 없으므로 평가는 언제나 개별 작품의 관점에서만 이루어져야 한다.

ㄴ. 회화 작품을 평가할 때, "통일성 있는 예술작품은 모두 훌륭하므로 이 작품은 훌륭하다."라는 평가는 을이 주장하는 '일반화된 비평 기준'이 적용된 것이다.

ㄷ. "극의 훌륭함을 저해하는 전형적인 속성인 '개연성 없는 플롯'이 부조리극의 목적에는 기여하더라도, 부조리극 비평의 일반화된 기준은 있을 수 없다."라는 주장은 갑의 견해와는 모순되지 않지만, 을의 견해와는 모순된다.

① ㄱ   ② ㄷ   ③ ㄱ, ㄴ

④ ㄴ, ㄷ   ⑤ ㄱ, ㄴ, ㄷ

문항 성격	문항유형 : 논증 분석
	내용영역 : 인문
평가 목표	이 문항은 예술비평에 적용되는 일반화된 기준이 있는지, 있다면 어느 수준의 일반화가 가능한지, 이러한 비평의 기준을 구체적인 작품에 어떻게 적용할 수 있는지에 관한 견해들을 읽고 그 함축에 대한 분석 능력을 평가하는 문항이다.

예술비평은 예술작품에 대한 비평가의 평가와 그러한 평가의 이유들을 제시하는 활동으로 이루어진다. 그러므로 비평의 이유들이 평가를 뒷받침할 수 있도록 하는 일반화된 비평 기준에 대한 논의가 필수적이다. 이 문제를 해결하기 위해서는 일반화된 비평 기준이 있다고 주장하는 일반주의와 일반화된 비평 기준은 없다고 주장하는 개별주의 사이의 논쟁 속에서 나타날 수 있는 견해들을 옳게 파악하여 그 함축에 대해 적절하게 분석할 수 있어야 한다.

〈보기〉 해설   ㄱ. 갑의 주장은 '만약 예술작품 W에 속성 F가 귀속된다면, W는 훌륭하다.'라는 일반화된 비평의 기준은 확립될 수 없다는 것이다. 그러므로 갑에 따르면 비평의 기준은 바로 이러한 일반화된 수준에서는 확립될 수 없다. 하지만 그렇다고 해서 이것보다 제한적인 수준에서도 비평의 기준이 확립될 수 없다는 것이 따라 나오는 것은 아니다. 비평의 기준이 제한적인 수준에서도 일반화될 수 없다는 진술은 실제 갑의 주장보다 더 강한 주장이다. 그렇다면 평가가 언제나 개별 작품의 관점에서만 이루어져야 한다는 주장도 갑의 주장으로부터 따라 나오지 않는다. ㄱ은 옳지 않은 분석이다.

ㄴ. 회화 작품을 평가할 때, "통일성 있는 예술작품은 모두 훌륭하므로 이 작품은 훌륭하다."라는 평가는 "통일성 있는 예술작품은 훌륭하다."가 모든 예술작품에 예외 없이 적용될 수 있다고 전제하고 있다. 그러나 을은 모든 예술작품에 예외 없이 적용될 수 있는 일반화된 비평 기준은 없다고 주장하므로, ㄴ은 옳지 않은 분석이다.

ㄷ. 갑의 견해는 모든 예술작품의 훌륭함을 보장하는 속성이 있다는 그런 수준에서 일반화된 비평 기준은 없다는 것이다. 따라서 부조리극 비평의 일반화된 기준은 있을 수 없다는 주장은 갑의 견해와 모순되지 않는다. 을의 견해는 특정 범주의 목적에 기여하는 속성이 그 범주에 속한 예술작품의 훌륭함을 보장하는 그런 수준에서 일반화된 비평 기준이 있다는 것이다. 그런데 ㄷ의 주장은 '개연성 없는 플롯'이 부조리극 범주의 목적에는 기여하더라도 부조리극 비평의 일반화된 기준은 있을 수 없다는 주장이므로 을의 견해와 모순된다. ㄷ은 옳은 분석이다.

〈보기〉의 ㄷ만이 옳은 분석이므로 정답은 ②이다.

22.

B의 논증에 대한 반론이 될 수 있는 것만을 〈보기〉에서 있는 대로 고른 것은?

> A : 감정은 언제나 적절한 평가적 믿음을 요구한다. 어떤 대상에 대한 두려움은 그 대상이 나에게 위험하다는 믿음에 근거하고, 어떤 일에 대한 슬픔은 그 일이 나에게 큰 손실이라는 믿음을 기초로 삼는다. 만약 내가 이러한 평가적 믿음과 모순되는 믿음을 가진다면, 이 경우 나는 감정을 느끼는 것이 아니거나 하나의 주장을 긍정하는 동시에 부정하고 있는 것이다.
>
> B : 적절한 평가적 믿음을 갖지 않고도 감정을 경험하는 것은 충분히 가능할 뿐 아니라, 실제로 흔한 일이다. 어떤 사람은 눈앞에 있는 거미가 자신에게 위험하지 않다고 굳게 믿으면서도, 그 거미에 대해 두려움을 느낄 수 있다. 나아가, 동물이나 영유아도 명백히 두려움 같은 감정을 느낄 수 있다. 그러나 언어능력이 없는 동물이나 영유아는 '위험'과 같은 평가적 개념을 아예 갖고 있지 않으며, 그러므로 뭔가가 자신에게 위험하다는 믿음을 가질 수도 없다.

보기

> ㄱ. 모순되는 믿음들을 가지는 것은 충분히 가능할 뿐만 아니라 흔한 일이다. 모순되는 믿음들을 지니는 것과, 평가적 믿음과 그에 모순되는 감정을 가지는 것 사이에는 그 가능성이나 빈도 면에서 큰 차이가 없다.
>
> ㄴ. 감정이 언제나 적절한 평가적 믿음을 요구한다는 주장은 그러한 평가적 믿음만 있으면 그에 따른 감정을 느끼게 된다는 주장이 아니다. 즐거움이나 고통과 같은 감각들도 감정의 필수 요소이고, 동물이나 영유아도 이런 감각들은 충분히 느낄 수 있다.
>
> ㄷ. 어떤 개념을 갖는다는 것이 그 개념을 언어적으로 표현할 능력이 있다는 것을 의미하지는 않는다. 포식자가 접근할 때 재빠르게 도망치는 성향을 지닌 동물이 있다면, 이 동물이 '위험'이라는 단어를 아는지와 무관하게 포식자의 위험성에 대한 믿음을 지닌다고 볼 수 있다.

① ㄱ   ② ㄷ   ③ ㄱ, ㄴ

④ ㄴ, ㄷ   ⑤ ㄱ, ㄴ, ㄷ

문항 성격   문항유형 : 논쟁 및 반론

                    내용영역 : 인문

이 문항은 감정이 적절한 평가적 믿음을 포함하는지에 관한 특정한 견해를 이해하여, 이 견해에 대해 어떤 것이 반론이 될 수 있는지 판단할 수 있는 능력을 평가하는 문항이다.

문제 풀이 정답 : ②

A에 따르면, 적절한 평가적 믿음은 감정을 갖기 위한 필요조건이다. 즉 내가 감정을 가진다면 나는 언제나 적절한 평가적 믿음을 가지는 것이다. 또한 내가 이러한 적절한 평가적 믿음과 모순되는 믿음을 가질 경우, 나는 감정을 느끼는 것이 아니거나 하나의 주장을 긍정하는 동시에 부정하고 있다는 것이다.

B는 적절한 평가적 믿음이 감정의 필요조건이라는 주장의 두 가지 문제점을 지적하고 있다. 첫째로, 적절한 평가적인 믿음을 갖지 않고도 감정을 경험하는 것이 가능할 뿐만 아니라 흔하게 있다는 것이다. 둘째로, 동물과 영유아는 '위험'과 같은 평가적 개념을 아예 갖고 있지 않으며 따라서 뭔가가 자신에게 위험하다는 믿음을 가질 수도 없지만, 명백히 두려움 같은 감정을 느낄 수 있다는 것이다.

〈보기〉 해설 ㄱ. 모순되는 믿음들을 가지는 것은 충분히 가능할 뿐만 아니라 흔한 일이라면, B는 이러한 일이 가능하고 사실상 흔한 일이라는 점에 대해 반대하는 주장을 펴고 있지는 않다. 나아가, ㄱ에서 평가적 믿음과 그에 모순되는 감정을 가지는 것도 가능하고 흔하다고 말하고 있지만, B는 적절한 평가적 믿음을 가지지 않고 감정을 경험하는 일, 예컨대 어떤 대상이 나에게 위험하다는 평가적 믿음이 없이 그저 두려움을 경험하는 일이 가능하고 흔하다고 주장하고 있다. 그러므로 평가적 믿음과 그에 모순되는 감정을 가지는 일이 흔하다 하여도, B의 주장과는 양립 가능하다. 따라서 ㄱ은 B의 논증에 대한 반론이 될 수 없다.

ㄴ. B가 지적하는 두 가지 문제점은 감정이 언제나 적절한 평가적 믿음을 요구한다는 A의 주장에 대한 비판이다. 그런데 ㄴ에서 말하고 있는 것은 감정이 언제나 적절한 평가적 믿음을 요구한다는 주장(A의 주장)은 적절한 평가적 믿음이 감정을 가지기 위한 충분조건이라는 주장과는 다르며, 즐거움이나 고통과 같은 감각들도 감정의 필수 요소라는 것이다. 따라서 ㄴ의 진술은 감정이 언제나 적절한 평가적 믿음을 요구한다는 A의 주장에 대한 보충 설명이지, B의 논증에 대한 반론이 될 수는 없다.

ㄷ. B의 두 번째 반론에서 핵심적인 전제는 바로 동물과 영유아는 '위험'과 같은 평가적 개념을 소유하지 않는다는 것이다. 그리고 이 전제는 동물이나 영유아가 언어능력을 결여한다는 주장으로부터 추론된다. ㄷ에서 진술하듯이 언어능력이 개념 소유의 필요조건이 아니며 언어적으로 어떤 개념을 표현할 능력이 없어도

그 개념을 소유할 수 있다면, 이것은 B의 논증의 전제에 대한 반박이므로 B의 논증에 대한 반론이 될 수 있다.

〈보기〉의 ㄷ만이 B의 논증에 대한 반론이 될 수 있으므로 정답은 ②이다.

23.

다음으로부터 추론한 것으로 옳은 것만을 〈보기〉에서 있는 대로 고른 것은?

한 사회는 외부의 압력에 의해 파괴되는 경우보다 내부로부터의 압력에 의해 해체되는 경우가 더 많다. 사회가 해체되는 첫 단계는 도덕적 연대가 느슨해지면서부터라는 것을 역사는 반복해서 보여주고 있다. 그러므로 사회의 존속에 필수적인 도덕적 규약을 보존하기 위한 노력은 정당하다. 이러한 규약은 개개인이 아닌, 한 사회 공동체의 도덕적 판단에 의해 형성된다.

사회 공동체 X에서 그 사회의 도덕적 판단은 X의 구성원 중에서 선정된 배심원단이 주어진 안건을 놓고 토론과 숙의를 거침으로써 결정한다. 이 판단은 언제나 X가 용인할 수 있는 한계를 넘어서는 것이 무엇인지를 확고히 한다. 이러한 과정을 통해 무언가를 사회적으로 용인할 수 없다는 결정에 이르는 일은 단지 선호 여부의 문제가 아니라 실제로 그것을 거부하고자 하는 느낌에 기초한다. 만약 그런 느낌이 실제로 느껴진 것이고 꾸며낸 것이 아니라면, 그것은 사회적으로 조건화된 역겨움, 즉 사회적 역겨움이다. 그러므로 사회적 역겨움은 사회적 용인의 한계점인 도덕적 금기가 무엇인지를 결정하는 데에 필수적이며, 그러한 금기의 위반을 두려워하여 역겨움을 느끼는 성향이 있는 사람이 X의 배심원으로 선정된다. 결국 X의 존속에 필수적인 도덕적 연대를 공고히 하는 것은 이렇게 결정된 도덕적 금기를 지키는 일과 다르지 않다.

보기

ㄱ. X에서 인종차별이 도덕적 금기로 결정되지 않았다면, X에는 배심원으로 선정된 사람도 없을 것이다.

ㄴ. X에서 도덕적 금기의 위반 사례가 나타난다면, X에는 사회적 역겨움을 느끼는 사람들이 있었을 것이다.

ㄷ. 어떤 사회이든 사람들 사이에 도덕적 판단이 일치하지 않는다면, 그 사회의 도덕적 판단이 무엇인지는 결정될 수 없다.

① ㄴ   ② ㄷ   ③ ㄱ, ㄴ

④ ㄱ, ㄷ   ⑤ ㄱ, ㄴ, ㄷ

내용영역 : 인문

이 문항은 도덕적 금기가 역겨움이라는 사회적 감정과 맺는 관계에 대한 제시문으로 부터 적절하게 추론할 수 있는 능력을 평가하는 문항이다.

정답 : ①

한 사회의 도덕적 규약은 그 사회의 도덕적 판단에 의해 형성되며, 그러한 도덕적 규약을 보존하지 못해 도덕적 연대가 느슨해지면 그 사회는 해체의 길로 접어들게 된다. 사회 공동체 X에서는 이러한 도덕적 규약이 도덕적 금기를 결정하는 도덕적 판단의 형태로 형성된다. X에서는 배심원단의 결정이 도덕적 금기 여부를 판정하며, 그 결정 방식은 토론과 숙의라는 과정을 거친다. 그런데 이때 도덕적 금기를 결정하는 일은 단지 선호 여부의 문제가 아니라 실제로 그것에 대해 '사회적 역겨움'을 느낄 것을 요구한다. 사회적 역겨움은 도덕적 금기가 무엇인지를 결정하는 데에 필수적이며, 배심원들은 최소한 사회적 역겨움을 느끼는 성향이 있는 사람들로 선정된다. X에서 사회의 존속에 필수적인 도덕적 연대를 공고히 하는 것은 이렇게 결정된 도덕적 금기를 지키는 일과 다르지 않다.

ㄱ. X에서 도덕적 금기는 배심원단의 토론과 숙의를 거친 결정을 통해 이루어진다. 그러므로 X에서 어떤 것이 도덕적 금기로 결정되었다면 배심원으로 선정된 사람이 있을 것이다. 그러나 X에서 배심원으로 선정된 사람이 있음에도 불구하고, 예컨대 인종차별이라는 특정한 안건이 도덕적 금기로 결정되지 않았다는 것이 가능하다. ㄱ은 옳지 않은 추론이다.

ㄴ. X에서 도덕적 금기의 위반 사례가 나타난다면, X는 최소한 도덕적 금기를 가지고 있는 사회이다. 그런데 X에서 도덕적 금기는 배심원단의 토론과 숙의를 거쳐 결정되므로 배심원단이 존재함을 추론할 수 있다. 또한 X에서는 도덕적 금기의 위반을 두려워하여 역겨움을 느끼는 성향이 있는 사람이 배심원으로 선정된다고 하였으므로, X에는 사회적 역겨움을 느끼는 사람들이 있었음을 추론할 수 있다. ㄴ은 옳은 추론이다.

ㄷ. 어떤 사회에서 사람들 사이의 도덕적 판단이 일치하지 않는다고 가정해 보자. 그렇다고 하여도 그 사회의 도덕적 판단이 무엇인지 결정될 수 있다. 예컨대 사회 X에서 그 사회의 도덕적 판단은 선정된 배심원단의 토론과 숙의를 거쳐 결정되지만, 이러한 배심원단의 도덕적 판단과는 다른 판단을 하는 사람들이 사회 X에 존재할 수 있다. ㄷ은 옳지 않은 추론이다.

〈보기〉의 ㄴ만이 옳은 추론이므로 정답은 ①이다.

24.

다음 글에 대한 평가로 옳은 것만을 〈보기〉에서 있는 대로 고른 것은?

〈가설〉

상황의 압박을 받아 행해진 행동 X와 그 행위자의 도덕성에 대해 사람들은 다음과 같이 판단한다.

- X가 나쁘면 자발적이라고 판단하고, X가 좋으면 강제되었다고 판단한다.
- X가 자발적이라고 판단하면 X를 근거로 행위자의 도덕성을 판단하지만, X가 강제되었다고 판단하면 X로부터 도덕성을 판단하지 않는다.

〈실험〉

100명의 참여자를 집단 1과 집단 2로 나누고, 집단 1은 글 1을, 집단 2는 글 2를 각각 읽도록 한다.

글 1 : 갑과 을이 노숙자와 마주친다. 갑이 을에게 가진 돈을 모두 노숙자에게 주라고 시킨다. 을은 가지고 있던 모든 돈을 노숙자에게 준다.

글 2 : 갑과 을이 노숙자와 마주친다. 갑이 을에게 노숙자의 돈을 빼앗으라고 시킨다. 을은 노숙자의 돈을 빼앗는다.

글을 읽은 각 집단에게 을의 행동이 자발적인지 강제되었는지, 그리고 을이 도덕적인지 아닌지 묻는다.

보기

ㄱ. 집단 1에서 을의 행동이 강제되었다고 답한 사람의 대부분이 을이 도덕적이라고 답하였다면, 〈가설〉은 약화된다.

ㄴ. 집단 1의 대부분이 을의 행동이 강제되었다고 답하였지만 집단 2의 대부분은 을의 행동이 자발적이라고 답하였다면, 〈가설〉은 약화된다.

ㄷ. 집단 1의 대부분이 을이 도덕적인지 아닌지 모르겠다고 답하였지만 집단 2의 대부분은 을이 부도덕하다고 답하였다면, 〈가설〉은 약화된다.

① ㄱ   ② ㄷ   ③ ㄱ, ㄴ
④ ㄴ, ㄷ   ⑤ ㄱ, ㄴ, ㄷ

| 문항 성격 | 문항유형 : 논증 평가 및 문제해결 |

내용영역 : 사회

평가 목표 이 문항은 행위자가 상황의 압박을 받아 행동할 때 행위자의 도덕성에 대해 사람들이 어떻게 판단하는지에 대한 가설을 제시하여, 제시된 실험 결과에 따라 가설이 약화 또는 강화되는지 판단할 수 있는 능력을 평가하는 문항이다.

문제 풀이 정답 : ①

〈가설〉에 따르면, 행위자가 상황의 압박을 받아 행동할 때, 행위자의 도덕성에 대한 사람들의 판단은 그 행위가 좋은 행동인지 나쁜 행동인지에 따라 차이가 있다. 행위가 좋은 행동일 경우, 사람들은 그 행위가 강제되었다고 판단하며, 행위가 강제되었다고 판단할 때 그 행위를 근거로 도덕성을 판단하지 않는다. 반면 행위가 나쁜 행동일 때 사람들은 그 행위가 자발적이라고 판단하며, 행위가 자발적이라고 판단할 때는 그 행위를 근거로 행위자의 도덕성을 판단한다. 글 1과 글 2에서의 을의 행위는 각각 좋은 행동과 나쁜 행동이라 할 수 있다. 따라서 〈가설〉에 따르면 집단 1의 사람들은 을의 행위는 강제되었다고 판단할 것이고 그로부터 을의 도덕성을 판단하지 않겠지만, 집단 2의 사람들은 을의 행위는 자발적이라 판단하고 그로부터 을의 도덕성을 판단할 것이다.

〈보기〉 해설 ㄱ. 글 1의 을의 행동은 좋은 행위라 할 수 있으므로 〈가설〉에 따르면, 사람들은 을의 행동이 강제되었다고 판단할 것이며 을의 행동으로부터 도덕성을 판단하지 않을 것이다. 집단 1에서 을의 행동이 강제되었다고 답한 사람의 대부분이 을이 도덕적이라고 답했다면, 이는 그들이 을의 행동으로부터 을의 도덕성을 판단했다는 것이다. 이는 〈가설〉의 예측과 다르며 따라서 〈가설〉을 약화한다. ㄱ은 옳은 평가이다.

ㄴ. 글 1의 을의 행동과 글 2의 을의 행동이 각각 좋은 행동, 나쁜 행동이므로, 〈가설〉에 따르면 사람들은 전자는 강제되었다고 판단할 것이며, 후자는 자발적이라 판단할 것이다. 따라서 집단 1의 대부분이 전자를 강제되었다고 판단하고 집단 2의 대부분이 후자를 자발적이라고 판단했다면, 이는 〈가설〉의 예측과 부합한다. 따라서 이러한 결과는 〈가설〉을 약화하지 않는다. ㄴ은 옳지 않은 평가이다.

ㄷ. 글 1의 을의 행동과 글 2의 을의 행동이 각각 좋은 행동, 나쁜 행동이므로, 〈가설〉에 따르면 사람들은 전자로부터 을의 도덕성을 판단하지 않을 것이며 후자로부터는 을의 도덕성을 판단할 것이다. 따라서 집단 1의 대부분이 을이 도덕적인지 아닌지 모르겠다고 답했고 집단 2의 대부분이 을이 부도덕하다고 답하였다면, 이는 〈가설〉의 예측과 부합한다. 따라서 이러한 결과는 〈가설〉을 약화하지 않는다. ㄷ은 옳지 않은 평가이다.

〈보기〉의 ㄱ만이 옳은 평가이므로 정답은 ①이다.

25.

다음 논증의 구조를 분석한 것으로 가장 적절한 것은?

> ㉠인간 이성의 본성으로부터 윤리 규범이나 가치의 필연성을 도출해 낼 수는 없다. ㉡규범이나 가치는 사회적, 역사적 우연성을 반영한다. ㉢우리가 지금과 다른 사회·문화적 조건에 처해 있었더라면, 우리는 지금과 다른 실천적 문제에 직면했을 것이고 다른 규범 및 가치 체계를 지녔을 것이기 때문이다. ㉣어떠한 윤리 규범도 우리가 이성적 존재라는 사실에서만 비롯한 것일 수 없으며, 모든 가치는 우리의 평가적 관점에 의존한다. ㉤윤리 규범은 인간 이성의 본성으로부터 도출해 낼 수 있는 '이성의 사실'이 아니다. ㉥우리가 이성의 법칙으로부터 순수 논리학과 수학의 법칙을 이끌어 낼 수 있을지 모르지만, 우리가 참으로 여기는 도덕 법칙을 마찬가지로 연역해 낼 수 있는 것은 아니다. ㉦가치의 원천은 특정 행위자의 평가적 태도에서 찾아야 한다. ㉧어떤 것을 가치 있게 만드는 것은 결국 우리가 그것을 가치 있는 것으로 여긴다는 데에 있기 때문이다.

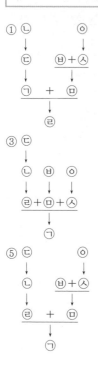

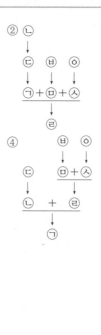

문항유형 : 논증 분석

내용영역 : 인문

평가 목표 이 문항은 이성의 본성으로부터 규범과 가치의 필연성이 도출되지 않는다는 논증의 구조를 파악할 수 있는 능력을 평가하는 문항이다.

문제 풀이 정답 : ④

주어진 논증을 간단히 요약하자면 이렇다. 인간 이성의 본성으로부터 윤리 규범이나 가치의 필연성을 도출해 낼 수는 없다. 왜냐하면 (근거1) 규범과 가치는 사회적, 역사적 우연성을 반영하며, (근거2) 어떠한 윤리 규범도 우리가 이성적 존재라는 사실에서만 비롯한 것일 수 없으며, 모든 가치는 우리의 평가적 관점에 의존하기 때문이다. (근거 1)과 (근거 2)는 각각 추가적 근거에 의해 뒷받침되며, 보다 도식적으로 나타내자면 논증은 다음의 구조를 갖는다. (아래에서 예컨대 (근거1-1)은 (근거1)을 지지하고, (근거2-2-1)은 (근거2-2)를 지지한다는 것을 표현하고 있다)

(결론) 인간 이성의 본성으로부터 윤리 규범이나 가치의 필연성을 도출해 낼 수는 없다.(㉠)

　(근거1) : 규범이나 가치는 사회적, 역사적 우연성을 반영한다.(㉡)

　　(근거1-1) : 우리가 지금과 다른 사회·문화적 조건에 처해 있었더라면, 우리는 지금과 다른 실천적 문제에 직면했을 것이고 다른 규범 및 가치 체계를 지녔을 것이다.(㉢)

　(근거2) : 어떠한 윤리 규범도 우리가 이성적 존재라는 사실에서만 비롯한 것일 수 없으며, 모든 가치는 우리의 평가적 관점에 의존한다.(㉣)

　　(근거2-1) : 윤리 규범은 인간 이성의 본성으로부터 도출해 낼 수 있는 '이성의 사실'이 아니다.(㉤)

　　　(근거2-1-1) : 우리가 이성의 법칙으로부터 순수 논리학과 수학의 법칙을 이끌어 낼 수 있을지 모르지만, 우리가 참으로 여기는 도덕 법칙을 마찬가지로 연역해 낼 수 있는 것은 아니다.(㉥)

　　(근거2-2) : 가치의 원천은 특정 행위자의 평가적 태도에서 찾아야 한다.(Ⓐ)

　　　(근거2-2-1) : 어떤 것을 가치 있게 만드는 것은 결국 우리가 그것을 가치 있는 것으로 여긴다는 데에 있다.(◎)

정답 해설 ④ 앞에서 설명한 논증 분석을 모두 충족하는 논증 구조도는 ④이다.

26.

다음으로부터 추론한 것으로 옳은 것만을 〈보기〉에서 있는 대로 고른 것은?

"목적을 욕구하는 사람이라면 그것에 필수불가결한 수단 역시 욕구해야 한다."라는 칸트의 격률에 대해서는 두 해석이 존재한다. 두 해석은 칸트의 격률에 나타난 '해야 한다'의 범위에 대한 것으로, 그 적용 및 만족 조건에 있어 차이가 있다.

"건강을 바라는 사람이라면 담배를 끊고자 해야 한다."라는 요구를 생각해 보자. 좁은 범위 해석에 따르면, '해야 한다'는 이 조건문의 전건을 충족시키는 행위자에게 적용되며, 이런 행위자에게 요구되는 것은 조건문의 후건을 충족시키는 것이다. 즉 담배를 끊고자 하는 것이 위의 요구를 만족시키는 방법이며, 담배를 끊고자 하지 않는다면 해당 요구를 위반한다. 한편 건강을 바라지 않는 행위자에게는 애초에 이 요구가 적용되지 않으므로 만족 여부를 논할 수 없다.

반면 넓은 범위 해석에 따르면, '해야 한다'는 조건문 전체, 즉 "건강을 바라는 사람이라면 담배를 끊고자 한다."를 범위로 갖는다. 다시 말해, 위의 요구는 행위자가 주어진 목적을 욕구하는지 여부와 무관하게 모든 행위자에게 적용되며, 요구를 만족시킬 수 있는 방법은 두 가지이다. 하나는 목적을 욕구하지 않는 것이고, 다른 하나는 필수적인 수단을 욕구하는 것이다. 금연 사례의 경우, 건강을 바라는 행위자에게든 그렇지 않은 행위자에게든 위의 요구가 적용되며, 행위자는 담배를 끊고자 함으로써 이 요구를 만족시킬 수도 있지만, 건강을 바라지 않음으로써도 이 요구를 만족시킬 수 있다.

보 기

ㄱ. 좁은 범위 해석에 따르면, 목적을 욕구하지 않으면서 그것에 필수적인 수단은 욕구하는 행위자는 칸트의 격률을 만족시킨다.

ㄴ. 넓은 범위 해석에 따르면, 일평생 그 어떠한 목적도 욕구해 본 적이 없는 행위자는 칸트의 격률을 만족시킨다.

ㄷ. "목적을 욕구하면서 그것에 필수적인 수단을 욕구하지 않을 경우 그리고 오직 그 경우에만 행위자는 칸트의 격률을 위반한다."라는 점에 대해 좁은 범위 해석과 넓은 범위 해석은 차이가 없다.

① ㄱ   ② ㄴ   ③ ㄱ, ㄷ
④ ㄴ, ㄷ   ⑤ ㄱ, ㄴ, ㄷ

문항 성격	문항유형 : 언어 추리
	내용영역 : 인문
평가 목표	칸트의 격률에 대한 좁은 범위 해석과 넓은 범위 해석을 바탕으로 각각의 해석에 따를 때 행위자가 언제 그러한 요구를 적용받고, 위반 또는 만족시키는지를 추론할 수 있는 능력을 측정하는 문항이다.
문제 풀이	정답 : ④

제시문에 따르면, "목적을 욕구하는 사람이라면 그것에 필수불가결한 수단 역시 욕구해야 한다."라는 칸트의 격률에 대한 해석은 '해야 한다'는 표현의 범위가 조건문 전체에 걸쳐있는지, 아니면 후건에만 걸쳐있는지에 따라 '넓은 범위 해석'과 '좁은 범위 해석'으로 나뉜다. 넓은 범위 해석에 따르면, 목적을 욕구하는 행위자에게든 그렇지 않은 행위자에게든 칸트의 격률이 적용되며, 격률은 두 가지 방식, 즉 주어진 목적을 욕구하지 않는 방식과 그 목적 달성에 필수적인 수단을 욕구하는 방식으로 만족될 수 있다. 반면 좁은 범위 해석에 따르면, 오직 목적을 욕구하는 사람에게만 격률이 적용되며, 격률은 필수적인 수단을 욕구하는 한 가지 방식으로만 만족될 수 있다.

〈보기〉 해설 ㄱ. 좁은 범위 해석에 따르면, 오직 목적을 욕구하는 행위자에게만 칸트의 격률이 적용되며, 목적을 욕구하지 않는 행위자는 격률의 적용 대상이 아니다. 따라서 목적을 욕구하지 않으면서 그것에 필수적인 수단은 욕구하는 행위자는 격률의 적용 대상이 아니므로 만족 여부를 논할 수 없다. ㄱ은 옳지 않은 추론이다.

ㄴ. 넓은 범위 해석에 따르면, 칸트의 격률은 행위자가 어떤 목적을 욕구하는지와 무관하게 행위자에게 적용되고, 행위자가 목적을 욕구하지 않을 경우 격률은 만족된다. 따라서 일평생 아무런 목적도 욕구해 본 적이 없는 행위자는 일생에 걸쳐 칸트의 격률을 만족시킨다는 것을 추론할 수 있다. ㄴ은 옳은 추론이다.

ㄷ. 행위자가 목적을 욕구하지 않는 경우, 넓은 범위 해석에 따르면 행위자는 칸트의 격률을 만족시키며, 좁은 범위 해석에 따르면 행위자에게 격률이 적용되지 않으므로 격률을 위반할 수도 만족시킬 수도 없다. 행위자가 목적을 욕구하는 경우는, 그가 수단을 욕구하는 경우와 그렇지 않은 경우로 나뉜다. 전자의 경우, 두 해석 모두에서 행위자는 칸트의 격률을 만족시킨다. 후자의 경우, 두 해석 모두에서 행위자는 격률을 위반한다. 따라서 좁은 범위 해석에서든 넓은 범위 해석에서든, 행위자는 어떤 목적을 욕구하면서 수단을 욕구하지 않을 경우에, 그리고 오직 그 경우에만 칸트의 격률을 위반한다. 그러므로 격률의 위반과 관련해서는 두 해석은 아무런 차이가 없다는 것을 추론할 수 있다. ㄷ은 옳은 추론이다.

〈보기〉의 ㄴ, ㄷ만이 옳은 추론이므로 정답은 ④이다.

27.

다음 글에 대한 평가로 적절한 것만을 〈보기〉에서 있는 대로 고른 것은?

배심원들이 확률적 증거에 기초하여 피고에게 사건의 책임이 있을 가능성이 크다고 추론하였음에도 불구하고 유죄나 원고 승소 평결을 내리기 주저하는 현상이 발견된다. 이를 설명하는 〈가설〉이 있다.

〈가설〉

사건의 책임이 누구에게 있는지를 명시적으로 제시하지 않은 증거는 그 자체로 타당하다고 받아들여지더라도 정보로서의 가치가 낮게 평가된다. 따라서 이러한 정보는 배심원의 평결에 영향을 덜 미치게 된다.

즉 "피고에 책임이 있을 확률이 80%이다."라는 증언과 "맞을 확률이 80%인 증거에 근거할 때 피고에 책임이 있다."라는 증언은 배심원들이 받아들이는 데에 심리적으로 큰 차이가 있다는 것이다. 연구진은 이 가설을 검증하기 위해 〈실험〉을 진행하였다.

〈실험〉

모의 배심원들에게 다음과 같은 사건 개요를 읽게 한다.

"갑은 같이 산책 중이던 자신의 개를 친 혐의로 버스 회사 B를 고소했다. 갑이 사는 도시에는 파란색 버스만 운행하는 회사 B와 회색 버스만 운행하는 회사 G, 2개만 있는데, 갑은 색맹이어서 사고를 낸 버스의 색을 확인할 수 없었다."

모의 배심원을 무작위로 둘로 나눈 뒤, 집단 1에게는 조사관의 증언 X만을, 집단 2에게는 조사관의 증언 X와 Y 모두를 제시한다.

X : 타이어 매칭 기술을 적용한 결과 B의 전체 버스 10대 중 8대와 G의 전체 버스 10대 중 2대가 사고 현장에서 수거한 타이어 자국과 완벽하게 일치한다.

Y : 나는 타이어 자국 증거에 근거해서 B의 버스가 원고의 개를 쳤다고 본다.

모의 배심원들로 하여금 B의 버스가 실제로 개를 쳤을 확률을 제시하고 B에 대한 평결을 내리도록 했다. 실험 결과, 모의 배심원이 B에 책임이 있을 확률로 제시한 값인 '주관적 확률'은 두 집단이 같았고, 각 집단에서 B에 책임이 있다고 판단한 모의 배심원의 비율인 '원고 승소 평결률'은 두 집단 모두에서 주관적 확률보다 낮았다.

ㄱ. 집단 1의 원고 승소 평결률이 집단 2보다 유의미하게 낮다면, 〈가설〉은 약화된다.

ㄴ. 주관적 확률과 원고 승소 평결률 사이의 차이가 집단 2보다 집단 1에서 유의미하게 크다면, 〈가설〉은 강화된다.

ㄷ. 만약 회색 버스가 갑의 개를 쳤다는 목격자의 증언이 두 집단에게 추가로 제공되었을 때, 집단 1보다 집단 2에서 원고 승소 평결률이 유의미하게 더 낮아졌다면, 〈가설〉은 약화된다.

① ㄱ   ② ㄴ   ③ ㄱ, ㄷ

④ ㄴ, ㄷ   ⑤ ㄱ, ㄴ, ㄷ

문항 성격	문항유형 : 논증 평가 및 문제해결
	내용영역 : 사회
평가 목표	이 문항은 배심원들의 판단에 영향을 미치는 요인에 대한 심리학적 가설과 이 가설을 검증하기 위한 실험 설계를 분석하여, 주어진 실험 결과가 가설을 약화 또는 강화하는지 올바르게 판단할 수 있는 능력을 평가하는 문항이다.
문제 풀이	정답 : ②

확률적 증거에 따르면 피고에게 책임이 있을 확률이 크다는 것을 배심원들도 인정하면서도, 실제 평결을 내릴 때는 그러한 확률적 증거에 따르지 않는 경향이 일반적으로 발견된다. 확률적 증거를 받아들인다면 피고에게 책임이 있다는 평결을 내리는 것이 당연해 보이는데, 실제로는 그러한 합리적 판단에 반하여 피고에게 책임이 있다는 평결을 내리기를 주저한다는 것이다. 이러한 현상을 발견한 웰스(Wells)의 이름을 따서, 이를 웰스 효과라고 한다. 이 실험은 웰스 효과의 가설을 검증하기 위한 일련의 실험 중 일부이다. 〈가설〉에 따르면 아무리 확률적으로 확실해 보이는 통계적 증거일지라도, 사건의 책임이 누구에게 있는지를 명확하게 제시하지 않는 증거라면 배심원의 평결에 영향을 덜 미치게 된다.

이 〈실험〉에서 X는 사건의 책임이 누구에게 있는지를 명시적으로 제시하지 않는 증거, X와 Y는 사건의 책임이 누구에게 있는지를 명시적으로 제시하는 증거에 해당한다.

〈보기〉 해설 ㄱ. 〈가설〉에 따르면 집단 1은 확률적 증거만으로 B에게 책임이 있다는 원고 승소 평결을 내리려 하지 않았을 것이기 때문에 원고 승소 평결률이 낮을 것인 반면, 집단 2는 확률적 증거에 더해 B에 책임이 있음을 명시적으로 제시하는 조사관의 증언을 접했으므로 상대적으로 원고 승소 평결률이 높을 것이다. 따라서 집단 1의 원고 승소 평결률이 집단 2보다 유의미하게 낮다면, 〈가설〉은 약화되는 것이 아니라 강화될 것이다. ㄱ은 적절하지 않은 평가이다.

ㄴ. 제시문에서 주관적 확률은 두 집단이 같았고 원고 승소 평결률은 두 집단 모두에서 주관적 확률보다 낮았다고 하였다. 또한 ㄱ에서 설명했듯이 〈가설〉에 따르면 집단 1의 원고 승소 평결률은 낮지만 집단 2의 원고 승소 평결률은 상대적으로 높을 것이므로, 주관적 확률과 원고 승소 평결률 사이의 차이는 집단 2보다 집단 1에서 클 것이다. 따라서 주관적 확률과 원고 승소 평결률 사이의 차이가 집단 2보다 집단 1에서 유의미하게 크다면 〈가설〉은 강화된다. ㄴ은 적절한 평가이다.

ㄷ. 사건의 책임이 누구에게 있는지 명확히 제시하는 이 새로운 증언은 Y와 같은 효력을 지닌다. 그런데 이 증언은 G에 책임이 있다는 증언이므로 B에 책임이 있다는 증언 Y와는 배치된다. ㄱ에서 보았듯이, 〈가설〉에 따르면 집단 1의 원고 승소 평결률은 집단 2의 원고 승소 평결률과 비교하여 상대적으로 낮을 것이므로, 새로운 증언으로 판단이 바뀔 집단 1의 배심원은 집단 2와 비교할 때 상대적으로 적을 수 있다. 반면 집단 2는 B에 책임이 있다고 판단한 배심원의 비율(원고 승소 평결률)이 상대적으로 높기 때문에, 새로운 증언으로 판단이 바뀔 배심원이 상대적으로 많을 수 있다. 즉 새로운 증언으로 집단 1의 원고 승소 평결률보다 집단 2의 원고 승소 평결률이 더 낮아질 수 있다. 따라서 새로운 증언으로 집단 1보다 집단 2에서 원고 승소 평결률이 유의미하게 더 낮아졌다면, 이것은 〈가설〉을 약화하는 결과가 아니다. ㄷ은 적절하지 않은 평가이다.

〈보기〉의 ㄴ만이 적절한 평가이므로 정답은 ②이다.

28.

다음 글에 대한 평가로 옳은 것만을 〈보기〉에서 있는 대로 고른 것은?

〈이론〉

사람들은 익숙한 순서대로 정보가 주어질 때 정보 처리가 수월하다고 느낀다. 정보 처리가 수월하다는 느낌은 대상에 대한 친숙함으로 이어지고, 이에 따라 대상의 호감도가 높아진다. 주재료와 최종 제품은 정보 자체에 시간적 흐름의 개념을 내포하고 있으므로, 소비자에게 제품의 주재료를 먼저 제시하고 그 이후에 그 재료로 만들어지는 최종 제품을 제시하면, 역순으로 정보를 제공하는 경우보다 제품에 대한 소비자의 호감도를 높일 수 있을 것이다. 하지만 이러한 효과는 누구에게나 같은 강도로 나타나는 것은 아니다. 제품에 대한 친숙도가 낮을수록 효과가 커지고, 높을수록 작아질 것이다.

〈실험〉

무작위로 선정된 남녀 각 60명을 대상으로 먼저 올리브 비누에 대한 친숙도를 조사하였다. 조사 결과 대체로 남성은 친숙도가 낮았고 여성은 친숙도가 높았다. 남녀를 각각 두 집단으로 나눈 뒤, 한 집단에는 올리브 비누의 재료인 올리브 오일이 올리브 비누보다 먼저 나오는 광고를, 다른 집단에는 올리브 비누가 올리브 오일보다 먼저 나오는 광고를 보여 주었다. 이후 네 집단 각각에 대해 올리브 비누에 대한 정보 처리의 수월성 정도와 제품 호감도를 측정하였다.

보 기

ㄱ. '올리브 비누−올리브 오일' 순으로 정보가 제시될 때보다 역순으로 제시될 때, 남성은 올리브 비누에 대한 호감도가 유의미하게 높았다면 〈이론〉은 강화된다.

ㄴ. '올리브 비누−올리브 오일' 순으로 정보가 제시될 때보다 역순으로 제시될 때, 여성은 정보 처리가 더 수월하다고 느꼈지만 남성은 그렇지 않았다면 〈이론〉은 강화된다.

ㄷ. 모든 집단에서 올리브 비누에 대한 친숙도가 유사한 사람들을 대상으로 제품 호감도를 비교했을 때, 남녀 사이에 유의미한 차이가 없었다면 이 결과는 〈이론〉과 양립 가능하다.

① ㄱ   ② ㄴ   ③ ㄱ, ㄷ
④ ㄴ, ㄷ   ⑤ ㄱ, ㄴ, ㄷ

문항 성격	문항유형 : 논증 평가 및 문제해결
	내용영역 : 사회
평가 목표	이 문항은 대상의 호감도에 관한 이론을 올바로 이해하고, 실험 결과가 이론을 강화 또는 약화하는지 옳게 판단할 수 있는 능력을 평가하는 문항이다.
문제 풀이	정답 : ③

〈이론〉의 요소는 다음과 같다.

Ⓐ 사람들은 익숙한 순서대로 정보가 주어질 때 정보 처리가 수월하다고 느낀다.

Ⓑ 정보 처리가 수월하다는 느낌은 대상에 대한 친숙함으로 이어진다.

Ⓒ 대상에 대한 친숙함으로 이어지면, 이에 따라 대상의 호감도가 높아진다.

Ⓓ 이러한 효과는 제품에 대한 친숙도가 낮을수록 커지고, 높을수록 작아진다.

〈이론〉에 따르면, Ⓐ → Ⓑ → Ⓒ이고, Ⓓ는 '친숙도'가 이러한 효과를 조절하는 효과를 가진다는 것을 의미한다.

ㄱ. 〈이론〉에 따르면, '올리브 비누–올리브 오일' 순으로 정보가 제시될 때보다 '올리브 오일–올리브 비누' 순으로 제시될 때 정보 처리가 더 수월하다고 느낄 것이고(Ⓐ), 정보 처리가 더 수월하다고 느끼므로 대상에 대해 더 친숙하게 느낄 것이며(Ⓑ), 대상에 대해 더 친숙해져서 호감도가 더 높을 것이다(Ⓒ). 그리고 이러한 효과는 친숙도가 낮은 남성에게 특히 강할 것이다(Ⓓ). ㄱ은 옳은 평가이다.

ㄴ. 〈이론〉에 따르면, 정도의 차이는 있겠지만 '올리브 비누–올리브 오일' 순으로 정보가 제시될 때보다 '올리브 오일–올리브 비누' 순으로 제시될 때 여성과 남성 모두 정보처리가 더 수월하게 느낄 것이다. 특히 ㄱ에서 설명한 대로 남성은 여성에 비해 정보처리가 더 수월하다고 느끼는 정도가 클 것이다. ㄴ은 옳지 않은 평가이다.

ㄷ. Ⓒ에 따르면 친숙도가 유사한 사람들은 제품 호감도도 유사할 것이다. 따라서 남녀 사이에 친숙도가 유사하다면 호감도에 유의미한 차이가 없을 것이므로, ㄷ의 남녀 사이에 유의미한 차이가 없었다는 결과는 〈이론〉과 양립 가능한 결과이다. ㄷ은 옳은 평가이다.

〈보기〉의 ㄱ, ㄷ만이 옳은 평가이므로 정답은 ③이다.

29.

다음 논쟁에 대한 분석으로 옳은 것만을 〈보기〉에서 있는 대로 고른 것은?

갑 : 경제 행동은 독립적이고 합리적인 개인이 자기이익을 추구하는 행동이야. 완벽한 경쟁과 자기규제가 이루어지는 이상적인 시장의 토대는 바로 이러한 원자화되고 합리적인 사람들의 행동이지. 사람들의 사회 관계는 경쟁 시장에 방해가 될 뿐이야.

을 : 하지만 현실적으로 시장은 그렇게 완벽하게 작동하지 않아. 시장에서 강압과 기만이 일어나기도 하니까. 물론 강압과 기만도 자기이익을 추구하는 과정에서 생겨나는 것이지. 사람들의 강압과 기만을 억누를 정도로 시장이 충분히 자기규제력을 발휘할 수 있을까? 최소한 사람들 사이에 어느 정도의 신뢰가 작동해야 해.

병 : 그러한 신뢰의 원천은 일반화된 도덕이야. 타인을 존중해야 한다는 암묵적 합의가 존재하고, 사람들은 대부분 그러한 합의에 자동적으로 따르지. 인간은 우리가 합의하는 규범과 가치 체계의 명령에 자연스럽게 복종하거든. 이를 사회화를 통해 철저하게 내면화하기 때문이지. 도덕을 강하게 공유하기 때문에 질서 있는 거래가 보장되는 거야.

을 : 하지만 일반화된 도덕이 작동해서 신뢰에 입각한 경제 행동을 하는 것인지 확인할 수 있는 거래 상황은 현실에서 거의 발견할 수 없어. 시장의 질서 있는 거래를 일반적으로 설명하기 위해서는 행위자의 의도적 행동이 현재 이루어지고 있는 구체적인 사회 관계에 뿌리 박고 있다는 사실에 주목해야 해. 시장에서 신뢰를 낳고 부정행위를 억제하는 것은 구체적인 사적 관계와 그 연결망이야. 우리는 평판이 좋은 사람과 거래하려고 하지, 일반화된 도덕에만 의존하지는 않아. 그리고 일반적 평판에만 의존하기보다는 거래 상대를 잘 아는 지인을 찾아서 정보를 얻으려고 하지. 물론 자신도 좋은 평판을 유지하려고 노력하면서 말야. 원자화된 개인을 가정해서는 현실을 설명할 수 없어.

보 기

ㄱ. 갑과 을은 자기이익을 추구하는 개인을 가정한다.

ㄴ. 경제 관계가 지속되면서 자연스럽게 형성되는 관계의 사회적 성격이 경제생활에 긍정적이라는 주장에 갑은 동의하지 않지만 을은 동의한다.

ㄷ. 의사결정이 이루어지는 시점에 개인이 맺고 있는 구체적인 사회 관계는 병보다 을에게 중요하다.

① ㄱ   ② ㄴ   ③ ㄱ, ㄷ
④ ㄴ, ㄷ   ⑤ ㄱ, ㄴ, ㄷ

문항 성격   문항유형 : 논쟁 및 반론
내용영역 : 사회

평가 목표   이 문항은 경제 행동과 시장의 작동을 설명하는 주장들의 핵심 요소를 파악하고 논쟁의 구조를 제대로 분석하여 각 주장을 비교하여 평가하는 능력을 측정하는 문항이다.

문제 풀이   정답 : ⑤

갑은 공리주의 전통의 고전주의와 신고전주의 경제학의 입장이다. 병은 극단적인 사회학적 입장이다. 갑은 과소사회화된 행위자를, 병은 과잉사회화된 행위자를 상정한다. 반면 을은 이들 입장 모두 경제 행동에 대한 설명에서 사회 관계의 맥락으로부터 자유로운 원자화된 개인을 상정한다고 비판하며, 합리적인 행위자를 가정하더라도 행위자의 사적 관계와 그 연결망이 중요함을 강조한다.

〈보기〉 해설   ㄱ. 갑은 "경제 행동은 … 개인이 자기이익을 추구하는 행동"이라고 명확하게 밝히고 있다. 을은 갑의 의견을 반박하고 있지만, 강압과 기만도 자기이익을 추구하는 과정에서 생겨나는 것이라고 주장한다는 점에서 을 역시 자기이익을 추구하는 개인을 가정함을 알 수 있다. ㄱ은 옳은 분석이다.

ㄴ. 갑은 사회 관계가 경쟁 시장에 방해가 된다고 보므로, 경제 관계가 지속되면서 자연스럽게 형성되는 관계의 사회적 성격이 경제생활에 긍정적이라는 주장에 동의하지 않을 것이다. 하지만 을은 구체적인 사회 관계가 신뢰를 낳는다고 보는 점에서 경제 관계의 지속으로 자연스럽게 형성되는 관계의 사회적 성격이 경제생활에 긍정적이라는 주장에 동의할 것이다. ㄴ은 옳은 분석이다.

ㄷ. 을은 개인이 맺고 있는 구체적인 사회 관계가 행위자의 의도적 행동에 중요한 영향을 미친다고 보지만, 병은 일반화된 도덕을 중시하므로 의사결정이 이루어지는 시점의 구체적인 사회 관계는 행동에서 상대적으로 중요하지 않다. 현재의 사회 관계가 어떻든지 간에 사회화를 통해 내면화한 일반화된 도덕에 따를 것이기 때문이다. ㄷ은 옳은 분석이다.

〈보기〉의 ㄱ, ㄴ, ㄷ 모두 옳은 분석이므로 정답은 ⑤이다.

30.

다음 글에 대한 분석으로 옳은 것만을 〈보기〉에서 있는 대로 고른 것은?

> 경제학에서는 경제주체의 효용이 다른 경제주체에 의해 영향을 받으면 외부성이 존재한다고 말한다. 남이 최소한의 소득 수준은 누리기를 내가 바라는 경우, 나의 소득이 어느 수준을 넘어서면 나의 효용은 오히려 감소할 수도 있다. 이러한 상황에서의 소득 배분을 보다 구체적으로 살펴보기 위해, 두 사람 갑과 을로 구성된 가상의 사회를 생각해 보자. 둘이 나눠 가지는 소득의 총량은 100으로 고정되어 있다. 각자의 소득은 정수이며 둘은 100을 남김없이 나눠 가진다고 하자. 이때 두 사람의 효용은 다음과 같이 정해진다. 갑, 을 모두 동일한 임계점 y_c가 있어(단 $y_c \geq 50$), 자신의 소득이 y_c 이하일 때는 소득이 그대로 효용이 되지만, 소득이 그보다 클 때는 소득이 y_c를 초과한 값을 y_c에서 뺀 값이 효용이 된다. 예를 들어 y_c가 70일 때, 만약 소득이 60이라면 효용은 60이지만, 소득이 90이라면 효용은 50이다. 이 사회에서 하나의 배분을 두 소득의 조합 (y_1, y_2)로 표시하자. 여기서 y_1과 y_2는 각각 갑과 을의 소득을 나타낸다.
>
> 위 상황에서 특정 배분을 평가하는 기준으로 효율성 개념을 이용할 수 있다. 임의의 배분 y = (y_1, y_2)에 대해 또 다른 배분 y' = (y_1', y_2')이 존재하여 y보다 y'에서 갑과 을 각각의 효용이 모두 더 높다면, y를 '비효율적 배분'이라고 정의한다. 반면 이러한 y'이 존재하지 않는다면, y를 '효율적 배분'이라고 정의한다.

보기

ㄱ. y_c=100이면, 갑은 소득이 증가할수록 효용이 증가한다.

ㄴ. y_c=80일 때 배분 (10, 90)은 효율적이다.

ㄷ. y_c가 커질수록 효율적인 배분의 개수는 줄어든다.

① ㄱ   ② ㄴ   ③ ㄱ, ㄷ

④ ㄴ, ㄷ   ⑤ ㄱ, ㄴ, ㄷ

문항 성격   문항유형 : 언어 추리

내용영역 : 사회

평가 목표   이 문항은 외부성이 있는 경우의 소득 배분과 관련한 사실관계 및 배분의 효율성을 파악하는 능력을 평가하는 문항이다.

문제 풀이   정답 : ①

이 문제는 외부성이 존재하는 상황에서의 효율적인 소득 배분에 대해 묻고 있다. 먼저 소득과 관련하여 외부성이 발생할 수 있는 경우를 설명하고, 구체적 사례를 제시한 후 효율적·비효율적 배분을 정의하고 있다.

제시문의 설명에 따르면 개인의 효용은 소득이 y_c가 될 때까지는 소득 증가분만큼 계속 증가하다가 y_c를 초과하면 초과분만큼 감소한다. 따라서 소득이 y_c일 때 효용이 최대가 된다. 소득이 y_c가 아닐 때에는 y_c에서 멀어질수록 효용이 작아지고, y_c에 가까워질수록 효용이 커진다.

y_1의 변화로 갑과 을의 효용이 모두 증가하는 경우가 있다면, 배분을 달리하여 둘의 효용을 모두 증가시킬 수 있으므로 갑의 소득을 y_1으로 하는 배분은 비효율적 배분이다. 반면 y_1의 변화로 둘 중 최소한 한 명의 효용이 감소한다면, 둘 모두의 효용을 증가시킬 수 있는 배분이 없으므로 갑의 소득을 y_1으로 하는 배분은 효율적 배분이다.

〈보기〉 해설   ㄱ. 소득의 총량이 100이므로 갑의 소득의 상한은 100이다. 따라서 y_c=100이면 갑의 소득은 y_c를 초과할 수 없고 갑의 소득은 그대로 갑의 효용이 되어, 갑의 소득 증가분만큼 갑의 효용이 계속 증가한다. ㄱ은 옳은 분석이다.

ㄴ. y_c=80일 때 배분이 (10, 90)이라면, 갑과 을의 효용은 각각 10과 70이다. $y_2 > y_c$이므로 을의 소득을 조금 덜어 갑에게 주면 둘 다 효용이 증가한다. 예를 들어 만약 배분을 y_1=15, y_2=85로 바꾸면 갑과 을의 효용이 각각 15와 75가 되어 둘의 효용이 모두 증가한다. 따라서 y_c=80일 때 배분 (10, 90)은 비효율적인 배분이다. ㄴ은 옳지 않은 분석이다.

ㄷ. 주어진 y_c에 대해, 다음 경우로 나눌 수 있다.

(경우1) $y_1 > y_c$인 경우

이 경우 갑의 소득 y_1을 (y_c보다 작지 않게) 줄이면, 갑의 효용이 증가한다. 이 때 y_1이 줄어든 값만큼 을의 소득 y_2가 증가하게 된다. 한편 $y_c \geq 50$이고 $y_1 > y_c$이며 $y_1 + y_2 = 100$이므로, $y_2 = 100 - y_1 < 100 - y_c \leq y_c$, 즉 $y_2 < y_c$가 성립한다. $y_2 < y_c$이므로 y_2가 (y_c보다 크지 않게) 증가할 경우 을의 효용도 증가한다. 따라서 갑과 을의 효용이 모두 증가하는 또 다른 배분이 존재한다. 즉 이 경우의 배분 (y_1, y_2)는 비효율적 배분이다.

(경우2) $100 - y_1 > y_c$인 경우

이 경우 $y_1 + y_2 = 100$이므로, $y_2 > y_c$가 성립한다. $y_2 > y_c$이므로, (경우1)에서 설명한 방식과 유사하게 $y_1 < y_c$가 성립한다. 따라서 을의 소득 y_2를 조금 줄이고 갑의 소득 y_1을 그만큼 늘리면 갑과 을의 효용이 모두 증가할 것이다. 따라서 갑과 을의 효용이 모두 증가하는 또 다른 배분이 존재하므로, 이 경우의 배분 (y_1, y_2)도 비효율적 배분이다.

(경우3) $y_1 \leq y_c$이고 $100 - y_1 \leq y_c$인 경우, 즉 $100 - y_c \leq y_1 \leq y_c$인 경우

이 경우는 y_1과 $y_2 (= 100 - y_1)$ 모두 y_c보다 크지 않으므로, 한 사람의 소득을 조금 늘리고 다른 사람의 소득을 그만큼 줄이면, 소득이 줄어든 사람의 효용은 반드시 감소한다. 즉 두 사람 모두의 효용을 더 높이는 또 다른 배분 (y_1', y_2')이 존재하지 않으므로, 이 경우의 배분 (y_1, y_2)는 효율적 배분이다.

결국 주어진 y_c에 대해 효율적인 배분은 (경우3)의 $100 - y_c \leq y_1 \leq y_c$를 만족하는 배분 (y_1, y_2)이다. y_c가 커질수록 y_1의 범위가 넓어지므로 효율적 배분 (y_1, y_2)의 개수도 늘어난다. ㄷ은 옳지 않은 분석이다.

〈보기〉의 ㄱ만이 옳은 분석이므로 정답은 ①이다.

31.

다음으로부터 추론한 것으로 옳은 것은?

X국 정부는 암 치료제 개발에 대한 경제적 유인을 제공하기 위해, 암 치료제를 개발한 제약회사에 특허를 주어 20년간 제조 및 판매에 대한 배타적 권리를 인정해 주고 있다. 특허를 얻은 제품을 판매하기 위해서는 임상시험을 통과해야 한다.

암 치료제는 암의 진행 단계에 맞추어 설계된다. 어떤 약은 초기암에 더 효과적이고 어떤 약은 말기암에 더 효과적이다. 이른 시기에 치료를 시작할수록 암이 완치될 확률이 높아지므로 사회적 관점에서는 초기암 치료제의 가치가 말기암 치료제보다 더 높다. 그런데 X국에서 특허를 얻은 암 치료제의 종류를 조사한 한 연구에 따르면, 실제로 개발되어 출시되는 암 치료제는 초기암 치료제보다 말기암 치료제가 월등히 많았다. 이는 사회적으로 비효율이 존재함을 의미한다.

이 연구는 이러한 문제가, ㉠초기암 치료제의 임상시험에 소요되는 시간과 ㉡말기암 치료제의 임상시험에 소요되는 시간의 차이가 ㉢X국에서 암 치료제에 대한 배타적 권리가 개시되는 시점에 대한 규정과 결합하여 발생한다고 결론지었다. 이 상황에서는 초기암 치료제보다 말기암 치료제를 개발하여 출시하는 것이 더 높은 이윤을 가져다준다는 것이다.

① ㉠이 ㉡보다 길고, ㉢은 특허를 얻은 시점이다.
② ㉠이 ㉡보다 길고, ㉢은 임상시험 통과 시점이다.
③ ㉡이 ㉠보다 길고, ㉢은 특허를 얻은 시점이다.
④ ㉡이 ㉠보다 길고, ㉢은 임상시험 통과 시점이다.
⑤ ㉠과 ㉡이 같고, ㉢은 임상시험 통과 시점이다.

문항 성격	문항유형 : 언어 추리
	내용영역 : 사회
평가 목표	이 문항은 암 치료제의 특허에 관한 설명을 바탕으로 초기암·말기암 치료제의 임상시험에 소요되는 시간의 차이와 특허에 의해 배타적 권리가 개시되는 시점을 파악하는 능력을 평가하는 문항이다.
문제 풀이	정답 : ①

이 문항은 암 치료 신약이 주로 말기 치료제 위주로 개발된다는 사실이 암 치료제의 임상시험에 소요되는 시간과 암 치료제에 대한 배타적 권리가 개시되는 시점과 관련된다는 내용을 소개하고 있다. 초기암 치료제보다 말기암 치료제가 월등히 더 많이 개발된다는 진술로부터, 말기암보다 초기암이 임상시험에 소요되는 시간이 더 길며, 신약 제조와 판매에 대한 배타적 권리가 임상시험 통과 시점이 아니라 특허를 얻는 시점에 개시됨을 유추할 수 있다.

정답 해설	① 암 치료제를 배타적으로 판매할 수 있는 기간이 길수록 이윤이 더 높을 것이므로, 초기암 치료제보다 말기암 치료제를 개발하여 출시하는 것이 더 높은 이윤을 가져다준다는 것으로부터 말기암 치료제를 개발하여 출시할 때의 배타적 판매 기간이 초기암 치료제를 개발하여 출시할 때의 배타적 판매 기간보다 더 길

다는 것을 추론할 수 있다. 그런데 배타적 권리가 임상시험 통과 시점에 개시된다면, 임상시험에 소요되는 시간이 긴 치료제이든 짧은 치료제이든 모두 임상시험 통과 시점부터 20년간 배타적으로 판매할 수 있게 되므로, 임상시험 소요 시간이 긴 것이 특별히 불리하지는 않다. 그러나 특허를 얻은 시점에 배타적 권리가 개시되고 특허를 얻은 제품을 판매하기 위해서는 임상시험을 통과해야 한다면, 배타적 권리는 20년으로 한정되어 있으므로 임상시험에 소요되는 시간이 짧을수록 치료제를 배타적으로 판매할 수 있는 기간이 더 길어진다. 따라서 초기암 치료제보다 말기암 치료제를 개발하여 출시하는 것이 더 높은 이윤을 가져다 준다는 것으로부터 초기암 치료제의 임상시험에 소요되는 시간은 말기암 치료제의 임상시험에 소요되는 시간보다 더 길며, 암 치료제에 대한 배타적 권리가 개시되는 시점은 특허를 얻은 시점이라는 것을 추론할 수 있다.

32.

다음 글에 대한 분석으로 옳은 것은?

공리 P는 선택 가능한 대안의 집합이 축소되는 경우 개인의 선택에 대해 적용되는 공리이다. 선택 가능한 대안 전체의 집합 T에서 x가 선택되었다고 하자. 또한 T의 한 부분집합 S에 대해 x가 여전히 S에 속한다고 하자. 그러면 P는 축소된 집합 S에서도 여전히 x가 선택되어야 할 것을 요구한다. P를 위배하는 선택은 직관적으로 매우 이상하게 느껴진다. 가령 짜장면을 주문하려는 사람에게 종업원이 "참, 오늘 볶음밥은 안 됩니다."라고 하자 이 사람이 주문을 짬뽕으로 바꾸었다고 하자. 이러한 선택은 상식적으로 납득하기 어렵다. P는 이러한 상식을 정식화한 것이다.

〈사례 1〉

한 선거에서 갑과 을만 입후보한 양자대결 구도에서는 갑이 우세했으나, 제3의 후보인 병이 등장하자 을이 선두를 차지했다.

〈사례 2〉

결선투표로 당선자를 뽑는 선거에 세 후보 A, B, C가 출마했다. 1차 투표에서 A가 1위를 차지하였으나 과반 획득에 실패하여, 2위를 차지한 B와 함께 결선투표에 진출하였다. 동일한 투표자가 참여한 결선투표에서 B가 과반을 얻어 당선되었다.

<사례 3>

　　한 아파트에서 단지 내 유휴지 사용을 위한 안으로 X, Y, Z를 선정하여 전체 주민 100명의 의견을 물었다. 1차 조사에서는 X, Y, Z를 선택한 사람이 각각 17명, 0명, 83명이었다. 2차 조사에서는 동일한 사람들에게 X와 Z만 제시하였는데, X와 Z를 선택한 사람은 각각 68명과 32명으로 집계되었다.

① 〈사례 1〉에는 P를 위배한 사람이 존재한다.

② 〈사례 2〉의 1차 투표에서 C를 선택한 사람 중 적어도 1명은 P를 위배하였다.

③ 〈사례 2〉의 1차 투표에서 B를 선택한 사람보다 A를 선택한 사람이 더 많이 P를 위배하였다.

④ 〈사례 3〉에서 P를 위배한 사람은 전체 주민의 절반을 넘지 않는다.

⑤ 〈사례 3〉에서 P를 위배하지 않은 사람의 비율이 15%일 수 있다.

문항 성격	문항유형 : 언어 추리
	내용영역 : 사회
평가 목표	이 문항은 개인선택 문제와 관련하여 제시된 공리를 구체적인 사례에 적용하여 제시된 진술의 진위를 판별하는 능력을 평가하는 문항이다.
문제 풀이	정답 : ⑤

제시된 공리 P는 개인선택이론의 '무관한 대안으로부터의 독립(independence of irrelevant alternatives, IIA)' 공리이다. 이 공리는 선택 가능한 대안의 집합이 축소되지만 원래 선택된 대안은 여전히 선택 가능한 경우에 적용된다. 〈사례 1〉은 대안이 늘어나는 경우이므로 IIA의 적용 대상이 아니며, 〈사례 2〉와 〈사례 3〉은 대안이 줄어들므로 IIA를 적용할 수 있는 상황이다.

정답 해설　⑤ 〈사례 3〉에서 P를 위배한 사람이 가장 많은 경우는 1차 조사에서 X를 선택했던 17명이 모두 2차 조사에서 Z로 선택을 바꾸고, 1차 조사에서 Z를 선택했던 사람 중 68명이 2차 조사에서 X로 선택을 바꾼 경우이다. 이 경우 P를 위배한 사람은 85명이고 위배하지 않은 사람은 15명이다. ⑤는 옳은 분석이다.

오답 해설　① P는 선택 가능한 대안의 집합이 축소되는 경우에만 적용되므로 〈사례 1〉은 P의 적용 대상이 아니다. ①은 옳지 않은 분석이다.

　　② 〈사례 2〉의 1차 투표에서 C를 선택한 사람들은 최초의 선택 대안이 사라졌으므로 P의 적용 대상이 아니다. ②는 옳지 않은 분석이다.

③ 〈사례 2〉의 1차 투표에서 A를 선택한 사람들이 모두 2차 투표에서도 A를 선택하고 1차 투표에서 B나 C를 선택한 사람들이 모두 2차 투표에서 B를 선택한다면 B가 과반을 얻게 된다. 아무도 P를 위배하지 않았을 수도 있는 것이다. ③은 옳지 않은 분석이다.

④ 〈사례 3〉에서 P를 위배한 사람이 가장 적은 경우는 1차 조사에서 X를 선택했던 17명이 모두 2차 조사에서도 X를 선택하고, 1차 조사에서 Z를 선택했던 83명 중 32명이 2차 조사에서도 Z를 선택한 경우이다. 이 경우 P를 위배한 사람은 Z에서 X로 선택을 바꾼 51명이므로, 전체 주민의 절반인 50명을 넘는다. P를 위배한 사람이 가장 적은 경우에도 전체 주민의 절반을 넘으므로 ④는 옳지 않은 분석이다.

33.

다음으로부터 추론한 것으로 옳은 것만을 〈보기〉에서 있는 대로 고른 것은?

갑, 을, 병, 정, 무로 구성된 위원회는 안건의 통과 여부를 다음 방식에 따라 결정한다.

- 각 위원은 기권할 수는 없고, 찬성이나 반대 중에서 하나를 선택하여야 한다.
- 각 위원은 찬성하는 경우 1점, 2점, 3점, 4점, 5점 중 하나를 부여하고, 반대하는 경우 0점을 부여한다.
- 각 위원이 부여한 점수의 합이 17점 이상이면 안건은 통과된다.

안건 P에 대하여 갑, 을, 병 중에서 찬성한 위원은 짝수 점수를 부여하였고, 정, 무 중에서 찬성한 위원은 홀수 점수를 부여하였다고 한다.

보기

ㄱ. 을이 부여한 점수가 정이 부여한 점수보다 클 때, P가 통과되었다면 갑은 찬성하였다.
ㄴ. P에 대하여 다섯 명의 위원이 부여한 점수의 합이 13점이면 반대한 위원도 있고 4점을 부여한 위원도 있다.
ㄷ. 반대한 위원이 병이고 P가 통과되었다면 다섯 명의 위원이 부여한 점수의 합은 18점이다.

① ㄴ   ② ㄷ   ③ ㄱ, ㄴ

④ ㄱ, ㄷ   ⑤ ㄱ, ㄴ, ㄷ

문항 성격	문항유형 : 모형 추리

내용영역 : 논리학·수학

평가 목표 이 문항은 주어진 조건으로부터 수리적 계산과 논리적 추론을 통해 〈보기〉 진술의 진위를 판단하는 능력을 평가하는 문항이다.

문제 풀이 정답 : ⑤

위원회에서 갑, 을, 병, 정, 무가 부여한 점수의 값을 각각 a, b, c, d, e라고 할 때, $a+b+c+d+e$ ≥170이면 안건이 통과되며, 안건 P에 대하여 a, b, c는 0 또는 짝수가 가능하고 d, e는 0 또는 홀수가 가능하므로 a, b, c는 0, 2, 4가 가능하고 d, e는 0, 1, 3, 5가 가능하다.

〈보기〉 해설 ㄱ. b와 c의 최댓값은 4이고 e의 최댓값은 5이다. 을이 부여한 점수(b)가 정이 부여한 점수(d)보다 크므로 d는 5가 될 수 없고, d의 최댓값은 3이다. 따라서 $b+c+d+e$≤16이다. P가 통과되었다면 $a+b+c+d+e$≥17이므로 a≥1이다. 그러므로 갑은 찬성하였다. ㄱ은 옳은 추론이다.

ㄴ. a, b, c는 짝수 또는 0이므로 $a+b+c$는 짝수 또는 0이다. 따라서 $a+b+c+d+e$=13이면 $d+e$는 홀수이다. d와 e는 홀수 또는 0이므로, 둘 중 하나는 홀수이고 하나는 0이다. 그러므로 정, 무 중 한 위원은 찬성하고(홀수 점수 부여) 한 위원은 반대하였다(0점 부여). 한편 d, e 중 하나는 최댓값이 5이고 하나는 0이므로 $d+e$≤5이다. 따라서 $a+b+c$=13-$(d+e)$≥8이다. 그런데 4점을 부여한 위원이 없으면 a, b, c의 최댓값은 2이므로 $a+b+c$≤6이 되어 $a+b+c$≥8과 모순이다. 그러므로 4점을 부여한 위원이 있다. ㄴ은 옳은 추론이다.

ㄷ. 병이 반대하였다면 c=0이고, 그런데 P가 통과되었다면 $a+b+c+d+e$=$a+b+d+e$≥17이다. a와 b의 최댓값은 4이므로 $a+b$≤8이다. 따라서 $d+e$≥9인데, d와 e는 0, 1, 3, 5만 가능하므로, 둘 다 5일 때에만 합이 9 이상이 될 수 있다. 이때 $d+e$=10이므로, $a+b+d+e$≥17로부터 $a+b$≥7이다. 이것이 가능한 경우는 a와 b가 모두 4인 것밖에 없다. 따라서 $a+b+c+d+e$=4+4+0+5+5=18이다. ㄷ은 옳은 추론이다.

〈보기〉의 ㄱ, ㄴ, ㄷ 모두 옳은 추론이므로 정답은 ⑤이다.

34.

다음으로부터 추론한 것으로 옳은 것만을 〈보기〉에서 있는 대로 고른 것은?

A, B, C, D, E, F, G 종류의 LED 전구로 다음과 같은 네 개의 전광판을 만들었다.

A	B	C	E		A	C	D	F		B	D	E	G		C	E	F	G

이 LED 전구들은 다음 규칙에 따라 켜지거나 꺼진다.

- 각 전광판에 켜진 LED 전구의 개수는 0 또는 2 또는 4이다.
- 같은 종류의 LED 전구는 한꺼번에 켜지거나 한꺼번에 꺼진다.
- A, B, C 중에서 켜져 있는 종류는 하나이다.

보 기

ㄱ. A 종류의 LED 전구는 켜져 있다.

ㄴ. 켜져 있는 LED 전구의 종류가 3가지이면 D 종류의 LED 전구는 켜져 있다.

ㄷ. F 종류의 LED 전구가 켜져 있으면 G 종류의 LED 전구도 켜져 있다.

① ㄱ ② ㄷ ③ ㄱ, ㄴ

④ ㄴ, ㄷ ⑤ ㄱ, ㄴ, ㄷ

문항 성격 문항유형 : 모형 추리

내용영역 : 논리학·수학

평가 목표 이 문항은 규칙을 적용하여 올바른 논리적 추론을 하는 능력을 평가하는 문항이다.

문제 풀이 정답 : ④

LED 전구들이 켜지거나 꺼지는 것에 관한 규칙은 3개이다. 셋째 규칙과 첫째 규칙에 의하여, 첫째 전광판에서 E 종류의 LED 전구가 켜져 있다. 따라서 둘째 규칙에 의하여 둘째 전광판과 셋째 전광판에서도 E 종류의 LED 전구는 켜져 있다. 각각의 경우에 켜져 있는 LED 전구는 밑줄을 치고, 꺼져 있는 LED 전구에는 X를 쳐서 나타내면 다음과 같다.

1) A 종류가 켜져 있는 경우 :

A	B̶	C̶	E		A	C̶	D	F		B̶	D	E	G		C̶	E	F	G

이므로, 둘째 전광판에서는 D 종류와 F 종류 중 하나만 켜져 있고, 셋째 전광판에서는 D 종류와 G 종류 중 하나만 켜져 있고, 넷째 전광판에서는 F 종류와 G 종류 중 하나만 켜져 있다. 그런데 D 종류가 켜

져 있으면 F 종류와 G 종류가 꺼져 있으므로 넷째 전광판의 조건을 충족하지 못하고, F 종류가 켜지면 D 종류와 G 종류가 꺼져 있으므로 셋째 전광판의 조건을 충족하지 못하고, G 종류가 켜지면 D 종류와 F 종류가 꺼져 있으므로 둘째 전광판의 조건을 충족하지 못하기 때문에 모두 모순이다. 따라서 A 종류는 꺼져 있다.

2) B 종류가 켜져 있는 경우 :

이므로, 둘째 전광판에서는 D 종류와 F 종류가 둘 다 켜져 있거나 둘 다 꺼져 있고, 셋째 전광판에서는 D 종류와 G 종류가 둘 다 켜져 있거나 둘 다 꺼져 있고, 넷째 전광판에서는 F 종류와 G 종류 중 하나만 켜져 있다. 그런데 넷째 전광판에서 F 종류가 켜져 있고 G 종류가 꺼져 있다면, 둘째 전광판에서 D 종류가 켜져 있으므로 셋째 전광판에서 D 종류가 켜져 있고 G 종류가 꺼져 있으므로 셋째 전광판의 조건을 충족하지 못한다. 넷째 전광판에서 F 종류가 꺼져 있고 G 종류가 켜져 있다면, 둘째 전광판에서 D 종류가 꺼져 있으므로 셋째 전광판에서 D 종류가 꺼져 있고 G 종류가 켜져 있으므로 역시 셋째 전광판의 조건을 충족하지 못한다. 따라서 B 종류는 꺼져 있다.

3) C 종류가 켜져 있는 경우 :

이므로 둘째 전광판에서는 D 종류와 F 종류 중 하나만 켜져 있고, 셋째 전광판에서는 D 종류와 G 종류 중 하나만 켜져 있고, 넷째 전광판에서는 F 종류와 G 종류가 둘 다 켜져 있거나 둘 다 꺼져 있다. F 종류와 G 종류가 둘 다 켜져 있으면 D 종류는 꺼져 있고, F 종류와 G 종류가 둘 다 꺼져 있으면 D 종류는 켜져 있다. 따라서 아래 그림과 같다.

또는

<보기> 해설 ㄱ. A 종류의 LED 전구는 꺼져 있으므로 ㄱ은 옳지 않은 추론이다.

ㄴ. 켜져 있는 LED 전구는 C, E, F, G 종류이거나 C, D, E 종류이다. 켜져 있는 LED 전구의 종류가 3가지이면 C, D, E 종류의 LED 전구가 켜져 있는 것이므로 ㄴ은 옳은 추론이다.

ㄷ. 켜져 있는 LED 전구는 C, E, F, G 종류이거나 C, D, E 종류이다. F 종류의 LED 전구가 켜져 있으면 C, E, F, G 종류의 LED 전구가 켜져 있는 것이므로 ㄷ은 옳은 추론이다.

<보기>에서 ㄴ, ㄷ만이 옳은 추론이므로 정답은 ④이다.

35.

다음으로부터 추론한 것으로 옳지 <u>않은</u> 것은?

연구자가 2021년과 2022년에 어느 고등학교 학생들의 혈액형을 조사하였더니 다음과 같았다. (단, 모든 학생은 A형, B형, AB형, O형 중 하나의 혈액형을 가진다.)

- 여학생 수와 남학생 수의 비는 2 : 3에서 1 : 2로 변했다.
- 여학생 수는 변화가 없었다.
- AB형 학생 수는 변화가 없었다.
- B형 여학생 수는 감소하였고 O형 남학생 수는 변화가 없었다.
- 남학생 수에 대한 AB형 남학생 수의 비율은 변화가 없었다.
- B형 학생 수에 대한 B형 남학생 수의 비율은 변화가 없었다.

---

① 남학생 수가 증가하고 여학생 수도 증가한 혈액형은 1개이다.
② A형 여학생 수가 감소하였다면 O형 여학생 수는 증가하였다.
③ 남학생 수가 감소한 혈액형의 여학생 수는 감소하였다.
④ 여학생 수가 증가한 혈액형은 AB형이 아니다.
⑤ B형 남학생 수는 감소하였다.

문항 성격	문항유형 : 모형 추리
	내용영역 : 논리학·수학
평가 목표	이 문항은 주어진 조건으로부터 수리적 계산과 논리적 추론을 통해 각 선택지의 진위를 판단하는 능력을 평가하는 문항이다.
문제 풀이	정답 : ①

조건으로부터

1) 여학생 수는 변화가 없는데 여학생 수와 남학생 수의 비가 2 : 3에서 1 : 2로 변했으므로, 남학생 수는 증가하였다. 따라서 전체 학생 수도 증가하였다.

2) 남학생 수가 증가하였는데 남학생 수에 대한 AB형 남학생 수의 비율이 변화가 없으므로, AB형 남학생 수는 증가하였다. 그리고 AB형 학생 수는 변화가 없으므로 AB형 여학생 수는 감소하였다. 여학생 수는 변화가 없는데 AB형 여학생 수는 감소하였으므로, 여학생 수에 대한 AB형 여학생 수의 비율도 감소하였다. 또 전체 학생 수가 증가하였는데 AB형 학생 수는 변화가 없으므로, AB형 학생의 비율은 감소하였다.

3) 여학생 수는 변화가 없는데 B형 여학생 수는 감소하였으므로, 여학생 수에 대한 B형 여학생 수의 비율도 감소하였다. 그리고 남학생 수가 증가하였는데 O형 남학생 수는 변화가 없으므로, 남학생 수에 대한 O형 남학생 수의 비율은 감소하였다.

4) B형 학생 수는 B형 여학생 수와 B형 남학생 수의 합이다. 따라서 B형 학생 수에 대한 B형 남학생 수의 비율에 변화가 없으므로 B형 여학생 수와 B형 남학생 수의 비가 변하지 않았다. 즉 B형 여학생 수와 B형 남학생 수는 함께 증가하였거나 함께 감소하였거나 둘 다 변화가 없다. B형 여학생 수가 감소하였으므로 B형 남학생 수도 감소하였다. 남학생 수가 증가하였는데 B형 남학생 수는 감소하였으므로, 남학생 수에 대한 B형 남학생 수의 비율도 감소하였다. 그리고 B형 여학생 수와 B형 남학생 수가 모두 감소하였으므로 B형 학생 수가 감소하였다. 전체 학생 수가 증가하였는데 B형 학생 수가 감소하였으므로 B형 학생의 비율도 감소하였다.

5) 남학생 수에 대한 AB형 남학생 수의 비율이 변화가 없고 남학생 수에 대한 O형 남학생 수의 비율과 남학생 수에 대한 B형 남학생 수의 비율이 감소하였으므로, 남학생 수에 대한 [AB형+O형+B형] 남학생 수의 비율이 감소하였다. 따라서 남학생 수에 대한 A형 남학생 수의 비율은 증가한 것인데, 남학생 수가 증가하였으므로, A형 남학생 수도 증가하였다.

이상의 변화를 표로 나타내면 〈표 1〉과 같다. (+ : 증가, − : 감소, = : 변화 없음)

〈표 1〉

혈액형	여학생		남학생		전체	
	수	비율	수	비율	수	비율
A			+	+		
B	−	−	−	−	−	−
AB	−	−	+	=	=	−
O			=	−		
합계	=	100%	+	100%	+	100%

(B형인 학생의 성비는 변화 없음, 전체 성비는 2 : 3에서 1 : 2로 변화)

정답 해설 ① 남학생의 수가 증가한 혈액형은 A형과 AB형인데, AB형 여학생 수는 감소하였다. 그러므로 남학생 수가 증가하고 여학생 수도 증가한 혈액형이 1개이려면 A형 여학생 수는 증가하였어야 한다. 그런데 A형 여학생 수는 증가했을 수도 있고 감소했을 수도 있다. 예를 들어 제시문의 모든 조건을 충족하는 다음과 같은 경우에는 남학생 수와 여학생 수가 모두 증가한 혈액형이 0개이다. 그러므로 ①은 옳지 않은 추론이다.

학생	여학생		남학생	
연도	2021	2022	2021	2022
A	50	10	110	230
B	80	60	120	90
AB	40	30	30	40
O	30	100	40	40
전체	200	200	300	400

오답 해설 ② A형 여학생 수가 감소하였다면, 전체 여학생 수는 변화가 없는데 A형, B형, AB형 여학생 수가 모두 감소하였으므로, O형 여학생 수는 증가하였다. ②는 옳은 추론이다.

③ 남학생 수가 감소한 혈액형은 B형이고 B형 여학생 수가 감소하였으므로 ③은 옳은 추론이다.

④ AB형 여학생 수가 감소하였으므로, 여학생 수가 증가한 혈액형은 AB형이 아니다. 여학생 수가 증가한 혈액형은 A형 또는 O형이다. 그러므로 ④는 옳은 추론이다.

⑤ B형 남학생 수가 감소하였으므로 ⑤는 옳은 추론이다.

36.

다음으로부터 추론한 것으로 옳은 것만을 〈보기〉에서 있는 대로 고른 것은?

단백질 합성에 필요한 정보는 유전자에 저장되어 있다. 단백질의 기능을 밝히는 데 중요한 열쇠는 특정 단백질이 어떤 단백질과 결합하는지를 알아내는 것이다.

단백질 T는 특정 DNA에 결합하여 단백질 R의 합성을 활성화하며, BD와 AD라는 두 영역으로 이루어진다. BD는 DNA에 결합하고, AD는 R의 합성을 활성화한다. BD와 AD가 각각 별개의 단백질로 합성되면, BD와 AD는 더 이상 연결되어 있지 않다. 이때 BD는 AD와 연결되지 않아도 DNA에 결합하지만, AD는 BD와 연결되지 않으면 R의 합성을 활성화할 수 없다. 하지만 BD와 AD가 다른 단백질을 매개로 간접적으로라도 연결되면 R의 합성이 활성화된다. 이런 특성을 이용하여 단백질 사이의 결합 여부를 알아낼 수 있다.

<실험>

　　T를 합성하지 못하며 모든 유전자가 동일한 두 세포, 세포1과 세포2를 준비한다. 세포1에는 AD에 단백질 Y가 연결된 단백질(AD-Y)과 BD에 단백질 X가 연결된 단백질(BD-X)이 합성되도록 하고, 세포2에는 AD에 단백질 Z가 연결된 단백질(AD-Z)과 BD-X가 합성되도록 한다. 시약을 처리하여, R가 합성된 세포만 파란색으로 바뀌도록 한다. 세포1은 색의 변화가 없었고 세포2는 파란색으로 변했다.

보 기

ㄱ. 세포1이 파란색으로 변하지 않은 이유는 R의 합성에 필요한 정보를 저장한 유전자가 없기 때문이다.

ㄴ. 세포2에서 영역 BD와 영역 AD가 간접적으로 연결되었다.

ㄷ. 〈실험〉은 X와 Y가 결합한다는 것을 보여 준다.

① ㄱ　　　　　　　　② ㄴ　　　　　　　　③ ㄱ, ㄷ
④ ㄴ, ㄷ　　　　　　⑤ ㄱ, ㄴ, ㄷ

문항 성격　문항유형 : 언어 추리
　　　　　　　내용영역 : 과학기술

평가 목표　이 문항은 유전자의 발현을 활성화하는 전사인자 단백질을 이용하여 결합 여부가 알려지지 않은 두 단백질 사이의 결합 여부를 확인하는 방법에 대한 이론과, 이를 이용한 실험에 대한 자료를 이해하고 실험 결과를 해석하여 결론을 추론하는 능력을 평가하는 문항이다.

문제 풀이　정답 : ②

이 실험의 목적은 서로 다른 두 단백질의 상호작용(결합) 여부를 확인하는 것이다. 단백질 X와 단백질 Y의 상호 결합 여부를 확인하기 위하여 유전자의 발현(전사)을 활성화하는 전사인자 단백질인 단백질 T를 이용한다. T는 DNA에 결합해 특정 유전자의 발현을 활성화하는 전사인자인데, 이 단백질을 구성하는 두 영역 중 한 영역은 DNA에 결합하는 영역이고, 나머지 한 영역은 유전자의 발현(제시문에서 단백질 R의 합성)을 활성화하는 영역이다. 전자를 DNA 결합 영역(DNA-binding domain, BD), 후자를 활성화 영역(activation domain, AD)이라 한다. BD와 AD는 T라는 한 단백질을 구성하는 두 영역이지만, BD와 AD가 별개의 단백질로 합성되면, BD와 AD가 분리되기 때문에 AD는 유전자의 발현을 활성화하지 못하게 되어 단백질 R가 합성되지 않는다. 하지만 BD와 AD가 별개의 단백질로 분리되어 있더라도, 다른 단백질을 통해 간접적으로라도 연결되면 유전자의 발현이 활성화되어 R가 합성된다.

결합 여부를 확인하고 싶은 두 단백질 X와 Y를 각각 영역 BD와 영역 AD에 연결된 융합 단백질(BD-X와 AD-Y)로 합성되게 하였을 때, 만약 X와 Y가 결합한다면 BD와 AD는 X와 Y를 매개로 BD-X-Y-AD와 같이 서로 연결된다. 이 경우 BD가 DNA에 결합하고 AD가 유전자의 발현을 활성화하여 R가 합성되고, R가 합성되는 세포에 시약을 처리하면 세포의 색이 파란색으로 변한다. 만약 X와 Y가 결합하지 않는다면, BD와 AD는 서로 분리된 상태이므로 유전자의 발현이 활성화되지 않아 R가 합성되지 않으며, R를 합성하지 않는 세포에는 시약을 처리해도 색의 변화가 없다.

〈보기〉해설 ㄱ. 세포2가 파란색으로 변하였으므로 세포2에는 R의 합성에 필요한 정보를 저장한 유전자가 있다. 세포1과 세포2는 모든 유전자가 동일하므로, 세포1에도 R의 합성에 필요한 정보를 저장한 유전자가 있음을 추론할 수 있다. ㄱ은 옳지 않은 추론이다.

ㄴ. T를 합성하지 못하는 세포2가 파란색으로 변하기 위해서는 BD와 AD가 다른 단백질을 매개로 간접적으로라도 연결되어야 한다. 세포2에서 BD에 단백질 X가 연결된 단백질(BD-X)과 AD에 단백질 Z가 연결된 단백질(AD-Z)이 합성되었으므로, X와 Z가 결합하여 BD와 AD가 간접적으로 연결된다면, BD가 DNA에 결합하고 AD가 단백질 R의 합성을 활성화하여, 시약을 처리했을 때 세포2가 파란색으로 변하게 된다. 세포2가 파란색으로 변했으므로 영역 BD와 영역 AD가 X와 Z를 통해 간접적으로 연결되었다고 추론할 수 있다. ㄴ은 옳은 추론이다.

ㄷ. 세포2와 달리 세포1은 색이 변하지 않았으므로, 세포1에서는 단백질 R이 합성되지 않은 것이고, 이로부터 BD와 AD가 간접적으로도 연결되지 않았음을 추론할 수 있다. BD에 단백질 X가 연결된 단백질(BD-X)과 AD에 단백질 Y가 연결된 단백질(AD-Y)이 합성된 세포1에서 BD와 AD가 간접적으로도 연결되지 않았으므로, 세포2의 X와 Z가 결합하는 것과 달리 세포1의 X와 Y는 결합하지 않는다는 것을 추론할 수 있다. X와 Y가 결합한다면 이를 매개로 세포1에서 BD와 AD가 간접적으로 연결되어 단백질 R이 합성되기 때문이다. ㄷ은 옳지 않은 추론이다.

〈보기〉의 ㄴ만이 옳은 추론이므로 정답은 ②이다.

37.

다음 글에 대한 평가로 적절한 것만을 〈보기〉에서 있는 대로 고른 것은?

멘델 유전은 ⊙특정 유전자가 정자로부터 왔는지 난자로부터 왔는지는 중요하지 않다는 생각을 기초로 한다. 그러나 포유류에서 일부 유전자는 정자와 난자 중 어디에서 왔는지가 중요하다고 알려졌으며, 오직 정자 유래 또는 난자 유래 대립유전자만 배타적으로 발현된다. 이러한 현상은 DNA에 메틸기(–CH₃)가 부착되는 현상인 DNA 메틸화에 의해 나타날 수 있다. 정자형성과정과 난자형성과정에서는 기존의 DNA 메틸화가 초기화되고 성별 특이적으로 새롭게 DNA 메틸화가 일어난다.

수라니 연구팀은 ⓒDNA의 특정 부위가 부모 중 어느 쪽으로부터 유전되었느냐에 따라 이 부위에 있는 유전자의 활성이 다를 수 있다는 생각을 실험적으로 입증하였다. 연구팀은 메틸화의 정도를 쉽게 측정할 수 있는 특정 DNA가 삽입된 유전자 변형 생쥐를 만들고 이 생쥐의 후손들에서 이 DNA의 메틸화 정도를 조사했는데, 어미로부터 물려받은 자식의 이 DNA는 메틸화가 많이 되어 있었지만, 아비로부터 물려받은 자식의 이 DNA는 메틸화가 적게 되어 있었다.

DNA의 메틸화는 유전자 발현 조절과 관련이 있는데, DNA의 메틸화에 의한 유전자 발현 조절은 ⓒ조절 단백질이 DNA에 결합하는 것을 메틸기가 방해하는 기작, 또는 ⓔ조절 단백질이 메틸기를 매개로 DNA에 결합하는 기작을 통해 일어날 수 있다. 이때 조절 단백질은 유전자의 발현을 활성화하는 단백질이거나 억제하는 단백질이다. 생쥐의 초기 배아발생과정 동안 유전자 x는 아비로부터 받은 것만 발현되며 어미로부터 받은 것은 발현되지 않는데, 이는 특정 조절 단백질이 어미로부터 받은 유전자 x의 DNA에만 결합하기 때문이다.

보기

ㄱ. 수라니 연구팀의 실험 결과는 ⊙을 강화한다.

ㄴ. 특정 염색체 이상이 아버지로부터 유래했을 때는 아이에게서 프래더-윌리 증후군이 나타나지만 동일한 염색체 이상이 어머니로부터 유래했을 때는 이 증후군이 나타나지 않는다면, ⓒ은 강화된다.

ㄷ. 부모 중 어미로부터 받은 유전자 x의 DNA만 메틸화가 되었다면 유전자 x의 발현이 조절되는 방식은 ⓒ과 ⓔ 중 ⓔ에 해당한다.

① ㄱ   ② ㄴ   ③ ㄱ, ㄷ

④ ㄴ, ㄷ   ⑤ ㄱ, ㄴ, ㄷ

문제 풀이 정답 : ④

제시문에서 정자 유래 또는 난자 유래 대립유전자만 배타적으로 발현되는 현상이 DNA의 메틸화에 의해 일어날 수 있으며, 특정 DNA가 부모 중 누구로부터 유전되었는지에 따라서 DNA의 메틸화 양상이 달라 유전자의 활성이 다를 수 있음이 설명되고 있다. DNA의 메틸화에 의해 유전자 발현을 조절하는 단백질의 결합 여부가 달라질 수 있으며, 이때 조절 단백질은 유전자의 발현을 활성화하는 단백질일 수도 있고 억제하는 단백질일 수도 있다. 제시문의 내용을 바탕으로 〈보기〉에서 제시된 실험 결과나 정보가 제시문에서 진술된 생각을 강화하는지 약화하는지 판단하고, 특정 조절 단백질이 유전자 발현을 활성화하는지 또는 억제하는지 판단해야 한다.

〈보기〉 해설 ㄱ. 일부 유전자는 정자와 난자 중 무엇으로부터 왔는지가 중요하며, 오직 정자 유래 또는 난자 유래 대립유전자만 배타적으로 발현되는 기작은 정자형성과정과 난자형성과정에서 일어나는 성별특이적 DNA 메틸화에 의해 나타날 수 있는데, 수라니 연구팀의 실험 결과는 정자 유래 DNA와 난자 유래 DNA의 메틸화 양상이 다르다는 것을 보여 준다. 이 실험 결과는 특정 유전자가 정자로부터 왔는지 난자로부터 왔는지는 중요하지 않다는 생각을 약화한다. ㄱ은 적절하지 않은 평가이다.

ㄴ. 특정 염색체 이상이 부모 중 누구로부터 유래했느냐에 따라서 프래더–윌리 증후군이 나타나기도 하고 나타나지 않기도 한다면, 이는 "DNA의 특정 부위가 부모 중 어느 쪽으로부터 유전되었느냐에 따라 이 부위에 있는 유전자의 활성이 다를 수 있다는 생각"(ⓒ)을 강화한다. ㄴ은 적절한 평가이다.

ㄷ. 제시문의 끝 부분에서 "유전자 x는 아비로부터 받은 것만 발현되며 어미로부터 받은 것은 발현되지 않는데, 이는 특정 조절 단백질이 어미로부터 받은 유전자 x의 DNA에만 결합하기 때문이다."라고 설명하고 있다. 이로부터 이 특정 조절 단백질은 유전자 x의 발현을 억제하는 단백질임을 알 수 있다. 그런데 ㄷ에서 어미로부터 받은 유전자 x의 DNA만 메틸화가 되었다고 했으므로 특정 조절 단백질은 메틸화가 된 DNA에 결합하는 것이다. 즉, 유전자 x는 메틸기를 매개로 결합한 특정 조절 단백질에 의해 유전자 발현이 조절되며 이러한 기작은 ⓒ과 ② 중 ②에 해당한다. ㄷ은 적절한 평가이다.

〈보기〉의 ㄴ, ㄷ만이 적절한 평가이므로 정답은 ④이다.

38.

다음으로부터 추론한 것으로 옳은 것만을 〈보기〉에서 있는 대로 고른 것은?

사냥꾼 사이의 미시적 상호 작용의 한 모형으로서 평평한 원판 형태의 사냥터 안에서 무작위로 흩어져 있던 사냥꾼들이 사냥감을 쫓아가서 포획하는 경우를 생각해 보자. 사냥꾼과 사냥감은 모두 이 사냥터를 벗어날 수 없다. 사냥꾼 주위의 일정 거리 안으로 사냥감이 들어오면 사냥감은 포획되고, 사냥감의 개체수는 시간이 지남에 따라 점차 줄어들 것이다. 사냥꾼과 사냥감은 각각 일정한 속력으로 움직이고, 사냥감은 사냥꾼 혹은 사냥터 경계가 자신으로부터 일정 거리 안에 들어오면 그중 가장 가까운 대상으로부터 멀어지는 방향으로 움직인다. 사냥꾼이 '직접 추격 전략 (D)'을 택하면 단순히 자기에게 가장 가까운 사냥감을 쫓아간다. 반면 '집단 추격 전략(G)'을 택하면 일정 거리 안에 있는 다른 사냥꾼들의 위치를 고려하여 사냥감이 자신을 포함한 사냥꾼 무리의 중심에 놓이게끔 자신의 운동 방향을 결정한다. 즉 G를 선택한 사냥꾼은 다른 사냥꾼들이 사냥감으로 접근할 때, 사냥꾼 집단이 사냥감을 더 잘 포위하도록 자신은 오히려 사냥감으로부터 물러날 때도 있다. 사냥꾼 각각은 D와 G 중 하나를 선택한다.

사냥꾼 50명이 사냥감 100마리를 사냥하는 모형을 시뮬레이션하였다. 표는 사냥꾼들이 모두 D를 선택한 경우와 모두 G를 선택한 경우, 시간에 따라 살아남은 사냥감의 개체수를 나타낸다. 사냥감의 속력은 1이다. 주어진 시간 t에서의 '사냥률'이란 시간 0부터 t까지 포획한 사냥감의 개체수를 t=0에서의 사냥감의 개체수로 나눈 값이다.

속력＼시간(t)		0	20	40	60	80	100
전략 D 사냥꾼 속력	0.7	100	99	98	97	96	95
	0.8	100	98	96	95	93	92
	0.9	100	97	95	93	91	90
전략 G 사냥꾼 속력	0.7	100	92	86	78	72	68
	0.8	100	88	78	69	61	53
	0.9	100	83	71	60	50	41

ㄱ. 전략이 D인 경우, 사냥꾼의 속력이 빠를수록 사냥률이 높다.

ㄴ. 사냥꾼들의 속력이 0.8이고 전략이 D인 경우 t=100에서의 사냥률과, 속력이 0.7이고 전략이 G인 경우 t=20에서의 사냥률은 같다.

ㄷ. 속력이 0.9인 사냥꾼 1명이 전략 D로 속력이 1인 사냥감 10마리를 사냥하는 모형을
시뮬레이션한다면, 사냥감은 대부분 사냥터 가운데에서 포획될 것이다.

① ㄱ   ② ㄷ   ③ ㄱ, ㄴ

④ ㄴ, ㄷ   ⑤ ㄱ, ㄴ, ㄷ

문항 성격   문항유형 : 언어 추리

내용영역 : 과학기술

평가 목표   이 문항은 시뮬레이션에 대한 설명과 그 결과를 이해하고 이로부터 올바로 추론할 수
있는 능력을 평가하는 문항이다.

문제 풀이   정답 : ③

제시문에서 직접 추격 전략과 집단 추격 전략의 차이가 설명되고 있다. 직접 추격 전략(D)은 단순
히 가까이 있는 사냥감을 쫓아가는 전략이고, 집단 추격 전략(G)은 다른 사냥꾼들의 위치를 고려
하여 사냥감이 사냥꾼 무리의 중심에 놓이게끔 자신의 운동 방향을 결정하는 전략이다.

표에서 보면, 사냥꾼의 속력이 사냥감에 근접할수록 사냥감의 수가 줄어드는 경향을 보이고 있
고, 같은 사냥꾼 속력에서는 G전략이 D전략보다 사냥률이 높다는 것을 알 수 있다.

〈보기〉 해설   ㄱ. 전략이 D인 경우, 사냥꾼의 속력이 빠를수록 사냥감이 더 많이 잡히는 것을 표
에서 알 수 있으므로, ㄱ은 옳은 추론이다.

ㄴ. 사냥꾼들의 속력이 0.8이고 전략이 D인 경우 t=100에서의 사냥률은 8/100이
다. 사냥꾼들의 속력이 0.7이고 전략이 G인 경우 t=20에서의 사냥률은 8/100
이다. 사냥률이 같으므로 ㄴ은 옳은 추론이다.

ㄷ. 1명의 사냥꾼이 전략 D로 사냥감을 쫓을 경우 사슴의 속력이 사냥꾼보다 빠르
다면 사냥감을 잡기가 어렵다. 특히 가운데에서는 사냥감은 쉽게 사냥꾼으로부
터 벗어날 수 있다. 사냥꾼이 사냥감을 잡는 경우를 생각해 보면 사냥꾼이 사냥
감을 쫓아서 사냥감이 경계에 가면, 사냥감이 경계와 멀어지려고 하다가 사냥꾼
에게 잡힐 것이다. 따라서 사냥감이 사냥터의 가운데보다 경계 근처에서 잡히는
경우가 더 많을 것이다. ㄷ은 옳지 않은 추론이다.

〈보기〉의 ㄱ, ㄴ만이 옳은 추론이므로 정답은 ③이다.

39.

다음으로부터 추론한 것으로 옳은 것만을 〈보기〉에서 있는 대로 고른 것은?

양자 역학에서 입자의 상태를 나타내는 함수를 '상태함수'라고 한다. 구별불가능한 두 전자 전체에 대한 상태함수는 두 전자를 맞바꾸는 연산을 고려하여 다음과 같이 주어진다. 1번 전자가 a 상태에 있고 2번 전자가 b 상태에 있을 상태함수 $\psi(1{=}a,\ 2{=}b)$와, 두 전자의 상태를 바꾼 상태함수에 -1을 곱한 것을 합한 것, 즉 $\psi(1{=}a,\ 2{=}b)-\psi(1{=}b,\ 2{=}a)$가 구별불가능한 두 전자 전체에 대한 상태함수이다. 그런데 전자는 운동량이나 위치와 같은 상태뿐만 아니라, '업'과 '다운' 중 하나의 스핀 상태를 갖는다. 스핀값이 다른 두 전자는 구별가능하지만, 스핀값이 같은 두 전자는 구별불가능하다. 구별가능한 두 전자의 경우, 그 상태함수는 $\psi(1{=}a,\ 2{=}b)$ 또는 $\psi(1{=}b,\ 2{=}a)$로 나타낼 수 있으므로, 두 전자를 맞바꾸는 연산을 고려할 필요가 없다.

모두 스핀 '업'인 두 전자가 서로를 향해 진행하여 산란하는 경우는 어떠한가? 〈그림1〉과 같이 두 전자가 모두 처음 진행 방향과 θ의 산란각으로 산란하면 두 전자의 상태함수는 $f(\theta)$이다. 〈그림2〉와 같이 산란 후 두 전자를 맞바꾸는 연산을 하면, 두 전자는 모두 처음 진행 방향과 $180°-\theta$의 산란각으로 산란하며 두 전자의 상태함수는 $f(180°-\theta)$이다. 따라서 두 전자 전체에 대한 상태함수는 $f(\theta)-f(180°-\theta)$가 되고, 이때 스핀 '업' 전자를 각도 θ에서 발견할 확률은 $|f(\theta)-f(180°-\theta)|^2$이다. 이는 계측기에 도착하는 전자가 왼쪽에서 왔는지 오른쪽에서 왔는지 알 수 없기 때문이라고 할 수 있다.

반면 산란 전 오른쪽에서 오는 전자만을 스핀 '다운' 전자로 바꾸어 산란시키면 스핀 '업' 전자를 각도 θ에서 발견할 확률은 $|f(\theta)|^2$이 된다. 이는 두 전자가 구별가능하여 스핀 '업' 전자가 왼쪽에서 왔다는 것을 확실히 알 수 있기 때문이다.

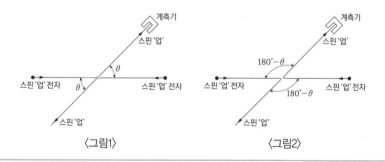

〈그림1〉　　　　〈그림2〉

ㄱ. 스핀값이 다른 두 전자를 맞바꾸면, 두 전자의 상태함수는 달라진다.

ㄴ. 스핀 '다운'인 두 전자를 이용하여 산란 실험을 하면 각도 θ에서 스핀 '다운' 전자를 발견할 확률은 $|f(\theta)-f(180°-\theta)|^2$이다.

ㄷ. 스핀값이 같은 두 전자를 맞바꾸는 연산을 하였을 때, 바꾸기 전의 상태함수 $\psi(1=a,\ 2=b)$가 바꾼 후의 상태함수 $\psi(1=b,\ 2=a)$와 같으면 두 전자 전체에 대한 상태함수는 0이다.

① ㄴ   ② ㄷ   ③ ㄱ, ㄴ

④ ㄱ, ㄷ   ⑤ ㄱ, ㄴ, ㄷ

문항 성격   문항유형 : 언어 추리

내용영역 : 과학기술

평가 목표   이 문항은 두 전자의 스핀이 같은 경우와 다른 경우의 산란에 관한 글로부터 올바르게 추론할 수 있는 능력을 평가하는 문항이다.

문제 풀이   정답 : ⑤

양자 역학에서 두 전자가 구별불가능할 경우, 두 전자를 맞바꾸는 연산을 고려하여 $\psi(1=a,\ 2=b)$와 $\psi(1=b,\ 2=a)$가 −부호로 선형 연결된 상태함수가 두 전자 전체에 대한 상태함수가 된다.

스핀의 측정값인 스핀값이 다르다는 이야기는 이미 측정이 완료된 상황이기 때문에 스핀값이 변하지 않고 유지된다. 스핀값이 다른 두 전자는 언제나 구별가능하기 때문에 그 상태함수는 $\psi(1=a,\ 2=b)$ 또는 $\psi(1=b,\ 2=a)$로 나타낼 수 있으므로, 두 전자를 맞바꾸는 연산을 고려할 필요가 없다.

모두 스핀 '업'인 두 전자를 산란하면, 두 전자를 구별할 수 없기 때문에 산란각 θ에서 스핀 '업'인 전자를 발견할 확률은 $f(\theta)$뿐 아니라 $f(180°-\theta)$도 함께 고려해야 하고, 그 확률은 $|f(\theta)-f(180°-\theta)|^2$로 나타난다. 서로 다른 스핀값인 경우, $f(180°-\theta)$를 고려할 필요가 없이 보통의 산란 확률인 $|f(\theta)|^2$을 사용하면 된다.

〈보기〉 해설   ㄱ. 스핀이 다른 두 전자는 구별가능하므로 두 전자의 상태함수는 $\psi(1=a,\ 2=b)$ 또는 $\psi(1=b,\ 2=a)$이다. 1번 전자가 스핀 업 상태에 있고 2번 전자가 스핀 다운 상태에 있는 상태함수가 $\psi(1=a,\ 2=b)$라면, 두 전자를 맞바꿀 때의 상태함수 $\psi(1=b,\ 2=a)$는 1번 전자가 스핀 다운 상태에 있고 2번 전자가 스핀 업 상태에 있으므로 서로 다른 상태함수이다. 즉, 스핀 상태가 다른 두 전자를 맞바꾸면 바꾸기 전의 두 전자의 상태함수와 바꾼 후의 두 전자의 상태함수는 달라진다. ㄱ은 옳은 추론이다.

ㄴ. 두 전자가 모두 '업'이거나 두 전자가 모두 '다운'이라면, 어떤 경우든 상관없이 두 전자가 구별불가능하므로, 두 전자가 모두 '업'일 때 각도 θ에서 스핀 '업' 전자를 발견할 확률과 두 전자가 모두 '다운'일 때 각도 θ에서 스핀 '다운' 전자를 발견할 확률은 같을 것이다. ㄴ은 옳은 추론이다.

ㄷ. 스핀값이 같은 두 전자는 구별불가능하다. 구별불가능한 두 전자 전체의 상태함수는 1번 전자가 a 상태에 있고 2번 전자가 b 상태에 있을 상태함수 $\psi(1{=}a,\ 2{=}b)$와, 두 전자의 상태를 바꾼 상태함수에 -1을 곱한 것을 합한 것, 즉 $\psi(1{=}a,\ 2{=}b)-\psi(1{=}b,\ 2{=}a)$이다. 그런데 바꾸기 전의 상태함수 $\psi(1{=}a,\ 2{=}b)$가 바꾼 후의 상태함수 $\psi(1{=}b,\ 2{=}a)$와 같으면 $\psi(1{=}a,\ 2{=}b)-\psi(1{=}b,\ 2{=}a)=0$이 된다. ㄷ은 옳은 추론이다.

〈보기〉의 ㄱ, ㄴ, ㄷ 모두 옳은 추론이므로 정답은 ⑤이다.

40.

다음으로부터 추론한 것으로 옳은 것만을 〈보기〉에서 있는 대로 고른 것은?

> 결정 내 원자 배열 간격과 비슷한 파장의 X선을 결정에 쬐면 회절 현상을 관측할 수 있다. 물질의 미세 결정 구조를 정밀하게 관측하는 몇몇 장비들은 전자기파인 X선이 아니라 전자를 사용한다. 전자를 이러한 첨단 회절 장비에 사용하게 된 원인을 거슬러 올라가면 전자와 같은 입자도 파동성을 갖는다는 것을 처음 주장한 드 브로이와 마주치게 된다. 이 주장을 실험적으로 증명한 것은 A였다.
>
> A는 처음에 진공상태에서 다결정 니켈 시료에 전자 빔을 쬐어 산란되는 전자를 이용하여 니켈 원자의 배열을 알아내려는 실험을 하고 있었다. 이 실험은 알파 입자의 입자성을 이용하여 핵에 대한 산란 실험을 했던 것과 같은 방식이었다. 이 과정에서 실수로 진공 장비 내에 공기가 새어 들어가 니켈 표면에 산화막이 형성되었다. 이 산화막을 없애기 위해 A는 고온 전기로에 시료를 넣고 가열하였다. 이 과정에서 원자 배열이 고르지 않던 기존의 다결정 니켈 시료가 원자 배열이 주기적인 단결정 구조로 변했는데, 정작 A는 그 사실을 인지하지 못했다. 고온 처리한 시료에서 전자에 의한 회절 패턴을 얻게 되자 A는 아예 니켈 단결정을 사용하여 실험을 수행하였다. 전자가 회절한다는 결과는 입자의 파동성을 증명하는 획기적 실험 증거였다.

ㄱ. A는 처음에 전자의 입자성을 이용한 실험을 설계하였다.

ㄴ. 단결정 상태가 아닌 니켈 시료에 전자를 쬐면 전자는 산란하지 않는다.

ㄷ. 첨단 회절 장비에서 전자를 활용해 물질의 미세 결정 구조를 관측할 수 있는 것은 전자의 파동성 덕분이다.

① ㄱ   ② ㄴ   ③ ㄱ, ㄷ

④ ㄴ, ㄷ   ⑤ ㄱ, ㄴ, ㄷ

문항 성격	문항유형 : 언어 추리
	내용영역 : 과학기술
평가 목표	이 문항은 전자의 입자성을 이용한 실험에서 우연히 회절 현상이 발견되어 전자의 파동성을 증명하게 된 실험에 관한 글로부터 옳게 추론할 수 있는 능력을 평가하는 문항이다.
문제 풀이	정답 : ③

제시문의 첫 번째 문단에서는 전자를 첨단 회절 장비에서 사용하게 된 원인을 거슬러 올라가면 전자와 같은 입자도 파동성을 갖는다는 드 브루이의 주장과 마주친다는 것을 보여 주고 있다. 두 번째 문단에서는 니켈이 단결정일 때 전자의 회절 패턴이 나왔기 때문에 이것은 전자의 파동성을 입증한 실험이었고, 또한 이 실험 결과는 처음에는 다결정 니켈에서 전자의 산란을 이용한 실험을 하다가 우연히 발견되었다는 것을 설명하고 있다.

〈보기〉 해설   ㄱ. 두 번째 문단의 "A는 처음에 진공상태에서 다결정 니켈 시료에 전자 빔을 쬐어 산란되는 전자를 이용하여 니켈 원자의 배열을 알아내려는 실험을 하고 있었다. 이 실험은 알파 입자의 입자성을 이용하여 핵에 대한 산란 실험을 했던 것과 같은 방식이었다."로부터 A는 처음에 전자의 입자성을 이용한 실험을 설계하였다는 것을 알 수 있다. ㄱ은 옳은 추론이다.

         ㄴ. 두 번째 문단의 "A는 처음에 진공상태에서 다결정 니켈 시료에 전자 빔을 쬐어 산란되는 전자를 이용하여 니켈 원자의 배열을 알아내려는 실험을 하고 있었다."로부터 다결정 니켈 시료에 전자를 쬐면 전자는 산란한다는 것을 알 수 있다. ㄴ은 옳지 않은 추론이다.

         ㄷ. 첫 번째 문단의 "전자를 이러한 첨단 회절 장비에 사용하게 된 원인을 거슬러 올라가면 전자와 같은 입자도 파동성을 갖는다는 것을 처음 주장한 드 브루이

와 마주치게 된다."로부터 첨단 회절 장비에서 전자를 활용해 물질의 미세 결정 구조를 관측할 수 있는 것은 전자의 파동성 덕분이라는 것을 알 수 있다. ㄷ은 옳은 추론이다.

〈보기〉의 ㄱ, ㄷ만이 옳은 추론이므로 정답은 ③이다.

법학적성시험
추리논증 영역

2023

2023학년도 추리논증 영역 출제 방향

1. 출제의 기본 방향

추리논증 문항을 출제하는 과정에서 가장 중점을 두고 지향하는 방향은 법학적성을 평가하는 데 중요한 기준인 추리와 논증 능력을 측정하기 위해서 제시문의 제재나 문항의 구조, 질문의 방식 등을 다양화하고 수험생의 이해력, 추리력, 비판력을 골고루 측정하는 완성도 있는 문항을 제시하는 것이다. 이번 시험에서도 지금까지의 법학적성시험의 기본 방향을 유지하였다.

추리 능력을 측정하는 문항과 논증 분석 및 평가 능력을 측정하는 문항을 인문, 사회, 과학기술, 규범의 각 영역 모두에서 균형 있게 출제하였다. 특히, 고도의 생각을 요구하는 내용의 글을 가능한 한 일상적인 맥락으로 풀어서 쓰고자 노력했고, 공상소설의 형식을 빌려 물리학의 주제를 풀어내는 등 지문의 다양성과 가독성을 높이고자 했다.

문항의 풀이 과정에서 제시문의 의미, 상황, 함의를 논리적으로 분석하고 핵심 정보를 체계적으로 취합하여 종합적으로 평가할 수 있어야 문제를 해결할 수 있도록 하였다. 제재의 측면에서 전 학문 분야 및 일상적·실천적 영역에 걸친 다양한 소재를 활용하였고, 영역 간 균형을 맞추어 전공에 따른 유·불리를 최소화하고자 하였다. 또한 제시문의 내용이나 영역에 관한 선지식이 문제 해결에 끼치는 영향을 최소화함으로써 정상적인 학업과 폭넓은 독서 생활을 통해 사고력을 함양한 수험생이라면 충분히 해결할 수 있는 문항을 만들고자 하였다.

2. 출제 범위 및 문항 구성

인문, 사회, 과학기술, 규범과 같은 학문 영역별 문항 수는 예년과 큰 차이가 없이 균형 있게 출제되었다. 규범 영역의 문항은 법학 일반, 법철학, 공법, 사법, 윤리학 등 소재를 다양화하였고, 인문학 영역의 문항들은 지식이나 규범과 관련된 원리적 토대를 다루거나 예술, 경제학, 사회학, 물리학, 화학 등의 영역 내용이 융합되는 방식의 내용을 많이 담고 있다. 전체 문항에서 추리 문항을 43%, 논증 문항을 57% 정도 출제하였다.

3. 난이도

　제시문의 이해도를 높이기 위해서 전문적인 용어는 순화하여 전공 여부에 상관없이 내용에 접근하고 이해할 수 있도록 하였다. 문제를 해결하기 위해 거쳐야 할 추리나 비판 및 평가의 단계도 지나치게 복잡해지지 않도록 하였고, 문제풀이와 관계없는 자료는 최대한 줄여 불필요한 독해의 부담이나 함정으로 난이도가 상승하는 일이 없도록 하였다. 특히 예년에 비해서 전체 글자 수를 소폭 줄임으로써 읽기에 소비되는 시간을 조금이나마 줄이고 좀 더 논리적 구조에 집중할 수 있도록 하였다. 그 결과, 이번 추리논증 영역 문항은 전체적으로 예년과 거의 같거나 조금 쉬울 것으로 예상한다.

4. 출제 시 유의점

- 제시문을 분석하고 평가하는 데 충분한 시간을 사용할 수 있도록 제시문의 독해 부담을 줄여 주고자 하였다.
- 제시문이 전달하고자 하는 내용을 효과적으로 전달할 수 있도록 전반적인 가독성을 높이고, 문두와 선지의 내용을 최대한 명료하게 만들었다.
- 추리 문항과 논증 문항의 문항별 성격을 명료하게 하여, 문항별로 측정하고자 하는 능력을 정확히 평가할 수 있도록 하였다.
- 선지식으로 문제를 풀거나 전공에 따른 유·불리가 분명한 제시문의 선택이나 문항의 출제는 지양하였다.
- 법학적성 능력을 평가하기 위하여 법학의 기본 원리를 응용한 내용을 소재로 하면서도, 문항에 나오는 개념, 진술, 논리구조, 함의 등을 이해하는 데 법학지식이 요구되지 않도록 하여 법학지식 평가를 배제하였다.
- 출제의 의도를 감추거나 오해하게 하는 질문을 피하고, 문항 및 선택지 간의 간섭을 최소화함으로써, 문항의 의도에 충실한 변별이 이루어지도록 하였다.
- 자연과학 영역의 제시문을 생물학, 의학 등의 영역에서 확장해서 물리학, 화학 등의 주제까지 담도록 하였다.

01.

다음으로부터 추론한 것으로 옳은 것만을 〈보기〉에서 있는 대로 고른 것은?

> X국의 A법 제2조 제1항은 "'근로자'라 함은 직업의 종류를 불문하고 임금·급료 기타 이에 준하는 수입에 의하여 생활하는 자를 말한다."라고 규정하고, 같은 법 제2조 제4항은 "근로자가 아니면 노동조합에 가입할 수 없다."라고 규정한다.
>
> A법에서 말하는 '근로자'의 범위에 대하여 다음과 같이 서로 다른 견해가 제시된다.
>
> 갑 : A법에서 말하는 '근로자'는 사용자와 계약을 맺고, 그 사용자로부터 근로의 대가로 계속적·정기적인 금품을 받는 자이다.
>
> 을 : A법에서 말하는 '근로자'는 사용자와 계약을 맺고, 그 사용자로부터 근로의 대가로 계속적·정기적인 금품을 받는 자 또는 성과에 따른 수수료(인센티브)를 받는 자이다.
>
> 병 : 일시적으로 실업 상태에 있는 자나 구직 중인 자도 노동3권(단결권·단체교섭권·단체행동권)을 보장할 필요성이 있는 한 A법에서 말하는 '근로자'에 포함된다.

보 기

ㄱ. 헬스장 사업자와 계약을 맺고 헬스장 회원들의 요청이 있으면 개인 레슨을 제공하고 회원들로부터 수수료를 받아 생활하는 자는, 갑에 따르면 노동조합에 가입할 수 있으나, 병에 따르면 가입할 수 없다.

ㄴ. 원격영어학원으로부터 근로의 대가로 계속적·정기적인 금품을 받지는 않으나 학원과 계약을 맺고 수강생 모집 실적에 따라 그 학원으로부터 수수료를 받아 생활하는 자는, 갑에 따르면 노동조합에 가입할 수 없으나, 을에 따르면 가입할 수 있다.

ㄷ. 원치 않는 해고를 당한 자는 을에 따르든 병에 따르든 노동조합에 가입할 수 없다.

① ㄴ   ② ㄷ   ③ ㄱ, ㄴ

④ ㄱ, ㄷ   ⑤ ㄱ, ㄴ, ㄷ

문항 성격	문항유형 : 언어 추리
	내용영역 : 규범
평가 목표	이 문항은 근로자의 개념과 노동조합 가입자격 여부에 관한 법규정을 제대로 이해하여 사례에 적용하는 능력을 평가하는 문항이다.
문제 풀이	정답 : ①

X국의 A법에 따르면 근로자만 노동조합에 가입할 수 있다. A법에서 말하는 '근로자'의 범위에 대하여 갑, 을, 병이 각각 견해를 제시하였다.

갑의 견해에 따르면, 계약을 맺은 사용자로부터 근로의 대가를 계속적·정기적으로 받는 자만 A법의 근로자에 해당한다.

을의 견해에 따르면, 갑이 A법의 근로자로 보는 자 외에 계약을 맺은 사용자로부터 성과에 따른 수수료(인센티브)를 받는 자도 A법의 근로자에 해당한다.

병의 견해에 따르면, 사용자와의 계약 유무나 사용자로부터의 계속적·정기적 금품 또는 인센티브 수령 여부와 무관하게 실업자나 구직 중인 자도 일정한 경우(노동3권 보장 필요성이 있는 경우)에는 A법의 근로자에 해당한다.

〈보기〉 해설　ㄱ. 이 사람은 헬스장 사업자와 계약을 맺었으나 헬스장 사업자로부터 근로의 대가로 계속적·정기적인 금품을 받지는 않으므로, 갑에 따르면 A법에서 말하는 '근로자'가 아니기 때문에 노동조합에 가입할 수 없다. ㄱ은 옳지 않은 추론이다.

ㄴ. 이 사람은 원격영어학원과 계약을 맺었으나 근로의 대가로 계속적·정기적인 금품을 받지는 않으므로, 갑에 따르면 A법에서 말하는 '근로자'가 아니다. 그러나 그 학원으로부터 수강생 모집 실적이라는 성과에 따라 수수료를 받고 있으므로, 을에 따르면 A법에서 말하는 '근로자'이다. 따라서 갑에 따르면 노동조합에 가입할 수 없으나, 을에 따르면 노동조합에 가입할 수 있다. ㄴ은 옳은 추론이다.

ㄷ. 원치 않는 해고를 당한 자는 사용자로부터 계속적·정기적인 금품이나 성과에 따른 수수료를 받지 못하므로, 을에 따르면 A법에서 말하는 '근로자'가 아니다. 그러나 일시적 실직자로서 노동3권을 보장할 필요성이 있을 수도 있으므로, 병에 따르면 A법에서 말하는 '근로자'에 포함될 가능성이 있다. 따라서 을에 따르면 노동조합에 가입할 수 없으나, 병에 따르면 노동조합에 가입할 수도 있다. ㄷ은 옳지 않은 추론이다.

〈보기〉의 ㄴ만이 옳은 추론이므로 정답은 ①이다.

02.

〈주장〉에 대한 반대 논거가 될 수 있는 것만을 〈보기〉에서 있는 대로 고른 것은?

[A법]

제1조 3심제의 최종심인 상고심은 대법원이 담당한다.

제2조 대법원은 상고 신청의 이유가 적절하지 않다고 인정되는 때에는 재판을 열지 않고 판결로 상고를 기각한다.

제3조 제2조에 따라 상고를 기각하는 판결에는 이유를 기재하지 않을 수 있다.

〈주장〉

　A법 제2조는 대법원에 상고가 남용되는 상황을 예방하고 사건에 대한 신속한 처리를 통하여 적절한 신청 이유를 가진 당사자의 재판 받을 권리를 충실히 보장하기 위한 규정으로서 입법 취지 및 규정 내용 등에 비추어 그 합리성이 충분히 인정된다. A법 제3조는 제2조를 실현하기 위해 요구되는 절차적 규정이다. 즉 상고기각 판결에 이유를 기재하는 것은 대법원에 불필요한 부담만 가중하고 정작 재판이 필요한 사건에 할애해야 할 시간을 낭비하는 것이기 때문에 제3조의 취지 또한 정당화된다. 일반적으로 판결에 이유 기재를 요구하는 목적은 당사자에게 법원의 판단 과정을 납득시키고 불복수단을 강구하도록 하려는 것이나, 소송금액이 적은 사건처럼 경미한 사건을 신속하게 처리하기 위하여 판결이유를 생략하는 것이 인정되는 것과 같이, 이유 기재는 판결의 필수적인 요소가 아니라 법원이 그 여부를 선택할 수 있는 사항이다. 게다가 대법원이 존재한다고 하여 모든 사건에 대해 대법원에서 재판받을 기회가 보장되어야 하는 것은 아니기 때문에, 판결이유 기재를 비롯한 대법원의 재판에 대한 구체적인 제도의 내용은 대법원의 재량범위에 속한다.

보기

ㄱ. 재판을 받을 권리는 재판이라는 국가적 행위를 청구하는 권리이고, 청구권에는 청구에 상응하는 상대방의 의무가 반드시 결부되며 그 의무에는 청구에 응할 의무와 성실히 답할 의무가 포함된다.

ㄴ. 재판을 받을 권리는 재판절차에의 접근성 보장과 절차의 공정성 보장 등을 주된 내용으로 하는 기회 보장적 성격을 가지며, 법원의 판결의 정당성은 그 판결에 대한 근거제시에 의해 좌우된다.

ㄷ. 대법원의 판결은 국민이 유사한 사안을 해석하고 규범적 평가를 내리는 사실상의 판단기준으로서 기능하며, 판결의 결론뿐만 아니라 그 논증 과정 역시 동일한 기능을 수행한다.

① ㄱ   ② ㄴ   ③ ㄱ, ㄷ

④ ㄴ, ㄷ   ⑤ ㄱ, ㄴ, ㄷ

문항 성격	문항유형 : 논쟁 및 반론
	내용영역 : 규범
평가 목표	이 문항은 제시된 주장을 이해하고 이에 대한 적절한 반대 논거를 찾아내는 능력을 평가하는 문항이다.
문제 풀이	정답 : ⑤

〈주장〉은 대법원 상고에서 심리불속행 제도와 불속행 결정 시 판결에 이유 기재를 하지 않는 제도에 대한 찬성론이다. 〈주장〉에서는 무엇보다도 대법원 상고가 남용될 수 있고 이로 인해 오히려 대법원의 사건 심리가 정작 필요한 당사자들이 대법원에서 충분히 재판을 받지 못하는 상황이 벌어질 수 있다는 점에 주목하며, 대법원 자원의 효율적 활용을 위해 덜 중요한 사건들을 이유를 밝히지 않고 종결시킬 수 있어야 한다고 한다. 특히 판결이유를 밝히지 않고 결정을 내리는 경우가 소액사건의 경우에도 존재한다는 점을 들면서 이유 기재가 판결의 필수요소는 아니라고 한다. 또한 대법원에서 재판받을 기회를 모두에게 보장할 필요는 없다고 한다.

〈보기〉 해설 ㄱ. 재판을 받을 권리가 청구권이므로 이에 대응하는 의무가 법원에 있고, 그 의무에는 재판을 할 의무(청구에 응할 의무)와 상고를 기각하는 경우에도 기각의 이유가 무엇인지를 판결문에 기재하여 당사자에게 알려줄 의무(성실히 답할 의무)가 포함된다. ㄱ은 〈주장〉에 대한 반대 논거가 될 수 있다.

ㄴ. 법원이 재판을 열지 않으면 재판을 받을 권리의 주된 내용인 재판절차에의 접근성 보장은 실현될 수 없다. 또 판결의 정당성 판단을 위해서는 판결의 이유 기재를 통한 근거제시가 필요하다. ㄴ은 〈주장〉에 대한 반대 논거가 될 수 있다.

ㄷ. 대법원 판결의 결론과 논증 과정은 국민이 유사한 사안을 해석하고 규범적 평가를 내리는 사실상의 판단기준으로서 기능하는데, 대법원의 판결에 이유를 기재하지 않으면 국민은 그 판결의 논증 과정을 알 수가 없으므로 결과적으로 그 논증 과정이 국민의 판단기준으로서 기능할 수 없게 된다. ㄷ은 〈주장〉에 대한 반대 논거가 될 수 있다.

〈보기〉의 ㄱ, ㄴ, ㄷ 모두 〈주장〉에 대한 반대 논거가 될 수 있으므로 정답은 ⑤이다.

114

03.

다음 논쟁에 대한 분석으로 옳은 것만을 〈보기〉에서 있는 대로 고른 것은?

갑 : 형사절차에서 추구해야 할 진실은 사건의 진상, 즉 '객관적 진실'이다. 그리고 객관적 진실을 발견하기 위해서 사건 당사자(피고인, 검사) 못지않게 판사의 적극적인 진실발견의 활동과 개입이 필요하다. 따라서 진실발견을 위해 필요한 경우, 중대한 절차 위반이 없다면 판사가 사건 당사자의 주장이나 청구에 제약을 받지 않고 직접 증거를 수집하거나 조사하는 것도 가능하다.

을 : '사건의 진상' 또는 '객관적 진실'은 오직 신(神)만이 알 수 있다. 사건 당사자들이 주장하는 사실과 제출된 증거들을 통해 판사가 내리는 결론도 엄밀히 말하면 판사의 주관적 진실에 불과하다. 다만 판사의 주관적 진실을 '판결'이라는 이름으로 신뢰하고 규범력까지 인정하는 이유는 그것이 단순히 한 개인의 주관적인 진실이 아니라, 공정한 형사절차를 통해 도출된 결론이기 때문이다. 따라서 형사절차에서 추구해야 하는 것은 '절차를 통한 진실'이고, 이를 위해 사건 당사자들이 법정에서 진실을 다툴 수 있는 공정한 기회가 보장되어야 한다. 이때 판사의 역할도 진실을 담보해 내기 위해 절차를 공정하고 엄격하게 해석·적용·준수하는 것이어야 한다. 즉 판사는 정해진 절차 속에서 행해지는 사건 당사자들의 주장과 입증을 토대로 중립적인 제3자의 지위에서 판단자의 역할을 수행해야 한다.

병 : 객관적 진실은 존재하고, 형사절차는 그러한 객관적 진실에 최대한 가까이 접근하고자 마련된 절차이다. 따라서 형사절차에서 사건의 진상을 명백히 밝힘으로써 객관적 진실을 추구해야 한다는 것에는 기본적으로 동의한다. 하지만 객관적 진실의 발견은 전적으로 사건 당사자들의 증거제출과 입증에 맡겨야 하고, 이러한 진실발견의 과정에 판사가 직접적·적극적으로 개입하는 것은 바람직하지 않다. 따라서 판사는 원칙적으로 제3자의 입장에서 중립적인 판단자의 역할을 수행하되, 인권침해를 통해서 얻어낸 객관적 진실은 정당성을 획득할 수 없으므로 판사는 형사절차의 진행 과정에서 인권침해가 발생하지 않도록 감시하고, 인권침해가 발생했을 경우에는 이를 바로잡는 역할과 의무도 함께 부담한다.

보 기

ㄱ. 범죄를 조사하기 위해 구속기간 연장의 횟수 제한을 없애자는 법률개정안에 대해 갑과 병은 찬성할 것이다.

ㄴ. '법이 정한 적법한 절차를 위반하여 수집된 증거는 설사 그것이 유죄를 입증할 유일하고 명백한 증거라 하더라도 예외 없이 유죄의 증거로 사용할 수 없다'는 법원칙에

대해 을은 찬성하지만, 갑은 반대할 것이다.

ㄷ. '피고인이 재판에 출석하지 아니한 때에는 특별한 규정이 없으면 재판을 진행하지
못한다'는 법원칙에 대해 을과 병은 찬성할 것이다.

① ㄱ
② ㄴ
③ ㄱ, ㄷ
④ ㄴ, ㄷ
⑤ ㄱ, ㄴ, ㄷ

문항 성격	문항유형 : 논쟁 및 반론
	내용영역 : 규범
평가 목표	이 문항은 형사절차에서 추구해야 할 진실의 개념 및 그러한 진실을 발견하기 위해 판사가 해야 할 역할에 관한 갑, 을, 병의 논쟁을 적절하게 분석하는 능력을 평가하는 문항이다.
문제 풀이	정답 : ④

갑은 형사절차에서 추구해야 할 진실은 '객관적 진실'이라고 보면서, 판사는 객관적 진실을 발견
하기 위해서 사건 당사자인 피고인 및 검사와 별개로 진실발견 과정에 적극적으로 참여해야 한
다는 입장이다. 을은 객관적 진실의 추구가 불가능하기 때문에 형사절차에서 추구해야 할 진실은
'절차를 통한 진실'이라고 보면서, 판사는 공정한 절차의 준수·집행과 중립적인 판단자의 역할을
수행해야 한다는 입장이다. 병은 객관적 진실의 추구에 대해서는 동의하지만, 진실발견의 주체는
어디까지나 사건 당사자이고 판사는 중립적인 판단자의 지위에서 피고인의 인권을 보호하는 역
할을 수행해야 한다는 입장이다.

| 〈보기〉 해설 | ㄱ. 범죄를 조사하기 위해 구속기간 연장의 횟수 제한을 없애자는 법률개정안에 대
해서, 객관적 진실의 발견을 강조하는 갑은 찬성할 것이나, 객관적 진실의 발견
이 중요하지만 인권침해를 통해서 얻어낸 객관적 진실은 정당성을 획득할 수
없다고 주장하는 병은 반대할 것이다. ㄱ은 옳지 않은 분석이다. |
| | ㄴ. 적법한 절차를 위반하여 수집된 증거는 예외 없이 사용을 금지하는 법원칙에
대해서, 절차를 통한 진실을 강조하고 판사의 역할은 절차의 공정하고 엄격한
해석·적용·준수여야 한다고 주장하는 을은 찬성할 것이다. 그러나 객관적 진실
의 발견을 강조하는 갑은 그러한 절차 위반이 중대한 것이 아닌 한 반대할 것이
다. ㄴ은 옳은 분석이다. |
| | ㄷ. 피고인의 출석을 원칙적인 재판의 진행 요건으로 보는 법원칙에 대해서, 진실발
견의 주체는 사건 당사자(피고인 및 검사)이며 판사는 중립적인 제3자여야 한다 |

고 주장하는 을과 병은 찬성할 것이다. ㄷ은 옳은 분석이다.

〈보기〉의 ㄴ, ㄷ만이 옳은 분석이므로 정답은 ④이다.

04.

다음으로부터 추론한 것으로 옳은 것만을 〈보기〉에서 있는 대로 고른 것은?

X국은 지방정부의 공정한 업무 처리를 위하여 다음과 같이 감사청구제도 및 시민소송제도를 도입하였다.

○감사청구제도 개요

지방정부의 장의 업무 처리가 법률을 위반하거나 공익을 현저히 해친다고 인정되면 해당 지방의 18세 이상 시민은 해당 지방의 18세 이상 시민 100명 이상의 연대서명을 거쳐 행정부장관에게 감사를 청구할 수 있다. 감사 청구된 사항에 대하여 행정부장관은 감사를 한 후, 그 결과를 감사청구인과 해당 지방정부의 장에게 서면으로 알려야 한다. 행정부장관은 감사결과에 따라 필요한 경우 해당 지방정부의 장에게 필요한 조치를 요구할 수 있으며, 조치 요구를 받은 지방정부의 장은 이를 성실히 이행하고, 그 조치 결과를 해당 지방의회와 행정부장관에게 보고하여야 한다.

○시민소송제도 개요

지방정부의 장의 공금 지출에 관한 사항, 재산의 취득에 관한 사항 또는 지방세 부과·징수를 게을리한 사항에 대하여 감사청구를 한 시민은 그 감사청구의 결과에 따라 해당 지방정부의 장이 행정부장관의 조치 요구를 성실히 이행하지 아니한 경우, 그 감사 청구한 사항과 관련이 있는 위법한 행위나 업무를 게을리한 사실에 대하여 해당 지방정부의 장을 상대로 시민소송을 제기할 수 있다. 이 시민소송이 계속되는 중에 소송을 제기한 시민이 사망한 경우 소송의 절차는 중단되나, 시민소송 전에 이뤄진 감사청구의 연대서명자가 있는 경우 해당 연대서명자는 이 시민소송절차를 이어받을 수 있다.

보기

ㄱ. Y지방정부의 장이 Y지방정부의 재산 취득 시 법률을 위반하자, Y지방 시민 갑은 Y지방 시민 을 등의 연대 서명을 거친 후 단독으로 적법하게 감사청구를 하였고 행정부장관은 감사결과에 따른 조치 요구를 하였으나 Y지방정부의 장이 이를 이행하지 않았다. 이 경우 을은 Y지방정부의 장을 상대로 시민소송을 제기할 수 있다.

ㄴ. V지방의 시민 병이 V지방정부의 장의 공금 지출에 관한 사무처리가 공익을 현저히
   해쳐 적법하게 감사청구를 하였고, 행정부장관은 감사결과에 따른 조치 요구를 하
   였으나 V지방정부의 장이 이를 이행하지 않았다. 이 경우 병은 V지방정부의 장을
   상대로 공금 지출이 공익을 현저히 해쳤다는 이유로 시민소송을 제기할 수 있다.
ㄷ. W지방정부의 장이 지방세 부과를 게을리한 부분이 법률에 위반되어 W지방의 시민
   정이 적법하게 감사청구를 하였고 감사결과에 따른 행정부장관의 조치 요구가 있었
   음에도 W지방정부의 장은 이를 이행하지 않았다. 이 경우 정은 감사 청구한 사항과
   관련이 있는 위법한 행위에 대해서도 W지방정부의 장을 상대로 시민소송을 제기할
   수 있다.

① ㄱ   ② ㄷ   ③ ㄱ, ㄴ
④ ㄴ, ㄷ   ⑤ ㄱ, ㄴ, ㄷ

문항 성격	문항유형 : 언어 추리
	내용영역 : 규범
평가 목표	이 문항은 감사청구와 시민소송 사이의 관계를 명확하게 파악하여 사례에 정확하게 적용하는 능력을 평가하는 문항이다.
문제 풀이	정답 : ②

시민소송을 제기하기 위해서는 먼저 감사청구를 해야 한다. 감사청구를 한 시민은, 해당 지방정부의 장이 감사결과에 따른 행정부장관의 조치 요구를 성실히 이행하지 아니한 경우, 감사 청구한 사항과 관련이 있는 위법한 행위나 업무태만에 대하여 해당 지방정부의 장을 상대로 시민소송을 제기할 수 있다. 소송을 제기한 시민이 도중에 사망하더라도 감사청구의 연대서명자가 소송절차를 이어받을 수 있다.

〈보기〉 해설	ㄱ. 감사청구를 한 시민은 시민소송을 제기할 수 있으나, 감사청구의 연대서명자가 시민소송을 제기할 수 있다는 것은 제시문으로부터 추론되지 않는다. 을은 연대서명자일 뿐이고 감사청구를 하지 않았으므로, ㄱ은 옳지 않은 추론이다.
	ㄴ. 지방정부의 장의 업무 처리가 공익을 현저히 해친다고 인정되면 감사를 청구할 수 있다는 것은 명백하다. 그러나 지방정부의 장의 업무 처리가 공익을 현저히 해쳤다는 이유로 시민소송을 제기할 수 있다는 것은 제시문으로부터 추론되지 않는다. ㄴ은 옳지 않은 추론이다.

ㄷ. 제시문에서 시민소송의 대상에는 '감사 청구한 사항과 관련이 있는 위법한 행위'도 포함하고 있다. 따라서 감사결과에 따른 행정부장관의 조치 요구가 있었음에도 해당 지방정부의 장이 이를 이행하지 않은 경우, 정은 감사 청구한 사항과 관련이 있는 위법한 행위에 대해서 시민소송을 제기할 수 있다. ㄷ은 옳은 추론이다.

〈보기〉의 ㄷ만이 옳은 추론이므로 정답은 ②이다.

05.

[규정]의 적용으로 옳은 것만을 〈보기〉에서 있는 대로 고른 것은?

[규정]

제1조 행정청은 무도장업자의 위반사항에 대하여 아래의 〈처분기준표 및 적용 방법〉에 따라 처분한다.

제2조 무도장업자가 그 영업을 양도하는 경우에는 행정청에 신고하여야 하며, 양수인은 그 신고일부터 종전 영업자의 지위를 이어받는다. 종전 영업자에게 행한 제재처분의 효과는 그 제재처분일부터 1년간 양수인에게 미치고, 제재처분을 하기 위한 절차가 진행 중인 경우 그 절차는 양수인에 대하여 계속하여 진행한다. 다만, 양수인이 양수할 당시에 종전 영업자의 위반사실을 알지 못한 경우에는 그 절차를 계속하여 진행할 수 없다.

〈처분기준표 및 적용 방법〉

위반사항	처분기준		
	1차위반	2차위반	3차위반
주류판매	영업정지 1개월	영업정지 3개월	영업정지 5개월
접대부 고용	영업정지 2개월	영업정지 5개월	등록취소
호객행위	시정명령	영업정지 10일	영업정지 20일

가. 위반사항이 서로 다른 둘 이상인 경우(어떤 위반행위에 대하여 제재처분을 하기 위한 절차가 진행되는 기간 중에 추가로 다른 위반행위가 있는 경우 포함)로서 그에 해당하는 각각의 처분기준이 다른 경우에는 전체 위반사항 또는 전체 위반행위에 대하여 하나의 제재처분을 하되 각 위반행위에 해당하는 제재처분 중 가장 무거운 것 하나를 택한다.

나. 어떤 위반행위에 대하여 제재처분을 하기 위한 절차가 진행되는 기간 중에 위반사항이 동일한 위반행위를 반복하여 한 경우로서 처분기준이 영업정지인 때에는 각 위반행위에 대한 제재처분마다 처분기준의 2분의 1씩을 더한 다음 이를 모두 합산하여 처분한다.

다. 위반행위의 차수는 최근 1년간 같은 위반행위로 제재처분을 받은 횟수의 순서에 따르고, 이 경우 기간의 계산은 위반행위에 대하여 제재처분을 받은 날과 그 처분 후 같은 위반행위를 하여 적발된 날을 기준으로 한다.

보기

ㄱ. 무도장업자 갑이 주류판매로 2019. 6. 20. 영업정지 1개월을 받은 후, 이를 알고 있는 을에게 2020. 6. 30. 그 영업을 양도하고 신고를 마쳤는데, 을이 2020. 7. 25. 접대부 고용과 주류판매로 적발되었다면, 행정청은 을에게 영업정지 3개월의 처분을 한다.

ㄴ. 호객행위로 2020. 3. 15. 시정명령을 받은 무도장업자 병이 2020. 5. 15. 호객행위로 적발되었고 제재처분 전인 2020. 5. 30. 또 호객행위로 적발되었다면, 이 두 위반행위에 대하여 행정청이 병에게 처분할 영업정지 기간의 합은 45일이 된다.

ㄷ. 주류판매로 2019. 5. 10. 영업정지 5개월을 받은 무도장업자 정은 2020. 5. 5. 접대부 고용으로 적발된 후 그 제재처분을 받기 전에 이를 모르는 무에게 2020. 5. 7. 이 무도장을 양도하고 신고를 마쳤다. 무가 이 무도장 운영 중 2020. 5. 15. 주류판매로 적발되었다면, 행정청은 무에게 영업정지 2개월의 처분을 한다.

① ㄱ 　　　　② ㄴ 　　　　③ ㄱ, ㄷ
④ ㄴ, ㄷ 　　　　⑤ ㄱ, ㄴ, ㄷ

문항 성격	문항유형 : 언어 추리
	내용영역 : 규범
평가 목표	이 문항은 무도장업 제재처분에 관한 규정을 정확히 이해하고 사례에 적용하는 능력을 평가하는 문항이다.
문제 풀이	정답 : ②

제2조에서 무도장업을 양수한 사람이 종전 영업자의 위반사실이나 제재처분을 몰랐던 경우에도 종전 영업자에 대한 제재처분의 효과가 양수인에게 미친다. 그러나 무도장업 양도 당시에 종전 영업자에게 제재처분을 하기 위한 절차가 진행 중이었다면, 양수인이 양수 당시에 종전 영업자의 위반사실을 알고 있었던 경우에만 그 절차를 양수인에 대하여 계속 진행하고, 양수인이 종전 영

업자의 위반사실을 몰랐던 경우에는 제재처분을 위한 절차를 계속하여 진행할 수 없다. 제재처분의 효과는 그 양수인에게 그 제재처분일부터 1년간 미친다.

〈보기〉 해설　ㄱ. 을이 무도장업을 양수한 2020. 6. 30.은 갑이 제재처분을 받은 날인 2019. 6. 20.로부터 1년이 지난 후이므로, 제2조에 따르면 갑이 받은 제재처분의 효과는 을에게 미치지 않는다. 따라서 을의 위반행위 및 위반사항만을 기준으로 제재처분을 확인하는 것이 타당하고, 접대부 고용과 주류판매가 각각 1차 위반에 해당하여 각각 영업정지 2개월 및 영업정지 1개월이 처분기준으로 적용된다. 이 경우 '가'에 따라 두 처분 중 무거운 것을 택하여 처분하므로 행정청은 영업정지 2개월의 처분을 하는 것이 합당하다. ㄱ은 옳지 않은 적용이다.

ㄴ. 병은 호객행위로 시정명령을 받은 2020. 3. 15.로부터 1년이 지나지 않은 2020. 5. 15. 및 2020. 5. 30. 또 호객행위로 적발되었으므로, '다'에 따라 각각 2차위반과 3차위반에 해당한다. 그런데 3차위반은 2차위반에 대한 제재처분 전에 적발되었고 각각의 위반행위에 대한 처분기준이 모두 영업정지이므로 '나'가 적용된다. 따라서 2차위반에 대한 처분기준인 영업정지 10일과 3차위반에 대한 처분기준인 영업정지 20일에 각각의 2분의 1씩을 더한 영업정지 15일과 영업정지 30일을 합산하여 처분하므로, 행정청이 병에게 처분할 영업정지 기간의 합은 45일이다. ㄴ은 옳은 적용이다.

ㄷ. 정이 주류판매로 받은 제재처분의 효과는 제2조에 따라 제재처분일인 2019. 5. 10.로부터 1년간 양수인 무에게 미치므로, 무가 2020. 5. 15. 적발된 주류판매의 차수를 계산할 때에 정이 받은 제재처분은 고려하지 않는다. 또 정이 접대부 고용으로 적발된 사실은 무가 무도장업 양수 당시에 몰랐기 때문에, 제2조에 따라 제재처분을 위한 절차가 무에 대하여 진행되지 않으므로 '가'가 적용될 여지가 없다. 따라서 무의 위반행위는 주류판매 1차위반에 해당하므로 행정청은 무에게 영업정지 1개월의 처분을 하는 것이 합당하다. ㄷ은 옳지 않은 적용이다.

〈보기〉의 ㄴ만이 옳은 적용이므로 정답은 ②이다.

06.

〈상황〉에 대한 판단으로 옳은 것만을 〈보기〉에서 있는 대로 고른 것은?

[학칙]

제1조(학생의 징계) ① 학생이 학내에서 학생으로서의 품위를 손상하거나 학교의 명예를 실추시키는 등의 행위를 한 경우 학교장은 교육을 위하여 학생을 징계할 수 있다.

② 학교장은 학생을 징계하려면 교사를 참여시켜야 하고, 학생이나 보호자에게 의견을 진술할 기회를 주는 등 적정한 절차를 거쳐야 한다.

〈상황〉

P중학교 학생 갑은 집에서 실시간 원격수업을 받던 중 시민의 알권리를 위해 자신의 학교에서 조사 중인 체벌 사건의 내용을 SNS에 게시하여 사회적 파장을 일으켰다. P중학교는 이에 대하여 [학칙]에 따라 갑을 징계하려고 한다.

보기

ㄱ. [학칙]에 규정된 '학내'는 학교의 물리적 공간으로 보아야 한다는 주장은 징계를 반대하는 논거가 된다.

ㄴ. 공익을 위한 학생의 표현의 자유는 제한 없이 보장되어야 한다는 주장은 징계를 반대하는 논거가 된다.

ㄷ. 수업시간 동안의 학생의 모든 활동을 학내 활동으로 간주해야 한다는 주장은 징계를 찬성하는 논거가 된다.

① ㄱ   ② ㄴ   ③ ㄱ, ㄷ

④ ㄴ, ㄷ   ⑤ ㄱ, ㄴ, ㄷ

문항 성격	문항유형 : 논증 평가 및 문제해결
	내용영역 : 규범
평가 목표	이 문항은 [학칙]의 주요 용어나 적용 범위를 어떻게 해석할 것인지에 관한 각각의 주장이 징계 찬성 또는 징계 반대의 논거가 되는지 판단하는 능력을 평가하는 문항이다.
문제 풀이	정답 : ⑤

갑이 P중학교 체벌 사건의 내용을 SNS에 게시한 것은 학교에서 한 것은 아니었으나, 실시간 원격수업 중이었으므로 수업시간에 해당하고, 시민의 알권리를 위한다는 공익적 목적이 있었다.

〈보기〉 해설   ㄱ. 〈상황〉에서 갑이 SNS 게시 행위를 한 장소는 집이므로, [학칙]의 '학내'를 물리적 공간으로 보아야 한다는 주장은 갑에 대한 징계를 반대하는 논거가 된다. ㄱ은 옳은 판단이다.

ㄴ. 〈상황〉에서 갑이 시민의 알권리를 위해 자신의 학교에서 조사 중인 체벌 사건의 내용을 SNS에 게시한 행위는 공익을 위한 표현 행위이므로, 공익을 위한 학생의 표현의 자유를 제한 없이 보장해야 한다는 주장은 갑에 대한 징계를 반대하는 논거가 된다. ㄴ은 옳은 판단이다.

ㄷ. 〈상황〉에서 갑의 SNS 게시 행위는 수업시간 중에 있었으므로, 수업시간 동안의 학생의 모든 활동을 학내 활동으로 간주해야 한다는 주장은 갑에 대한 징계를 찬성하는 논거가 된다. ㄷ은 옳은 판단이다.

〈보기〉의 ㄱ, ㄴ, ㄷ 모두 옳은 판단이므로 정답은 ⑤이다.

07.

〈견해〉에 따라 〈사례〉에서 갑에게 부과되는 형의 범위로 옳은 것은?

[규정]

「범죄처벌법」 제1조(절도죄) 타인의 물건을 훔친 자는 6년 이하의 징역에 처한다.

제2조(반복범) 징역 이상의 형을 받아 그 집행을 종료하거나 면제를 받은 후 2년 이내에 징역 이상에 해당하는 죄를 범한 자의 형의 기간 상한은 그 죄의 형의 기간 상한의 1.5배로 한다.

「절도범죄처벌특별법」 제1조(절도반복범) 절도죄로 두 번 이상의 징역형을 받은 자가 다시 절도죄를 범한 경우에는 2년 이상 20년 이하의 징역에 처한다.

〈견해〉

견해1 : 「범죄처벌법」에서 '형의 집행을 종료한 후'란 형의 집행 종료일 이후를 의미한다고 해석하여야 하므로 반복범의 기간 2년을 계산하는 시작점은 형의 집행 종료일 다음날이 되어야 한다.

견해2 : 「범죄처벌법」에서 '형의 집행을 종료한 후'란 문언 그대로 형의 집행이 종료된 출소 이후를 의미한다고 해석하여야 하므로 반복범의 기간 2년을 계산하는 시작점은 형의 집행 종료 당일이 되어 종료 당일도 2년의 기간에 포함된다.

견해A : 「절도범죄처벌특별법」 제1조는 「범죄처벌법」 제2조와 별개의 규정이므로 절도반복범에 해당하는 경우, 「절도범죄처벌특별법」이 따로 규정한 형벌의 범위 내에서만 형이 부과되어야 한다.

견해B : 「절도범죄처벌특별법」의 절도반복범은 절도범에 대한 가중처벌이므로 이 법에 따라 처벌하고, 이어 「범죄처벌법」의 반복범에도 해당하면 그 법에 따라 다시 가중처벌해야 한다.

〈사례〉

갑은 절도죄로 징역 6월을 선고받아 2014. 3. 15. 형집행이 종료되었고 이후 다시 저지른 절도죄로 징역 1년을 선고받아 2017. 9. 17. 형집행이 종료되었는데 다시 2019. 9. 17. 정오 무렵에 절도를 저질렀다(기간 계산에 있어서 시작일은 하루로 계산한다).

① 견해1과 견해A에 따르면, 징역 2년 이상 30년 이하
② 견해1과 견해B에 따르면, 징역 2년 이상 30년 이하
③ 견해2와 견해A에 따르면, 징역 2년 이상 30년 이하
④ 견해2와 견해A에 따르면, 징역 9년 이하
⑤ 견해2와 견해B에 따르면, 징역 2년 이상 30년 이하

문항 성격	문항유형 : 언어 추리
	내용영역 : 규범
평가 목표	이 문항은 「범죄처벌법」 제2조의 '2년 이내'의 시작일에 대한 견해들 및 「범죄처벌법」 상 '반복범'과 「절도범죄처벌특별법」상 '절도반복범'의 관계에 관한 견해들을 이해하고 이를 적용하여 갑에게 부과될 형의 범위를 계산하는 능력을 평가하는 문항이다.
문제 풀이	정답 : ②

갑이 받은 마지막 징역형의 집행은 2017. 9. 17. 종료되었으며, 2019. 9. 17. 낮에 다시 절도를 저질렀다. 갑이 「범죄처벌법」의 반복범에 해당하는지 확인하기 위해서는 기간 계산의 시작점을 알아야 하는데, 견해1에 따르면 반복범의 기간 2년은 형의 집행 종료일 다음날인 2017. 9. 18. 시작하고, 견해2에 따르면 형의 집행 종료 당일인 2017. 9. 17. 시작한다. 따라서 견해1에 따르면 반복범의 기간은 2019. 9. 17.까지이므로 갑은 「범죄처벌법」의 반복범에 해당하고, 견해2에 따르면 반복범의 기간은 2019. 9. 16.까지이므로 갑은 「범죄처벌법」의 반복범에 해당하지 않는다. 한편 갑은 절도죄로 두 번의 징역형을 받았으므로 「절도범죄처벌특별법」의 절도반복범에 해당한다. 견해A에 따르면 갑에게 반복범에 관한 「범죄처벌법」 제2조는 적용되지 않고 「절도범죄처벌특별법」 제1조에 따로 규정한 형벌의 범위 내에서만 형이 부과되어야 하지만, 견해B에 따르면 갑이 「범죄처

법법」의 반복범에 해당하는 경우에는 「절도범죄처벌특별법」 제1조에 정한 형벌을 「범죄처벌법」 제2조에 따라 가중한 형을 받아야 한다.

정답 해설 ② 견해1에 따르면 갑은 「범죄처벌법」의 반복범에 해당하고, 견해B에 따르면 「범죄처벌법」의 반복범에도 해당하는 사람에게는 「절도범죄처벌특별법」 제1조에 정한 형벌을 「범죄처벌법」 제2조에 따라 가중한 형을 부과해야 하므로, 갑에게 부과되는 형은 「절도범죄처벌특별법」 제1조에 정한 형벌을 「범죄처벌법」 제2조에 따라 가중한 형이다. 「범죄처벌법」 제2조에 따르면 형의 기간 상한만 1.5배로 가중하므로, 「절도범죄처벌특별법」 제1조에 정한 형벌의 상한인 20년을 30년으로 가중하게 된다. 따라서 갑에게 부과되는 형은 2년 이상 30년 이하의 징역이다.

오답 해설 ① 견해A에 따르면 갑에게는 「절도범죄처벌특별법」 제1조만 적용되므로, 갑에게 부과되는 형은 2년 이상 20년 이하의 징역이다.
③ 견해A에 따르면 갑에게는 「절도범죄처벌특별법」 제1조만 적용되므로, 갑에게 부과되는 형은 2년 이상 20년 이하의 징역이다.
④ 견해A에 따르면 갑에게는 「절도범죄처벌특별법」 제1조만 적용되므로, 갑에게 부과되는 형은 2년 이상 20년 이하의 징역이다.
⑤ 견해2에 따르면 갑은 「범죄처벌법」의 반복범에 해당하지 않으므로, 「절도범죄처벌특별법」 제1조만 적용되어 갑에게 부과되는 형은 2년 이상 20년 이하의 징역이다.

08.

갑, 을, 병이 언급한 모든 사항을 충족하는 A 조항의 내용으로 가장 적절한 것은?

'알선'이란 어떤 사람과 그 상대방 간에 일정한 사항을 중개하여 편의를 도모하는 것을 의미한다. X국 「범죄법」 A 조항은 특정한 알선행위를 처벌하고 있다.

갑 : 공무원 신분을 가지지 않은 사람도 학연, 지연 등 개인의 영향력을 이용하여 공무원의 직무에 영향을 미칠 수 있으므로, A 조항은 이러한 사람의 알선행위도 처벌한다.
을 : 공무원의 직무집행에 대한 사회적 신뢰 보호가 중요하므로, A 조항은 실제로 알선행위를 하였는지와 상관없이 공무원의 직무에 관하여 알선 명목으로 자신의 이익을 추구하는 행위를 처벌한다.

병 : 선의의 알선행위를 금지할 필요는 없으므로, A 조항은 자신의 이익을 취득하기 위한 공무원의 직무에 관한 알선행위를 금지한다. 이때 A 조항은 일정한 예방 효과를 거두기 위해서 알선에 관련하여 취득된 재산을 보유하지 못하도록 강제하고 있다.

① 공무원의 직무에 속한 사항의 알선에 관련하여 금품이나 이익을 받거나 받기로 약속한 사람은 5년 이하의 징역 또는 1천만 원 이하의 벌금에 처한다.

② 금품이나 이익을 받거나 받기로 약속하고 공무원의 직무에 속한 사항에 관하여 알선한 사람은 5년 이하의 징역에 처하고, 이로 인하여 취득한 재산은 몰수한다.

③ 공무원이 그 지위를 이용하여 다른 공무원의 직무에 속한 사항의 알선에 관련하여 금품이나 이익을 받거나 받기로 약속한 사람은 5년 이하의 징역 또는 1천만 원 이하의 벌금에 처한다.

④ 공무원의 직무에 속한 사항의 알선에 관련하여 금품이나 이익을 받거나 받기로 약속한 사람은 5년 이하의 징역 또는 1천만 원 이하의 벌금에 처하고, 이로 인하여 취득한 재산은 몰수한다.

⑤ 공무원의 직무에 속한 사항의 알선에 관련하여 금품이나 이익을 제공하거나 제공의 의사를 표시한 사람은 5년 이하의 징역 또는 7년 이하의 자격정지에 처하고, 이로 인하여 취득한 재산은 몰수한다.

문항 성격 문항유형 : 논증 분석
내용영역 : 규범

평가 목표 이 문항은 갑, 을, 병이 언급한 모든 사항을 충족하는 규범을 찾아내는 능력을 평가하는 문항이다.

문제 풀이 정답 : ④

갑에 따르면 A 조항은 공무원의 알선행위뿐만 아니라 공무원 아닌 사람의 알선행위도 처벌한다. 을에 따르면 A 조항은 실제 알선행위를 한 것뿐만 아니라 알선 명목으로 자신의 이익을 추구한 행위도 처벌한다. 병에 따르면 A 조항은 자신의 이익을 취득하기 위한 알선행위를 금지하고, 알선에 관련하여 취득한 재산을 보유하지 못하게 한다.

정답 해설 ④ 공무원 신분을 요구하지 않는다는 점에서 갑이 언급한 사항을 충족하고, 실제 알선행위를 할 것을 요구하지 않는다는 점과 금품 또는 이익을 받거나 받기로 약속함으로써 자신의 이익을 추구한 사람을 처벌한다는 점에서 을이 언급한 사항을 충족하며, 알선에 관련하여 자신의 이익을 추구한 사람을 처벌하고 이들이 취득한 재산을 몰수한다는 점에서 병이 언급한 사항을 충족한다. ④는 갑, 을, 병이 언급한 모든 사항을 충족하는 A 조항의 내용으로 적절하다.

오답 해설

① 징역형 또는 벌금형이 가능할 뿐이고 재산 몰수 규정이 없으므로 병이 언급한 사항을 충족하지 못한다. 벌금형으로 사실상의 재산 몰수가 가능한 면이 있으나, 벌금의 상한이 1천만 원으로 정해져 있으므로 알선에 관련하여 취득한 재산을 전부 회수하지 못할 수도 있고, 벌금형 아닌 징역형에 처해지는 경우에는 알선에 관련하여 취득한 재산을 그대로 보유할 수 있게 된다. ①은 A 조항의 내용으로 적절하지 않다.

② 실제 알선행위를 한 경우만을 처벌하므로 을이 언급한 사항을 충족하지 못한다. ②는 A 조항의 내용으로 적절하지 않다.

③ 공무원만 처벌 대상이므로 갑이 언급한 사항을 충족하지 못하고, 재산 몰수 규정이 없으므로 병이 언급한 사항을 충족하지 못한다. 벌금형으로 사실상의 재산 몰수가 가능한 면이 있으나, 벌금의 상한이 1천만 원으로 정해져 있으므로 알선에 관련하여 취득한 재산을 전부 회수하지 못할 수도 있고, 벌금형 아닌 징역형에 처해지는 경우에는 알선에 관련하여 취득한 재산을 그대로 보유할 수 있게 된다. ③은 A 조항의 내용으로 적절하지 않다.

⑤ 알선 명목으로 자신의 이익을 추구하는 행위 또는 자신의 이익을 취득하기 위한 알선행위를 하는 사람을 처벌하는 것이 아니라, 그들에게 알선을 부탁하면서 이익을 제공하거나 제공 의사를 표시하는 사람을 처벌하는 것이므로, 을과 병이 언급한 사항을 충족하지 못한다. ⑤는 A 조항의 내용으로 적절하지 않다.

09.

〈견해〉에 대한 평가로 옳은 것만을 〈보기〉에서 있는 대로 고른 것은?

[규정]

제1조(정의) '약사(藥事)'란 의약품·의약외품의 제조·조제·보관·수입·판매[수여(授與)를 포함]와 그 밖의 약학 기술에 관련된 사항을 말한다.

제2조(의약품 판매) 약국 개설자가 아니면 의약품을 판매하거나 판매할 목적으로 취득할 수 없다. 다만, 의약품의 제조업 허가를 받은 자가 제조한 의약품을, 의약품 제조업 또는 판매업의 허가를 받은 자에게 판매하는 경우에는 그러하지 아니하다.

〈사례〉

P회사는 의약품 제조업의 허가와 의약품 판매업의 허가를 각각 받아 의약품 제조업자와 의약품 도매상의 지위를 동시에 가지고 있다. P회사는 의약품취급방법 위반으로 제조업자의 지위에서 의약품 판매 정지 처분을 받았다. 이와 관련하여 P회사가 의약품 제조업자의 지위에서는 의약품을 출고하고, 의약품 도매상의 지위에서는 그 의약품을 입고한 경우가 이 규정에 따른 '판매'에 해당하는지에 대해 다음과 같이 견해가 대립한다.

〈견해〉

견해1 : 제2조는 엄격한 관리를 통하여 의약품이 비정상적으로 거래되는 것을 막으려는 취지이다. 의약품 회사가 제조업과 도매상 허가를 모두 취득하였더라도 의약품이 제조업자로부터 도매상으로 이동한 경우는 그 지위가 구분되는 상대방과의 거래로 볼 수 있으므로, '판매'에 해당한다.

견해2 : 일반적으로 판매란 값을 받고 물건 등을 남에게 넘기는 것을 의미하는 것으로 물건 등을 넘기는 자와 받는 자를 전제하는 개념이다. 의약품 회사가 제조업의 허가와 도매상의 허가를 모두 취득하였더라도 제조업자로서 제조한 의약품을 도매상의 지위에서 입고하여 관리하는 것은 동일한 회사 내에서의 이동일 뿐이고, 독립한 거래 상대방이 존재하는 것이 아니므로 '판매'에 해당하지 않는다.

보기

ㄱ. [규정]에서 의약품 도매상이 되려는 자는 시장·군수·구청장의 허가를 받아야 하고, 제조업자가 되려는 자는 식품의약청장의 허가를 받아야 한다는 별도의 규정이 있다면 견해1은 약화된다.

ㄴ. 제1조의 판매에 포함되는 '수여(授與)'의 개념에 거래 상대방과 관계없이 물건 자체의 이전(移轉)도 포함된다면 견해2는 강화된다.

ㄷ. 제2조의 입법취지에 따른 판매 개념이 일반 대중에게 의약품이 유통되는 것을 의미하는 것이라면 견해2는 강화된다.

① ㄴ   ② ㄷ   ③ ㄱ, ㄴ

④ ㄱ, ㄷ   ⑤ ㄱ, ㄴ, ㄷ

문항 성격 문항유형 : 논증 평가 및 문제해결
내용영역 : 규범

128

평가 목표 이 문항은 규정을 근거로 사례를 해석하는 각각의 견해가 별도의 규정이나 입법취지 등 추가적인 정보에 의해 강화되거나 약화되는지 따져 보는 능력을 평가하는 문항이다.

문제 풀이 정답 : ②

[규정]은 약사법상 판매할 수 있는 자를 약국 개설자와 허가받은 제조업자·판매업자로 한정하고 있다. 〈사례〉에서는 제조업과 판매업의 허가를 모두 받은 P회사가 제조업자의 지위에서 판매 정지 처분을 받은 상황에서 의약품을 P회사 내에서 출고하고 또 입고하였다. P회사의 이러한 출고 및 입고가 [규정]의 '판매'에 해당하는지에 대해 견해1과 견해2가 대립하고 있다.

견해1은 P회사는 제조업자와 판매업자 각각의 독립된 지위를 가지고 있으므로 동일한 회사 내에서의 이동도 거래로 볼 수 있어 '판매'에 해당된다는 입장이다.

견해2는 P회사가 제조업과 판매업 허가를 각각 받았더라도 판매라고 하기 위해서는 독립한 거래 상대방이 있어야 하는데, 〈사례〉는 동일한 회사 내에서 의약품의 단순한 이동에 불과하므로 [규정]의 '판매'에 해당하지 않는다는 입장이다.

〈보기〉 해설 ㄱ. 별도의 규정에서 의약품 도매상에 대한 허가기관과 제조업자에 대한 허가기관이 각각 다르다는 것이 P회사가 서로 다른 지위에 있다는 점을 도출하는지 명확하지 않으므로 상대방에게 '판매'한 것에 해당되는지 여부와 직접적으로 연결시키기 어렵다. 따라서 이것이 견해1 또는 견해2를 약화하거나 강화하는지를 판단하기 어렵다. 만약 제조업과 판매업에 대해 각각의 허가기관이 다르다는 것으로부터, P회사가 제조업자와 판매업자의 지위가 각각 구분되는 상황에서 서로 다른 지위에서 거래한 것으로 보아 '판매'에 해당하는 것으로 보아야 한다는 점이 도출된다면, 견해1은 약화되는 것이 아니라 오히려 강화된다. ㄱ은 옳지 않은 평가이다.

ㄴ. 거래의 상대방과 무관하게 물건의 이전이 곧 '수여'에 해당하고 따라서 '판매'에 해당한다면, 의약품이 동일 회사 내에서 이동하더라도 그 지위가 구분되는 상대방과의 거래로 볼 수 있다는 견해1은 강화되고, '판매'는 독립한 거래 상대방의 존재를 전제하는 개념이라는 견해2는 약화된다. ㄴ은 옳지 않은 평가이다.

ㄷ. P회사에 의약품을 입고한 것은 일반 대중에게 의약품을 유통시킨 것이 아니고, P회사는 소매상이 아니라 도매상이므로 P회사가 일반 대중에게 유통시킬 목적으로 취득한 것도 아니다. 제2조의 입법취지에 따른 판매 개념이 일반 대중에게 의약품이 유통되는 것을 의미하는 것이라면, P회사 내에서의 의약품의 이동은 제2조의 입법취지에 따른 판매라고 할 수 없으므로, 동일한 회사 내에서의 이동은 판매에 해당하지 않는다고 하는 견해2는 강화된다. ㄷ은 옳은 평가이다.

〈보기〉의 ㄷ만이 옳은 평가이므로 정답은 ②이다.

10.

[규정]을 〈사례〉에 적용한 것으로 옳은 것만을 〈보기〉에서 있는 대로 고른 것은?

주식시장에서는 [규정]에 의하여 체결 가격(이하 가격이라 한다)을 결정한다.

[규정]

제1조 가격은 10분마다 결정한다.

제2조 직전 가격 결정 후 10분간의 매도·매수주문에 따라 새로운 가격을 결정한다.

제3조 호가(매도·매수하려는 사람이 표시하는 가격) 중 체결가능수량이 가장 많은 호가를 가격으로 결정하여 거래가 체결된다. 이때 체결가능수량은 다음 ①과 ② 중에서 적은 것으로 한다.

　① 해당 호가 이상의 매수주문 주식 수의 총합

　② 해당 호가 이하의 매도주문 주식 수의 총합

제4조 가격이 결정되면 해당 가격의 체결가능수량은 그 가격에 전량 체결된다. 이때 그 체결가능수량이 매도주문 수량이면 해당 가격보다 높은 호가의 매수 수량부터, 매수주문 수량이면 해당 가격보다 낮은 호가의 매도 수량부터 먼저 체결된다.

〈사례〉

특정 시점에 A주식에 대한 주문은 다음과 같다. 이후 가격 결정 시점까지 갑 이외의 사람은 추가로 주문을 내지 않으며, 이미 낸 주문을 철회하지도 않는다(A주식의 호가별 차이는 50원이다).

매도·매수　　호가	매도주문 수량(주)	매수주문 수량(주)
10,550원 이상	0	0
10,500원	20,000	8,400
10,450원	14,000	(㉠)
10,400원 이하	0	0

보기

ㄱ. ㉠이 17,000이고 갑이 만약 10,500원에 4,000주 추가 매수주문을 내면 10,500원에 12,400주 전량이 체결된다.

ㄴ. 갑이 만약 10,500원에 8,000주 추가 매수주문을 내면 ㉠과 관계없이 10,500원에 16,400주 전량이 체결된다.

ㄷ. 갑이 만약 10,450원에 10,000주 추가 매도주문을 내고 10,450원에 매도주문된 24,000주 전량이 체결되었다면, ㉠은 15,700이 될 수 있다.

① ㄱ   ② ㄴ   ③ ㄱ, ㄷ

④ ㄴ, ㄷ   ⑤ ㄱ, ㄴ, ㄷ

문항 성격 문항유형 : 언어 추리

내용영역 : 규범

평가 목표 이 문항은 체결 가격 결정에 관한 규정을 이해하고 이를 개별 사례에 적용하여 문제를 해결하는 능력을 평가하는 문항이다.

문제 풀이 정답 : ④

[규정]의 가격 결정 기준을 이해하고 호가별 매도주문과 매수주문을 비교하여 체결 가격을 결정하는 것이 풀이의 핵심이다. 예컨대, 호가 10,500원에 가격이 결정되는지 알아보기 위해서는 매도주문은 호가 10,500원 이하를 모두 살펴보고, 매수주문은 호가 10,500원 이상을 모두 살펴보아야 한다. 매도주문은 34,000주, 매수주문은 8,400주이므로 8,400주가 체결될 수 있다. 10,450원에 체결되는지 알아보기 위해서는 매도주문은 호가 10,450원 이하를 모두 살펴보고, 매수주문은 호가 10,450원 이상을 모두 살펴보아야 한다. 매도주문은 14,000주, 매수주문은 [8,400+㉠]주가 된다.

〈보기〉해설 ㄱ. ㉠이 17,000이고 갑이 10,500원에 4,000주 추가 매수주문을 내면, 호가 10,500원에는 매도주문 수량이 34,000주이고 매수주문 수량은 12,400주이므로 더 적은 12,400주가 체결가능수량이 된다. 호가 10,450원에는 매도주문 수량은 14,000주, 매수주문 수량은 29,400주이므로 매도주문 수량인 14,000주가 체결가능수량이 된다. 호가 10,500원의 체결가능수량 12,400주보다 호가 10,450원의 체결가능수량이 더 많으므로, 10,450원에 14,000주가 체결된다(참고로 10,500원에 매수주문된 12,400주 전부와 10,450원에 매수주문된 일부 수량인 1,600주가 체결된다). ㄱ은 옳게 적용하지 않은 것이다.

ㄴ. 갑이 10,500원에 8,000주 추가 매수주문을 내면, 호가 10,500원에는 매도주문 수량이 34,000주이고 매수주문 수량은 16,400주이므로 체결가능수량은 매수주문 수량인 16,400주이다. 호가 10,450원에는 매도주문 수량이 14,000주이고, 매수주문 수량은 [16,400+㉠]주이다. 이때, ㉠이 0이라고 해도 호가 10,450원의 매수주문 수량은 16,400주가 되어 매도주문 수량(14,000주)보다 크므로 호가

10,450원에는 ㉠과 관계없이 14,000주가 체결가능수량이 된다. 따라서 10,500원에 매수주문 수량 16,400주가 전량 체결된다(참고로 10,450원에 매도주문된 14,000주 전부와 10,500원에 매도주문된 일부 수량인 2,400주가 체결된다). ㄴ은 옳게 적용한 것이다.

ㄷ. 갑이 10,450원에 10,000주 추가 매도주문을 내는 경우, 호가 10,500원에는 매도주문 수량이 44,000주이고 매수주문 수량이 8,400주여서 8,400주가 체결가능수량이고, 호가 10,550원 이상과 호가 10,400원 이하에는 매도주문 수량 또는 매수주문 수량이 0이어서 체결가능수량이 0이므로, 10,450원에 매도주문된 24,000주 전량이 체결되기 위해서는 호가 10,450원의 체결가능수량이 24,000주 이상이어야 한다. 갑의 추가 매도주문으로 호가 10,450원에는 매도주문 수량이 24,000주가 되므로, 호가 10,450원의 체결가능수량이 24,000주 이상이기 위해서는 호가 10,450원의 매수주문 수량이 24,000주 이상이어야 한다. 호가 10,450원의 매수주문 수량은 [8,400+㉠]주이므로 [8,400+㉠]이 24,000 이상이어야 한다는 의미이고, 결국 ㉠은 15,600(=24,000−8,400) 이상이어야 한다. 그러므로 ㉠은 15,700이 될 수 있다. ㄷ은 옳게 적용한 것이다.

〈보기〉의 ㄴ, ㄷ만이 옳게 적용한 것이므로 정답은 ④이다.

11.

다음 글에 대한 분석으로 옳은 것만을 〈보기〉에서 있는 대로 고른 것은?

〈X국 세법의 부동산보유세율〉

부동산 가격	세율
5억 원 이하	0.5%
5억 원 초과 10억 원 이하	1.5%
10억 원 초과 20억 원 이하	2.5%
20억 원 초과	3.5%

〈상황〉

회사 갑과 회사 을은 P그룹에 속하고, 회사 병과 회사 정은 Q일가의 가족이 운영하고 있다. P는 기업등록부에 그룹으로 등록되어 있으며, Q는 그룹으로 등록되어 있지 않다. X국의 현행 세법에 따르면 각 회사별로 보유하고 있는 부동산에 대하여 개별 과세한다. (P와 Q 자체는 부동산을 보유하고 있지 않다.)

〈견해〉

견해1 : 과세는 경제공동체 단위로 이루어져야 한다. 기업등록부에 등록된 하나의 그룹 내 속한 회사들은 경제공동체로 볼 수 있다. 예컨대 P그룹에 속한 회사 중 갑만이 10억 원의 부동산을 소유하는 경우의 총과세액과 갑, 을 각각 5억 원의 부동산을 소유하는 경우의 총과세액이 현행 세법에 따르면 달라지는데 이는 경제공동체라는 점이 반영되지 않으므로 부당하다. P그룹 내 각 회사의 부동산 소유 개별 가격에 관계 없이 합산 부동산 가격에 대해 과세해야 경제공동체라는 점이 반영된다. 즉, P그룹 내 회사들의 소유 부동산에 대해 합산과세하여야 한다.

견해2 : 과세는 경제공동체 단위로 이루어지는 것이 바람직하지만, 기업등록부에 등록된 그룹에 대해서만 부동산보유세 합산과세를 하는 경우에는 다음과 같은 문제점이 생긴다. 예컨대 Q일가가 운영하는 병과 정은 기업등록부에 그룹으로 등록된 회사가 아니므로 병과 정의 보유 부동산 가액은 과세 시 합산되지 않는다. P와 Q에 속한 각 회사들의 부동산 가액의 합이 같은 경우에는, P와 Q 모두 실질적으로 경제공동체의 속성을 가지고 있음에도 불구하고 P가 Q보다 세금을 더 내게 되어 불공평한 결과를 초래한다. 따라서 차라리 현행 세법에 따라 그룹 등록 여부와 무관하게 각 회사별로 개별과세하는 것이 옳다.

보 기

ㄱ. P에 속한 회사들의 부동산 합산 가격이 5억 원 이하라면, 견해1에 의하여 과세하든 견해2에 의하여 과세하든 과세 총액이 달라지지 않는다.

ㄴ. P에 속한 회사들의 부동산 합산 가격이 20억 원을 초과한다면, 견해1에 의하여 과세하는 경우와 견해2에 의하여 과세하는 경우에 각 과세 총액이 같아지는 경우는 없다.

ㄷ. Q 등의 실질적인 경제공동체를 기업등록부에 등록된 그룹으로 보는 세법 개정이 이루어진다면, 견해2는 P에 대한 부동산보유세 합산과세에 반대하지 않을 것이다.

① ㄱ   ② ㄴ   ③ ㄱ, ㄷ

④ ㄴ, ㄷ   ⑤ ㄱ, ㄴ, ㄷ

평가 목표　이 문항은 부동산 가격의 범위에 따라 세율이 다른 것으로 인하여 합산과세와 개별과
세에 어떠한 차이가 생기는지를 이해하고 각 견해의 요지를 이해하여 개별 사안을 판
단하는 능력을 평가하는 문항이다.

문제 풀이　정답 : ③

[X국 세법의 부동산보유세율]은 각 부동산 가격의 해당 범위에 따라 가격이 높을수록 세율이 높아
지는 구조를 취하고 있다. 이에 따르면, 하나의 경제주체가 여럿의 부동산을 소유하고 있는 경우
따로 과세하는 경우보다 합산하여 과세하는 경우 세금이 더 많아진다. 이러한 구조에서 하나의 그
룹에 속한 여러 회사들이 각각 소유한 부동산에 대한 개별과세가 이루어진다면, 전체 부동산 금액
에 대하여 합산과세하는 것보다 세금이 적어진다. 이러한 문제의식에서 견해1은 하나의 그룹에 속
한 회사들에게는 경제공동체로서의 속성을 반영하여 부동산보유세 합산과세를 해야 함을 주장하
고 있다. 반면, 견해2는 견해1의 기본적인 입장(경제공동체에 대한 부동산보유세 합산과세)에 동의
하면서도, Q일가가 운영하는 회사들이 사실상 경제공동체로서 P그룹과 같은 입장에 있는데도 개
별과세를 할 수밖에 없어서 P그룹 회사들은 Q일가의 회사들과 비교하여 더 많은 세금을 내는 구
조가 되므로 차라리 P, Q 모두 현행 세법대로 개별과세를 하는 것이 형평에 맞다고 본다.

〈보기〉 해설　ㄱ. 부동산 합산 가격이 5억 원 이하인 경우에는 견해1에 따라 합산과세를 하든 견
해2에 따라 개별과세를 하든 0.5%의 세율이 적용되어 과세총액이 같다. ㄱ은
옳은 분석이다.

ㄴ. 부동산을 보유한 P 소속 회사들이 각각 20억 원을 넘는 부동산을 보유하고 있
다면, 견해1에 따라 합산과세를 하든 견해2에 따라 개별과세를 하든 3.5%의 세
율이 적용되어 과세총액이 같다. ㄴ은 옳지 않은 분석이다.

ㄷ. 견해2는 하나의 경제공동체에 대한 부동산보유세 합산과세에는 기본적으로 동
의한다. 다만 P와 Q 모두 실질적으로 경제공동체로 취급할 수 있는데도 P에 대
하여만 합산과세를 하고 Q에 대해서는 개별과세를 하게 되면 불공평한 결과를
초래하므로 차라리 P와 Q 모두에 대해 개별과세를 하자는 주장인 것이다. 따
라서 실질적 경제공동체인 Q를 기업등록부에 등록된 그룹으로 보는 세법 개정
이 이루어져서 Q를 P와 같이 취급할 수 있게 됨으로써 불공평한 결과를 막을
수 있다면, 견해2는 P에 대한 부동산보유세 합산과세에 반대하지 않을 것이다.
ㄷ은 옳은 분석이다.

〈보기〉의 ㄱ, ㄷ만이 옳은 분석이므로 정답은 ③이다.

12.

다음으로부터 〈사례〉를 판단한 것으로 옳은 것만을 〈보기〉에서 있는 대로 고른 것은?

X를 하겠다고 약속하는 경우 일반적으로 X를 해야 할 도덕적 의무가 생겨난다. 하지만 이에 대한 예외가 있는데 그것은 X가 도덕적으로 옳지 않은 경우이다. 이 예외를 어떻게 설명할지에 대해서 갑과 을이 논쟁하였다.

갑 : X를 하는 것이 도덕적으로 옳지 않을 때 X를 하겠다고 약속하는 것은 도덕적으로 옳지 않다. 예를 들어 어떤 사람을 살해하겠다는 약속이 옳지 않은 이유는, 살인 행위 자체가 도덕적으로 잘못되었기 때문이다. 일반적으로 약속을 한 사람은 그 약속을 지켜야 할 의무가 있지만, 그것이 도덕적으로 옳지 않은 약속일 경우에 그리고 그런 경우에만 그 약속을 지킬 의무가 생겨나지 않는다. 살인 약속은 살인 자체가 나쁘기 때문에 그 약속을 지켜야 할 의무가 없는 것이다.

을 : X를 하기로 약속했다고 할 때 X를 하는 것이 나쁘다고 해서 X를 하기로 한 약속 역시 도덕적으로 나쁘다고 볼 수 없다. 우리는 약속을 하는 것과 그 약속을 지키는 것을 구별할 필요가 있다. 예를 들어 사람을 살해하는 것과 같이 X를 하는 것이 도덕적으로 옳지 않다고 하더라도, X를 하기로 한 약속을 수단으로 사용해서 선한 결과를 얻는다면 그 약속 자체는 오히려 도덕적으로 옳다고 볼 수 있다. 일반적으로 약속은 그 약속을 지켜야 할 의무를 부과하지만, 살인과 같이 X가 도덕적으로 옳지 않고 X를 하지 않을 의무가 X를 하기로 한 약속을 지키는 의무보다 더 강할 때 그 약속을 지켜야 할 의무가 사라지는 것이다.

〈사례〉

범죄 조직에 신분을 숨기고 잠입한 경찰관 A는 그 조직 내에서 신뢰를 얻게 되었다. A는 조직 두목인 B에게 접근하여 "현금 1억 원을 준다면 경쟁 조직의 두목을 살해하겠다."는 약속을 했다. 그 약속을 믿은 B는 A의 계좌로 1억 원을 송금했고, A는 계좌 추적을 통해서 B를 구속하고 범죄 조직을 일망타진했다.

보 기

ㄱ. A가 B에게 한 약속이 도덕적으로 나쁜지에 대해 갑과 을은 의견을 달리할 것이다.

ㄴ. A가 B에게 한 약속을 지킬 의무가 있는지에 대해서 갑과 을은 의견을 달리할 것이다.

ㄷ. 만약 A의 약속이 "현금 1억 원을 준다면 내가 물구나무를 서겠다."라는 것이었다면, A가 이 약속을 지킬 의무가 있는지에 대해서 갑과 을은 의견을 달리할 것이다.

① ㄱ ② ㄷ ③ ㄱ, ㄴ

④ ㄴ, ㄷ ⑤ ㄱ, ㄴ, ㄷ

행위 X를 약속하는 경우 일반적으로 X를 해야 할 도덕적 의무가 발생한다. 하지만 언제나 그런 것은 아니다. 제시문의 내용은 그에 관한 논쟁을 다루고 있다. 제시문에서 갑은 일반적으로 약속을 하는 것은 그 약속을 지켜야 할 의무를 발생시킨다고 본다. 하지만 살인 약속처럼, X를 하는 것이 도덕적으로 나쁜 경우 그리고 오직 그런 경우에만 X를 하겠다는 약속을 지킬 의무가 사라진다고 말한다. 반면에 을은 약속을 하는 것과 약속을 지키는 것을 구분할 필요가 있고, 약속의 내용으로부터 약속을 하는 것의 도덕적 좋음이나 나쁨이 따라나오지 않는다고 주장한다. 그리고 갑과 마찬가지로 을은 일반적으로 약속은 약속을 지켜야 할 의무를 부과하지만, 살인의 약속과 같이 X가 도덕적으로 옳지 않고 X를 하지 않을 의무가 X를 하기로 한 약속을 지켜야 할 의무보다 더 강할 때 그 약속을 지켜야 할 의무가 사라진다고 말한다. 제시문의 〈사례〉는 살인 약속을 수단으로 사용하여 선한 결과를 얻게 된 상황을 보여주고 있다.

〈보기〉해설 ㄱ. 〈사례〉에서 A는 살인 약속을 수단으로 사용하여 선한 결과를 얻게 된다. 갑은 살인 행위가 도덕적으로 나쁜 행위이고 그렇기 때문에 살인을 약속하는 것도 도덕적으로 나쁘다고 보고 있으므로, A의 살인 약속은 도덕적으로 나쁘다고 볼 것이다. 반면 을은 약속을 하는 것과 약속을 지키는 것을 구별하고, 살인 약속이 수단이 되어 선한 결과를 얻는 경우 그 약속 자체는 오히려 도덕적으로 옳다고 보고 있으므로, A의 약속이 도덕적으로 옳다고 볼 것이다. ㄱ은 옳은 판단이다.

ㄴ. 갑은 일반적으로 약속을 한 사람은 그 약속을 지켜야 할 의무가 있지만, 살인 약속은 살인 자체가 나쁘기 때문에 그 약속을 지켜야 할 의무가 없다고 말하고 있다. 을 역시 일반적으로 약속은 그 약속을 지켜야 할 의무를 부과하지만, 살인과 같이 X가 도덕적으로 옳지 않고 X를 하지 않을 의무가 X를 하기로 한 약속을 지키는 의무보다 더 강할 때 그 약속을 지켜야 할 의무가 사라진다고 보고 있다. 따라서 ㄴ은 옳지 않은 판단이다.

ㄷ. "현금 1억 원을 준다면 내가 물구나무를 서겠다."는 도덕적으로 옳지 않은 내용의 약속인 것은 아니다. 갑과 을 모두, 도덕적으로 옳지 않은 내용의 약속이 아닌, 일반적인 약속의 경우에는 약속을 지켜야 할 의무가 발생한다고 보고 있다. 따라서 ㄷ은 옳지 않은 판단이다.

〈보기〉의 ㄱ만이 옳은 판단이므로 정답은 ①이다.

13.

다음 논쟁에 대한 분석으로 옳은 것만을 〈보기〉에서 있는 대로 고른 것은?

> 위험은 현실화될 때도 있고 안 그럴 때도 있다. 주식 투자에는 원금 손실의 위험이 따르며 실제로 위험이 현실화되어 원금 손실이 발생할 때도 있고 안 그럴 때도 있는 것이다. 후자처럼 현실화되지 않은 위험을 '순(純)위험'이라고 하는데, 타인에게 순위험만 안긴 행위도 도덕적으로 그른지를 놓고 갑~정이 논쟁을 벌였다.
>
> 갑 : 타인에게 위험을 안긴 행위는 위험의 현실화 여부와 상관없이 당연히 그 자체로 도덕적으로 그른 거야. 누구든 위험을 떠안으면 그로 인해 그 사람은 일단 해악을 입게 되는 거야. 정비 부실로 추락 사고의 위험이 있는 비행기에 탑승한 승객을 생각해 봐. 비록 추락 위험이 현실화되지 않았고 그런 위험을 당사자가 몰랐다고 하더라도, 생명의 위협에 장시간 노출되었다는 사실 그 자체로 그 승객은 해악을 입었다고 말할 수 있지.
>
> 을 : 하지만 순위험을 안긴 행위를 무작정 도덕적으로 비난하는 것은 잘못이야. 순위험을 안긴 행위가 도덕적으로 그르다 할 수 있는 경우는 그런 위험이 있다는 것을 알았다면 당사자의 자율적 행위 선택이 바뀔 수도 있는 경우로 한정하는 것이 옳아.
>
> 병 : 그건 아니지. 만약 그런 식으로 범위를 한정하면, 직관에 어긋나는 사례가 많이 생겨날 거야. 혼수상태에 빠진 사람이나 갓난아기에게 순위험을 안긴 행위도 도덕적으로 잘못일 때가 있잖아. 하지만 그런 사람들은 애초에 자율적 선택 능력이 없으니 선택이 바뀔 일도 없지 않겠어?
>
> 정 : 내 생각은 달라. 어떤 자동차가 신호 위반을 했는데 길을 건너던 행인이 간신히 피했다고 해 봐. 비록 교통사고의 위험이 현실화되지는 않았지만, 그 행인이 상당한 정신적 충격을 입었을 수 있어. 순위험의 경우에는 이처럼 어떤 부수적인 해악이 실제로 발생했을 때만 도덕적으로 그르다고 해야 한다고 생각해.

ㄱ. 갑과 병은 혼수상태에 빠진 사람에게 순위험을 안긴 행위가 도덕적으로 그를 수 있다는 것을 인정한다.

ㄴ. 순위험을 안긴 어떤 행위에 대해 을이나 정이 도덕적으로 그르다고 판단했다면, 갑도 그렇게 판단할 것이다.

ㄷ. 순위험을 안긴 행위가 타인의 자율적 선택을 침해했을 때 그 행위가 도덕적으로 그른지에 대해 을과 병의 의견이 다르다.

① ㄱ   ② ㄷ   ③ ㄱ, ㄴ

④ ㄴ, ㄷ   ⑤ ㄱ, ㄴ, ㄷ

문항 성격   문항유형 : 논쟁 및 반론

              내용영역 : 규범

평가 목표   이 문항은 논쟁의 쟁점이 무엇이며 각 쟁점에 대한 논쟁 참여자들의 주장이 무엇인지 정확히 분석할 수 있는 능력을 평가하는 문항이다.

문제 풀이   정답 : ③

순위험이란 현실화되지 않은 위험을 의미한다. 순위험 부과 행위의 도덕성 문제가 전체 논쟁의 쟁점이다. 이에 대한 갑~정의 견해는 다음과 같다.

갑 : 모든 순위험 부과 행위가 도덕적으로 그르다.

을 : 순위험을 안긴 행위가 도덕적으로 그르다 할 수 있는 경우는 그런 위험이 있다는 것을 알았다면 당사자의 자율적 행위 선택이 바뀔 수도 있는 경우로 한정하는 것이 옳다.

병 : 을의 판단기준에 동의하지 않으며, 혼수상태에 빠진 사람이나 갓난아기에게 순위험을 안긴 행위가 도덕적으로 잘못일 때가 있다. (병은 순위험 부과 행위가 도덕적으로 그른 것인지 판단하는 일반 원칙을 제시하지 않는다.)

정 : 순위험 부과 행위가 부수적 해악을 입혔을 때만 도덕적으로 그르다.

〈보기〉 해설   ㄱ. 병은 구체적으로 혼수상태에 빠진 사람에 대한 순위험 부과 행위가 도덕적으로 그를 수 있다고 주장하였고, 갑은 모든 순위험 부과 행위가 도덕적으로 그르다고 주장하므로, ㄱ은 옳은 분석이다.

        ㄴ. 갑은 모든 순위험 부과 행위가 도덕적으로 그르다고 주장하고, 을과 정은 제한 조건을 제시하여 순위험 부과 행위 중 일부가 도덕적으로 그르다고 주장하고 있다. 따라서 을이나 정이 도덕적으로 그르다고 인정하는 순위험 부과 행위를 갑도 그렇다고 인정할 것이다. ㄴ은 옳은 분석이다.

ㄷ. 병이 을의 견해에 반대한 것은 순위험을 안긴 행위가 도덕적으로 그르다고 할 수 있는 경우는 타인의 자율성을 침해한 경우로 한정해서는 안 된다는 것일 뿐, 타인의 자율성을 침해한 순위험 부과 행위가 도덕적으로 그르지 않다고 밝힌 바가 없다. 따라서 을과 병의 의견이 다르다고 분석할 근거가 없으므로, ㄷ은 옳지 않은 분석이다.

〈보기〉의 ㄱ, ㄴ만이 옳은 분석이므로 정답은 ③이다.

14.

다음 대화에 대한 분석으로 옳은 것만을 〈보기〉에서 있는 대로 고른 것은?

갑 : 죽은 사람이 물리적으로 해를 입을 수는 없지만, 여전히 그에게 무언가 이롭거나 해로운 일을 할 수 있다고 잘못 생각하는 경우가 있어. 죽은 사람에 관해 거짓 소문을 비열하게 퍼뜨리는 것이 그에게 실제로 해를 끼치지는 않아. 다만 그와 관련된 살아 있는 사람들, 즉 그의 자손이나 그를 존경하는 다른 사람들의 마음에는 상처가 될 수 있지.

을 : 하지만 살아 있는 사람들이 왜 마음에 상처를 입겠니? 비열한 소문이 고인에게도 해를 끼쳤다고 그들은 생각할 거야. 가령, 어떤 어머니가 생전에 자신이 살던 집을 절대 팔지 않겠다고 단언했고, 자신이 죽고 난 후에도 그럴 일이 없기를 희망했다고 해 보자. 어머니가 돌아가신 후 집을 상속받은 딸이 어머니의 뜻에 따라 집을 매각할 생각이 전혀 없다면, 그 이유는 그렇게 하면 어머니가 좋아하지 않는다고 생각하기 때문일 거야. 이 경우, 딸의 행동은 어머니가 생전에 갖고 있었지만 현존하지 않는 욕구를 실현한 거야. 어떤 사람의 욕구 충족을 돕는 일은 그 사람의 생사와 무관하게 그에게 이로운 일이 아닐까?

갑 : 그렇지 않을 거야. 과거에 있었던 것이든 미래에 있을 것이든, 현존하지 않는 욕구는 언제 충족되더라도 그 사람에게 이로울 리 없어. 딸의 행동은 돌아가신 어머니에게 이롭지도 해롭지도 않다고 보아야 하는 게 맞지.

을 : 그럼 이런 사례는 어떨까? 부모가 스무 살 아들에게 앞날을 대비하여 전문직 자격증을 따라고 권하지만, 아들은 지금 돈에 대한 욕구는 전혀 없고 봉사활동을 하고 싶어 해. 부모는 몇 년 안에 아들의 마음이 분명히 바뀌어 돈을 원하게 될 것이라고 예측하면서, 그때 가면 자격증을 따지 않은 것을 후회하게 될 것이라고 말하지. 고민 끝에 아들은, 여전히 돈에 대한 욕구는 없지만, ㉠부모의 예측에 동의하면서 지금 자신이 해야 할 일은 자격증을 따는 것이라고 판단하지.

ㄱ. ㉠이 합리적이라고 인정된다면, 갑의 주장은 약화된다.

ㄴ. 시신을 훼손하는 행위가 죽은 당사자에게 해를 입히는 행위인지에 대해 갑과 을의 견해는 같다.

ㄷ. 을은 어떤 사람에게 이롭거나 해로운 일이 그 사람의 욕구 충족과 관련이 있다고 주장하지만, 갑은 이 주장에 동의하지 않는다.

① ㄱ   ② ㄴ   ③ ㄱ, ㄷ

④ ㄴ, ㄷ   ⑤ ㄱ, ㄴ, ㄷ

문항 성격	문항유형 : 논쟁 및 반론
	내용영역 : 인문
평가 목표	이 문항은 현존하지 않는 욕구와 그 욕구의 충족에 대한 주어진 논쟁을 올바르게 분석할 수 있는 능력을 평가하는 문항이다.
문제 풀이	정답 : ①

제시문은 다음과 같은 대화로 구성되어 있다. 이 대화를 분석하면 아래와 같다.

갑의 첫 번째 발언에서 핵심 내용은 다음과 같다. (1) 죽은 사람은 물리적으로 해를 입을 수 없다. (2) 죽은 사람에게 이롭거나 해로운 일을 할 수 있다는 생각은 잘못이다. (3) 죽은 사람에 관해 거짓 소문을 퍼뜨리는 일은 죽은 당사자에게 해를 끼치지는 않는다. (4) 죽은 사람에 관해 거짓 소문을 퍼뜨리는 일은 죽은 당사자의 살아 있는 자손들, 그를 존경하는 살아 있는 사람들의 마음에 상처가 될 수 있다.

을의 첫 번째 발언에서 핵심 내용은 다음과 같다. (1) 살아 있는 사람들에게뿐만 아니라 고인에게도 비열한 소문이 해를 끼쳤다고 살아 있는 그들은 생각한다. (을은 죽은 당사자도 비열한 소문으로 해를 입는다는 사람들의 생각에 동의한다.) (2) 자신이 죽고 난 후에도 집을 팔지 않기를 원했던 어머니가 죽은 후에, 이 어머니의 욕구는 집을 팔지 않는 딸의 행동을 통해 실현된다. 이 사례는 죽은 사람의 현존하지 않는 욕구도 충족된다는 것을 보여준다. (3) 어떤 사람의 욕구 충족을 돕는 일은 그 사람의 생사와 무관하게 그에게 이로운 일이다.

갑의 두 번째 발언에서 핵심 내용은 다음과 같다. (1) 과거의 욕구이든, 미래의 욕구이든, '현존하지 않는 욕구'는 언제 충족되더라도 욕구 당사자에게 이로울 수 없다. (2) 어머니의 욕구는 '현존하지 않는 욕구'이므로, 딸의 행동은 죽은 어머니에게 이롭지도 해롭지도 않다.

을의 두 번째 발언에서 핵심 내용은 다음과 같다. (1) 을이 든 사례에서, 아들은 현재 돈에 대한 욕구는 전혀 없다. 부모는 미래에 아들이 돈을 원하게 될 것이라고 욕구를 예측하면서 자격증을 따라고 권한다. (2) 고민 끝에 아들은 현재 돈에 대한 욕구는 없지만, 미래에 돈을 원하게 될 것이라는 부모의 예측에 동의하며 자신이 지금 해야 할 일은 자격증을 따는 것이라고 판단한다.

<보기> 해설 ㄱ. ㉠에서 아들은 지금 돈에 대한 욕구는 없지만, 몇 년 안에 자신이 돈에 대한 욕구를 가질 것이라는 부모의 예측에 동의하면서 지금 자신이 해야 할 일은 자격증을 따는 것이라고 판단한다. 즉 현존하지 않는 욕구를 미래에 충족하는 것이 자신에게 이득이라고 생각하기 때문에 지금 자격증을 따겠다고 판단하는 것이다. 갑은 두 번째 발언에서 '현존하지 않는 욕구는 언제 충족되더라도 당사자에게 이득이 되지 않는다'고 명시적으로 주장한다. 따라서 ㉠의 판단이 합리적이라고 인정된다면, 갑의 주장은 약화된다. ㄱ은 옳은 분석이다.

ㄴ. 갑은 첫 번째 발언에서 죽은 사람에 대해 해를 입힐 수는 없다고 주장하므로, 죽은 사람의 시신을 훼손하는 행위가 죽은 당사자에게 해를 입히는 행위가 아니라는 견해를 가질 것이다. 이에 비해, 죽은 사람의 시신을 훼손하는 행위가 죽은 당사자에게 해를 입히는 행위인지에 대해 을이 어떤 견해를 가지는지 드러난 바가 없다. ㄴ은 옳지 않은 분석이다.

ㄷ. 어떤 사람에게 이롭거나 해로운 일이 그 사람의 욕구 충족과 관련이 있다는 주장에 갑이 동의하지 않는다는 것은 제시문 어디에도 찾을 수 없다. 따라서 ㄷ은 옳지 않은 분석이다.

<보기>의 ㄱ만이 옳은 분석이므로 정답은 ①이다.

15.

다음 논쟁에 대한 분석으로 옳은 것만을 <보기>에서 있는 대로 고른 것은?

인간의 행동을 예측하는 인공지능 로봇을 설계하기 위해 어떤 방법을 택해야 하는지에 대해서 논쟁이 있다.

갑 : 사람들은 인간의 내면적 상태에 대한 이해를 통해 인간의 행동을 성공적으로 예측할 수 있다고 믿는다. 하지만 직접 관찰되지 않는 내면적 상태를 이해하는 데 어떠한 방식이 필요한지 정확히 알 수 없다. 따라서 인간의 내면적 상태에 대한 이해를 배제하고 행동을 예측하는 방

식이 필요하다. 이때 우리가 취할 수 있는 방식은 인공지능 로봇이 빅데이터를 활용하여 인간이 주어진 상황에서 어떠한 행동을 하는지에 대한 정교한 패턴을 스스로 찾아내도록 설계하는 것이다.

을 : 갑의 방식은 인간의 행동을 성공적으로 예측할 수 있다고 보기 어렵다. '만일 ~라면'이라는 수많은 가정에 입각해 이루어지는 인간의 행동을 정확하게 예측하기 위해서는 다른 접근이 필요하다. 예측의 성공률을 높이기 위해서는 주어진 상황에서 가능한 행동을 사전에 입력해 주어야 한다. 모든 인간은 불이익을 피하기 위해 사회에서 정해진 규범에 따라 행동하는 경향이 있다. 따라서 인공지능 로봇을 설계할 때 인간의 가능한 행동을 제한하는 규범에 대한 정보를 입력하면 인간의 행동에 대한 예측의 성공률을 더 높일 수 있다.

병 : 갑과 을의 방식을 따르더라도 인간의 행동을 성공적으로 예측하기 어렵다. 인간의 행동은 여러 내면적 상태가 원인이 되어 나타난다. 따라서 갑과 을의 방식을 모두 적용하더라도 예측이 틀릴 수 있다. 인간은 자신에게 불이익이 일어날 행동이 무엇인지 알면서도 더 큰 욕구에 의해 규범을 지키지 않는 경우가 있다. 따라서 설계의 과정이 복잡하고 비효율적이더라도 규범에 대한 정보뿐만 아니라 의도나 욕구와 같은 내면적 상태까지 고려하여 인간의 행동을 예측하도록 설계해야 한다.

보 기

ㄱ. 인공지능 로봇이 인간의 내면적 상태를 이해하지 못한다면 인간의 행동을 예측할 수 없다는 것에 대해 갑은 동의하지만 병은 동의하지 않는다.

ㄴ. 특정 상황에서 인간의 행동에 패턴이 존재한다는 것에 대해 갑과 을은 동의한다.

ㄷ. 인간의 행동을 예측하는 데에는 규범에 대한 정보를 고려하는 것이 필요하다는 것에 대해 을과 병은 동의한다.

① ㄱ   ② ㄴ   ③ ㄱ, ㄷ
④ ㄴ, ㄷ   ⑤ ㄱ, ㄴ, ㄷ

문항 성격	문항유형 : 논쟁 및 반론
	내용영역 : 인문
평가 목표	이 문항은 인간의 행동을 예측하는 인공지능 로봇을 설계할 때, 예측의 성공률을 높이기 위해 어떠한 방식을 취해야 하는지에 대한 서로 다른 입장들을 이해하고 분석할 수 있는 능력을 평가하는 문항이다.

정답 : ④

제시문은 인간의 행동을 예측하는 인공지능 로봇을 설계할 때, 예측의 성공률을 높이기 위해 어떠한 방식을 취해야 하는지에 대한 갑, 을, 병 세 사람의 논쟁을 담고 있다.

갑은 인공지능 로봇이 인간의 내면 상태를 이해하도록 설계하는 방식은 현실적으로 실현되기 어렵기 때문에 인간의 내면적 상태를 배제하고 인공지능 로봇이 빅데이터를 활용하여 주어진 상황에서 인간들이 어떠한 행동을 하는지에 대한 패턴을 스스로 찾아낼 수 있도록 설계하는 방식을 제안한다.

을에 따르면, 갑의 방식은 인간의 행동을 성공적으로 예측할 수 있는 방식으로 보기 어렵다. 을은 인간의 가능한 행동을 제한하는 규범에 대한 정보를 입력하면 인간의 행동에 대한 예측의 성공률을 높일 수 있다고 주장한다.

병은 인공지능 로봇이 인간의 내면적 상태를 이해하도록 설계해야 함을 주장한다. 병은 인간의 행동은 내면적 상태가 원인이 되어 발생하고, 경우에 따라서는 사회적 규범을 따르지 않고 행위하는 경우가 있기 때문에 규범적 정보뿐만 아니라 인간의 의도나 욕구와 같은 내면적 상태까지 고려하여 설계해야 함을 주장하고 있다.

〈보기〉 해설 ㄱ. 갑은 인간의 내면적 상태에 대한 이해를 배제하고 빅데이터를 활용하여 패턴을 스스로 찾는 인공지능 로봇을 설계해야 함을 주장한다. 따라서 갑은 인간의 내면적 상태에 대한 이해 없이 인간의 행동을 예측할 수 있는 방식을 제안하고 있으므로 인공지능 로봇이 인간의 내면적 상태를 이해하지 못한다면 인간의 행동을 예측할 수 없다는 것에 대해 동의하지 않는다. 병은 갑과 을의 방식을 모두 적용하더라도 예측이 틀릴 수 있으며, 인간의 행동은 여러 내면적 상태가 원인이 되어 나타나므로 의도나 욕구와 같은 내면적 상태까지 고려하여 인간의 행동을 예측하도록 설계해야 한다고 주장한다. 따라서 병은 인공지능 로봇이 인간의 내면적 상태를 이해하지 못한다면 인간의 행동을 예측할 수 없다는 것에 동의한다고 볼 수 있다. ㄱ은 옳지 않은 분석이다.

ㄴ. 갑의 "이때 우리가 취할 수 있는 방식은 인공지능 로봇이 빅데이터를 활용하여 인간이 주어진 상황에서 어떠한 행동을 하는지에 대한 정교한 패턴을 스스로 찾아내도록 설계하는 것이다."라는 주장을 통해, 특정 상황에서 인간의 행동에 패턴이 존재한다는 것에 갑은 동의한다는 것을 알 수 있다. 을은 "모든 인간은 불이익을 피하기 위해 사회에서 정해진 규범에 따라 행동하는 경향이 있다."고 말하고 있다. 따라서 을 역시 특정한 상황에서 인간의 행동에 패턴이 존재한다는 것에 대해 동의한다는 것을 알 수 있다. ㄴ은 옳은 분석이다.

ㄷ. 을은 "… 규범에 대한 정보를 입력하면 인간의 행동에 대한 예측의 성공률을 더 높일 수 있다."고 말하고 있다. 따라서 을은 인간의 행동을 예측하는 데에는 규범에 대한 정보를 고려하는 것이 필요하다는 것에 대해 동의한다. 병은 "따라서 … 규범에 대한 정보뿐만 아니라 의도나 욕구와 같은 내면적 상태까지 고려하여 인간의 행동을 예측하도록 설계해야 한다."고 말하고 있다. 따라서 병도 인간의 행동을 예측하는 데에는 규범에 대한 정보를 고려하는 것이 필요하다는 것에 대해 동의한다. ㄷ은 옳은 분석이다.

〈보기〉의 ㄴ, ㄷ만이 옳은 분석이므로 정답은 ④이다.

16.

다음으로부터 추론한 것으로 옳은 것만을 〈보기〉에서 있는 대로 고른 것은?

조건문 "만일 P라면 Q일 것이다."에서 전건 P가 실제 사실이 아닌 거짓인 조건문을 반사실문이라고 한다. 예를 들어 다음의 조건문 (1)은 억만장자가 아닌 내가 억만장자인 상황을 가정하기 때문에 반사실문이다.

(1) 만일 내가 억만장자라면 나는 가장 비싼 스포츠카를 구입할 것이다.

(1)은 '가능세계' 개념을 통해서 분석될 수 있는데, 가능세계는 세계가 현실과 다르게 될 수 있는 가능한 방식을 말한다. 이에 따르면, 내가 억만장자인 수많은 가능세계 중 현실 세계와 가장 유사한 가능세계(즉, 현실 세계처럼 스포츠카를 판매하는 사람이 있는 등)에서, 내가 가장 비싼 스포츠카를 구입한다면 (1)은 참이고, 그렇지 않다면 거짓이다.

하지만 다음 반사실문을 보자.

(2) 만일 철수가 둥근 사각형을 그린다면 기하학자들은 놀랄 것이다.

개념적으로는 가능한 (1)의 전건과 달리, (2)의 전건은 개념적으로 불가능한 상황을 나타내고 있다. 이러한 반사실문은 반가능문이라고 한다. 반가능문의 경우 전건이 성립하는 가능세계란 존재하지 않기에, 가능세계를 통한 분석을 적용할 수 없다. 하지만 여전히 (2)가 참이라는 직관이 있으며, 이를 설명할 수 있는 개념적 도구가 필요하다.

이를 설명하기 위해 '불가능세계'라는 개념이 제안되었다. 불가능세계는 세계가 개념적으로 불가능하게 될 수 있는 방식을 말한다. 그 방식은 다양할 수 있다. 예를 들어 총각인 철수가 여자인 것과 철수가 둥근 사각형을 그리는 것은 모두 개념적으로 불가능하지만, 이 둘은 다른 불가능한 상황들이며, 이에 따라 각각이 성립하는 서로 다른 불가능세계가 있을 수 있다. 이때, 철수가 둥근 사각형을 그리는 수많은 불가능세계 중 현실 세계와 가장 유사한 불가능세계에서 기하학자들이 놀란다면 ⑵는 참이고, 그렇지 않다면 거짓이다.

보 기

ㄱ. 스포츠카를 판매하는 사람이 있는 불가능세계도 있다.
ㄴ. ⑵가 참이라면, 철수가 둥근 사각형을 그리는 모든 불가능세계에서 기하학자들이 놀란다.
ㄷ. "만일 대한민국의 수도가 서울이라면 나는 억만장자일 것이다."는 반사실문에 속하지만 반가능문에 속하지는 않는다.

① ㄱ   ② ㄴ   ③ ㄱ, ㄷ
④ ㄴ, ㄷ   ⑤ ㄱ, ㄴ, ㄷ

문항 성격	문항유형 : 언어 추리
	내용영역 : 인문
평가 목표	이 문항은 반가능문의 진리조건을 설명하기 위해 불가능세계를 도입해야 한다는 제안을 소개하고, 이로부터 올바르게 추론할 수 있는 능력을 평가하는 문항이다.
문제 풀이	정답 : ①

필자는 전건이 가능하지만 실제 사실은 아닌 반사실문에 대해 가능세계를 통한 분석을 우선 소개한다. 이 분석에 따르면, 반사실문의 전건이 성립하는 가능세계들 중에서 현실 세계와 가장 유사한 세계에서 후건이 성립하면, 그 반사실문은 참이고, 그렇지 않다면 거짓이다.

다음으로, 필자는 전건이 개념적으로 불가능한 반사실문인 반가능문을 소개하며, 이러한 반가능문은 전건이 성립하는 가능세계가 존재하지 않기에, 가능세계를 통한 분석을 적용할 수 없으며, 불가능세계라는 개념을 도입하여야 분석될 수 있다고 설명한다. 이에 따르면, 반가능문의 전건이 성립하는 불가능세계들 중에서 현실 세계와 가장 유사한 불가능세계에서 후건 역시 성립하면, 그 반가능문은 참이고, 그렇지 않다면 거짓이다.

〈보기〉 해설   ㄱ. 이 글에 따르면, 불가능세계는 세계가 개념적으로 불가능하게 될 수 있는 방식으로서. 어떤 불가능세계는 스포츠카를 판매하는 사람이 있으면서 여전히 불가능할 수 있다. 예를 들어 '철수가 둥근 사각형을 그리고, 또한 스포츠카를 판매하는 사람이 있다'는 것이 성립하는 세계는 가능세계가 아니라 불가능세계이다. ㄱ은 옳은 추론이다.

ㄴ. 이 글에 따르면, (2)가 참이라면 철수가 둥근 사각형을 그리는 수많은 불가능세계 중 현실 세계와 가장 유사한 불가능세계에서 기하학자들이 놀라는 것이므로, 모든 불가능세계에서 기하학자들이 놀란다는 것은 따라나오지 않는다. ㄴ은 옳지 않은 추론이다.

ㄷ. 이 글에 따르면, 조건문의 전건이 실제 사실이 아니라면 반사실문이며, 나아가서 가능하지도 않다면 반가능문이다. 하지만 "만일 대한민국의 수도가 서울이라면 나는 억만장자일 것이다."의 전건인 "대한민국의 수도가 서울이다."는 실제 사실이므로, 이 글에 따르면, 반사실문에 속하지 않는다. ㄷ은 옳지 않은 추론이다.

〈보기〉의 ㄱ만이 옳은 추론이므로 정답은 ①이다.

17.

다음 글에 대한 분석으로 옳은 것만을 〈보기〉에서 있는 대로 고른 것은?

어떤 학자들은 한국어 연결사 '또는'이 두 가지 다른 종류의 의미를 표현하는 데 사용되는 애매한 용어라고 주장한다. ㉠이러한 입장에 따르면, 다음 두 문장에서 사용되는 '또는'의 문자적 의미는 다르다.

(1) 철수는 노트북 또는 핸드폰을 가지고 있다.

(2) 후식으로 커피 또는 녹차를 드립니다.

(1)의 경우 '또는'이 철수가 노트북과 핸드폰을 모두 가지고 있는 경우에도 참이 되는 포괄적 의미로 사용된 반면, (2)의 경우 '또는'은 후식으로 커피와 녹차를 모두 주는 경우 문장이 거짓이 되는 배타적 의미로 사용되었기 때문이다.

하지만 이는 ㉡문자적 의미와 함의를 구분하지 못한 주장이며, 이를 구분하면 '또는'이 애매한 용어가 아니라는 이론을 구성할 수 있다. 다음 문장을 보자.

(3) 어떤 회원들은 파티에 참석할 수 있다.

문장 (3)이 문자적 의미로서 표현하는 내용은 〈어떤 회원들은 파티에 참석할 수 있다〉이다. 그런데 (3)을 사용하는 많은 경우, '어떤'이란 단어를 사용하는 화자의 의도는 〈모든 회원들이 파티에 참석할 수 있는 것은 아니다〉라는 내용 역시 청자에게 전달하는 것이다. 하지만 이는 문자적 의미가 아니라 함의로서 전달되는 것이다. 왜냐하면 문자적 의미와 달리 특정 맥락에서 전달된 함의의 경우, 그 함의된 내용의 부정을 표현하는 문장을 원래 문장 뒤에 나열해도 두 문장 사이에서 어떤 논리적 모순도 발생하지 않기 때문이다. 즉, "어떤 회원들은 파티에 참석할 수 있다. 물론 모든 회원들이 파티에 참석할 수도 있다."에서는 어떤 모순도 발생하지 않는다.

마찬가지로 ⓒ'또는'의 문자적 의미는 포괄적 의미일 뿐, 배타적 의미는 함의로서 전달되는 것이라는 진단이 가능하다. 즉, "후식으로 커피 또는 녹차를 드립니다. 물론 둘 다 드릴 수도 있습니다."에서는 어떤 모순도 나타나지 않고, 따라서 우리는 (2)의 사용을 통해 전달된 내용 〈커피와 녹차를 모두 드릴 수는 없다〉가 원래 문장의 문자적 의미가 아니라 함의였다고 결론 내릴 수 있다.

보 기

ㄱ. "p, q, r, s가 모두 참인 문장일 때, 문장 'p 또는 q'는 참이지만 문장 'r 또는 s'는 거짓이라면, 전자와 후자의 문장에서 사용된 '또는'이 다른 의미를 나타낸다."라는 것은 ㉠과 상충하지 않는다.

ㄴ. ㉡에 대한 필자의 설명에 따르면, "철수는 밥과 빵을 먹었다."라는 문장을 사용하여 〈철수는 빵을 먹었다〉라는 내용을 함의로서 전달할 수는 없다.

ㄷ. ㉢에 따르면, 〈후식으로 커피와 녹차 모두를 드릴 수 있다〉라는 내용은 (2)의 문자적 의미에 포함되는 것이 아니라 함의로서 전달되는 것이다.

① ㄱ   ② ㄷ   ③ ㄱ, ㄴ
④ ㄴ, ㄷ   ⑤ ㄱ, ㄴ, ㄷ

문항 성격 문항유형 : 논증 분석
              내용영역 : 인문
평가 목표 이 문항은 "또는"이 애매한 용어가 아니라는 논증을 소개하며, 논증의 과정에서 나타나고 있는 논증 구성 요소들이 함축하는 것과 전제하는 것들을 정확하게 이해하고 있는지 평가하는 문항이다.
문제 풀이 정답 : ③
필자는 일상 언어에서 사용되는 연결사 "또는"이 두 가지 의미, 즉 포괄적 의미와 배타적 의미를 가지는 애매한 용어라는 입장을 비판하고, 문자적 의미와 함의 구분을 통해서, "또는"이 언제나

포괄적 의미만을 문자적으로 표현하며, 배타적 의미는 특정 맥락에서의 함의를 통해 전달되는 것이라고 주장한다.

문장 (3)을 통해, 전달된 내용이 문자적 의미에 속하는지, 함의에 속하는지를 구분할 수 있는 한 가지 테스트가 소개되는데, 이에 따르면 전달된 내용이 함의인 경우, 전달된 내용의 부정을 표현하는 문장을 원래 문장 뒤에 나열해도 두 문장 사이에서는 논리적 모순이 발생하지 않는다. (달리 말하면, 모순이 발생할 경우 전달된 내용이 함의일 수는 없다.)

따라서 (2)의 사용을 통해 전달된 내용 〈커피와 녹차를 모두 드릴 수는 없다〉 역시, 그 부정을 표현하는 문장을 원래 문장 뒤에 나열해도 모순이 발생하지 않기 때문에 함의로서 전달된 것이라 결론 내릴 수 있다.

<보기> 해설 ㄱ. ㉠은 두 문장 "철수는 노트북 또는 핸드폰을 가지고 있다."와 "후식으로 커피 또는 녹차를 드립니다."를 구성하는 개별 문장들 "철수는 노트북을 가지고 있다.", "철수는 핸드폰을 가지고 있다.", "후식으로 커피를 드린다.", "후식으로 녹차를 드린다."가 모두 참인 경우를 고려하고 있으며, 이때 원래의 두 문장의 진리치가 다르다는 것을 근거로 '또는'의 의미가 다르다고 주장하고 있다. 이러한 주장은 "p, q, r, s가 모두 참인 문장일 때, 문장 'p 또는 q'는 참이지만 문장 'r 또는 s'는 거짓이라면, 전자와 후자의 문장에서 사용된 '또는'이 다른 의미를 나타낸다."를 전제하고 있는 것으로 볼 수 있다. 어떤 주장이 있을 때, 그 주장이 전제하는 것은 그 주장과 상충할 수 없으므로, ㄱ은 옳은 분석이다.

ㄴ. ㉡에 대한 필자의 설명에 따르면, 전달된 내용이 함의에 속하는 경우, 함의된 내용의 부정을 표현하는 문장을, 실제 사용된 문장 뒤에 나열해도 어떤 논리적 모순도 발생하지 않는다. 하지만 〈철수는 빵을 먹었다〉라는 내용의 부정을 표현하는 문장 "철수는 빵을 먹지 않았다."를 원래의 문장 뒤에 붙인 "철수는 밥과 빵을 먹었다. 철수는 빵을 먹지 않았다."에서는 모순이 발생하고, 따라서 〈철수는 빵을 먹었다〉는 함의로서 전달될 수는 없다. ㄴ은 옳은 분석이다.

ㄷ. ㉢은, "또는"의 문자적 의미는 포괄적 의미일 뿐, 배타적 의미는 함의로서 전달되는 것이라고 하고 있으므로, 배타적 의미에 속하는 〈후식으로 커피와 녹차 모두를 드릴 수는 없다〉가 함의로 전달될 수는 있어도, 포괄적 의미에 속하는 〈후식으로 커피와 녹차 모두를 드릴 수 있다〉가 문자적 의미가 아니라 함의로 전달된다고 추론할 수는 없다. ㄷ은 옳지 않은 분석이다.

〈보기〉의 ㄱ, ㄴ만이 옳은 분석이므로 정답은 ③이다.

18.

다음 논쟁에 대한 분석으로 옳은 것만을 〈보기〉에서 있는 대로 고른 것은?

갑 : 소설 『주홍색 연구』에서 "홈즈는 탐정이다."라는 진술이 명시적으로 나타나며, 따라서 〈홈즈는 탐정이다〉는 이 소설에서 명시적으로 참인 명제이다. 그런데 『주홍색 연구』의 어디에도 홈즈의 콧구멍 개수에 대한 명시적인 진술은 나타나지 않는다. 하지만 작품 내에서 홈즈는 사람이며, 사람은 보통 두 개의 콧구멍을 가지고 있다는 것은 상식이므로, 〈홈즈의 콧구멍은 두 개다〉와 같은 명제 역시 『주홍색 연구』에서 참이 된다. 사실, 명시적인 진술로 표현되지 않았지만, 〈지구는 둥글다〉, 〈모든 사람은 죽는다〉와 같은, 『주홍색 연구』에서 암묵적으로 참인 명제들은 많이 있다.

을 : 허구에서 암묵적으로 참이 되는 명제가 있다는 것을 받아들이는 것은 불합리한 귀결을 낳는다. 우선 허구 작품들의 속편이 나타날 수 있다는 것에 주목해 보자. 속편은 전작에 명시되지 않은 것들의 참을 결정하는 힘을 갖는다. 예를 들어, 소설 『호빗』에서는 빌보가 소유한 반지가 무엇인지 명시되지 않지만, 그 속편들인 반지의 제왕 시리즈에서 그 반지가 절대 반지라는 것이 명시된다. 이 경우 빌보가 소유한 반지가 절대 반지라는 것은 『호빗』에서도 참이라고 보는 것이 합당하다. 이제 다음을 가정해 보자. 코난 도일은 『주홍색 연구』의 속편 『빨간색 연구』를 썼으며, 그 소설에서는 "사실 태어날 때부터 세 개의 콧구멍을 가졌던 홈즈는 냄새를 잘 맡을 수 있었다."라는 명시적 진술이 나타난다. 이때, 〈홈즈의 콧구멍은 세 개다〉라는 명제가 『빨간색 연구』뿐만 아니라 『주홍색 연구』에서도 명시적 참이라고 보는 것이 합당할 것이다. 하지만 만일 〈홈즈의 콧구멍은 두 개다〉가 『주홍색 연구』에서 암묵적으로 참이라면, 『주홍색 연구』에서 홈즈의 콧구멍 개수는 두 개인 동시에 세 개가 되어야만 할 것이다. 이는 명백히 불합리한 귀결이다. 따라서 허구에서 명시적 참 이외에 암묵적 참과 같은 것은 없다고 결론 내릴 수 있다.

보기

ㄱ. 갑은, 어떤 명제도 특정 허구에서 참이거나 거짓 둘 중 하나여야 한다는 것을 전제하고 있다.

ㄴ. 을에 따르면, 명제 〈홈즈의 콧구멍은 두 개다〉는 『주홍색 연구』에서 참이었다가 나중에 거짓으로 바뀔 수도 있다.

ㄷ. 을에 따르면, "지구는 둥글다."라는 진술이 『주홍색 연구』에 명시되지 않은 경우에도, 명제 〈지구는 둥글다〉가 『주홍색 연구』에서 참이 되는 상황이 있을 수 있다.

① ㄱ   ② ㄷ   ③ ㄱ, ㄴ

④ ㄴ, ㄷ   ⑤ ㄱ, ㄴ, ㄷ

문항 성격	문항유형 : 논쟁 및 반론
	내용영역 : 인문
평가 목표	이 문항은 허구 작품에서 명시적 참 외에 암묵적 참이 있는지에 대한 갑과 을의 논쟁을 이해하고 분석하는 능력을 평가하는 문항이다.
문제 풀이	정답 : ②

갑은 허구 작품에 명시적 진술을 통해서 참이 되는 명제들 이외에도, 암묵적으로 참인 명제들도 있다고 주장한다. 예를 들어 〈홈즈의 콧구멍은 두 개다〉, 〈지구는 둥글다〉, 〈모든 사람은 죽는다〉와 같은 명제들은 『주홍색 연구』에서 암묵적으로 참이다.

반면 을은 속편이 전작에서 명시되지 않은 것들의 참을 결정하는 힘을 가지며, 암묵적 참을 받아들이는 경우 속편에서 그전까지 암묵적 참으로 여겨진 것을 부정하는 명시적 진술이 나타나는 경우 불합리한 결과가 나타난다는 논증을 통해서, 암묵적 참과 같은 것은 없다고 논증한다.

〈보기〉 해설 ㄱ. 갑의 주장은 명시적 참 이외에 암묵적 참이 있다는 것뿐이며, 본문에서는 상식에 부합하는 명제들로 이것을 한정하고 있다. 따라서 어떤 명제는 허구에서 명시적이든 암묵적이든 참도 거짓도 아니라는 주장과 갑의 주장은 양립가능하다. 예를 들어 갑의 주장은 〈홈즈의 머리카락 개수는 홀수이다〉와 같은 명제가 『주홍색 연구』에서 참이거나 거짓 둘 중 하나여야 한다는 것을 함축하지는 않는다. 그 명제는 명시적이든 암묵적이든 참도 거짓도 아니라는 것과 갑의 주장은 양립가능하다. 따라서 갑은 어떤 명제도 특정 허구에서 참이거나 거짓 둘 중 하나여야 한다는 것을 전제하고 있지는 않다. ㄱ은 옳지 않은 분석이다.

ㄴ. 을의 주장은 『주홍색 연구』에서 참이었던 명제 〈홈즈의 콧구멍은 두 개다〉가, 코난 도일이 속편 『빨간색 연구』를 쓴다면 진리치가 거짓으로 바뀐다는 주장이 아니다. 을의 주장 어디에서도 명제의 진리치가 바뀔 수 있다는 주장은 나타나지 않는다. 을의 주장은 단지 애초에 〈홈즈의 콧구멍은 두 개다〉가 『주홍색 연구』에서 암묵적 참 자체가 아니라는 주장이다. 또한 속편이 전작의 명시적 참을 거짓으로 바꿀 수 있는지는 제시문에는 나타나지 않은 다른 주제이다. ㄴ은 옳지 않은 분석이다.

ㄷ. 을의 주장은 암묵적 참이 존재하지 않는다는 것이므로, 〈지구는 둥글다〉가 『주홍색 연구』에서 암묵적 참이 될 수는 없다. 그러나 을의 다음 주장, "이때, 〈홈즈의 콧구멍은 세 개다〉라는 명제가 『빨간색 연구』뿐만 아니라 『주홍색 연구』에서도 명시적 참이라고 보는 것이 합당할 것이다."를 고려할 때, 을에 따르면 『주홍색 연구』의 속편 『빨간색 연구』에서 "지구는 둥글다."라는 명시적 진술이 나타난다면, 〈지구는 둥글다〉는 『주홍색 연구』에서 명시적 참일 것이다. ㄷ은 옳은 분석이다.

〈보기〉의 ㄷ만이 옳은 분석이므로 정답은 ②이다.

19.

다음 논증의 구조를 가장 적절하게 분석한 것은?

> ㉠철학에서 중요한 문제로 다루어져 온 자의식이 유용하다면, 그것은 그 자체로 유용한 것이거나 유용한 다른 뭔가를 낳는 것이다. ㉡알고 보면 자의식은 그 자체로는 전혀 유용하지 않다. ㉢자의식은 그 자체로는 번민만 일으키기 때문이다. ㉣자의식이 자신과 다른 유용한 것을 낳는다면, 자의식이 낳는 유용한 것은 마음 안에 있거나 마음 밖에 있다. ㉤자의식은 마음 밖에 있는 어떤 유용한 것도 낳지 못한다. ㉥자의식이 마음 밖에 뭔가를 낳을 수 있다면, 자의식이 인과적 영향을 미칠 수 있는 것이 마음 밖에 있어야 한다. 하지만 ㉦자의식이 인과적 영향을 미칠 수 있는 것은 모두 마음 안에 있다. 게다가 ㉧자의식이 마음 안에 낳는 유용한 것이란 존재하지 않는다. ㉨마음 안에 있는 유용한 것이란 결국 마음 안의 좋은 상태와 다르지 않다. ㉩이런 상태들이 생겨나기 위해서는 자의식이 필요치 않다. ㉪어떤 것이 생겨나기 위해서 자의식이 필요치 않다면 그것은 자의식이 낳는 것이 아니다. 결국 ㉫자의식은 유용한 다른 어떤 것도 낳지 않는다. 그러니까 ㉬자의식은 전혀 유용하지 않은 것이다.

①   ㄷ   ㅂ+ㅅ   ㅊ+ㅋ
        ↓   ↓   ↓
  ㄱ+ㄴ+ㄹ+ㅁ+ㅇ+ㅈ
             ↓
            ㅌ
            ↓
            ㅍ

②   ㄷ   ㅂ+ㅅ   ㅈ+ㅊ+ㅋ
        ↓   ↓   ↓
  ㄱ+ㄴ+ㄹ+ㅁ+ㅇ
             ↓
            ㅌ
            ↓
            ㅍ

③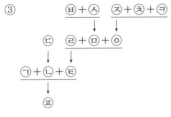

④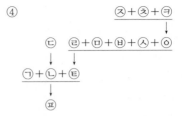

⑤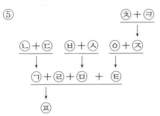

문항 성격　문항유형 : 논증 분석

　　　　　　내용영역 : 인문

평가 목표　이 문항은 주어진 논증의 구조를 분석하여, 전제와 결론을 구분하고 최종 결론이 도출되는 과정을 파악하는 능력을 평가하는 문항이다.

문제 풀이　정답 : ③

제시문의 논리 구조는 다음과 같이 분석될 수 있다.

[1]

"ⓟ 자의식은 전혀 유용하지 않은 것이다."는 다음 세 진술로부터 따라 나온다.

　ⓐ 철학에서 중요한 문제로 다루어져 온 자의식이 유용하다면, 그것은 그 자체로 유용한 것이거나 유용한 다른 뭔가를 낳는 것이다.

　ⓑ 알고 보면 자의식은 그 자체로는 전혀 유용하지 않다.

　ⓔ 자의식은 유용한 다른 어떤 것도 낳지 않는다.

[2]

ⓒ은 ⓑ 다음에 오면서, '… 때문이다'로 끝나고 있으므로, ⓒ이 ⓑ의 근거 역할을 한다는 것을 알 수 있다. 즉, ⓒ으로부터 ⓑ이 따라 나온다.

[3]

"ⓔ 자의식은 유용한 다른 어떤 것도 낳지 않는다."는 다음 세 진술로부터 따라 나온다.

　ⓡ 자의식이 자신과 다른 유용한 것을 낳는다면, 자의식이 낳는 유용한 것은 마음 안에 있거나 마음 밖에 있다.

ⓜ 자의식은 마음 밖에 있는 어떤 유용한 것도 낳지 못한다.

ⓞ 자의식이 마음 안에 낳는 유용한 것이란 존재하지 않는다.

[4]

"ⓜ 자의식은 마음 밖에 있는 어떤 유용한 것도 낳지 못한다."는 다음 두 진술로부터 따라 나온다.

ⓗ 자의식이 마음 밖에 뭔가를 낳을 수 있다면, 자의식이 인과적 영향을 미칠 수 있는 것이 마음 밖에 있어야 한다.

ⓐ 자의식이 인과적 영향을 미칠 수 있는 것은 모두 마음 안에 있다.

(추가 설명 : ⓗ과 ⓐ으로부터 "자의식은 마음 밖에 어떤 것도 낳지 못한다."가 추론되며 이 진술로부터 ⓜ이 추론된다.)

[5]

"ⓞ 자의식이 마음 안에 낳는 유용한 것이란 존재하지 않는다."를 결론으로 갖는 논증은 다음과 같다.

ⓩ 마음 안에 있는 유용한 것이란 결국 마음 안의 좋은 상태와 다르지 않다.

ⓧ 이런 상태들이 생겨나기 위해서는 자의식이 필요치 않다.

ⓠ 어떤 것이 생겨나기 위해서 자의식이 필요치 않다면 그것은 자의식이 낳는 것이 아니다.

(추가 설명 : ⓧ과 ⓠ으로부터, "이런 상태들은(즉, 마음속의 좋은 상태들은) 자의식이 낳는 것이 아니다."가 추론된다. 이 진술에 ⓩ을 결합하면, "마음 안에 있는 유용한 것은 자의식이 낳는 것이 아니다."가 추론된다. 이 진술로부터 ⓞ이 추론된다.)

정답 해설 ③ 위에서 설명한 [1]부터 [5]까지의 논증 분석을 모두 충족하는 논증 구조도는 ③이다.

20.

다음 대화에 대한 분석으로 옳은 것만을 〈보기〉에서 있는 대로 고른 것은?

> 갑 : 거짓말이란 거짓을 상대방이 참이라고 믿게 하려는 의도를 가진 말이지. 이에 비해, 참이지만 듣는 사람이 오해하기 쉬운 말을 '오도적인 말'이라고 하지. 이 오도적인 말이 거짓이 아니라 참이라고 해서 거짓말보다 도덕적으로 덜 비난받아야 할까?

을 : 그렇지 않아. 왜냐하면 거짓말은 상대방을 속이려는 의도가 없는 경우도 있기 때문이지. 예를 들어, 모든 사람이 A가 살인범이라는 것을 알고 있고 A 역시 모든 사람이 그렇게 생각한다는 걸 알고 있지만, A는 '나는 살인범이 아니다'라고 뻔뻔하게 잡아떼는 경우도 있지.

갑 : 실제로 B를 살해한 A가 '나는 B를 죽이지 않았습니다'라고 거짓말을 한 경우와 '나는 내 목숨을 걸고 B를 두 번이나 구한 적이 있습니다'라고 오도적인 말을 한 경우를 비교해 보자. A가 두 경우 모두에서 듣는 사람이 A를 살인자가 아니라고 믿기를 의도했으므로, 거짓을 믿게 하려 했다는 점에서는 똑같잖아. 그래서 나는 오도적인 말과 거짓말이 동일한 정도로 나쁘다고 생각해.

을 : 진실을 말하면서 상대방을 기만하려고 한다는 점에서 오도적인 말은 항상 나쁘지만, 거짓말은 그렇지 않을 수 있어. 어떤 사람이 한 말이 거짓으로 드러난 사실 자체가 도덕적으로 비난받아야 한다면, 과학자는 나쁜 일을 하고 있다고 말해야 할지도 몰라. 과학자의 예측 중에는 나중에 틀렸다고 밝혀지는 것이 있기 때문이지. 하지만 과학자가 애초에 진심으로 어떤 것을 말했다면, 그것이 나중에 거짓으로 드러난다고 해서 도덕적으로 비난받을 수는 없을 거야.

보 기

ㄱ. 거짓말에는 상대방을 속이려는 의도가 있어야 한다는 점에 대해 갑은 동의하지만, 을은 동의하지 않는다.

ㄴ. 참으로 드러난 말 중에 도덕적으로 비난할 수 있는 것이 있다는 점에 대해 갑과 을은 동의한다.

ㄷ. 오도적인 말과 거짓말은 도덕적으로 나쁜 정도가 다르다는 점에 대해 갑과 을은 동의한다.

① ㄱ   ② ㄷ   ③ ㄱ, ㄴ

④ ㄴ, ㄷ   ⑤ ㄱ, ㄴ, ㄷ

문항 성격	문항유형 : 논쟁 및 반론
	내용영역 : 인문
평가 목표	이 문항은 '거짓말'과 '오도적인 말'을 주제로 한 대화의 내용을 올바르게 분석할 수 있는 능력을 평가하는 문항이다.
문제 풀이	정답 : ③

각 발언 내용은 다음과 같다.

⑴ 갑의 첫 번째 발언 : 갑은 거짓말은 '거짓을 상대방이 참이라고 믿게 하려는 의도를 가진 말'이고, '오도적인 말'은 '참이지만 듣는 사람이 오해하기 쉬운 말'이라고 정의한다.

⑵ 을의 첫 번째 발언 : 을은 갑의 질문에 대해 '그렇지 않아'라고 답변한다. 이 답변은 '오도적인 말이 거짓말보다 도덕적으로 덜 비난받아야 하는 것은 아니다'라는 말과 같다. 그리고 을은 거짓말이지만 상대방을 속이려는 의도를 가지지 않는 '뻔뻔한 거짓말'의 사례를 제시한다.

⑶ 갑의 두 번째 발언 : 갑은 살인을 한 A가 거짓말을 하는 경우와 오도적인 말을 하는 경우를 제시한다. '나는 살인자가 아니다'라는 A의 거짓말은 상대방이 거짓을 참으로 믿게 하려는 의도를 가진 말이다. '나는 내 목숨을 걸고 B를 두 번이나 구한 적이 있다'라는 A의 오도적인 말은 참이지만 듣는 사람이 오해하기를 바라며 의도적으로 한 말이다. 따라서 거짓말이든 오도적인 말이든 상대방이 'A가 살인자가 아니다'라는 거짓을 믿게 하려는 의도에서 비롯된 것이라는 점에서, 갑은 거짓말과 오도적인 말이 동일한 정도로 나쁘다고 주장한다.

⑷ 을의 두 번째 발언 : 을은 오도적인 말이 진실을 통해 상대방을 기만하려고 한다는 점에서 항상 나쁘지만, 거짓말은 그렇지 않을 수 있다고(즉, 항상 나쁜 것은 아니라고) 주장한다. 을은 자신의 주장을 뒷받침하는 과학자의 사례를 제시한다. 어떤 말이 거짓으로 드러난 사실 자체만을 가지고 도덕적으로 비난받아야 한다면, 가설처럼 과학자들의 예측들 중에는 나중에 거짓으로 드러나는 것이 있으므로 이때 과학자는 비난받아야 할 것이다. 그러나 사람들은 이런 경우에 일반적으로 과학자를 도덕적으로 비난하지는 않는다.

〈보기〉 해설　ㄱ. 갑은 "거짓말이란 거짓을 상대방이 참이라고 믿게 하려는 의도를 가진 말이지." 라고 말함으로써, 거짓말에는 상대방을 속이려는 의도가 있어야 한다는 점에 동의한다. 그러나 을은 상대방을 속이려는 의도가 없는 '뻔뻔한 거짓말'의 사례를 들면서, 거짓말에는 상대방을 속이려는 의도가 있어야 한다는 점에 동의하지 않는다. ㄱ은 옳은 분석이다.

ㄴ. 오도적인 말은 '참으로 드러난 말'이다. 갑은 두 번째 발언에서 거짓말과 오도적인 말이 동일한 정도로 나쁜 경우를 말하고 있다. 을은 두 번째 발언에서 진실을 말하면서 상대방을 기만하려고 한다는 점에서 오도적인 말이 항상 나쁘다고 보고 있다. 따라서 참으로 드러난 말 중에 도덕적으로 비난할 수 있는 것이 있다는 점에 대해 갑과 을은 모두 동의한다. ㄴ은 옳은 분석이다.

ㄷ. 갑은 두 번째 발언에서 오도적인 말과 거짓말이 동일한 정도로 나쁘다고 명시적으로 주장하므로, 오도적인 말과 거짓말은 도덕적으로 나쁜 정도가 다르다는 점에 대해 동의하지 않는다. ㄷ은 갑이 동의한다고 기술하고 있으므로, 옳지 않은 분석이다.

〈보기〉의 ㄱ, ㄴ만이 옳은 분석이므로 정답은 ③이다.

21.

다음 글에 대한 평가로 옳은 것만을 〈보기〉에서 있는 대로 고른 것은?

> 결정론은 인간의 마음 상태와 행위를 포함해 모든 사건이 이전 사건들에 의해 완전히 결정된다는 견해이다. 결정론하에서도 행위자가 한 일에 대해 도덕적 책임을 부과할 수 있을까? 그럴 수 없다고 주장하는 견해가 양립 불가론이다. 결정론을 받아들이면 자유 의지가 존재할 여지가 없기 때문이다. 반면, 결정론을 받아들여도 누군가에게 도덕적 책임을 부과할 수 있다고 주장하는 견해가 양립론이다. 행위자의 마음 상태가 행위 발생의 원인이기만 하면, 어쨌거나 행위의 발생에 영향을 미쳤다고 말할 수 있고, 그러면 도덕적 책임을 부과하기에 충분하다는 것이다.
>
> 양립론자 갑은 사람들이 바로 그 점을 이해하지 못해 양립 불가론을 주장하는 것으로 판단하였다. 이에 갑은 다음 가설을 제시했다.
>
> 〈가설〉
>
> 결정론적 세계에서도 행위자의 마음 상태가 행위 발생에 영향을 미칠 수 있다는 사실을 인정하면, 양립론을 받아들일 가능성이 크다.
>
> 갑은 이 가설을 검증하기 위해 100명의 실험 대상자에게 아래 시나리오에 등장하는 우주가 실제로 존재한다고 가정할 때 [진술1]과 [진술2]에 대해 각각 동의하는지 동의하지 않는지 둘 중 하나로만 답하게 했다.
>
> 〈시나리오〉
>
> 생성소멸의 전 과정이 되풀이되는 우주가 있다. 이 우주에서는 과정이 되풀이될 때마다 모든 사건이 똑같이 발생하게끔 결정돼 있다. 이 우주에서 톰이라는 사람이 특정 시각에 특정 반지를 훔치기로 결심하고 실제로 훔친다. 과정이 되풀이될 때마다 톰은 똑같이 결심하고 똑같이 행동한다.
>
> [진술1] 반지를 훔치겠다는 톰의 결심은 반지를 훔친 그의 행위에 영향을 미친다.
> [진술2] 반지를 훔친 톰에게 도덕적 책임이 있다.

보기

ㄱ. [진술1]에 동의하지 않는 사람은 모두 양립 불가론자이며, [진술2]에 동의하는 사람은 모두 양립론자이다.

ㄴ. [진술1]과 [진술2]에 모두 동의하는 실험 대상자가 두 진술 중 어느 것에도 동의하지 않는 실험 대상자보다 훨씬 더 많다면, 〈가설〉은 강화된다.

ㄷ. [진술2]에 동의하지 않은 실험 대상자 50명 중 거의 전부가 [진술1]에 동의하고, [진술2]에 동의한 실험 대상자 50명 중 거의 전부가 [진술1]에 동의하지 않는다면, 〈가설〉은 약화된다.

① ㄱ ② ㄷ ③ ㄱ, ㄴ
④ ㄴ, ㄷ ⑤ ㄱ, ㄴ, ㄷ

문항 성격 문항유형 : 논증 평가 및 문제해결

내용영역 : 인문

평가 목표 이 문항은 가설을 실험을 통해 입증하고자 할 때, 가설에 대한 정확한 이해를 바탕으로 가설을 강화하는 증거, 약화하는 증거, 무관한 증거를 각각 분별하여 강화/약화 여부를 판단할 수 있는 능력을 평가하는 문항이다.

문제 풀이 정답 : ②

제시문에 따르면, 양립 불가론자는 결정론하에서 행위자에게 도덕적 책임을 부과할 수 없다고 주장하는 사람이며, 양립론자는 결정론을 받아들여도 누군가에게 도덕적 책임을 부과할 수 있다고 주장하는 사람이다. 갑이 제시한 〈가설〉은 다음과 같다.

결정론적 세계에서도 행위자의 마음 상태가 행위 발생에 영향을 미칠 수 있다는 사실을 인정하면, 양립론을 받아들일 가능성이 크다.

〈시나리오〉는 결정론적 우주를 제시한다. 이 상태에서 다음 [진술1]과 [진술2]에 대해 실험 대상자들의 동의 여부와, 이 동의 여부가 가설을 강화 또는 약화하는지 여부는 아래의 표와 같다. 이 시나리오의 우주는 결정론적이므로, [진술2]에 동의한다는 것은 양립론을 받아들인다는 뜻이다.

[진술1] 반지를 훔치겠다는 톰의 결심은 반지를 훔친 그의 행위에 영향을 미친다.
[진술2] 반지를 훔친 톰에게 도덕적 책임이 있다.

[진술1]	[진술2]	동의 여부가 의미하는 것	〈가설〉의 강화 여부
동의	동의	영향을 미친다는 것을 인정하고, 양립론자이다.	강화
동의	동의 안 함	영향을 미친다는 것을 인정하고, 양립론자가 아니다.	약화
동의 안 함	동의	영향을 미친다는 것을 인정하지 않고, 양립론자이다.	무관
동의 안 함	동의 안 함	영향을 미친다는 것을 인정하지 않고, 양립론자가 아니다.	강화

ㄱ. 어떤 사람 X가 [진술2]에 동의하면 X는 결정론적 세계에서 도덕적 책임을 인정하는 사람이므로 양립론자라고 판단할 수 있다. 그러나 어떤 사람 Y가 [진술1]에 동의하지 않는다면 Y는 톰의 결심이 그의 행위에 영향을 미치지 않음을 인정하는 사람이라고 판단할 수 있지만, Y가 결정론적 세계에서 누군가에게 도덕적 책임을 부과할 수 있다고 믿는 사람인지 그렇지 않은 사람인지 판단할 수 없다. 따라서 Y가 양립 불가론자라고 단정할 수 없으므로, ㄱ은 옳지 않은 평가이다.

ㄴ. 예를 들어 100명의 실험 대상자가 [진술1]과 [진술2]에 대해 다음과 같이 답했다고 가정해 보자.

[진술1]	[진술2]	응답자 수(명)	〈가설〉의 강화 여부
동의	동의	18	강화
동의	동의 안 함	80	약화
동의 안 함	동의	0	무관
동의 안 함	동의 안 함	2	강화

위 상황에서 [진술1]과 [진술2]에 모두 동의하는 실험 대상자(18명)가 두 진술 중어느 것에도 동의하지 않는 실험 대상자(2명)보다 훨씬 더 많지만, 〈가설〉을 약화하는 사례인 [진술1]에 동의하지만 [진술2]에 동의하지 않는 사람이 80명이나되기 때문에, 〈가설〉은 강화된다고 할 수 없다. ㄴ은 옳지 않은 평가이다.

ㄷ. [진술2]에 동의하지 않은 사람 50명 중 거의 전부가 [진술1]에 동의했다면, 약화사례가 50명 가까이 된다는 뜻이며, [진술2]에 동의한 50명 중 거의 전부가 [진술1]에 동의하지 않는다면 무관사례가 50명 가까이 된다는 뜻이다. 따라서 이수치는 〈가설〉을 약화한다고 말할 수 있다. ㄷ은 옳은 평가이다.

〈보기〉의 ㄷ만이 옳은 평가이므로 정답은 ②이다.

22.

다음 글에 대한 평가로 옳지 <u>않은</u> 것은?

> ⊙개념 역할 의미론에 따르면, 단어의 의미 이해는 그 단어의 사용 규칙을 따를 줄 아는 능력에 의존한다. 단어의 사용 규칙을 따른다는 것은 단지 그 규칙대로 단어를 사용한다기보다 그 규칙에 대한 이해를 기반으로 사용한다는 것을 의미한다. 그렇다면, 단어의 사용 규칙을 이해하지 못하고 있다는 것은 곧 그 단어의 의미를 이해하지 못한다는 말이 된다.
>
> 하지만 이 이론을 반박하기 위해 ⊙다음 논증이 제기되었다. 가령 '뾰족하다'라는 단어의 의미를 이해하려 한다고 해 보자. 이 이론에 근거할 때, 그 단어의 의미를 이해하려면 그 단어의 사용 규칙을 이해해야 한다. 그런데 그런 이해가 성립하려면, 우선 그 규칙이, 이를테면, ©"'뾰족하다'는 무언가를 뚫을 수 있는 끝이 매우 가느다란 사물에 적용하라"와 같이 언어적으로 명료하게 표현되어야 할 것이다. 하지만 문제는 이 규칙을 표현하는 데에도 여러 개의 단어가 사용되었다는 것이다. 이 규칙을 이해하려면 그런 여러 단어의 의미를 모두 이해해야 할 것이며, 예를 들어, 이 규칙에 들어 있는 '뚫다'의 의미를 이해하지 못한다면 이 규칙을 이해할 수 없을 것이다. 그렇다면 '뚫다'의 의미를 이해하기 위해 무엇이 필요한가? 바로 그 단어의 사용 규칙에 대한 이해이다. 그런데 '뚫다'라는 단어의 사용 규칙도 여러 단어로 구성되어 있을 것이고, 그 규칙을 이해하기 위해서는 그 규칙을 표현하는 데 사용된 단어들의 의미를 또 이해해야 할 것이며, 이런 식의 퇴행은 무한히 거듭될 것이다. 이런 퇴행이 일어난다는 것은 궁극적으로 우리가 '뾰족하다'라는 단어의 의미를 이해하지 못한다는 뜻이며, 그런 문제는 다른 모든 단어에 똑같이 발생할 것이다. 따라서 개념 역할 의미론을 받아들이면, 우리가 사용하는 그 어떤 단어에 대해서도 그 의미를 이해하는 사람은 아무도 없다는 매우 불합리한 결론을 얻게 된다.

① 한국인 못지않게 한국어를 완벽히 구사하는 인공지능이 등장하더라도, ⊙은 약화되지 않는다.

② 단어의 사용 규칙이 반드시 언어적으로 표현되어야 하는 것이 아니라면, ⊙은 약화된다.

③ ©에 들어 있는 모든 단어의 의미를 이해하고 있는 사람이 실제로 있다면, ⊙은 강화된다.

④ 어떤 진술 안에 의미를 이해하지 못하는 단어가 포함되어 있어도 그 진술의 의미를 이해하는 것이 가능하다면, ⊙은 약화된다.

⑤ 어떤 단어의 의미를 이해하지 못하는 행위자가 그 단어를 사용 규칙대로 쓰고 있는 모습이 관찰되더라도, ⊙은 약화되지 않는다.

문항 성격	문항유형 : 논증 평가 및 문제해결
	내용영역 : 인문
평가 목표	이 문항은 대립하는 논증의 구조를 정확히 이해하여, 추가 조건들이 그 두 논증의 강도에 어떤 영향을 미칠 수 있는지 올바로 파악할 수 있는 능력을 평가하는 문항이다.
문제 풀이	정답 : ③

개념 역할 의미론은 다음과 같이 주장한다.

1. 단어의 의미를 이해한다. → 단어의 사용 규칙을 따른다.

2. 단어의 사용 규칙을 따른다. → 사용 규칙에 부합하게 사용한다. & 사용 규칙을 이해하고 있다.

따라서 개념 역할 의미론에 따르면, 단어의 사용 규칙을 이해하지 못한다면 그 단어의 의미를 이해하지 못하는 것이다.

개념 역할 의미론에 대한 반박 논증의 구조는 다음과 같다.

1. 언어 사용자가 단어의 의미를 이해하기 위해서는 단어의 사용 규칙을 이해해야 한다. (개념 역할 의미론의 주장, 귀류법적 가정)

2. 단어의 사용 규칙을 이해하려면, 사용 규칙이 언어적으로 명료하게 표현되어야 한다.

3. 사용 규칙을 언어적으로 명료하게 표현하면, 그 규칙에 많은 단어가 포함된다.

4. 사용 규칙을 이해하려면, 규칙에 포함된 모든 단어의 의미를 이해해야 한다.

5. 규칙에 포함된 단어의 의미를 이해하려면, 그 단어의 사용 규칙을 이해해야 한다.

6. 2–5의 과정이 반복되면서 무한 퇴행이 발생한다.

7. 무한 퇴행이 발생한다면, 어떤 단어에 대해서도 의미를 이해할 수 없다.

8. 어떤 단어에 대해서도 의미를 이해하는 사람은 없다. (6과 7로부터)

9. 어떤 단어에 대해서도 의미를 이해하는 사람이 없다는 것은 매우 불합리하다.

10. 따라서 언어 사용자가 단어의 의미를 이해하기 위해서는 단어의 사용 규칙을 이해해야 한다(개념 역할 의미론의 주장)는 주장은 받아들일 수 없다. (결론)

정답 해설	③ 개념 역할 의미론은 단어의 의미를 이해하는 사람들이 존재할 때 단어의 의미를 이해한다는 것이 무엇인지 설명하는 이론이므로, 단순히 ⓒ에 들어 있는 모든 단어의 의미를 이해하고 있는 사람이 실제로 있다는 것에 의해 강화되거나 약화되는 이론은 아니다. 또한 ⓒ에 들어 있는 모든 단어의 의미를 이해하고 있는 사람이 실제로 있다는 것은 ㉠(개념 역할 의미론)에 대한 반박 논증의 9번 전제를 지지하는 근거로 볼 수 있으므로, ㉠을 강화할 수는 없다. ③은 옳지 않은 평가이다.

① 인공지능의 한국어 의미 이해가 규칙의 이해에 근거한 것인지가 관건이므로 한국어를 완벽히 구사하는 인공지능이 있다는 것만으로는 개념 역할 의미론의 주장과 무관하다. 따라서 ㉠은 약화되지 않는다. ①은 옳은 평가이다.

② 단어의 사용 규칙이 반드시 언어적으로 표현되어야 하는 것이 아니라면, 반박 논증의 2번 전제가 부정되므로, ㉡은 약화된다. ②는 옳은 평가이다.

④ 어떤 진술 안에 의미를 이해하지 못하는 단어가 포함되어 있어도 그 진술의 의미를 이해하는 것이 가능하다면, 반대 논증의 4번 전제가 부정되므로, ㉡은 약화된다. ④는 옳은 평가이다.

⑤ 개념 역할 의미론을 반박하는 사례는 어떤 사람이 단어의 의미를 이해하지만 그 단어의 사용 규칙을 이해하지 못하는 경우이다. 어떤 단어의 의미를 이해하지 못하는 행위자가 그 단어를 사용 규칙대로 쓰고 있는 모습이 관찰된다는 것은 개념 역할 의미론의 반례가 아니라 무관한 사례이다. 따라서 ㉠은 약화되지 않는다. ⑤는 옳은 평가이다.

23.
다음 글에 대한 분석으로 가장 적절한 것은?

즐거움에 대한 이론 A에 따르면, 즐거움이란 우리가 좋아하는 어떤 느낌, 즉 쾌감 자체이고, 고통이란 우리가 싫어하는 불쾌한 느낌이다. 한편, 이론 B에 따르면, 즐거움은 우리가 느끼는 쾌감과 상관이 없으며, 주체의 능력과 제반 조건이 그 능력이 발휘되는 대상과 서로 잘 맞을 때 생겨난다. 즉, 즐겁게 행위한다는 것은 주체가 좋은 조건에서 자기 능력에 걸맞은 일을 탁월하게 하는 것을 말한다. 반면, 고통은 주체의 능력과 조건이 능력 발휘의 대상과 서로 잘 맞지 않을 때 생겨난다. A는 즐거움과 고통에 동반되는 느낌에 호소한다는 점에서 직관적인 설득력을 지닌다. 하지만 B는 즐거움이나 고통은 느낌이 아니라 즐겁거나 고통스러운 활동을 특징짓는 적합성에 의해 설명되어야 한다고 주장한다. 최근 한 인터뷰에서 수학계의 오랜 난제를 해결한 탁월한 수학자 갑, 을, 병은 수학의 즐거움에 관해 다음과 같이 말했다.

갑 : 저는 이 해묵은 난제를 풀기 위해 오랫동안 준비해 왔습니다. 계획적으로 집중력을 기울여 매진했지요. 물론 숱한 어려움이 있었고 좌절도 있었죠. 때로는 고통스러웠어요. 하지만 자신을 믿고서 그 문제를 해결하는 과정은 정말 즐거운 경험이었습니다.

을 : 다년간의 집중적인 노력으로 결국 이 난제를 풀었습니다. 그 순간 짜릿하긴 했지요. 정말 고
생했으니까요. 그러나 순간의 쾌감보다 갈피를 잡지 못하는 동안의 고통이 더 크게 느껴졌습
니다. 차라리 저는 집중력이 필요 없는 쉬운 문제를 여럿 해결할 때 더 큰 쾌감을 느낍니다.

병 : 수학이 즐겁냐고요? 공부가 좋아서 하는 학생이 없듯이, 저에게 수학은 그저 업일 따름입니
다. 특히 어려운 문제로 고민할 때는 고통스러웠죠. 의무감으로 열심히 하다 보니 수학을 잘
하게 되었고 결국 집중적인 노력으로 그 난제를 해결할 수 있었습니다.

① A에 따르면, 어려운 문제를 집중하여 풀어낸 경험에서 을과 병은 모두 즐거움을 느끼
지 못했다.
② B에 따르면, 을이 쉬운 문제를 풀 때의 즐거움은 갑의 즐거움에 못지않다.
③ A와 B에 따르면, 을이 경험했다고 말하는 고통은 즐거움이다.
④ A와 B에 따르면, 을이 쉬운 문제를 풀어낸 경험은 즐거운 것이다.
⑤ A에 따르면, 병에게 수학은 즐겁지 않지만, B에 따르면, 병에게 수학은 즐거운 작업이다.

문항 성격	문항유형 : 논쟁 및 반론
	내용영역 : 인문
평가 목표	이 문항은 즐거움과 고통에 관해 논쟁점을 가지는 두 이론을 다양한 상황에 적용하여 분석 및 비교하는 능력을 평가하는 문항이다.
문제 풀이	정답 : ⑤

제시문에는 즐거움과 고통에 관한 두 이론이 소개된다. A는 즐거움과 고통을 쾌감과 불쾌라는 현
상적 느낌에 의해 설명한다. 이는 현대인의 직관에 잘 부합한다는 장점을 가진다. 그러나 B는 즐
거움을 쾌감과 같은 현상적 느낌이 아니라 인간의 활동에 관한 적합성에 의해 설명한다. B는 즐
거움을 주체가 좋은 조건에서 자기 능력에 '걸맞은 일을 탁월하게 하는 것'이라고 규정한다. 제시
문에서 갑, 을, 병은 수학계의 오랜 난제를 해결했을 정도로 뛰어난 능력을 가진 수학자들이다. A
에 따르면, 이들이 수학을 하면서 쾌감을 느껴야만 즐거움을 느낀 것이다. 반면에, B에 따르면, 개
인의 느낌과 상관없이, 자신의 뛰어난 능력에 '걸맞은' 어려운 문제를 해결해 내는 경험이 즐거운
것이 된다.

갑이 '오랫동안 준비'하여, '계획적으로', '집중력을 기울여 해결했다'는 것은 좋은 조건에서 자
신의 능력에 걸맞은 문제를 탁월하게 해결했다는 것을 의미한다. 따라서 갑은 B가 말하는 즐거움
에 부합하는 사례이다.

을은 난제를 해결하는 순간에는 쾌감을 느꼈지만, 그 과정은 고생스러웠으며 고통을 더 크게
느꼈다. A에 따르면, 을은 어려운 문제를 해결하면서 순간의 즐거움과 고통을 모두 느꼈다. A는

을이 오히려 쉬운 문제를 해결할 때 쾌감을 느끼므로, 이를 즐거운 경험이라 볼 것이다. 하지만 수학계의 오랜 난제를 해결할 정도로 뛰어난 수학자 을에게 집중할 필요가 없는 쉬운 문제는 그의 능력에 걸맞지 않은 것이다. 따라서 B에 따르면, 쉬운 문제를 푼 을의 경험은 그의 주관적인 느낌에도 불구하고 즐거운 것이 아니다. 오히려 그가 고통스러웠다고 했어도 '다년간의 집중적인 노력으로' 난제를 해결한 것이 즐거운 경험이다.

병은 어려운 문제로 고민할 때는 고통스러웠다고 한다. 그래도 의무감으로 노력하여 수학을 잘하게 되었고, 난제도 해결할 수 있었다. A에 따르면, 어려운 문제를 풀면서 병은 고통만을 느꼈지만, B의 관점에서 볼 때, 병은 의무감에서라도 열심히 수학을 하여 잘하게 되었고, 어려운 문제를 집중적인 노력으로 해결했으므로, 주관적인 쾌·불쾌와 상관이 없이 병은 즐거운 경험을 한 것이다.

| 정답 해설 | ⑤ A에 따르면, 수학을 좋아서 한 것이 아니라 의무감으로 열심히 했다는 병에게 수학은 즐겁지 않다. 반면에 B에 따르면, 비록 의무감에서지만 수학을 열심히 해서 잘하게 되었고, 집중적인 노력으로 결국 난제를 해결한 병에게 수학은 즐거운 것이다. 따라서 ⑤는 적절한 분석이다. |

| 오답 해설 | ① 을은 어려운 문제를 풀어내는 동안 고생도 하고 고통도 크게 느꼈지만, 풀어내는 순간 쾌감을 느꼈다. 병은 어려운 문제를 풀어낸 경험에서 쾌감을 느끼지 못했다. A에 따르면 병은 즐거움을 느끼지 못했지만, 을은 즐거움을 느낀 것이다. ①은 적절하지 않은 분석이다. |

② B에 따르면, 갑은 자신의 능력에 걸맞은 일을 탁월하게 잘했으므로 즐거운 경험을 했지만 을이 집중이 필요 없는 쉬운 문제를 푼 것은 뛰어난 자신의 능력에 걸맞은 경험이 아니므로 즐거움이 아니다. 따라서 을이 쉬운 문제를 풀 때의 즐거움이 갑의 즐거움에 못지않다는 ②는 적절하지 않은 분석이다.

③ 을은 어려운 문제를 풀면서 고통을 느꼈지만, 결국 어려운 문제를 해결했으므로 B는 이를 즐거운 경험이라고 볼 것이다. 하지만 A는 을이 느낀 고통을 고통이라고 볼 것이다. ③은 적절하지 않은 분석이다.

④ A에 따르면, 을은 쉬운 문제를 풀면서 쾌감을 느꼈으므로 이 경험은 즐거운 것이다. 그러나 B에 따르면, 을이 집중이 필요 없는 쉬운 문제를 푼 것은 자신의 뛰어난 능력에 걸맞은 경험이 아니므로 즐거운 것이 아니다. ④는 적절하지 않은 분석이다.

24.

다음으로부터 추론한 것으로 가장 적절한 것은?

> 우리는 세상에 대해 여러 믿음을 갖는다. 믿음은 참일 수도, 거짓일 수도 있다. 거짓인 믿음은 지식이 될 수 없지만, 참인 믿음이라고 모두 지식은 아니다. 믿음이 형성된 경로와 참이 된 경로가 적절할 때만 지식이 된다. 고장이 나서 3시에 멈춘 시계를 보고 '지금 3시'라고 믿는다고 하자. 우연히 그때가 3시였더라도, 이 믿음은 지식이 아니고 운 좋은 참일 뿐이다. 그렇다면 믿음이 참인지 아닌지, 그리고 그것이 지식인지 아닌지가 그 믿음에 기반한 행동이 단순 행동이 아니라 '행위'인지 여부를 결정할 수 있을까? 이에 대해 세 견해 A, B, C가 있다.
>
> A : 믿음이 참인지 거짓인지가 매우 중요하다. 이와 상관이 없는 행동은 행위일 수 없다. 갑이 '브레이크가 정상적으로 작동한다'고 믿고서 페달을 밟았다고 하자. 이 믿음이 참이라면 차가 설 것이지만, 거짓이라면 갑은 차를 세우지 못할 것이다. 이때 갑의 믿음이 정당한지를 따지기 전에 갑의 믿음이 참이기만 하면 차는 설 것이다. 참인 믿음으로부터 차를 세운 것만이 행위가 된다.
>
> B : 무엇인가를 행위로 보느냐에서 중요한 것은 믿음이 있느냐 없느냐일 뿐 그 믿음이 참인지 아닌지는 아무 상관이 없다. 을은 오랫동안 차를 정비하지 않았다. 여러 주요 부품이 고장 난 것을 알고 있음에도 그는 '브레이크가 정상적으로 작동할 것'이라고 믿는다. 을은 갑자기 등장한 장애물을 보고서 브레이크 페달을 밟는다. 이때, 중요한 것은 을이 브레이크가 정상이라고 믿는다는 점이다. 을의 믿음이 참인지 여부는 페달을 밟는 것이 행위인지 아닌지와 상관이 없다. 브레이크가 실제로는 고장이 났더라도 을은 페달을 밟을 것이다.
>
> C : 믿음이 지식인지 아닌지는 무엇이 행위인지 아닌지에 영향을 준다. 병은 브레이크가 고장난 차를 수리점에 맡겼다. 그런데 수리점 직원은 브레이크 페달과 연결된 선을 연료 펌프에 연결하여 페달을 밟으면 연료가 차단되게 하였다. 이를 모르는 병은 '페달을 밟으면 차가 설 것'이라고 믿는다. 하지만 이 믿음은 지식일 수 없다. 그가 아는 브레이크 작동 원리는 실제와 일치하지 않는다. 페달을 밟아 차가 멈췄더라도 그는 과연 차를 세운 행위를 한 것일까? 결국 지식에 근거하여 차를 세운 것만이 행위이다.

① 차를 정비한 직후 갑이 브레이크 페달을 밟았을 때 정상적으로 작동하지 않았더라도 C는 이를 행위라고 판단할 것이다.

② 을이 브레이크 페달을 밟은 것이 행위인지에 관해 B와 C는 견해가 같을 것이다.

③ 병이 브레이크 페달을 밟아도 차가 서지 않았다면, 그가 페달을 밟는 것이 행위인지에

관해 A와 B는 견해가 같을 것이다.

④ C가 행위라고 여기는 것은 A도 행위로 여길 것이다.

⑤ C가 행위라고 여기지 않는 것은 B도 행위로 여기지 않을 것이다.

문항 성격	문항유형 : 언어 추리
	내용영역 : 인문
평가 목표	이 문항은 세 가지 행위 이론을 정확하게 이해한 후 각 이론을 여러 사례에 올바로 적용하는 능력을 평가하는 문항이다.
문제 풀이	정답 : ④

제시문은 우리가 가지는 믿음이 참이어야만 하며, 참인 믿음 중에서도 '믿음이 형성된 경로와 참이 된 경로가 적절할 때만', 즉 정당화될 때만 지식이 될 수 있다고 말한다. 지식의 세 요건, 즉 믿음 조건, 진리 조건, 정당화 조건을 행위에 적용하면 세 행위 이론 A, B, C가 가능하다.

A는 어떤 행동이 행위인지 아닌지를 결정하는 데 있어 믿음이 참인지가 결정적이라고 본다. 갑의 '브레이크가 정상적으로 작동한다'는 믿음이 참이라면, 그가 차를 세운 것은 행위가 된다.

B는 믿기만 하면, 그 믿음이 참인지 거짓인지 따질 필요 없이 행위를 유발한다고 본다. 을은 오랫동안 차를 정비하지 않았으며 주요 부품들이 고장 난 것을 알고 있음에도 불구하고 '브레이크가 정상적으로 작동할 것'이라고 믿는다. 이 믿음은 정당하지 않을 뿐더러 거짓일 수 있지만, 을이 이를 믿기만 하면 그가 브레이크 페달을 밟는 것은 행위가 된다. 여기서 브레이크가 정상 작동하는지, 차가 정지하는지는 행위 여부와 상관이 없다.

C는 지식, 즉 정당화된 참인 믿음만이 행위와 이어진다고 주장한다. '페달을 밟으면 차가 설 것'이라는 병의 믿음은 결과적으로 참이 되었다. 브레이크 페달을 밟으면 브레이크가 작동하지 않더라도 연료가 차단되어 결국 차가 서기 때문이다. 그러나 병의 믿음이 형성된 경로와 참이 된 경로는 일치하지 않으며, 특히 참이 된 경로는 적절하지 않다. 결국 병의 믿음은 지식일 수 없으며, 그의 믿음이 유발한 행동은 행위일 수 없다.

정답 해설	④ A는, 믿음에 기반한 행동이 행위이기 위해서, 지식을 정의하는 세 조건 중 믿음 조건과 진리 조건을 요구하지만, C는 믿음 조건, 진리 조건, 정당화 조건을 모두 요구한다. C가 행위라고 여기는 것은 A도 당연히 행위라고 여길 것이므로, ④는 적절한 추론이다.
오답 해설	① 차를 정비한 직후 갑이 브레이크 페달을 밟았을 때 정상적으로 작동하지 않았다면, '브레이크가 정상적으로 작동한다'는 갑의 믿음은 거짓이 된다. 거짓인 믿음은 지식이 될 수 없는데, C는 지식이 아니면 행위가 될 수 없다고 주장한다. 따라서 ①은 적절하지 않은 추론이다.

② 을은 브레이크가 정상이 아닐 수 있다고 여길 주요 근거들이 있음에도 '브레이크가 정상적으로 작동할 것'이라고 믿는다. 이는 정당하지 않은 믿음이며 지식이 될 수 없다. 그럼에도, 믿기만 하면 행위로 이어진다고 주장하는 B는 을이 페달을 밟은 것을 행위라고 여길 것이다. 그러나 C는 을이 페달을 밟은 것을 행위라고 여기지 않을 것이다. 따라서 ②는 적절하지 않은 추론이다.

③ 병은 브레이크 '페달을 밟으면 차가 설 것'이라고 믿는다. 병이 페달을 밟아도 차가 서지 않았다면, 그의 믿음은 거짓으로 드러난다. 믿음이 참인지 거짓인지를 중요시하는 A는 병이 브레이크를 밟은 것을 행위로 보지 않을 것이다. 반면에, 믿기만 하면 행위로 이어진다고 주장하는 B는 차가 서지 않았어도 병이 페달을 밟는 행위를 했다고 볼 것이다. 따라서 ③은 적절하지 않은 추론이다.

⑤ C가 행위로 보지 않는 것 중에, 예를 들어 참이지만 정당화되지 않은 믿음에 의한 행동이나 거짓인 믿음에 의한 행동 등이 있을 것이다. B는 정당화되지 않거나 거짓인 믿음에서 비롯한 것도 행위로 여길 것이다. 따라서 ⑤는 적절하지 않은 추론이다.

25.
다음 글에 대한 분석으로 옳은 것만을 〈보기〉에서 있는 대로 고른 것은?

기능주의자에 따르면, 우리는 상식 심리학을 통해 타인에게 심적 상태를 귀속시킴으로써 인간의 마음을 성공적으로 이해해 왔다. 상식 심리학은 '믿음', '욕구' 등의 심적 용어로 이루어지는 이론 체계를 말한다. 우리는 대다수의 운전자가 빨간불에서 차를 세울 것이라고 예측한다. 대다수의 합리적 운전자는 빨간불에서 정지해야 한다고 믿기 때문이다. 따라서 기능주의자에게 심적 상태의 존재는 당연하다.

그런데 제거주의자는 상식 심리학을 추방해야 한다고 주장한다. 과학적인 설명력과 예측력이 없는 이론은 사라져 왔다. 이때, 이론이 가정하는 존재와 이 존재에 관한 용어는 아예 제거되었다. 일반적으로, 어떤 이론이 옳은지 그른지는 그 이론이 주어진 현상을 성공적으로 예측하느냐에 달려 있다. 그런데 우리는 타인을 얼마나 자주 오해하는가! 화학에서는 연금술이 완전히 실패함으로써 금의 씨앗으로 여겨졌던 현자의 돌의 존재가 부정되었으며 '현자의 돌'이라는 용어도 사라졌다. 마찬가지로 실패한 이론이 전제하는 마음의 존재뿐만 아니라 '믿음'과 '욕구' 같은 심적 용어조차 제거되어야 한다는 것이다.

도구주의자는 심적 상태의 존재를 가정함으로써 우리의 행동을 예측할 수 있다고 주장한다. 체스 컴퓨터의 비유를 살펴보자. 확실히 컴퓨터는 믿음과 욕구 같은 심적 상태가 없다. 그러나 체스를 두는 컴퓨터에게 "컴퓨터가 퀸을 잡아야 한다고 믿는군"이나 "컴퓨터가 킹을 살리길 원하는군"과 같이 믿음이나 욕구를 귀속시키면 우리는 컴퓨터의 다음 수를 효율적으로 예측할 수 있다. 이와 마찬가지로, 인간에게 심적 상태를 귀속시켜 말한다면 이는 인간의 행동을 예측하는 데 큰 도움이 된다. 그럼에도 도구주의자는 우리가 도구로서 가정하는 심적 상태에 대응하는 마음속 대상은 존재하지 않는다고 생각한다.

보 기

ㄱ. 심적 상태의 존재에 관해 기능주의자와 도구주의자는 서로 다른 견해를 가지지만, 심적 용어의 유용성에 관해서는 견해가 같다.
ㄴ. 제거주의자와 도구주의자 모두 심적 용어의 필요성을 인정한다.
ㄷ. 심적 상태가 존재하지 않는다는 주장을 뒷받침하기 위해 제거주의자와 도구주의자는 같은 이유를 제시한다.

① ㄱ   ② ㄴ   ③ ㄱ, ㄷ
④ ㄴ, ㄷ   ⑤ ㄱ, ㄴ, ㄷ

문항 성격	문항유형 : 논쟁 및 반론
	내용영역 : 인문
평가 목표	이 문항은 믿음과 욕구 등의 심적 상태와 심적 용어에 관해 기능주의, 제거주의, 도구주의가 각각 주장하는 바와 제시하는 이유를 정확히 분석하여 비교할 수 있는 능력을 평가하는 문항이다.
문제 풀이	정답 : ①

제시문에 따르면, 상식 심리학은 '믿음'과 '욕구' 같은 심적 용어로 이루어진 이론 체계이다. 기능주의자는 우리가 상식 심리학을 통해 일상에서 타인의 마음과 행동을 예측하고 설명한다고 주장한다. 기능주의자는 심적 상태의 존재와 심적 용어의 유용성을 당연하게 생각한다.

반면에 제거주의자는 상식 심리학이 실패해 왔음을 지적한다. 일상의 타자 이해에서 우리는 상대의 마음을 자주 오해한다. 과학사에서 '현자의 돌'이나 '마녀', '플로지스톤'과 같은 용어와 그 용어가 지시하는 존재는 그에 관한 이론과 함께 제거되어 왔다. 그렇다면, 역시 실패한 이론인 상식 심리학과 함께 심적 상태와 심적 용어까지 제거되어야 한다는 것이 제거주의자의 논리이다.

도구주의자는 제거주의자와 마찬가지로 마음의 존재를 부정하지만, 제시문에 그 이유는 나타나지 않는다. 도구주의자는 믿음과 욕구가 있는 것처럼 "인간에게 심적 상태를 귀속시켜 말한다면 이는 인간의 행동을 예측하는 데 큰 도움이 된다."고 하므로, 심적 용어가 유용하다고 본다.

〈보기〉해설 ㄱ. 기능주의자는 심적 상태의 존재를 긍정하지만 도구주의자는 부정한다. 하지만 심적 용어의 유용성은 둘 다 긍정한다. ㄱ은 옳은 분석이다.

ㄴ. 도구주의자는 심적 용어의 필요성을 인정하지만 제거주의자는 부정한다. ㄴ은 옳지 않은 분석이다.

ㄷ. 제거주의자와 도구주의자는 모두 심적 상태의 존재를 부정한다. 제거주의자는 상식 심리학의 실패를 그 이유로 제시하지만, 도구주의자의 이유는 나타나지 않는다. ㄷ은 옳지 않은 분석이다.

〈보기〉의 ㄱ만이 옳은 분석이므로 정답은 ①이다.

26.

다음 글에 대한 분석으로 옳은 것만을 〈보기〉에서 있는 대로 고른 것은?

投票소 출구조사는 유권자가 아니라 실제 투표자를 조사함으로써 투표 결과 예측의 정확도를 높이는 방법이다. 선거구 안에서 조사 대상 투표구를 어떻게 선정하느냐가 출구조사에서 중요하다. 투표구가 선정되면 해당 투표구에 속한 투표소에서 조사가 이루어진다. 출구조사 방법으로 A, B, C가 있다.

A : 직전 선거에서 해당 선거구의 전체 개표 결과와 각 투표구별 개표 결과를 비교하여, 그 차이가 가장 작은 투표구의 투표소를 대상으로 조사한다.

B : 직전 선거에서 정당별 투표 결과가 유사한 투표구들을 층위가 있는 몇 개의 집단으로 묶어 구분하고, 각 층의 유권자 비율에 따라 일정 수의 투표구를 무작위로 선정하여, 해당 투표구의 투표소를 대상으로 조사한다.

C : 투표구를 미리 정하여 그곳에서 투표 시간 내에 조사하는 것이 아니라, 선거구 내 투표구를 모두 순회하면서 조사한다. 한 투표구에서 일정 시간 조사한 후 다음 투표구로 이동하여 일정 시간 조사하는 방식으로 투표구들을 순회하는 것이다. 투표구별 표본 크기는 유권자의 수에 비례하여 결정된다.

ㄱ. 직전 선거 이후 투표구의 인구 사회적 특성에 심한 변화가 있을 경우, A는 활용하기 어렵다.

ㄴ. B는 유권자의 정치적 성향 측면에서 동일 선거구 내 투표구들은 대체로 동질적일 것이라고 가정하고 있다.

ㄷ. C에는 해당 선거구의 투표구별 직전 선거 득표 자료가 필수적이다.

① ㄱ   ② ㄷ   ③ ㄱ, ㄴ

④ ㄴ, ㄷ   ⑤ ㄱ, ㄴ, ㄷ

문항 성격   문항유형 : 논증 분석

               내용영역 : 사회

평가 목표   이 문항은 투표소 출구조사에서 표본 확보를 위해 조사 대상 투표구를 선정하는 방법들의 논리를 제대로 이해하여 그 차이를 구분할 수 있는지를 평가하는 문항이다.

문제 풀이   정답 : ①

투표소 출구조사도 다른 조사와 마찬가지로 표본의 대표성 확보가 관건이 된다. A는 직전 선거 결과를 토대로 전체 선거구의 결과와 가장 유사한 결과를 보였던 투표구를 선정하여 표본의 대표성을 확보하려는 방법이다. B는 직전 선거에서 유사한 결과를 보였던 투표구들끼리 여러 집단으로 먼저 묶어 전체 선거구를 먼저 층화한 후, 각 층에서 일정 수의 투표구를 선정한다. 이를 통해 다양한 특성을 보이는 이질적인 투표구들이 골고루 표본에 포함되도록 함으로써 대표성을 확보하려는 방법이다. C는 모든 투표구의 투표소를 순회하면서 일정 시간 동안 조금씩 조사하는 방법이다. 각 투표소에서 상대적으로 소수의 투표자를 조사하지만 모든 투표소의 투표자들이 골고루 표본에 포함되도록 함으로써 표본의 대표성을 확보하려는 방법이다.

〈보기〉 해설   ㄱ. A는 특정 투표구의 투표행태가 직전 선거와 유사할 것임을 가정하고 있다. 만약 직전 선거 이후 투표구의 인구 사회적 특성에 심한 변화가 있다면 그에 따라 투표행태가 과거와 달라질 가능성이 크므로 A는 활용하기 어렵다. 따라서 ㄱ은 옳은 분석이다.

             ㄴ. B는 동일 선거구일지라도 투표구들이 서로 이질적이라고 가정하기 때문에, 먼저 동질적인 투표구들끼리 층으로 묶어 구분한 후 각 층에서 일정 수의 투표구를 선정하는 것이다. 같은 층의 투표구들은 동질적이지만, 다른 층의 투표구들은 이질적이다. 이렇게 함으로써 이질적인 다양한 투표구들이 골고루 조사 대상이 되어 전체 선거구의 투표 결과를 더 잘 예측할 수 있게 된다. 만약 투표구들

의 정치적 성향이 동질적이라면, 굳이 층으로 나누어 각 층에서 일정 수의 투표
구를 선정할 필요가 없다. 따라서 ㄴ은 옳지 않은 분석이다.

ㄷ. A와 B는 선거구를 대표할 수 있는 투표구를 미리 선정해야 하므로 투표구별 직
전 선거 득표 자료가 필요하지만, C는 어차피 모든 투표구가 조사 대상이 되므
로 굳이 직전 선거 득표 자료가 필요하지 않다. 따라서 ㄷ은 옳지 않은 분석이다.

〈보기〉의 ㄱ만이 옳은 분석이므로 정답은 ①이다.

27.

다음 논증에 대한 평가로 옳은 것만을 〈보기〉에서 있는 대로 고른 것은?

> 2020년 1월부터 유행하기 시작한 COVID-19로 인해 출생률이 감소할 것이라는 주장이 있다. 그 근거는 다음과 같다.
>
> 첫째, 강력한 사회적 거리두기로 인해 자유로운 만남과 연애가 상대적으로 어려워졌다. 다중시설 이용과 출입국에 큰 제약이 생김으로써 결혼을 미루거나 포기하는 경우가 많아졌다.
>
> 둘째, 특히 상대적으로 출생률이 높은 저소득 계층과 청년층에서 취업률이 하락하고 소득이 줄어들면서 경제적 어려움이 커졌다. 출산과 양육의 경제적 부담이 큰 만큼 소득의 감소는 출산의 감소로 이어질 것이다.
>
> 셋째, 비대면 노동과 재택근무의 확산으로 일과 가정의 구분이 애매해져 많은 노동자가 스트레스를 호소하고 있다. 게다가 학교나 유치원, 어린이집 같은 보육 시설이 폐쇄되거나 제한적으로 운영되면서 자녀 양육이 더 어려워졌다. 어린 자녀를 키우고 있는 가정뿐만 아니라 아직 자녀가 없는 가정에서도 이러한 보육과 양육의 문제로 인해 출산 계획을 미루거나 포기할 것이다.

보기

ㄱ. 전체 영유아 인구는 2019년 7월보다 2022년 7월에 감소했지만 1세 이하 인구에는
   차이가 없었다면, 이 논증은 강화된다.

ㄴ. 2019년의 1인당 국내총생산은 31,929천 원이었으며 2020년의 1인당 국내총생산은
   31,637천 원으로 별 차이가 없었다면, 이 논증은 약화된다.

ㄷ. 2019년 8월 현재 임신 중이라고 답한 비율이 경제활동 여성과 비경제활동 여성에
   서 10%로 동일했으며, 2021년 8월에 이루어진 같은 조사에서도 그 비율 수치에 거
   의 변화가 없었다면, 이 논증은 약화된다.

① ㄴ   ② ㄷ   ③ ㄱ, ㄴ
④ ㄱ, ㄷ   ⑤ ㄱ, ㄴ, ㄷ

문항 성격   문항유형 : 논증 평가 및 문제해결

내용영역 : 사회

평가 목표   이 문항은 COVID-19로 인해 출생률이 감소할 것이라는 논증을 이해하고, 가정적인
자료가 그 논증을 강화 또는 약화하는지 옳게 판단할 수 있는 능력을 평가하는 문항
이다.

문제 풀이   정답 : ②

COVID-19로 인해 출생률이 감소할 것이라는 주장의 근거로 다음 세 가지가 제시되고 있다.

첫째, 강력한 사회적 거리두기로 인해 만남과 연애가 상대적으로 어려워져, 결혼을 미루거나
포기하는 경우가 많아졌다.

둘째, 상대적으로 출생률이 높은 저소득 계층과 청년층에서 소득이 감소하고, 이로 인해 출산
도 감소할 것이다.

셋째, 자녀가 있는 가정뿐만 아니라 자녀가 없는 가정에서도 보육과 양육의 문제로 인해 출산
계획을 미루거나 포기할 것이다.

〈보기〉 해설   ㄱ. 1세 이하 인구에서 2019년 7월과 2022년 7월에 차이가 없다는 것은 2019년의
출생률과 2022년의 출생률에 큰 차이가 없었을 것이라는 것을 의미한다. (1세
이하 인구에는 차이가 없었지만 전체 영유아 인구가 감소한 것은 아마도 2세 이
상의 영유아의 사망률이 높아진 것 등과 같은 다른 이유 때문일 것이다.) 따라서
전체 영유아 인구는 2019년 7월보다 2022년 7월에 감소했지만 1세 이하 인구에
는 차이가 없었다는 것은 COVID-19로 인해 출생률이 감소할 것이라는 논증을
강화하지 않는다. ㄱ은 옳지 않은 평가이다.

ㄴ. 저소득 계층과 청년층의 소득이 감소하지 않았다는 사실은 논증을 약화할 것이
지만, 1인당 국내총생산에 별 차이가 없었다는 사실만으로는 논증을 약화할 수
없다. 저소득 계층과 청년층의 소득이 실제 감소하였더라도 중상층과 중장년층
의 소득이 증가하였다면 1인당 국내총생산이 이전과 차이가 없는 것으로 나타
날 수 있기 때문이다. 따라서 ㄴ은 옳지 않은 평가이다.

ㄷ. COVID-19로 인해 출생률이 감소할 것이라는 주장의 근거로 자녀 양육이 더 어
려워지면서 가정에서 이러한 문제로 인해 출산 계획을 미루거나 포기할 것이라
는 것이 제시되었다. 2019년 8월의 조사와 2021년 8월의 조사에서 현재 임신 중

이라고 답한 경제활동 여성의 비율 수치와 비경제활동 여성의 비율 수치에 거의 변화가 없었다면 이 근거는 부정되므로 이 논증은 약화된다. ㄷ은 옳은 평가이다.

〈보기〉의 ㄷ만이 옳은 평가이므로 정답은 ②이다.

28.

다음 글에 대한 평가로 옳은 것만을 〈보기〉에서 있는 대로 고른 것은?

> 노동조합이 없는 회사보다 있는 회사에 다니는 노동자들의 임금이 더 높은 것으로 알려져 있다. 이를 노동조합의 임금 프리미엄이라고 한다. 이 현상을 설명하기 위해 노동조합이 없는 직장에서 일하는 노동자(무조합원), 노동조합이 있으나 가입하지 않은 노동자(비조합원), 노동조합에 가입한 노동자(조합원) 사이의 임금 격차에 관해 주장 A와 B가 있다.
>
> A : 노동조합은 독점적 노동 공급원이다. 노동조합은 조합원의 수 이내에서 기업에 노동 공급의 독점력을 행사할 수 있기 때문에 비조합원이나 무조합원의 노동력이 거래되는 경쟁 시장보다 높은 임금을 이끌어낼 수 있다. 이때 형성된 높은 임금으로 인해, 노동조합의 독점력이 없었다면 고용될 수 있었던 노동력이 경쟁 시장으로 몰리고 이는 다시 경쟁 시장의 임금을 낮춰 임금 프리미엄을 키우는 파급 효과를 가져온다.
> B : 노동조합은 노동자들의 집합적 목소리를 대표하는 의사 대표 제도이다. 노동조합은 사측에 동일노동-동일임금 원칙, 작업장의 안전성 제고 등을 요구함으로써 직장 내 모든 노동자의 만족도를 높이고 이직률을 낮춘다. 나아가 노동조건의 임의적 변경을 막고 협의를 통한 작업 재배치와 자본 투자 제고를 촉진한다. 또한 노동조합은 소수자의 이해를 대변함으로써 이들을 지지하고 배려한다. 노동조합의 이런 활동들이 노동자의 생산성을 높이고 이는 자연스럽게 기업 전반의 임금 수준을 높일 것이다.

보 기

ㄱ. 직종과 숙련도에서 유사한 노동자들을 비교한 조사에서, 조합원의 임금이 비조합원의 임금보다 높고 비조합원과 무조합원 사이에는 임금 차이가 없다는 결과는 A를 강화하고 B를 약화한다.

ㄴ. 직종과 숙련도에서 유사한 남녀 사이의 임금 격차에 관한 조사에서, 조합원들의 남녀 임금 격차가 비조합원들의 남녀 임금 격차보다 적다는 결과는 A를 약화한다.

ㄷ. 노동조합이 있는 회사의 노동자들을 대상으로 진행한 조사에서, 조합원들의 임금이 직종과 숙련도에서 유사한 비조합원들의 임금과 유사하다는 결과는 B를 약화한다.

① ㄱ　　　　　　② ㄷ　　　　　　③ ㄱ, ㄴ

④ ㄴ, ㄷ　　　　　⑤ ㄱ, ㄴ, ㄷ

문항 성격	문항유형 : 논증 평가 및 문제해결
	내용영역 : 사회
평가 목표	이 문항은 노동조합의 임금 프리미엄에 대한 두 이론을 이해하고 제시된 사례들이 어떤 이론을 강화 또는 약화하는지 옳게 판단할 수 있는 능력을 평가하는 문항이다.

문제 풀이　정답 : ①

노동조합의 임금 프리미엄에 대한 두 이론을 소개하고 이와 관련된 사례들을 보기에서 제시하고 있다. A에 따르면, 노동조합이 기업에 노동 공급의 독점력을 행사할 수 있기 때문에 노동조합에 가입한 노동자(조합원)는 상대적으로 높은 임금을 받지만, 노동조합이 있으나 가입하지 않은 노동자(비조합원)와 노동조합이 없는 직장에서 일하는 노동자(무조합원)는 상대적으로 낮은 임금을 받게 된다. 이에 반해 B에 따르면, 노동조합은 노동자들의 임금 격차를 없애고 노동조건을 개선함으로써 회사 내 모든 노동자의 사기를 제고하고 생산성을 높인다. 노동조합의 임금 프리미엄은 이러한 생산성 향상의 결과로 나타난다.

〈보기〉 해설　ㄱ. A에 따르면, 노동조합이 독점력을 확보할 수 있으므로 조합원의 임금이 비조합원이나 무조합원의 임금보다 높고, 비조합원과 무조합원의 임금은 비슷해야 한다. 따라서 조합원의 임금이 비조합원의 임금보다 높고 비조합원과 무조합원 사이에는 임금 차이가 없다는 조사 결과는 A를 강화한다. B에 따르면, 노동조합의 활동이 노동자의 생산성을 높이고 이는 기업 전반의 임금 수준을 높이므로, 조합원과 비조합원의 임금은 상대적으로 비슷한 수준으로 높고 무조합원의 임금은 상대적으로 낮아야 한다. 조합원의 임금이 비조합원의 임금보다 높고 비조합원과 무조합원 사이에는 임금 차이가 없다는 조사 결과는 이러한 예측과 다르므로 B를 약화한다. ㄱ은 옳은 평가이다.

ㄴ. 임금 프리미엄에 대한 A의 설명에서 노동조합 가입 여부에 따른 남녀 사이의 임금 격차에 대해 어떠한 주장이나 암시도 없으므로, A를 강화하지도 약화하지도 않는다. ㄴ은 옳지 않은 평가이다.

ㄷ. B에 따르면, 노동조합의 활동이 노동자의 생산성을 높이고 이는 자연스럽게 기업 전반의 임금 수준을 높이므로, 조합원과 비조합원의 임금은 비슷한 수준으로 높아야 한다. 따라서 노동조합이 있는 회사의 노동자들을 대상으로 진행한 조사에서, 조합원들의 임금이 직종과 숙련도에서 유사한 비조합원들의 임금과 유사하다는 결과는 B를 약화하지 않는다. ㄷ은 옳지 않은 평가이다.

〈보기〉의 ㄱ만이 옳은 평가이므로 정답은 ①이다.

29.

다음 글에 대한 평가로 옳은 것만을 〈보기〉에서 있는 대로 고른 것은?

주인이 대리인을 통해 일을 처리할 때, 주인이 대리인의 행동을 완벽하게 관찰하지 못하는 경우 대리인은 자신의 이익을 극대화하기 위해 주인의 이익과 상충하는 행동을 취할 수 있다. 이를 주인-대리인 문제라 한다. ㉠부동산 중개인을 통해 집을 파는 집주인에게도 주인-대리인 문제가 발생한다는 주장이 있다.

미국에서 중개인은 보통 집값의 6%를 수수료로 받지만, 다른 거래 참가자들의 몫을 제하면 실질적으론 집값의 1.5%만 남는다. 수수료가 집값에 연동되어 있으므로 중개인이 최대한 높은 가격에 집을 팔 유인이 제공되는 것처럼 보인다. 하지만 이는 제한된 범위에서만 타당하다. 예를 들어 집값을 10,000달러 높이면 중개인은 150달러를 더 받는 데 그친다. 그런데 집값을 높여 받기 위해서는 매물을 시장에 오래 내놓아야 하며 그 기간에 광고를 하고 잠재적 구매자에게 집을 보여주는 등의 비용이 발생한다. 따라서 중개인은 150달러를 더 받기 위해 많은 비용을 지불하기보다는 적당한 가격에 집을 팔려고 하는 유인이 있다. 집주인은 자신의 집 시세나 판매 가능성에 대한 정보가 중개인보다 훨씬 적기 때문에 낮은 가격을 받아들이라는 중개인의 제안에 넘어가기 쉽다.

보 기

ㄱ. 중개인이 타인 소유의 집보다 자신 소유의 집을 팔 때 매물이 더 오래 시장에 머물렀다는 조사 결과는 ㉠을 강화한다.

ㄴ. 집값에 연동된 실질적인 수수료율을 1.5%에서 3.5%로 높이자 매물이 시장에 머무는 기간이 짧아졌다는 조사 결과는 ㉠을 강화한다.

ㄷ. 정보통신기술 발달로 주택 시세 정보를 과거보다 쉽고 정확하게 얻게 됨에 따라 매물이 시장에 머무는 기간이 짧아졌다는 조사 결과는 ㉠을 강화한다.

① ㄱ   ② ㄴ   ③ ㄱ, ㄷ

④ ㄴ, ㄷ   ⑤ ㄱ, ㄴ, ㄷ

문항 성격   문항유형 : 논증 평가 및 문제해결

                 내용영역 : 사회

평가 목표   이 문항은 주택 매매에서 주인–대리인 문제가 정보의 비대칭성과 대리인의 이익 추구 때문에 발생한다는 주장을 이해하고 각각의 조사 결과가 이러한 주장을 강화하거나 약화하는지 따져 보는 능력을 평가하는 문항이다.

문제 풀이   정답 : ①

주인–대리인 문제(principal–agent problem)는 비대칭적 정보가 존재하는 경제 관계에서 흔히 발생하는 문제다. 주인이 대리인의 행동을 완전히 관찰하거나 통제하지 못하는 상황에서 주인의 목적과 다른 목적을 가진 대리인은 자신의 목적 달성을 위해 행동할 것이다. 소위 도덕적 해이(moral hazard) 현상이 나타나는 것이다. 미국 주택 매매 시장에 이런 주인–대리인 문제를 적용해 보면, 대리인인 중개인은 집주인의 목적인 높은 가격을 추구하기보다 자신의 중개 비용을 고려해 상대적으로 낮은 가격에 빨리 매매를 성사시키려는 유인이 있다. 대리인은 중개 비용과 자신이 얻는 중개 수수료를 고려하여 매물이 시장에 머무는 시간을 줄이려 할 수 있다는 점을 파악하는 것이 중요하다. 한편 주인–대리인 문제의 근원인 정보의 비대칭성이 줄어들면 주인–대리인 문제가 완화될 것이다.

〈보기〉 해설   ㄱ. 중개인이 자신 소유의 집을 팔 때에는 대리인이 아니라 주인이므로 주인–대리인 문제가 발생하지 않는다. ㉠에 따르면 중개인은 대리인인 자신의 이익을 극대화하기 위해 매물이 적당한 가격에 시장에서 빨리 사라지게 하려 할 것이므로, ㉠이 옳다면 중개인이 주인으로서 거래할 때보다 대리인으로서 거래할 때 매물을 시장에 덜 오래 머물게 할 가능성이 높다. 따라서 중개인이 타인 소유의 집보다 자신 소유의 집을 팔 때 매물이 더 오래 시장에 머물렀다는 조사 결과는 ㉠을 강화한다. ㄱ은 옳은 평가이다.

           ㄴ. 집값에 연동된 실질적인 수수료율이 상승하면 집값을 높여 받을수록 중개인의 몫이 많아지므로, 이익의 극대화를 꾀하는 중개인은 집값을 높여 받기 위해 매물을 시장에 더 오래 내놓으려 할 것이다. 따라서 중개인이 자신의 이익을 극대화하려 한다는 ㉠이 옳다면 집값에 연동된 실질적인 수수료율의 상승으로 매물이 시장에 머무는 기간이 길어질 가능성이 높다. 따라서 집값에 연동된 실질적인 수수료율을 높이자 매물이 시장에 머무는 기간이 짧아졌다는 조사 결과는 ㉠을 강화하지 않는다. ㄴ은 옳지 않은 평가이다.

ㄷ. 제시문 마지막 문장에 따르면, 집주인은 주택 시세 등에 대한 정보가 적기 때문에 낮은 가격을 받아들이라는 중개인의 제안에 넘어가기 쉽다. 따라서 정보통신기술 발달로 집주인이 주택 시세 정보를 과거보다 쉽고 정확하게 얻을 수 있게 되면 중개인의 그러한 제안을 거절할 가능성이 커지고, 집값을 더 높이 받기 위해 매물을 시장에 오래 내놓으려 할 가능성이 커진다. 부동산 중개인을 통한 주택 매매에서도 주인－대리인 문제가 발생한다는 ㉠이 옳다면, 주인－대리인 문제의 발생 원인인 집주인과 중개인 간 정보의 비대칭성이 완화된 때에는 정보의 비대칭성이 클 때와 비교하여 매물이 시장에 머무는 기간이 길어질 가능성이 높은 것이다. 따라서 정보통신기술 발달로 주택 시세 정보를 과거보다 쉽고 정확하게 얻게 됨에 따라 매물이 시장에 머무는 기간이 짧아졌다는 조사 결과는 ㉠을 강화하지 않는다. ㄷ은 옳지 않은 평가이다.

〈보기〉의 ㄱ만이 옳은 평가이므로 정답은 ①이다.

30.

다음으로부터 추론한 것으로 옳은 것만을 〈보기〉에서 있는 대로 고른 것은?

> 선출직과 임명직 공무원의 정책 결정 과정이 다른 경우는 흔하다. 선출직의 경우 장래 선거를 고려하여 ㉠주민 효용 극대화를, 임명직의 경우 조직의 확대를 고려하여 ㉡예산 극대화를 추구한다. 다음 상황을 생각해 보자.
>
> 공무원 갑은 다음 해 예산을 결정하기 위해 신규 예산안을 제출한다. 신규 예산 수준이 기존 예산 수준과 같으면 주민 투표 없이 제출된 안이 확정되고, 다르면 찬반 투표에 부쳐야 한다. 신규 예산안이 주민의 과반수 찬성을 얻어 통과되면 확정 예산이 되고, 부결되면 기존 예산이 확정 예산이 된다. 신규 예산안이 기존 예산보다 더 낮은 효용을 주지 않는 한 주민들은 찬성표를 던진다.
>
> 예산에 따른 주민의 효용은 아래 그림과 같다. 이를 알고 있는 갑은 어떻게 행동할까? 예를 들어, 기존 예산이 x_0라고 하자. 갑이 주민 효용 극대화를 추구한다면, 갑은 x^*를 제안하고 이 안은 주민 투표를 거쳐 확정될 것이다. 만약 갑이 예산 극대화를 추구한다면, 갑은 x_1을 제안함으로써 예산 확대를 꾀할 것이다.

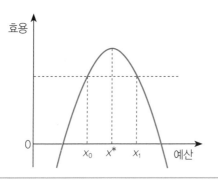

ㄱ. 갑이 ㉠을 추구하고 기존 예산이 x_1이면, 신규 예산안은 주민 투표에서 통과될 것이다.

ㄴ. 갑이 ㉡을 추구하고 기존 예산이 x^*보다 크다면, 주민 투표에 부쳐진 신규 예산안
은 항상 부결될 것이다.

ㄷ. 기존 예산이 x^*가 아니라면, 확정 예산은 갑이 ㉠을 추구할 때가 ㉡을 추구할 때보
다 항상 작다.

① ㄱ   ② ㄴ   ③ ㄱ, ㄷ

④ ㄴ, ㄷ   ⑤ ㄱ, ㄴ, ㄷ

문항 성격	문항유형 : 언어 추리
	내용영역 : 사회
평가 목표	이 문항은 주민 효용 극대화를 추구하는 선출직과 예산 극대화를 추구하는 임명직의 행태 차이를 이해하고 예산 수준이 어떻게 결정될 것인지를 분석하는 능력을 평가하는 문항이다.
문제 풀이	정답 : ⑤

주민 효용 극대화를 추구할 경우, 기존 예산 수준에 관계없이 주민 효용을 가장 크게 하는 x^*가 다음 해 예산으로 결정되도록 할 것이다. 반면 예산 극대화를 추구할 경우, 기존 예산 수준에 따라 전략적 예산안 제출이 가능한 점을 이해해야 한다.

⟨보기⟩ 해설   ㄱ. 기존 예산이 x_1이면 주민에게 보다 높은 효용을 주는 x^*가 신규 예산안으로 제
출되는 경우 주민 투표에서 만장일치로 가결될 것이다. 그리고 x^*보다 높은 효
용을 주는 예산안은 없다. 그러므로 갑이 주민 효용 극대화를 추구하고 기존 예
산이 x_1이면, 갑은 신규 예산안 x^*를 제출하여 주민 투표를 통해 확정 예산이 되

는 것을 꾀할 것이고, 신규 예산안 x^*는 실제로 주민 투표에서 통과되어 확정 예산이 될 것이다. ㄱ은 옳은 추론이다.

ㄴ. 기존 예산이 x^*보다 크다면, 제출되는 신규 예산안은 다음 경우로 나누어 볼 수 있다.

(1) 신규 예산안이 기존 예산보다 작으면서, 기존 예산보다 더 낮은 효용을 주는 경우

이 경우 신규 예산안은 주민 투표에서 부결되고 기존 예산이 확정 예산이 된다.

(2) 신규 예산안이 기존 예산보다 작으면서, 기존 예산보다 더 낮지 않은 효용을 주는 경우

이 경우 신규 예산안은 주민 투표에서 통과되고 확정 예산이 된다.

(3) 신규 예산 수준이 기존 예산 수준과 같은 경우

주민 투표 없이 신규 예산안이 확정 예산이 된다.

(4) 신규 예산안이 기존 예산보다 큰 경우

그래프에서 예산이 x^*보다 큰 구간에서는 예산이 커질수록 주민의 효용이 낮아진다. 기존 예산이 x^*보다 크고 신규 예산안은 기존 예산보다 더 크므로, 신규 예산안은 기존 예산보다 낮은 효용을 준다. 따라서 신규 예산안은 주민 투표에서 부결되고 기존 예산이 확정 예산이 될 것이다.

(2)의 경우에서만 기존 예산보다 작은 신규 예산안이 확정 예산이 되며, 나머지 (1), (3), (4)의 경우에서는 기존 예산이 확정 예산이 되거나 기존 예산 수준과 같은 신규 예산안이 확정 예산이 된다. 따라서 갑이 예산 극대화를 추구하고 기존 예산이 x^*보다 크다면, 갑은 (2)에 해당하는 신규 예산안이 아니라, (1), (3), (4)에 해당하는 신규 예산안을 제출할 것이다. 즉, 기존 예산보다 작고 주민에게 더 낮은 효용을 주는 신규 예산안이 제출되어 주민 투표에서 부결되거나, 기존 예산 수준과 같은 신규 예산안이 제출되어 그대로 확정되거나, 기존 예산보다 큰 신규 예산안이 제출되어 주민 투표에서 부결될 것이다. 이로부터 신규 예산안이 주민 투표에 부쳐지는 경우에는 항상 부결된다는 것을 알 수 있다. ㄴ은 옳은 추론이다.

ㄷ. (1) 갑이 주민 효용 극대화를 추구한다면, 기존 예산의 수준과 관계없이 갑은 언제나 x^*를 신규 예산안으로 제출할 것이고 이것이 확정 예산이 된다.

(2) 갑이 예산 극대화를 추구하고 기존 예산이 x^*보다 작다면, 그래프에서 예산이 x^*보다 큰 구간에 기존 예산과 동일한 효용을 주민에게 주는 예산 수준이 존재하므로 갑은 그 수준의 신규 예산안을 제출할 것이고, 그 신규 예산안은 주민

투표를 통과하여 확정 예산이 될 것이다. 이 경우 확정 예산은 x^*보다 크다. 만약 갑이 예산 극대화를 추구하고 기존 예산이 x^*보다 크다면, ㄴ의 해설에서 알 수 있듯이, 기존 예산이 확정 예산이 되거나 기존 예산 수준과 같은 신규 예산안이 확정 예산이 될 것이다. 이때 기존 예산이 x^*보다 크므로 확정 예산도 x^*보다 크다. 그러므로 기존 예산이 x^*가 아닌 경우, 즉 x^*보다 작거나 x^*보다 큰 경우, 갑이 예산 극대화를 추구한다면 확정 예산은 항상 x^*보다 크다.

(1)과 (2)에 의해, 기존 예산이 x^*가 아니라면, 갑이 주민 효용 극대화를 추구할 때의 확정 예산은 x^*이고 갑이 예산 극대화를 추구할 때의 확정 예산은 항상 x^*보다 크므로, 확정 예산은 갑이 주민 효용 극대화를 추구할 때가 예산 극대화를 추구할 때보다 항상 작다. ㄷ은 옳은 추론이다.

〈보기〉의 ㄱ, ㄴ, ㄷ 모두 옳은 추론이므로 정답은 ⑤이다.

31.

〈상황〉에 대해 추론한 것으로 옳은 것은?

정부의 정책 선택은 사회 구성원 개인의 효용에 영향을 미친다. 정부는 정책이 사회 구성원에게 미치는 영향을 종합적으로 평가해 정책을 선택해야 한다. 다음 평가 기준 A, B, C를 생각해 보자.

A : 사회 구성원 중 어떤 사람의 효용도 현재보다 낮추지 않으면서 적어도 한 사람의 효용을 높일 수 있다면 '개선'이다. 더 이상 '개선'을 이룰 수 없는 정책만 수용가능하다.
B : 사회 구성원 효용의 산술평균값이 가장 큰 정책이 바람직한 정책이다.
C : 사회 구성원 중 효용이 가장 낮은 사람의 효용이 가장 큰 정책이 바람직한 정책이다.

〈상황〉

두 집단 1과 2로 구성된 사회가 있다. 전체 인구에서 집단 1이 차지하는 비율은 α이고 집단 2가 차지하는 비율은 $1-\alpha$이다. (단, $0<\alpha<1$) 이 사회에서 선택 가능한 정책은 X, Y, Z만 있으며 각 정책에 따른 집단 구성원의 개인 효용은 다음과 같다. (단, $y>0$)

개인 효용		X	Y	Z
	집단 1	1	y	3
	집단 2	5	$2y$	2

① y=2인 경우, C에 따른 바람직한 정책은 하나뿐이다.
② A에 따른 정책의 수용가능 여부는 α값에 따라 달라진다.
③ y=2인 경우, B에 따라 X가 바람직한 정책이라면 α=0.5이어야 한다.
④ 집단 1과 2의 인구가 같을 경우, B와 C에 따른 바람직한 정책은 같다.
⑤ 집단 1과 2의 인구가 같을 경우, B에 따른 바람직한 정책은 A에 따라 항상 수용가능하다.

문항 성격 　문항유형 : 언어 추리
　　　　　　　내용영역 : 사회

평가 목표 　이 문항은 정부의 정책을 평가하는 세 가지 기준을 이해하고 구체적인 정책 상황에서
　　　　　　　사회 구성원이 느끼는 효용의 크기를 고려하여 각 기준을 적용하는 능력을 평가하는
　　　　　　　문항이다.

문제 풀이 　정답 : ⑤

X를 Z로 바꾸면 집단 2 구성원의 개인 효용이 낮아지고 Z를 X로 바꾸면 집단 1 구성원의 개인 효용이 낮아지므로, X를 Z로 바꾸거나 Z를 X로 바꾸는 것은 A의 '개선'이 아니다. 사회 구성원 중 효용이 가장 낮은 사람의 효용(최소 효용)은 X를 선택했을 때는 10이고 Z를 선택했을 때는 20이므로, y값에 관계없이 X는 C에 따른 바람직한 정책이 될 수 없다.

정답 해설 　⑤ 사회 구성원 중 어떤 사람의 효용도 현재보다 낮추지 않으면서 적어도 한 사람의 효용을 높이면 전체 구성원의 효용이 커지므로 사회 구성원 효용의 산술평균값도 커진다. 그러므로 A의 '개선'을 이룰 수 있는 정책은, 사회 구성원 효용의 산술평균값을 더 크게 하는 것이 가능한 정책이므로, B에 따른 바람직한 정책이 아니다. 따라서 B에 따른 바람직한 정책은 A의 '개선'을 이룰 수 없는 정책, 즉 A에 따라 수용가능한 정책이다. ⑤는 옳은 추론이다.

오답 해설 　① y=2인 경우 각 정책에 따른 최소 효용은 다음과 같다.

X	Y	Z
1	2	2

　　　　　　　따라서 C에 따른 바람직한 정책은 Y와 Z, 두 개이다. ①은 옳지 않은 추론이다.
　　　　　　　② 0<α<1이므로 각 집단에 속한 사람이 적어도 한 명 존재한다. 따라서 사회 구성원 중 어떤 사람의 효용도 현재보다 낮추지 않으면서 적어도 한 사람의 효용을 높인다는 것은 〈상황〉에서는 어느 집단의 효용도 현재보다 낮추지 않으면서 다른 집단의 효용을 높인다는 것을 의미한다. 그러므로 A의 '개선'이 가능한지

여부는 집단 1의 효용을 낮추지 않으면서 집단 2의 효용을 높이거나 집단 2의 효용을 낮추지 않으면서 집단 1의 효용을 높이는 게 가능한지 조사하면 알 수 있고, 결국 A에 따른 정책의 수용가능 여부도 이러한 조사를 통해 알 수 있을 뿐 α값이 무엇이냐에 영향을 받지 않는다. ②는 옳지 않은 추론이다.

③ y=2인 경우 각 정책에 따른 사회 구성원 효용의 산술평균값은 다음과 같다.

X : $\alpha \times 1 + (1-\alpha) \times 5 = 5 - 4\alpha$

Y : $\alpha \times y + (1-\alpha) \times 2y = \alpha \times 2 + (1-\alpha) \times 4 = 4 - 2\alpha$

Z : $\alpha \times 3 + (1-\alpha) \times 2 = \alpha + 2$

X가 B에 따른 바람직한 정책일 조건은 X에 따른 사회 구성원 효용의 산술평균값이 Y에 따른 사회 구성원 효용의 산술평균값보다 작지 않고 Z에 따른 사회 구성원 효용의 산술평균값보다도 작지 않은 것, 즉 $5 - 4\alpha \geq 4 - 2\alpha$와 $5 - 4\alpha \geq 2 + \alpha$이다. 방정식을 계산하면 각각 $\alpha \leq 0.5$와 $\alpha \leq 0.6$이므로, X가 B에 따른 바람직한 정책일 조건은 $\alpha \leq 0.5$이다. 따라서 α가 반드시 0.5이어야 하는 것은 아니다. ③은 옳지 않은 추론이다.

④ 집단 1과 2의 인구가 같으면 $\alpha = 0.5$이다. 이때 각 정책에 따른 사회 구성원 효용의 산술평균값 및 최소 효용은 다음과 같다.

	X	Y	Z
산술평균값	3	1.5y	2.5
최소 효용	1	y	2

y=1인 경우, 사회 구성원 효용의 산술평균값은 X를 선택할 때 가장 크지만, 최소 효용은 Z를 선택할 때 가장 크다. 이 경우에는 B에 따른 바람직한 정책은 X이지만 C에 따른 바람직한 정책은 Z이므로 B와 C에 따른 바람직한 정책이 서로 다르다. ④는 옳지 않은 추론이다.

32.

다음으로부터 추론한 것으로 옳은 것은?

가장 아래에서부터 위로 1부터 6까지 차례로 번호가 부여된 여섯 개의 상자가 쌓여 있다. 이 상자들에 대하여 다음이 성립한다.

- 상자는 빨간 상자, 파란 상자, 하얀 상자 중의 하나이다.
- 빨간 상자의 개수는 하얀 상자의 개수보다 많다.
- 어떤 파란 상자는 모든 빨간 상자보다 아래에 있다.
- 어떤 파란 상자 바로 아래에는 하얀 상자가 있다.
- 상자 4는 빨간 상자이고, 상자 5와 상자 6의 색깔은 같다.

6
5
4
3
2
1

---

① 상자 1은 하얀 상자이다.
② 상자 2의 색깔과 상자 5의 색깔은 서로 다르다.
③ 상자 3이 빨간 상자이면 파란 상자는 1개이다.
④ 파란 상자의 개수는 하얀 상자의 개수보다 많다.
⑤ 하얀 상자 아래 파란 상자가 있으면 빨간 상자는 3개이다.

문항 성격　문항유형 : 모형 추리
　　　　　　　내용영역 : 논리학·수학
평가 목표　이 문항은 주어진 조건을 이용하여 가능한 상자 위치를 추론하는 능력을 평가하는 문항이다.
문제 풀이　정답 : ⑤

빨간 상자를 R, 파란 상자를 B, 하얀 상자를 W로 나타내기로 한다. 마지막 조건에 따르면 상자 5와 상자 6은 모두 W이거나 모두 B이거나 모두 R이다.

ⅰ) 상자 5와 상자 6이 모두 W인 경우

6	W
5	W
4	R
3	
2	
1	

　세 번째 조건과 네 번째 조건에 의하여 상자 1~3 중에 B와 W가 있으므로, W가 3개 이상이고 R이 2개 이하가 되어 두 번째 조건을 만족시키지 못한다. 따라서 이 경우는 가능하지 않다.

ⅱ) 상자 5와 상자 6이 모두 B인 경우

6	B
5	B
4	R
3	
2	
1	

　세 번째 조건과 네 번째 조건에 의하여 상자 1~3 중에는 B와 W가 있다. 상자 4~6 중에서 R이 1개이므로, 상자 1~3 중에 W가 있다는 사실과 두 번째 조건에 의하여 상자 1~3 중에는 R도 있다. 따라서 상자 1~3 중에는 R, B, W가 1개씩 있다. 세 번째 조건에 의하여 상자 1은 R이 아니다. 만약 상자 2가 R이면 세 번째 조건에 의하여 상자 1이 B이고 이 경우 네 번째 조건을 충족하지 못하므로, 상자 2도 R이 아니다. 따라서 상자 3이 R이다. 세 번째, 네 번째 조건에 의해 상자 2는 B, 상자 1은 W이다.

(1)

6	B
5	B
4	R
3	R
2	B
1	W

iii) 상자 5와 상자 6이 모두 R인 경우

6	R
5	R
4	R
3	
2	
1	

네 번째 조건에 의하여 상자 1~3 중에는 B 바로 아래 W가 있는 B와 W가 있다. 따라서 상자 3에 B가 있고 상자 2에 W가 있거나, 상자 2에 B가 있고 상자 1에 W가 있는 것이 가능하다.

6	R
5	R
4	R
3	B
2	W
1	

6	R
5	R
4	R
3	
2	B
1	W

위의 왼쪽 그림에서, 세 번째 조건에 의하여 상자 1은 R이 아니다. 오른쪽 그림의 상자 3은 R, B, W 모두 가능하다. 왼쪽 그림에서든 오른쪽 그림에서든, R이 3개 이상이고 W가 2개 이하이므로 두 번째 조건을 충족한다. 따라서 상자 5와 상자 6이 모두 R이면 다음과 같은 경우들만이 가능하다.

(2)

6	R
5	R
4	R
3	B
2	W
1	B

(3)

6	R
5	R
4	R
3	B
2	W
1	W

(4)

6	R
5	R
4	R
3	B
2	B
1	W

(5)

6	R
5	R
4	R
3	B
2	B
1	W

(6)

6	R
5	R
4	R
3	W
2	B
1	W

정답 해설 ⑤ 하얀 상자 아래 파란 상자가 있으면 (2) 또는 (6)의 경우이다. 두 경우 모두 빨간 상자는 3개이다. ⑤는 옳은 추론이다.

오답 해설 ① (2)의 경우에는 상자 1이 파란 상자이다. ①은 옳지 않은 추론이다.

② (1)의 경우에는 상자 2와 상자 5가 모두 파란 상자여서 색깔이 같다. ②는 옳지 않은 추론이다.

184

③ 상자 3이 빨간 상자인 것은 (1)과 (4)의 경우인데, (1)의 경우에는 파란 상자가 3개
이다. ③은 옳지 않은 추론이다.

④ (3)과 (6)의 경우에는 하얀 상자의 개수가 파란 상자의 개수보다 많고, (4)의 경우
에는 파란 상자의 개수와 하얀 상자의 개수가 같다. ④는 옳지 않은 추론이다.

33.

다음으로부터 추론한 것으로 옳은 것만을 〈보기〉에서 있는 대로 고른 것은?

P회사는 연말에 각 직원의 실적을 A, B, C, D 중의 하나의 등급으로 평가한 후, 다음과 같이 성
과급을 지급한다.

A등급	B등급	C등급	D등급
2,000만 원	1,500만 원	1,000만 원	500만 원

연말에 재무팀의 직원 갑, 을, 병, 정과 홍보팀의 직원 무, 기, 경, 신의 실적을 평가하였더니 다
음과 같았다. (단, 재무팀과 홍보팀의 직원은 갑, 을, 병, 정, 무, 기, 경, 신 8명뿐이다.)

• 재무팀에서 A등급을 받은 사람은 많아야 1명이고 정은 D등급을 받았다.

• 홍보팀에서 D등급을 받은 사람은 없고 A등급을 받은 사람은 무뿐이다.

• 재무팀에 지급한 성과급의 총액과 홍보팀에 지급한 성과급의 총액은 같다.

보기

ㄱ. 홍보팀에 지급한 성과급의 총액은 5,000만 원이다.

ㄴ. 재무팀에서 갑이 C등급을 받았다면 홍보팀의 기, 경, 신이 받은 등급은 모두 같다.

ㄷ. 재무팀과 홍보팀의 직원 8명 중에서 B등급을 받은 사람의 수와 C등급을 받은 사람
의 수는 다르다.

① ㄱ   ② ㄴ   ③ ㄱ, ㄷ

④ ㄴ, ㄷ   ⑤ ㄱ, ㄴ, ㄷ

문항 성격   문항유형 : 모형 추리

내용영역 : 논리학·수학

이 문항은 주어진 조건과 상황으로부터 가능한 경우를 추론하는 능력을 평가하는 문항이다.

정답 : ②

첫 번째 조건으로부터, 재무팀의 갑, 을, 병이 받은 등급으로 가능한 것 중에서는 A등급 1명과 B등급 2명이 최고임을 알 수 있다. 따라서 재무팀 직원들이 받은 성과급의 총액은 정이 받은 500만 원을 포함하여 최대 5,500만(=2,000만+1,500만+1,500만+500만) 원임을 알 수 있다. 두 번째 조건으로부터 홍보팀의 기, 경, 신은 B등급 또는 C등급을 받았음을 알 수 있다. 기, 경, 신이 모두 B등급을 받았다면 홍보팀 직원들이 받은 성과급의 총액은 무가 받은 2,000만 원을 포함하여 6,500만(=2,000만+1,500만+1,500만+1,500만) 원이고, 기, 경, 신이 모두 C등급을 받았다면 홍보팀 직원들이 받은 성과급의 총액은 5,000만(=2,000만+1,000만+1,000만+1,000만) 원이다. 즉 홍보팀 직원들이 받은 성과급의 총액은 최소 5,000만 원, 최대 6,500만 원이다. 따라서 세 번째 조건으로부터, 각 팀의 성과급 총액은 최소 5,000만 원, 최대 5,500만 원임을 알 수 있는데, 각 등급에 따른 성과급이 모두 500만 원의 배수이므로 각 팀의 성과급 총액도 500만 원의 배수이고, 따라서 각 팀의 성과급 총액은 5,000만 원(홍보팀이 받은 성과급 총액으로 가능한 최솟값) 또는 5,500만 원(재무팀이 받은 성과급 총액으로 가능한 최댓값)이다.

(1) 5,500만 원인 경우 : 5,500만 원은 재무팀이 받은 성과급 총액으로 가능한 최댓값이므로, 갑, 을, 병은 2,000만 원, 1,500만 원, 1,500만 원을 받은 것이다(순서 무관). 또 5,500만 원은 홍보팀이 받은 성과급 총액으로 가능한 최솟값보다 500만 원이 많으므로, 기, 경, 신이 받은 성과급은 1,000만원, 1,000만 원, 1,000만 원보다 500만 원 많은 1,500만 원, 1,000만 원, 1,000만 원이다(순서 무관).

㉮	재무팀				홍보팀			
직원	갑	을	병	정	무	기	경	신
평가	A,	B,	B	D	A	B,	C,	C
성과급	2,000, 1,500, 1,500			500	2,000	1,500, 1,000, 1,000		

(2) 5,000만 원인 경우 : 5,000만 원은 재무팀이 받은 성과급 총액으로 가능한 최댓값보다 500만 원이 적으므로, 갑, 을, 병이 받은 성과급은 2,000만 원, 1,500만 원, 1,500만 원보다 500만 원 적은 금액이다. 따라서 갑, 을, 병은 2,000만 원, 1,500만 원, 1,000만 원(순서 무관) 또는 1,500만 원, 1,500만 원, 1,500만 원을 받은 것이다. 또 5,500만 원은 홍보팀이 받은 성과급 총액으로 가능한 최솟값이므로, 기, 경, 신은 1,000만 원, 1,000만 원, 1,000만 원을 받은 것이다.

㉯	재무팀				홍보팀			
직원	갑	을	병	정	무	기	경	신
평가	A,	B,	C	D	A	C,	C,	C
성과급	2,000, 1,500, 1,000			500	2,000	1,000, 1,000, 1,000		

㉰	재무팀				홍보팀			
직원	갑	을	병	정	무	기	경	신
평가	B,	B,	B	D	A	C,	C,	C
성과급	1,500, 1,500, 1,500			500	2,000	1,000, 1,000, 1,000		

〈보기〉해설 ㄱ. 홍보팀에 지급한 성과급의 총액은 5,500만 원일 수도 있다. ㄱ은 옳지 않은 추론이다.

ㄴ. 갑이 C등급을 받은 경우는 ㉯의 경우뿐이고, 이 경우에서 기, 경, 신은 C등급을 받았으므로 모두 같은 등급이다. ㄴ은 옳은 추론이다.

ㄷ. ㉰의 경우에는 B등급을 받은 사람도 3명이고 C등급을 받은 사람도 3명이다. ㄷ은 옳지 않은 추론이다.

〈보기〉의 ㄴ만이 옳은 추론이므로 정답은 ②이다.

34.

다음으로부터 추론한 것으로 옳은 것만을 〈보기〉에서 있는 대로 고른 것은?

다음과 같이 다섯 대를 주차할 수 있도록 선이 그어져 있는 주차장 칸에 갑, 을, 병, 정, 무는 각각 자신의 차를 한 대씩 주차하였다.

왼쪽 ☐☐☐☐☐ 오른쪽

다음 진술 중 세 개는 참이고 한 개는 거짓이다.

갑 : "내 차는 왼쪽에서 두 번째 칸에 주차되어 있다."

을 : "내 차의 바로 옆 칸에는 정의 차가 주차되어 있다."

병 : "내 차는 가장 오른쪽 칸에 주차되어 있다."

정 : "내 차의 바로 양 옆 칸에는 갑의 차와 무의 차가 각각 주차되어 있다."

보 기

ㄱ. 갑의 차 바로 옆 칸에 정의 차가 주차되어 있다면 정의 진술은 참이다.

ㄴ. 을과 병 중 한 명의 진술이 거짓이라면 을의 차는 가장 왼쪽 칸에 주차되어 있다.

ㄷ. 거짓을 진술한 사람의 차와 무의 차 사이에는 두 대의 차가 주차되어 있다.

① ㄱ   ② ㄴ   ③ ㄱ, ㄷ

④ ㄴ, ㄷ   ⑤ ㄱ, ㄴ, ㄷ

문항 성격 문항유형 : 모형 추리

내용영역 : 논리학·수학

평가 목표 이 문항은 주어진 조건으로부터 진술의 참 또는 거짓을 판단하고 가능한 경우를 추론하는 능력을 평가하는 문항이다.

문제 풀이 정답 : ②

을의 진술과 정의 진술은 동시에 참이 될 수 없으므로, 을의 진술은 거짓이고 정의 진술은 참이거나 정의 진술은 거짓이고 을의 진술은 참이며, 갑의 진술과 병의 진술은 참이다. 갑의 진술과 병의 진술에 의하여 갑의 차와 병의 차가 주차된 칸은 다음과 같다.

왼쪽 | | 갑 | | 병 | 오른쪽

i) 을의 진술이 거짓이고 정의 진술이 참인 경우

정의 차는 갑의 차 바로 옆에 주차되어 있고 그 바로 옆에는 무의 차가 주차되어 있으므로, 정의 차와 무의 차가 주차된 칸을 나타내면 다음과 같다.

왼쪽 | | 갑 | 정 | 무 | 병 | 오른쪽

마지막으로 을의 차는 가장 왼쪽 칸에 주차되어 있음을 알 수 있다.

㉮ 왼쪽 | 을 | 갑 | 정 | 무 | 병 | 오른쪽

188

ⅱ) 정의 진술이 거짓이고 을의 진술이 참인 경우

을의 차 바로 옆에 정의 차가 주차되어 있으므로 을의 차가 주차된 칸은 가장 왼쪽 칸이 아니다. 을의 차와 정의 차가 주차된 칸을 나타내면 다음 둘 중 하나이다.

왼쪽				오른쪽
	갑	을	정	병

왼쪽				오른쪽
	갑	정	을	병

마지막으로 무의 차는 가장 왼쪽 칸에 주차되어 있음을 알 수 있다.

㉳ 왼쪽   오른쪽

무	갑	을	정	병

㉴ 왼쪽   오른쪽

무	갑	정	을	병

〈보기〉 해설   ㄱ. ㉴의 경우에는 정의 진술이 거짓인데도 갑의 차 바로 옆 칸에 정의 차가 주차되어 있다. ㄱ은 옳지 않은 추론이다.

ㄴ. 을과 병 중 한 명의 진술이 거짓인 경우는 을의 진술이 거짓인 경우이다. 을의 진술이 거짓이고 정의 진술이 참인 경우(㉮)에는 을의 차가 가장 왼쪽 칸에 주차되어 있다. ㄴ은 옳은 추론이다.

ㄷ. ㉴의 경우에는 거짓을 진술한 사람이 정인데, 정의 차와 무의 차 사이에 한 대의 차만 주차되어 있다. ㄷ은 옳지 않은 추론이다.

〈보기〉의 ㄴ만이 옳은 추론이므로 정답은 ②이다.

35.

다음으로부터 추론한 것으로 옳은 것만을 〈보기〉에서 있는 대로 고른 것은?

> 일상적인 한국어 대화를 할 수 있는 프로그램 X가 개발되었다. 갑, 을, 병은 X의 한국어 능력과 한국어 원어민의 한국어 능력에 근본적인 차이가 있는지 논쟁 중이다.
>
> 갑 : 들은 것 모두를 기억할 수 있는 영국인 로이가 있다고 하자. 한국어를 전혀 모르는 로이에게 X가 구사할 수 있는 모든 한국어 대화를 들려 줬다. 이제 로이는 일상적 대화 중 등장하는 한국어 단어나 문장이 연속적으로 관계할 수 있는 거의 모든 조합을 암기하였다. 로이와 대화를 나누는 평범한 한국인은 로이의 한국어가 유창하다고 생각할 것이다. 하지만 로이는 한국어의 의미는 이해하지 못한다. X와 로이의 한국어 능력은 유사하므로, X와 한국어 원어민은

한국어 능력에서 근본적인 차이가 있다.

을 : 뇌과학자 민수가 자신의 뇌에 신경 프로그램을 이식했다고 가정하자. 이 신경 프로그램은 숫자와 연산자 같은 수학 기호를 사용하여 다양한 방정식의 해를 구하도록 설계되었으며, 민수가 그저 수식을 바라보기만 하면 그 해가 의식에 떠오르는 방식으로 작동한다. 민수가 신경 프로그램에 의존하지 않고 방정식의 해를 구하는 것과 신경 프로그램이 해를 구하는 것 사이에는 본질적으로 차이가 없다. 하지만 민수와 달리 신경 프로그램은 수학 기호의 의미, 예컨대 숫자 0의 의미를 이해하지 못한다. 그런데 X가 한국어를 구사하는 방식도 신경 프로그램이 수학 방정식을 푸는 방식과 원리상 다를 바 없기에 X의 한국어 능력과 신경 프로그램의 수학적 능력은 유사하다. 그러므로 X와 한국어 원어민은 한국어 능력에서 근본적으로 같다.

병 : 물론 X 자체는 한국어의 의미를 이해하지 못한다. 하지만 다양한 감각 센서를 통해 세계를 지각하고 그에 따라 행동할 수 있는 장치에 X를 설치한 로봇 R를 생각해 보자. 이 경우, 예컨대, R가 실제 고구마를 본다면 R의 전자두뇌에서 '고구마'라는 기호가 활성화될 것이다. R는 일상적인 한국어 대화를 할 수 있을 뿐만 아니라 한국어 단어나 문장이 지시하는 실제 사물이나 현상에 적절히 반응할 수 있다. 한국어의 의미를 이해한다는 것은 이와 다르지 않은 것 같다.

보 기

ㄱ. 갑에 따르면, 로이와 R가 실제 감자를 본다면 둘 다 '감자'라는 기호를 떠올릴 것이다.

ㄴ. 을은, R와 한국어 원어민이 한국어 능력에서 근본적인 차이가 없다는 데 동의할 것이다.

ㄷ. 갑과 을은 X가 한국어의 의미를 이해하지 못한다는 데 동의할 것이다.

① ㄱ   ② ㄷ   ③ ㄱ, ㄴ

④ ㄴ, ㄷ   ⑤ ㄱ, ㄴ, ㄷ

문항 성격   문항유형 : 논쟁 및 반론

내용영역 : 과학기술

평가 목표   이 문항은 인공지능 프로그램의 한국어 능력과 한국어 원어민의 한국어 능력에 차이가 있는지에 관한 논쟁을 올바르게 분석할 수 있는 능력을 평가하는 문항이다.

문제 풀이   정답 : ④

갑은 컴퓨터 프로그램 X의 한국어 능력에는 한국어의 의미 이해가 빠졌다고 주장한다. 을에 따르면, 숫자의 의미를 이해하지 못하는 신경 프로그램의 수학적 능력과 인간의 수학적 능력에 별 차이가 없는 것처럼 한국어의 의미를 이해하지 못하는 X의 한국어 능력과 인간의 한국어 능력 사이에도 별 차이가 없다. 병에 따르면, 언어의 의미를 이해한다는 것은 사용 중인 단어나 문장의 지시적 의미에 맞게 행동한다는 것이므로 그렇게 행동할 수 있는 로봇 R의 한국어 능력과 인간의 한국어 능력은 같다.

〈보기〉 해설　ㄱ. 갑은 로이가 한국어 단어나 문장이 연속적으로 관계하는 것을 아무리 잘 외워도 한국어의 의미를 이해할 수 없다고 주장한다. 로이가 실제 감자를 보고 한국어 기호 '감자'를 떠올리려면 그 기호의 의미를 이해해야 한다. 그러므로 갑에 따르면 로이가 실제 감자를 보더라도 '감자'라는 기호를 떠올리지 못할 것이다. ㄱ은 옳지 않은 추론이다.

ㄴ. 을은, X와 한국어 원어민은 한국어 능력에서 근본적으로 같다고 주장한다. R는 X를 설치한 로봇이므로, ㄴ은 옳은 추론이다.

ㄷ. 갑은 X가 한국어의 의미를 이해하지 못하여 X와 한국어 원어민은 한국어 능력에서 근본적인 차이가 있다고 주장한다. 을은 다음과 같은 유비 논증을 펼친다. 신경 프로그램은 숫자의 의미를 이해하지 못하지만, 신경 프로그램의 수학적 능력과 인간의 수학적 능력은 본질적으로 같다. X와 신경 프로그램은 같은 방식으로 작동하므로, X의 한국어 능력에도 의미 이해가 빠져 있지만 X의 한국어 능력과 한국어 원어민의 한국어 능력은 근본적으로 같다. 즉 을도 X가 한국어의 의미를 이해하지 못한다는 데 동의한다. ㄷ은 옳은 추론이다.

〈보기〉의 ㄴ, ㄷ만이 옳은 추론이므로 정답은 ④이다.

36.

다음으로부터 추론한 것으로 옳은 것만을 〈보기〉에서 있는 대로 고른 것은?

DNA 분석에서는 특정 인구 집단에서 DNA가 우연히 일치할 확률을 고려하는데, 이러한 확률은 일부 사람의 DNA 분석만을 근거로 한 것이어서 범죄현장의 DNA가 용의자의 것일 가능성을 정확하게 반영하지 못한다. 이에 대한 보완책으로 다음의 방식을 생각해 볼 수 있다.

범죄현장에 남겨진 범인의 DNA와 용의자의 DNA가 일치할 때 그 용의자가 범인일 가능정도는 '용의자가 범인이 아닐 때 DNA가 일치할 확률(Q)'에 대한 '용의자가 범인일 때 DNA가 일치할 확률(R)'의 비로 나타낸다. 이때 범죄현장에 남겨진 범인의 DNA가 용의자의 것임을 전제로 하여 R를 1로 보게 된다면 그 가능정도는 ⊙1/Q이며, Q가 1/1,000이면 1/Q=1,000이다. 흔히 이런 계산만으로 '용의자가 범인일 확률이 아닐 확률의 1,000배'라고 말하지만, 이는 범죄현장의 DNA가 용의자의 것이라는 전제하에 얻은 결과이므로 이처럼 단정할 수 없다. 그러므로 이를 보정하기 위해서 ⓒ'사전가능정도'를 알아야 한다. 이는 DNA 분석 이외의 범죄 정보에 따라 '용의자가 범인이 아닐 확률'에 대한 '용의자가 범인일 확률'의 비이며, DNA 분석 결과 이외의 수사에 따른 용의자의 범죄혐의 정도를 말한다. 사전가능정도를 반영하여 용의자가 범인일 가능정도를 계산한 것을 '사후가능정도'라고 한다. 이 사후가능정도는 'DNA 분석 결과를 반영한 용의자가 범인이 아닐 확률'에 대한 'DNA 분석 결과를 반영한 용의자가 범인일 확률'의 비로 나타내고, ⑤과 ⓒ의 값을 곱하여 그 값을 얻을 수 있다.

보기

ㄱ. Q가 1/10,000일 때, 범죄현장에 남겨진 범인의 DNA와 용의자의 DNA가 일치한다면 그 범죄현장의 DNA가 용의자의 것일 확률은 용의자의 것이 아닐 확률의 10,000배이다.

ㄴ. 범죄현장에 남겨진 범인의 DNA가 용의자의 것과 일치해도 범행 시각에 용의자가 범행 장소가 아닌 다른 장소에 있었다는 사실이 입증되면 사후가능정도가 0이 될 수 있다.

ㄷ. 범죄현장에 남겨진 범인의 DNA와 용의자의 DNA가 일치하는 상황에서 Q가 1/1,000이고 사전가능정도가 1/100인 경우, 이를 근거로 '용의자가 범인일 확률은 범인이 아닐 확률의 10배이다'라고 말할 수 있다.

① ㄱ   ② ㄷ   ③ ㄱ, ㄴ
④ ㄴ, ㄷ   ⑤ ㄱ, ㄴ, ㄷ

문항 성격	문항유형 : 언어 추리
	내용영역 : 과학기술
평가 목표	이 문항은 DNA 분석을 통해 용의자가 범인일 가능정도가 어떻게 계산되는지 설명하는 글로부터 옳게 추론할 수 있는 능력을 평가하는 문항이다.
문제 풀이	정답 : ④

제시문의 핵심 내용을 정리하면 다음과 같다.

(1) 범죄현장에 남겨진 범인의 DNA와 용의자의 DNA가 일치할 때 그 용의자가 범인일 가능정도
= 용의자가 범인일 때 DNA가 일치할 확률(R)/용의자가 범인이 아닐 때 DNA가 일치할 확률(Q)

(2) 범죄현장에 남겨진 범인의 DNA가 용의자의 것임을 전제로 하여 R를 1로 보게 된다면, 그 가능정도는 1/Q이며, Q가 1/1,000이면 1/Q=1,000이다. 흔히 이런 계산만으로 '용의자가 범인일 확률이 아닐 확률의 1,000배'라고 말하지만, 범죄현장의 DNA가 용의자의 것이라는 전제하에 얻은 결과이므로 이처럼 단정할 수 없다. 이를 보정하기 위해 사전가능정도를 알아야 한다.

(3) 사전가능정도
 =(DNA 분석 이외의 범죄 정보에 따라) 용의자가 범인일 확률/용의자가 범인이 아닐 확률

(4) 사후가능정도(사전가능정도를 반영한 용의자가 범인일 가능정도)
 =DNA 분석 결과를 반영한 용의자가 범인일 확률/DNA 분석 결과를 반영한 용의자가 범인이 아닐 확률=사전가능정도×1/Q

〈보기〉 해설   ㄱ. '그 범죄현장의 (범인의) DNA가 용의자의 것일 확률'은 '용의자가 범인일 확률'을 의미하고 '그 범죄현장의 DNA가 용의자의 것이 아닐 확률'은 '용의자가 범인이 아닐 확률'을 의미한다. 따라서 ㄱ은 'Q가 1/10,000일 때, 범죄현장에 남겨진 범인의 DNA와 용의자의 DNA가 일치한다면 용의자가 범인일 확률은 아닐 확률의 10,000배이다.'를 의미한다. 제시문에서 Q값만으로 용의자가 범인일 확률이 아닐 확률의 몇 배라고 말할 수 없고, 사전가능정도를 알아야 이를 알 수 있다고 하였다. ㄱ에서 사전가능정도에 대한 정보가 주어져 있지 않으므로 ㄱ은 옳지 않은 추론이다.

ㄴ. 제시문에서 '사후가능정도=사전가능정도×1/Q'로 계산할 수 있는데, 용의자의 DNA가 범죄현장에 남겨진 DNA와 일치하더라도 사전가능정도가 0이면 사후가능정도가 0이 된다. 범행 시각에 용의자가 범행 장소가 아닌 다른 장소에 있었고 이것이 사실로 입증된 경우 사전가능정도(즉, 용의자가 범인이 아닐 확률에 대한 범인일 확률)는 0이 될 수 있으므로, 사후가능정도도 0이 될 수 있다. 따라서 ㄴ은 옳은 추론이다.

ㄷ. '사후가능정도=사전가능정도×1/Q'이다. 따라서 사전가능정도가 1/100이고 Q가 1/1,000인 경우 사후가능정도는 10이므로, '용의자가 범인일 확률은 범인이 아닐 확률의 10배'라고 말할 수 있다. 따라서 ㄷ은 옳은 추론이다.

〈보기〉의 ㄴ, ㄷ만이 옳은 추론이므로 정답은 ④이다.

37.

다음 논증에 대한 평가로 옳은 것만을 〈보기〉에서 있는 대로 고른 것은?

> 단어 '잡아먹다'는 입과 소화기관이 있는 동물에 대해서만 사용해야 한다는 직관이 이 단어의 의미를 결정하는 좋은 근거인지는 의심스럽다. 이 단어를 입도 소화기관도 없는 대상에 대해서도 사용할 수 있다는 과학적 근거가 있다. 다음 수학 모형 M은 그 근거를 설명한다.
>
> (1) $\dfrac{dP}{dt} = b(aV)P - mP$
>
> (2) $\dfrac{dV}{dt} = rV - (aV)P$
>
> 수학 모형은 실제에 제대로 적용될 때 의미를 획득할 수 있다. M은 특정 지역에 사는 상어와 대구의 개체군 크기 변화 관계를 예측하기 위해 만들어졌으며, 실제로 이 예측은 성공적이었다. (1)은 시간에 따른 상어 개체군의 크기 변화를, (2)는 시간에 따른 대구 개체군의 크기 변화를 각각 나타낸다. (1)에서 $b(aV)P$의 의미는 '상어에게 잡아먹히는 대구의 수에 비례해서 증가하는 상어 개체군'으로 해석된다. 최근 식물학자들은 M으로 기생식물인 겨우살이와 참나무의 개체군 크기 변화 관계를 성공적으로 예측했다. 그렇다면 상어와 대구 사이의 관계에 대한 해석은 겨우살이와 참나무 사이의 관계에도 일관되게 적용되어야 한다. 겨우살이와 참나무의 관계에 M을 적용하면, $b(aV)P$는 '겨우살이에게 잡아먹히는 참나무의 수에 비례해서 증가하는 겨우살이 개체군'을 의미한다. M의 적용이 상어 사례에서 겨우살이 사례로 확장된다는 사실은 단어 '잡아먹다'의 의미를 확장할 수 있다는 과학적 근거이다.

〈보기〉

ㄱ. 입 없이 먹이를 몸 안으로 흡수하는 생물의 행동에 대한 일상적 설명에는 단어 '잡아먹다'가 잘 쓰이지 않는다는 사실은 이 논증을 약화한다.

ㄴ. 동물의 입과 소화기관과 유사한 구조를 가진 식충식물에 대해서는 '잡아먹다'라는 표현이 일상적으로 사용된다는 사실은 이 논증을 약화한다.

ㄷ. 질병을 일으키는 박테리아와 사람 사이의 관계에 M이 잘 적용되어, "크기가 작은 박테리아가 사람을 잡아먹는다"는 진술이 생물학자들 사이에 일반적으로 사용되기 시작한다면, 이 논증은 강화된다.

① ㄱ　　　　　　　② ㄷ　　　　　　　③ ㄱ, ㄴ
④ ㄴ, ㄷ　　　　　　⑤ ㄱ, ㄴ, ㄷ

문항 성격	문항유형 : 논증 평가 및 문제해결
	내용영역 : 과학기술
평가 목표	이 문항은 특정한 수학 모형이 적용될 경우 단어의 의미를 확장할 수 있다는 논증을 이해하고, 새로운 정보가 그 논증을 강화하는지 약화하는지 판단하는 능력을 평가하는 문항이다.
문제 풀이	정답 : ②

단어 '잡아먹다'의 의미를 과학적 증거에 호소하여 반직관적으로 확장할 수 있다는 논증을 다루고 있다. 수학 모형 M은 특정 지역에 사는 상어와 대구의 개체군 크기 변화 관계를 예측하기 위해 만들어졌으며 실제로 이 예측은 성공적이었다. 따라서 M은 상어가 대구를 잡아먹는 현상에 관한 모형으로 볼 수 있다. 그런데 수학 모형 M은 상어와 대구의 개체군 크기 변화뿐만 아니라, 기생식물인 겨우살이와 참나무의 개체군 크기 변화 관계도 성공적으로 예측한다는 것이 밝혀졌다. 그렇다면 상어와 대구 사이의 관계에 대한 해석은 겨우살이와 참나무 사이의 관계에도 일관되게 적용되어야 한다. M의 적용이 상어 사례에서 겨우살이 사례로 확장된다는 사실은 단어 '잡아먹다'의 의미를 입과 소화기관이 없는 겨우살이에도 확장할 수 있다는 과학적 근거가 된다.

〈보기〉 해설 ㄱ. 제시문에 따르면 직관은 단어의 의미를 결정하는 의미론적 근거로 부적합하다. 직관이 제시문의 과학적 근거보다 더 좋은 의미론적 근거인 이유를 제시하면 이 논증은 약화될 수 있다. 그러나 '입 없이 먹이를 몸 안으로 흡수하는 생물의 행동에 대한 일상적 설명에는 단어 '잡아먹다'가 잘 쓰이지 않는다는 사실'은 직관이 과학적 근거보다 더 좋은 의미론적 근거인 이유를 제시하지 않고 있다. ㄱ은 옳지 않은 평가이다.

ㄴ. 입과 소화기관이 없는 (하지만 그것과 유사한 구조를 가진) 식충식물에 대해서 '잡아먹다'라는 표현이 일상적으로 사용된다는 사실은 '잡아먹다'를 입과 소화기관이 없는 대상에게 사용할 수 있다는 직관적 근거를 제공한다. 그러나 이 직관적 근거는 이 논증에서 제시된 입과 소화기관이 없는 대상에게 '잡아먹다'를 사용해도 되는 과학적 근거와는 상관이 없으므로, 이 논증을 약화하지 않는다. ㄴ은 옳지 않은 평가이다.

ㄷ. 박테리아와 사람 사이의 관계에 M이 잘 적용되어, "크기가 작은 박테리아가 사람을 잡아먹는다"는 진술이 생물학자들 사이에 일반적으로 사용되기 시작한다는 것은, 'M이 상어 사례뿐만 아니라 다른 대상 사례에도 잘 적용된다면, 이것은 단어 '잡아먹다'를 그 다른 대상에게도 사용할 수 있다는 과학적 근거이다'라는 주장에 일치하는 사례이므로, 이 논증을 강화한다. ㄷ은 옳은 평가이다.

〈보기〉의 ㄷ만이 옳은 평가이므로 정답은 ②이다.

38.

다음으로부터 추론한 것으로 옳은 것만을 〈보기〉에서 있는 대로 고른 것은?

> 물질들은 내부 에너지를 축적하는 능력이 서로 다르다. 시간당 물질이 흡수하는 열량이 같다는 가정하에 여러 물질의 온도를 높이는 다음 경우를 생각해 보자. 상온과 상압에서 물이 끓기 시작할 때까지 약 16분이 걸린다면 같은 질량의 철을 같은 온도만큼 높이는 데는 2분 정도밖에 걸리지 않는다. 은이라면 1분이 채 걸리지 않는다. 이렇게 정해진 질량의 물질을 같은 온도만큼 높이는 데 필요한 열량은 물질마다 다르다. 물질에 흡수된 에너지는 물질을 구성하는 원자나 분자에 여러 가지 방식으로 영향을 미치는데, 흡수된 에너지가 원자나 분자의 운동에너지를 증가시킬 때 물질의 온도가 올라간다. 어떤 물질 1g의 온도를 1℃ 높이는 데 필요한 열량을 비열이라고 하며, 어떤 물체의 온도를 1℃ 높이는 데 필요한 열량을 열용량이라고 한다. 여기서 물질과 물체는 다른 개념인데, 예를 들어 철 100g의 공과 철 200g의 공은 같은 물질로 된 두 물체이다.

보 기

ㄱ. 10℃의 물질을 채워 만든 주머니로 사람의 체온을 낮추고자 할 때, 다른 조건이 같다면 비열이 더 작은 물질을 채워 만든 주머니가 체온을 더 낮출 것이다.

ㄴ. 1kg의 물, 철, 은 각각을 20℃에서 가열하여 30℃에 이르렀을 때, 공급된 열량이 가장 적은 것부터 순서대로 나열하면 은, 철, 물이 된다.

ㄷ. 물 100g과 은 1.5kg을 비교했을 때 비열과 열용량 모두 은보다 물이 더 크다.

① ㄱ   ② ㄷ   ③ ㄱ, ㄴ

④ ㄴ, ㄷ   ⑤ ㄱ, ㄴ, ㄷ

문항 성격	문항유형 : 언어 추리
	내용영역 : 과학기술
평가 목표	이 문항은 비열과 열용량의 개념을 이해하고 개별 사례에 적용하여 옳은 결론을 도출할 수 있는 능력을 평가하는 문항이다.
문제 풀이	정답 : ④

같은 질량의 물질 A와 물질 B에 대해, 물질 A의 비열이 물질 B보다 크다는 것은 같은 온도만큼 높이기 위해 물질 A가 물질 B보다 더 많은 열량을 필요로 한다는 의미이므로, 두 물질에 같은 열량을 공급하거나 같은 열량을 제거할 때 물질 A의 온도 변화가 더 작다는 의미도 된다.

ㄱ. 체온을 낮춘다는 것은 열량을 빼앗는다는 말이다. 주머니 속 물질의 비열이 클수록, 사람에게서 같은 열량을 빼앗을 때 온도가 덜 높아지므로, 물질의 온도가 천천히 올라가게 된다. 따라서 사람에게서 더 많은 열량을 빼앗을 수 있고, 체온을 더 낮출 수 있다. ㄱ은 옳지 않은 추론이다.

ㄴ. 제시문의 "상온과 상압에서 물이 끓기 시작할 때까지 약 16분이 걸린다면 같은 질량의 철을 같은 온도만큼 높이는 데는 2분 정도밖에 걸리지 않는다. 은이라면 1분이 채 걸리지 않는다."로부터, 같은 크기의 온도 상승(상온에서 100℃까지)을 위해 물이 16분 동안의 열량 공급이 필요하다면 같은 질량의 철은 2분, 은은 1분 미만 동안의 열량 공급이 필요하다는 것을 알 수 있다. 따라서 같은 크기의 온도 상승을 위해 필요한 열량이 물>철>은 순이라는 것을 추론할 수 있으며, 이에 20℃에서 가열하여 30℃에 이르렀을 때 공급된 열량이 가장 적은 것부터 순서대로 나열하면 은, 철, 물이다. ㄴ은 옳은 추론이다.

ㄷ. 질량이 같을 때 같은 크기의 온도 상승을 위해 물은 은보다 약 16배 더 많은 열량 공급이 필요하므로, 물의 비열이 은의 비열의 약 16배라는 것을 추론할 수 있다. 열용량은 어떤 물체의 온도를 1℃ 높이는 데 필요한 열량이므로, 하나의 물질로 이루어진 물체의 열용량은 '비열×질량'이다. 물의 비열이 은의 비열에 비해 16배 더 크므로, 물 100g의 비열은 은 1.5kg의 비열의 약 16배이고 은 1.5kg의 질량은 물 100g의 질량의 15배이므로, 물 100g의 열용량이 은 1.5kg의 열용량보다 크다. ㄷ은 옳은 추론이다.

〈보기〉의 ㄴ, ㄷ만이 옳은 추론이므로 정답은 ④이다.

39.

다음으로부터 추론한 것으로 옳은 것만을 〈보기〉에서 있는 대로 고른 것은?

이 방에서 뭔가 다른 감각이 느껴진다. 나는 근처의 시험관을 잡고 허공에 던져 본다. 시험관은 당연히 위로 올라갔다가 떨어진다. 하지만 왠지 신경이 거슬린다. 지금 이 순간에도 물체가 떨어지는 모습이 거슬린다. 이유를 알고 싶다.

뭘 가지고 알아보면 될까? 이 방에는 실험실이 있고, 나는 그 실험실을 사용할 줄 안다. 나는 줄자를 집어 들고 살펴본다. 눈금은 미터 단위로 되어 있다. 줄자를 사용해 실험대 높이를 잰다. 실험대는 바닥과 1m 떨어져 있다. 시험관을 실험대에 올려놓고 스톱워치를 준비한다. 한 손으로 실험대에서 시험관을 밀치며 다른 손으로 스톱워치를 작동시킨다. 시험관이 땅에 떨어질 때까지의 시간을 잰다.

0.4초다! 아무리 해 봐도 0.4초다. 거리는 가속도의 2분의 1에 시간의 제곱을 곱한 값이다. 숫자를 계산해 보고 얻은 결과가 마음에 들지 않는다. 원래 지구의 중력가속도는 9.8m/s^{2}이어야 하는데! 낙하하는 물체가 다르게 느껴지는 이유를 이제 알겠다.

보 기

ㄱ. 만약 실험대와 바닥이 2m 떨어져 있었다면, 시험관이 땅에 떨어질 때까지의 시간은 0.8초로 측정됐을 것이다.

ㄴ. 만약 '이 방'이 지구 표면에 정지해 있다면, 1m 높이에서 시험관을 떨어뜨리는 동일한 실험을 했을 때 0.4초보다 큰 값을 얻게 된다.

ㄷ. 지구 표면에 정지한 상태로 용수철저울을 사용하여 '나'의 몸무게를 쟀을 때 눈금이 '60kg'으로 읽혔다면, '이 방'에서 같은 저울을 사용하여 몸무게를 재면 같은 값으로 읽힌다.

① ㄴ   ② ㄷ   ③ ㄱ, ㄴ

④ ㄱ, ㄷ   ⑤ ㄱ, ㄴ, ㄷ

문항 성격	문항유형 : 언어 추리
	내용영역 : 과학기술
평가 목표	이 문항은 가속도의 개념을 이해하여 개별 사례에서 옳은 결론을 도출할 수 있는 능력을 평가하는 문항이다.
문제 풀이	정답 : ①

제시문의 '나'는 시간에 따른 물체의 이동 거리를 측정함으로써 물체의 가속도를 구할 수 있다는 것을 설명하고 있으며, 이렇게 구한 낙하물의 (중력)가속도가 지구의 중력가속도 값과 다르다는 점을 서술하고 있다. 이를 통해서 '나'가 있는 곳은 지구가 아니라는 결론에 도달하게 된다. 제시문 마지막 단락에 따르면 거리는 가속도의 2분의 1에 시간의 제곱을 곱한 값이므로, 거리는 가속도에 비례하고 시간의 제곱에도 비례한다. '나'가 있는 '이 방'에서의 중력가속도를 구해 보면, 1m =중력가속도÷2×0.4초^{2}이므로 중력가속도=2m÷0.16초=12.5m/s^{2}이다. '이 방'의 중력가속도가 지구의 중력가속도보다 크므로 '이 방'은 지구보다 중력이 큰 곳이다.

ㄱ. 거리는 가속도의 2분의 1에 시간의 제곱을 곱한 값이므로, 가속도가 같을 때 거리가 두 배가 되면 시간의 제곱도 두 배가 된다. 시간의 제곱이 두 배가 되는 것이므로 시간은 두 배보다 작은 값이 된다. 따라서 거리가 두 배인 2m가 되면 낙하 시간은 두 배인 0.8초보다 짧게 측정됐을 것이다. ㄱ은 옳지 않은 추론이다.

ㄴ. 만약 '이 방'이 지구 표면에 정지해 있다면, '이 방'의 중력가속도는 지구의 중력가속도인 9.8m/s²이 되어 제시문에서보다 작은 값을 갖게 된다. 거리가 같을 때 가속도는 시간의 제곱에 반비례하므로, 중력가속도가 더 작은 곳에서 시험관을 떨어뜨리는 동일한 실험을 하면 시간의 제곱은 커지고 따라서 떨어지는 시간이 더 길어진다. ㄴ은 옳은 추론이다.

ㄷ. 용수철저울을 사용해서 측정한 것은 질량이 아니라 무게이다. 사람의 몸을 포함하여 물체의 질량은 중력가속도에 관계없이 일정하지만, 무게는 중력가속도에 비례하여 변한다. '이 방'의 중력가속도는 지구의 중력가속도와 다르므로 '이 방'에서 재는 무게는 지구에서 재는 무게와 달라진다. ㄷ은 옳지 않은 추론이다.

<보기>의 ㄴ만이 옳은 추론이므로 정답은 ①이다.

40.

다음으로부터 추론한 것으로 옳은 것만을 <보기>에서 있는 대로 고른 것은?

투명전극은 투명 디스플레이와 태양광 전지를 포함해 많은 전자 및 에너지 소자에 필수적인 소재이다. 투명전극으로 사용할 수 있는 물질은 가시광선 영역의 빛을 일정량 투과시켜야 하며, 이와 동시에 전기가 잘 흐르는 전도체의 성질을 가져야 한다. 투명전극의 성능지수 Φ는 T^{10}을 R_S로 나눈 값이며, 여기에서 T는 가시광선 영역의 빛의 평균 투과율, R_S는 면(面)저항을 의미한다. 불투명한 물질은 T가 0이며, 부도체는 R_S가 매우 크다. 전도체에서 전기가 잘 흐르는 이유는 전도체 안에 많은 자유전자가 있기 때문이다. 자유전자의 개수가 많아지면 R_S는 줄어들며, 이렇게 많은 자유전자는 가시광선 영역의 빛을 흡수하게 되어 T가 줄어들기 때문에, T와 R_S는 서로 양의 상관관계를 갖는다.

한편 이러한 상관관계는 단일 물질로 이루어진 투명전극의 두께 변화에 따른 T와 R_S 값들을 관찰해 보면 잘 확인할 수 있다. 투명전극의 두께가 두꺼워질수록 T가 지속적으로 줄어들며, 일정 두께 이상일 경우 0이 된다. 아래는 다양한 투명전극 후보 물질 M1~M4의 두께(nm)에 따른 T와 R_S의 측정 결과로부터 성능지수 Φ($\times 10^{-4}$)를 정리한 표이다.

M1		M2		M3		M4	
두께	Φ	두께	Φ	두께	Φ	두께	Φ
8	6	4	5	4	25	32	11
9	11	5	10	9	35	45	181
10	9	6	11	14	24	58	504
11	8	7	6	18	16	70	362
12	3	9	3	38	3	84	49

보 기

ㄱ. Φ가 0이 아닐 때, 투명전극의 두께가 얇아지면 R_S는 커진다.

ㄴ. 만약 두께가 9nm로 동일한 M1과 M2가 같은 값의 T를 갖는다면, 이때 M2가 M1보다 전기가 잘 통한다.

ㄷ. 표의 측정값에 한정하여 가장 성능 좋은 투명전극 물질을 찾을 경우, 두께 30nm 미만에서는 M3를 선택할 것이고, 30nm 이상에서는 M4를 선택할 것이다.

① ㄱ   ② ㄴ   ③ ㄱ, ㄷ
④ ㄴ, ㄷ   ⑤ ㄱ, ㄴ, ㄷ

문항 성격	문항유형 : 언어 추리
	내용영역 : 과학기술

평가 목표 이 문항은 투명전극의 성능지수, 투과율, 면저항에 관한 설명 및 이에 근거한 표를 이해하여 투명전극의 성질에 관한 올바른 추론을 할 수 있는 능력을 평가하는 문항이다.

문제 풀이 정답 : ③

투명전극의 성능지수는 투과율이 클수록, 그리고 면저항이 작을수록 커진다. 그런데 투과율과 면저항은 서로 양의 상관관계를 갖기 때문에 두 성질을 적절하게 조합하는 것이 필요하다. 예를 들어 투명전극의 두께가 두꺼워짐에 따라 투명전극의 투과율과 면저항은 동시에 떨어지게 된다.

〈보기〉 해설 ㄱ. 투명전극의 두께가 두꺼워질수록 T는 지속적으로 줄어들고 T와 R_S는 양의 상관관계를 갖고 있으므로, 투명전극의 두께가 두꺼워질수록 R_S는 지속적으로 줄어든다. 따라서 투명전극의 두께가 얇아지면 R_S는 커진다. ㄱ은 옳은 추론이다.

ㄴ. $\Phi = T^{10}/R_S$이므로, T가 같을 때는 Φ가 크다면 R_S는 작다. 두께가 9nm인 M1의 Φ값은 11이고 두께가 9nm인 M2의 Φ값은 3이다. M1의 Φ값이 M2의 Φ값보다

크기 때문에 M1의 R_S값은 M2의 R_S값보다 작다는 것을 알 수 있다. M1의 저항이 M2의 저항보다 작으므로 M1이 M2보다 전기가 잘 통한다. ㄴ은 옳지 않은 추론이다.

ㄷ. 가장 성능 좋은 투명전극 물질은 바로 성능지수 Φ가 가장 큰 물질이다. 표의 측정값에 한정할 경우, 30nm 미만에서는 M3의 성능지수가 가장 크고(9nm일 때 35), 30nm 이상에서는 M4의 성능지수가 가장 크다(58nm일 때 504). 따라서 가장 성능 좋은 투명전극 물질은 두께 30nm 미만에서는 M3, 30nm 이상에서는 M4이다. ㄷ은 옳은 추론이다.

〈보기〉의 ㄱ, ㄷ만이 옳은 추론이므로 정답은 ③이다.

법학적성시험
추리논증 영역

2022

2022학년도 추리논증 영역 출제 방향

1. 출제의 기본 방향

추리논증 영역은 제시문의 제재나 문항의 구조, 질문의 방식 등을 다양화하여 이해력, 추리력, 비판력을 골고루 측정하는 시험이 될 수 있도록 하였다. 추리 능력을 측정하는 문항과 논증 분석 및 평가 능력을 측정하는 문항을 규범, 인문, 사회, 과학기술의 각 영역 모두에서 균형 있게 출제하였다. 또한 상이한 토대와 방법론에 따라 진행되는 다양한 종류의 추리 및 비판을 상황과 맥락에 맞게 파악하고 적용하는 능력을 측정하고자 하였다.

문항의 풀이 과정에서 제시문의 의미, 상황, 함의를 논리적으로 분석하고 핵심 정보를 체계적으로 취합하여 종합적으로 평가할 수 있어야 문제를 해결할 수 있도록 하였다. 제재의 측면에서 전 학문 분야 및 일상적·실천적 영역에 걸친 다양한 소재를 활용하였고, 영역 간 균형을 맞추어 전공에 따른 유·불리를 최소화하고자 하였다. 또한 제시문의 내용이나 영역에 관한 선지식이 문제 해결에 끼치는 영향을 최소화함으로써 정상적인 학업과 독서생활을 통해 사고력을 함양한 사람이라면 누구나 해결할 수 있는 문항을 만들고자 하였다.

2. 출제 범위

규범, 인문, 사회, 과학기술과 같은 학문 영역별 문항 수는 예년과 큰 차이 없이 균형 있게 출제되었다. 규범 영역의 문항은 법학 일반, 법철학, 공법, 사법 등 소재를 다양화하였고, 인문학 영역의 문항들은 지식이나 규범과 관련된 원리적 토대를 다루면서도 예술이나 사회과학, 자연과학과 융합된 방식의 내용이 주를 이루었다.

3. 문항 구성

전체 문항은 규범 영역 15문항, 철학, 윤리학을 포함한 인문학 영역 11문항, 사회와 경제 영역 5문항, 과학기술 영역 6문항, 그리고 논리·수리적 추리 영역 3문항으로 이루어져 있다. 전체 문항에서 추리 문항과 논증 문항의 비중은 각각 50%로 양쪽 사고력이 골고루 평가될 수 있도록 하였다.

4. 난이도 및 출제 시 유의점

제시문의 이해도를 높이기 위해서 전문적인 용어는 순화하여 전공 여부에 상관없이 내용에 접근하고 이해할 수 있도록 하였다. 문제를 해결하기 위해 거쳐야 할 추리나 비판 및 평가의 단계도 지나치게 복잡해지지 않도록 하였고, 문제풀이와 관계없는 자료는 줄여 불필요한 독해의 부담이나 함정으로 난이도가 상승하는 일이 없도록 하였다.

이번 시험에서 문항 출제 시 유의점은 다음과 같다.

- 제시문을 분석하고 평가하는 데 충분한 시간을 사용할 수 있도록 제시문의 독해 부담을 줄여 주고자 하였다.
- 추리 문항과 논증 문항의 문항별 성격을 명료하게 하여, 문항별로 측정하고자 하는 능력을 정확히 평가할 수 있도록 하였다.
- 선지식으로 문제를 풀거나 전공에 따른 유·불리가 분명한 제시문의 선택이나 문항의 출제는 지양하였다.
- 법학적성을 평가하기 위하여 법학의 기본 원리를 응용한 내용을 소재로 하면서도, 문항에 나오는 개념, 진술, 논리구조, 함의 등을 이해하는 데 법학지식이 요구되지 않도록 하였다.
- 출제의 의도를 감추거나 오해하게 하는 질문을 피하고, 문항 및 선택지 간의 간섭을 최소화함으로써 문항의 의도에 충실한 변별이 이루어지도록 하였다.

01.

다음 글에 대한 평가로 옳은 것만을 〈보기〉에서 있는 대로 고른 것은?

머지않은 미래에 신경과학이 모든 행동의 원인을 뇌 안에서 찾아내게 된다면 법적 책임을 묻고 처벌하는 관행이 근본적으로 달라질 것이라고 생각하는 사람들이 있다. 어떤 사람의 범죄 행동이 두뇌에 있는 원인에 의해 결정된 것이어서 자유의지에서 비롯된 것이 아니라면, 그 사람에게 죄를 묻고 처벌할 수 없다는 것이 이들의 생각이다. 그러나 이는 법에 대한 오해에서 비롯된 착각이다. 법은 사람들이 일반적으로 합리적 선택을 할 수 있는 능력을 가지고 있다고 가정한다. 법률상 책임이 면제되려면 '피고인에게 합리적 행위 능력이 결여되어 있다는 사실'이 입증되어야 한다는 점에 대해서는 일반적으로 동의한다. 여기서 말하는 합리적 행위 능력이란 자신의 믿음에 입각해서 자신의 욕구를 달성하는 행동을 수행할 수 있는 능력을 의미한다. 범행을 저지른 사람이 범행 당시에 합리적이었는지 아닌지를 결정하는 데 신경과학이 도움을 줄 수는 있다. 그러나 사람들이 이러한 최소한의 합리성 기준을 일반적으로 충족하지 못한다는 것을 신경과학이 보여 주지 않는 한, 그것은 책임에 관한 법의 접근 방식의 근본적인 변화를 정당화하지 못한다. 법은 형이상학적 의미의 자유의지를 사람들이 갖고 있는지 그렇지 않은지에 대해서는 관심을 두지 않는다. 법이 관심을 두는 것은 오직 사람들이 최소한의 합리성 기준을 충족하는가이다.

보 기

ㄱ. 인간의 믿음이나 욕구 같은 것이 행동을 발생시키는 데 아무런 역할을 하지 못한다는 것을 신경과학이 밝혀낸다면, 이 글의 논지는 약화된다.

ㄴ. 인간이 가진 합리적 행위 능력 자체가 특정 방식으로 진화한 두뇌의 생물학적 특성에서 기인한다는 것을 신경과학이 밝혀낸다면, 이 글의 논지는 약화된다.

ㄷ. 범죄를 저지른 사람들 중 상당수가 범죄 유발의 신경적 기제를 공통적으로 지니고 있다는 것을 신경과학이 밝혀낸다면, 이 글의 논지는 강화된다.

① ㄱ   ② ㄷ   ③ ㄱ, ㄴ

④ ㄴ, ㄷ   ⑤ ㄱ, ㄴ, ㄷ

문항 성격	문항유형 : 논증 평가 및 문제해결
	내용영역 : 규범
평가 목표	이 문항은 신경과학의 발전이 법에 대해서 어떤 함축을 가질지에 대한 한 가지 입장
	을 담은 제시문을 읽고 신경과학이 무엇을 밝혀낼 경우 이 입장이 강화 또는 약화되

는지 따져 볼 수 있는 능력을 평가하는 문항이다.

정답 : ①

제시문은 신경과학이 미래에 모든 행동의 원인을 완전히 밝혀낼 수 있다면, 이것이 법적 처벌 관행에 어떤 영향을 미칠 수 있는지 다루고 있다. 제시문에 의하면, 신경과학이 모든 행동의 원인을 뇌 안에서 완전히 찾아내게 된다고 하여도 법적 책임을 묻고 처벌하는 관행에는 아무런 영향을 미치지 못한다는 것이다. 그 이유는 법이 가정하는 것은 사람들이 형이상학적 의미의 자유의지를 갖고 있다는 것이 아니라, 사람들이 최소한의 합리적 행위 능력을 가지고 있다는 것이기 때문이다. 여기서 최소한의 합리적 행위 능력은 자신의 믿음에 입각해서 자신의 욕구를 달성하는 행동을 수행할 수 있는 능력을 말한다. 제시문은 신경과학이 일반적으로 사람이 이런 능력을 결여하고 있다는 것을 보이지는 못할 것이기 때문에 신경과학이 법적 처벌의 관행을 변화시킬 수는 없다고 본다.

〈보기〉 해설　ㄱ. 제시문에 따르면, 법은 범죄를 저지른 사람이 범행 당시에 합리적 행위 능력이 있으면 처벌하기에 충분하다고 본다. 여기서 합리적 행위 능력이란 자신의 믿음에 입각해서 자신의 욕구를 달성하는 행동을 수행할 수 있는 능력이다. 그러나 신경과학이 믿음이나 욕구가 행동을 발생시키는 데 아무런 역할을 하지 못한다는 것을 보인다면, 이는 인간이 합리적 행위 능력을 갖지 못함을 보이는 셈이다. 따라서 신경과학이 법적 처벌의 관행을 변화시킬 수 없다는 이 글의 논지는 약화된다. ㄱ은 옳은 평가이다.

　　　　　　　ㄴ. 제시문에 따르면 신경과학이 법적 처벌의 관행을 변화시킬 수 있는 유일한 길은 인간이 합리적 행위 능력을 결여한다는 것을 보이는 것뿐이다. 합리적 행위 능력 자체가 특정 방식으로 진화한 두뇌의 생물학적 특성에 기인한다는 것은 이런 능력의 원인을 밝힐 뿐, 인간이 이런 능력을 결여한다는 것을 보이는 것이 아니다. 따라서 인간의 합리적 행위 능력 자체가 두뇌의 생물학적 특성에 기인한다는 것을 신경과학이 밝혀낸다고 하여도 이 글의 논지는 약화되지 않는다. ㄴ은 옳지 않은 평가이다.

　　　　　　　ㄷ. 범죄를 저지른 사람들 중 상당수가 범죄 유발의 신경적 기제를 공통적으로 지니고 있다는 것이 사실이라고 하자. 이 사실은 범죄를 저지른 사람들 중 상당수가 합리적 행위 능력을 결여하고 있다는 주장을 강화할 가능성이 있다. 따라서 이 사실은 신경과학이 법적 처벌의 관행을 변화시킬 수 없다는 이 글의 논지를 강화시킬 수는 없다. ㄷ은 옳지 않은 평가이다.

　　　　〈보기〉의 ㄱ만이 옳은 평가이므로 정답은 ①이다.

02.

다음으로부터 〈견해〉를 분석한 것으로 옳은 것만을 〈보기〉에서 있는 대로 고른 것은?

특정한 사안에 적용할 법을 획득하는 방법에는 '법의 발견'과 '법의 형성'이 있다. 전자는 '법률 문언(文言)의 가능한 의미' 안에서 법률로부터 해당 사안에 적용할 법을 발견하는 작업인 반면에, 후자는 해당 사안에 적용할 법적 기준이 존재하지 않는 법률의 흠결을 '법률 문언의 가능한 의미'의 제한을 받지 않는 법적 판단을 통하여 보충하는 작업이다. 후자는 법률 문언에 반하지만 법률의 목적을 실현하기 위한 법 획득 방법이다. 양자의 차이는 적극적 후보, 중립적 후보, 소극적 후보라는 개념으로 설명할 수 있다. 적극적 후보란 어느 단어가 명백히 적용될 수 있는 대상을 말하고, 소극적 후보란 어느 단어가 명백히 적용될 수 없는 대상을 말하며, 중립적 후보란 앞의 둘에 속하지 않는 대상을 말한다. '법의 발견' 중 하나인 '축소해석'은 법률 문언의 적용범위를 중립적 후보에서 적극적 후보로 좁히는 것인 반면에, '법의 형성' 중 하나인 '목적론적 축소'는 그 경계가 확실한 '법률 문언의 가능한 의미'에 포함되는 어느 적극적 후보를 해당 법률의 목적에 따라 소극적 후보로 만들어 그 적용범위에서 제외하는 것이다.

〈견해〉

X국에서 '차'는 동력장치가 있는 이동수단을 의미하고, 승용차, 버스 등이 그에 해당하는데, 동력장치가 있는 자전거가 그에 해당하는지는 명확하지 않다. '차'라는 법률 문언의 적용범위에 대해 다음과 같이 견해가 나뉜다.
갑 : '차'라는 법률 문언의 적용범위에는 동력장치가 없는 자전거도 포함된다.
을 : '차'라는 법률 문언의 적용범위에는 승용차만 포함되고 버스는 포함되지 않는다.
병 : '차'라는 법률 문언의 적용범위에는 동력장치가 있는 자전거가 포함되지 않는다.

보 기

ㄱ. 갑의 견해는 법률 문언에 반하여 법률의 목적을 실현할 필요가 있어야 정당화되고, 을의 견해는 그렇지 않더라도 정당화된다.
ㄴ. 병의 견해는 동력장치가 있는 자전거를 중립적 후보에서 소극적 후보로 만들어 법을 형성하고자 한 것이다.
ㄷ. 주차공간을 확보하기 위하여 집 앞에 설치하는 '주차금지' 팻말의 '차'의 적용범위에서 자기 소유의 승용차를 제외하는 것은, 을이 법을 획득하기 위하여 사용한 방법과 같다.

① ㄴ   ② ㄷ   ③ ㄱ, ㄴ

④ ㄱ, ㄷ   ⑤ ㄱ, ㄴ, ㄷ

문항 성격	문항유형 : 언어 추리

내용영역 : 규범

평가 목표 이 문항은 '법의 발견'과 '법의 형성'의 개념을 적극적 후보, 중립적 후보, 소극적 후보라는 도구개념을 통하여 이해하고 사례에 적용하는 능력을 평가하는 문항이다.

문제 풀이   정답 : ②

'법률 문언의 가능한 의미'의 제한을 받지 않는 '법의 형성'은 법률 문언에 반하여 법률의 목적을 실현할 필요가 있어야 정당화된다. 반면에 '법의 발견'은 '법률 문언의 가능한 의미' 안에서의 해석이므로 법률 문언에 반하여 법률의 목적을 실현할 필요와 무관하다. '법의 발견'의 하나인 '축소해석'은 중립적 후보를 법률 문언의 적용범위에서 제외하는 것이고, '법의 형성'의 하나인 '목적론적 축소'는 적극적 후보를 소극적 후보로 만들어 법률 문언의 적용범위에서 제외하는 것이다.

〈견해〉에서 부여된 상황에 따르면, X국은 '차'를 '동력장치가 있는 이동수단'으로 이해하는 국가로서, 승용차와 버스는 '차'의 적용범위에 명백히 포함되는 적극적 후보이고, 동력장치가 있는 자전거는 '차'의 적용범위에 포함되는지 여부가 명확하지 않은 중립적 후보이며, 동력장치가 없는 자전거는 '차'의 적용범위에서 명백히 제외되는 소극적 후보이다. 갑의 견해는 동력장치가 없는 자전거라는 소극적 후보를 법률 문언의 적용범위에 포함시키는 것이므로 '법의 형성'에 해당한다. 을의 견해는 버스라는 적극적 후보를 소극적 후보로 만드는 목적론적 축소로서 '법의 형성'이며, 병의 견해는 동력장치가 있는 자전거라는 중립적 후보를 법률 문언의 적용범위에서 배제하는 축소해석으로서 '법의 발견'이다.

〈보기〉해설   ㄱ. 갑과 을의 견해는 '법의 형성'에 해당하는 것으로서, 법률 문언에 반하여 법률의 목적을 실현하는 법 획득 방법이다. 즉, 갑과 을의 견해 모두 법률 문언에 반하여 법률의 목적을 실현할 필요가 있어야 정당화된다. ㄱ은 옳지 않은 분석이다.

ㄴ. 병의 견해는 '법률 문언의 가능한 의미' 안에서 행한 '축소해석'으로서 '법의 형성'이 아니라 '법의 발견'에 해당한다. ㄴ은 옳지 않은 분석이다.

ㄷ. '주차금지' 팻말의 '차'의 '법률 문언의 가능한 의미'에 자기 소유의 승용차가 명백히 포함됨에도 불구하고 이를 제외하는 것은 적극적 후보를 해당 법률의 목적에 따라 소극적 후보로 만드는 것으로서 '목적론적 축소'에 해당하므로, 을의 법 획득 방법과 같다. ㄷ은 옳은 분석이다.

〈보기〉의 ㄷ만이 옳은 분석이므로 정답은 ②이다.

03.

다음으로부터 〈상황〉을 판단한 것으로 옳은 것만을 〈보기〉에서 있는 대로 고른 것은?

헌법은 국가의 기본적 가치를 규정한 최상위법으로 법률이 헌법을 위반하면 그 법률은 무효이다. 여기서 법률의 어떤 측면이 위헌 판단의 근거를 제공하는지가 문제된다. 단순히 법률문장의 문자적 의미가 바로 위헌판단의 근거가 되는 법률의 핵심 측면이라고 할 수도 있겠으나, 헌법이 차별을 금지하는데 법률이 '차별하라'는 의미를 노골적으로 담고 있는 단어나 문장을 사용하는 경우는 거의 없을 것이다.

기본적으로 위헌판단이 되는 법률의 측면은 ㉠해당 법률을 표상하는 법률문장을 구체적 사안에 적용할 때 예상되는 직접적인 결과이다. 간통한 사람을 처벌하는 내용을 담고 있는 법률문장 A가 표상하는 법률의 위헌 여부를 결정짓는 측면은 간통한 사람에게 A의 적용에 따라 가해지는 처벌이라는 결과이다. 어떤 이들은 ㉡해당 법률이 시행됨으로써 사회 전체 구성원에게 미치는 영향을 살펴야 한다고 생각한다. 특정 집단에 대해 채용시 가산점을 부여하도록 하는 법률이 차별적이어서 위헌인지 여부는 가산점 부여행위가 그 사회의 다른 이들에게 미치는 영향까지 관찰해야만 알 수 있다고 한다. 다른 한편에서는 위헌판단의 결정적인 측면을 여전히 법률문장의 의미에서 찾으면서도 그 법률문장의 의미는 ㉢해당 사회의 역사와의 관련 속에서 그 법률문장이 전달하는 맥락적 의미라고 주장한다. 여성 전용 교육기관을 설립한다는 내용의 법률문장으로 표상되는 법률이 차별을 금지하는 헌법에 위반되는지 여부는, 여성 전용 교육기관을 설립하는 것이 그 국가에서 여성의 낮은 권익을 향상하기 위한 맥락을 가지는가, 아니면 여성을 분리·차별하기 위한 역사적 맥락을 가지는가에 따라 다르게 평가된다는 것이다.

〈상황〉

X국에서는 수차례 전쟁을 거치면서 국기가 국가 존립의 상징이 되어 국기 소각이 국가의 권위를 해하는 행위로서 헌법질서에 반하는 범죄행위로 평가받기에 충분하다. 그런데 X국 국회가 국기의 권위와 존엄을 보호하기 위해서 국기를 소각한 자를 처벌한다는 내용을 담고 있는 법률문장 R로 표상되는 법률 L을 입법하자, 이에 반대하는 사람들이 시위를 하면서 그간 거의 존재하지 않았던 국기 소각 행위가 빈번하게 일어났고 소각행위에 동조하는 사람들도 많아졌다.

04.

[규정]에 따라 〈사실관계〉를 판단할 때 갑의 운전면허는 최종적으로 언제까지 정지되는가?

[규정]

제1조(정의) ① '벌점'은 교통법규위반에 대하여 그 위반의 경중에 따라 위반행위자에게 배점되는 점수를 말한다.

② '처분벌점'은 교통법규위반시 배점된 벌점을 누적하여 합산한 점수에서 기간경과로 소멸한 벌점 점수와 운전면허정지처분으로 집행된 벌점을 뺀 점수를 말한다.

제2조(벌점의 배점 등) ① 속도위반을 제외한 교통법규위반에 대하여 배점되는 벌점은 아래 표와 같다.

사유	벌점	사유	벌점
신호위반	15점	정지선위반	18점
앞지르기금지위반	20점	갓길통행	25점

② 속도위반에 대하여 배점되는 벌점은 아래 표와 같다.

초과된 속도	20km/h 초과 40km/h 이하	40km/h 초과
벌 점	15점	40점

③ 벌점은 해당 교통법규위반일로부터 3년이 지나면 소멸하고, 30점 미만인 처분벌점은 최종 교통법규위반일로부터 교통법규위반 없이 1년이 지나면 소멸한다.

제3조(운전면허정지처분 등) ① 처분벌점이 40점 이상이 되면 운전면허정지처분을 하되, 최종 교통법규위반일 다음날부터 운전면허가 정지되며 처분벌점 1점을 정지일수 1일로 계산하여 집행한다.

② 운전면허정지 중에 범한 교통법규위반행위에 대해서는 벌점을 2배로 배점한다.

③ 운전면허정지 중에 새로운 운전면허정지처분을 추가로 받는 경우, 추가된 운전면허정지처분은 집행 중인 운전면허정지처분의 기간이 종료한 다음날부터 집행한다.

〈사실관계〉

갑은 그 이전까지는 교통법규위반 전력이 없었는데, 2017. 5. 1.에 신호위반을 하고, 2020. 7. 1.에 정지선위반을 하고, 2021. 3. 1.에 갓길통행을 하고, 2021. 4. 1.에 규정속도를 45km/h 초과하여 속도위반을 하였다. 갑은 위 모든 교통법규위반행위들에 대해 위반일자에 [규정]에 따른 벌점 또는 운전면허정지처분을 받았다.

① 2021. 5. 23.　　　　② 2021. 6. 7.　　　　③ 2021. 6. 14.
④ 2021. 7. 2.　　　　⑤ 2021. 7. 17.

문항 성격	문항유형 : 언어 추리
	내용영역 : 규범
평가 목표	이 문항은 벌점과 처분벌점 및 이를 근거로 한 운전면허정지처분에 관한 규정을 이해하여 구체적인 사례에 적용하는 능력을 평가하는 문항이다.
문제 풀이	정답 : ④

처분벌점은 교통법규위반시 배점된 벌점을 누적하여 합산한 점수에서 기간경과로 소멸한 벌점 점수와 운전면허정지처분으로 집행된 벌점을 뺀 점수를 말한다. 처분벌점이 40점 이상이 되면 운전면허정지처분을 받는다. 처분벌점의 점수에 해당하는 일수가 운전면허정지처분의 기간이 된다. 예를 들어 처분벌점이 50점이면 50일 동안 운전면허가 정지된다. 운전면허정지 중에 새로운 운전면허정지처분을 추가로 받는 경우, 추가된 운전면허정지처분은 집행 중인 운전면허정지처분의 기간이 종료한 다음날부터 집행한다.

정답 해설　④ 갑은 2017. 5. 1. 신호위반으로 받은 벌점 15점 외에 2020. 7. 1. 정지선위반 전까지 누적된 벌점이 없다. 따라서 갑의 처분벌점은 30점 미만이므로 교통법규위반 없이 1년이 지난 2018. 5. 1. 소멸하였다. 벌점으로서도 벌점을 받은 지 3년이 지난 2020. 5. 1. 소멸하였다. 이후 갑은 2020. 7. 1. 정지선위반으로 벌점 18점을 받아 처분벌점이 18점이 된다. 또 2021. 3. 1. 갓길통행으로 벌점 25점을 받아 처분벌점이 43점이 된다. 처분벌점이 40점 이상이므로 2021. 3. 1. 운전면허정지처분이 내려진다. 그 기간은 43일이고 갓길통행 다음날인 2021. 3. 2.부터이므로, 갑의 운전면허는 2021. 4. 13.까지 정지된다(43일=30일(3. 2.~3. 31.)+13일(4. 1.~4. 13.)). 갑은 운전면허정지 중인 2021. 4. 1. 벌점 40점에 해당하는 속도위반을 하였으므로, 벌점이 2배로 배점되어 80점의 벌점을 받는다. 따라서 80일의 운전면허정지처분을 추가로 받게 되는데, 그 집행은 먼저 집행 중인 운전면허정지처분의 기간이 끝난 다음날, 즉 2021. 4. 14.부터 시작한다. 그 결과 갑의 운전면허는 최종적으로 2021. 7. 2.까지 정지된다(80일=17일(4. 14.~4. 30.)+31일(5. 1.~5. 31.)+30일(6. 1.~6. 30.)+2일(7. 1.~7. 2.)).

05.

다음 논쟁에 대한 분석으로 옳은 것만을 〈보기〉에서 있는 대로 고른 것은?

> 80년 전 K섬이 국가에 의해 무단으로 점유되어 원주민 A가 K섬에서 강제로 쫓겨나 타지에서 어렵게 살게 되었다. A가 살아 있다면 국가가 저지른 잘못에 대해서 A에게 배상이 이루어져야 하겠지만 A는 이미 사망하였다. A의 현재 살아 있는 자녀 B에게 배상이 이루어져야 할지에 대해서 다음과 같은 논쟁이 벌어졌다.
>
> 갑 : 배상은 어떤 잘못에 의해서 영향받은 사람에게 이루어져야 하는데, ㉠잘못된 것 X에 대해 사람 S에게 배상을 한다는 것은, X가 일어나지 않았더라면 S가 누렸을 만한 삶의 수준이 되도록 S에게 혜택을 제공하는 것이다. 피해자의 삶의 수준을 악화시킨 경우 그리고 그런 경우에만 배상이 이루어져야 한다. 따라서 80년 전 K섬의 무단 점유가 없었더라면 B가 누렸을 삶의 수준이 되도록 B에게 혜택을 제공하는 배상이 이루어져야 한다.
>
> 을 : 갑의 주장에는 심각한 문제가 있다. K섬의 무단 점유가 없었더라면 B의 아버지는 B의 어머니가 아니라 다른 여인을 만나 다른 아이가 태어났을 것이고 B는 아예 존재하지 않았을 것이다. 따라서 그 섬의 무단 점유가 없었더라면 B가 더 높은 수준의 삶을 누렸을 것이라고 말하는 것은 옳지 않으며, 그런 상황에서 B가 누렸을 삶의 수준이 어느 정도인지의 질문에 대해 애초에 어떤 답도 없다.
>
> 병 : B의 배상 원인이 되는 잘못은 80년 전 발생한 K섬의 무단 점유가 아니라, B가 태어난 후 어느 시점에서 K섬의 무단 점유에 대해 A에게 배상이 이루어지지 않았다는 사실이다. 만약 그런 사실이 없었더라면, 다시 말해 B가 태어난 후 K섬의 무단 점유에 대해 A에게 배상이 이루어졌더라면, A는 B에게 더 나은 교육 기회와 자원을 제공하였을 것이고 B는 더 나은 삶을 살았을 것이다. 그러나 과거에 그런 배상이 이루어지지 않았기 때문에 B에게 배상이 이루어져야 하는 것이다.

보기

ㄱ. 갑이 "80년 전 K섬의 무단 점유가 없었더라면, A는 그가 실제로 누렸던 것보다 훨씬 더 높은 수준의 삶을 누렸겠지만 B는 오히려 더 낮은 수준의 삶을 누렸을 것이다."라는 것을 받아들이게 된다면, 갑은 B에게 배상이 이루어져야 한다는 주장에 동의하지 않을 것이다.

ㄴ. 을이 ㉠의 원리를 받아들인다면, 그는 80년 전 K섬의 무단 점유에 대해 B에게 배상이 이루어져야 한다는 주장에 동의할 것이다.

ㄷ. 병은 ㉠의 원리에 동의하지 않지만, B에게 배상이 이루어져야 한다는 것에 대해서
   는 갑과 의견을 같이한다.

① ㄱ   ② ㄴ   ③ ㄱ, ㄷ
④ ㄴ, ㄷ   ⑤ ㄱ, ㄴ, ㄷ

문항 성격	문항유형 : 논쟁 및 반론
	내용영역 : 규범
평가 목표	이 문항은 한 세대 전의 잘못된 행위에 대해 현세대에 배상을 해야 한다는 주장에 관한 논쟁을 적절하게 분석할 수 있는 능력을 평가하는 문항이다.
문제 풀이	정답 : ①

이 문제는 과거의 잘못된 행위에 대해 후속 세대에게 배상을 해야 한다는 것과 배상에 대한 반사
실 조건문 원리를 동시에 주장하는 것이 어렵다는 점을 소재로 하여 출제된 문제이다. 각 주장의
핵심은 다음과 같다.

갑 : 배상은 다음과 같은 원리에 따라 이루어진다. 행위 X가 없었더라면 S가 누리게 되었을 삶
   의 수준이 되도록 혜택을 제공한다. 이 원리에 따라 B에게 배상이 이루어져야 한다.
을 : 갑의 논리의 문제점을 지적한다. K섬의 무단 점유가 없었더라면 B는 존재하지 않았을 것
   이므로, 그 섬의 무단 점유가 없었더라면 B가 누렸을 삶의 수준이 어느 정도인지의 질문에
   대해 애초에 어떤 답도 없다.
병 : B가 배상받아야 할 행위는 'K섬의 무단 점유'가 아니라 B가 태어난 후 발생한 'K섬의 무단
   점유에 대해 A에게 배상하지 않음'이다. 즉 K섬의 무단 점유에 대해 A에게 배상했더라면
   B는 더 잘 살았을 것이므로, 이 수준이 되도록 B에게 배상이 이루어져야 한다.

〈보기〉 해설   ㄱ. 갑은 피해자의 삶의 수준을 악화시킨 경우에만 배상이 있어야 한다고 주장한다.
            만약 80년 전 K섬의 무단 점유가 없었더라면 B가 누렸을 삶의 수준이 실제보다
            더 낮았을 것이라고 인정한다면, 무단 점유가 B의 삶의 수준을 악화시킨 경우가
            아니라 향상시킨 경우이다. 따라서 갑에 따르면 B에게 배상을 할 필요가 없다.
            ㄱ은 옳은 분석이다.
         ㄴ. 을이 주장하고 있는 것은 ㉠의 원리가 B에게 배상이 이루어져야 할 근거가 될
            수 없다는 것이다. ㉠의 원리를 따를 때, 무단 점유가 발생하지 않았을 경우 B의
            삶의 수준을 묻는 것이 무의미하기 때문이다. 을이 ㉠을 받아들인다면, 그는 80
            년 전 K섬의 무단 점유에 대해 B에게 배상이 이루어져야 한다는 것에 동의하지
            않을 것이다. ㄴ은 옳지 않은 분석이다.

ㄷ. 병은 B가 배상받아야 할 잘못된 행위는 80년 전에 발생한 'K섬의 무단 점유'
가 아니라 B가 태어난 후 발생한 'K섬의 무단 점유에 대해 배상하지 않음'이라
는 사건이라고 주장하고, 이에 근거해서 B에게 배상이 이루어져야 한다고 주장
한다. ㉠의 주장에 근거해서 이런 주장을 하고 있기 때문에 병은 ㉠에 동의하고
있다고 볼 수 있고, 갑과 배상의 원인이 되는 잘못을 다르게 판단하지만, B에게
배상이 이루어져야 한다고 보는 점에서는 갑과 의견을 같이한다. "㉠의 원리에
동의하지 않지만" 부분이 틀렸기 때문에, ㄷ은 옳지 않은 분석이다.

〈보기〉의 ㄱ만이 옳은 분석이므로 정답은 ①이다.

06.

[규정]과 〈사례〉를 근거로 판단할 때 〈보기〉에서 [규정]을 준수한 것만을 있
는 대로 고른 것은?

[규정]

제1조 ① '개인정보처리자'란 업무를 목적으로 개인정보를 처리하는 자를 말한다.

② '업무수탁자'란 개인정보처리자가 본래의 개인정보 수집·이용 목적과 관련된 업무를 위탁
한 경우 위탁자의 이익을 위해 개인정보를 처리하는 자를 말한다.

③ '제3자'란 개인정보처리자와 업무수탁자를 제외한 모든 자를 말한다.

제2조 ① 개인정보처리자는 정보주체의 동의를 받은 경우에 한하여 개인정보를 수집할 수 있으
며 그 수집 목적의 범위에서 이용할 수 있다.

② 전항의 개인정보처리자는 수집 목적 범위에서 개인정보를 제3자에게 제공(공유를 포함)할
수 있다. 다만 제공 후 1주일 이내에 제공사실을 정보주체에게 알려야 한다.

③ 개인정보처리자는 정보주체의 이익을 부당하게 침해할 우려가 없는 경우에 한하여 정보주
체로부터 별도의 동의를 받아 개인정보를 수집 목적 이외의 용도로 이용하거나 이를 제3자에
게 제공할 수 있다.

④ 개인정보처리자는 개인정보 처리업무를 위탁하는 경우에 위탁 후 위탁사실을 정보주체에게
알려야 하고, 정보주체가 확인할 수 있도록 공개하여야 한다.

〈사례〉

숙박예약 전문사이트를 운영하는 P사는 숙박예약 및 이벤트행사를 위한 목적으로 회원가입시
이용자의 동의를 받아 개인정보를 수집하였다.

ㄱ. P사는 회원들로부터 별도의 동의 없이 숙박시설 운영자 Q에게 해당 숙박시설을 예약한 회원의 정보를 제공하고 즉시 그 회원에게 제공사실을 알려주었다.

ㄴ. P사는 여행사 S사와 사업제휴를 맺고 회원들로부터 별도의 동의 없이 S사가 S사의 여행상품을 홍보할 수 있도록 회원정보를 공유하였다.

ㄷ. P사는 항공권 경품이벤트를 알리기 위해 홍보업체 R사와 이벤트안내 메일발송업무에 관한 위탁계약을 체결하고 회원정보를 R사에게 제공한 후, 10일이 경과한 후에 제공사실을 회원들에게 알리고 공개하였다.

ㄹ. P사는 인터넷 불법도박사이트 운영업체 T사가 불법도박을 홍보할 수 있도록, 회원들로부터 별도의 동의를 받아 T사에게 회원정보를 유료로 제공하였다.

① ㄱ, ㄷ   ② ㄱ, ㄹ   ③ ㄴ, ㄹ

④ ㄱ, ㄴ, ㄷ   ⑤ ㄴ, ㄷ, ㄹ

문항 성격	문항유형 : 언어 추리
	내용영역 : 규범
평가 목표	이 문항은 개인정보 보호에 관한 규정을 이해하고 구체적인 사례에 적용하여 관련 규정 준수 여부를 판단할 수 있는 능력을 평가하는 문항이다.
문제 풀이	정답 : ①

〈사례〉에서 P사는 개인정보처리자에 해당하고, P사에 회원으로 가입한 이용자들은 정보주체에 해당한다. 제2조 제2항에서 개인정보를 제3자에게 제공하는 것은 개인정보를 제3자와 공유하는 것도 포함한다고 하였으므로, 제2조 제3항에서 제3자에게 제공할 수 있다고 한 것도 제3자와 공유할 수 있다는 의미를 포함하는 것으로 해석하여야 한다.

〈보기〉 해설	ㄱ. P사가 Q에게 개인정보를 제공한 것은 P사의 수집 목적 범위(숙박예약)에서 제3자에게 제공한 것이므로, 제2조 제2항이 적용된다. P사는 회원에게 즉시 제공사실을 알렸으므로. 1주일 이내에 알려야 한다는 규정을 준수한 것이다.
	ㄴ. S사의 여행상품 홍보는 숙박예약이나 이벤트행사와 무관하므로, P사의 수집 목적 범위에 들지 않는다. 따라서 P사가 S사와 회원정보를 공유한 것은 개인정보를 수집 목적 이외의 용도로 제3자에게 제공한 것에 해당하여 제2조 제3항이 적용된다. P사는 회원들로부터 별도의 동의를 받지 않았으므로, 규정을 위반한 것이다.

ㄷ. R사는 개인정보처리자 P사가 본래의 개인정보 수집·이용 목적(항공권 경품이
벤트)과 관련된 업무(항공권 경품이벤트를 메일발송의 방법으로 안내함)를 위탁
하여 위탁자 P사의 이익을 위해 개인정보를 처리하는 자이므로, P사의 업무수
탁자에 해당한다. 따라서 제2조 제4항이 적용되므로, 위탁사실을 회원들에게 고
지·공개하여야 한다. 그런데 이 고지·공개에는 (제2조 제2항과 같은) 기간제한
이 없으므로, P사는 규정을 준수한 것이다.

ㄹ. T사의 도박 홍보는 숙박예약이나 이벤트행사와 무관하므로, P사의 수집 목적
범위에 들지 않는다. 따라서 P사가 T사에게 개인정보를 제공한 것은 개인정보
를 수집 목적 이외의 용도로 제3자에게 제공한 것에 해당하여 제2조 제3항이
적용된다. 제2조 제3항에 따르면 정보주체의 이익을 부당하게 침해할 우려가
없는 경우에만 제3자 제공이 허용되는데, 불법도박을 홍보하면 홍보 대상인 P
사 회원들의 이익이 부당하게 침해될 우려가 있다. 따라서 P사가 비록 회원들로
부터 별도의 동의를 받았다 하더라도, P사는 규정을 위반한 것이다.

〈보기〉의 ㄱ, ㄷ만이 규정을 준수한 것이므로 정답은 ①이다.

07.

다음으로부터 추론한 것으로 옳은 것만을 〈보기〉에서 있는 대로 고른 것은?

X국은 "교통사고 당시 운전자의 혈중알코올농도가 0.03% 이상인 것이 확인되면 면허를 취소
한다."는 규정을 두고 있다. 그런데 교통사고 시점으로부터 일정 시간이 경과한 이후에 음주측정
이 이루어진 경우에는 교통사고 시점의 혈중알코올농도를 직접 확인할 수 없다. 이런 경우에 대
비하여 X국 법원은 사고 후에 측정한 혈중알코올농도를 근거로 교통사고 시점의 혈중알코올농도
를 추정하는 A공식을 도입하여 면허취소 여부를 판단하고자 한다.
A공식은 섭취 후 일정 시간 동안은 알코올이 소화기관에 의하여 혈액에 일정량 흡수되어 혈중
알코올농도가 증가(상승기)하지만 최고치에 이른 시점 이후부터는 분해작용에 따라 서서히 감소
(하강기)한다는 점에 착안한 것이다. A공식은 측정한 혈중알코올농도에 시간의 흐름만큼 감소한
혈중알코올농도를 더하는 방식이므로 교통사고가 혈중알코올농도 하강기에 발생한 경우에만 적
용될 수 있다.

A공식 : $C=r+b \times t$

(C : 확인하고자 하는 시점의 혈중알코올농도, r : 실측 혈중알코올농도, b : 시간당 알코올 분해율, t : 경과시간)

A공식에서 b는 시간당 0.008~0.03%로 사람마다 다른데 X국 법원은 개인별 차이를 고려하지 않고 위 범위에서 측정대상자에게 가장 유리한 값을 대입한다. 또한 t는 확인하고자 하는 시점부터 실제 측정한 시간까지의 경과시간을 시간 단위(h)로 대입한다.

한편 혈중알코올농도가 증가하는 '상승기 시간'은 음주종료시점부터 30분에서 1시간 30분까지로 사람마다 다른데 X국 법원은 역시 개인별 차이는 고려하지 않고 일괄적으로 음주종료시부터 1시간 30분 후에 최고 혈중알코올농도에 이르는 것으로 본다.

보 기

ㄱ. 20:00까지 술을 마신 후 운전을 하다 21:00에 교통사고를 냈고 같은 날 21:30에 측정한 혈중알코올농도가 0.031%인 사람은 면허가 취소된다.

ㄴ. 20:00까지 술을 마신 후 운전을 하다 교통사고를 냈고(시간 미상), 같은 날 23:30에 측정한 혈중알코올농도가 0.012%인 사람은 이후 사고시간이 밝혀지더라도 면허가 취소되지 않는다.

ㄷ. 20:00까지 술을 마신 직후 자가측정한 혈중알코올농도가 0.05%이었고 이후 운전을 하다 22:30에 교통사고를 냈으며 같은 날 23:30에 측정한 혈중알코올농도가 0.021%인 사람의 면허는 취소되지 않는다.

① ㄱ   ② ㄴ   ③ ㄱ, ㄷ

④ ㄴ, ㄷ   ⑤ ㄱ, ㄴ, ㄷ

문항 성격   문항유형 : 언어 추리

내용영역 : 규범

평가 목표   이 문항은 음주운전자의 혈중알코올농도 측정에 관한 규정과 공식을 이해하여 구체적 사례에 적용하는 능력을 평가하는 문항이다.

문제 풀이   정답 : ④

A공식을 적용하여 혈중알코올농도를 계산할 때에는 다음 두 가지 점에 유의하여야 한다. 첫째, A공식은 혈중알코올농도 상승기에는 적용할 수 없다. X국 법원의 입장에 따르면 최고 혈중알코올농도에 이르는 시점은 음주종료시부터 1시간 30분 후이므로 그 이전에 발생한 사고에 대해서는

A공식을 적용할 수 없다. 둘째, 시간당 알코올 분해율은 측정대상자에게 가장 유리한 값을 적용한다고 하였으므로, 시간당 0.008~0.03% 중 가장 작은 값인 시간당 0.008%를 대입하여야 한다.

〈보기〉해설 ㄱ. 교통사고가 발생한 시점이 21:00로 음주종료시인 20:00로부터 1시간밖에 지나지 않았다. 혈중알코올농도 상승기이므로 A공식을 적용할 수 없다. 따라서 면허취소는 불가능하다. ㄱ은 옳지 않은 추론이다.

ㄴ. 교통사고 시간이 미상이므로 사고 시점의 정확한 혈중알코올농도의 추정은 불가능하나, 음주종료 1시간 30분 후의 최고 혈중알코올농도는 추정할 수 있다. A공식에 $r=0.012$, $b=0.008$, $t=2$(음주종료 1시간 30분 후인 21:30부터 측정 시점인 23:30까지 2시간이 지났음)를 대입하면 $C=0.012+0.008\times2=0.028$이다. 최고 혈중알코올농도가 0.028%로 면허취소 기준에 미달하므로, 이후 사고시간이 몇 시로 밝혀지더라도 면허는 취소되지 않는다. ㄴ은 옳은 추론이다.

ㄷ. 음주종료 직후인 20:00에 자가측정한 혈중알코올농도는 교통사고를 낸 시점인 22:30의 혈중알코올농도를 추정할 수 있는 자료로 사용되지 못한다. 23:30에 측정한 혈중알코올농도가 유일한 기준이 된다. A공식에 $r=0.021$, $b=0.008$, $t=1$(교통사고를 낸 22:30부터 측정 시점인 23:30까지 1시간이 지났음)을 대입하면 $C=0.021+0.008\times1=0.029$이다. 혈중알코올농도가 0.029%로 면허취소 기준에 미달하므로, 면허는 취소되지 않는다. ㄷ은 옳은 추론이다.

〈보기〉의 ㄴ, ㄷ만이 옳은 추론이므로 정답은 ④이다.

08.

[규정]의 〈검토의견〉에 대한 평가로 옳은 것만을 〈보기〉에서 있는 대로 고른 것은?

[규정]
제1조(정의) '아동'은 미성년자를 말한다.
제2조(신체적 아동학대) 누구든지 아동을 폭행하거나 신체건강 및 발달에 해를 끼치는 신체적 학대행위를 한 때에는 5년 이하의 징역에 처한다.
제3조(성적 아동학대) 누구든지 아동을 대상으로 성적 수치심을 야기하는 성적 학대행위를 한 때에는 6년 이하의 징역에 처한다.

〈검토의견〉

A : 아동학대범죄는 일반폭력범죄와 달리 보호의무자가 보호대상자에게 해를 끼치는 데 특징이 있다. 따라서 보호대상자인 아동은 제2조, 제3조의 행위주체에서 제외하고 행위주체를 보호의무자인 '성인'으로 한정하여야 한다.

B : [규정]은 학대가해자를 철저히 처벌하여 학대피해자인 아동을 각종 학대행위로부터 두텁게 보호하고자 하는 데에 목적이 있다. 따라서 제2조, 제3조의 행위주체는 현행과 같이 '누구든지'로 유지되어야 한다.

C : 성적 행위와 관련하여 아동피해자를 성적 자기결정능력이 있는 성인피해자와 동일하게 취급할 수 없다. 따라서 제3조에서 '성적 수치심을 야기하는'이라는 표현은 삭제하는 것이 타당하다.

보 기

ㄱ. "최근 미성년자가 다른 미성년자의 보호·감독자가 되는 사회적 관계 유형이 증가하고 있다."는 연구 결과는 A를 뒷받침한다.

ㄴ. "아동학대의 가해자 상당수가 어린 시절 아동학대를 경험한 피해자이므로 아동학대에서 피해자와 가해자를 이분법적으로 나눌 수 없다."는 연구 결과는 B를 뒷받침한다.

ㄷ. "최근 미성년자 간에 성적 요구를 하여 영상 등을 촬영하는 사례가 늘고 있으며 이러한 요구에 대하여 아무 부끄러움이나 불쾌감 없이 응한 경험이 이후 부정적 자기정체성이나 왜곡된 성 인식을 형성하는 데에 결정적 영향을 미치므로, 미성년자 간의 성적 요구행위 역시 학대로 보아 처벌할 필요성이 크다."는 연구 결과는 B, C 모두를 뒷받침한다.

① ㄱ   ② ㄷ   ③ ㄱ, ㄴ

④ ㄴ, ㄷ   ⑤ ㄱ, ㄴ, ㄷ

문항 성격   문항유형 : 논증 평가 및 문제해결

내용영역 : 규범

평가 목표   이 문항은 아동학대범죄에 관한 규정의 내용과 그에 대한 의견을 이해하고 제시된 연구 결과를 각 의견에 대한 논거로 사용할 수 있는지 판단하는 능력을 평가하는 문항이다.

정답 : ②

[규정]은 행위주체를 '누구든지'로 규정하여 특별한 제한을 두지 않는데, A는 이를 '성인'으로 한정하여야 한다고 주장하고, B는 이를 현행대로 유지(미성년자 포함)하여야 한다고 주장한다. A는 보호의무자가 학대행위의 주체가 된다는 범죄의 특징을 근거로 들고 B는 학대가해자를 철저히 처벌하여 학대피해자를 폭넓게 보호하여야 한다는 규정의 목적을 근거로 든다.

성적 아동학대와 관련하여 [규정]은 '성적 수치심을 야기하는' 성적 학대행위로 규정하고 있는데 C는 '성적 수치심을 야기하는'이라는 표현을 삭제하여야 한다고 주장한다. C는 아동은 성인과 달리 성적 자기결정능력이 충분하지 않다는 피해자의 특성을 근거로 든다.

〈보기〉해설 ㄱ. 제시된 연구 결과는 미성년자인 보호의무자-미성년자인 보호대상자의 관계가 증가하고 있다는 것을 보여준다. 따라서 보호의무자를 성인, 보호대상자를 미성년자로 전제하고 미성년자를 아동학대 행위주체에서 제외하자는 A의 의견은 이 연구 결과에 의해서 뒷받침되지 못한다. ㄱ은 옳지 않은 평가이다.

ㄴ. 제시된 연구 결과는 거시적 관점에서는 아동학대 피해자와 가해자의 개념 구분이 명확하지 않을 수 있다는 내용이다. 따라서 특정 범죄에 국한한 미시적 관점에서 아동학대의 가해자와 아동학대의 피해자를 명확히 구분하는 B의 의견은 이 연구 결과에 의해서 뒷받침되지 못한다. ㄴ은 옳지 않은 평가이다.

ㄷ. 제시된 연구 결과는 '① 성적 수치심을 야기하지 않는 성적 요구라도 미성년자의 성적 발달에 해를 끼칠 수 있다. ② 미성년자의 성적 요구행위 역시 학대로 보아 처벌하여야 한다'는 두 가지 내용으로 정리된다. 우선, 성적 자기결정능력이 충분하지 않은 아동을 대상으로 한 성적 학대에는 '성적 수치심을 야기하는'이라는 요건이 불필요하다는 C의 의견은 ①에 의하여 뒷받침될 수 있다. 또한 학대가해자를 철저히 처벌하기 위하여 행위주체에 제한을 두지 말아야 한다(미성년자도 처벌하여야 한다)는 B의 의견은 ②에 의하여 뒷받침될 수 있다. ㄷ은 옳은 평가이다.

〈보기〉의 ㄷ만이 옳은 평가이므로 정답은 ②이다.

09.

[규정]에 따라 〈사례〉를 판단한 것으로 옳은 것만을 〈보기〉에서 있는 대로 고른 것은?

[규정]

제1조 ① 타인의 동의를 얻어 그의 물건을 원재료로 사용하여 새로운 물건을 제작한 경우 새로운 물건은 원재료 소유자가 소유한다.

② 제1항에도 불구하고 새로운 물건의 가격이 원재료 가액을 초과한 경우에는 새로운 물건을 제작한 자가 소유한다. 이 경우 원재료 소유자는 새로운 물건을 제작한 자에게 원재료 가액의 지급을 청구할 수 있다.

③ 제2항에서 제작행위를 한 자가 여럿이면 그 제작행위를 한 자가 새로운 물건을 공동으로 소유한다.

제2조 타인의 동의 없이 그의 물건을 원재료로 사용하여 새로운 물건을 제작한 경우 원재료 소유자는 다음의 권리를 가진다.

1. 새로운 물건의 가격이 원재료 가액을 초과한 경우에는 새로운 물건을 소유한다.

2. 새로운 물건의 가격이 원재료 가액과 동일하거나 미달하는 경우에는 우선 새로운 물건을 제작한 자에게 원재료 가액의 지급을 청구하여야 하고, 새로운 물건을 제작한 자가 이를 지급하지 않는 경우에 한하여 새로운 물건을 소유한다.

제3조 제1조 및 제2조에도 불구하고 새로운 물건을 쉽게 원재료로 환원할 수 있고 원재료 소유자가 이를 원할 경우에는 새로운 물건을 제작한 자는 원재료 소유자에게 원상대로 원재료를 반환하여야 한다.

〈사례〉

가죽 유통업자 갑은 장당 50만 원인 소가죽 50장을 소유·보관하고 있다. 구두장인 을은 갑의 소가죽 3장을 가져가 한 장은 손쉽게 제거 가능한 광택을 넣어 가격이 50만 원인 ㉠광택 나는 새로운 소가죽을 제작하였고, 다른 한 장으로는 ㉡구두를 제작하는 한편, 나머지 한 장은 소파제작자 병에게 보내 소파를 제작하게 하였다. 병은 이를 재단하여 100만 원인 ㉢소파를 제작하였는데, 소파 제작에 사용된 목재는 병이 50만 원에 구입한 것이다.

ㄱ. 을이 갑의 사용동의 없이 소가죽을 가져가 ㉠을 제작한 경우, 갑은 을에게 원상대로 소가죽을 반환할 것을 청구할 수 있다.

ㄴ. ㉡이 30만 원이고 소가죽에 대한 갑의 사용동의가 없는 경우, ㉡은 갑의 소유이다.

ㄷ. ㉢을 제작하는 데 있어서 만약 소가죽에 대한 갑의 사용동의가 있다면 ㉢의 소유자는 을이 되지만, 만약 갑의 사용동의가 없다면 ㉢은 갑의 소유가 된다.

① ㄱ   ② ㄷ   ③ ㄱ, ㄴ

④ ㄴ, ㄷ   ⑤ ㄱ, ㄴ, ㄷ

문항 성격 **문항유형 : 언어 추리**

내용영역 : 규범

평가 목표 이 문항은 다른 사람의 물건을 재료로 하여 새로운 물건을 만든 경우에 관한 규정을 이해하고 구체적 사례에 적용하는 능력을 평가하는 문항이다.

문제 풀이 정답 : ①

타인의 물건을 원재료로 사용하여 제작한 새로운 물건의 소유자가 누가 되는지는 ㉠원재료 주인의 원재료 사용동의 유무와 ㉡새로운 물건이 원재료보다 비싼 물건인지 여부에 따라 달라진다. 원재료 주인이 새로운 물건을 소유하지 못하게 되는 경우에는 제작자에게 원재료 가액의 지급을 청구할 수 있다. 그런데 새로운 물건을 쉽게 원재료로 환원할 수 있는 경우에는 원재료 소유자는 원재료 사용동의 유무에 관계없이 그리고 새로운 물건을 소유하느냐 여부에 관계없이 제작자에게 새로운 물건을 원재료로 환원하여 반환하라고 청구할 수 있다.

〈보기〉 해설 ㄱ. ㉠은 쉽게 원재료인 소가죽으로 환원할 수 있으므로, 제3조에 의하여 소가죽 소유인인 갑이 환원을 원하기만 하면 을은 원상대로 소가죽을 반환하여야 한다. 갑의 사용동의가 있었던 경우든 없었던 경우든 다르지 않다. ㄱ은 옳은 판단이다.

ㄴ. ㉡은 쉽게 원재료로 환원할 수 없고 원재료 소유자 갑의 사용동의가 없었으므로 제2조가 적용된다. ㉡의 가격이 원재료 가액에 미달하므로, 갑은 먼저 을에게 원재료 가액의 지급을 청구해야 하고, 을이 이를 지급하지 않는 경우에 한해서만 ㉡의 소유자가 될 수 있다. 갑이 원재료 가액의 지급을 청구하였는지 그리고 을이 지급하였는지 알 수 없으므로, ㉡이 갑의 소유라고 단정적으로 말할 수 없다. ㄴ은 옳지 않은 판단이다.

ㄷ. ©은 쉽게 원재료로 환원할 수 없으므로, 원재료 소유자인 갑의 사용동의를 얻은 경우에는 제1조가, 사용동의를 얻지 않은 경우에는 제2조가 적용된다. ©의 가격이 원재료 가액을 초과하므로, 갑의 사용동의를 얻은 경우에는 제1조 제2항에 의하여 ©의 소유자는 병이 되고, 사용동의를 얻지 않은 경우에는 제2조 1에 의하여 ©은 갑의 소유가 된다. 제1조~제3조에서 새로운 물건의 소유자가 될 수 있는 사람은 원재료 소유자 또는 새로운 물건의 제작자이므로, 소가죽 소유자도 아니고 ©을 제작하지도 않은 을은 어떠한 경우에도 ©의 소유자가 될 수 없다. ㄷ은 옳지 않은 판단이다.

〈보기〉의 ㄱ만이 옳은 판단이므로 정답은 ①이다.

10.
입법안 〈1안〉, 〈2안〉, 〈3안〉에 대한 분석으로 옳지 <u>않은</u> 것은?

〈1안〉

① 성적 의도로 다른 사람의 신체를 그 의사에 반하여 촬영한 자는 4년 이하의 징역에 처한다.

② 제1항에 따른 촬영물 또는 그 복제물을 유포한 자는 6년 이하의 징역에 처한다.

③ 영리를 목적으로 제1항의 촬영물 또는 그 복제물을 정보통신망을 이용하여 유포한 자는 10년 이하의 징역에 처한다.

〈2안〉

① 성적 의도로 다른 사람의 신체를 그 의사에 반하여 촬영하거나 그 촬영물 또는 그 복제물을 유포한 자는 5년 이하의 징역에 처한다.

② 제1항의 촬영이 촬영 당시에는 촬영대상자의 의사에 반하지 아니한 경우에도 촬영 후에 그 의사에 반하여 촬영물 또는 그 복제물을 유포한 자는 3년 이하의 징역에 처한다.

③ 영리를 목적으로 제1항 또는 제2항의 촬영물 또는 그 복제물을 정보통신망을 이용하여 유포한 자는 7년 이하의 징역에 처한다.

〈3안〉

① 성적 의도로 사람의 신체를 촬영대상자의 의사에 반하여 촬영한 자는 5년 이하의 징역에 처한다.

② 제1항에 따른 촬영물 또는 그 복제물을 유포한 자는 7년 이하의 징역에 처한다. 제1항의 촬영
이 촬영 당시에는 촬영대상자의 의사에 반하지 아니한 경우에도 그 촬영물 또는 그 복제물을
촬영대상자의 의사에 반하여 유포한 자는 7년 이하의 징역에 처한다.

③ 영리를 목적으로 정보통신망을 이용하여 제2항의 죄를 범한 자는 8년 이하의 징역에 처한다.

④ 제1항 또는 제2항의 촬영물 또는 그 복제물을 소지·구입·저장 또는 시청한 자는 1년 이하의
징역에 처한다.

※ 유포 : 1인 이상의 타인에게 반포·판매·임대·제공하거나 타인이 볼 수 있는 방법으로 전시·상영하는 행위
를 포함하여 촬영물이나 그 복제물을 퍼뜨리는 행위

① 〈1안〉과 〈3안〉은 성적 의도로 타인의 신체를 그의 의사에 반하여 촬영하는 행위보다
그 촬영물을 유포하는 행위가 더 중한 범죄인 것으로 보고 있다.

② 성적 의도로 타인의 신체를 그의 의사에 반하여 촬영한 동영상을 인터넷에서 다운로드
받아 개인 PC에 저장하는 행위는 〈3안〉에서만 처벌대상이다.

③ 성적 의도로 촬영대상자의 허락을 받아 촬영한 나체사진을 그의 의사에 반하여 다른
사람에게 이메일로 전송하는 행위는 〈2안〉과 〈3안〉에서만 처벌대상이다.

④ 〈3안〉에 의하면 촬영자가 성적 의도로 촬영자 자신의 나체를 촬영하여 SNS로 보내온
사진을 그 촬영자의 의사에 반하여 다른 사람들에게 SNS로 보낸 행위도 처벌대상이다.

⑤ 타인의 의사에 반하여 그의 신체를 성적 의도로 촬영한 사진을 한적한 도로변 가판대
에서 유상 판매하는 행위에 대해 가장 중한 처벌을 규정한 입법안은 〈1안〉이다.

문항 성격	문항유형 : 언어 추리
	내용영역 : 규범
평가 목표	이 문항은 디지털 성범죄 처벌에 관한 여러 법안의 차이점을 이해하고 각각의 규정을 사례에 적용하여 비교하는 능력을 평가하는 문항이다.
문제 풀이	정답 : ⑤

〈1안〉~〈3안〉은 처벌대상으로 하는 행위도 조금씩 다르고 처벌도 다르다. 성적 의도로 다른 사람
의 신체를 그 의사에 반하여 촬영하는 행위와 이에 따른 촬영물 또는 그 복제물을 유포하는 행
위는 공통적으로 처벌대상이고, 영리를 목적으로 정보통신망을 이용하여 유포하는 행위를 그렇
지 않은 유포 행위보다 중한 범죄로 본다는 점에서도 공통된다. 그러나 촬영 당시에 촬영대상자
의 의사에 반하지 않았다면 그 촬영물(복제물 포함)의 유포가 촬영대상자의 의사에 반할지라도 〈1
안〉에서는 처벌대상이 아니고, 촬영자가 자신을 촬영한 촬영물(복제물 포함)을 다른 사람이 유포
하는 행위는 〈3안〉에서만 처벌대상이 될 수 있다. 유포 외에 소지·구입·저장·시청까지도 처벌대
상으로 하는 것은 〈3안〉뿐이다.

⑤ 타인의 의사에 반하여 그의 신체를 성적 의도로 촬영한 사진을 가판대에서 판매하는 행위는 정보통신망을 통한 유포가 아니므로, 〈1안〉에서는 제2항, 〈2안〉에서는 제1항, 〈3안〉에서는 제2항에 따라 처벌된다. 각각 6년 이하의 징역, 5년 이하의 징역, 7년 이하의 징역을 규정하고 있으므로, 가장 중한 처벌을 규정한 입법안은 〈1안〉이 아니라 〈3안〉이다. ⑤는 옳지 않은 분석이다.

① 〈1안〉에 따르면 성적 의도로 타인의 신체를 그의 의사에 반하여 촬영하는 행위는 4년 이하의 징역으로 처벌되고, 그 촬영물을 유포하는 행위는 6년 이하의 징역으로 처벌된다. 〈3안〉에 따르면 성적 의도로 타인의 신체를 그의 의사에 반하여 촬영하는 행위는 5년 이하의 징역으로 처벌되고, 그 촬영물을 유포하는 행위는 7년 이하의 징역으로 처벌된다. 더 중한 처벌을 규정한 것은 더 중한 범죄로 본다는 것을 의미하므로, ①은 옳은 분석이다.

② 성적 의도로 타인의 신체를 그의 의사에 반하여 촬영한 동영상을 인터넷에서 다운로드받아 개인 PC에 저장하는 행위는 〈3안〉 제4항의 '복제물을 소지·구입·저장 또는 시청하는 행위'에 해당한다. 이러한 행위가 〈3안〉에서만 처벌대상이라고 한 ②는 옳은 분석이다.

③ 성적 의도로 촬영대상자의 허락을 받아 촬영한 나체사진을 그의 의사에 반하여 다른 사람에게 이메일로 전송하는 행위는 촬영 당시에는 촬영대상자의 의사에 반하지 아니하였으나 촬영 후에 그 의사에 반하여 촬영물 또는 그 복제물을 유포하는 행위에 해당하고, 〈2안〉 제2항과 〈3안〉 제2항 둘째 문장에서 처벌대상으로 규정하고 있다. 그러나 〈1안〉에 따르면 촬영 당시에 촬영대상자의 의사에 반하지 않았다면 이후 어떠한 행위도 처벌대상이 아니다. ③은 옳은 분석이다.

④ 〈3안〉은 촬영이나 유포가 촬영대상자의 의사에 반한 것인지 여부만 문제 삼을 뿐, 촬영대상이 '다른' 사람의 신체일 것을 규정하지 않는다. 촬영자가 자신의 나체를 촬영하였으므로, 촬영자의 의사에 반하여 유포한 것은 촬영대상자의 의사에 반하여 유포하였다는 것을 의미한다. 따라서 촬영자가 성적 의도로 자신의 나체를 촬영한 사진을 촬영자의 의사에 반하여 다른 사람들에게 SNS로 보낸 행위는 〈3안〉 제2항 둘째 문장에 따라 처벌된다. ④는 옳은 분석이다.

11.

X국, Y국 법원이 자국 규정에 따라 재판할 때 〈사례〉의 갑, 을, 병에게 선고되는 형 중 최저 형량과 최고 형량을 옳게 짝지은 것은?

[X국 규정]

제1조 ① 강간한 사람은 징역 7년형에 처한다.

　② 전항은 X국 영역 내에서 죄를 범한 내국인과 외국인에게 적용한다.

제2조 ① 해상에서 강도한 사람은 징역 8년형에 처한다.

　② 전항은 X국 영역 내에서 죄를 범한 내국인과 외국인 및 X국 영역 외에서 죄를 범한 내국인에게 적용한다.

제3조 X국의 국적만 가진 사람을 내국인으로 본다.

제4조 처벌대상이 되는 동종 또는 이종의 범죄가 수회 범해진 경우, 개별 범죄에서 정한 형을 전부 합산하여 하나의 형을 선고한다. 이때 한 행위자가 동종의 범죄를 범한 경우, 1회의 범죄를 1개의 범죄로 본다.

[Y국 규정]

제1조 ① 강간한 사람은 징역 6년형에 처한다.

　② 전항은 Y국 영역 내에서 죄를 범한 내국인과 외국인 및 Y국 영역 외에서 죄를 범한 내국인에게 적용한다.

제2조 ① 해상에서 강도한 사람은 징역 9년형에 처한다.

　② 전항은 Y국 영역 내·외에서 죄를 범한 내국인과 외국인에게 적용한다.

제3조 Y국의 국적을 가진 사람을 내국인으로 본다.

제4조 ① 처벌대상이 되는 동종 또는 이종의 범죄가 2회 범해진 경우에는 개별 범죄에서 정한 형 중 중한 형을 선택하여 그 형에 그 2분의 1을 더한 형만 선고하고, 3회 이상 범해진 경우에는 개별 범죄에서 정한 형 중 가장 중한 형을 선택하여 그 형에 그 3분의 2를 더한 형만 선고한다.

　② 전항에서 한 행위자가 동종의 범죄를 범한 경우, 1회의 범죄를 1개의 범죄로 본다.

〈사례〉

• X국 국적의 갑이 X국에서 1회 강간을 하고 1회 해상강도를 한 후 Y국에서 다시 1회 해상강도를 하였다. 갑은 Y국에서 재판을 받는다.

- Y국 국적의 을이 Y국에서 2회 강간을 하고 X국에 가서 1회 강간을 하였다. 본국으로 강제 송환된 을은 Y국에서 재판을 받는다.
- X국과 Y국의 국적을 모두 가진 병이 Y국에서 1회 해상강도를 한 후 X국에서 2회 강간을 하였다. 병은 X국에서 재판을 받는다.

① 10년 − 13년 6개월
② 10년 − 14년
③ 10년 − 15년
④ 12년 − 13년 6개월
⑤ 12년 − 14년

문항 성격	문항유형 : 언어 추리
	내용영역 : 규범
평가 목표	이 문항은 법의 인적·장소적 적용범위와 2회 이상 죄를 범한 경우의 형량 산정에 관한 규정을 이해하여 구체적 사례에 적용하는 능력을 평가하는 문항이다.
문제 풀이	정답 : ②

[X국 규정]과 [Y국 규정]을 적용하여 갑, 을, 병에게 선고될 형량을 계산하기 위해서는 우선 재판하는 국가가 어디인지를 확인하여 적용될 규정을 정하여야 한다. 다음으로 해당 규정에 따라 범죄자가 내국인인지 외국인인지 파악하여야 하고, 개별 범죄가 이루어진 곳이 어느 나라의 영역인지도 확인하여야 한다. 이에 따라 해당 규정이 적용되는 범죄와 적용되지 않는 범죄를 알 수 있다. 이어서 해당 규정이 적용되는 범죄의 형량을 확인하고, 끝으로 해당 규정이 2회 이상의 범죄에 대하여 정한 처리 방식을 적용하면 선고될 형량을 알 수 있다.

정답 해설 ② Y국에서 재판을 받는 갑에게는 Y국 규정이 적용되며, Y국 규정 제3조에 따르면 갑은 외국인이다. 갑이 범한 죄는 외국에서의 강간, 외국에서의 해상강도, 내국에서의 해상강도이다. 외국인이 외국에서 범한 강간에는 Y국 규정이 적용되지 않는다. 해상강도를 내국에서 범하든 외국에서 범하든 제2조 제2항에 따라 내국인과 외국인에게 모두 제2조 제1항이 적용되고, 형량은 9년이다. 갑은 형량 9년인 2개 범죄에 대해 재판을 받게 되므로, 제4조 제1항에 따라 갑에게는 9년에 4년 6개월(9년의 2분의1)을 더한 13년 6개월의 형이 선고될 것이다.

Y국에서 재판을 받는 을에게는 Y국 규정이 적용되며, Y국 규정 제3조에 따르면 을은 내국인이다. 을이 범한 죄는 내국에서의 2회 강간과 외국에서의 강간이다.

제1조 제2항에 따라 내국인이 내국 또는 외국에서 범한 강간에는 제1조 제1항이 적용되고, 형량은 6년이다. 을은 형량 6년인 3개 범죄에 대해 재판을 받게 되므로, 제4조 제1항에 따라 을에게는 6년에 4년(6년의 3분의2)을 더한 10년의 형이 선고될 것이다.

X국에서 재판을 받는 병에게는 X국 규정이 적용되며, X국 규정 제3조에 따르면 병은 외국인이다. 병이 범한 죄는 외국에서의 해상강도와 내국에서의 2회 강간이다. 외국인이 외국에서 범한 해상강도에는 X국 규정이 적용되지 않는다. 제1조 제2항에 따라 외국인이 내국에서 범한 강간에는 제1조 제1항이 적용되고, 형량은 7년이다. 병은 형량 7년인 2개 범죄에 대해 재판을 받게 되므로, 제4조에 따라 병에게는 7년에 7년을 더한 14년의 형이 선고될 것이다.

〈사례〉에서 선고되는 형 중 최저 형량은 을의 10년이고 최고 형량은 병의 14년이므로 정답은 ②이다.

12.

다음 논쟁에 대한 분석으로 옳은 것만을 〈보기〉에서 있는 대로 고른 것은?

X국 형법은 타인의 재물을 훔친 자를 절도죄로 처벌한다. 형법상 '재물'의 의미와 관련하여 갑, 을, 병이 아래와 같이 논쟁을 하고 있다.

갑 : 재물이란 '재산적 가치가 있는 물건'을 말하고, 여기서 '재산적 가치'란 순수한 경제적 가치, 즉 금전적 가치를 의미하기 때문에, 형법상 재물은 물건의 소유 및 거래의 적법성 여부와는 상관없다고 생각합니다.

을 : 재물이 반드시 적법하게 소유되거나 거래된 것일 필요가 없다는 점에 대해서는 갑의 견해에 동의합니다. 하지만 재물의 개념요소인 '재산적 가치'는 소유자가 주관적으로 부여하는 것이기 때문에, 금전적 교환가치가 있든 없든 소유자의 소유의사가 표출되어 있는 이상 해당 물건을 형법상 재물로 보는 것이 타당합니다.

병 : 재물의 개념요소인 '재산적 가치'가 인정되려면 금전적 교환가치가 있어야 합니다. 하지만 그것은 필요조건이지 충분조건은 아니라고 생각합니다. 형법상 재물이 되기 위해서는 금전적 교환가치가 있어야 할 뿐만 아니라 소유 및 거래의 적법성이 인정되는 것이어야 합니다.

ㄱ. 갑은 마약밀매상이 가지고 있는 법적으로 소유가 금지된 마약을 형법상 재물로 본다.

ㄴ. 을은 마약밀매상이 가지고 있는 법적으로 소유가 금지된 마약과 연예인이 소중히 보관하고 있지만 거래는 되지 않는 팬레터를 모두 형법상 재물로 본다.

ㄷ. 병은 연예인이 소중히 보관하고 있지만 거래는 되지 않는 팬레터를 형법상 재물로 보지만, 마약밀매상이 가지고 있는 법적으로 소유가 금지된 마약은 형법상 재물로 보지 않는다.

① ㄱ   ② ㄷ   ③ ㄱ, ㄴ
④ ㄴ, ㄷ   ⑤ ㄱ, ㄴ, ㄷ

문항 성격	문항유형 : 논쟁 및 반론
	내용영역 : 규범
평가 목표	이 문항은 X국 형법상 재물 개념을 둘러싼 논쟁에서 갑, 을, 병의 주장 및 논지를 파악하고 이를 바탕으로 구체적 물건의 재물 여부를 판단할 수 있는 능력을 평가하는 문항이다.
문제 풀이	정답 : ③

갑, 을, 병은 형법상 재물이 '재산적 가치가 있는 물건'이라는 데 의견이 일치하나, 재산적 가치가 무엇을 의미하는가에 관하여 논쟁하고 있다. 갑은 재산적 가치가 순수한 경제적 가치, 즉 금전적 (교환)가치와 같은 의미라고 보는 입장이고, 을은 소유자의 주관적 가치(소유의사의 표출)만 있으면 금전적 교환가치가 없어도 형법상 재물이 된다고 보는 입장이며, 병은 금전적 교환가치 외에 소유 및 거래의 적법성을 요구하는 입장이다.

〈보기〉 해설 ㄱ. 갑은 물건이 형법상 재물이 되기 위해 소유의 적법성은 필요하지 않고 금전적 (교환)가치만 있으면 된다는 입장이므로, 마약밀매상의 마약도 형법상 재물로 본다. ㄱ은 옳은 분석이다.

ㄴ. 을은 물건에 소유자의 주관적 가치만 있으면 금전적 교환가치 유무에 관계없이 형법상 재물로 인정하는 입장이므로, 마약판매상의 마약이든 연예인의 팬레터든 모두 형법상 재물로 본다. ㄴ은 옳은 분석이다.

ㄷ. 병은 물건의 금전적 교환가치와 더불어 그 소유 및 거래의 적법성까지 갖추어야 형법상 재물이 될 수 있다는 입장이므로, 거래가 되지 않는 팬레터는 금전적 교환가치가 없어서 형법상 재물로 보지 않고, 법적으로 소유가 금지된 마약은

소유의 적법성이 없어서 형법상 재물로 보지 않는다. ㄷ은 옳지 않은 분석이다.

〈보기〉의 ㄱ, ㄴ만이 옳은 분석이므로 정답은 ③이다.

13.

[규정]을 〈사례〉에 적용한 것으로 옳은 것만을 〈보기〉에서 있는 대로 고른 것은?

혼인하려는 당사자들은 혼인의 성립을 가능하게 하는 요건을 모두 충족하고 혼인의 성립을 불가능하게 하는 요건에 하나도 해당하지 않아야 혼인할 수 있다. 같은 국적을 가진 당사자들에게는 그들이 국적을 가진 국가의 규정을 적용하면 충분하나, 서로 다른 국적을 가진 당사자들에게는 어느 국가의 규정을 적용할지가 문제된다. 서로 다른 국적을 가진 당사자들이 X국에서 혼인할수 있는지를 판단하려면, 혼인 적령(適齡)은 각 당사자가 자신의 국적을 가진 국가에서 정한 요건만 검토하면 충분하고, 중혼(重婚)·동성혼(同性婚)은 쌍방 당사자가 국적을 가진 각 국가에서 정한 요건을 모두 검토해야 한다.

[규정]
X국 : 18세에 이르면 혼인할 수 있다. 기혼자도 중복으로 혼인할 수 있다. 같은 성별 간에도 혼인할 수 있다.
Y국 : 남성은 16세, 여성은 18세에 이르면 혼인할 수 있다. 남성은 기혼자도 중복으로 혼인할 수 있다. 같은 성별 간에는 혼인할 수 없다.
Z국 : 여성은 16세, 남성은 18세에 이르면 혼인할 수 있다. 쌍방 당사자 모두 미혼이어야 혼인할 수 있다. 같은 성별 간에도 혼인할 수 있다.

〈사례〉
갑 : X국 국적의 19세 미혼 여성이다.
을 : Y국 국적의 17세 기혼 남성이다.
병 : Z국 국적의 17세 미혼 여성이다.

ㄱ. 갑과 을은 X국에서 혼인할 수 있다.

ㄴ. 갑과 병은 X국에서 혼인할 수 있다.

ㄷ. 을과 병은 X국에서 혼인할 수 있다.

① ㄴ   ② ㄷ   ③ ㄱ, ㄴ

④ ㄱ, ㄷ   ⑤ ㄱ, ㄴ, ㄷ

문항 성격   문항유형 : 언어 추리

내용영역 : 규범

평가 목표   이 문항은 서로 다른 국적을 가진 사람들이 혼인하고자 하는 경우에 혼인성립요건의 준거법을 결정하는 원칙을 이해하고 사례에 적용하는 능력을 평가하는 문항이다.

문제 풀이   정답 : ③

X국 국적의 갑은 18세가 넘었고, Y국 국적의 을은 남성으로서 16세가 넘었으며, Z국 국적의 병은 여성으로서 16세가 넘었으므로, 각자가 국적을 가진 국가의 규정에 따르면 3명 다 혼인 적령에 해당한다. 따라서 혼인의 성립이 가능한지 알기 위해서는 중혼이나 동성혼이 가능한지만 확인하면 된다.

X국은 중혼과 동성혼을 모두 허용한다. Y국은 남성의 중혼은 허용하나 여성의 중혼은 허용 여부를 알 수 없고, 동성혼은 금지한다. Z국은 중혼은 금지하나 동성혼은 허용한다.

〈보기〉 해설   ㄱ. 갑은 여성이고 을은 남성이므로 동성혼에 관한 규정은 검토하지 않아도 된다. 갑이 국적을 가진 X국에서는 모든 중혼을 허용하고 을이 국적을 가진 Y국에서는 남성의 중혼을 허용하므로, 기혼 남성인 을의 중혼은 금지되지 않는다. 따라서 갑과 을은 X국에서 혼인할 수 있다. ㄱ은 옳게 적용한 것이다.

       ㄴ. 갑과 병 모두 미혼이므로 중혼에 관한 규정은 검토하지 않아도 된다. 갑과 병 모두 여성이므로 두 사람의 혼인은 동성혼에 해당하는데, 두 사람이 각각 국적을 가진 X국과 Z국에서는 모두 동성혼을 허용한다. 따라서 갑과 병은 X국에서 혼인할 수 있다. ㄴ은 옳게 적용한 것이다.

       ㄷ. 을은 남성이고 병은 여성이므로 동성혼에 관한 규정은 검토하지 않아도 된다. 을이 기혼 남성이므로 병과의 혼인은 중혼에 해당하는데, 을이 국적을 가진 Y국에서는 남성의 중혼을 허용하나 병이 국적을 가진 Z국에서는 모든 중혼을 금지한다. 따라서 을과 병은 X국에서 혼인할 수 없다. ㄷ은 옳게 적용하지 않은 것이다.

〈보기〉의 ㄱ, ㄴ만이 옳게 적용한 것이므로 정답은 ③이다.

14.

[규정]에 따라 〈사례〉를 판단한 것으로 옳지 <u>않은</u> 것은?

X국에서 유행성 독감이 급격히 확산하자 마스크 품귀 현상이 발생하였고 마스크 판매가격이 급등하였다. 이에 마스크 생산회사를 인수하여 마스크 공급을 독점하려는 동태가 감지되자 X국 정부는 [규정]을 제정하였다.

[규정]

제1조(지분 보유 제한) 자연인 또는 법인(회사를 포함한다)은 단독으로 또는 제2조에 규정된 '사실 상 동일인'과 합하여 마스크 생산회사 지분을 50%까지만 보유할 수 있다.

제2조(사실상 동일인) '사실상 동일인'이란 다음 각호 중 어느 하나에 해당하는 자를 말한다.

　　1. 해당 자연인의 부모, 배우자, 자녀

　　2. 해당 자연인이 50% 이상 지분을 보유하고 있는 법인

　　3. 해당 자연인이 제1호에 규정된 자와 합하여 50% 이상 지분을 보유하고 있는 법인

〈사례〉

X국에서 마스크를 생산하는 P회사 지분은 갑이 15%, 마스크 생산과 무관한 Q회사가 20%를 보유하고 있고, 나머지는 제3자들이 나누어 보유하고 있다. Q회사 지분은 을, 병, 정이 각각 10%, 40%, 50%를 보유하고 있다. 병은 을의 남편이다.

---

① 병은 제3자들로부터 P회사 지분 30%를 취득할 수 있다.

② 을이 갑의 딸인 경우, 갑은 제3자들로부터 P회사 지분 35%를 취득할 수 있다.

③ 정이 갑의 딸인 경우, 정은 제3자들로부터 P회사 지분 15%를 취득할 수 있다.

④ 정이 병으로부터 Q회사 지분 10%를 취득하는 경우, 병은 제3자들로부터 P회사 지분 50%를 취득할 수 있다.

⑤ 갑이 정으로부터 Q회사 지분 50%를 취득하는 경우, 갑은 제3자들로부터 P회사 지분 35%를 취득할 수 있다.

문항 성격	문항유형 : 언어 추리
	내용영역 : 규범
평가 목표	이 문항은 지분 보유 제한과 관련하여 '사실상 동일인'에 관한 규정을 이해하고 사례에 적용하는 능력을 평가하는 문항이다.

정답 : ⑤

모든 자연인은 단독으로 또는 [규정] 제2조의 '사실상 동일인'과 합하여 마스크 생산회사 지분을 50%까지만 보유할 수 있는데, '사실상 동일인'에 해당하는 자는 ① 부모·배우자·자녀, ② 그가 50% 이상 지분을 보유하고 있는 법인, ③ 그가 부모·배우자·자녀와 합하여 50% 이상 지분을 보유하고 있는 법인이다. 갑, 을, 병, 정의 친족관계를 파악하고 각자의 P회사 지분율 및 Q회사 지분율을 정확히 계산하여야 한다.

정답 해설 ⑤ 갑이 정으로부터 Q회사 지분 50%를 취득하면, Q회사는 갑이 50% 이상 지분을 보유하는 법인으로서 갑의 '사실상 동일인'(제2조 제2호)에 해당하게 된다. 갑이 제3자들로부터 P회사 지분 35%를 취득하면 현재의 15%와 합하여 50%를 보유하게 된다. 여기에 '사실상 동일인'인 Q회사가 보유하는 P회사 지분 20%를 합하면 70%가 되어 50%를 초과하므로, 제1조를 위반하게 된다. ⑤는 옳지 않은 판단이다.

오답 해설 ① 을은 병의 배우자이므로 병의 '사실상 동일인'(제2조 제1호)이다. 병이 Q회사 지분 40%를 보유하고 있고, 병의 '사실상 동일인'인 을이 Q회사 지분 10%를 보유하고 있으므로, Q회사는 병이 그 배우자와 합하여 50% 이상 지분을 보유하는 법인으로서 병의 '사실상 동일인'(제2조 제3호)에 해당하게 된다. 병이 제3자들로부터 P회사 지분 30%를 취득하면, '사실상 동일인'인 Q회사가 보유하는 P회사 지분 20%와 합하여 50%가 된다. 병은 '사실상 동일인'과 합하여 P회사 지분을 50%까지 보유할 수 있으므로 문제가 되지 않는다. ①은 옳은 판단이다.

② 을이 갑의 딸이면 갑의 '사실상 동일인'(제2조 제1호)에 해당한다. 그러나 을의 남편인 병은 갑의 '사실상 동일인'이 아니므로, Q회사도 갑의 '사실상 동일인'이 아니다. 을은 P회사 지분을 보유하고 있지 않다. 따라서 갑은 단독으로 P회사 지분을 50%까지 보유할 수 있는데, 갑이 제3자들로부터 P회사 지분 35%를 취득하면 현재의 15%와 합하여 50%를 보유하게 되므로 문제가 되지 않는다. ②는 옳은 판단이다.

③ 정이 갑의 딸이면, 갑은 정의 부모이므로 정의 '사실상 동일인'(제2조 제1호)이다. Q회사는 정이 50% 이상 지분을 보유하는 법인이므로 정의 '사실상 동일인'(제2조 제2호)이다. 정이 제3자들로부터 P회사 지분 15%를 취득하면, '사실상 동일인'인 갑이 보유하는 P회사 지분 15% 및 '사실상 동일인'인 Q회사가 보유하는 P회사 지분 20%와 합하여 50%가 된다. 정은 '사실상 동일인'과 합하여 P회사 지분을 50%까지 보유할 수 있으므로 문제가 되지 않는다. ③은 옳은 판단이다.

④ 정이 병으로부터 Q회사 지분 10%를 취득하면, 을과 병이 보유하는 Q회사 지분은 각각 10%와 30%가 된다. 병이 그 배우자와 합하여 보유하는 Q회사 지분은 50%에서 40%로 감소하게 되므로, ①과 달리 Q회사는 더 이상 병의 '사실상 동일인'이 아니게 된다. 을은 P회사 지분을 보유하고 있지 않다. 따라서 병은 단독으로 P회사 지분을 50%까지 보유할 수 있는데, 현재 병은 P회사 지분을 보유하고 있지 않으므로, 제3자들로부터 P회사 지분 50%를 취득하면 P회사 지분 50%를 보유하게 되어 문제가 되지 않는다. ④는 옳은 판단이다.

15.

다음으로부터 추론한 것으로 옳은 것만을 〈보기〉에서 있는 대로 고른 것은?

A : "미처 몰랐어."라는 말은 나쁜 행위에 대한 변명이 될 수 있고 비난의 여지를 줄여줄 수 있다. 가령 내가 친구의 커피에 설탕인 줄 알고 타 준 것이 독약이었다고 하자. 이는 분명 나쁜 행위이지만, 내가 그것을 몰랐다는 사실은 나에 대한 비난가능성을 줄여줄 것이다. 사실에 대한 무지가 도덕적 비난가능성을 줄일 수 있다면, 도덕에 대한 무지라고 다를 리 없다. 가령 어떤 사람이 노예제도가 도덕적으로 옳지 않다는 것을 모른 채 노예 착취에 동참했다고 해 보자. 이런 무지는 노예를 착취한 행위에 대해서 그 사람을 비난할 가능성을 줄여준다. 어떤 사람이 전쟁에서 적군을 잔인하게 죽이는 것이 옳다고 강하게 믿고 의무감에서 적군을 잔인하게 죽였다면, 그런 행위로 인해 그 사람은 심지어 칭찬받을 여지도 생길 수 있다.

B : 도덕적 무지가 나쁜 행위의 비난가능성을 줄일 수 있다면, 극악무도한 행위에 대해서도 "도덕적으로 그른 일인지 몰랐어."라는 변명이 통할 것이다. 그러나 이는 불합리하다. 어떤 행위를 한 사람이 칭찬받을 만한지 비난받을 만한지는 그 사람이 가진 옳고 그름에 대한 믿음에 따라 결정되는 것이 아니라, 행위가 드러내는 그 사람의 도덕적 성품에 따라 결정되어야 할 문제이다. 도덕적으로 선한 성품을 가진 사람은 그가 가진 도덕적 믿음에 상관없이 나쁜 것에 거부감을 느끼고 좋은 일에 이끌리기 마련이고, 그런 성품의 결과로 나온 행동은 칭찬받을 만하다. 사실 극단적인 형태의 도덕적 무지는 악한 성품에서 생겨나는 것이라 볼 수밖에 없다. 잘못된 도덕적 믿음과 의무감으로 인해 잔인하게 사람들을 죽이는 사람이 비난받아 마땅한 이유이다.

ㄱ. 노예제도가 당연시되던 시대에 살던 갑은 노예를 돕는 행위가 도덕적으로 옳지 않다고 믿음에도 불구하고 곤경에 빠진 노예를 돕는다. A에 따르면 갑은 이 행위로 인해 비난받을 만하고, B에 따르더라도 그러하다.

ㄴ. 을은 고양이를 학대하는 것이 도덕적으로 나쁘지 않다고 믿고 있다. 이 때문에 그는 거리낌 없이 고양이를 잔인하게 학대한다. A에 따르면 을의 도덕적 무지는 그에 대한 비난가능성을 낮추지만, B에 따르면 그렇지 않다.

ㄷ. 병은 식당에서 나오는 길에 다른 사람의 비싼 신발을 자기 것으로 착각하고 신고 가버렸다. A에 따르면 병의 착각은 그에 대한 비난가능성을 낮춘다.

① ㄱ   ② ㄷ   ③ ㄱ, ㄴ

④ ㄴ, ㄷ   ⑤ ㄱ, ㄴ, ㄷ

문항 성격 문항유형 : 언어 추리

내용영역 : 규범

평가 목표 이 문항은 도덕적 무지가 나쁜 행위에 대한 비난가능성을 줄일 수 있는지 여부에 대해 두 대립되는 입장을 이해하여 두 입장으로부터 옳은 것을 추론할 수 있는 능력을 평가하는 문항이다.

문제 풀이 정답 : ④

어떤 나쁜 행위가 '사실적 무지'에서 기인할 때 이는 그 행위에 대한 행위자의 비난가능성을 낮출 수 있다는 것은 분명하다. 그러나 '도덕적 무지', 즉 어떤 것이 나쁜 행위라는 것을 몰랐을 때 그 행위에 대한 행위자의 비난가능성이 낮아질 수 있는지는 논란의 여지가 있다. A는 도덕적 무지도 사실적 무지와 다를 바 없이 행위의 비난가능성을 낮출 수 있다고 본다. 반면에 B는 도덕적 무지는 비난가능성과 무관하다고 주장한다. 행위에 대한 행위자의 비난가능성과 칭찬가능성은 도덕적 성품으로부터 나온다는 것이다.

〈보기〉해설 ㄱ. 갑은 노예를 돕는 행위가 옳지 않다는 도덕적으로 틀린 믿음을 갖고 있으나, 좋은 행위를 했다. A에 따르면 나쁜 행위라도 그것이 도덕적으로 잘못된 믿음에서 나올 때에는 비난의 여지는 낮아질 수 있고, 심지어 칭찬의 여지까지 생긴다. 그런데 갑의 사례는 도덕적 믿음에 반해서 행동한 사례이므로 이에 대해서 A가 어떤 함축을 갖는지는 결정할 수 없다고 보아야 한다. B는 행위자에 대한 비난가능성과 칭찬가능성은 행위가 드러내는 행위자의 도덕적 성품으로부터 나온다고 주장하므로, B에 따르면 좋은 행위를 한 갑은 칭찬받을 만하다고 추론할 수 있다. 따라서 ㄱ은 옳지 않은 추론이다.

ㄴ. 을의 행위는 도덕적 무지에서 나온 악행이다. 따라서 A는 이 무지가 비난가능성을 낮춘다고 평가할 것이다. 반면에 B는 도덕적 무지는 비난가능성과 칭찬가능성에 대한 판단에 영향을 미치지 못한다고 본다. 게다가 이런 행동에 아무 거리낌을 느끼지 않는다는 것은 을이 선한 도덕적 성품을 가지지 않았음을 시사한다. 따라서 B에 따르면 을의 도덕적 무지는 그에 대한 비난가능성을 낮추지 못한다. ㄴ은 옳은 추론이다.

ㄷ. 병의 무지는 사실적 무지에 해당한다. A는 사실적 무지가 행위의 비난가능성을 낮춘다고 명시적으로 말하고 있으므로, A는 병의 착각이 비난가능성을 낮춘다고 판단할 것이다. ㄷ은 옳은 추론이다.

〈보기〉의 ㄴ, ㄷ만이 옳은 추론이므로 정답은 ④이다.

16.

다음 대화에 대한 분석으로 옳은 것만을 〈보기〉에서 있는 대로 고른 것은?

소크라테스 : 어떤 대상에 대해서 우리는 그것을 알거나 알지 못하거나 둘 중 하나 아니겠나? 그렇다면 판단을 하는 사람은 아는 것에 대해 판단하거나 아니면 알지 못하는 것에 대해 판단하는 게 필연적이겠지?

테아이테토스 : 필연적입니다.

소크라테스 : 그리고 어떤 대상을 알면서 동시에 알지 못한다거나, 알지 못하면서 동시에 안다는 건 불가능한 일이네.

테아이테토스 : 그렇습니다.

소크라테스 : 그럼 거짓된 판단을 하는 자가 판단의 대상을 알고 있는 경우라면, 그는 자기가 아는 것을 그것 자체라고 생각하지 않고 자기가 아는 다른 어떤 것이라고 생각하는 것인가? 그래서 그는 양쪽 다를 알면서도 다시금 양쪽 다를 모르는 것인가?

테아이테토스 : 그건 불가능합니다.

소크라테스 : 만일 거짓된 판단을 하는 자가 판단의 대상을 알지 못하는 경우라면, 그는 자기가 알지 못하는 것을 자기가 알지 못하는 다른 어떤 것이라고 여기는 것인가? 그래서 자네와 나를 알지 못하는 자가 '소크라테스는 테아이테토스다' 또는 '테아이테토스는 소크라테스다'라는 생각에 이르게 되는 일이 있을 수 있는가?

테아이테토스 : 어찌 그럴 수 있겠습니까?

소크라테스 : 아무렴, 자기가 아는 것을 알지 못하는 것이라고 여기는 경우는 없으며, 또한 알지 못하는 것을 아는 것이라고 여기는 경우도 확실히 없네. 그러니 어떻게 거짓된 판단을 할 수 있겠는가? 왜냐하면 우리는 대상에 대해 알든가 아니면 알지 못하든가 할 뿐인데 이들 경우에 거짓된 판단을 하는 것은 결코 가능해 보이지 않으니까.

보 기

ㄱ. 소크라테스에 따르면, a만 알고 b를 모르더라도 'a는 b이다'라는 참된 판단을 내릴 수 있다.

ㄴ. 소크라테스에 따르면, a와 b를 둘 다 모르는 경우 'a는 b이다'라는 거짓된 판단도 할 수 없다.

ㄷ. a와 b를 둘 다 알면서 'a는 b이다'라는 거짓 판단을 내리는 것이 실제로 가능하다면, 소크라테스의 주장은 설득력을 잃는다.

① ㄱ   ② ㄷ   ③ ㄱ, ㄴ

④ ㄴ, ㄷ   ⑤ ㄱ, ㄴ, ㄷ

문항 성격　문항유형 : 논증 평가 및 문제해결

　　　　　　내용영역 : 인문

평가 목표　이 문항은 거짓 판단의 불가능성에 대한 소크라테스의 논증을 읽고 이에 대해 올바른 평가를 할 수 있는 능력을 측정하는 문항이다.

문제 풀이　정답 : ④

'알지 못한다는 것을 알아야 한다', 또는 '너 자신을 알라'라는 소크라테스의 말에서 문제되는 앎의 개념은 불완전한 앎이 아니라 완전한 앎이다. 소크라테스가 가지고 있었던 '완전한 앎'의 개념이 검토되는 테아이테토스 편의 논의로서, 여기서 등장하는 소크라테스는 거짓된 판단이 불가능하다는 논증을 제시한다.

　소크라테스가 제시한 논증의 구조는 다음과 같다.

① 우리는 대상들에 대해 알거나 알지 못한다. (소크라테스의 첫 번째 진술)

② 만일 대상들에 대해 모두 안다면, 거짓된 판단은 할 수 없다. (소크라테스의 세 번째 진술)

③ 만일 대상들에 대해 모두 알지 못한다면, 거짓된 판단은 할 수 없다. (소크라테스의 네 번째 진술)

④ 따라서 우리는 거짓된 판단을 할 수 없다. (소크라테스의 다섯 번째 진술)

이로부터 'a는 b이다'라는 거짓된 판단은 a와 b를 모두 아는 경우, 모두 모르는 경우에서 불가능하다는 것을 알 수 있다.

〈보기〉 해설 ㄱ. 제시문으로부터 a와 b를 모두 알 때 참된 판단이 가능하다는 것을 추론할 수는 있지만, a와 b 중 하나를 알고 하나를 모를 때 참된 판단을 내릴 수 있다는 것을 추론할 수는 없다. a는 알고 b는 모르는 경우에는, 양자를 모를 때와 마찬가지 이유에서, 즉 모르는 것에 대해서는 판단 자체가 불가능하다는 이유에서, 'a는 b이다'라는 참된 판단을 내릴 수 없을 것이다. ㄱ은 옳지 않은 분석이다.

ㄴ. 소크라테스의 네 번째 진술에서, a와 b를 알지 못하는 경우 'a는 b이다'라는 생각에 이르게 되는 일이 있을 수 없다고 말하고 있다. 즉, 'a는 b이다'라는 판단을 할 수 없다고 주장하고 있다. ㄴ은 옳은 분석이다.

ㄷ. 소크라테스의 세 번째 진술에서, a와 b를 둘 다 아는 경우 'a는 b이다'라는 거짓 판단을 내리는 것이 가능하지 않다는 것을 주장하고 있다. 따라서 a와 b를 둘 다 알면서 'a는 b이다'라는 거짓 판단을 내리는 것이 실제로 가능하다면, 소크라테스의 주장은 유지되지 못할 것이다. 따라서 ㄷ은 옳은 분석이다.

〈보기〉의 ㄴ, ㄷ만이 옳은 분석이므로 정답은 ④이다.

17.

A, B에 대한 평가로 옳은 것만을 〈보기〉에서 있는 대로 고른 것은?

A : 악(惡)이 존재가 아니라 결여에 불과하다고 주장하는 사람들이 있다. 그런데 결여에 대해서는 더함과 덜함을 말할 수 없다. '이것이 빠져 있다'라는 진술과 '이것이 빠져 있지 않다'라는 진술은 모순 관계에 있기 때문이다. 모순 관계에서는 중간의 어떤 것이 허용되지 않는다. 반면, 존재에 대해서는 더함과 덜함을 말할 수 있다. 존재에는 완전함의 정도 차이가 있을 수 있기 때문이다. 그렇다면 악은 어떤가? 악한 것들 중에서 어떤 것은 다른 것보다 더 악하다.

B : 우리가 어떤 것이 다른 것보다 더 악하거나 덜 악하다고 말할 때, 우리는 그것들이 선(善)으로부터 얼마나 떨어져 있는가를 말하는 것이다. 이런 의미에서, 예컨대 '비동등성'과 '비유사성'처럼 결여를 내포하는 개념에 대해서도 더함과 덜함을 말할 수 있다. 즉, 동등성에서 더 멀리 떨어져 있는 것에 대해서 우리는 '더 비동등하다'라고 말하고, 유사성에서 더 떨어져 나온 것은 '더 비유사하다'라고 말한다. 따라서 선을 더 많이 결여한 것은, 마치 선에서 더 멀리 떨어져 있는 것처럼 '더 악하다'라고 말할 수 있다. 결여는 결여를 일으키는 원인의 증가 또는 감

소에 의해서 더해지거나 덜해질 뿐 그 자체로 존재하는 어떤 성질이 아니다. 어둠은 그 자체로 존재하거나 그 자체로 강화되는 것이 아니다. 다만, 빛이 더 많이 차단될수록 더 어두워지고 밝음에서 더 멀어지게 되는 것이다.

보기

ㄱ. B는 A와 달리 악이 결여라고 주장한다.

ㄴ. A는 악에 정도의 차이가 있다는 것을 인정하고 B도 그것에 동의한다.

ㄷ. 악 없이 존재하는 선은 가능해도 선 없이 존재하는 악은 불가능하다는 관점은 A보다 B에 의해 더 잘 지지된다.

① ㄱ   ② ㄷ   ③ ㄱ, ㄴ

④ ㄴ, ㄷ   ⑤ ㄱ, ㄴ, ㄷ

문항 성격   문항유형 : 논쟁 및 반론

내용영역 : 인문

평가 목표   이 문항은 악을 자립적 존재로 이해하는 글과 악을 단순한 결여로 이해하는 글을 읽고 그 논점이 무엇인지를 파악하는 능력을 평가하는 문항이다.

문제 풀이   정답 : ⑤

A는 악이 존재가 아니라 결여에 불과하다는 관점을 반박하는 논증이고, B는 악이 결여에 불과하다는 관점을 지키기 위해 A를 반박하는 논증이다. 두 논증에서 문제가 되는 것은 결여의 다의성이다. A는 존재에 대한 결여의 관계를 단순히 진술의 부정으로 이해하고, 긍정문과 부정문이 상호 모순적이라는 의미에서 부정과 결여에는 더함과 덜함이 있을 수 없다고 본다. 즉, '존재하다'와 '존재하지 않다(결여되어 있다)'는 진술은 모순이며 이 두 진술 사이에는 어떤 중간의 것, 즉 더함과 덜함이 들어설 자리가 없다는 것이다. 그러나 경험적 사실이나 일상적 어법에서 더 악함과 덜 악함의 존재는 당연하게 받아들여지며, 따라서 악은 결여가 아니라는 것이다.

이에 비해 B는 존재에 대한 결여의 관계를 단순히 진술의 부정으로 이해하는 것이 아니라 실체나 성질이 특정한 원인에 의해 제거되거나 약화되어 있는 것으로 이해한다. 이렇게 결여를 이해할 때, 결여는 당연히 정도를 받아들인다.

〈보기〉 해설   ㄱ. A는 결여가 정도를 받아들이지 않으나 존재는 정도를 받아들이고 악도 정도를 받아들이므로, 악도 존재라고 주장한다. 이와 달리 B는 결여의 의미를 정도를 받아들일 수 있는 것으로 이해함으로써 A에 맞서 결여로서의 악 개념을 옹호하려 한다. ㄱ은 옳은 평가이다.

ㄴ. 악에 더함과 덜함이 있다는 것은 A의 핵심적인 전제 중의 하나이다. B도 이 전제에 동의한다. B가 부정하는 것은 결여가 더함과 덜함을 받아들이지 않는다는 A의 주장이다. ㄴ은 옳은 평가이다.

ㄷ. B에 따르면 결여는 존재의 부분적 부정(또는 존재에서 삭제된 부분)이므로, 존재에 의존하는 개념이다. 그러므로 악을 결여로 파악하는 B의 입장은, 악 없이 존재하는 선은 가능해도 선 없이 존재하는 악은 불가능하다는 관점을 지지한다. 반면 악을 일종의 존재로 보는 A의 입장은 선과 악의 존재적 동등성을 주장하는 관점, 즉 선 없이도 악이 존재할 수 있다는 관점과 연결된다. ㄷ은 옳은 평가이다.

〈보기〉의 ㄱ, ㄴ, ㄷ 모두 옳은 평가이므로 정답은 ⑤이다.

18.

다음 논쟁에 대한 분석으로 옳은 것만을 〈보기〉에서 있는 대로 고른 것은?

갑 : 얘야. 내일이 시험인데 왜 공부를 하지 않니?

을 : 어머니, 좋은 질문이네요. 저는 공부를 하지 않기로 선택했어요.

갑 : 왜 그런 놀라운 선택을 했는지 납득이 되도록 설명해 주지 않으련?

을 : 제가 볼 시험은 1등부터 꼴등까지 응시생들의 순위를 매기도록 고안되어 있습니다. 다른 응시생들은 조금이라도 등수가 오르면 기뻐한다는 사실을 저는 발견했어요. 하지만 저는 등수가 오르는 것이 전혀 기쁘지 않습니다. 그리고 저는 더 많은 사람들이 기쁨을 누릴 수 있기를 원합니다. 그러니 제가 공부를 하지 않는 것이 다른 응시생을 기쁘게 만들지 않겠습니까? 제가 공부를 하지 않으면 더 많은 응시생들의 등수가 오르거든요. 따라서 저는 공부를 하지 않는 것이 정당합니다.

갑 : 넌 공부를 하지 않을 뿐인데 그게 어떻게 다른 사람들의 기쁨의 원인이 될 수 있다는 말이냐? 내가 보기에 너는 아무것도 안 하면서 남들을 기쁘게 할 수 있다는 놀라운 주장을 하는구나. 다른 사람들이 자신의 등수 때문에 기뻐한다면 그건 그들이 공부를 했기 때문이 아니겠니? 네가 뭘 하지 않는 것과는 상관이 없어.

을 : 아니죠, 어머니. 제가 만일 공부를 한다면 제가 공부를 하지 않았을 때보다 더 많은 사람들이 저보다 낮은 점수를 받게 되겠죠. 그 경우 저의 노력으로 인해 사람들이 기쁨을 느낄 기회를 잃게 되지 않겠어요?

ㄱ. 무언가를 원한다고 해서 그것을 획득하는 모든 수단이 정당화되지는 않는다면, 을의 논증은 약화된다.

ㄴ. 을이 공부를 할 경우 공부를 하지 않을 경우에 비해서 을의 점수가 오른다는 것이 참이라면, 을이 공부를 하지 않을 경우 더 많은 응시생들의 등수가 오른다는 을의 전제도 참이다.

ㄷ. 공부를 하지 않는 것이 타인으로 하여금 기쁨을 누리게 하는 원인이 될 수 없다는 갑의 주장이 참이려면, 무언가를 하지 않는 것이 다른 것의 원인이 될 수 없다는 가정이 참이어야 한다.

① ㄱ   ② ㄴ   ③ ㄱ, ㄷ
④ ㄴ, ㄷ   ⑤ ㄱ, ㄴ, ㄷ

문항 성격   문항유형 : 논쟁 및 반론

내용영역 : 인문

평가 목표   이 문항은 논쟁에서 나타나는 논증을 비판하는 능력과 각 전제가 참이 되기 위한 필요조건, 충분조건을 판단하는 능력을 평가하는 문항이다.

문제 풀이   정답 : ①

을의 첫 번째 논증은 다음과 같다.

[전제 1] 내가 공부를 하지 않으면 더 많은 응시생의 등수가 오른다.

[전제 2] 응시생은 등수가 오르면 기뻐한다.

[전제 3] 나는 더 많은 사람이 기쁨을 누리기를 원한다.

[결론] 따라서 나는 공부를 하지 않는 것이 정당하다.

을의 두 번째 논증은 다음과 같다.

[추가 전제 1] 내가 공부를 하면 더 많은 사람들이 나보다 낮은 점수를 받는다.

[추가 전제 2] 사람들이 나보다 낮은 점수를 받으면, 그들은 기쁨을 느낄 기회를 잃는다.

[숨은 결론] 따라서 내가 공부를 하면 더 많은 사람들이 기쁨을 느낄 기회를 잃는다.

갑의 논증은 다음과 같다.

[전제 1] 공부를 하지 않는 것은 다른 사람들의 기쁨의 원인이 될 수 없다.

[전제 2] 다른 사람들의 기쁨의 원인은 그들이 공부를 한 것이다.

[숨은 결론] 따라서 을이 공부를 하지 않아야 한다는 주장은 정당하지 않다.

〈보기〉해설　ㄱ. 을의 첫 번째 논증에서 [전제 1]과 [전제 2]로부터 "내가 공부를 하지 않으면 더 많은 사람들이 기뻐한다."가 도출된다. 이를 통해 을이 공부를 하지 않는 것이 더 많은 사람들이 기쁨을 획득하기 위한 수단임을 알 수 있다. 그리고 을이 더 많은 사람들의 기쁨을 원한다는 것은 [전제 3]이다. 이로부터 을은 [결론], 즉 자신이 원하는 것을 얻기 위한 수단(공부를 하지 않는 것)이 정당하다는 것을 이끌어낸다. 그런데 만약 무언가를 원한다고 해서 그것을 획득하는 모든 수단이 정당화되지는 않는다면, 을이 더 많은 사람들의 기쁨을 원한다는 전제로부터 그 수단인 공부를 하지 않는 것이 정당하다는 결론으로 나아가는 논증은 약화된다. ㄱ은 옳은 분석이다.

ㄴ. 을의 점수가 오르는 것과 응시생들의 등수에 변화가 있다는 것은 논리적으로 독립적이다. 예컨대 을이 극히 낮은 점수의 꼴찌라면 을이 공부를 하여 점수가 오르더라도 응시생들의 등수에는 변함이 없을 것이다. 이 경우 '을이 공부를 한다면 을의 점수가 오른다'가 참이라고 하여도, '을이 공부를 하지 않을 경우 더 많은 응시생들의 등수가 오른다'는 거짓이다. 따라서 ㄴ은 옳지 않은 분석이다.

ㄷ. 무언가를 하지 않는 것이 다른 것의 원인이 될 수 없다는 명제가 참이라면 공부를 하지 않는 것이 타인으로 하여금 기쁨을 누리게 하는 원인이 될 수 없다는 명제 역시 참이다. 그러나 후자가 전자로부터 논리적으로 따라 나온다는 사실은 후자가 참이기 위해서는 반드시 전자가 참이어야 한다는 것을 의미하지는 않는다. 공부를 하지 않는 것이 타인으로 하여금 기쁨을 누리게 하는 원인이 될 수 없다는 주장이 참이라고 하여도, 어떤 특정한 종류의 무언가를 하지 않음이 어떤 결과의 원인이 될 수도 있다. ㄷ은 옳지 않은 분석이다.

〈보기〉의 ㄱ만이 옳은 분석이므로 정답은 ①이다.

19.

다음 글에 대한 평가로 옳은 것만을 〈보기〉에서 있는 대로 고른 것은?

연구팀은 철학자 집단과 일반인 집단을 대상으로 다음 세 문장에 대한 동의 여부를 조사하였다.

(가) 어떤 주장이 누군가에게 참이라면, 그것은 모든 사람에게 참이다.

(나) 모든 사람이 어떤 주장에 동의한다면, 그 주장은 참이다.

(다) 어떤 주장이 참이라면, 그것은 사실을 나타낸다.

두 집단 모두에서 (다)에 대해 '동의함'의 비율이 80%를 웃돌았다. (나)에 대해서는 두 집단 모두에서 '동의하지 않음'의 비율이 훨씬 우세했고 '동의함'의 비율은 철학자에서 더 높았다. 흥미로운 것은 (가)이다. 철학자는 83%가 (가)에 동의한 반면, 일반인은 그 비율이 40%를 약간 넘었고 동의하지 않는다는 응답의 비율이 오히려 더 높았다. (가)를 둘러싼 이 차이는 어디서 비롯되었을까? 연구팀에 따르면, (가)는 다음 둘 중 하나로 읽힌다.

[독해 1] 어떤 주장이 참임이 결정되었다면, 그것의 참임은 객관적이다.

[독해 2] 만약 누군가가 어떤 주장이 참이라고 생각한다면, 모두가 그에게 동의할 것이다.

주장의 참임이 객관적이라는 것은, 그것의 참이 각자의 관점에 상대적이지 않다는 뜻이다. 연구팀은 "⊙일반인에게서 (가)에 동의하는 의견의 비율이 철학자에 비해 현격히 낮았던 이유는, 철학자는 (가)를 [독해 1]로, 일반인은 [독해 2]로 읽는 경향이 있기 때문이다."라고 말한다. 연구팀은 이 차이에도 불구하고 ⓒ참임의 객관성에 대해서는 일반인과 철학자의 의견이 일치한다고 생각한다. 왜냐하면 (가)와 (다)는 참임의 객관성을 긍정, (나)는 부정하는 문장인데, (다)에 대해 일반인과 철학자의 '동의함' 의견의 비율이 비슷하게 높았고, (나)에 동의하지 않는 비율도 철학자와 일반인이 비슷하게 높았기 때문이다.

보 기

ㄱ. 추가 조사 결과 철학자 대다수가 [독해 2]에 대해 '동의하지 않음'으로 응답했다면, ⊙은 강화된다.

ㄴ. 추가 조사 결과 일반인 대다수가 [독해 1]에 대해 '동의함'으로 응답했다면, ⓒ은 강화된다.

ㄷ. (나)에 대해 동의하는 응답의 비율에서 일반인과 철학자 사이에 차이가 있는 것으로 나타난 이유가, '동의하지 않음' 의견을 지닌 일부 철학자가 '동의함'으로 잘못 응답한 실수 때문이었음이 밝혀진다면, ⓒ은 강화된다.

① ㄱ   ② ㄴ   ③ ㄱ, ㄷ
④ ㄴ, ㄷ   ⑤ ㄱ, ㄴ, ㄷ

문항유형 : 논증 평가 및 문제해결

내용영역 : 인문

이 문항은 주어진 조사 자료를 이해하여 그로부터 새로운 증거가 가설을 강화 또는 약화하는지 판단할 수 있는 능력을 평가하는 문항이다.

정답 : ⑤

참임의 객관성을 긍정하는 문장 (가), (다)와 참임의 객관성을 부정하는 문장 (나)를 철학자와 일반인에게 각각 제시하고 이 문장들에 대한 동의 여부를 조사하였다. (나)는 참임의 객관성을 부정하는 문장이고 (다)는 참임의 객관성을 긍정하는 문장이라는 것과 조사 결과로부터 진리에 대한 철학자와 일반인의 직관이 대체로 일치한다는 것을 추론할 수 있다. 다만 (가)에 대해서는 의견이 갈렸는데, 그 이유를 추측하는 것이 이 글의 주요한 내용이다. 글의 주장은 가설 ㉠이 그 차이를 설명한다는 것, 그리고 결국 철학자와 일반인은 참임의 객관성에 대해 의견이 일치한다는 가설 ㉡이다.

ㄱ. 실험 결과를 간략히 표현하면 다음과 같다.

	(가) 원문	(가) 독해 1	(가) 독해 2	(나)	(다)
철학자	긍정	–	–	부정	긍정
일반인	부정	–	–	부정	긍정

또한 ㉠에 따르면, 제시문에서 주어진 정보를 바탕으로 표는 다음과 같이 그릴 수 있다.

	(가) 원문	(가) 독해 1	(가) 독해 2	(나)	(다)
철학자	–	긍정	a	부정	긍정
일반인	–	b	부정	부정	긍정

그런데 ㉠은 '일반인들이 (가)에 부정적인 의견을 제시한 것은 (가) 자체에 대한 의견이 철학자들과 달라서가 아니라 독해가 달랐기 때문이다'라는 가설이므로, 위의 두 번째 표에서 철학자와 일반인의 의견이 일치하면(즉, a는 '부정', b는 '긍정'이라면) ㉠은 더욱 강화된다. 따라서 ㄱ의 증거가 주어지면, 두 번째 표의 a가 '부정'으로 채워지게 되므로 ㉠이 강화된다. ㄱ은 옳은 평가이다.

ㄴ. 제시문에 따르면, ⓒ을 지지하는 근거는 참임의 객관성을 긍정하는 (다)에 대해 철학자와 일반인의 '동의함'의 비율이 비슷하게 높았고, 참임의 객관성을 부정하는 (나)에 대해 철학자와 일반인의 '동의하지 않음'의 비율이 비슷하게 높아, 철학자와 일반인의 의견이 일치한다는 것이다. 한편 [독해 1]은 참임의 객관성을 명시적으로 긍정하는 진술이다. 그러므로 (가)에 동의하지 않는다는 응답의 비율이 높았던 일반인이 [독해 1]에 동의한다는 증거가 주어진다면, 이 증거는 일반인들도 철학자들과 마찬가지로 참임의 객관성을 긍정하는 진술에 동의한다는 추가적인 증거가 된다. 따라서 ⓒ은 강화된다. ㄴ은 옳은 평가이다.

ㄷ. 제시문에 따르면, (나)에 대해서는 철학자와 일반인 모두 동의하지 않는다는 응답이 훨씬 우세했지만, 동의한다는 응답의 비율은 철학자 쪽이 더 높았다. 그런데 만약 ㄷ에서 기술된 실수가 있었다는 것이 밝혀진다면 (나)에서 '동의함'으로 응답한 철학자들의 일부가 실제로는 '동의하지 않음'의 의견을 가진 것이 된다. 이 경우 (나)에 대한 '동의함'의 의견의 비율과 '동의하지 않음'의 의견의 비율이 철학자와 일반인 사이에 더욱 비슷해지므로 ⓒ은 강화된다. ㄷ은 옳은 평가이다.

〈보기〉의 ㄱ, ㄴ, ㄷ 모두 옳은 평가이므로 정답은 ⑤이다.

20.

다음으로부터 추론한 것으로 가장 적절한 것은?

'지금', '여기', '오늘', '어제'와 같은 단어들을 지표사라고 부른다. 내가 어느 날 "오늘 비가 온다."라고 말한다고 하자. 다음 날도 "오늘 비가 온다."라고 말하면 어제 한 말과 같은 말을 한 것인가? "오늘 비가 온다."라고 한 날이 화요일이었다고 해보자. 그러면 이때 '오늘'은 화요일을 가리킨다. 그런데 다음 날 내가 "오늘 비가 온다."라고 말한다면 여기서 '오늘'은 수요일을 가리킬 것이며, 따라서 어제와 같은 말을 한 것이 아니다. 첫 번째 발화의 경우 '오늘'은 화요일을 가리키나 두 번째 발화에서는 같은 단어가 수요일을 가리킨다. 우리는 '오늘'이라는 표현을 이틀 연속 사용해서 같은 날을 가리킬 수 없다.

내가 화요일에 한 말과 같은 말을 수요일에도 하려면 "어제 비가 왔다."라고 말해야 한다. 하지만 '오늘'과 '어제'라는 두 단어는 같은 날을 가리킬 때조차 언어적으로 다른 의미를 지닌다. 그런데도 화요일에 "오늘 비가 온다."라고 말하고 다음 날인 수요일에 "어제 비가 왔다."라고 말했을 때 두 문장이 같은 말이라는 것은 직관적으로 분명하다. 따라서 두 문장이 언어적 의미가 같아서 같은 말이 된 것은 아니다. 확실히 "오늘 비가 온다."와 "어제 비가 왔다."라는 문장은 언어적으로 같은 의미를 갖지 않는다. '오늘'과 '어제'가 두 문장에서 같은 대상을 가리킨다는 점이 중요하지만, 두 표현이 가리키는 대상이 같다고 해서 두 표현을 바꿔 쓴 문장이 같은 말을 하는 문장임이 보장되는 것은 아니다. 같은 대상을 가리키는 '세종의 장남'과 '세조의 형'이라는 두 표현을 고려해 보자. 누군가가 "세종의 장남은 총명하다."라고 말한 것을 세조의 형은 총명하다고 말했다고 다른 사람이 보고한다면 다른 말을 전하는 셈이 될 것이다. '세종의 장남'과 '세조의 형'은 언어적 의미가 다르기 때문이다. 하지만 날짜와 관련한 지표사의 경우, 같은 말을 하려면 먼저 사용한 단어인 '오늘'과 언어적 의미가 다른 단어인 '어제'를 사용해야 한다.

① 다른 말을 하는 두 문장에 사용된 표현은 같은 대상을 가리킬 수 없다.
② 한 문장에 사용된 어떤 단어를, 가리키는 대상은 같지만 언어적 의미가 다른 단어로 바꿔 쓰더라도, 여전히 같은 말을 할 수 있다.
③ 한 문장에 사용된 어떤 단어를 다른 단어로 바꿔 써서 발화자의 맥락에 따라 같은 말을 했다면, 그 두 단어의 언어적 의미는 같다.
④ 한 문장에 사용된 어떤 단어를, 가리키는 대상은 다르지만 언어적으로 의미가 같은 다른 단어로 바꿔 쓰더라도, 여전히 같은 말을 할 수 있다.
⑤ 한 문장에 사용된 어떤 단어를, 가리키는 대상도 같고 언어적 의미도 같은 단어로 바꿔 쓰더라도, 발화자의 맥락에 따라 다른 말을 할 수 있다.

문항 성격	문항유형 : 언어 추리
	내용영역 : 인문
평가 목표	이 문항은 지표사와 관련된 특수하고 복잡한 언어 의미 현상에 관한 글로부터 옳게 추론할 수 있는 진술을 찾아내는 능력을 평가하는 문항이다.
문제 풀이	정답 : ②

주어진 제시문으로부터 분명하게 추론할 수 있는 것과 그렇지 않은 것을 구별해야 한다. 즉, 선택지 중에서 실제로 참인 경우가 있다고 하더라도 제시문에 주어진 내용만으로 추론되지 않는 것은 정답이 아니다. 제시문에서 주어진 정보를 표로 정리하면 다음과 같다.

	언어적 의미	표현이 가리키는 대상	맥락	말
• 화요일에 말한 "오늘 비가 온다." • 수요일에 말한 "오늘 비가 온다."	같음	다른 대상	다름	다른 말
• 화요일에 말한 "오늘 비가 온다." • 수요일에 말한 "어제 비가 왔다."	다름	같은 대상	다름	같은 말
• 누군가가 말한 "세종의 장남은 총명하다." • 다른 사람이 말한 "세조의 형은 총명하다."	다름	같은 대상	다름	다른 말

정답 해설 ② 제시문의 두 번째 문단에 의하면, "오늘 비가 온다."에 사용된 단어 '오늘'을, 가리키는 대상은 같지만 언어적 의미가 다른 단어 '어제'로 바꿔 쓰더라도, 여전히 같은 말을 할 수 있다. 따라서 ②는 적절한 추론이다.

오답 해설 ① 제시문에 따르면, "세종의 장남은 총명하다."와 "세조의 형은 총명하다."는 다른 말을 하지만, 두 표현 '세종의 장남'과 '세조의 형'은 같은 대상을 가리킨다. 따라서 다른 말을 하는 두 문장에 사용된 표현은 같은 대상을 가리킬 수 있다. ①은 적절한 추론이 아니다.

③ 제시문에 따르면, "오늘 비가 온다"와 "어제 비가 왔다."는 '오늘'과 '어제'를 바꿔 써서 발화자의 맥락(화요일과 수요일)에 따라 같은 말을 한 것이지만, '오늘'과 '어제'는 언어적으로 다른 의미를 지닌다. 따라서 ③은 적절한 추론이 아니다.

④ 제시문에서는 가리키는 대상이 다르며 언어적으로 의미가 같은 단어의 예로 화요일과 수요일에 각각 사용된 '오늘'을 들고 있다. 그리고 화요일에 발화된 "오늘 비가 온다."와 수요일에 발화된 "오늘 비가 온다."는 다른 말을 한다는 것을 제시문으로부터 알 수 있다. 그러나 가리키는 대상이 다르며 언어적으로 의미가 같은 단어의 교체로 같은 말을 할 수 있는가에 대해서는 전혀 이야기하고 있지 않다. 따라서 ④는 적절한 추론이 아니다.

⑤ 제시문에서 가리키는 대상도 같고 언어적 의미도 같은 단어의 대체가 발화자의 맥락에 따라 다른 말이 될 수 있는가에 대해서는 전혀 이야기하고 있지 않다. 따라서 ⑤는 적절한 추론이 아니다.

21.

다음 글에 대한 분석으로 옳은 것만을 〈보기〉에서 있는 대로 고른 것은?

일상에서 역사적 인물의 이름인 '나폴레옹'을 사용할 때, 이 이름은 실존 인물 나폴레옹을 지칭한다. 그런데 나폴레옹이 등장인물로 나오는 소설 『전쟁과 평화』와 같은 허구 작품에서 사용된 이름 '나폴레옹' 역시 실존 인물 나폴레옹을 지칭하는가? 우리는 그렇다는 자연스러운 직관을 갖는다.

하지만 나폴레옹이 아메리카노로 등장하여, 커피 친구들과 모험을 하는 극단적인 허구 작품을 상상해 보자. 여기에 등장하는 나폴레옹은 실존 인물 나폴레옹과 전혀 유사하지 않으므로 이 작품에서 사용되는 '나폴레옹'은 단지 허구 속에 나타나는 등장인물을 지칭하는 것이지, 실존 인물을 지칭하는 것은 아니라고 결론 내릴 수 있다.

이처럼 적어도 어떤 허구 작품들에서 사용되는 '나폴레옹'은 실존 인물을 지칭하지 않는다는 주장을 받아들인다면, 우리는 다음 둘 중 하나를 받아들여야 한다.

⑴ 어떤 허구 작품들에서 사용되는 '나폴레옹'은 실존 인물을 지칭하지 않지만, 어떤 다른 허구 작품들에서 사용되는 '나폴레옹'은 실존 인물을 지칭한다.

⑵ 모든 허구 작품들에서 사용되는 '나폴레옹'은 실존 인물을 지칭하지 않는다.

여기에서 이론의 단순성과 통일성을 고려한다면 ⑵의 견해에 어떤 심각한 문제점이 나타나지 않는 이상 우리는 ⑴ 대신 ⑵를 취해야만 할 것이다. 『전쟁과 평화』에서 사용되는 '나폴레옹'이 실존 인물 나폴레옹을 지칭한다는 직관이 ⑵와 상충하여 문제된다고 생각할 수 있겠지만, 이는 다음과 같이 설명할 수 있다. 『전쟁과 평화』에서 사용되는 '나폴레옹' 역시 허구 속의 등장인물 나폴레옹을 지칭하며, 이 허구 속의 등장인물 나폴레옹이 실존 인물 나폴레옹과 유사한 특징을 가졌기에, 우리는 그 이름이 실존 인물을 지칭하는 것이라는 잘못된 직관을 갖는 것이다.

보기

ㄱ. 이 글에 따르면, 만일 누군가의 글 속에서 사용된 어떤 이름 'N'이 실존 인물을 지칭하는 경우, 그 글은 허구 작품이 아니다.

ㄴ. 만일 모든 허구 작품들에서 사용되는 '나폴레옹'이 실존 인물을 지칭한다는 견해에 어떤 문제점도 없다면, 이 글의 논증은 약화된다.

ㄷ. 이 글의 논증은, "허구 작품에서 사용되는 등장인물의 이름이 실존 인물을 지칭하지 않는다면, 그 등장인물과 실존 인물은 어떤 유사성도 갖지 않는다."가 참이라 가정하고 있다.

① ㄱ   ② ㄷ   ③ ㄱ, ㄴ
④ ㄴ, ㄷ   ⑤ ㄱ, ㄴ, ㄷ

문항 성격	문항유형 : 논증 분석
	내용영역 : 인문
평가 목표	이 문항은 모든 허구 작품에서 사용되는 이름이 실존 인물을 지칭하지 않는다는 제시문의 논증을 올바르게 분석할 수 있는 능력을 평가하는 문항이다.
문제 풀이	정답 : ③

제시문은 우선 작품에 나타나는 나폴레옹이 실존 인물 나폴레옹과 전혀 유사하지 않은 경우를 고려하며, 그러한 극단적인 작품들에서 사용되는 이름 '나폴레옹'은 실존 인물 나폴레옹을 지칭하지 않는다는 것이 분명하다고 논증한다. 그리고 이 결론을 받아들인다면, 모든 허구 작품에서 사용되는 이름 '나폴레옹'이 실존 인물을 지칭하지 않는다는 이론이 경쟁하는 다른 이론보다 단순하고 통일된 이론이기 때문에 우리가 전자를 취해야 한다고 주장한다. 또한 그러한 이론 하에서 왜 사람들이 허구 작품 속의 이름 '나폴레옹'이 실제 나폴레옹을 지칭한다는 잘못된 직관을 가지게 되는지에 대해 설명한다.

〈보기〉 해설   ㄱ. 제시문이 주장하는 것은 어떤 실존 인물에 대한 이름도 그것이 허구 작품에서 사용되는 한, 실존 인물을 지칭하지 않는다는 것이므로, 이러한 결론으로부터 어떤 글에서 사용되는 이름이 실존 인물을 지칭한다는 것이 주어진다면 그 글은 허구 작품이 아니라는 것이 따라 나온다. ㄱ은 옳은 분석이다.

           ㄴ. 만일 모든 허구 작품들에서 사용되는 '나폴레옹'이 실존 인물을 지칭한다는 견해에 어떤 문제점도 없다면, 제시문의 전반부의 주장과는 반대로 극단적인 허구 작품에서 이름이 실존 인물을 지칭한다고 보아도 어떤 문제점이 없다는 것이며, 또한 이를 통해 (2)만큼 단순하고 통일된 입장, 즉 "모든 허구 작품들에서 사용되는 '나폴레옹'은 실존 인물을 지칭한다."라는 입장을 선택하는 것이 가능해지므로, (2)를 단순성과 통일성을 근거로 지지하는 제시문의 논증 역시 약화된다. ㄴ은 옳은 분석이다.

           ㄷ. "허구 작품에서 사용되는 등장인물의 이름이 실존 인물을 지칭하지 않는다면, 그 등장인물과 실존 인물은 어떤 유사성도 갖지 않는다."는 제시문에 따르면, 거짓이다. 이는 제시문에서 『전쟁과 평화』에 등장하는 나폴레옹이 실존 인물과 유사함에도 불구하고 『전쟁과 평화』에 사용되는 '나폴레옹'이 실존 인물을 지칭하지 않는다고 주장하는 것을 통해서 알 수 있다. ㄷ은 옳지 않은 분석이다.

〈보기〉의 ㄱ, ㄴ만이 옳은 분석이므로 정답은 ③이다.

22.

다음 논쟁에 대한 분석으로 옳은 것만을 〈보기〉에서 있는 대로 고른 것은?

'맛있다' 혹은 '재밌다'와 같은 사람들의 취향과 관련된 술어를 취향 술어라고 한다. 취향 술어를 포함한 문장에 관하여 갑과 을이 다음과 같이 논쟁하였다.

갑 : "곱창은 맛있다."라는 문장은 사실 'x에게'라는 숨겨진 표현을 언제나 문법적으로 포함한다. 이때 'x'는 변항으로서, 특정 맥락의 발화자가 그 값으로 채워진다. 예를 들어, 곱창을 맛있어 하는 지우가 "곱창은 맛있다."라고 말한다면, 지우의 진술은 〈곱창은 지우에게 맛있다〉라는 명제를 표현하는 참인 진술이 된다. 반면, 곱창을 맛없어 하는 영호가 동일한 문장을 말한다면, 영호의 진술은 〈곱창은 영호에게 맛있다〉라는 다른 명제를 표현하는 거짓인 진술이 된다.

을 : 지우가 "곱창은 맛있다."라고 말하는 경우, 영호는 "아니, 곱창은 맛이 없어!"라고 반박할 수 있고, 그렇다면 둘은 이에 대해 논쟁하기 시작할 것이다. 하지만 만일 갑의 견해가 맞는다면, 지우는 단지 〈곱창은 지우에게 맛있다〉라는 명제를 표현하고, 영호는 그와는 다른 명제의 부정을 표현하는 것이므로, 이 둘은 진정한 논쟁을 하는 것이 아니다. 그러나 분명히 두 사람은 이러한 상황에서 진정한 논쟁을 할 수 있으며, 이는 갑의 견해에 심각한 문제가 있음을 보여주는 것이다. 이를 해결하기 위해서는, "곱창은 맛있다."라는 문장은, 누가 말하든지 〈곱창은 맛있다〉라는 명제를 표현한다고 간주해야 한다.

보기

ㄱ. 갑에 따르면, 곱창을 맛있어 하는 사람들의 진술 "곱창은 맛있다."는 모두 같은 명제를 표현하지만, 이는 곱창을 맛없어 하는 사람들의 진술 "곱창은 맛있다."가 표현하는 명제와는 다르다.

ㄴ. 영호가 곱창을 맛없어 하는 경우, 영호의 진술 "곱창은 맛있다."는, 갑에 따르면 참이 될 수 없지만 을에 따르면 참이 될 수 있다.

ㄷ. 을의 논증은, 같은 명제에 대해 두 사람의 견해가 불일치한다는 사실이 그들의 논쟁이 진정한 논쟁이 되기 위한 필요조건임을 가정하고 있다.

① ㄱ   ② ㄴ   ③ ㄱ, ㄷ

④ ㄴ, ㄷ   ⑤ ㄱ, ㄴ, ㄷ

문항 성격	문항유형 : 논쟁 및 반론
	내용영역 : 인문
평가 목표	이 문항은 취향 술어 분석에 대한 주어진 논쟁을 올바르게 분석할 수 있는 능력을 평가하는 문항이다.
문제 풀이	정답 : ④

취향 술어 '맛있다'가 포함된 문장이, 말하는 사람에 따라 진리값이 달라지는 것처럼 보이는 직관에 대한 갑과 을의 논쟁을 이해하고 분석하는 능력을 평가하는 문항이다.

갑은 이러한 직관을 설명하기 위해서, 술어 '맛있다'를 포함하는 문장은 'x에게'라는 숨겨진 표현을 문법적으로 포함하고 있으며, 이때 변항 'x'의 값이 발화자로 채워진다고 주장한다. 이에 따르면, 각기 다른 발화자들이 "곱창은 맛있다."라는 문장을 말할 때는, 다른 진리값을 가질 수 있는 다른 명제가 표현되고, 따라서 발화자에 따라 동일한 문장에 대한 진술의 진리값이 달라질 수 있다는 직관을 설명할 수 있다.

을은, 갑의 입장이 취향 술어가 포함된 문장의 진리값에 대해서 사람들이 진정한 논쟁을 할 수 있는 이유를 설명하지 못한다고 비판한다. 을에 따르면, 진정한 논쟁이라는 것은 서로 같은 명제의 진리값에 대해서 불일치를 보이고 있다는 가정 하에서만 가능한 것인데, 갑의 입장에 따를 경우 서로 다른 발화자는 "곱창은 맛있다."라는 문장으로 같은 명제에 대해서 얘기할 수가 없으므로, 진정한 논쟁이 불가능하다. 을은 이를 해결하기 위해서, "곱창은 맛있다."와 같은 문장이 숨겨진 변항을 가지지 않고, 단순히 〈곱창은 맛있다〉라는 명제를 표현한다는 입장을 취해야 한다고 주장한다.

〈보기〉해설 ㄱ. 갑은 'x'의 값이 발화자로 채워진다고 주장하고 있으므로, "곱창은 맛있다."라고 말하는 사람들의 취향이 같은 경우에도, 비록 각각의 진술의 진리값은 같다고 할지라도, 발화자에 따라서 서로 표현하는 명제는 달라진다. 예를 들어 곱창을 맛있어 하는 철수와 민호가 "곱창은 맛있다."라고 각각 말하는 경우 이는 〈곱창은 철수에게 맛있다〉, 〈곱창은 민호에게 맛있다〉라는 다른 명제를 표현한다. 따라서 ㄱ은 옳지 않은 분석이다.

ㄴ. 갑에 따르면, 영호의 진술 "곱창은 맛있다."는 〈곱창은 영호에게 맛있다〉는 명제를 표현하므로, 영호가 곱창을 맛없어 한다면 이 진술은 참이 될 수 없다. 하지만 을에 따르면 영호의 진술 "곱창은 맛있다."는 영호가 포함되지 않은 명제인, 단지 〈곱창은 맛있다〉를 표현하므로, 이는 영호의 개인적인 취향에 상관없이 참이 될 수 있다. ㄴ은 옳은 분석이다.

ㄷ. 을은 두 사람 간에 서로 고려하고 있는 명제가 다를 경우, 진정한 논쟁이 될 수 없다고 주장하고 있으므로, 이로부터 두 사람 간의 같은 명제에 대한 견해 불일치가 진정한 논쟁의 필요조건이라 가정하고 있다는 것을 추론할 수 있다. ㄷ은 옳은 분석이다.

〈보기〉의 ㄴ, ㄷ만이 옳은 분석이므로 정답은 ④이다.

23.

다음으로부터 추론한 것으로 옳은 것만을 〈보기〉에서 있는 대로 고른 것은?

인용 부호(작은따옴표)를 사용하면, 언어 표현 자체에 대해 언급할 수 있다. 예를 들어, 다음의 문장 (1)은 돼지라는 동물에 대해 언급하는 거짓인 문장인 반면, 인용 부호가 사용된 문장 (2)는 언어 표현 '돼지'에 대해 언급하는 참인 문장이고, 따라서 두 문장은 다른 의미를 표현한다.

(1) 돼지는 두 음절로 이루어져 있다.
(2) '돼지'는 두 음절로 이루어져 있다.

이때 문장 (2)의 영어 번역에는 다음 세 가지 후보가 있다.

(3) '돼지' has two syllables.
(4) 'Pig' has one syllable.
(5) 'Pig' has two syllables.

(2)는 참인 문장이지만 (5)는 거짓인 문장이므로, 우선 (5)는 올바른 번역에서 제외된다. 남은 (3) 과 (4)는 모두 참인 문장이지만, (4)는 (2)의 올바른 번역이라고 볼 수 없다. 왜냐하면 번역에서는 두 문장의 의미가 엄격하게 보존되어야 하는데, (2)의 '두 음절'과 (4)의 'one syllable'은 명백히 다른 의미를 표현하고, 또한 (2)는 한국어 단어 '돼지'에 대해 말하는 문장인 반면, (4)는 영어 단어 'Pig'에 대해 말하는 문장이기 때문이다. 결국 (4)가 의미하는 것은 영어 단어 'Pig'가 한 음절이라는 것인데, 이는 (2)가 의미하는 것과는 완전히 다르므로, 올바른 번역이 될 수 없다. 따라서 (2)의 올바른 영어 번역은 한국어 단어 '돼지'가 두 음절이라는 동일한 의미를 표현하는 문장 (3)이다. 즉 어떤 언어에 속한 문장의 정확한 의미를 보존하는 다른 언어 문장으로의 올바른 번역은, 인용 부호 안의 표현 자체를 그대로 남겨 두는 것이 되어야만 한다.

그렇다면 다음 문장들을 고려해 보자.

(6) '돼지'는 글자 '돼'로 시작한다.

(7) 'Pig' starts with the letter 'P'.

(8) '돼지'는 동물이다.

(9) '돼지' is an animal.

보 기

ㄱ. (6)을 (7)로 번역하는 것은 올바른 번역이 아니다.

ㄴ. (8)을 (9)로 번역하는 것은 올바른 번역이 아니다.

ㄷ. 서로 다른 언어에 속한 두 문장의 진리값이 다르다는 사실은, 한 문장이 다른 문장의 올바른 번역이 아니라는 것을 보이기 위한 충분조건이긴 하지만, 필요조건은 아니다.

① ㄴ   ② ㄷ   ③ ㄱ, ㄴ

④ ㄱ, ㄷ   ⑤ ㄱ, ㄴ, ㄷ

문항 성격   문항유형 : 언어 추리

           내용영역 : 인문

평가 목표   이 문항은 제시문에 나타난 올바른 번역이 무엇인지에 대한 논증을 올바르게 이해하고, 그로부터 어떤 것들이 함축되는지 판단할 수 있는 능력을 평가하는 문항이다.

문제 풀이   정답 : ④

제시문은 우선 인용 부호를 사용하면 단어나 문장 같은 언어 표현 자체를 언급할 수 있다는 사실을 문장 (1)과 (2)를 통해 설명한다. 그리고 문장 (2)의 올바른 번역에 대한 세 후보를 고려하는데, 우선 (2)는 참이지만 (5)는 거짓이기 때문에 (5)가 올바른 번역이 될 수 없음을 논증한다. 또한 (4)는 (2)와 다른 의미를 표현하기 때문에, 즉 (4)는 영어 단어 'Pig'가 한 음절이라는 의미를 표현하지만 (2)는 한국어 단어 '돼지'가 두 음절이라는 의미를 표현하기 때문에 (4)는 (2)의 올바른 번역이 될 수 없다고 논증한다. 따라서 제시문에 따르면, 한국어 단어 '돼지'가 두 음절이라는 (2)와 같은 의미를 표현하는 (3)이 올바른 번역이며, 언어 표현들에 나타나는 인용 부호 안의 표현들을 그대로 남겨 두어야 번역 후에도 문장이 표현하는 정확한 의미를 보존할 수 있다.

ㄱ. 제시문에 따르면, 인용 부호 안의 표현 자체를 그대로 남겨 두지 않는다면, 올바른 번역이 아니다. 그런데 (6)을 (7)로 번역할 때, 한국어 단어 '돼지'와 한국어 글자 '돼'가 그대로 남지 않았으므로, 이는 올바른 번역이 아니다. (6)은 한국어 단어 '돼지'가 '돼'라는 글자로 시작한다는 의미를 나타내며, (7)은 영어 단어 'Pig'가 글자 'P'로 시작한다는 다른 의미를 나타내는 문장이다. ㄱ은 옳은 추론이다.

ㄴ. 제시문은 인용 부호 안의 표현을 그대로 남겨 두어야만 올바른 번역이 될 수 있다고 주장하고 있는데, (8)을 (9)로 번역할 때 인용 부호 안의 표현, 즉 한국어 단어 '돼지'가 그대로 남아 있으므로, 올바른 번역이 아니라는 것이 따라 나오지 않는다. 나아가서 (8)과 (9)는 한국어 단어 '돼지'가 동물이라는 동일한 의미를 표현하는 문장이므로, 제시문에 따른 올바른 번역이라 볼 수 있다. ㄴ은 옳지 않은 추론이다.

ㄷ. 제시문에 따르면, (5)가 (2)의 올바른 번역이 될 수 없는 이유는 진리값이 다르기 때문이므로, 이를 통해서 두 문장의 진리값이 다르다는 사실이 한 문장이 다른 문장의 올바른 번역이 아니라는 것에 대한 충분조건이라는 것을 추론할 수 있다. 또한 (4)는 (2)와 진리값이 동일하지만 올바른 번역이 아니라고 말하고 있으므로, 이를 통해 두 문장의 진리값이 다르다는 사실이 한 문장이 다른 문장의 올바른 번역이 아니라는 것을 보이기 위한 필요조건이 아니라는 것도 추론할 수 있다. ㄷ은 옳은 추론이다.

〈보기〉의 ㄱ, ㄷ만이 옳은 추론이므로 정답은 ④이다.

24.

〈사례〉에 대한 분석으로 옳지 <u>않은</u> 것은?

> 행위는 인식과 목적 두 측면에서 합리적인 것으로 평가받을 수 있어야 진정으로 합리적이며, 그렇지 않으면 비합리적이다. 두 측면을 이해하는 방식에는 각각 논란이 있다. 행위의 인식 측면에서는, 행위자가 개인적으로 믿고 있는 정보를 기준으로 목적을 달성할 수 있는 행위를 수행한 경우 합리적이라고 평가된다는 입장과 실제로 참인 정보를 토대로 해야 합리적으로 평가된다는 입장이 대립한다. 전자를 '주관적' 입장, 후자를 '객관적' 입장이라고 하자.
> 행위의 목적 측면에서는, 행위를 수행하는 목적이 행위자 자신에 대한 직접적 해악과 무관하다면 합리적이라고 평가된다는 입장과 그 목적이 비판적으로 정당화되는 도덕이론의 관점에서 부

당하지 않은 경우에만 합리적으로 평가된다는 입장이 대립한다. 전자를 '내재주의', 후자를 '외재주의'라고 하자. 이를 조합하면 행위는 '주관적 내재주의', '주관적 외재주의', '객관적 내재주의', '객관적 외재주의'의 네 가지 입장에서 평가할 수 있다.

〈사례〉

- A는 수분을 섭취하기 위해 병에 담겨 있는 액체를 이온음료라고 믿고 마셨지만 그것은 실제로는 벤젠이었고 그 결과 A는 심각한 상해를 입게 되었다.
- B는 이웃돕기 성금을 마련하기 위해 중고 거래 사이트에 허위 매물을 올렸다. 그는 이 사이트의 거래 수단이 선입금 구매자의 보호에 취약하다는 사실을 잘 알고 있었다. 이 점을 이용하여 B는 판매 대금만 수령하고 물건은 보내지 않는 방식으로 이웃돕기 성금을 마련할 수 있었다.
- C는 금품 편취를 목적으로 동료에게 이메일을 보냈으나 이메일 주소를 잘못 알고 있었기에 그는 C에게 금품을 편취당하지 않았다.

① A와 C의 행위를 모두 비합리적이라고 평가하는 입장은 1개이다.
② 주관적 내재주의는 A와 B의 행위를 모두 합리적이라고 평가한다.
③ A의 행위의 합리성에 대한 주관적 외재주의와 주관적 내재주의의 평가는 일치한다.
④ 동료가 C에게 이메일 주소를 일부러 거짓으로 알려주었다 하더라도, C의 행위에 대한 합리성 평가는 어떤 입장에 따르더라도 변경되지 않는다.
⑤ 만약 외재주의가 행위의 목적뿐만 아니라 수단의 도덕성을 함께 고려하는 입장이라면, 주관적 외재주의와 객관적 외재주의는 B의 행위를 비합리적이라고 평가한다.

문항 성격	문항유형 : 언어 추리
	내용영역 : 인문
평가 목표	이 문항은 제시문에 주어진 합리적임의 평가 기준들을 조합하여 구체적인 사례에 적용할 수 있는 능력을 평가하는 문항이다.
문제 풀이	정답 : ①

행위는 인식과 목적 두 측면에서 모두 합리적인 것으로 평가받아야 합리적이라는 점과, 인식의 측면에서는 주관적/객관적 입장으로 나누어지고, 목적의 측면에서의 내재주의/외재주의 입장으로 나누어진다는 것이 설명되고 있다. 그리고 이를 조합하여 총 네 가지 입장을 제시하고 있다. 이를 정리하면 다음의 〈표 1〉과 같이 나타낼 수 있다.

〈표 1〉

	행위의 인식 측면		행위의 목적 측면
주관적 입장	• 행위자가 개인적으로 믿고 있는 정보를 기준으로 목적을 달성할 수 있는 행위를 한 경우 합리적이라고 평가함	내재주의	• 행위를 수행하는 목적이 행위자 자신에 대한 직접적 해악과 무관한 경우 합리적이라고 평가함
객관적 입장	• 실제로 참인 정보를 토대로 목적을 달성할 수 있는 행위를 한 경우 합리적이라고 평가함	외재주의	• 행위를 수행하는 목적이 비판적으로 정당화되는 도덕이론의 관점에서 부당하지 않은 경우에만 합리적이라고 평가함

〈사례〉를 살펴보면 인식의 측면에서 볼 때 A와 C의 믿음은 행위자의 개인적 믿음의 관점에서는 목적을 달성할 수 있는 행위를 한 것이지만, 실제로 참인 정보의 관점에서는 그렇지 않다. 따라서 잘못된 정보에 따라 행위한 A와 C는 인식의 측면에서 주관적 입장을 취할 경우 합리적인 것으로 평가되지만, 객관적 입장을 취하면 비합리적인 것으로 평가된다. B의 믿음은 참이므로 개인적 믿음의 관점에서든 실제로 참인 정보의 관점에서든 목적을 달성할 수 있다. 따라서 B는 인식의 측면에서는 주관적인 입장을 취하든 객관적인 입장을 취하든 항상 합리적인 것으로 평가된다.

한편 목적의 측면에서 보면 A와 B는 목적이 행위자 자신에 대한 직접적 해악과 무관하며, 비판적으로 정당화되는 도덕의 관점에서도 부당하지 않으므로, 내재주의와 외재주의 입장 모두에서 합리적이다. C는 행위를 수행하는 목적이 행위자 자신에 대한 직접적 해악과 무관하므로 내재주의 입장에서 합리적이지만, 금품 편취의 목적은 비판적으로 정당화되는 도덕이론의 관점에서 부당한 것으로 평가될 것이므로 외재주의 입장에서는 비합리적이다.

이를 정리하면 다음의 〈표 2〉와 같이 나타낼 수 있다.

〈표 2〉

〈사례〉	인식의 측면	목적의 측면	결과
A	• 주관적 입장 : 합리적 • 객관적 입장 : 비합리적	• 내재주의 : 합리적 • 외재주의 : 합리적	• 주관적 내재주의 : 합리적 • 주관적 외재주의 : 합리적 • 객관적 내재주의 : 비합리적 • 객관적 외재주의 : 비합리적
B	• 주관적 입장 : 합리적 • 객관적 입장 : 합리적	• 내재주의 : 합리적 • 외재주의 : 합리적	• 주관적 내재주의 : 합리적 • 주관적 외재주의 : 합리적 • 객관적 내재주의 : 합리적 • 객관적 외재주의 : 합리적
C	• 주관적 입장 : 합리적 • 객관적 입장 : 비합리적	• 내재주의 : 합리적 • 외재주의 : 비합리적	• 주관적 내재주의 : 합리적 • 주관적 외재주의 : 비합리적 • 객관적 내재주의 : 비합리적 • 객관적 외재주의 : 비합리적

① 〈표 2〉에 의하면 A와 C의 행위를 모두 비합리적이라고 평가하는 입장은 객관적 내재주의와 객관적 외재주의이다. 따라서 ①은 옳지 않은 분석이다.

② 주관적 내재주의는 자신이 믿고 있는 정보를 토대로 자신에 대한 직접적 해악과 무관한 목적을 설정하여 행위를 한다면 합리적이라고 평가하므로 A와 B의 행위를 모두 합리적이라고 평가한다. ②는 옳은 분석이다.

③ A는 자신이 믿고 있는 정보를 토대로 목적을 달성할 수 있는 행위를 하였으며 수분 섭취라는 목적은 외재주의와 내재주의 모두에서 합리적이라고 평가되므로, 주관적 외재주의와 주관적 내재주의 모두 A의 행위에 대해 합리적이라고 평가한다. ③은 옳은 분석이다.

④ 동료가 C에게 이메일 주소를 거짓으로 알려주었다는 사실은 개인적으로 믿고 있는 정보가 왜 거짓이었는지 이유를 알려주는 사실일 수는 있으나, 이와 같은 사실이 네 가지 입장 모두에서 C의 행위의 인식에 대한 평가나 목적에 대한 평가를 변경시키지 못한다. ④는 옳은 분석이다.

⑤ B의 행위는 비판적으로 정당화되는 도덕이론의 관점에서 목적은 부당하지 않지만 수단이 부당하다는 평가를 수반하는데, 만약 외재주의가 행위의 목적뿐만 아니라 수단의 도덕성을 함께 고려하는 입장이라면 B의 행위를 비합리적인 것으로 평가할 것이다. 이 경우 주관적 외재주의와 객관적 외재주의는 B의 행위를 비합리적인 것으로 평가한다. ⑤는 옳은 분석이다.

25.

〈상황〉에 대한 분석으로 옳은 것만을 〈보기〉에서 있는 대로 고른 것은?

정부는 소위 '부드러운 간섭'을 사용함으로써 사람들이 최선의 이익이 되는 선택을 할 가능성을 높일 수 있다. 부드러운 간섭이란 정책 설계자가 선택지를 줄이거나 행위를 직접 금지 또는 허용하지 않고, 선택지가 제시되는 순서나 배치만을 변경함으로써 사람들의 결정에 영향을 끼치는 것을 말한다. 그런데 부드러운 간섭 정책은 사람들의 비합리성을 이용하는 것이므로 개인의 합리성을 존중하지 못한다는 비판이 존재한다. 이 비판은 주로 ⑦합리성을 '이상적 합리성'으로 이해하는 견해에 토대를 두고 있다. 이 관점에서 개인이 합리성을 발현한다는 것은 최선의 이익을 가져다주는 항목이나 우선순위를 찾아 주는 최선의 절차를 발견하고 이에 따르는 것이다. 그런데 사람들은 가능한 선택지 중에서 부주의한 습관에 따르거나 눈에 잘 띄는 것을 고르는 등, 비합리적 성향에 따라 자신의 이익과 관련된 결정을 수행하기도 한다. 이때 공동체 구성원의 이익을 위해 부드러운 간섭을 수행하는 정부는 이와 같은 인간의 비합리적 성향에 맞추어 선택지의 설계를 조정함으로써 구성원이 최선의 이익이 되는 선택을 하도록 유인한다. 최선의 이익을 성취하는 이런 과정에서 정부는 구성원을 비합리적인 존재로 취급하게 된다.

그러나 ⓒ합리성을 '환경적 합리성'으로 바라보는 견해는 부드러운 간섭을 보다 관용적으로 평가한다. 이 견해는 어떤 결정이 합리적 결정이 되는지 여부를 저마다의 상이한 여건에 따라 상대적으로 고려한다. 사람들은 정보의 제약, 긴급한 사정과 같은 이상적 결정을 내릴 수 없는 저마다의 환경에 처해 있지만, 이와 같은 환경적 제약에 의한 이상적이지 않은 결정도 충분히 합리적이라고 평가할 수 있다. 정부의 부드러운 간섭이 선택 과정에서의 불리한 환경적 제약을 극복하려는 범위에서 이루어지는 한, 이는 구성원의 합리적 선택을 방해하는 것이 아니다.

〈상황〉

선택지 x, y, z가 있고 최선의 이익에 가까운 순서는 x−y−z이다.

보기

ㄱ. ⓒ에 따르면, z를 선택하는 행위도 합리적일 수 있다.

ㄴ. ㉠에 따르면, 어떤 사람이 부드러운 간섭 때문에 y를 선택한다면 그 사람은 자신의 비합리적 성향에 따라 결정한 것이다.

ㄷ. ㉠에 따르면, 어떤 사람이 최선의 이익에 가까운 순서를 y−z−x라고 판단하는 경우, x−y−z의 순서로 선택하도록 조장하는 부드러운 간섭은 그 사람의 합리성을 존중하고 있는 것이다.

① ㄱ   ② ㄷ   ③ ㄱ, ㄴ

④ ㄴ, ㄷ   ⑤ ㄱ, ㄴ, ㄷ

문항 성격	문항유형 : 언어 추리
	내용영역 : 인문
평가 목표	이 문항은 합리성에 관해 제시된 두 입장의 견해 차이를 정확히 이해하고 이를 구체적인 상황에 적용할 수 있는 능력을 평가하는 문항이다.

선택 설계만을 변경하는 정부에 의한 부드러운 간섭은 구성원의 최선의 선택을 증진할 가능성이 크므로 사람들의 합리성을 존중할 것처럼 기대되곤 한다. 하지만 부드러운 간섭은 구성원의 인지 편향과 같은 비합리적 성향을 이용하여 선택의 변경을 유도하게 되는 것이므로 오히려 비합리적인 존재로 취급하게 된다는 반론의 의미와 구조, 그리고 합리성을 환경적 관점에서 이해하는 재반론을 이해해야 한다.

제시문에 의하면, '이상적 합리성'은 자신에게 최선의 이익을 가져다주는 항목이나 우선순위를 찾아 주는 최선의 절차를 발견하고 이에 따르는 것으로 발현되고, '환경적 합리성'은 개인의 주관적 처지를 고려하여 그 범위 내에서 적절한 절차를 발견함으로써 발현된다. 합리성을 '이상적 합리성'으로 이해하는 견해에서 정부의 '부드러운 간섭'은 최선의 절차를 발견하려는 합리성을 조장하는 것이 아니라 인지편향과 관련된 비합리적 성향을 이용하는 것이다. 반면 합리성을 '환경적 합리성'으로 이해하는 견해에서는 환경에 따라 개인이 합리성 발현을 통해 발견한 절차는 여전히 최선의 이익에 도달할 수 있는 절차가 아닐 수 있으며, 만약 정부의 '부드러운 간섭'이 개인의 선택 과정에서의 환경적 제약을 극복하려는 범위에서 이루어지는 한 이는 합리성을 발현하는 것을 방해하거나 비합리적 성향을 이용하는 것이 아니다.

〈보기〉해설 ㄱ. ⓒ에 따르면, 개인은 합리성을 최대한 발현하더라도 환경적 제약 때문에 이상적이지 않은 결정을 할 수 있다. 예를 들어, 평소에는 충분히 x-y-z의 순위로 결정할 심사숙고된 절차를 마련하고 따를 수 있는 사람조차, 매우 긴급한 순간 결정을 해야 하는 경우 시간적 제약에 따라 최선의 절차를 검토하지 못하거나 그 절차를 따르지 못하여 z를 선택할 수도 있다. ⓒ에 따르면 이와 같은 환경적 제약에 의한 z의 선택도 합리적일 수 있다. ㄱ은 옳은 분석이다.

ㄴ. ㉠에 따르면, 자신에게 최선의 이익을 가져다주는 선택지를 발견하기 위한 최선의 절차를 마련하고 이에 따르는 합리성을 발현한 행위가 합리적이다. 그런데 사람들은 부주의한 습관에 따라 선택하거나 눈에 잘 띄는 것을 고르는 등 자신의 비합리적 성향에 따라 결정을 수행하기도 한다. 정부의 부드러운 간섭은 이와 같은 인간의 비합리적 성향에 맞추어 선택지의 설계를 조정하는 것이다. 따라서 ㉠에 따르면, 어떤 사람이 정부의 부드러운 간섭 때문에 y를 선택한다면 그 사람은 자신의 비합리적 성향에 따라 결정한 것이다. ㄴ은 옳은 분석이다.

ㄷ. ㉠에 따르면, 정부의 부드러운 간섭은 그 간섭이 개인에게 최선의 이익이 되는 선택을 하도록 유인할지라도, 이는 개인의 부주의한 습관이나 눈에 잘 띄는 것을 고르는 등과 같은 개인의 비합리적 성향을 이용하는 것이다. 즉, ㉠에 따르면 정부의 부드러운 간섭은, 최선의 이익을 조장하더라도, 구성원을 비합리적 존재로 취급하여 그 사람의 합리성을 존중하지 않는 것이다. ㄷ은 옳지 않은 분석이다.

〈보기〉의 ㄱ, ㄴ만이 옳은 분석이므로 정답은 ③이다.

26.

다음 논쟁에 대한 분석으로 적절한 것만을 〈보기〉에서 있는 대로 고른 것은?

어떤 사람 P가 육식 행위 A와 동물보호단체에 기부하는 행위 B를 각각 수행하거나 수행하지 않을 능력이 있으며, 편의상 다른 행위를 할 가능성은 없다고 하자. A의 수행 여부와 B의 수행 여부 사이의 상호적 영향을 고려하지 않고 각각의 결과만을 고려하는 경우, A를 수행하면 나쁜 결과(−80)가 발생하고 B를 수행하면 좋은 결과(+100)가 발생한다. A와 B를 수행하지 않는 경우의 결과는 각각 0이다. 이때, P가 하거나 하지 않을 수 있는 행위들로 구성된 '행위조합'은 4개가 될 것이다. 각 행위조합 역시 독자적인 결과값을 가지게 되는데 이는 행위조합을 구성하고 있는 행위들의 결과값을 모두 더한 것이다. 예를 들어, P가 A를 수행하면서도 B를 수행하지 않는 경우의 행위조합의 결과값은 4개의 행위조합 중 최솟값인 −80이다. 일정한 조건을 충족하는 경우 해당 행위조합에 속하는 행위는 모두 용인되기 때문에 단독으로는 음의 결과값을 가지는 A도 용인될 수 있다. 행위조합에 속한 행위가 용인되는 이 조건에 대해 갑, 을, 병은 각각 다음과 같이 주장하고 있다.

갑 : 한 사람의 행위는 자신의 능력에 따라 가능한 행위들로 구성된 행위조합들 중에서 최대의 결과값을 산출하는 조합에 속하는 경우, 그리고 오직 그 경우에만 용인된다.

을 : 한 사람의 행위는 그가 현실에서 하려고 할 행위조합들 중에서 최대의 결과값을 산출하는 조합에 속하는 경우, 그리고 오직 그 경우에만 용인된다. 그런데 P에게 A의 수행 여부와 B의 수행 여부를 각각 선택할 능력이 있는 것은 사실이지만, A를 하지 않으면서 B를 수행하는 행위조합은 결코 P가 현실에서 선택하려고 할 조합은 아니다.

병 : 한 사람의 행위는 자신의 능력에 따라 가능한 행위들로 구성된 행위조합들 중에서 결과값이 0이거나 양의 값을 가지는 조합에 속하는 경우, 그리고 오직 그 경우에만 용인된다.

<보 기>

ㄱ. 갑과 을에 따르면 P의 A는 어떤 경우에도 용인될 수 없다.

ㄴ. 병에 따르면 P의 A는 용인될 수 있다.

ㄷ. 병에 따르면 용인될 수 있는 P의 행위조합은 2개이다.

① ㄱ   ② ㄴ   ③ ㄱ, ㄷ

④ ㄴ, ㄷ   ⑤ ㄱ, ㄴ, ㄷ

문항 성격   문항유형 : 논쟁 및 반론

               내용영역 : 인문

평가 목표   이 문항은 용인되는 행위에 대한 세 가지 입장을 이해하고 구체적인 사례를 이러한 입장에 따라 분석할 수 있는 능력을 평가하는 문항이다.

문제 풀이   정답 : ②

제시문에서 P가 수행하거나 수행하지 않을 능력이 있는 육식 행위 A와 동물보호단체에 기부하는 행위 B와 관련하여, 네 개의 행위조합과 각 행위조합의 결과값을 알 수 있다. 이를 간단히 나타내면 다음의 〈표 1〉과 같다.

〈표 1〉

	A	B	결과값
행위조합 1	A를 수행함	B를 수행함	20 (=−80+100)
행위조합 2	A를 수행함	B를 수행하지 않음	−80 (=−80+0)
행위조합 3	A를 수행하지 않음	B를 수행함	100 (=0+100)
행위조합 4	A를 수행하지 않음	B를 수행하지 않음	0 (=0+0)

또한 행위조합에 속한 행위가 용인되는 조건에 대한 갑, 을, 병의 주장이 제시되고 있다. 갑, 을, 병 각각의 주장과 그 함축을 정리하면 다음의 〈표 2〉와 같다.

〈표 2〉

갑	• 한 사람의 행위는 자신의 능력에 따라 가능한 행위들로 구성된 행위조합들 중 최대의 결과값을 산출하는 조합에 속하는 경우, 그리고 오직 그 경우에만 용인된다. • 행위조합 3이 최대의 결과값을 산출하는 조합이다.
을	• 한 사람의 행위는 그가 현실에서 하려고 할 행위조합들 중에서 최대의 결과값을 산출하는 조합에 속하는 경우, 그리고 오직 그 경우에만 용인된다. • 그런데 행위조합 3은 P가 현실에서 선택하려고 할 조합이 아니다. • 따라서 다른 행위조합이 현실에서 추가로 부인되지 않는다면 P가 현실에서 하려고 할 조합 중 최대의 결과값을 산출하는 조합은 행위조합 1이다.
병	• 한 사람의 행위는 자신의 능력에 따라 가능한 행위들로 구성된 행위조합들 중에서 결과값이 0이거나 양의 값을 가지는 조합에 속하는 경우, 그리고 오직 그 경우에만 용인된다. • 행위조합 1, 3, 4가 결과값이 0이거나 양의 값을 가지는 조합이다.

〈보기〉 해설 ㄱ. 네 가지 행위조합 중 행위조합 3이 최대의 결과값을 산출하는 조합이다. 따라서 갑에 따르면 A를 수행하지 않음과 B를 수행함은 용인되는 행위이고, 다른 행위는 용인되지 않는 행위이다. 따라서 갑에 따르면 A를 수행함은 용인되지 않는 행위이다. 그러나 을에 따르면 행위조합 3은 P가 현실에서 선택하려고 할 조합이 아니므로, 다른 행위조합이 현실에서 추가로 부인되지 않는다면, P가 현실에서 하려고 할 조합 중 최대의 결과값을 산출하는 조합은 행위조합 1이다. 이 경우 을에 따르면 P가 A를 수행하는 것이 용인된다. 따라서 ㄱ의 "을에 따르면 P의 A는 어떤 경우에도 용인될 수 없다."는 부분은 틀린 진술이다. 따라서 ㄱ은 적절하지 않은 분석이다.

ㄴ. 결과값이 0이거나 양의 값을 가지는 조합은 행위조합 1, 3, 4이며, 이 중 행위조합 1에는 P가 A를 수행하고 B를 수행하는 것이 포함된다. 따라서 병에 따르면 P의 A는 용인될 수 있다. ㄴ은 적절한 분석이다.

ㄷ. 병에 따르면 행위조합들 중에서 결과값이 0이거나 양의 값을 가지는 행위조합이 용인될 수 있다. 결과값이 0이거나 양의 값을 가지는 조합은 행위조합 1, 3, 4로 총 3개이므로, 병에 따르면 용인될 수 있는 P의 행위조합은 3개이다. ㄷ은 적절하지 않은 분석이다.

〈보기〉의 ㄴ만이 적절한 분석이므로 정답은 ②이다.

27.

다음으로부터 추론한 것으로 옳은 것만을 〈보기〉에서 있는 대로 고른 것은?

어떤 지역에 특정 범죄 예방 프로그램을 시행할 경우, 그 지역의 범죄는 줄어드는 대신 다른 지역의 범죄가 증가하기도 한다. 이런 현상을 '범죄전이'라 한다. 반면 어떤 지역을 겨냥한 범죄 예방 프로그램의 범죄 감소 효과가 이웃 지역에까지 미치기도 하는데, 이를 '혜택확산'이라 한다. 범죄전이지수(WDQ)는 특정 지역에 적용한 범죄 예방 프로그램의 긍정적 효과가 인근 지역으로까지 확산되는지 아니면 인근 지역에 범죄전이를 유발하는지를 파악하기 위한 지수이다. WDQ를 설명하기 위해서는 3개의 지역 설정이 필요하다. A는 범죄 예방 프로그램이 시행되는 실험 지역이고, B는 A를 둘러싸고 있으면서 A의 범죄 예방 프로그램으로 인해 범죄전이나 혜택확산이 나타날 것으로 예상되는 완충 지역이며, C는 A나 B에서 발생하는 변화에 영향을 받지 않는 통제 지역이다. WDQ는 C를 기준으로 한, A 대비 B의 범죄율 증감을 나타내며, 공식은 아래와 같다.

$$WDQ = \frac{(B_1/C_1 - B_0/C_0)}{(A_1/C_1 - A_0/C_0)}$$

(A_0, B_0, C_0은 범죄 예방 프로그램 실시 전 A, B, C의 범죄율이며, A_1, B_1, C_1은 범죄 예방 프로그램 실시 후 A, B, C의 범죄율이다.)

A~C에서 다음과 같은 사실이 관찰되었다.

- A에서 범죄 예방 프로그램을 실시한 결과 범죄 감소 효과가 나타났다.
- B에 나타나는 범죄전이나 혜택확산 효과는 A에서 범죄 예방 프로그램을 시행한 결과이다.
- 범죄 예방 프로그램 실시 이전 A~C 각 지역의 범죄율과 그 변화 추이는 동일했다.
- 범죄 예방 프로그램이 A에서 시행되는 동안 범죄 예방 프로그램을 제외하고 범죄율에 영향을 미칠 수 있는 요인들의 변화는 A~C 어느 곳에서도 나타나지 않았다.

보기

ㄱ. WDQ가 1보다 크면, A의 범죄 감소 효과보다 B로의 혜택확산 효과가 크다.

ㄴ. WDQ가 −1보다 크고 0보다 작으면, B로의 범죄전이 효과는 A의 범죄 감소 효과보다 작다.

ㄷ. WDQ가 −1에 근접하면, A의 범죄 감소 효과와 B로의 혜택확산 효과가 거의 동일하다.

① ㄱ   ② ㄷ   ③ ㄱ, ㄴ

④ ㄴ, ㄷ   ⑤ ㄱ, ㄴ, ㄷ

문항 성격	문항유형 : 언어 추리
	내용영역 : 사회
평가 목표	이 문항은 범죄전이에 관한 연구 설계의 내용을 이해하고 연구 결과를 연구 설계에 맞춰 올바르게 해석하는 능력을 평가하는 문항이다.
문제 풀이	정답 : ③

WDQ의 정의와 관찰 결과로부터 WDQ 공식의 분모가 0보다 작다는 점을 이해하는 것이 풀이의 단서이다. 실험 지역(A)에 적용한 범죄 예방 프로그램이 범죄 감소 효과가 있다는 것은 통제 지역(C)보다 실험 지역의 범죄율 감소량(범죄 감소의 정도)이 크다는 것을 의미한다. 다시 말해 A에서 범죄 감소 효과가 있다는 것은 실험을 실시한 후의 통제 지역 범죄율(C_1) 대비 실험 지역 범죄율(A_1)이 실험을 실시하기 전의 통제 지역 범죄율(C_0) 대비 실험 지역 범죄율(A_0)보다 작다는 점을 나타낸다. 여기서 $A_1/C_1 - A_0/C_0 = A'$, $B_1/C_1 - B_0/C_0 = B'$라 놓을 때, 실험 지역의 범죄가 감소했다는 것은 A'<0을 의미한다. B'<0이면 실험 시행 후의 통제 지역 범죄율(C_1) 대비 완충 지역 범죄율(B_1)이 실험을 실시하기 전의 통제 지역 범죄율(C_0) 대비 완충 지역 범죄율(B_0)보다 작다는 것, 즉 B로의 혜택확산이 이루어졌음을 의미한다. B'>0이면 실험 전보다 실험 후 완충 지역의 범죄가 증가하여 범죄전이가 나타났음을 의미한다.

〈보기〉 해설 ㄱ. A지역은 범죄 예방 프로그램 실시 전 A, B, C의 범죄율이 동일한데 범죄 예방 프로그램 실시 후 범죄 감소 효과가 나타났다고 했으므로, WDQ의 분모 값(A')은 음수임을 알 수 있다. A'<0일 때 WDQ가 1보다 크려면, B'<0이며 B'의 절대값은 A'의 절대값보다 커야 한다. B'가 0보다 작다는 것은 완충 지역에서도 범죄 감소 효과가 나타난다는 의미이다. 그리고 B'의 절대값이 A'의 절대값보다 크다는 의미는 실험 지역에서의 범죄율의 변화량보다 완충 지역에서의 범죄율의 변화량이 크다는 점을 나타내는데, 이런 현상이 발생하려면 실험 지역에서의 범죄 감소 효과보다 완충 지역으로의 혜택확산 효과가 커야 한다. 따라서 ㄱ은 옳은 추론이다.

ㄴ. WDQ가 −1보다 크고 0보다 작다는 것은 B'>0이고 B'의 절대값은 A'의 절대값보다 작다는 의미이다. B'>0이므로 완충 지역은 범죄가 증가했고(범죄전이) B'의 절대값이 A'의 절대값보다 작으므로, 완충 지역으로의 범죄전이 효과가 실험 지역의 범죄 감소 효과보다 작다는 사실을 알 수 있다. 따라서 ㄴ은 옳은 추론이다.

ㄷ. WDQ가 −1에 근접한다는 것은 B′>0이고 B′의 절대값과 A′의 절대값은 거의
같다는 점을 의미한다. B′가 0보다 크다는 것은 완충 지역으로의 범죄전이 효과
가 나타났음을 의미하며 A′의 절대값과 B′의 절대값이 거의 같다는 것은 실험
지역에서 나타난 범죄 감소 효과와 거의 비슷한 정도로 완충 지역에서 범죄전
이 효과가 발생했다는 것을 의미한다. 따라서 ㄷ은 옳지 않은 추론이다.

〈보기〉의 ㄱ, ㄴ만이 옳은 추론이므로 정답은 ③이다.

28.

다음 글에 대한 평가로 옳은 것만을 〈보기〉에서 있는 대로 고른 것은?

피해자 영향 진술(VIS) 제도는 재판의 양형 단계에서 피해자에게 범죄로부터 받은 영향을 표현
할 수 있도록 기회를 제공한다. 그런데 VIS가 없는 경우보다 있는 경우에 형량이 더 무거운 경향
이 있는데, 그 이유와 관련하여 두 가지 견해가 제시된다. A견해에서는 VIS의 유무가 아니라 피
해의 심각성이 무거운 형량을 유도한다고 본다. 이에 따르면, 피해가 심각할수록 형량이 무거워
지는데, 주로 심각한 피해를 입은 피해자들이 공소장에 적시된 피해 내용을 부각하기 위해 VIS를
제시하고 피해가 심각하지 않은 피해자들은 VIS를 제시하지 않으므로, VIS와 양형 간에 유의미한
관계가 있는 것처럼 보인다는 것이다. B견해에서는 판사나 배심원들이 피해자가 VIS를 통해 부각
하고자 하는 피해 내용에 의해 영향을 받을 뿐만 아니라 피해자가 VIS를 통해 표출하는 강한 감
정으로부터도 영향을 받기 때문에, VIS가 무거운 형량을 유도한다고 주장한다. 각 견해의 타당성
을 검증하기 위해 연구 방법 P, Q를 구상하였다.

P : 무작위로 추출된 모의 배심원을 세 집단으로 구분한 뒤 사건에 대한 객관적 정보를 제공한다.
[집단 1]에는 일반적인 기대를 뛰어넘는 심각한 내용의 정서적 상해가 기술된 VIS를 제공하고,
[집단 2]에는 일반적인 기대에 미치지 않는 정서적 상해가 기술된 VIS를 제공하며, [집단 3]에
는 VIS를 제공하지 않는다. 이후 각 집단이 제시한 평균 형량을 비교한다.

Q : 무작위로 추출된 모의 배심원을 세 집단으로 구분한 뒤 사건에 대한 객관적 정보를 제공한다.
[집단 1]에는 피해자가 감정적으로 매우 고조된 상태로 심각한 내용의 VIS를 낭독하는 재판
영상을 제공하고, [집단 2]에는 동일한 내용의 VIS를 피해자가 차분하게 낭독하는 재판 영상
을 제공하며, [집단 3]에는 앞의 경우보다 덜 심각한 내용의 VIS를 피해자가 차분하게 낭독하
는 재판 영상을 제공한다. 이후 각 집단이 제시한 평균 형량을 비교한다.

ㄱ. P에서 [집단 1]의 평균 형량이 [집단 2]의 평균 형량보다 유의미하게 높고 [집단 2]
   의 평균 형량이 [집단 3]의 평균 형량보다 유의미하게 높으면, A견해는 강화된다.
ㄴ. Q에서 [집단 1]의 평균 형량이 [집단 2]의 평균 형량보다 유의미하게 높고 [집단 2]
   의 평균 형량이 [집단 3]의 평균 형량보다 유의미하게 높으면, B견해는 강화된다.
ㄷ. Q에서 연구 방법을 수정하여 [집단 1]과 [집단 2]만을 비교할 경우, 두 집단의 평균
   형량에 유의미한 차이가 없다면, A견해는 약화된다.

① ㄱ   ② ㄴ   ③ ㄱ, ㄷ
④ ㄴ, ㄷ   ⑤ ㄱ, ㄴ, ㄷ

문항 성격	문항유형 : 논증 평가 및 문제해결
	내용영역 : 사회
평가 목표	이 문항은 피해자 영향 진술이 없는 경우보다 있는 경우에 형량이 더 무거워지는 경향이 있는 이유에 관한 다른 두 견해를 이해하고, 새로운 연구 결과가 각 견해를 강화 또는 약화하는지 판단할 수 있는 능력을 평가하는 문항이다.
문제 풀이	정답 : ②

A견해는 피해자 영향 진술(VIS)이 있는 경우에 형량이 더 무거운 경향이 있는 이유를 피해자 영향 진술이 제시되어서가 아니라 제시된 그 진술 속에 포함된 피해 관련 정보, 즉 피해 내용의 심각성 때문이라고 보는 입장이다. A견해에서는 만약 피해 내용이 심각하지 않다면 설령 VIS가 제시되더라도 VIS가 제시되지 않은 경우와 양형에서 유의미한 차이가 없고, 반대로 피해 내용이 심각하다면 VIS가 제시되지 않더라도 같은 피해 내용이 기술된 VIS가 제시된 경우의 형량과 유의미한 차이가 없을 것으로 판단한다. 즉 형량은 VIS의 제시 유무에 관계없이 피해 내용의 심각성에 의해 영향을 받는다는 것이다. B견해는 판사나 배심원들이 VIS 속에 포함된 피해 내용에 영향을 받을 뿐만 아니라 피해자가 VIS를 통해 표출하는 강한 감정으로부터도 영향을 받는다고 본다.

 P연구 방법은 A견해의 타당성을 검증하기 위한 것인데, 사건에 대해 일반적으로 기대되는 정서적 상해를 기준으로 할 때 각 집단이 접한 피해 내용의 심각성은 [집단 1], [집단 3], [집단 2]의 순서임을 파악하는 것이 문제 풀이에 중요하다. Q연구 방법은 B견해의 타당성을 검증하기 위한 것이며 [집단 1]과 [집단 2]의 결과를 통해 양형 판단에 피해자 감정 표출의 정도가 영향을 미치는지 여부를 알 수 있고, [집단 2]와 [집단 3]의 결과를 통해 피해 내용이 양형 판단에 영향을 미치는지 여부를 확인할 수 있음을 아는 것이 풀이의 단서이다.

〈보기〉해설

ㄱ. A견해는 형량은 VIS의 유무에 관계없이 피해 내용의 심각성에 의해 영향을 받는 다는 입장이다. P에서 [집단 1]은 VIS를 통해 피해자가 일반적인 기대를 뛰어넘 는 심각한 피해를 입었다는 피해 내용의 정보를 접할 것이고 [집단 2]는 피해자 가 입은 피해 내용이 일반적인 기대보다 낮은 수준이라는 정보를 접할 것이다. [집단 3]의 경우, VIS가 제시되지 않았기 때문에 모의 배심원들은 사건에 대한 객 관적인 정보를 바탕으로 일반적으로 기대되는 정도의 피해 내용을 추정할 것이 다. 그렇다면 각 집단이 접한 피해 내용의 심각성 정도는 [집단 1], [집단 3], [집 단 2]의 순서가 된다. 만약 피해 내용, 즉 피해의 심각성이 양형에 영향을 주는 요인이라면, [집단 1]의 평균 형량은 [집단 2]의 평균 형량보다 높아야 하고 [집단 2]의 평균 형량은 [집단 3]의 평균 형량보다 낮아야 한다. 따라서 ㄱ에서 [집단 2] 의 평균 형량이 [집단 3]의 평균 형량보다 유의미하게 높다는 연구 결과는 A견해 와 부합하지 않으므로 A견해를 강화하지 못한다. ㄱ은 옳지 않은 평가이다.

ㄴ. B견해는 VIS에 부각된 피해 내용뿐만 아니라 이를 전달할 때 표출되는 피해자 의 강한 감정 역시 양형에 영향을 미친다는 입장이다. B견해가 타당하다면, VIS 에 의해 부각되는 피해 내용이 동일할 경우 강한 감정이 실린 채 전달되는 VIS 는 그렇지 않은 VIS보다 양형에 더 큰 영향을 미친다. 따라서 Q에서 강한 감 정이 실린 채 VIS가 전달되는 [집단 1]의 평균 형량이 강한 감정이 실리지 않은 채 동일한 내용의 VIS가 전달되는 [집단 2]의 평균 형량보다 유의미하게 높아 진다면, 이것은 양형 판단에 피해자의 강한 감정의 표출이 영향을 미치고 있음 을 보여준다. 그리고 [집단 2]와 [집단 3] 모두 피해자가 VIS를 차분하게 낭독하 는 장면을 접했기 때문에 두 집단에게 전달된 피해자의 감정 표출의 정도는 동 일하다. 그런데도 [집단 2]의 평균 형량이 [집단 3]의 평균 형량보다 유의미하게 높으면, 이는 양형 판단에 피해 내용의 심각성 요소가 작용했다고 볼 수 있다. ㄴ에서 제시된 결과는 모의 배심원들의 양형 판단이 피해 내용과 피해자의 강 한 감정의 표출이라는 두 가지 요인으로부터 모두 영향을 받고 있음을 보여주 고 있다. 따라서 이 결과는 B견해를 강화한다. ㄴ은 옳은 평가이다.

ㄷ. A견해는 형량은 VIS의 유무에 관계없이 피해 내용의 심각성에 의해 영향을 받 는다는 입장이다. 따라서 A견해에 따르면, 피해 내용이 동일하다면 배심원의 양형 판단의 결과도 동일할 것이라고 예측할 수 있다. 그러므로 동일한 내용의 VIS가 제시된 [집단 1]과 [집단 2]의 평균 형량에 유의미한 차이가 나지 않는다 는 결과는 A견해에 부합하므로 A견해를 약화하지 못한다. ㄷ은 옳지 않은 평가 이다.

〈보기〉의 ㄴ만이 옳은 평가이므로 정답은 ②이다.

29.

다음 글에 대한 평가로 옳은 것만을 〈보기〉에서 있는 대로 고른 것은?

미국에서 1960년대 이래 폭발적으로 증가해 왔던 폭력 범죄와 재산 범죄는 1990년대 초반 이후로 급격한 감소 추세에 들어섰다. 1991년부터 2012년 사이에 폭력 범죄는 49%, 재산 범죄는 44% 감소하였다. 더욱이 이런 감소 현상은 모든 지역과 모든 인구 집단에서 나타났으며, 그 추이는 2020년 현재까지 지속되고 있다. 이와 관련하여 ㉠ 미국의 범죄 감소가 납과 밀접한 관련이 있다는 주장이 있다. 이에 따르면, 제2차 세계대전 후부터 1970년대 초반까지 자동차의 납 배출이 증가하면서 폭력 범죄가 뒤따랐다. 하지만 1970년대에 휘발유에서 납이 제거되기 시작하면서 이후 폭력 범죄는 감소하였다. 사에틸납(tetraethyl lead)은 가솔린 기관의 노킹 방지를 위해 1920년대에 개발되었는데, 전후 시기부터 자동차 열풍과 함께 그 사용이 폭발적으로 증가하였다. 폭력과 재산 범죄율은 10대 후반에서 20대 초반에 가장 높은데, 청소년이나 성인과 달리 아동의 경우에는 납에 노출되는 것이 뇌 발달과 미래의 범죄 가능성에 영향을 미친다. 특히 납은 공격성과 충동성 등의 증가를 유발하는 것으로 알려져 있다.

보 기

ㄱ. 미국의 1~5세 아동의 2000년 평균 혈중 납 농도가 1990년의 절반 수준으로 낮아졌다는 사실은 ㉠을 강화한다.

ㄴ. 미국의 폭력 범죄가 급격하게 감소하기 시작하는 시기가 1970년대가 아닌 1990년대라는 사실은 ㉠을 약화한다.

ㄷ. 미국에서 범죄를 저지른 청소년이 그렇지 않은 청소년보다 뼈 안의 납 농도가 4배 높다는 연구 결과는 ㉠을 강화한다.

① ㄱ　　　　　　② ㄴ　　　　　　③ ㄱ, ㄷ

④ ㄴ, ㄷ　　　　　⑤ ㄱ, ㄴ, ㄷ

문항 성격	문항유형 : 논증 평가 및 문제해결
	내용영역 : 사회
평가 목표	이 문항은 경험적 사실이 제시된 이론적 주장을 강화 또는 약화하는지 판단하는 능력을 평가하는 문항이다.

제시문에서 "폭력과 재산 범죄율은 10대 후반에서 20대 초반에 가장 높은데, 청소년이나 성인과 달리 아동의 경우에는 납에 노출되는 것이 뇌 발달과 미래의 범죄 가능성에 영향을 미친다. 특히 납은 공격성과 충동성 등의 증가를 유발하는 것으로 알려져 있다."라는 진술이 문제를 해결하는 단서이다. 이 단서로부터 납은 아동의 범죄 가능성에 영향을 미치지만 그 효과는 아동이 10대 후반~20대 초반이 되는 약 20년 후에 나타난다는 점을 추론할 수 있다.

〈보기〉 해설 ㄱ. 1~5세 아동의 2000년 평균 혈중 납 농도가 10년 전인 1990년의 절반 수준으로 낮아졌다는 것이 사실이라고 하자. ㉠이 참이어서 납 중독과 범죄 행동 간에 양의 상관관계가 있다면, 이 사실로부터 범죄의 위험성이 있는 인구 집단의 상대적 규모가 감소함을 예측할 수 있다. 1990년에 1~5세인 아동의 잠재적 범죄 행동이 발현되는 시기는 대략 2005~2010년 정도이며, 2000년에 1~5세인 아동의 잠재적 범죄 행동이 발현되는 시기는 대략 2015~2020년 정도가 된다. 제시문에서 실제로 미국의 범죄 감소 추이가 1990년대 초반부터 2020년 현재까지 지속되고 있다고 서술되어 있다. 그러므로 미국의 1~5세 아동의 2000년 평균 혈중 납 농도가 1990년의 절반 수준으로 낮아졌다는 사실은 ㉠을 강화한다. ㄱ은 옳은 평가이다.

ㄴ. ㉠의 논거에 따르면, 납은 아동의 뇌 발달에 대한 부정적인 영향을 매개로 미래의 범죄 가능성에 영향을 미친다. 납은 청소년이나 성인보다 아동의 뇌 발달에 부정적인 영향을 미쳐 해당 아동이 청소년 혹은 성인이 되었을 때 범죄 행동을 유발할 수 있다는 것이다. 이런 진술에 따르면, 납 중독과 범죄 행동의 표출 간에는 일정한 시차(아동이 청소년 혹은 성인이 될 때까지)가 있다고 볼 수 있다. 따라서 1970년대에 휘발유에서 납이 제거되기 시작함으로써 범죄에 미칠 효과는 대략 20년 뒤에 나타나야 한다. 그러므로 미국의 폭력 범죄가 감소하기 시작하는 시기가 1970년대가 아닌 1990년대라는 사실은 ㉠에 부합하므로 ㉠을 약화하지 않는다. ㄴ은 옳지 않은 평가이다.

ㄷ. 미국의 범죄 감소가 납과 밀접한 관련이 있다는 말은 납 중독과 범죄 행동 간에는 양의 상관관계가 있다는 것을 뜻한다. 범죄를 저지른 청소년이 그렇지 않은 청소년보다 뼈 안에 축적된 납 농도가 훨씬 높다는 것은 비행 행동과 납 중독 간에 양의 상관관계가 있다는 증거가 되므로 ㉠을 강화한다. ㄷ은 옳은 평가이다.

〈보기〉의 ㄱ, ㄷ만이 옳은 평가이므로 정답은 ③이다.

30.

다음 논쟁에 대한 평가로 옳은 것만을 〈보기〉에서 있는 대로 고른 것은?

A : 디지털 전환 등 미래 기술 변화로 인해 일자리를 통한 소득 기회가 감소할 수 있으므로 이에 대비하기 위해서는 국민 누구에게나 개별적으로 조건 없이 동일한 금액을 지급하는 기본소득 제도의 도입이 필요하다. 사회적 위험에 빠진 사람을 선별해 복지 혜택을 집중하더라도 사각지대가 남을 수 있고 또한 선별에 따른 마찰도 적지 않다. 보편 지급은 이러한 문제점들을 완화하여 사각지대 없이 모든 사람들에게 실질적 도움이 될 수 있다.

B : 기본소득은 모든 사람에게 일정 금액을 제공하기 때문에 빈곤층을 해소하는 것처럼 보이지만, 재정 여건이 허락하는 범위에서 지급하는 기본소득은 그 급여 수준이 너무 낮아 사각지대 해소에 실효성이 없다.

C : 기존의 복지제도를 정리하고 공공 부문을 개혁하면 기본소득의 재원 확보가 가능하다. 모든 사람이 일정 급여를 받게 되면 양극화가 완화될 것이다. 이에 따라 조세 저항은 낮아지고 재분배 정책의 지지도가 상승함으로써 복지 재원의 총량도 늘리는 선순환이 기대된다.

D : 빈곤층의 생계를 지원하는 기초생활보장제도나 실직에 따른 소득 상실을 보전하는 고용보험 등 기존의 사회안전망을 더 강화하는 것이 기본소득보다 양극화 문제에 더 효과적인 대안이다.

보 기

ㄱ. 4차 산업 발달에 따른 인공지능의 보급으로 신규로 창출될 일자리보다 사라질 일자리가 많다는 연구 결과는 A를 약화한다.

ㄴ. 국가적 재난으로 인해 고통을 겪은 국민을 지원하기 위해 일시적으로 지급된 전국민재난지원금이 자영업자 폐업률에 영향을 미치지 않았다는 조사 결과가 나온다면, B는 약화된다.

ㄷ. 기존 복지제도를 통합하여 확보한 재원으로 기본소득을 지급할 때 소득 최하위 분위의 소득 점유율 대비 소득 최상위 분위의 소득 점유율이 유의미하게 감소한다면, C는 강화되고 D는 약화된다.

① ㄱ   ② ㄷ   ③ ㄱ, ㄴ
④ ㄴ, ㄷ   ⑤ ㄱ, ㄴ, ㄷ

A와 C는 기본소득제도를 찬성한다. A는 기술 변화에 따라 일자리가 줄어들어 생계를 위한 소득을 얻지 못하는 사람들을 위해 기본소득이 필요하고, 기존의 선별적 복지 혜택은 사각지대에 있는 사람들에게 도움이 되지 못한다고 주장한다. C는 기본소득이 양극화 완화에 기여하고 이에 따라 복지 분야의 선순환이 가능하다고 주장한다. 반면 B와 D는 기본소득제도를 반대한다. B는 재정여건상 기본소득 규모가 작아 사각지대 해소에 실효성이 없다고 주장한다. D는 기존의 선별적 복지제도가 기본소득보다 양극화 완화에 더 효과적이라고 주장한다.

〈보기〉 해설 ㄱ. 신규로 창출될 일자리보다 사라질 일자리가 많다는 것은 일자리가 줄어들 것이라는 의미이므로, 이러한 연구 결과는 A를 약화하는 것이 아니라 강화한다. ㄱ은 옳지 않은 평가이다.

ㄴ. 일시적으로 지급된 전국민재난지원금은 지속성이 없으므로 기본소득이 아니다. 전국민재난지원금이 기본소득의 일부 기능을 가지고 있다고 하더라도, 자영업자 폐업률에 영향을 미치지 않았다는 점은 폐업의 위기에 빠진 사람들에게 실질적 효과를 발생시키지 못한다는 내용이므로, 이러한 조사 결과는 기본소득이 사각지대 해소에 실효성이 없다는 B를 약화하지 않는다. ㄴ은 옳지 않은 평가이다.

ㄷ. 기존 복지제도를 통합하여 기본소득으로 전환할 때 소득 최하위 분위의 소득 점유율 대비 소득 최상위 분위의 소득 점유율이 감소한다는 것은 양극화가 완화된다는 의미이므로, 기본소득이 양극화 완화에 기여한다는 C는 강화되고, 기본소득이 기존 복지제도보다 양극화 완화에 덜 효과적이라는 D는 약화된다. ㄷ은 옳은 평가이다.

〈보기〉의 ㄷ만이 옳은 평가이므로 정답은 ②이다.

31.

다음 글에 대한 평가로 옳은 것만을 〈보기〉에서 있는 대로 고른 것은?

이기적 인간은 자신의 소비를 통한 효용만을 고려한다. 그렇다면 기부 행위는 왜 존재하는가? 자신의 기부를 받을 수혜자의 효용까지도 함께 고려하는 이타심 때문이다. 인간은 자신의 소비를 통한 효용뿐 아니라 수혜자의 효용까지 고려한다는 주장을 ⊙순수이타주의 가설이라 한다. 이 가설하에서 기부자는 수혜자가 필요한 총 기부액을 우선 결정한다. 만약 수혜자가 다른 기부자로부터 일정 금액의 기부를 받는 것을 알게 되면, 기부자는 정확히 그 금액만큼 기부액을 줄이게 된다. 한편, 기부 행위 자체를 통해 얻는 감정적 효용도 기부 행위에서 중요한 역할을 한다는 주장이 있다. 이를 ⓒ비순수이타주의 가설이라 한다. 비순수이타주의 가설에서는 순수이타주의 가설에서 고려하는 기부자의 효용과 수혜자의 효용에 더하여 기부자 자신의 감정적 효용까지도 모두 고려한다.

위 두 가설을 검증하기 위해 다음과 같은 실험을 다수의 참가자에게 독립적으로 실시한다.

〈실험〉

각 참가자는 아래 표를 제공받아 a~f를 모두 결정한다. 이후, 각 참가자는 A~F 중 임의로 선택된 한 상황에서 해당하는 소득을 실제로 제공받고 결정했던 만큼의 기부를 한다.

상황	참가자의 소득	참가자의 기부액	자선 단체의 기부액
A	40	a	4
B	40	b	10
C	40	c	28
D	40	d	34
E	46	e	4
F	46	f	28

보기

ㄱ. 참가자 대부분에서 $b = e - 6$이면, ⓒ을 강화한다.

ㄴ. 참가자 대부분에서 $e - a < f - c$이면, ⊙을 강화한다.

ㄷ. 참가자 대부분에서 $0 < a - 30 < b - 24 < c - 6 < d$이면, ⓒ을 강화한다.

① ㄱ   ② ㄷ   ③ ㄱ, ㄴ

④ ㄴ, ㄷ   ⑤ ㄱ, ㄴ, ㄷ

문항유형 : 논증 평가 및 문제해결

내용영역 : 사회

이 문항은 개인의 이타심이 발현되는 과정에 관한 이론인 순수이타주의 가설과 비순수이타주의 가설을 이해하고 기부 행위에 관한 실험의 결과가 두 가설을 강화 또는 약화하는지 판단할 수 있는 능력을 평가하는 문항이다.

정답 : ②

순수이타주의 가설에 따르면 인간은 (자신의 소비를 통한 효용＋기부받는 사람의 효용)에 따라 행동할 것이고, 비순수이타주의 가설에 따르면 인간은 (자신의 소비를 통한 효용＋기부받는 사람의 효용＋기부를 통한 자신의 감정적 효용)에 따라 행동할 것이다. 이때 특징적인 내용은 순수이타주의 가설에 따르면 기부자는 수혜자가 받는 총 기부액을 우선 결정하고 수혜자가 다른 기부자로부터 기부를 받는 금액만큼 자신의 기부액을 줄인다는 점이다.

이들 가설을 검증하기 위해 실험을 실시한다. 각 참가자에게 소득의 변화, 자선 단체의 기부액 변화 등이 존재하는 상황에서 자신의 기부액의 변화를 나타내도록 요구한다. 참가자의 기부액 변화 형태에 따라 주어진 두 가설을 검증하는 것이다.

ㄱ. 소득이 다른 상황 B와 E에서 기부자가 결정한 총 기부액이 같다면 이것은 ㉠을 지지하는 근거가 될 수 있다. 왜냐하면 ㉠에 의하면, 기부자는 수혜자가 받을 총 기부액을 우선 결정하여, 만약 수혜자가 다른 기부자로부터 일정 금액의 기부를 받는 것을 알게 되면 기부자는 그 금액만큼 기부액을 줄이기 때문이다. 따라서 참가자 대부분에서 $b=e-6$인 실험 결과를 얻게 된다면, 이것은 참가자 대부분이 상황 B의 총 기부액과 상황 E의 총 기부액이 동일하도록 결정했다는 것을 의미하므로, 이 실험 결과는 ㉡을 강화한다고 할 수 없다. ㄱ은 옳지 않은 평가이다.

ㄴ. $e-a<f-c$이면 $e-f<a-c$이다. ㉠이 참이라면, 참가자의 소득이 동일한 상황 E와 F에서 참가자가 결정한 수혜자가 받을 총 기부액은 같을 것이고, 참가자의 소득이 동일한 상황 A와 C에서도 총 기부액은 같을 것이다. 이 경우 $e+4=f+280$이고, $a+4=c+280$이므로, $e-f=a-c=240$이다. 그러므로 ㉠이 참이라면 $e-f=a-c$일 것이다. 따라서 참가자 대부분에서 $e-a<f-c$, 즉 $e-f<a-c$인 실험 결과는 ㉠을 강화하지 않는다. ㄴ은 옳지 않은 평가이다.

ㄷ. 상황 A~D에서는 참가자에게 제공되는 소득이 동일하고, 상황 A에서 D로 갈수록 자선 단체의 기부액이 증가한다. 0<a−30<b−24<c−6<d이면, (모든 항에 34를 더할 경우) 34<a+4<b+10<c+28<d+34가 성립한다. 즉 상황 A에서 D로 갈수록 참가자가 결정한 수혜자가 받을 총 기부액이 증가한다. 따라서 참가자 대부분에서 0<a−30<b−24<c−6<d이면, 이는 소득이 동일한 상황 A~D에서 자선 단체의 기부액이 증가함에도 참가자 대부분이 기부액을 줄이지 않거나 줄이더라도 자선 단체 기부액 증가분보다 적은 금액만큼 줄인다는 것을 의미하는데, 이러한 실험 결과는 ㉠으로는 설명되지 않는 추가적인 기부 유인 (즉, 기부 행위 자체를 통해 얻는 감정적 효용)이 존재한다는 점을 알려준다. 따라서 참가자 대부분에서 0<a−30<b−24<c−6<d인 실험 결과는 ㉡을 강화한다. ㄷ은 옳은 평가이다.

〈보기〉의 ㄷ만이 옳은 평가이므로 정답은 ②이다.

32.

다음으로부터 추론한 것으로 옳은 것만을 〈보기〉에서 있는 대로 고른 것은?

> 오래 전에 바다에 침몰했던 배에서 총 6개의 유물 A, B, C, D, E, F가 발견되었다. 이 유물들은 각각 고구려, 백제, 신라 중 한 나라에서 만들었다고 한다. 역사학자들은 이 6개의 유물을 정밀 조사하여 다음과 같은 사실을 밝혀냈다.
>
> • C와 E는 같은 나라에서 만들었다.
> • A와 C는 다른 나라에서 만들었다.
> • 신라에서 만든 유물의 수는 백제에서 만든 유물의 수보다 크다.
> • B는 고구려에서 만들었고 F는 백제에서 만들었다.

보 기

ㄱ. A는 백제에서 만든 유물이 아니다.
ㄴ. C가 고구려에서 만든 유물이면 D는 신라에서 만든 유물이다.
ㄷ. E를 만든 나라의 유물이 가장 많다.

① ㄱ 　　　　② ㄴ 　　　　③ ㄱ, ㄷ
④ ㄴ, ㄷ 　　　⑤ ㄱ, ㄴ, ㄷ

| 문항 성격 | 문항유형 : 모형 추리 |
| 내용영역 : 논리학·수학 |

| 평가 목표 | 이 문항은 주어진 정보로부터 각각의 유물을 어느 나라에서 만들었을지 가능한 경우들을 찾아내어 〈보기〉의 각 진술이 추론되는지 여부를 판단하는 능력을 평가하는 문항이다. |

| 문제 풀이 | 정답 : ② |

네 번째 정보를 표로 나타내면 다음과 같다.

고구려	백제	신라
B	F	

첫 번째 정보로부터 C가 백제의 유물이면 E도 백제의 유물이고 E가 백제의 유물이면 C도 백제의 유물이다. C와 E가 백제의 유물이면 백제의 유물은 F까지 포함하여 3개 이상이 되는데, 이는 세 번째 정보와 모순이다. 따라서 다음의 두 가지 경우가 가능하다.

(1)

고구려	백제	신라
B, C, E	F	

(2)

고구려	백제	신라
B	F	C, E

⑴의 경우는 세 번째 정보로부터 A, D는 다음과 같이 모두 신라의 유물이다. 이는 두 번째 정보도 만족시킨다.

(1–1)

고구려	백제	신라
B, C, E	F	A, D

⑵의 경우는 두 번째 정보로부터 A는 고구려 또는 백제의 유물이다. 따라서 다음의 두 가지 경우가 가능하다.

(2–1)

고구려	백제	신라
B, A	F	C, E

(2–2)

고구려	백제	신라
B	F, A	C, E

(2–1)의 경우에 D가 백제의 유물이면 세 번째 정보와 모순이므로, D는 고구려 또는 신라의 유물이다. 따라서 다음의 두 가지 경우가 가능하다.

(2-1-1)

고구려	백제	신라
B, A, D	F	C, E

(2-1-2)

고구려	백제	신라
B, A	F	C, E, D

(2-2)의 경우는 세 번째 정보로부터 D는 다음과 같이 신라의 유물이다.

(2-2-1)

고구려	백제	신라
B	F, A	C, E, D

(1-1), (2-1-1), (2-1-2), (2-2-1)이 완성된 표이다.

〈보기〉 해설 　ㄱ. (2-2-1)의 경우 A는 백제에서 만든 유물이다. ㄱ은 옳지 않은 추론이다.

　ㄴ. C가 고구려에서 만든 유물인 경우는 ⑴의 경우이다. 이때 (1-1)에서 알 수 있듯이 A, D는 모두 신라의 유물이다. ㄴ은 옳은 추론이다.

　ㄷ. (2-1-1)의 경우 E를 만든 신라의 유물(C, E 2개)보다 고구려의 유물(B, A, D 3개)이 더 많다. ㄷ은 옳지 않은 추론이다.

〈보기〉의 ㄴ만이 옳은 추론이므로 정답은 ②이다.

33.

다음으로부터 추론한 것으로 옳지 <u>않은</u> 것은?

이웃한 네 국가 A, B, C, D는 지구 온난화로 발생하는 환경 문제를 개선하고자 2,000억 달러의 기금을 조성하기로 하였다. 1차와 2차로 나누어 각각 1,000억 달러의 기금을 만들기로 하였으며 경제 규모와 환경 개선 기여도를 고려하여 국가별 분담금을 정하였다. 합의된 내용 중 알려진 사실은 다음과 같다.

• 국가별 1차 분담금은 A, B, C, D의 순서대로 많고, B는 260억 달러, D는 200억 달러를 부담한다.
• 국가별 2차 분담금은 B가 가장 적고, 250억 달러를 부담하는 C가 그 다음으로 적고, 가장 많은 금액을 부담하는 국가의 분담금은 300억 달러이다.

① 가장 많은 분담금을 부담하는 국가는 A이다.
② B의 분담금은 460억 달러 이하이다.

③ A의 분담금이 570억 달러이면, D의 분담금은 500억 달러이다.

④ C의 분담금과 D의 분담금의 차이는 50억 달러 이하이다.

⑤ 어떤 국가의 1차 분담금과 2차 분담금이 같으면, A의 분담금은 600억 달러 이하이다.

| 문항 성격 | 문항유형 : 모형 추리 |
| 내용영역 : 논리학·수학 |

평가 목표 이 문항은 주어진 정보로부터 각국의 1·2차 분담금의 가능한 범위를 알아내어 선택지의 각 진술이 추론되는지 여부를 판단하는 능력을 평가하는 문항이다.

문제 풀이 정답 : ④

각국의 분담금을 표로 나타내면 〈표 1〉과 같다. (아래 표에서 'A/D'는 A 또는 D를 의미하며, 'D/A'는 D 또는 A를 의미한다. 2차 분담금에서 'A/D'가 가장 많은 분담금인 300억 달러를 낸다.)

〈표 1〉 (단위 : 억 달러)

1차	A	B	C	D	1,000
		260		200	
2차	A/D	B	C	D/A	1,000
	300		250		
전체					2,000

1차에서 B와 D가 460억 달러를 부담하므로 A와 C는 540억 달러를 부담한다. 그런데 C의 분담금이 200억 달러 초과 260억 달러 미만이므로 A의 분담금은 280억 달러 초과 340억 달러 미만이다.

〈표 2〉 (단위 : 억 달러)

1차	A	B	C	D	1,000
	280 초과 340 미만	260	200 초과 260 미만	200	
2차	A/D	B	C	D/A	1,000
	300		250		
전체					2,000

2차에서 C와 가장 많은 금액을 부담하는 국가(A/D)가 550억 달러를 부담하므로 2차 분담금이 가장 적은 B와 나머지 한 국가(D/A)는 450억 달러를 부담한다. 그런데 D/A의 분담금이 250~300억 달러이므로 B의 분담금은 150~200억 달러이다.

	A	B	C	D	
1차	280 초과 340 미만	260	200 초과 260 미만	200	1,000
2차	A/D	B	C	D/A	1,000
	300	150~200	250	250~300	
전체					2,000

〈표 3〉 (단위 : 억 달러)

따라서 국가별 총 분담금은 A는 530억 달러 초과 640억 달러 미만, B는 410~460억 달러, C는 450억 달러 초과 510억 달러 미만, D는 450~500억 달러이다.

〈표 4〉 (단위 : 억 달러)

	A	B	C	D	
1차	280 초과 340 미만	260	200 초과 260 미만	200	1,000
2차	A/D	B	C	D/A	1,000
	300	150~200	250	250~300	
전체	A	B	C	D	2,000
	530 초과 640 미만	410~460	450 초과 510 미만	450~500	

정답 해설 ④ C의 분담금이 510억 달러 미만이고 D의 분담금이 450억 달러 이상이므로, 두 국가의 분담금의 차이는 50억 달러를 초과할 수도 있다. 예를 들어 〈표 5〉와 같이 C의 1차 분담금이 259억 달러이고 D의 2차 분담금이 250억 달러이면, C의 총 분담금은 509억 달러이고 D의 총 분담금은 450억 달러가 된다. 이 경우 두 국가의 분담금의 차이는 59억 달러가 된다. ④는 옳지 않은 추론이다.

〈표 5〉 C와 D의 분담금 차이가 50억 달러를 넘는 경우의 예시 (단위 : 억 달러)

	A	B	C	D	
1차	281	260	259	200	1,000
2차	A	B	C	D	1,000
	300	200	250	250	
전체	A	B	C	D	2,000
	581	460	509	450	

① A의 분담금은 530억 달러를 넘고 B, C, D의 분담금은 모두 510억 달러를 넘지 않으므로 가장 많은 분담금을 부담하는 국가는 A이다. ①은 옳은 추론이다.

② B의 분담금은 410억 달러 이상 460억 달러 이하이다. ②는 옳은 추론이다.

③ A의 1차 분담금이 280억 달러를 넘으므로, A가 2차 분담금을 가장 많이 부담하는 국가(300억 달러)이면 A의 총 분담금은 580억 달러를 넘는다. 따라서 A의 분담금이 570억 달러이면 2차 분담금을 가장 많이 부담하는 국가는 A가 아니라 D이다. 이 경우 D의 2차 분담금이 300억 달러이므로, D의 총 분담금은 500억 달러이다. ③은 옳은 추론이다.

⑤ B의 1, 2차 분담금은 각각 260억 달러와 150~200억 달러이므로 같을 수 없다. D의 1, 2차 분담금은 각각 200억 달러와 250~300억 달러이므로 같을 수 없다. 따라서 1차 분담금과 2차 분담금이 같은 나라는 A 또는 C이다. A의 1, 2차 분담금이 같다면, A의 2차 분담금이 300억 달러 이하이므로 A의 1차 분담금도 300억 달러 이하이고, 따라서 A의 총 분담금은 600억 달러 이하이다. C의 1, 2차 분담금이 같다면, C의 2차 분담금이 250억 달러이므로 C의 1차 분담금도 250억 달러이고, 이 경우 A의 1차 분담금은 290억 달러이다. 그런데 A의 2차 분담금이 300억 달러 이하이므로, A의 총 분담금은 590억 달러 이하이다. ⑤는 옳은 추론이다.

〈표 6〉 C의 1차 분담금과 2차 분담금이 같은 경우   (단위 : 억 달러)

1차	A	B	C	D	1,000
	290	260	250	200	
2차	A/D	B	C	D/A	1,000
	300	150~200	250	250~300	
전체	A	B	C	D	2,000
	540~590	410~460	500	450~500	

34.

다음으로부터 추론한 것으로 옳은 것만을 〈보기〉에서 있는 대로 고른 것은?

어떤 사건에 대하여 네 명의 용의자 갑, 을, 병, 정에게 물었더니 다음과 같이 각각 대답하였다.

갑 : "병은 범인이다. 범인은 두 명이다."

을 : "내가 범인이다. 정은 범인이 아니다."

병 : "나는 범인이다. 범인은 나를 포함하여 세 명이다."

정 : "나는 범인이 아니다. 갑은 범인이다."

각각 두 문장으로 구성된 갑, 을, 병, 정 네 사람 각자의 대답에서 한 문장은 참이고 다른 한 문장은 거짓이라고 한다.

보 기

ㄱ. 갑의 대답 중 "범인은 두 명이다."는 거짓이다.

ㄴ. 을은 범인이다.

ㄷ. 병과 정 중에서 한 명만 범인이면 갑은 범인이 아니다.

① ㄱ　　　　　　　② ㄴ　　　　　　　③ ㄱ, ㄷ

④ ㄴ, ㄷ　　　　　⑤ ㄱ, ㄴ, ㄷ

문항 성격	문항유형 : 모형 추리
	내용영역 : 논리학·수학
평가 목표	이 문항은 각각 참인 정보와 거짓인 정보를 하나씩 제공하는 여러 사람의 대답으로부터 〈보기〉의 각 진술이 추론되는지 여부를 판단하는 능력을 평가하는 문항이다.
문제 풀이	정답 : ③

병의 대답의 제1문인 "나는 범인이다."가 거짓이면 병이 범인이 아니므로, 병의 대답의 제2문인 "범인은 나를 포함하여 세 명이다."는 거짓이 된다. 이는 각자의 대답에서 한 문장은 참이고 다른 한 문장은 거짓이라는 조건을 만족시키지 못하므로, 병의 대답의 제1문은 참이고 제2문은 거짓이다. 병의 대답의 제1문인 "나는 범인이다."가 참이므로 갑의 대답의 제1문 "병은 범인이다."는 참이고, 따라서 갑의 대답의 제2문 "범인은 두 명이다."는 거짓이다. 이를 표로 나타내면 다음과 같다.

용의자	제1문	진위	제2문	진위
갑	병은 범인이다.	참	범인은 두 명이다.	거짓
병	나는 범인이다.	참	범인은 나를 포함하여 세 명이다.	거짓

갑의 대답의 제2문과 병의 대답의 제2문이 모두 거짓인 것으로부터 범인은 1명 또는 4명임을 알 수 있다. 또 병은 범인이므로, 병을 제외한 3명 중에서는 범인이 0명 또는 3명임을 알 수 있다. 즉 갑, 을, 정 중 누구도 범인이 아니거나 3명 모두 범인이다. 두 경우가 모두 가능함을 다음에서 확인할 수 있다.

1) 갑, 을, 정 중 누구도 범인이 아닌 경우(병만 범인인 경우)

을의 대답의 제1문인 "내가 범인이다."는 거짓이고 제2문인 "정은 범인이 아니다."는 참이 되어, 각자의 대답에서 한 문장은 참이고 다른 한 문장은 거짓이라는 조건을 만족시킨다. 또 정의 대답의 제1문인 "나는 범인이 아니다."는 참이고 제2문인 "갑은 범인이다."는 거짓이 되어, 각자의 대답에서 한 문장은 참이고 다른 한 문장은 거짓이라는 조건을 만족시킨다.

2) 갑, 을, 정 모두 범인인 경우(모든 용의자가 범인인 경우)

을의 대답의 제1문인 "내가 범인이다."는 참이고 제2문인 "정은 범인이 아니다."는 거짓이 되어, 각자의 대답에서 한 문장은 참이고 다른 한 문장은 거짓이라는 조건을 만족시킨다. 또 정의 대답의 제1문인 "나는 범인이 아니다."는 거짓이고 제2문인 "갑은 범인이다."는 참이 되어, 각자의 대답에서 한 문장은 참이고 다른 한 문장은 거짓이라는 조건을 만족시킨다.

〈보기〉 해설 ㄱ. 갑의 대답에서는 제1문인 "병은 범인이다."가 참이고, 제2문인 "범인은 두 명이다."가 거짓이다. ㄱ은 옳은 추론이다.

ㄴ. 갑, 을, 정 3명 모두 범인일 수도 있고, 3명 중 누구도 범인이 아닐 수도 있다. ㄴ은 옳지 않은 추론이다.

ㄷ. 병은 반드시 범인이므로, 병과 정 중에서 한 명만 범인이면 병은 범인이고 정은 범인이 아니다. 정이 범인이 아닌 경우에는 갑과 을도 범인이 아니다. ㄷ은 옳은 추론이다.

〈보기〉의 ㄱ, ㄷ만이 옳은 추론이므로 정답은 ③이다.

35.

다음으로부터 추론한 것으로 옳은 것만을 〈보기〉에서 있는 대로 고른 것은?

신호탐지이론은 외부 세계를 신호와 잡음 두 상태로 나누고 그 상태에 따라 어떤 반응을 보여야 가장 좋은 효과를 얻을 수 있는가를 결정하는 이론이다. 레이더 기지에 새롭게 배치된 관측병 갑의 임무는 물체 X가 레이더에 나타났을 때 버튼을 눌러 아군 전투기를 출동시킬지 아니면 버튼을 누르지 않을지 결정하는 것이다. X가 사전에 신고되지 않은 비행기인 경우를 신호라 하고, X가 기타 물체, 예컨대 독수리인 경우를 잡음이라 하자. 신고된 비행기는 X와 다른 방식으로 레이더에 표시되므로 고려 대상이 아니다. 버튼을 눌렀을 때 신호이면 '적중'이고 잡음이면 '오경보'이다. 버튼을 누르지 않았을 때 신호이면 '누락'이고 잡음이면 '정기각'이다. 버튼을 누르거나 누르지 않는 것에 따른 갑의 득실은 아래와 같다.

	신호	잡음
버튼 누름	3	−3
버튼 누르지 않음	−3	2

기존의 데이터에 따르면 X가 신호일 확률은 0.8이다. 갑은 X에 관한 기존의 데이터에 따른 확률에 득실을 곱하여 X를 관측한다면 버튼을 누를지 말지 결정하려 한다. 예컨대, 적중의 기댓값은 2.4이다. 버튼을 눌렀을 때 기댓값의 합계가 버튼을 누르지 않았을 때 기댓값의 합계보다 크거나 같다면, 갑은 X를 관측했을 때 버튼을 누를 것이다.

<보기>

ㄱ. X가 신호일 확률이 0.1일 경우, 갑은 X가 레이더에 나타나면 버튼을 누르지 않을 것이다.

ㄴ. 누락의 득실만 −3에서 0으로 변경될 경우, 갑은 X가 레이더에 나타나면 버튼을 누를 것이다.

ㄷ. 오경보의 득실만 −3에서 −2로 변경될 경우, 갑은 X가 레이더에 나타나면 버튼을 누를 것이다.

① ㄴ ② ㄷ ③ ㄱ, ㄴ
④ ㄱ, ㄷ ⑤ ㄱ, ㄴ, ㄷ

문항유형 : 언어 추리

내용영역 : 과학기술

이 문항은 득실과 확률에 관한 신호탐지이론에 대한 설명이 주어졌을 때, 이론을 실제 사례에 올바르게 적용하는 능력을 평가하는 문항이다.

정답 : ⑤

제시문에서 X가 신호일 확률은 0.80이므로 X가 잡음일 확률은 0.20이다. 또한 갑이 X를 관측할 때 버튼을 누르거나 누르지 않는 것에 따른 갑의 득실은 표로 주어져 있다. 이 경우 갑이 버튼을 누를 때 기댓값의 합계와 버튼을 누르지 않을 때 기댓값의 합계는 다음과 같이 계산된다.

버튼을 누를 때 : $(3\times0.8)+(-3\times0.2)=1.8$

버튼을 누르지 않을 때 : $(-3\times0.8)+(2\times0.2)=-2$

갑이 버튼을 누를 때 기댓값의 합계가 버튼을 누르지 않을 때 기댓값의 합계보다 크므로, 갑은 X를 관측했을 때 버튼을 누를 것이다.

ㄱ. 신호일 확률이 0.10이라면 잡음일 확률은 0.90이다. 이 경우, 버튼을 누를 때 기댓값의 합계는 $(3\times0.1)+(-3\times0.9)=-2.4$이고, 누르지 않을 때 기댓값의 합계는 $(-3\times0.1)+(2\times0.9)=1.5$이다. 그러므로 갑은 버튼을 누르지 않을 것이다. ㄱ은 옳은 추론이다.

ㄴ. 누락의 득실만 −3에서 0으로 변경될 경우, 버튼을 누를 때 기댓값의 합계는 $(3\times0.8)+(-3\times0.2)=1.8$이고 누르지 않을 때 기댓값의 합계는 $(0\times0.8)+(2\times0.2)=0.4$이다. 그러므로 갑은 버튼을 누를 것이다. ㄴ은 옳은 추론이다.

ㄷ. 오경보의 득실만 −3에서 −2로 변경될 경우, 버튼을 누를 때 기댓값의 합계는 $(3\times0.8)+(-2\times0.2)=2$이고 누르지 않을 때 기댓값의 합계는 $(-3\times0.8)+(2\times0.2)=-2$이다. 그러므로 갑은 버튼을 누를 것이다. ㄷ은 옳은 추론이다.

〈보기〉의 ㄱ, ㄴ, ㄷ 모두 옳은 추론이므로 정답은 ⑤이다.

286

36.

다음 논증의 구조를 가장 적절하게 분석한 것은?

> ⊙ 사람들은 종종 마치 로봇이 사람인 것처럼 대하는데, 이와 같은 현상에는 동서양의 차이가 존재하며 그러한 차이는 문화 또는 문화적 요인을 통해 이루어지는 진화, 즉 문화선택에 의한 것으로 보인다. ⓒ 한 연구 결과에 따르면, 사람의 행동에 반응하여 로봇 개 아이보가 꼬리를 살랑거리며 빙글빙글 도는 모습을 피실험자에게 보여 주었을 때, 서양인 피실험자보다 한국인 피실험자가 더 강한 정도로 사람과 로봇이 친구가 될 수 있다고 답하였다. ⓒ 어린이가 아이보의 꼬리를 부러뜨리려는 장면을 피실험자에게 보여 주고 그 어린이에게 아이보를 괴롭히지 말라는 도덕 명령을 내릴 것이냐고 물었을 때에도, 서양인 피실험자보다 한국인 피실험자가 더 강한 긍정적인 답을 내놓았다. ② 이는 로봇을 마치 사람처럼 대하는 현상이 서양인보다 한국인에게서 더 강하게 나타난다는 것을 보여 준다. ⑩ 묵가에 의하면, 우정 같은 감정은 대상이 나에게 실질적인 이득을 가져다 줄 것이라는 판단을 내렸을 때에만 발생할 수 있다. ⑭ 유가에 의하면, 도덕 판단의 근거는 판단 주체에게 내재한 모종의 원칙이 아닌 대상과의 감정적 관계에 있다. ⊗ 묵가와 유가 이론을 사람과 로봇 관계에 적용한다면, 사람들은 아이보가 자신에게 즐거움을 준다고 판단할 때 아이보를 친구로 여길 수 있게 되고 아이보를 불쌍하다고 느낄 때 아이보를 도덕 판단의 대상으로 여길 수 있게 된다. ⊙ 한국 사회 전반에서 묵가와 유가 전통을 통한 문화선택이 발생했으며, 그에 따라 한국인 일반의 감정과 도덕성에 관한 사회적 측면이 부분적으로 결정되었다는 연구 결과가 있다.

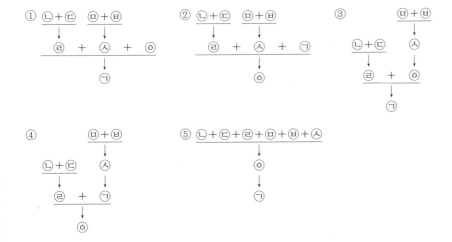

문항유형 : 논증 분석

내용영역 : 사회

평가 목표 이 문항은 논증의 구조를 논증의 내용에 따라 올바르게 파악하는 능력을 평가하는 문항이다.

문제 풀이 정답 : ①

이 문항은 서양인보다 한국인이 더 강하게 로봇을 생명체처럼 여기는 현상을 다룬다. 제시문에 따르면, 서양인보다 한국인이 더 강하게 로봇을 마치 살아있는 생명체처럼 여기는 이유는 다음과 같다. 한국인은 묵가와 유가 전통을 선택압으로 갖는 문화선택을 겪었다. 그러한 전통 아래에서 사람들은 인간과 로봇 사이에 모종의 관계가 성립했을 때 자연스럽게 로봇을 마치 사람처럼 대하게 된다.

이 문항을 풀 때 주의할 점은 제시문의 주요 논증이 두 개의 하위 논증으로 구성되어 있음을 아는 것이다. 첫 번째 하위 논증은 로봇을 마치 사람처럼 대하는 것에는 서양인과 한국인 사이에 차이가 존재한다는 논증이다. 다른 하나는 한국인에게서 특징적으로 나타나는 이와 같은 현상을 동양철학 이론으로 설명하는 하위 논증이다.

또 한 가지 주의할 점은 묵가와 유가에 관한 문장들 ⓜ, ⓗ, Ⓐ, ◎의 관계를 파악하는 것이다. ◎은 문화선택에 관한 주장이지만, Ⓐ은 ⓜ, ⓗ을 전제로 갖는 주장에 해당한다. 좀 더 구체적으로 말하자면, ◎은 한국 문화와 한국인의 사회적 측면에 묵가와 유가 전통이 녹아 들어가 있다는 명제이고 Ⓐ은 묵가와 유가 이론에 관한 명제이다. ◎과 Ⓐ은 서로 독립적인데, 그 이유는 ◎이 거짓이더라도 Ⓐ은 참일 수 있으며 그 역도 성립하기 때문이다.

정답 해설 ① ㉠은 제시문 전체를 관통하는 주요 주장에 해당한다. 이 주장에 대한 직접적인 근거는 ㉣, Ⓐ, ◎이다. ㉣과 Ⓐ은 각자의 하위 논증을 갖는다. ㉣에 대한 근거로 서양인보다 한국인이 강하게 아이보에게 감정을 느낀다는 ㉡, 그리고 서양인보다 한국인이 강하게 아이보를 도덕 판단의 대상으로 여긴다는 ㉢이 주어졌다. Ⓐ은 ⓜ과 ⓗ으로부터 도출된다. ◎은 별도의 근거를 갖지 않는다.

오답 해설 ② ◎은 특정 연구 결과에 관한 명제로 제시문 전체를 관통하는 주요 주장이 아니다.

③ 앞에서 설명한 것처럼, ◎과 Ⓐ은 서로 독립적이므로 Ⓐ으로부터 ◎이 도출될 수 없다.

④ ◎은 특정 연구 결과에 관한 명제로 제시문 전체를 관통하는 주요 주장이 아니다.

⑤ ◎은 ㉡~Ⓐ 중 그 어떤 명제로부터도 도출될 수 없다.

37.
다음으로부터 추론한 것으로 옳은 것은?

사건들은 서로 간에 양 또는 음의 상관관계가 성립할 수 있으며, 어떤 상관관계도 없이 서로 독립적일 수도 있다. 이런 상관관계는 주어진 조건에 따라서 달라진다. 특히 상관관계 성립 여부는 사건들이 어떤 인과적 구조에 있느냐에 의존한다.

예를 들어 보자. 비가 와서 땅이 젖었으며, 땅이 젖게 되어 그 땅을 딛고 있는 나의 발이 젖었다고 해 보자. 비가 온 것은 땅이 젖은 것의 원인이며, 땅이 젖은 것은 나의 발이 젖은 것의 원인이다. 비가 온다는 것과 발이 젖는다는 것 이외에 어떤 것도 고려하지 않는다면, 우리는 이 두 사건 사이에 상관관계가 성립한다고 말해야 한다. 하지만 그 두 사건을 연결하는 매개 사건, 즉 땅이 젖는다는 조건 아래에서는 비가 온 것과 발이 젖은 것은 서로 독립적인 사건이 된다. 왜냐하면 땅이 젖기만 한다면 비가 오든 오지 않든 발이 젖을 것이기 때문이다. 이렇듯 두 사건 사이를 인과적으로 매개하는 사건은 그들 사이의 상관관계를 지운다.

다른 예도 있다. 비가 와서 땅이 젖고 강물도 범람했다고 하자. 비가 온 것은 땅이 젖은 것의 원인이기도 하며, 강물이 범람한 것의 원인이기도 하다. 이 경우, 땅이 젖은 것과 강물이 범람한 것 이외에 어떤 것도 고려하지 않는다면, 우리는 땅이 젖은 것과 강물이 범람한 것 사이에 상관관계가 성립한다고 말해야 한다. 하지만 두 사건의 공통 원인에 해당하는 사건, 즉 비가 온다는 조건 아래에서는 땅이 젖은 것과 강물이 범람한 것은 서로 독립적인 사건이 된다. 왜냐하면 비가 오기만 했다면, 강물이 범람하든 하지 않든 땅이 젖을 것이기 때문이다. 이렇듯 두 사건의 공통 원인인 사건은 그 두 사건 사이의 상관관계를 지운다.

우리는 이런 두 가지 사례를 모두 포괄하는 방식으로 인과관계와 상관관계 사이의 관계를 다음과 같이 규정할 수 있다. 사건 X의 원인은 사건 X와 이 X의 결과가 아닌 사건 사이에 성립하는 상관관계를 지운다.

① 사건 X를 원인으로 하는 사건이 하나밖에 없다면, X가 지우는 상관관계는 존재하지 않는다.
② 사건 X와 사건 Y 사이에 성립하는 상관관계를 지우는 사건이 있다면, X와 Y 모두의 원인인 사건이 있다.
③ 사건 X가 사건 Y의 원인이고 Y는 사건 Z의 원인이라면, X라는 조건 아래에서 Y와 Z는 서로 독립적인 사건이 된다.
④ 사건 X의 원인은 사건 Y이기도 하고 사건 Z이기도 하다면, X라는 조건 아래에서 Y와 Z는 서로 독립적인 사건이 된다.

⑤ 사건 X가 사건 Y와 사건 Z의 유일한 원인이고 Y는 사건 W의 원인이지만 Z는 W의 원인이 아니라면, X는 Z와 W 사이에 성립하는 상관관계를 지운다.

문항 성격	문항유형 : 언어 추리
	내용영역 : 과학기술
평가 목표	이 문항은 인과관계와 상관관계 사이에 성립하는 원리를 파악하여 그것을 올바르게 적용하는 능력을 평가하는 문항이다.
문제 풀이	정답 : ⑤

제시문은 베이지안 네트워크 이론(Bayesian Network Theory)의 마코프 조건(Marcov Condition)을 다루고 있다. 이 조건에 따르면 특정 사건의 원인은 그 사건과 그 사건의 결과가 아닌 사건들 사이에 성립하는 상관관계를 지운다. 다르게 말하자면 특정 사건의 원인이 성립한다는 조건 아래에서 그 사건과 그 사건의 결과가 아닌 사건들은 확률적으로 독립적이다.

좀 더 구체적으로 말하면, 다음 두 가지가 성립한다. (i) X와 Z를 인과적으로 매개하는 Y는 X와 Z 사이에 성립하는 상관관계를 지운다. (ⅱ) Y와 Z의 공통 원인인 X는 Y와 Z 사이에 성립하는 상관관계를 지운다.

정답 해설 ⑤ 이 선택지에서 말하는 인과관계는 다음과 같다.

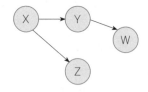

X는 Z의 유일한 원인이고 Z는 W의 원인이 아니므로, W와 Z 사이에는 인과관계가 성립하지 않는다. 따라서 제시문의 마지막 문단에 기술된 원리에 의해, Z의 원인인 X는 Z와 Z의 결과가 아닌 사건 W 사이에 성립하는 상관관계를 지운다는 것을 추론할 수 있다. 따라서 ⑤는 옳은 추론이다.

오답 해설 ① X가 원인인 사건을 Y라고 하고, Y 외에는 X를 원인으로 하는 사건이 없다고 하자. 그리고 Z가 X의 원인이라고 하자. 그럼 X는 Z와 Y를 인과적으로 매개하는 사건이 되며, 따라서 위 해설의 (i)에 따라 X는 Z와 Y 사이에 성립하는 상관관계를 지운다. ①은 옳지 않은 추론이다.

② Z가 X와 Y를 인과적으로 매개하는 사건이라고 하자. 그럼 (i)에 의해서 Z는 X와 Y 사이에 성립하는 상관관계를 지운다. 하지만 Z는 X와 Y 중 하나의 원인이고 다른 하나의 결과이므로, 두 사건의 공통 원인이 아니다. 그밖에 X와 Y 모두의 원인인 사건이 있다는 것을 추론할 수 없으므로, ②는 옳지 않은 추론이다.

③ 사건 X가 사건 Y의 원인이고 사건 Y는 사건 Z의 원인이라고 하자. 그럼 사건 Z는 사건 Y의 결과이다. 한편, Y의 원인인 사건이 상관관계를 지우는 사건은 Y와 Y의 결과가 아닌 사건이다. 따라서 Y의 원인인 X는 Y와 Y의 결과인 Z 사이의 상관관계를 지운다고 추론할 수 없다. ③은 옳지 않은 추론이다.

④ 사건 X의 원인은 사건 Y이기도 하고 사건 Z이기도 하다고 가정하자. 그럼 X는 Y나 Z 어떤 것의 원인도 아니다. 따라서 Y의 원인도 아니고 Z의 원인도 아닌 X가 Y와 Z 사이에 성립하는 상관관계를 지운다고 추론할 수 없다. ④는 옳지 않은 추론이다.

38.

다음 글을 평가한 것으로 적절한 것만을 〈보기〉에서 있는 대로 고른 것은?

아이에게 생기는 자폐증의 주요한 원인 중 하나는 임신 중 엄마의 비정상적인 면역 활성화로 여겨지고 있다. 엄마의 장에 존재하는 수지상 세포(dendritic cell, DC)는 체내에 바이러스가 감염되면 활성화된다. 이 DC는 장에 존재하는 T_H17 면역 세포를 활성화시키는데, 이때 T_H17에서 분비되는 IL-17 단백질이 태아에 전달되어 뇌 발달을 저해한다는 것이다. 최근 ㉠엄마의 장에 공생하는 특정 장내 세균의 존재 유무가 이러한 비정상적 면역 활성화에 중요하다는 가설이 제기되었다. 장내 세균의 명확한 역할은 알 수 없지만, 엄마에게 특정 장내 세균이 없을 때에는 위와 같은 면역 활성화가 일어나지 않는다는 것이다. 이를 검증하기 위해 다음 실험을 계획하였다.

〈실험〉

• 다음과 같이 네 종류의 임신한 생쥐 군(X1, X2, Y1, Y2)을 준비하였다.

생쥐 군	장내 특정 공생 세균	바이러스 감염 여부
X1	있음	감염됨
X2	있음	감염되지 않음
Y1	없음	감염됨
Y2	없음	감염되지 않음

• 일정 시간 후 각 생쥐의 장에서 DC와 T_H17 세포를 분리하였다. 각 세포에는 바이러스나 세균이 섞이지 않도록 하였다. 분리된 각 DC와 T_H17을 섞어 배양한 후 IL-17의 분비량을 측정하였다.

• 각 생쥐에서 태어난 새끼들의 자폐 성향을 분석하였다.

ㄱ. X1의 DC를 X2의 T_H17과 배양했을 때 IL−17이 생산되고 X1의 DC를 Y2의 T_H17과 배양했을 때 IL−17이 생산되지 않는다면, ㉠이 강화된다.

ㄴ. X1의 DC를 Y2의 T_H17과 배양했을 때 IL−17이 생산되고 Y1의 DC를 Y2의 T_H17과 배양했을 때 IL−17이 생산되지 않는다면, ㉠이 강화된다.

ㄷ. X1에서 태어난 새끼들은 자폐 성향을 보이고 Y2에서 태어난 새끼들은 자폐 성향을 보이지 않는다면, ㉠이 강화된다.

① ㄱ   ② ㄷ   ③ ㄱ, ㄴ

④ ㄴ, ㄷ   ⑤ ㄱ, ㄴ, ㄷ

문항 성격	문항유형 : 논증 평가 및 문제해결
	내용영역 : 과학기술
평가 목표	이 문항은 면역 활성화의 메커니즘을 이해하고 장내 세균이 면역 활성화에 미치는 영향에 대한 가설이 각각의 실험 결과에 의해 강화 또는 약화되는지 판단할 수 있는 능력을 평가하는 문항이다.
문제 풀이	정답 : ③

산모의 비정상적인 면역 활성화는 3단계로 이루어진다. 1단계는 어떤 바이러스의 감염으로 장에 존재하는 DC가 활성화되는 과정이다. 2단계는 활성화된 DC가 장에 존재하는 T_H17 면역 세포를 활성화시키는 과정이다. 3단계는 이 T_H17 세포가 IL−17 단백질을 분비하는 과정으로, 이 IL−17이 결국 태아의 뇌 발달을 저해한다. 그러므로 IL−17이 생산되었다는 실험 결과나 새끼 쥐가 자폐 성향을 보이는 현상은 DC와 T_H17 면역 세포가 모두 활성화되었음을 의미하고, 반대의 실험 결과나 현상은 DC 또는 T_H17 면역 세포가 활성화되지 않았음을 의미한다.

제시문에서 이 비정상적인 면역 활성화에 장내 세균이 관여한다는 가설이 제시되어 있다. 즉, 산모가 어떤 특정 장내 세균을 보유하고 있을 때는 이 과정이 일어나지만, 이 특정 장내 세균이 없으면 감염이 있어도 면역 활성화가 일어나지 않는다는 것이다.

〈보기〉해설   ㄱ. X1의 DC는 동일하고 T_H17만 서로 다른 경우이다. X1의 생쥐는 바이러스에 감염되었으므로 DC가 활성화된다. 활성화된 DC가 X2의 T_H17은 활성화시키지만 Y2의 T_H17은 활성화시키지 못한다면, X2의 T_H17과 Y2의 T_H17이 세포의 상태가 다름을 의미한다. X2와 Y2의 차이는 장내 특정 세균의 유무밖에 없으므로, X2의 T_H17이 분리 전에 장내 특정 세균의 영향을 받았을 것이라고 추측할 수 있다. 그러므로 이 실험 결과는 ㉠을 강화한다. ㄱ은 적절한 평가이다.

ㄴ. Y2의 T$_H$17은 동일하고 DC만 서로 다른 경우이다. X1과 Y1의 생쥐는 모두 바이러스에 감염되었으므로 DC가 활성화되어 있을 것이다. 이 경우 이들 생쥐에서 분리한 DC는 Y2의 T$_H$17을 활성화시켜야 하는데, X1의 DC만 Y2의 T$_H$17을 활성화시키고 Y1의 DC는 Y2의 T$_H$17을 활성화시키지 못한다면, X1의 DC와 Y1의 DC가 세포의 상태가 다름을 의미한다. X1과 Y1의 차이는 장내 특정 세균의 유무밖에 없으므로, X1의 DC가 분리 전에 장내 특정 세균의 영향을 받았을 것이라고 추측할 수 있다. 그러므로 이 실험 결과는 ㉠을 강화한다. ㄴ은 적절한 평가이다. ㄱ에서는 장내 특정 세균이 T$_H$17에 영향을 미쳤을 것으로 추측하고 ㄴ에서는 장내 특정 세균이 DC에 영향을 미쳤을 것으로 추측하므로 ㄱ과 ㄴ은 양립할 수 없는 실험 결과이지만, 어떤 실험 결과가 나오든 ㉠이 강화된다는 점에 유의하여야 한다.

ㄷ. X1의 생쥐는 장에 특정 세균이 공생하고 바이러스에 감염되었으며, Y2의 생쥐는 장내 특정 세균이 없고 바이러스에 감염되지 않았다. X1의 생쥐는 면역 활성화가 일어났지만 Y2의 생쥐는 면역 활성화가 일어나지 않았다면, X1의 생쥐의 면역 활성화가 장내 특정 세균의 존재 때문인지 그렇지 않은지 불확실하다. X1과 Y2는 장내 특정 세균의 존재 여부에서 다르지만 바이러스 감염 여부도 다르기 때문이다. 그러므로 이러한 현상은 ㉠을 강화하지 않는다. ㄷ은 적절하지 않은 평가이다.

〈보기〉의 ㄱ, ㄴ만이 적절한 평가이므로 정답은 ③이다.

39.
다음 글을 평가한 것으로 옳은 것만을 〈보기〉에서 있는 대로 고른 것은?

70년대 미국의 연구진은 위에서 소장으로 우회로를 만드는 수술법이 체중 감소와 더불어 혈당 조절 효과가 있음을 알게 되었다. 연구진은 608명의 고도 비만 환자에게 이러한 수술(비만 수술)을 시행하였는데, 당뇨병을 동반한 고도 비만 환자 중 83%에서 혈당이 개선되는 것을 관찰하였다. 그리고 이런 혈당 개선은 체중 감소가 일어난 후 이차적으로 나타나는 것이 아니라 수술 후 수일 만에 일어나는 것이었다.

어떻게 이런 작용이 일어나는가를 이해하기 위해서는 인크레틴의 작용을 이해해야 한다. 인크레틴은 음식을 먹으면 소장에서 분비되어 췌장에 인슐린 분비 신호를 주는 물질이다. 따라서 식후에 인크레틴이 정상적으로 분비되면 인슐린에 의해 혈당이 잘 조절된다.

　　루비노는 ㉠비만 수술 후 혈당 조절 능력이 개선되는 것은 인크레틴의 효과를 방해하는 물질이 생체 내에 존재하기 때문이라는 가설을 주장하였다. 섭취한 음식물은 소장의 세 부위인 십이지장, 공장, 회장을 순서대로 거쳐 대장으로 들어가는데, 루비노는 실험용 쥐를 이용해서 위를 공장으로 바로 연결하는 비만 수술을 시행한 결과 체중이나 식이량의 감소 없이 혈당이 개선됨을 관찰하였다. 따라서 그는 음식물이 십이지장을 우회하는 것이 당뇨병 치료에 효과가 있을 것이라고 주장하며, 인크레틴의 효과를 방해하는 '항인크레틴'이 존재할 것이라는 추정을 했다.

보 기

ㄱ. 십이지장에서 분비되는 물질이 인크레틴에 의한 인슐린 분비를 감소시킨다면, ㉠이 강화된다.

ㄴ. 위를 절제하고 식도와 십이지장을 직접 연결하는 수술에서 혈당 개선이 된다면, ㉠이 강화된다.

ㄷ. 루비노의 비만 수술 이후 재수술을 통해 공장으로 넘어간 음식물을 십이지장으로 다시 가게 하였을 때 혈당 개선 효과가 사라진다면, ㉠이 약화된다.

① ㄱ　　　　　　　　　② ㄷ　　　　　　　　　③ ㄱ, ㄴ
④ ㄴ, ㄷ　　　　　　　　⑤ ㄱ, ㄴ, ㄷ

문항 성격	문항유형 : 논증 평가 및 문제해결
	내용영역 : 과학기술
평가 목표	이 문항은 비만 수술에서 혈당이 개선되는 이유에 대한 '항인크레틴 가설'을 이해하여, 주어진 정보가 이를 강화하거나 약화하는지 판단하는 능력을 평가하는 문항이다.
문제 풀이	정답 : ①

소화관은 식도-위-소장(순서대로 십이지장, 공장, 회장)-대장-직장으로 연결되어 있다. 루비노는 위의 끝을 분리하여 십이지장 대신 공장으로 연결하는 위 우회술을 시술하였고, 제시문에 설명한 바와 같이 혈당 개선을 관찰하였다. 특히 체중 감소에 앞서서 혈당이 개선되는 효과를 관찰한 것은 이 수술이 비만이 교정됨으로써 이차적으로 혈당 개선이 오는 것이 아니라 모종의 어떤 기전에 의해 혈당에 직접 영향을 미쳤다고 볼 수 있기 때문에 매우 중요한 관찰이었다. 왜 이런 효과가 나타났는지를 이해하기 위해서, 인크레틴의 작용을 이해할 필요가 있다. 인크레틴은 음식을 먹으면 소장에서 분비되어 췌장에 인슐린 분비 신호를 주는 물질이다. 식사 후 소장에 음식물이 들어가면 인크레틴이 소장에서 분비되어, 이로 인해 인슐린 분비가 촉진되어 혈당이 낮아지는

효과가 있다.

루비노는 본인의 시술에서 단지 십이지장을 우회(bypass)하였기 때문에, 아마도 십이지장에서 나오는 어떤 물질은 원래 인크레틴과 반대의 작용을 가지고 있을 것이라는 추정을 하였다. 즉 비만에서 혈당이 높아져 있을 때 십이지장에 음식이 들어가지 못하게 되면 인크레틴의 작용이 커지게 되어 혈당 개선이 되는데, 이를 '십이지장에 존재하는 가상의 물질'이 나오지 않기 때문이라 생각한 것이다. 루비노는 이를 '항인크레틴' 또는 '루비노 인자(factor)'라 부르며 이 가설을 주장하였다.

루비노 가설을 정리하면, 십이지장에 음식이 들어가면 항인크레틴이 나오고, 이는 공장, 회장에서 주로 분비되는 인크레틴과 균형을 이루는데, 십이지장에 음식이 들어가지 않으면 항인크레틴이 나오지 않으므로 인크레틴의 작용이 상대적으로 매우 커져 혈당이 조절된다는 것으로 요약될 수 있다.

〈보기〉 해설　ㄱ. 십이지장에서 분비되는 물질이 인크레틴에 의한 인슐린 분비를 감소시킨다면, 바로 그 물질이 인크레틴의 효과를 방해하는 생체 내에 존재하는 물질일 것이므로 ㉠이 강화된다. ㄱ은 옳은 평가이다.

ㄴ. 첫 번째 문단에 의하면, 비만 수술은 "위에서 소장으로 우회로를 만드는 수술법"이다. 이로부터 비만 수술은 위를 절제하지 않는 수술이라는 것을 알 수 있다. 그런데 위를 절제하고 식도와 십이지장을 직접 연결하는 수술은 위를 절제하는 수술이다. 따라서 이 수술에서 혈당이 개선된다는 사실은 위를 절제하지 않는 수술인 비만 수술 후 혈당 조절 능력이 개선되는 이유를 제시한 ㉠과는 관련 없는 사실이므로, ㉠을 강화하지도 약화하지도 않는다. ㄴ은 옳지 않은 평가이다.

ㄷ. 루비노의 비만 수술은 십이지장을 우회하여 위를 공장으로 바로 연결하는 수술이다. 제시문에 따르면 이 비만 수술이 시행된 결과 체중이나 식이량의 감소 없이 혈당이 개선됨이 관찰되었다. 그런데 이러한 비만 수술 이후 재수술을 통해 공장으로 넘어간 음식물을 십이지장으로 다시 가게 하였을 때 혈당 개선 효과가 사라진다고 하자. 그렇다면 십이지장에서 나오는 어떤 물질이 인크레틴의 효과를 방해한다는 주장이 강화될 것이다. 따라서 비만 수술 후 혈당 조절 능력이 개선되는 것은 인크레틴의 효과를 방해하는 물질이 생체 내에 존재하기 때문이라는 ㉠이 강화된다. ㄷ은 옳지 않은 평가이다.

〈보기〉의 ㄱ만이 옳은 평가이므로 정답은 ①이다.

40.

다음으로부터 추론한 것으로 옳은 것만을 〈보기〉에서 있는 대로 고른 것은?

최근에는 생쥐의 특정 유전자를 인위적으로 조작할 수 있게 되었다. 과학자들은 세포에 A라는 효소가 발현되어야만 특정 유전자가 조작될 수 있는 장치를 고안하였으며, 이를 이용하여 다음과 같이 조건적으로 유전자를 조작할 수 있게 되었다. 첫째는 조직별 조작 시스템으로, A 효소 유전자 앞에 특정 조직에서만 작동하는 프로모터를 넣어 두면 이 프로모터가 작동하는 특정 조직에서만 A 효소가 발현되어 목적한 유전자가 조작되며, 프로모터가 작동하지 않는 그 이외 조직에서는 유전자가 조작되지 않는다. 둘째는 시기별 조작 시스템으로, 보통 A 효소 유전자 앞 프로모터가 어떤 약물이 있어야만 작동하게 설계한다. 이렇게 하면 약물을 투여하는 동안에만 A 효소가 발현되어 비로소 목적한 유전자가 조작된다.

이러한 유전자 조작을 이용하여 동물 모델에서 지방 세포의 수와 크기의 증가를 관찰하기 위해 다음 실험을 디자인하였다.

〈실험〉

생쥐를 적당히 조작하여 특정 프로모터에 의해 A 효소가 발현되도록 했으며, 이 프로모터가 X 약물이 있는 상황에서만 작동하도록 하였다. 또한 A 효소가 작동하면 유전자가 조작되어 세포는 파란색이 되며, 한번 파란색이 된 세포는 죽지 않으며 색깔도 잃지 않는다. 이 생쥐에 X 약물을 일정 기간 동안 처리한 후 약물을 중단하고 고지방 식이로 비만을 유도하여 변화를 관찰한 실험 결과는 다음과 같다.

〈실험 결과〉

세포 종류	X 약물 처리 후		고지방 식이 후	
	파란 세포 수	세포의 크기	파란 세포 수	세포의 크기
내장 지방 세포	100	정상	20	증가
피하 지방 세포	100	정상	100	증가
근육 세포	0	정상	0	정상

*파란 세포 수 : 임의의 세포 100개당 파란 세포의 수

ㄱ. 고지방 식이를 하면 내장 지방 세포는 새로 만들어지지만 피하 지방 세포는 그렇지 않다.

ㄴ. 고지방 식이를 하면 체내 내장 지방의 부피는 증가하지만 피하 지방의 부피는 증가하지 않는다.

ㄷ. X 약물을 처리한 경우 A 효소는 내장 지방 세포와 피하 지방 세포에 발현되지만 근육 세포에서는 발현되지 않는다.

① ㄱ   ② ㄴ   ③ ㄱ, ㄷ

④ ㄴ, ㄷ   ⑤ ㄱ, ㄴ, ㄷ

문항 성격   문항유형 : 언어 추리

내용영역 : 과학기술

평가 목표   이 문항은 효소 발현에 의한 유전자 조작의 메커니즘과 〈실험 결과〉를 이해하고 이를 바탕으로 〈보기〉의 각 진술이 추론되는지 판단할 수 있는 능력을 평가하는 문항이다.

문제 풀이   정답 : ③

〈실험 결과〉에서 X 약물 처리 후 모든 내장 지방 세포와 모든 피하 지방 세포가 파란색이 되었다. 고지방 식이 후에는 내장 지방 세포와 피하 지방 세포의 크기가 증가하고, 내장 지방 세포의 수가 증가하였다. 그러나 근육 세포는 X 약물 처리 후에도 색깔이나 크기에 변화가 없고, 지방 식이 후에도 변화가 없었다.

〈보기〉 해설   ㄱ. 한번 파란색이 된 세포는 죽지도 않고 색깔도 변하지 않는다. 따라서 〈실험 결과〉에서 고지방 식이 후 내장 지방 세포 100개당 파란 세포의 수가 감소했다는 것은 내장 지방 세포가 새로 만들어졌음을 의미한다. 예를 들어 고지방 식이 전에 내장 지방 세포가 100개였다면 이 중 파란 세포가 100개인데, 고지방 식이 후에는 내장 지방 세포 100개당 20개가 파란 세포이므로, 총 500개의 내장 지방 세포가 있는 것이 된다(20/100＝100/500). 이는 400개의 내장 지방 세포가 새로 만들어졌기 때문이다. 반면에 피하 지방 세포 100개당 파란 세포의 수는 고지방 식이 후에도 변화가 없으므로, 새로 만들어진 것이 없다. ㄱ은 옳은 추론이다.

ㄴ. 고지방 식이 전 모든 내장 지방 세포와 모든 피하 지방 세포가 파란색이고 한번 파란색이 된 세포는 죽지 않으므로, 고지방 식이 후 내장 지방 세포의 수와 피

하 지방 세포의 수는 감소하지 않는다. 〈실험 결과〉에서 고지방 식이 후 내장 지방 세포와 피하 지방 세포 모두 그 크기가 증가하였다. 세포의 수는 줄지 않고 크기가 증가하였으므로, 내장 지방이든 피하 지방이든 그 부피가 증가하였다. 따라서 피하 지방의 부피가 증가하지 않는다고 한 ㄴ은 옳지 않은 추론이다.

ㄷ. A 효소는 X 약물이 있는 상황에서만 발현되고, A 효소가 발현되면 유전자 조작으로 세포가 파란색이 된다. 그런데 〈실험 결과〉에서 X 약물 처리 후 내장 지방 세포와 피하 지방 세포만 파란색이 되고 근육 세포는 파란색이 되지 않았다. 이로부터 X 약물 처리로 내장 지방 세포와 피하 지방 세포에서만 A 효소가 발현되고 근육 세포에서는 A 효소가 발현되지 않았음을 추리할 수 있다. ㄷ은 옳은 추론이다.

〈보기〉의 ㄱ, ㄷ만이 옳은 추론이므로 정답은 ③이다.

법학적성시험
추리논증 영역

2021

2021학년도 추리논증 영역 출제 방향

1. 출제의 기본 방향

추리논증은 제시문의 제재나 문항의 구조, 질문의 방식 등을 다양화하여 이해력, 추리력, 비판력을 골고루 측정하는 시험이 될 수 있도록 하였다. 추리 능력을 측정하는 문항과 논증 분석 및 평가 능력을 측정하는 문항을 규범, 인문, 사회, 과학기술의 각 영역 모두에서 균형 있게 출제하였으며, 상이한 토대와 방법론에 따라 진행되는 다양한 종류의 추리 및 비판을 상황과 맥락에 맞게 파악하고 적용하는 능력을 측정하고자 하였다.

문항의 풀이 과정에서는 제시문의 의미, 상황, 함의를 논리적으로 분석하고 핵심 정보를 체계적으로 취합하여 종합적으로 평가할 수 있어야 문제를 해결할 수 있도록 하였다. 제재의 측면에서 전 학문 분야 및 일상적·실천적 영역에 걸친 다양한 소재를 활용하였고, 영역 간 균형을 맞추어 전공에 따른 유·불리를 최소화하고자 하였다. 또한 제시문의 내용이나 영역에 관한 선지식이 문제 해결에 끼치는 영향을 최소화함으로써 정상적인 학업과 독서 생활을 통해 사고력을 함양한 사람이라면 누구나 해결할 수 있는 문항을 만들고자 하였다.

2. 출제 범위 및 문항 구성

인문, 사회, 과학기술과 같은 학문 영역별 문항 수는 예년과 큰 차이가 없이 균형 있게 출제되었다. 특기할 사항으로는, 인문학 영역의 문항들이 지식이나 규범과 관련된 원리적 토대를 다루는 문제 외에도, 예술이나 사회과학, 자연과학과 융합된 방식으로 다양하게 출제되었다는 점이다. 전체 문항의 구성은 규범 영역 12문항, 철학·윤리학·미학을 포함한 인문학 영역 13문항, 사회와 경제 영역 6문항, 자연과학 영역 6문항, 그리고 논리/수리적 추리 영역 3문항으로 이루어져 있다. 전체 문항에서 추리 문항과 비판(논증) 문항이 차지하는 비중은 각각 55%와 45%로 양쪽 사고력이 골고루 평가될 수 있도록 하였다.

3. 난이도

　제시문의 이해도를 높이기 위해서 전문적인 용어는 순화하여 전공 여부에 상관없이 내용에 접근하고 이해할 수 있도록 하였다. 문제를 해결하기 위해 거쳐야 할 추리나 비판 및 평가의 단계도 지나치게 복잡해지지 않도록 하였고, 문항의 글자 수를 상당량 줄여서 불필요한 독해의 부담으로 난이도가 상승하는 일이 없도록 하였다.

4. 출제 시 유의점

- 제시문을 분석하고 평가하는 데 충분한 시간을 사용할 수 있도록 제시문의 독해 부담을 줄여 주고자 하였다.
- 추리 문항과 비판(논증) 문항의 문항별 성격을 명료하게 하여, 문항별로 측정하고자 하는 능력을 정확히 평가할 수 있도록 하였다.
- 선지식으로 문제를 풀거나 전공에 따른 유·불리가 분명한 제시문의 선택이나 문항의 출제는 지양하였다.
- 법학지식 평가를 배제하기 위해 문항에 나오는 개념, 진술, 논리 구조, 함의 등을 이해하는 데 법학지식이 요구되지 않도록 하였다.
- 출제의 의도를 감추거나 오해하게 하는 질문을 피하고, 문항 및 선택지 간의 간섭을 최소화함으로써, 문항의 의도에 충실한 변별이 이루어지도록 하였다.

01.

〈견해〉에 대한 평가로 적절하지 <u>않은</u> 것은?

> X국은 대법관에 대한 국민심사제를 운영하고 있다. X국 헌법에 따르면 대법관은 내각에서 임명하되, 임명 후 최초의 국회의원 총선거 때 함께 투표를 실시하여 투표자 과반수가 대법관의 파면을 원하면 그 대법관은 파면된다. 투표자가 대법관의 성명 아래 'x'를 표시하면 파면에 찬성한 것으로 집계되고 나머지 투표자는 신임한 것으로 간주한다. 이후에도 대법관은 정년까지 10년마다 동일한 방식으로 국민심사를 받는다. Y국에서 이 제도의 도입을 둘러싸고 다음과 같은 견해가 있다.
>
> 〈견해〉
>
> 갑 : 대법관의 인선이 대통령에게만 맡겨져 있고 주권자인 국민의 통제가 전혀 미치지 못한다면 대법관의 사고방식이 아무리 편향적이라도 억제할 방법이 없어. 이 제도를 도입해서 국민에 의한 사법 통제 장치를 마련할 필요가 있어.
>
> 을 : 일리 있는 말이야. 그런데 X국에서 시행하는 방식은 파면의 의사표시를 적극적으로 하지 않는 이상 파면 반대로 취급된다는 점에서 투표자의 의사를 제대로 반영하지 못하는 문제가 있어. 이 제도가 그대로 도입된다면 곧 유명무실해질 수 있어.
>
> 병 : 개선책을 마련하면 그런 우려는 불식시킬 수 있겠지. 하지만 궁극적으로는 이 제도가 도입되면 대법관이 법과 소신에 따라 재판하지 않고 대중적 인기에 연연하게 되어 법관의 독립이 저해될 거야.

① Y국 헌법에서 대통령이 임명한 대법관에 대하여 회복 불가능한 신체장애를 제외하고는 종신직으로 그 신분을 보장하고 있다면 갑의 견해는 강화된다.

② Y국에서 여론 조사 결과 법원의 판결에 대해 유전무죄 등의 비판이 난무하고 사법부에 대한 국민의 신뢰도가 매년 낮아졌다면 갑의 견해는 강화된다.

③ X국에서 지난 70년간 국민심사로 파면된 대법관이 없었고 매번 총 투표수의 10% 내외만 파면을 원하였다면 을의 견해는 약화된다.

④ Y국에서 일부 대법관이 대중적 인기만을 추구해 종전 대법원 판결들을 뒤집는 판결을 내려 여러 차례 사회적 혼란을 일으켰다는 사실은 병의 견해를 강화한다.

⑤ Y국에서 대법관별로 판결에 관련된 정보가 제대로 제공되지 않고 주로 사적 활동을 중심으로 흥미 위주의 보도가 이루어지고 있어 대법관 신임 여부에 관한 올바른 여론이 형성되기 어렵다면 병의 견해는 강화된다.

X국은 대법관에 대한 국민심사제를 시행하고 있다. 내각이 임명한 대법관을 국민의 직접 선거에 부쳐 자격이 없다고 판단하는 의견이 총 투표수의 과반수이면 해당 대법관을 파면한다.

Y국에서 이 제도의 도입을 둘러싸고 ⅰ) 국민에 의한 사법 통제의 필요성을 인정하여 대법관에 대한 국민심사제 도입을 희망하는 견해, ⅱ) X국의 운영 방식에 대해 효용성을 우려하는 견해, ⅲ) 대법관에 대한 국민심사제를 도입할 경우 법관이 대중적 인기에 연연하게 될 것을 우려하여 도입에 부정적인 견해가 제시되고 있는데, 각 견해들의 주장 및 논거를 이해하여 주어진 정보에 따라 각 견해들이 강화 또는 약화되는지 파악할 수 있어야 한다.

③ 을은 X국의 운영 방식에 따르면 투표자가 대법관의 파면을 희망하는 'ㅧ'를 표시하는 경우 이외에는 기권의 여지없이 모두 대법관의 파면에 반대하는 것으로 간주되어 국민의 의사를 제대로 반영하지 못한다는 것을 문제시하는 입장으로, 대법관에 대한 국민심사제가 X국의 운영 방식 그대로 도입될 경우 효용성에 의문을 제기한다. X국에서 지난 70년간 대법관에 대한 국민심사가 실시되었으나 실제로 파면된 대법관은 없었고 매번 총 투표수의 10% 내외만 파면을 원하였다면, 대법관의 자격 유무에 관하여 국민의 의사가 실질적인 영향을 미쳤다고 보기는 어렵다고 할 것이므로 이 제도의 효용성을 우려하는 을의 견해를 약화하지 못한다. ③은 적절하지 않은 평가이다.

① Y국 헌법에서 대통령으로부터 대법관 임명을 받으면 오직 회복 불가능한 신체장애라는 사유를 제외하고는 종신직으로 대법관 신분을 유지하도록 하여 그 신분을 강력히 보장하고 있다면, 대법관이 독단적이고 편향적인 성향을 가졌더라도 해임 또는 탄핵제도 등을 통해 그를 견제하거나 통제할 수 없다. 이는 사법에 대한 민주적 통제의 필요성을 인정하고 대법관에 대한 국민심사제 도입을 주장하는 갑의 견해의 설득력을 높인다. ①은 적절한 평가이다.

② 갑은 자의적인 기준을 가진 법관에 의해 부적절한 재판이 자행될 것을 우려하면서 사법부에 대하여 국민의 통제가 이루어져야 한다고 주장한다. Y국에서 법원의 판결에 대해 비판이 난무하고 사법부에 대한 국민의 신뢰도가 매년 낮아졌다는 여론 조사 결과는 현재 Y국에 대법관에 대한 국민심사가 필요함을 여실히 보여주는 자료라고 할 수 있다. 이는 갑의 견해의 설득력을 높인다. ②는 적절한 평가이다.

④ Y국에서 일부 대법관이 대중적 인기만을 추구한 결과 종전 대법원 판결들을 뒤집고 이로 인해 사회적 혼란이 야기된 상황에서, 대법관의 자격 유무를 국민이 심사하게 된다면 대법관의 일부만이 아니라 다수가 대중적 인기를 추구하게 될 가능성이 더욱 높아질 것이다. 따라서 대중적 인기만을 추구한 일부 대법관이 종전 대법원 판결들을 뒤집어 사회적 혼란이 야기된 사실은 대법관에 대한 국민 심사제가 도입될 경우 대법관이 법과 소신에 따라 재판하는 것이 아니라 대중적 인기에만 연연하여 법관의 독립이 저해될 것을 우려하는 병의 견해의 설득력을 높인다. ④는 적절한 평가이다.

⑤ 병은 국민이 대법관의 신임 여부를 심사하면 대법관이 대중적 인기에 연연하게 될 것이라고 우려하면서 이 제도의 도입에 대해 부정적인 의견을 제시한다. 이는 Y국에서 대법관의 신임 여부에 관한 올바른 여론 형성이 전제되지 않고서는 국민의 심사가 제대로 기능할 수 없음을 의미하는 것이기도 하다. Y국에서 대법관별로 판결에 관련된 정보가 제대로 제공되지 않고 주로 사적 활동을 중심으로 흥미 위주의 보도가 이루어지고 있어 대법관 신임 여부에 관한 올바른 여론이 형성되기 어렵다고 가정하자. 이 경우 국민심사제를 도입하면 대법관은 대중들에게 신임을 받기 위해 자신의 판결보다는 자신의 이미지 관리에 더 많은 관심을 둘 것이고, 이로 인해 대법관이 법과 소신에 따라 판결하기 위해 노력하기보다는 대중적 인기를 높이는 것에만 시간과 노력을 투자하여 법관의 독립성이 저해되는 결과가 나타날 것이다. 뿐만 아니라 대법관 신임 여부에 관한 올바른 여론이 형성되기 어려운 사회라면 대중을 의식하여 대법관이 내린 판결의 결과 역시 합당하지 못할 것이다. ⑤는 적절한 평가이다.

02.

〈논쟁〉에 대한 분석으로 옳은 것만을 〈보기〉에서 있는 대로 고른 것은?

〈논쟁〉

  X국의 「형법」은 음란물의 제작·배포를 금지하는 한편, 「저작권법」은 문화 및 관련 산업의 향상과 발전을 위해 인간의 사상 또는 감정을 표현하는 창작물을 저작물로 보호하고 있다. 음란물을 「저작권법」상 저작물로 보호해야 하는지를 두고 논쟁이 있다.

갑 : 「저작권법」은 저작물의 요건으로 창의성만 제시할 뿐 도덕성까지 요구하지는 않는다. 창작의 장려와 문화의 다양성을 위해서는 저작물로 인정함에 있어 가치중립적일 필요가 있다.

을 : 「형법」에서는 음란물 제작·배포를 금지하면서, 그 결과물인 음란물은 저작물로 보호하는 것은 법이 '불법을 저지른 더러운 손'에 권리를 부여하고, 불법행위의 결과물에 재산적 가치를 인정하여 보호할 가치가 없는 재산권의 실현을 돕는 꼴이 된다. 이는 법의 통일성 및 형평의 원칙에 반한다.

병 : 아동포르노나 실제 강간을 촬영한 동영상 등 사회적 해악성이 명백히 확인되는 음란물은 저작물로 인정하지 않고, 그 외의 음란물에 대해서는 저작물로 인정함으로써 음란물 규제로 인한 표현의 자유와 재산권의 침해를 최소화할 필요가 있다.

보 기

ㄱ. 갑은 음란한 표현물에 대해서는 창의성을 인정할 수 없다는 것을 전제로 한다.

ㄴ. 을은 법적으로 금지된 장소에 그려진 벽화나 국가보안법에 위반하여 대중을 선동하는 작품을 저작권법의 보호대상으로 보지 않는다.

ㄷ. 병은 같은 시대, 같은 지역에서도 배포의 목적, 방법, 대상에 따라 음란성에 대한 법적 평가가 달라질 수 있다는 것을 전제로 한다.

① ㄱ   ② ㄴ   ③ ㄱ, ㄷ

④ ㄴ, ㄷ   ⑤ ㄱ, ㄴ, ㄷ

문항 성격   규범 – 논쟁 및 반론

평가 목표   이 문항은 각 주장의 논리적 전제 및 주장에 따른 결론을 추론해 내는 능력을 평가하는 문항이다.

문제 풀이   정답 : ②

갑, 을, 병은 음란물을 「저작권법」상 저작물로 보호해야 하는지를 두고 논쟁을 하고 있다. 갑은 저작물 여부를 판단함에 있어 가치중립성이 필요하다는 입장에서 '창의성'만을 판단기준으로 제시하면서 음란물도 저작물에 포함될 수 있다고 보는 반면, 을은 법의 통일성 및 형평의 원칙을 강조하면서 '합법성'을 저작물의 요건에 포함시킴으로써, 음란물은 저작물이 될 수 없다는 입장이다. 한편 병은 음란물이 저작물인지를 판단함에 있어 '사회적 해악성'을 기준으로 음란물을 구분하여 차별적으로 취급해야 한다는 절충적 입장이다.

ㄱ. 갑은 저작물의 개념 내지 판단기준에 있어서 음란성 등과 같은 도덕적 기준을 배제하는 가치중립적 입장으로, 창의성만을 저작물의 판단기준으로 삼는다. 이는 음란물과 같이 도덕성이 문제되는 표현물에 대해서도 창의성을 인정함이 가능하다는 것을 전제로 한다. ㄱ은 옳지 않은 분석이다.

ㄴ. 을은 불법을 원조할 수 없다는 '더러운 손' 이론과 법의 통일성 및 형평의 원칙을 근거로 합법성을 저작물의 개념 요소로 보는 입장이다. 그러므로 을의 입장에 따르면, 법적으로 금지된 장소에 그려진 벽화나 국가보안법에 위반하여 대중을 선동하는 작품은 그 불법성으로 인해 「저작권법」상의 저작물이 될 수 없다. ㄴ은 옳은 분석이다.

ㄷ. 병은 사회적 해악성이라는 판단기준을 통해 음란물을 분류하여 저작물 보호에 있어서 차별화하고자 하는 절충적 입장이다. 이와 관련하여, '음란성'에 대한 법적 평가가 아니라 '저작성'에 대한 법적 평가가 사회적 해악성에 따라 달라짐을 주장하고 있다. 따라서 같은 시대, 같은 지역에서도 배포의 목적, 방법, 대상에 따라 음란성에 대한 법적 평가가 달라질 수 있다는 것은 병의 주장의 전제가 될 수 없다. 즉 배포의 목적, 방법, 대상에 따라 음란성에 대한 법적 평가가 달라질 수 없더라도 병의 주장은 여전히 성립할 수 있다. ㄷ은 옳지 않은 분석이다.

〈보기〉의 ㄴ만이 옳은 분석이므로 정답은 ②이다.

03.

다음 글을 분석한 것으로 옳지 <u>않은</u> 것은?

X국과 Y국은 채권자나 채무자의 신청으로 법원의 선고를 받아 파산할 수 있는 제도를 운영하고 있다.

X국 : 개인이 빌린 돈을 갚지 못하는 경우, 파산하여 파산 당시에 가진 재산 모두를 채권자들에게 분배하면 남은 빚은 전부 탕감받는다. 법원은 파산한 자가 지급능력이 있음에도 일부러 돈을 갚지 않는 악의적인 경우를 제외하고 빚 탕감을 허가해준다. 파산하여 빚을 탕감받은 자는 국민으로서 일상생활에서 누릴 수 있는 자유와 권리를 전혀 제한받지 않는다.

Y국 : 개인이 빌린 돈을 갚지 못하는 경우, 파산하여 파산 당시에 가진 재산 모두를 채권자들에게 분배하지만, 채권자의 허락이 없으면 그 채권자에 대해서는 남은 빚을 탕감받지 못한다. 채

권자는 자신이 빌려준 돈을 전부 받을 때까지 파산 후 취득한 재산에 대해 제한 없이 권리를 행사할 수 있다. 파산한 자는 일정 기간 구금되고 빚을 다 갚을 때까지 선거권이 박탈되며 파산 사실이 외부에 공개된다.

① 채권자들이 파산한 채무자에 대하여 빚을 갚도록 독촉하고 관련 소송이 끊임없이 이어질 것을 우려하는 사람은 X국 제도를 지지할 것이다.
② 개인은 스스로 결정하고 책임지는 이성적 존재이므로 무절제한 소비행위를 한 자를 국가가 나서서 도와줄 필요가 없다고 생각하는 사람은 X국 제도를 반대할 것이다.
③ 채권자가 자기 채권을 우선적으로 회수하기 위하여 파산 신청을 협박의 수단으로 사용할 수 있다고 우려하는 사람은 Y국 제도를 지지할 것이다.
④ 파산위기에 처한 자가 기존의 빚을 갚기 위하여 또 다른 빚을 지는 등 계속 채권·채무관계를 형성할 것을 우려하는 사람은 Y국 제도를 반대할 것이다.
⑤ 파산 후의 채권·채무관계를 채권자의 의사에 좌우될 수 있게 한 결과, 가공의 채권자가 등장하는 등 사회적 혼란이 일어날 것을 우려하는 사람은 Y국 제도를 반대할 것이다.

문항 성격	규범 – 논증 분석
평가 목표	이 문항은 파산제도에 관한 두 가지 운영 방식을 비교하여 각각의 장단점을 이해하는 능력을 평가하는 문항이다.
문제 풀이	정답 : ③

X국 제도는 파산한 채무자에게 빚을 갚지 못한 것에 대한 책임을 면제하는 파산면책주의를 제도화한 것이고, Y국 제도는 파산면책주의를 채택하지 않은 것이다. Y국 제도는 당사자 간에 자유로운 의사에 따라 체결한 계약은 지켜져야 한다는 원칙을 파산제도에서도 유지하는 것인 반면에, X국 제도는 그와 달리 파산을 통하여 채무자에게 새로운 기회를 부여하고자 하는 것이다.

정답 해설	③ Y국 제도는 파산선고를 받은 채무자를 구금하고 선거권을 박탈하는 등 채무자의 권리 제한을 허용하는 것이어서, 어느 채권자가 다른 채권자들보다 먼저 돈을 받아 내려는 계획을 세운 후 파산을 채무자의 심리를 압박하는 협박의 수단으로 이용할 수 있다. 채무자는 파산을 피하고자, 그 채권자에게 빚을 갚기 위해 다른 빚을 자유롭게 갚지 못할 수도 있고 또 다른 새로운 빚을 지면서까지 그 빚을 갚고자 할 수 있어, 이를 우려하는 사람은 Y국 제도를 지지하지 않을 것이다. ③은 옳지 않은 분석이다.

① X국 제도에 의하면 파산으로 기존의 채권·채무관계가 소멸하므로, 그 관계로 인한 소송은 더 이상 이루어지지 않는다. 따라서 그러한 소송이 끊임없이 이어질 것을 우려하는 사람은 X국 제도를 지지할 것이다. ①은 옳은 분석이다.

② X국 제도는 채무자의 남은 빚을 전부 탕감해 주므로, 감당할 수 있는 범위 이상으로 빚을 불성실하게 증가시켜 온 채무자에게 혜택이 주어진다는 비판도 가능하다. ②는 옳은 분석이다.

④ Y국 제도는 파산 당시의 채무자의 재산으로 일단 빚의 일부를 갚고, 그 후에도 계속 채무자의 권리를 제한하면서 남은 빚을 갚으라고 강제하는 것이어서, 채무자로서는 탕감의 혜택이 없는 파산은 가능하면 회피하고자 돌려막기 수단으로 새로운 빚을 계속 지게 될 수 있어, 이를 우려하는 사람은 Y국 제도를 지지하지 않을 것이다. ④는 옳은 분석이다.

⑤ Y국 제도는 일괄적인 빚 탕감의 효과가 없으므로, 채무자와 모의한 가공의 채권자가 허위로 채권을 주장하며 채무자의 재산을 분배받아 실제 채권자들의 채권 회수를 방해하고자 하는 경우도 예상될 수 있어, 이를 우려하는 사람은 Y국 제도를 반대할 것이다. ⑤는 옳은 분석이다.

04.

〈규정〉으로부터 추론한 것으로 옳은 것만을 〈보기〉에서 있는 대로 고른 것은?

〈규정〉

제1조 ① 근로자는 자녀가 만 8세 이하인 동안 양육을 위한 휴직을 신청할 수 있다. 사업주는 근로자가 양육휴직을 신청하는 경우 이를 허용하여야 한다.

② 양육휴직 기간은 자녀 1명당 1년이다.

제2조 ① 근로자는 자녀가 만 8세 이하인 동안 양육을 위하여 근로시간 단축을 신청할 수 있다. 사업주는 근로자가 근로시간 단축을 신청하는 경우 이를 허용하여야 한다.

② 제1항의 경우 단축 후의 근로시간은 주당 15시간 이상이어야 하고 주당 35시간을 초과할 수 없다.

③ 근로시간 단축 기간은 자녀 1명당 1년이다. 다만 제1조제1항의 양육휴직을 신청할 수 있는 근로자가 제1조제2항의 휴직 기간 중 사용하지 않은 기간이 있으면 그 기간을 가산한다.

제3조 ① 근로자는 양육휴직 기간을 1회에 한하여 나누어 사용할 수 있다.

② 근로자는 근로시간 단축 기간을 나누어 사용할 수 있다. 이 경우 나누어 사용하는 1회의 기간은 3개월 이상이어야 한다.

보 기

ㄱ. 만 6세 딸과 만 5세 아들을 양육하는 갑이 지금까지 딸을 위해서만 8개월간 연속하여 양육휴직을 하였다면, 앞으로 그 자녀들을 위해 양육휴직을 할 수 있는 기간은 최대 16개월이다.

ㄴ. 만 2세 두 자녀를 양육하는 을이 지금까지 양육휴직 및 근로시간 단축을 한 적이 없고 앞으로 근로시간 단축만을 하고자 한다면, 그 자녀들을 위해 근로시간 단축을 할 수 있는 기간은 최대 2년이다.

ㄷ. 만 4세 아들을 양육하는 병이 그 아들이 만 1세일 때 6개월간 연속하여 양육휴직을 하였을 뿐 지금까지 근로시간 단축을 한 적이 없다면, 앞으로 그 아들을 위해 근로시간 단축을 최대 6개 기간으로 나누어 사용할 수 있다.

① ㄱ   ② ㄴ   ③ ㄱ, ㄷ
④ ㄴ, ㄷ   ⑤ ㄱ, ㄴ, ㄷ

문항 성격 규범 – 언어 추리

평가 목표 이 문항은 자녀의 양육을 위한 휴직 제도와 근로시간 단축 제도에 관한 규정을 이해하여 주어진 상황에 올바르게 적용하는 능력을 평가하는 문항이다.

문제 풀이 정답 : ③

〈규정〉에 따르면 근로자는 자녀가 만 8세 이하인 동안에 양육휴직 및 근로시간 단축을 사용할 수 있다. 양육휴직과 근로시간 단축의 의미, 사용 기간, 사용 형태 등에 관한 내용이 제시되는데, 각 조문의 의미로부터 〈보기〉의 주어진 상황에서 양육휴직과 근로시간 단축을 어떻게 사용할 수 있는지 이해하여야 한다.

〈보기〉 해설 ㄱ. 만 6세 딸과 만 5세 아들을 양육하는 갑은 자녀 1명당 1년의 양육휴직을 할 수 있으므로(제1조제1항, 제2항) 총 2년간 양육휴직을 할 수 있다. 갑은 지금까지 딸을 위해서만 8개월간 연속하여 양육휴직을 하였으므로 앞으로 딸을 위해 4개월간, 아들을 위해 1년간 양육휴직을 할 수 있다. 따라서 갑이 앞으로 그 자녀들을 위해 양육휴직으로 사용할 수 있는 기간은 최대 16개월(=4개월+12개월)이다. ㄱ은 옳은 추론이다.

ㄴ. 양육휴직과 근로시간 단축 모두 자녀 1명당 1년의 기간이 보장되는데(제1조제2
항, 제2조제3항), 양육휴직을 할 수 있는 근로자가 휴직 기간 중 사용하지 않은
기간이 있으면 그 기간만큼 근로시간 단축으로 변경하여 사용할 수 있다(제2조
제3항). 만 2세 두 자녀를 양육하는 을이 지금까지 양육휴직 및 근로시간 단축
을 한 적이 없고 앞으로 근로시간 단축만을 하고자 할 때, 그는 자녀 1명당 양육
휴직으로 보장된 1년에 근로시간 단축으로 보장된 1년의 기간을 합한 2년간 근
로시간 단축을 할 수 있다. 따라서 을이 두 자녀를 위해 사용할 수 있는 근로시
간 단축 기간은 최대 4년이다. ㄴ은 옳지 않은 추론이다.

ㄷ. 양육휴직을 할 수 있는 근로자가 휴직 기간 중 사용하지 않은 기간이 있으면 그
기간만큼 근로시간 단축으로 변경하여 사용할 수 있으므로(제2조제3항), 만 4세
아들이 만 1세일 때 6개월간 연속하여 양육휴직만을 한 적이 있고 근로시간 단
축을 한 적이 없는 병은 최대 18개월(=24개월-6개월)의 기간을 근로시간 단축
으로 사용할 수 있다. 근로시간 단축 기간은 나누어 사용할 수 있고 그 경우 1회
의 기간은 3개월 이상이 되어야 하므로(제3조제2항), 병이 앞으로 근로시간 단
축을 최대한 여러 번으로 나누어 사용하고자 한다면 3개월씩 6개의 기간으로
나누어 사용할 수 있다. ㄷ은 옳은 추론이다.

〈보기〉의 ㄱ, ㄷ만이 옳은 추론이므로 정답은 ③이다.

05.

〈규정〉을 〈사례〉에 적용한 것으로 옳지 <u>않은</u> 것은?

〈규정〉

제1조 ① 유실물(가축을 포함한다)의 습득자는 유실물을 신속하게 소유자에게 반환하거나 습득한
날부터 7일 이내에 경찰서에 신고 및 제출하여야 한다.

② 유실물이 경찰서에 신고 및 제출된 경우 경찰서장은 유실물을 소유자에게 반환하여야 한다.
다만 소유자를 알 수 없을 때는 유실물이 신고 및 제출된 날부터 3일 이내에 신문에 공고하여
야 한다.

③ 경찰서에 제출된 유실물은 경찰서장이 보관하여야 하나, 경찰서장은 제출된 날부터 3개월
이내의 기간을 정하여 적당한 자로 하여금 유실물을 보관하도록 명할 수 있다. 다만 이 조에 따
른 의무를 위반한 자를 제외한다.

제2조 ① 유실물 공고 후 3개월이 경과하도록 소유자가 권리를 주장하지 않으면 습득자는 유실물의 소유권을 취득한다.

② 소유자는 자신의 권리를 포기할 수 있다. 이 경우 제1항에도 불구하고 습득자가 유실물을 습득한 때에 그 소유권을 취득한 것으로 본다.

제3조 습득자 및 보관자는 소유자(제2조에 의해 소유권을 상실한 자는 포함하고 이를 취득한 자는 제외한다)에게 유실물의 제출·교부 및 가치보존에 소요된 비용을 청구할 수 있다. 다만 제2조가 적용되는 경우의 습득자는 이를 청구할 수 없다.

〈사례〉

2020. 1. 13. 갑은 자기 소유의 염소 A를 팔러 시장에 가던 중에 A가 달아나자 뒤쫓다가 놓쳤다. 2020. 1. 14. 을은 길에서 다리에 상처를 입은 A를 발견하고 집으로 데려가 먹이를 주고 상처를 치료해 주었다. 2020. 1. 23. 을은 경찰서에 A의 습득사실을 알리고 A를 제출하였다. 경찰서장은 2020. 1. 24. 지역신문에 A의 발견 및 보관 사실을 공고하였다.

① 경찰서장은 을에게 A를 보관하도록 명할 수 없다.
② 갑이 2020. 4. 14. 경찰서장에게 A의 반환을 요구한다면 A를 데려올 수 있다.
③ 갑이 2020. 4. 14. 경찰서장에게 A에 대한 포기 의사를 밝혔다면 A는 2020. 1. 14.부터 을의 소유가 된다.
④ 갑이 2020. 4. 30. 경찰서장에게 A의 반환을 요구한다면 을은 갑에게 A의 상처 치료에 소요된 비용을 청구할 수 있다.
⑤ 갑이 2020. 4. 14. 경찰서장에게 A에 대한 포기 의사를 밝혔다면 경찰서장은 갑에게 A가 경찰서에 보관되어 있는 동안 소비한 사료에 대한 비용을 청구할 수 있다.

문항 성격	규범 – 언어 추리
평가 목표	이 문항은 유실물의 습득, 신고·반환 절차 및 소유권 취득 등에 관한 규정을 적절하게 이해하여 구체적인 사례에 적용하는 능력을 평가하는 문항이다.
문제 풀이	정답 : ④

유실물의 습득 및 반환에 관한 〈규정〉은 각 조에서 습득자 및 경찰서장의 의무와 조치(제1조), 유실물의 소유권 변동(제2조), 유실물의 제출·보관 등에 소요된 비용의 처리(제3조)에 관한 사항을 정하고 있다. 각 조를 적절하게 이해하여 구체적인 〈사례〉에 적용하여야 한다.

정답 해설 ④ 제3조에 따르면 유실물의 습득자는 제2조에 따라 소유권을 상실한 소유자에게 유실물의 가치보존에 소요된 비용을 청구할 수 있는데, 제2조에 따라 유실물의 소유권을 취득한 습득자는 이 비용을 청구할 수 없다. 갑은 A의 발견·보관의 공고일(2020. 1. 24.)로부터 3개월 이후에 A의 반환을 요구하여 이미 A의 소유권은 습득자 을이 취득하였으므로 소유자가 된 을은 A의 상처 치료에 소요된 비용을 갑에게 청구하지 못한다. ④는 옳지 않은 서술이다.

오답 해설 ① 제1조제3항에 따르면 경찰서장은 유실물이 제출된 경우 경찰서 제출일로부터 3개월 이내의 기간을 정하여 이 조에 따른 의무를 위반한 자 이외의 타인으로 하여금 유실물의 보관을 명할 수 있다. 〈사례〉의 을은 2020. 1. 14.에 A를 발견한 뒤 7일이 지난 이후인 2020. 1. 23.에 경찰서를 방문하여 A의 습득사실을 신고하고 A를 제출하였다. 이는 유실물 습득자는 습득한 날부터 7일 이내에 경찰서에 신고 및 제출하여야 한다고 규정한 제1조제1항의 의무를 위반한 것이므로 경찰서장은 을에게 A를 계속 보관하도록 명할 수 없다. 따라서 ①은 옳은 서술이다.

② 제2조에 따르면 소유자가 유실물 공고 후 3개월 내에 권리를 주장하지 않거나 유실물에 대한 권리를 포기하면 소유자는 유실물의 소유권을 상실하고 습득자가 소유권을 취득하게 된다. 갑이 A의 소유권을 포기한 사실은 없고 유실물 공고 후 3개월이 지나기 전에 갑이 경찰서장에게 A에 대한 권리를 주장하였으므로 갑은 소유자로서 A를 반환받을 수 있다. 따라서 ②는 옳은 서술이다.

③ 제2조제2항에 따르면 소유자가 권리를 포기한 경우 습득자는 유실물의 소유권을 습득한 때에 취득하게 되므로 을이 A를 발견한 2020. 1. 14.부터 A는 을의 소유가 된다. 따라서 ③은 옳은 서술이다.

⑤ 제3조에 따르면 유실물을 보관한 자는 소유자에게 유실물의 가치보존에 소요된 비용을 청구할 수 있다. 이때 비용 청구의 상대방인 소유자에는 제2조에 따라 소유권을 상실한 소유자는 포함되고, 동조에 따라 소유권을 취득한 습득자는 제외된다. 갑이 A에 대한 권리를 포기하여 소유권을 상실하였더라도 비용 청구의 대상에서 제외되는 것이 아니므로, 경찰서장은 A가 경찰서에 있는 동안 소비한 사료에 대한 비용을 갑에게 청구할 수 있다. 따라서 ⑤는 옳은 서술이다.

06.

〈이론〉에 따라 〈사례〉를 분석한 것으로 옳은 것만을 〈보기〉에서 있는 대로
고른 것은?

〈이론〉

　하나의 불법행위가 여러 나라와 관련된 경우 불법행위의 성립 여부와 그 성립시 손해배상액과
같은 문제를 어느 나라의 법에 의하여 규율할지를 결정하여야 한다. 그 기준은 행동지와 결과발
생지라는 개념을 토대로 정립할 수 있다. 행동지란 가해자가 피해자에게 손해를 발생시킨 구체적
활동을 실행한 곳을 말하고, 결과발생지란 피해자의 생명, 신체, 재산과 같은 법률상 이익이 직접
침해된 곳을 말한다. 행동지와 결과발생지가 서로 다른 나라에 있는 경우 ㉠ 결과발생지 법에 의
한다는 견해, ㉡ 원칙적으로 결과발생지 법에 의하되, 가해자가 결과발생지를 예견할 수 없었던
경우 행동지 법에 의한다는 견해, ㉢ 행동지 법이나 결과발생지 법 중 피해자에게 유리한 것에 의
한다는 견해가 있다.

〈사례〉

　갑은 X국에 거주하고, Y국의 영업소에서 모든 소득을 얻는다. 갑은 모든 소득을 Z국에 있는 은
행에 개설한 계좌에 예치하고, 그 계좌에 연동된 현금카드를 사용하여 Y국에서 소득의 대부분을
지출한다. W국에 거주하는 부동산 개발업자 을은 W국의 영업소에서 갑을 속여 W국에 있는 은행
에 개설한 계좌로 투자금 10억 원을 송금 받았다. 을이 자신의 재산을 침해하였음을 알게 된 갑은
W국 법원에서 을을 상대로 불법행위로 인한 손해배상을 청구한다. X국법, Y국법, Z국법, W국법
에 따라 갑에게 인정되는 손해배상액은 각각 11억 원, 13억 원, 14억 원, 12억 원이다.

보 기

ㄱ. 재산이라는 법률상 이익은 피해자가 거주하고 있는 곳에서 직접 침해된다고 본다
　면, ㉡에 따른 손해배상액은 ㉠에 따른 손해배상액보다 크거나 같다.

ㄴ. 재산이라는 법률상 이익은 피해자가 주된 경제활동을 영위하고 있는 곳에서 직접
　침해된다고 본다면, 을이 갑의 경제활동 중심지를 알고 있었던 경우 ㉠, ㉡, ㉢에
　따른 손해배상액은 모두 같다.

ㄷ. 재산이라는 법률상 이익은 피해자가 가해자에게 금전을 송금하기 전에 그 금전
　이 예치되어 있던 계좌가 개설된 곳에서 직접 침해된다고 본다면, 을이 갑의 계
　좌 소재지를 예견할 수 없었던 경우 ㉠에 따른 손해배상액은 ㉡에 따른 손해배상
　액보다 크다.

① ㄱ　　　　　　　　② ㄷ　　　　　　　　③ ㄱ, ㄴ

④ ㄴ, ㄷ　　　　　　⑤ ㄱ, ㄴ, ㄷ

문항 성격 규범 – 언어 추리

평가 목표 이 문항은 불법행위에 어느 나라의 법을 적용할 것인가에 관한 여러 견해를 이해하고 구체적 사례에 적용하는 능력을 평가하는 문항이다.

문제 풀이 정답 : ⑤

불법행위의 모든 요소가 한 나라 안에만 있는 경우에는 당연히 그 나라의 법에 의하나, 불법행위에 외국적 요소가 있어서 여러 나라와 관련되는 경우에는 어느 나라의 법을 적용할지가 문제된다. 〈이론〉에서는 행동지와 결과발생지를 기준으로 제시한다. 〈사례〉에서는 재산이라는 법률상 이익이 침해되었다. 가해자가 W국에 거주하고 있고 W국에 영업소가 있으며 W국에서 피해자를 속였고 W국 은행 계좌로 송금 받았으므로, 행동지가 W국임에는 의심의 여지가 없다. 결과발생지를 어느 곳으로 할 것인지는 〈보기〉에서 각각 다르게 보고 있다.

〈보기〉 해설　ㄱ. 결과발생지가 피해자의 거주지라고 본다면, 〈사례〉에서 결과발생지는 X국이고, 그곳에서의 손해배상액은 11억 원이다. 행동지 W국에서의 손해배상액은 12억 원이다. ⓒ에 따른 손해배상액은 가해자가 피해자의 거주지를 예견할 수 있었으면 11억 원, 예견할 수 없었으면 12억 원이다. ⓐ에 따른 손해배상액은 항상 11억 원이다. ⓒ에 따른 손해배상액은 12억 원 또는 11억 원이므로 ⓐ에 따른 손해배상액 11억 원보다 크거나 같다. ㄱ은 옳은 분석이다.

　　　　　　　　ㄴ. 결과발생지가 피해자가 주된 경제활동을 영위하고 있는 곳이라고 본다면, 〈사례〉에서 결과발생지는 갑이 모든 소득을 얻으며 대부분의 지출을 행하는 Y국이고, 그곳에서의 손해배상액은 13억 원이다. 행동지 W국에서의 손해배상액은 12억 원이다. ⓐ에 따른 손해배상액은 결과발생지 법에 따라 13억 원이다. ⓒ에 따른 손해배상액은 피해자가 주된 경제활동을 영위하는 곳을 가해자가 알고 있었으므로 결과발생지 법에 따라 13억 원이다. ⓒ에 따른 손해배상액은 결과발생지 법과 행동지 법 중 피해자에게 유리한 결과발생지 법에 따라 역시 13억 원이다. ⓐ, ⓒ, ⓒ에 따른 손해배상액은 모두 결과발생지 법에 따라 13억 원으로 같다. ㄴ은 옳은 분석이다.

　　　　　　　　ㄷ. 결과발생지가 피해자가 가해자에게 송금한 금전이 예치되어 있던 계좌가 개설된 곳이라고 본다면, 〈사례〉에서 결과발생지는 갑이 모든 소득을 예치하는 계좌를 개설한 은행의 소재지인 Z국이고, 그곳에서의 손해배상액은 14억 원이다. 행

동지 W국에서의 손해배상액은 12억 원이다. ㉠에 따른 손해배상액은 결과발생지 법에 따라 14억 원이다. ㉡에 따른 손해배상액은 가해자가 피해자의 계좌 개설 은행 소재지를 예견할 수 없었으므로 행동지 법에 따라 12억 원이다. ㉠에 따른 손해배상액 14억 원은 ㉡에 따른 손해배상액 12억 원보다 크다. ㄷ은 옳은 분석이다.

〈보기〉의 ㄱ, ㄴ, ㄷ 모두 옳은 분석이므로 정답은 ⑤이다.

07.

〈규정〉에 따라 X국 감독당국에 신고의무가 있는 경우만을 〈보기〉에서 있는 대로 고른 것은?

X국은 X국 회사가 외국에서 증권을 발행하는 경우뿐만 아니라 외국 회사가 외국에서 증권을 발행하는 경우에도 다음 〈규정〉에 따라 X국 감독당국에 대한 신고의무를 부과하고 있다.

〈규정〉

제1조 X국 회사가 외국에서 증권을 발행하는 경우 X국 감독당국에 신고하여야 한다. 다만, 그 증권이 X국 거주자가 발행일부터 2년 이내에 그 증권을 취득하는 것을 허용하지 않는 때에는 그러하지 아니하다.

제2조 외국에서 증권을 발행하는 외국 회사가 X국 주식시장에 상장되어 있거나 X국 거주자의 주식보유비율이 20% 이상인 경우 제1조를 준용한다.

제3조 제2조의 외국 회사가 외국에서 외국 통화로 표시한 증권을 발행하는 경우 그 증권이 X국 거주자가 발행일부터 1년 이내에 그 증권을 취득하는 것을 허용하지 않는 때에는 제1조의 신고의무가 없다.

보 기

ㄱ. X국 주식시장에 상장된 Y국 회사(X국 거주자의 주식보유비율 10%)가 '발행일로부터 2년이 경과하지 않으면 X국 거주자가 취득할 수 없다'는 조건이 포함된 증권(X국 통화로 표시)을 Y국에서 발행하는 경우

ㄴ. Y국 주식시장에 상장된 Z국 회사(X국 거주자의 주식보유비율 15%)가 '발행일로부터 1년이 경과하면 X국 거주자가 취득할 수 있다'는 조건이 포함된 증권(X국 통화로 표시)을 Y국에서 발행하는 경우

ㄷ. Y국 주식시장에 상장된 Z국 회사(X국 거주자의 주식보유비율 20%)가 '발행일로부터 6개월이 경과하면 X국 거주자가 취득할 수 있다'는 조건이 포함된 증권(Z국 통화로 표시)을 Y국에서 발행하는 경우

① ㄱ ② ㄷ ③ ㄱ, ㄴ
④ ㄴ, ㄷ ⑤ ㄱ, ㄴ, ㄷ

문항 성격 규범 – 언어 추리

평가 목표 이 문항은 외국에서 증권을 발행하는 경우의 신고의무 부과 및 면제에 관한 규정을 이해하여 각 사례에 올바르게 적용하는 능력을 평가하는 문항이다.

문제 풀이 정답 : ②

〈규정〉에서는 X국 회사 또는 제2조의 요건을 충족하는 외국 회사에는 증권 발행 신고의무를 부과하되, X국 거주자가 그 증권을 2년 이내에 취득할 수 없는 경우에는 신고의무를 면제하고(제1조 본문 및 단서), 제2조의 요건을 충족하는 외국 회사가 외국에서 외국 통화로 표시한 증권을 발행하는 경우에도 X국 거주자가 그 증권을 1년 이내에 취득할 수 없는 경우에는 신고의무를 면제한다(제3조). 신고의무가 면제되는 경우를 정확히 파악하는 것이 중요하다.

〈보기〉 해설 ㄱ. X국 주식시장에 상장된 외국 회사이므로 제2조가 적용되고 제1조가 준용된다. X국 거주자가 발행일로부터 2년 이내에 취득할 수 없다는 조건이 증권에 포함되어 있으므로 제1조 단서에 해당하여 신고의무가 면제된다. 따라서 신고의무가 없는 경우이다.

ㄴ. X국 주식시장에 상장되어 있지도 않고 X국 거주자의 주식보유비율도 20% 이상이 아니어서 제2조에 해당하지 않는 외국 회사이므로 제1조가 준용되지 않는다. 신고의무가 부과되는 대상 자체에 해당하지 않는 외국 회사이므로, 신고의무가 없는 경우이다.

ㄷ. X국 거주자의 주식보유비율이 20% 이상인 외국 회사이므로 제2조가 적용되고 제1조가 준용된다. 다만, 외국 통화로 표시한 증권을 발행하므로 제3조에 따라 신고의무가 면제되는지가 문제된다. X국 거주자가 발행일로부터 6개월이 경과하면 취득할 수 있다는 조건이 증권에 포함되어 있어서 1년 이내에 취득하는 것을 허용하므로, 제3조에 따라 신고의무가 면제되지 않는다. 따라서 신고의무가 있는 경우이다.

〈보기〉의 ㄷ만이 신고의무가 있으므로 정답은 ②이다.

〈규정〉에 따라 〈사례〉의 병이 받을 형벌은?

〈규정〉

(1) 형벌 중 중형에는 다음 여섯 등급이 있다.

1등급	사형
2등급	노역 5년 후 3천 리 밖으로 유배
3등급	3천 리 밖으로 유배
4등급	2천 리 밖으로 유배
5등급	노역 3년 6개월
6등급	노역 3년

(2) 사람을 때려 재물을 빼앗은 자는 3천 리 밖으로 유배한다.

(3) 다른 사람의 범죄를 도운 자는 범죄를 저지른 자보다 한 등급을 감경하여 처벌한다.

(4) 자신을 체포하려는 포졸을 때려 상해를 입힌 자의 형벌은 네 등급을 가중한다.

(5) 탈옥한 자의 형벌은 세 등급을 가중한다.

(6) 자수한 자의 형벌은 세 등급을 감경한다.

(7) 1~3등급에서 형을 감경하는 경우 3등급, 4등급은 하나의 등급으로 취급한다. 가령 2등급에서 두 등급을 감경하면 5등급이다.

(8) 3~6등급에서 형을 가중하는 경우 2등급이 상한이다.

(9) (3)~(6)의 형벌 가중·감경 사유 중 두 개 이상에 해당하면, 해당 사유 모두를 (3), (4), (5), (6)의 순서대로 적용한다.

〈사례〉

갑이 을을 때려 재물을 빼앗는 동안 병은 갑을 위하여 망을 보아주었다. 도망쳐 숨어 지내던 병은 포졸 정의 눈에 띄어 체포될 위기에 처하자 그를 때려 상해를 입히고 달아났다. 이후 병은 관아에 자수하고 갇혀 있던 중 탈옥하였다.

---

① 노역 5년 후 3천 리 밖으로 유배
② 3천 리 밖으로 유배
③ 2천 리 밖으로 유배
④ 노역 3년 6개월
⑤ 노역 3년

규범 – 언어 추리

이 문항은 형벌 등급의 가중과 감경에 관한 원칙을 이해하고 구체적 사례에 적용하는 능력을 평가하는 문항이다.

정답 : ④

〈규정〉에 따르면 형벌의 등급을 가중하거나 감경하는 경우 단순히 기계적으로 하는 것이 아니라 일정한 원칙에 의하여야 한다. 가중에는 상한이 있고(〈규정〉(8)), 감경하는 경우에는 노역 없는 유배형을 하나의 등급으로 취급한다(〈규정〉(7)). 가중과 감경의 순서도 규정하는데, 〈규정〉에서는 (3) → (4) → (5) → (6)이다. 〈사례〉에서 병은 자수한 후 탈옥하였으나, 〈규정〉(9)에 따라 〈규정〉(5)를 〈규정〉(6)보다 먼저 적용하여야 한다.

④ 갑은 〈규정〉(2)의 죄를 저질렀다(3등급). 병은 갑의 범죄를 도왔으므로 〈규정〉(3)에 따라 갑보다 한 등급을 감경하여야 하는데, 〈규정〉(7)에 따라 5등급이다. 병은 포졸이 체포하려고 하자 포졸을 때려 상해를 입혔으므로 〈규정〉(4)에 따라 5등급에서 네 등급을 가중하여야 하는데, 〈규정〉(8)에 따라 2등급이 상한이다. 병은 탈옥하였으므로 〈규정〉(5)에 따라 2등급에서 세 등급을 가중하여야 하는데, X국의 형벌의 상한은 1등급이다. 병은 자수하였으므로 〈규정〉(6)에 따라 1등급에서 세 등급을 감경하여야 하는데, 〈규정〉(7)에 따라 5등급이다. 따라서 병이 받을 형벌은 5등급에 해당하는 노역 3년 6개월이다.

09.

다음으로부터 추론한 것으로 옳은 것만을 〈보기〉에서 있는 대로 고른 것은?

X국은 소셜 네트워크상 명예훼손, 혐오표현 등이 포함된 위법 콘텐츠의 무분별한 확산에 대응하기 위해 소셜 네트워크 사업자의 의무와 책임을 규정하는 법을 제정하였다.

제1조 ① 이 법은 등록기준지가 국내인 소셜 네트워크 사업자('국내 사업자')에 적용된다. 다만 등록기준지가 국외인 사업자('국외 사업자')로서 국내 등록이용자 수가 100만 명 이상인 경우에는 적용 대상이 된다.

② 제1항의 적용 대상 중 국내 등록이용자 수가 150만 명 이하인 플랫폼을 운영하는 국내 사업자는 제2조제2항의 의무를 면한다.

③ 제1항의 적용 대상 중 국내 등록이용자 수가 200만 명 이하인 플랫폼을 운영하는 국내 사업

자 및 국외 사업자는 제2조제3항의 의무를 면한다.

제2조 ① 사업자는 이용자가 위법 콘텐츠 신고를 할 수 있도록 자신의 플랫폼에 알기 쉽고 투명한 절차를 제공하여야 한다.

② 사업자는 위 신고가 있는 경우 지체 없이 위법 여부를 심사하여야 하며 위법 콘텐츠에 해당하는 경우 신고일부터 7일 이내에 이를 삭제하여야 한다.

③ 사업자는 신고자 및 콘텐츠 제공자에게 위 심사 결과와 이유를 통지하여야 한다.

제3조 국외 사업자는 국내에 송달대리인을 임명하고 플랫폼에 이를 공시해야 한다.

제4조 이 법을 위반한 행위에 대해 최대 50억 원 이하의 과태료를 부과한다. 다만 제3조 위반에만 해당하는 경우 과태료는 5억 원 이하로 한다.

보기

ㄱ. X국 내 등록이용자 수가 120만 명인 플랫폼을 운영하는 국외 사업자가 위법 콘텐츠 신고에 대한 심사 결과를 통지하지 않고 X국 내 송달대리인의 정보를 공시하지 않은 경우 5억 원을 한도로 과태료가 부과된다.

ㄴ. X국 내 등록이용자 수가 150만 명인 플랫폼을 운영하는 국내 사업자가 위법 콘텐츠 신고가 있었음에도 심사를 게을리 하고 심사 결과도 통지하지 않은 경우 최대 50억 원 이하의 과태료가 부과된다.

ㄷ. X국 내 등록이용자 수가 180만 명인 플랫폼을 운영하는 국외 사업자는 위법 콘텐츠 신고에 대한 심사 결과 위법 콘텐츠에 해당하지 않는다고 결론을 내린 경우 해당 콘텐츠 제공자에게 심사 결과를 통지하여야 한다.

① ㄱ   ② ㄷ   ③ ㄱ, ㄴ
④ ㄴ, ㄷ   ⑤ ㄱ, ㄴ, ㄷ

문항 성격 규범 – 언어 추리

평가 목표 이 문항은 위법 콘텐츠의 무분별한 확산을 막기 위한 소셜 네트워크 사업자의 의무와 책임에 관한 규정을 이해하여 각 사례에 올바르게 적용하는 능력을 평가하는 문항이다.

문제 풀이 정답 : ①

X국 법의 적용 대상과 그 의무 및 면제 조건을 정리하면 다음과 같다.

적용 대상	의무	의무 면제 조건
국내 사업자	– 위법 콘텐츠 신고 절차 제공의무(제2조 제1항)	
	– 심사 및 삭제의무(제2조제2항)	국내 등록이용자 수 150만 명 이하
	– 심사 결과·이유 통지의무(제2조제3항)	국내 등록이용자 수 200만 명 이하
국내 등록이용자 수 100만 명 이상 인 국외 사업자	– 위법 콘텐츠 신고 절차 제공의무(제2조 제1항)	
	– 심사 및 삭제의무(제2조제2항)	
	– 심사 결과·이유 통지의무(제2조제3항)	국내 등록이용자 수 200만 명 이하
	– 국내 송달대리인 임명/공시의무(제3조)	

〈보기〉 해설   ㄱ. 국내 등록이용자 수 100만 명 이상 200만 명 이하인 국외 사업자이므로 이 법
의 적용 대상이고 통지의무는 면제된다. 그러나 국내 송달대리인 임명/공시의
무는 등록이용자 수와 무관하게 부담한다. 따라서 심사 결과를 통지하지 않아도
법 위반이 아니지만 국내 송달대리인 정보를 공시하지 않은 것은 제3조 위반이
므로 5억 원 이하의 과태료가 부과된다. ㄱ은 옳은 추론이다.

ㄴ. 국내 사업자이므로 적용 대상이나, 국내 등록이용자 수가 150만 명이므로 심사
및 삭제의무와 통지의무가 모두 면제된다. 따라서 신속한 심사를 하지 않은 것
과 심사 결과를 통지하지 않은 것 모두 법 위반이 아니므로 과태료가 부과되지
않는다. ㄴ은 옳지 않은 추론이다.

ㄷ. 국내 등록이용자 수 100만 명 이상 200만 명 이하인 국외 사업자이므로 이 법
의 적용 대상이고 통지의무는 면제된다. 따라서 심사 결과를 통지하지 않아도
된다. ㄷ은 옳지 않은 추론이다.

〈보기〉의 ㄱ만이 옳은 추론이므로 정답은 ①이다.

10.

〈규정〉에 따라 〈사례〉의 갑이 추가로 갖추어야 할 최소 주차대수는?

〈규정〉

제1조 주차수요를 유발하는 건축물 등('시설물')을 건축하거나 설치하려는 자는 〈표〉의 용도별 설치기준에 따라 부설주차장을 설치하여야 한다.

제2조 ① 부설주차장에 설치된 기계식주차장치가 노후·고장 등의 이유로 작동이 불가능하거나 안전상 철거가 불가피한 경우 이를 철거할 수 있다.

② 시설물의 소유자는 제1항에 따라 기계식주차장치를 철거함으로써 제1조에 따른 부설주차장의 설치기준에 미달하게 되는 경우에는 부설주차장을 추가로 설치하여야 한다.

③ 구청장은 제1항에 따라 기계식주차장치를 철거하는 경우 〈표〉의 부설주차장 설치기준을 2분의 1로 완화하여야 한다.

④ 제3항에 의해 완화된 설치기준에 따라 부설주차장을 설치한 이후 해당 시설물이 증축되거나 부설주차장 설치기준이 강화되는 용도로 변경될 때에는 그 증축 또는 용도변경하는 부분에 대해서만 〈표〉의 부설주차장 설치기준을 적용한다.

제3조 시설물의 용도를 변경하는 경우 용도변경 시점의 부설주차장 설치기준에 따라 변경 후 용도의 최소 주차대수를 갖추도록 부설주차장을 설치하여야 한다.

〈표〉

시설물의 용도	설치기준(최소 주차대수)
위락시설	시설면적 100m²당 1대
판매시설	시설면적 150m²당 1대

〈사례〉

갑은 판매시설로 사용되는 시설면적 6,000m²의 시설물의 소유자이다. 40대를 수용하는 기존 기계식주차장치가 고장으로 작동이 불가능하자 갑은 이 기계식주차장치를 전부 철거하고, 구청장으로부터 부설주차장 주차기준을 2분의 1로 완화 적용받아 20대를 수용하는 부설주차장을 설치하였다. 갑은 이 시설물의 시설면적 중 3,000m²를 위락시설로 용도변경하려 한다.

① 0대   ② 5대   ③ 10대
④ 15대   ⑤ 20대

규범 – 언어 추리

평가 목표 이 문항은 부설주차장의 설치의무와 그 기준에 관한 규정을 이해하여 사례에 적용하는 능력을 평가하는 문항이다.

문제 풀이 정답 : ⑤

애초에 갑은 판매시설인 시설면적 6,000m²의 시설물에 대해 6,000÷150=40대 규모의 기계식 주차장치를 설치하였다가 고장을 이유로 철거한 후 구청장으로부터 부설주차장 설치기준을 2분의 1로 완화하여 적용받아 20대 규모의 부설주차장을 갖추고 있는 상태이다. 이 상태에서 갑이 이 시설물의 시설면적 6,000m² 중 3,000m²를 위락시설로 용도변경하고자 한다면 제3조에 따라 용도변경 시점의 부설주차장 설치기준에 따라 변경 후 용도의 최소 주차대수를 갖추도록 부설주차장을 설치하여야 한다.

정답 해설 ⑤ 〈표〉에 따르면 [판매시설 → 위락시설]의 용도변경은 제2조제4항의 "부설주차장 설치기준이 강화되는 용도로 변경될 때"에 해당하므로, 용도변경하는 부분에 대해서만 〈표〉의 부설주차장 설치기준이 적용되고, 용도를 변경하지 않는 부분에 대해서는 구청장이 2분의 1로 완화한 설치기준이 그대로 적용된다. 즉 용도변경 하려는 3,000m² 부분에 대해서는 3,000÷100=30대 규모의 부설주차장이 설치되어야 하고, 용도변경을 하지 않는 3,000m² 부분에 대해서는 3,000÷150÷2 =10대 규모의 부설주차장이 설치되어야 한다. 기존에 20대 규모의 부설주차장을 갖추고 있는 상태이므로, 갑이 추가로 갖추어야 할 부설주차장의 최소 주차 대수는 (30+10)−20=20대이다.

11.

〈규정〉을 〈사례〉에 적용한 것으로 옳은 것만을 〈보기〉에서 있는 대로 고른 것은?

〈규정〉

제1조 상속인은 상속재산 한도에서 사망자의 빚을 갚는 것을 조건으로 상속('조건부 상속')할 수 있다.

제2조 상속인은 금전이 아닌 상속재산을 현금화하는 경우 법원의 허가를 얻어 경매하여야 한다. 여러 재산을 경매한 경우, 상속인은 각 재산으로부터 생긴 금전을 섞이지 않게 분리해 두어야 한다.

제3조 ① 사망자의 특정 재산에 대해 우선적으로 채권을 회수할 권리를 가진 채권자('우선권 있는 채권자')가 있는 경우, 상속인은 그 재산이 현금화된 때에는 다른 채권자보다 우선권 있는 채권자에게 먼저 빚을 갚아야 한다. 우선권 있는 채권자의 채권회수 후에 남은 재산이 있으면 제2항에 의한다.

② 상속인은 사망자의 특정 재산에 대해 우선권 있는 채권자가 없는 경우, 그 재산이 현금화된 때에는 빚을 갚아야 할 시기의 선후, 청구의 순서, 빚의 크기 등에 관계없이 자신의 의사에 따라 자유롭게 빚을 갚을 수 있다.

③ 특정 재산에 대해 우선권 있는 채권자가 그 재산으로부터 회수하지 못한 채권은 우선권 없는 채권으로 남는다.

제4조 제3조에 의하여 빚을 갚고 남은 상속재산이 없으면, 상속인은 더 이상 사망자의 빚을 갚을 책임이 없다.

〈사례〉

갑이 사망하면서 유일한 상속인 을에게 집 한 채와 자동차 한 대, 그리고 1억 7천만 원의 빚을 남겼고, 을은 조건부 상속을 하였다. 집에 대해서는 갑에게 7천만 원의 채권이 있던 병이 우선권을 가지고 있고, 자동차에는 누구도 우선권이 없다. 정과 무도 갑에게 5천만 원씩의 채권을 가지고 있었다.

보기

ㄱ. 집만 1억 원에 경매된 경우, 을은 병에게 7천만 원을 갚고, 나머지는 정과 무 중 빚을 갚을 것을 먼저 요구한 자에게 지급하여야 한다.

ㄴ. 집과 자동차가 동시에 각각 5천만 원, 2천만 원에 경매되고, 병, 정, 무가 동시에 지급을 요구한 경우, 을은 병에게 7천만 원 전부를 지급할 수 있다.

ㄷ. 집과 자동차가 동시에 각각 1억 원, 2천만 원에 경매되고, 병, 정, 무가 동시에 지급을 요구한 경우, 을이 병에게 7천만 원, 무에게 5천만 원을 지급하면 정에게는 지급하지 않아도 된다.

① ㄱ   ② ㄷ   ③ ㄱ, ㄴ

④ ㄴ, ㄷ   ⑤ ㄱ, ㄴ, ㄷ

문항 성격	규범 – 언어 추리
평가 목표	이 문항은 규정에 나타난 조건부 상속 제도의 특징, 상속재산의 현금화, 빚을 갚는 순서 등을 이해하고 사례에 적용하는 능력을 평가하는 문항이다.
문제 풀이	정답 : ④

〈규정〉에는 조건부 상속의 효과, 경매를 통한 상속재산의 현금화, 상속재산의 한도에서 사망자의 채무를 부담하는 제도의 구조, 사망자의 특정 재산에 대해 우선권을 가진 채권자와 그렇지 않은 보통의 채권자에게 빚을 갚는 방법 등에 관한 내용이 제시되어 있다.

〈보기〉 해설
ㄱ. 사망한 갑의 채권자 병이 상속재산 중 하나인 집에 대해 우선권을 가지고 있으므로 일단 그에게 경매가액 1억 원 중 7천만 원이 지급되어야 하며, 나머지 3천만 원은 우선권 없는 채권자들에게 지급될 수 있으나, 〈규정〉 제3조제2항이 채권자의 청구의 순서와 관계없이 빚을 갚을 수 있다고 하였으므로 ㄱ은 옳지 않은 서술이다.

ㄴ. 병이 집에 대해 우선권 있는 채권자이므로 집으로부터 발생한 경매가액 5천만 원을 전액 받을 수 있고, 병의 채권액 7천만 원 중 나머지 2천만 원은 〈규정〉 제3조제3항에 따라 우선권 없는 채권이 되며, 그 한도에서 병의 지위는 정, 무와 같다. 따라서 상속인 을은 병, 정, 무 중에 누구에게라도 자유롭게 자신의 의사대로 갚을 수 있으므로, 자동차로부터 발생한 경매가액 2천만 원을 병에게 지급하는 것이 가능하다. ㄴ은 옳은 서술이다.

ㄷ. 병이 집에 대해 우선권 있는 채권자이므로 집으로부터 발생한 경매가액 1억 원 중 자신의 채권액 7천만 원을 다른 채권자 정, 무보다 우선적으로 지급받을 수 있다. 1억 원 중 남은 금액 3천만 원과 자동차로부터 발생한 경매가액 2천만 원은 우선권 없는 채권자로서 평등한 지위에 있는 정과 무 중 누구에게든 지급될 수 있는 것이므로, 을이 무에게 5천만 원을 지급하고 상속재산이 소진하였다면, 〈규정〉 제4조에 의하여 상속인 을은 더 이상 갑의 빚을 갚을 책임이 없다. ㄷ은 옳은 서술이다.

〈보기〉의 ㄴ, ㄷ만이 옳은 서술이므로 정답은 ④이다.

12.

〈규정〉을 〈사례〉에 적용한 것으로 옳지 <u>않은</u> 것은?

X국은 〈규정〉과 같이 미술품에 대한 저작자의 권리를 인정한다.

〈규정〉

제1조 '미술상'은 저작권협회 회원으로서 미술품을 영업으로 매도·매수·중개하는 자이다.

제2조 미술저작물의 원본이 최초로 매도된 후에 계속해서 거래되고, 각 후속거래에서 미술상이 매도·매수·중개한 경우, 저작자는 매도인을 상대로 ㉠거래가액의 일정 비율의 금액을 청구할 수 있다. 거래가액이 40만 원 미만이면 그러하지 아니하다.

제3조 제2조에 의하여 청구할 수 있는 금액은 다음과 같이 거래가액을 기준으로 산정한다.

　⑴ 5천만 원 이하 : 거래가액의 1%

　⑵ 5천만 원 초과 2억 원 이하 : 거래가액의 2%

　⑶ 2억 원 초과 : 거래가액의 3%. 단, 상한은 1천만 원으로 한다.

제4조 저작자는 미술상에게 최근 3년간 미술상이 관여한 자기 저작물의 거래 여부에 관한 정보를 요구할 수 있고, 미술상은 이에 응하여야 한다.

제5조 저작자는 제2조의 권리를 행사하기 위해, 거래에 관여한 미술상에게 매도인의 이름, 주소, 거래가액에 관한 정보를 요구할 수 있고, 미술상은 이에 응하여야 한다.

〈사례〉

화가 갑은 자신이 그린 그림 A를 40만 원에 미술상 을에게 판매하였다. 한 달 후 을은 친구 병에게 A를 20만 원에 판매하였다. 5년이 지나 병은 을의 중개로 미술상 정에게 A를 2억 원에 판매하였다. 그로부터 1년 후 사업가 무가 정에게서 A를 3억 원에 구입하였고, 다시 3년이 지나 무는 기에게 A를 선물하였다.

---

① 갑이 청구할 수 있는 ㉠은 총 1천3백만 원이다.

② 을은 갑에게 ㉠으로 4천 원을 지급할 의무가 없다.

③ 병은 갑에게 ㉠을 지급할 의무가 있다.

④ 갑은 을을 상대로 병의 이름과 주소, 병이 정에게 매도한 금액에 관한 정보의 제공을 요구할 수 있다.

⑤ 갑이 정에게 A의 거래 여부에 관한 정보를 요구할 경우, 기가 현재 A를 보유하고 있다는 사실을 알고 있는 정은 그 정보를 제공할 의무가 있다.

규범 − 언어 추리

이 문항은 규정에 나타난 추급권의 요건, 청구금액 산정 방법, 미술상의 의무 등을 이해하여 사례에 올바르게 적용하는 능력을 평가하는 문항이다.

정답 : ⑤

미술저작물의 저작자는 미술상이 관여한 후속거래에 대하여 거래가액에 따라 정해진 금액을 청구할 수 있다. 저작자가 요구할 수 있는 정보는 두 종류인데, 저작물이 거래되었는지에 관한 정보는 어느 미술상에게나 요구할 수 있으나 최근 3년간의 거래에 한정되고, 거래의 내용에 관한 정보는 그 거래에 관여한 미술상에게 요구할 수 있고 시간적 제한은 없다. 갑이 A를 을에게 판 이후 후속거래는 ⓐ미술상 을이 병에게 20만 원에 판 것, ⓑ병이 미술상 을의 중개로 미술상 정에게 2억 원에 판 것, ⓒ미술상 정이 무에게 3억 원에 판 것, 이렇게 3건이다. 무가 기에게 선물한 것은 거래가 아니다.

⑤ 미술상 정은 무가 기에게 A를 선물할 때에 관여하지 않았고 선물하는 것은 거래가 아니므로 이에 관한 정보를 제공할 의무가 없다. 따라서 정은 기가 현재 A를 가지고 있다는 사실을 갑에게 알려주지 않아도 된다. ⑤는 옳지 않은 서술이다.

① 저작자 갑은 미술상의 중개로 미술상에게 그림을 매도한 병에 대하여 4백만 원(판매가액 2억 원의 2%), 미술상으로서 그림을 매도한 정에 대하여 9백만 원(판매가액 3억 원의 3%)을 청구할 수 있다. ①은 옳은 서술이다.

② 을은 갑과의 거래에서는 최초의 매수인이므로, 〈규정〉 제2조의 후속거래에 해당하지 않고 매도인 요건에도 해당하지 않아 거래가액의 일부를 지급할 의무가 없다. 병과의 거래에서는 거래가액이 20만 원이어서 40만 원 미만이므로 거래가액의 일부를 지급할 의무가 없다. ②는 옳은 서술이다.

③ 병은 미술상 을의 중개로 그림을 미술상 정에게 매도하였으므로, 〈규정〉 제2조의 요건을 충족하여 지급 의무가 있다. ③은 옳은 서술이다.

④ 을은 병과 정 사이의 거래를 중개한 미술상이므로, 〈규정〉 제5조에 의하여 갑은 을에게 매도인인 병에 관한 정보의 제공을 요구할 수 있다. ④는 옳은 서술이다.

13.
다음 글에 대한 분석으로 옳은 것만을 〈보기〉에서 있는 대로 고른 것은?

갑은 오늘 고속도로에서 과속 운전을 할 계획이다. 이런 계획을 좌절시킬 어떠한 환경적 요인도 없고 갑의 결심도 확고하다. 또한 갑은 한 번 마음을 먹으면 절대로 마음을 되돌리지 않는다. ㉠이 모든 것을 알고 있는 경찰은 갑이 오늘 고속도로에서 과속할 것이라는 것을 알고 있다. 갑은 실제로 고속도로에서 과속 운전을 하였다. 이런 경우에 갑이 고속도로에 진입하기 전에 경찰이 미리 과속 벌금을 부과하는 것이 정당한가? 즉, 아직 벌어지지 않은 일에 대해서 그것이 벌어질 것을 안다고 해서 사전 처벌하는 것이 정당한가?

A : 처벌의 의의는 어떤 사람에 의해서 잘못이 행해진다면 그에 상응하는 해를 그 사람에게 입혀 그 균형을 맞추는 데에 있다. 잘못이 행해진다는 것이 알려진 한, 처벌의 시점은 전혀 중요하지 않다. TV를 구입할 때 그 비용을 TV를 인수하기 전에 지불하든 후에 지불하든 상관이 없는 것과 같은 이치이다. 경찰이 사전에 벌금을 부과하든 부과하지 않든 갑은 과속을 할 것이 틀림없고 경찰은 그것을 알고 있다. 그렇기 때문에 그에 대한 균형을 맞추기 위한 경찰의 사전 처벌은 정당화될 수 있다.

B : 무고한 사람을 처벌하는 것은 어떤 경우에도 정당화될 수 없다. 갑의 결심이 확고하다고 해도 마지막 순간에 마음을 고쳐먹어 과속을 하지 않을 능력이 그에게 있다는 것을 부정할 수 없다. 갑이 그런 능력을 가지고 있는 한, 과속을 하기 전의 갑은 엄연히 무고한 사람이다. 따라서 갑에 대한 사전 처벌은 정당화될 수 없다.

보기

ㄱ. ㉠이 거짓이라면, A의 결론은 따라 나오지 않는다.

ㄴ. 행위자가 어떤 행위를 하느냐 마느냐를 결정할 능력이 있다면, 그가 그 행위를 할지에 대해서 타인이 미리 아는 것이 불가능하다는 견해가 있다. 이런 견해가 옳다면, B는 ㉠과 양립 불가능하다.

ㄷ. 테러리스트가 시민들을 죽음으로 몰아넣을 공격을 준비하고 있고, 경찰은 이 테러리스트를 그대로 두면 이 공격이 성공할 것이라는 사실을 알고 있다. 이에 경찰은 그 테러리스트를 가두고 그 공격으로 발생할 수 있는 피해에 상응하는 처벌을 미리 내려 테러 공격을 막는 데 성공한다. A에 따르면, 이 경우에도 사전 처벌은 정당화될 수 있다.

① ㄱ   ② ㄷ   ③ ㄱ, ㄴ
④ ㄴ, ㄷ   ⑤ ㄱ, ㄴ, ㄷ

문항 성격	인문 – 논쟁 및 반론

평가 목표 이 문항은 사전 처벌이 정당화될 수 있는지에 대한 논증을 이해하고 이 논증에 사용된 추상적인 원리를 사례에 적용할 수 있는 능력을 평가하는 문항이다.

문제 풀이 정답 ③

제시문은 미래 사회에서 중요해질 수 있는 '사전 처벌'(pre‑punishment)이, 어떤 가정하에서 정당화되거나 정당화되지 않는지를 다룬 글이다. 주어진 사례의 특징은 경찰이 미래 갑의 행위에 대해서 이미 알고 있고, 실제로 그 행위가 일어난다는 것이다. A는 처벌에 대한 응보주의를 가정했을 때 사전 처벌이 정당화된다고 주장한다. 실제로 과속이 일어날 것이기 때문에, 그에 대한 보복의 시점은 중요하지 않다는 논리이다. B는 범죄를 저지르기 이전의 갑이 자유로운 선택을 할 수 있는 행위자이고 그 때문에 무고한 사람임을 근거로, 사전 처벌이 정당화되지 않는다고 주장한다. A 입장은 경찰이 미래의 갑의 과속 사실을 알고 있다는 것을 핵심 전제로 갖고, B 입장은 갑이 자유로운 선택 능력이 있다는 전제를 갖고 있다는 것을 파악하는 것이 문제해결에서 핵심적인 역할을 한다.

〈보기〉해설   ㄱ. '경찰이 갑이 과속할 것을 알고 있다'는 것이 A 논증의 중요한 전제 중 하나이다. 따라서 이를 부정할 경우, A에서 의도된 결론은 얻을 수 없게 된다. 따라서 ㄱ은 옳은 분석이다.

           ㄴ. '갑이 과속을 하지 않을 능력이 있다'는 것이 B 논증의 핵심 전제이다. 하지만 이는 ㉠("… 경찰은 갑이 … 과속할 것이라는 것을 알고 있다.")과 긴장 관계에 있다. ㄴ에서 가정된 견해 "행위자가 어떤 행위를 하느냐 마느냐를 결정할 능력이 있다면, 그가 그 행위를 할지에 대해서 타인이 미리 아는 것이 불가능하다"는 이런 긴장 관계를 명시적으로 드러내는 견해이다. 이런 견해가 주어질 때, B는 ㉠과 양립 불가능하다. 따라서 ㄴ은 옳은 분석이다.

           ㄷ. 테러리스트의 사례와 과속 사례의 핵심적인 차이는 실제 범죄가 행해지느냐의 여부이다. 테러리스트 사례의 경우 사전 처벌을 함으로써 범죄가 일어나지 않기 때문에, 처벌은 죄에 대한 균형을 맞추는 역할을 하지 못하게 된다. 따라서 테러리스트 사례의 경우, A의 응보주의에 의해서는 사전 처벌이 정당화될 수 없다. 따라서 ㄷ은 옳지 않은 분석이다.

       〈보기〉의 ㄱ, ㄴ만이 옳은 분석이므로 정답은 ③이다.

14.

다음 글에 대한 분석으로 옳은 것만을 〈보기〉에서 있는 대로 고른 것은?

〈이론〉

　행위가 어떤 사람에게 '손해를 준다'는 것은, 만약 그 행위가 일어나지 않는다면 그 사람이 더 나은 상태에 있게 된다는 것이다. 행위가 어떤 사람에게 '이익을 준다'는 것은, 만약 그 행위가 일어나지 않는다면 그 사람이 더 못한 상태에 있게 된다는 것이다.

　〈이론〉을 두고 다음과 같이 갑과 을이 논쟁하였다.

갑1 : 친구에게 아무 이유 없이 5만 원을 줄 수 있었지만, 나는 그렇게 하지 않았어. 그렇게 했다면 친구는 더 나은 상태에 있었겠지. 〈이론〉에 따르면 나는 친구에게 손해를 주는 행위를 한 거야. 하지만 이는 불합리해.

을1 : 〈이론〉은 그런 함축을 갖지 않아. '친구에게 5만 원을 주지 않는 것'과 같이 아무 것도 하지 않고 가만히 있는 것은 행위라고 볼 수 없기 때문이야.

갑2 : 〈이론〉의 '행위'를 그런 식으로 제한하는 것은 또 다른 불합리한 귀결을 낳게 돼. 어떤 사람이 아이가 물에 빠져 허우적대는 걸 보게 됐고 그 사람은 아이를 구조할 능력이 있었다고 해봐. 그 사람은 아이를 구조하지 않았고 아이는 물에 빠져 죽게 되었어. 아이를 구조하지 않은 것은 명백하게 아이에게 손해를 준 것이지.

을2 : 하지만 이 경우는 달라. 그 사람이 아이를 구조하지 않은 것은 의도적으로 구조를 회피하고자 한 결심의 결과로 일어난 하나의 사건이야. 그렇다면 아이를 구조하지 않은 것은 하나의 행위로 보아야 해.

갑3 : 그렇다면 이런 경우는? A가 B에게 줄 선물을 샀다고 해봐. 그런데 A는 그 선물에 대한 욕심이 생겨서 자신이 그것을 갖기로 결심하고 B에게 선물을 주지 않았어. 이 경우에 선물을 주지 않은 것은 의도적인 결심의 결과이지만, A가 B에게 손해를 준 것은 아니잖아.

보기

ㄱ. 〈이론〉에 대한 갑1의 해석에 따를 때, 내가 친구를 때려서 코를 부러뜨릴 수 있었지만 그렇게 하지 않았다면, 내가 친구를 때리지 않은 것은 친구에게 이익을 준 것이다.

ㄴ. 갑2와 을2는 아이를 구하지 않은 것이 아이에게 손해를 준 것인지 여부에 대해 판단을 달리 한다.

ㄷ. 을이 갑3에 대한 대답으로 'A가 B에게 선물을 주지 않은 것은 B에게 손해를 준 것이 맞다'고 주장한다면, 이는 을의 입장을 비일관적으로 만들 것이다.

① ㄱ   ② ㄴ   ③ ㄱ, ㄷ
④ ㄴ, ㄷ   ⑤ ㄱ, ㄴ, ㄷ

문항 성격   인문 – 논쟁 및 반론

평가 목표   이 문항은 어떤 행위가 손해 혹은 이익을 준다는 것이 무엇을 의미하는지에 대한 논쟁을 적절하게 분석할 수 있는지 평가하는 문항이다.

문제 풀이   정답 : ①

〈이론〉은 어떤 사건 혹은 행위가 누군가에게 손해 혹은 이익을 준다는 것이 무엇을 의미하는지에 대한 반사실적 비교 설명(counterfactual comparative account)에 해당한다. 이 견해는 행위가 어떤 사람에게 '손해(이익)를 준다'는 것은, 만약 그 행위가 일어나지 않는다면 그 사람이 더 나은(더 못한) 상태에 있게 된다는 것이다. 갑은 일련의 반례를 통해 이 견해를 비판하려는 입장을 취하고 있고, 을은 '행위'에 대한 정확한 정의를 통해 이 견해를 옹호하려는 입장을 취하는 것으로 볼 수 있다. 논쟁의 구조는 다음과 같다.

갑1 : 친구에게 5만 원을 주지 않음을 〈이론〉에 대한 반례로 제시한다.

을1 : '행위'에 대한 제한을 통해 반례가 되지 않는다고 답한다.

갑2 : 아이를 구조하지 않은 것을 새로운 반례로 제시해서, 을1의 해결책이 완벽하지 않음을 주장한다.

을2 : '행위'에 대한 추가적인 조건을 통해 아이를 구조하지 않은 사례가 반례가 되지 않는다고 답한다.

갑3 : 새로운 조건이 추가되었을 때, 또 다른 반례가 있음을 주장한다.

〈보기〉 해설   ㄱ. 갑1은 '아무 것도 하지 않고 가만히 있는 것'을 행위로 해석해, 〈이론〉에 따라 친구에게 5만 원을 주지 않을 경우 친구가 더 못한 상태에 있게 되므로, 친구에게 5만 원을 주지 않는 것을 친구에게 손해를 주는 행위로 본다. 이 논리를 그대로 적용하면, '친구를 때려 코를 부러뜨리지 않은 것'도 행위로 해석할 수 있고, 친구를 때렸을 경우 친구는 더 못한 상태에 있었을 것이므로, 〈이론〉은 친구를 때리지 않은 것이 친구에게 이익을 준 것으로 해석할 것이다. 따라서 ㄱ은 옳은 분석이다.

ㄴ. 갑2는 아이가 물에 빠진 사례에서 아이를 구조하지 않은 것은 명백하게 아이에게 손해를 준 것이라고 주장하면서, 이것이 을1이 해석한 〈이론〉의 반례가 된다고 주장한다. 을2는 아이를 구조하지 않은 것이 아이에게 손해를 준 것이라는 갑2의 판단에 동의하면서, 〈이론〉에 대한 재해석을 통해 이 사례가 〈이론〉에 대

한 반례가 아니라고 주장하고 있다. 따라서 ㄴ은 옳지 않은 분석이다.

ㄷ. 갑3은 을2가 해석한 〈이론〉에 대한 또 다른 반례를 제시한다. 을이 자신의 입장을 포기하지 않으면서 갑3에 일관적으로 응수할 수 있는 한 가지 방법은, 실제로 이 사례가 반례가 아니라고 주장하는 것이다. 다시 말해, 'A가 B에게 선물을 주지 않은 것은 B에게 손해를 준 것이 맞다'고 주장한다면, 을2가 제시한 해석을 그대로 고수하고 있는 것이며 아무런 비일관성도 없다. 따라서 ㄷ은 옳지 않은 분석이다.

〈보기〉의 ㄱ만이 옳은 분석이므로 정답은 ①이다.

15.

다음 논쟁에 대한 평가로 적절한 것만을 〈보기〉에서 있는 대로 고른 것은?

> 갑 : 단순히 참인 믿음은 지식이 아니다. 참인 믿음이 지식이 되려면 정당화되어야 한다. 그런데 ㉠예술작품에서 얻게 되는 믿음은 그것이 설령 참일 수 있다고 해도, 결코 정당화되지 못한다. 가령 디킨스의 사실주의 소설 『황량한 집』은 19세기 영국의 유산 소송과정을 정확하게 묘사한다. 그러나 우리가 『황량한 집』을 읽는 것만으로는 그러한 묘사의 정확성에 대한 증거를 얻을 수 없다.
>
> 을 : 갑의 말대로라면 백과사전도 『황량한 집』과 다를 바 없다. 백과사전을 읽는 것만으로는 거기서 얻은 정보가 정확하다고 믿어야 할 이유가 없기 때문이다.
>
> 갑 : 그렇지 않다. 백과사전의 경우에는 관련 분야의 전문가들에게 그 정확성을 확인받는 절차, 이른바 '제도적 보증'이라는 것이 있다. 그러나 『황량한 집』의 경우에는 그 누구도 작품에서 드러날 수 있는 작가의 주장을 확인할 필요가 없다.
>
> 을 : ㉡출판 관행으로서 제도적 보증은 저자 또는 내용 확인 절차가 이루어졌다는 것만을 보여줄 뿐 그 확인이 성공적임을 보여주는 것은 아니다. 단순히 백과사전을 읽어보기만 해서는 그런 확인 절차가 성공적으로 이루어졌는지 알 수 없다.

보기

ㄱ. 사실주의 소설은 어떤 사건이 실제로 일어난 것인지에 대해 증거적 효력이 있는 확인을 거쳐 작성된다는 점은 ㉠을 약화한다.

ㄴ. 『히틀러 일기』가 히틀러가 쓴 자서전이 아니라 다른 사람이 날조한 것으로 밝혀졌다는 사실은 ⓒ을 약화한다.

ㄷ. 백과사전에서 정보를 찾는 독자와 달리, 『황량한 집』의 독자는 작품에서 드러난 내용을 믿어야 할 이유를 주로 개인적 경험에서 찾는다는 점은 갑의 견해를 강화한다.

① ㄴ   ② ㄷ   ③ ㄱ, ㄴ
④ ㄱ, ㄷ   ⑤ ㄱ, ㄴ, ㄷ

문항 성격	인문 – 논쟁 및 반론
평가 목표	이 문항은 예술이 지식을 제공할 수 있는지에 관한 논쟁을 분석하고 평가하는 능력을 측정하는 문항이다.
문제 풀이	정답 : ④

예술이 우리에게 지식을 줄 수 있는가의 문제는 오랜 역사를 가지고 있다. 그런 만큼이나 예술이 지식을 제공할 수 있다는 견해와 그렇지 않다는 견해는 다양한 층위에서 논쟁을 이어가고 있다. 예술에만 고유한 지식이 있는가의 문제, 예술에서 얻는 지식이 있다면 그러한 지식의 성격을 어떻게 규정할 수 있는가의 문제, 예술에서 지식을 얻는다고 해도 예술의 그러한 인식적 가치가 예술의 미적·예술적 가치의 증진에 얼마나 어떻게 기여할 수 있는가의 문제 등이 논쟁의 층위를 구성한다.

이 문항에서는 지식을 정당화된 참인 믿음으로 규정할 때 정당화의 문제에 초점을 맞춘 논쟁을 소개하고 있다. 제시문은 우리가 작품에서 얻게 되는 믿음이 참일 경우에도 그것이 진정한 지식이려면 제도적 보증과 같은 외재적 정당화가 필요한데, 백과사전과 달리 사실주의 소설은 외재적 정당화를 요구하지 않으므로 지식을 제공할 수 없다고 보는 갑의 견해와, 외재적 정당화 논증이 사실주의 소설과 백과사전의 지식 제공 여부를 나누는 기준이 될 수 있을지에 대해 회의적인 입장인 을의 견해를 대비시키고 있다.

〈보기〉 해설   ㄱ. ㉠은 우리가 예술작품에서 얻게 되는 믿음이 참일 수 있다고 해도 결코 정당화되지 못한다고 말하고 있다. 그러나 예술작품의 한 종류인 사실주의 소설이 어떤 사건이 실제로 일어난 것인지에 대해 증거적 효력이 있는 확인을 거쳐 작성된다는 것이 사실이라면, 이것은 우리가 사실주의 소설에서 얻게 되는 믿음이 참일 수 있을 뿐만 아니라 정당화될 수 있다는 것을 의미하므로 ㉠은 약화된다. 그러므로 ㄱ은 적절한 평가이다.

ㄴ.『히틀러 일기』의 경우 히틀러가 쓴 자서전인지 확인하기 위한 제도적 보증을 거쳤을 것이지만, 이 책이 히틀러가 쓴 자서전이 아니라 다른 사람이 날조한 것으로 밝혀졌다는 사실은 그 확인이 성공적이지 않았음을 보여준다. 따라서『히틀러 일기』의 사례는 출판 관행으로서의 제도적 보증은 저자 또는 내용 확인 절차가 이루어졌다는 것만을 보여줄 뿐 그 확인이 성공적임을 보여주는 것은 아니라고 말하는 ⓒ을 지지하는 사례로 볼 수 있다. 그러므로 ㄴ은 적절하지 않은 평가이다.

ㄷ. 갑은 백과사전의 경우 관련 분야의 전문가들에게 그 정확성을 확인받는 절차인 제도적 보증이 있기 때문에 백과사전에서 얻게 되는 믿음은 정당화될 수 있지만, 예술작품의 경우에는 그런 객관적 절차가 없기 때문에 예술작품에서 얻게 되는 믿음은 정당화되지 못한다고 주장한다. 백과사전에서 정보를 찾는 독자와 달리, 예술작품인『황량한 집』의 독자가 작품에서 드러난 내용을 믿어야 할 이유를 주로 개인적 경험에서 찾는다는 점은,『황량한 집』의 독자가 관련 분야의 전문가들에게 그 내용의 정확성을 확인받는 절차 없이 단지 개인적이고 주관적인 경험에 근거해 이 작품의 내용을 믿게 된다는 것을 보여주므로 갑의 견해를 강화한다. 그러므로 ㄷ은 적절한 평가이다.

〈보기〉의 ㄱ, ㄷ만이 적절한 평가이므로 정답은 ④이다.

16.

다음 논쟁을 분석한 것으로 옳은 것만을 〈보기〉에서 있는 대로 고른 것은?

갑 : 우아함은 쇼팽의 야상곡 자체에 속하는 성질이 아니라 네가 느끼는 주관적 인상에 불과해. 나는 야상곡을 들으면서 내내 지루하다고 느꼈거든.

을 : 네가 야상곡을 듣고 지루함만 느꼈다면, 그건 네가 힙합에만 익숙해서 그래. 피아노 음색과 멜로디 전개가 표현하는 섬세함을 따라가려고 노력해 봐. 이 작품이 우아하다는 것은 적절한 감상 능력을 갖춘 사람이면 정상적인 조건에서 감상할 때 누구든지 알 수 있는 문제야.

병 : 야상곡의 우아함이 그저 주관적인 느낌에 불과한 것은 아니라 해도, 누구나 알 수 있는 성질이라는 말도 맞지 않는 것 같아. 일정한 문화에 속한, 일정한 종류의 음악에 익숙한 사람들만 야상곡이 우아하다고 여기지 않을까? 이건 적어도 참외의 노란색이나 둥근 모양처럼 진짜 그 대상에 속하는 성질들과는 달라.

을 : 일정한 집단의 사람들만 야상곡이 우아하다고 여길 수 있다 하더라도 그 우아함은 그 음악에 속하는 진짜 성질이라고 봐야 할 거야. 노란색도 결국 색맹이 아닌 사람들에게만 노랑으로 보이긴 하지만 참외의 진짜 성질이잖아? 야상곡의 경우에는 적절한 음악적 감수성을 갖춘 사람들만이 우아함을 지각하는 것이지.

병 : 너희 둘이 야상곡을 듣고 다른 반응을 보이는 것은 각자가 속한 집단에서 공유하는 음악적 감수성이 달라서 그렇다는 것이 더 자연스러운 설명 아닐까? 어째서 우아하다고 반응하는 사람만 진짜 성질을 지각한다는 거야?

보 기

ㄱ. 을은 우아함을 지각하는 사람의 집단이 시대와 문화에 따라 클 수도 있고 작을 수도 있다는 주장에 반대할 것이다.

ㄴ. 병은 쇼팽의 야상곡이 지루하다고 여기는 사람들이 서로 다른 음악적 감수성을 가질 수 있다는 주장에 반대할 것이다.

ㄷ. 을과 병은 쇼팽의 야상곡이 우아하다는 주장을 각각 다른 이유에서 받아들일 수 있다.

① ㄴ ② ㄷ ③ ㄱ, ㄴ
④ ㄱ, ㄷ ⑤ ㄱ, ㄴ, ㄷ

문항 성격 인문 – 논쟁 및 반론
평가 목표 이 문항은 올바르게 논쟁을 분석하고 평가할 수 있는 능력을 측정하는 문항이다.
문제 풀이 정답 : ②

이 문항은 우아함을 예로 들어 미적 속성이 쇼팽의 야상곡과 같은 대상의 실제 속성인지 아닌지에 관한 논쟁을 다루고 있다. 갑의 견해는 미적 속성은 대상의 실제 속성이 아니고 대상에 미적 속성을 적용하는 진술은 단지 개개인의 주관적 인상을 표현한 것에 불과하다는 것이다. 이에 대해 을은 미적 속성이 대상의 실제 속성이고, 그 속성을 지각하기 위해서는 정상적인 조건하에서 감상자가 적절한 음악적 감수성을 갖출 것이 요구된다고 주장한다. 한편 병은 미적 속성이 단순히 주관적 인상에 불과한 것은 아니지만 대상의 실제 속성은 아니며, 집단 내에서 공유하는 음악적 감수성에 따라 달리 파악될 수 있다고 주장한다. 이 문항은 이러한 견해 차이를 분명하게 인식하고 각 견해로부터 어떤 함의를 도출할 수 있는지 묻는다.

〈보기〉 해설 ㄱ. 을은 적절한 음악적 감수성을 갖춘 사람들만이 음악 작품의 우아함을 지각한다고 주장한다. 이는 우아함을 지각하는 사람들의 집단이 적절한 음악적 감수성을 갖춘 사람들로 한정된다는 조건만 제시하는 것이므로, 그 집단의 규모가 시대와 문화에 따라 클 수도 있고 작을 수도 있다는 주장과 양립 가능하다. 따라서 을이 이러한 주장에 반대할 것이라고 말하는 ㄱ은 옳지 않은 분석이다.

ㄴ. 병은 사람들이 쇼팽의 야상곡을 듣고 다른 반응을 보이는 것이 각자가 속한 집단에서 공유하는 음악적 감수성이 달라서 그렇다고 설명한다. 이 설명에 의하면 야상곡이 지루하다고 여기는 사람들은 야상곡이 우아하다고 여기는 사람들과는 다른 음악적 감수성을 가지고 있을 것이다. 따라서 ㄴ은 옳지 않은 분석이다.

ㄷ. 을에 따르면 적절한 음악적 감수성을 가진 사람들만이 쇼팽의 야상곡에 속한 진짜 성질인 우아함을 지각할 수 있으므로, 을은 이러한 감수성을 가진 사람이 '쇼팽의 야상곡은 우아하다'고 주장하는 것을 받아들일 수 있다. 한편 병에 따르면 우아함이 쇼팽의 야상곡에 속한 진짜 성질일 필요가 없으며, 쇼팽의 야상곡이 우아하다고 느끼는 음악적 감수성을 공유하는 집단이 있으면 충분할 것이다. 따라서 병은 이러한 집단에 속한 사람이 '쇼팽의 야상곡이 우아하다'고 주장하는 것을 받아들일 수 있다. 따라서 ㄷ은 옳은 분석이다.

〈보기〉의 ㄷ만이 옳은 분석이므로 정답은 ②이다.

17.

다음 글에 대한 분석으로 옳은 것만을 〈보기〉에서 있는 대로 고른 것은?

A : 내가 불충분한 증거에 근거해서 믿음을 갖게 된다면, 그 믿음 자체로는 큰 해가 되지 않을지도 모른다. 그 믿음이 궁극적으로 사실일 수도 있고, 결코 외부적인 행동으로 나타나지 않을지도 모른다. 그러나 나 자신을 쉽게 믿는 자로 만드는, 인류를 향한 범죄를 저지르는 것은 피할 수 없다. 한 사회가 잘못된 믿음을 가졌다는 것 자체도 큰 문제이나, 더 큰 문제는 사회가 속기 쉬운 상태가 되고, 증거들을 검토하고 자세히 조사하는 습관을 잃어서 야만의 상태로 돌아간다는 것이다. ㉠불충분한 증거에서 어떤 것을 믿는 것은 언제나 어디서나 누구에게나 옳지 않다.

– 윌리엄 클리포드, 「믿음의 윤리학」 –

B : "진리를 믿어라!", "오류를 피하라!" 이는 인식자에게 가장 중요한 명령입니다. 그러나 이 둘은 별개의 법칙입니다. 그리고 이들 사이에서 어떤 선택을 하느냐에 따라서 우리의 지적인 삶 전체가 달라질 수 있습니다. 진리의 추구를 가장 중요한 것으로 여기고 오류를 피하는 것을 부

차적인 것으로 여길 수도 있고, 반대로 오류를 피하는 것을 가장 중대한 것으로 보고 진리를 얻는 것을 부차적인 것으로 여길 수도 있습니다. 클리포드는 우리에게 후자를 선택하도록 권고하고 있습니다. 그는 불충분한 증거에 기초해서 거짓을 믿게 되는 끔찍한 위험을 초래하기보다는, 아무것도 믿지 말고 마음을 보류 상태에 두라고 말하고 있는 것입니다. 나 자신은 클리포드 편을 들지 못할 것 같습니다. 어떤 경우든 우리가 잊지 말아야 할 것은, 진리 또는 오류에 관련된 의무에 대해서 우리가 갖고 있는 이런 태도는 증거에 기초한 것이 아니라 정념에 기초한 것이라는 점입니다. "거짓을 믿기보다는 영원히 믿지 않는 편이 낫다!"라고 말하는 클리포드 같은 사람은 순진하게 속는 것에 대한 두려움을 표현하고 있을 뿐입니다.

– 윌리엄 제임스, 『믿음에의 의지』 –

보 기

ㄱ. A는 A의 결론대로 행하지 않을 경우에 발생하게 될 바람직하지 않은 결과를 지적함으로써 그 결론을 뒷받침하고 있다.

ㄴ. B에 따르면, ㉠에 대한 클리포드의 믿음은 충분한 증거에 기초하고 있지 않다.

ㄷ. B의 논증은 '충분한 증거에 기초한 믿음이라도 오류일 수 있다'는 전제를 필요로 한다.

① ㄱ   ② ㄷ   ③ ㄱ, ㄴ

④ ㄴ, ㄷ   ⑤ ㄱ, ㄴ, ㄷ

문항 성격	인문 – 논쟁 및 반론
평가 목표	이 문항은 믿음은 충분한 근거에 기초해야만 하는가의 문제에 대한 고전적인 논쟁을 올바로 분석할 수 있는 능력을 평가하는 문항이다.
문제 풀이	정답 : ③

제시문은 클리포드와 제임스 사이의 고전적인 논쟁의 핵심 부분을 발췌한 글이다. 클리포드는 불충분한 증거에 근거해 믿음을 형성하는 것은 옳지 않다고 주장한다. 불충분한 증거에 근거해 믿음을 형성하게 된다면 사회가 속기 쉬운 상태가 되어 야만의 상태로 돌아갈 것이라는 근거에서다.

제임스는 '진리 추구'와 '오류 회피'가 별개의 지적인 임무임을 강조하면서, 클리포드의 주장은 후자에 초점을 두었을 경우에만 정당화될 수 있음을, 그리고 둘 사이의 선택은 정념의 문제임을 지적하고 있다.

〈보기〉해설   ㄱ. A의 결론은 "불충분한 증거에서 어떤 것을 믿는 것은 언제나 어디서나 누구에게나 옳지 않다"는 것이다. 클리포드는, 그렇게 하지 않을 경우 사회가 '야만의 상태'에 빠질 것이라고 주장함으로써 이를 정당화하고 있다. 따라서 ㄱ은 옳은 분석이다.

ㄴ. B는 "진리를 믿어라!", "오류를 피하라!"라는 두 인식적 의무가 있고, 클리포드는 후자에만 초점을 맞추었다고 주장한다. 그리고 이런 선택은 증거에 기초한 것이 아니라 정념에 기초한 것이라고 주장한다. 따라서 B에 따르면 ㉠에 대한 클리포드의 믿음은 충분한 증거에 기초하지 않았다고 볼 수 있다. 따라서 ㄴ은 옳은 분석이다.

ㄷ. B의 논증은 '충분한 증거에 기초한 믿음이 오류일 수 있다'라는 진술과 무관하다. 이 진술이 거짓이라고 하여도, 즉 충분한 증거에 기초한 믿음이 절대 오류일 수 없다고 하여도 B의 논증은 전혀 영향을 받지 않는다. B는 단지 충분한 증거에 기초해서만 믿음을 갖고자 하는 태도가 정념에 기초해 있음을 지적하는 것뿐이다. 따라서 ㄷ은 옳지 않은 분석이다.

〈보기〉의 ㄱ, ㄴ만이 옳은 분석이므로 정답은 ③이다.

18.

다음 글을 분석한 것으로 옳은 것만을 〈보기〉에서 있는 대로 고른 것은?

A : '인식적 객관성'은 어떤 주장의 참 거짓 여부보다 그 주장을 어떤 방식으로 정당화했느냐 하는 측면과 관계가 있다. 주장을 제기하는 과정에서 자신을 포함해 그 누구의 것이든 편향성, 선입견, 동조심리, 개인적인 희망사항 등 주관적인 요소들의 개입으로 인해 이성의 건전한 상식과 합리성이 굴절되는 일이 없도록 해야 한다는 것이다. 이런 의미에서 인식적 객관성을 확보한 판단은 일반적인 설득력을 지닌다.

B : 예술작품이 의도된 효과를 발휘하기 위해서는 어떤 특정한 관점에서 감상되어야 한다. 비평가의 상황이 작품이 요구하는 상황에 적합하지 않으면 그 비평가는 작품에 대해 적절하게 판단할 수 없다. 가령 변론가는 특정한 청중을 향해 연설하기에, 그 청중에게 고유한 특질, 관심, 견해, 정념, 선입견을 고려해야 한다. 만일 다른 시대 혹은 다른 나라의 비평가가 이 변론을 접한다면, 이 변론에 대해 올바른 판단을 내리기 위해 이러한 모든 상황을 고려하여 자기 자신을 당시의 청중과 동일한 상황에 대입해야 한다. 예술작품의 경우도 마찬가지이다. 설사 비평가 자신이 예술가와 친구라 할지라도, 혹은 적대하고 있다고 해도, 그는 이러한 특수한 상황에서 벗어나 이 작품이 전제로 하는 관점을 취할 필요가 있다.

338

ㄱ. 두 사람이 어떠한 주장에 대해 동일한 판단을 내렸다면, A에 따를 때 그들의 판단
은 인식적 객관성을 가진다.

ㄴ. A에 따를 때, B의 비평가가 예술작품에 대해 내리는 판단은 인식적 객관성을 갖지
않는다.

ㄷ. 서로 다른 시대나 나라에 살았던 어떤 두 비평가가 동일한 예술작품에 대해 동일한
판단을 내렸다면, B에 따를 때 그들의 판단은 그 작품이 전제로 하는 관점에서 이루
어진 것이다.

① ㄱ   ② ㄴ   ③ ㄱ, ㄷ

④ ㄴ, ㄷ   ⑤ ㄱ, ㄴ, ㄷ

문항 성격   인문 – 논쟁 및 반론

평가 목표   이 문항은 인식적 객관성과 비평가의 예술적 판단에 관한 견해를 소재로 하여, 각자
의 주장과 근거를 올바로 분석할 수 있는 능력을 평가하는 문항이다.

문제 풀이   정답 : ②

제시문은 판단의 인식적 객관성이 주관적 요소를 완전히 배제하고 이성의 합리성을 온전하게 발
휘함으로써만 확보될 수 있다는 A의 입장과 예술작품에 대한 비평가의 판단이 적절한 것이기 위
해서는 비평가 자신의 특수한 상황에서 벗어나 작품에서 전제하는 특정한 관점을 취해야 할 필요
가 있다는 B의 입장을 대비하고 있다.

〈보기〉 해설   ㄱ. 두 사람이 어떠한 주장에 대해 동일한 판단을 내린 경우, A에 따르면 그 판단이
인식적 객관성을 가지기 위해서는 판단을 내리는 사람 자신을 포함해 그 누구
의 것이든 주관적인 요소가 그 판단에 개입되어서는 안 된다. 하지만 두 사람의
판단이 동일하다는 것만으로는 이러한 주관적 요소가 배제되었음이 따라 나오
지 않으므로 그들의 판단이 인식적 객관성을 가진다고 단정할 수 없다. 따라서
ㄱ은 옳지 않은 분석이다.

     ㄴ. A에 따르면 B의 비평가의 판단이 인식적 객관성을 가지기 위해서는 비평가 자
신을 포함해 그 누구의 것이든 주관적인 요소가 그 판단에 개입되어서는 안 된
다. 그런데 B의 비평가는 작품이 요구하는 특정한 관점을 취할 필요가 있고, 그
러한 관점은 비록 비평가 자신의 특수성은 아니지만 어떤 다른 사람의 주관적
요소를 고려해야 한다. 따라서 ㄴ은 옳은 분석이다.

ㄷ. 서로 다른 시대나 나라에 살았던 어떤 두 비평가가 예술작품에 대해 동일한 판단을 내린 경우, B에 따르면 그들의 판단이 적절한 것이기 위해서는 그 작품이 전제로 하는 관점에서 이루어져야 한다. 그러나 그들의 판단이 동일하다는 것만으로는 그들이 그 작품이 전제로 하는 관점을 취했다는 점이 따라 나오지 않는다. 따라서 ㄷ은 옳지 않은 분석이다.

〈보기〉의 ㄴ만이 옳은 분석이므로 정답은 ②이다.

19.

〈이론〉에 대한 분석으로 옳은 것만을 〈보기〉에서 있는 대로 고른 것은?

'지금은 여름이지만 지금은 여름이 아니다'라고 주장하는 것은 난센스로 들린다. 이는 이 문장이 참인 것이 불가능하며, 그런 점에서 모순을 내포한다는 사실로부터 쉽게 설명된다. 이번에는 '나는 지금이 여름이라고 믿지만 지금은 여름이 아니다'라는 주장을 생각해 보자. 이런 주장 역시 난센스로 들린다. 그러나 이런 주장의 내용 자체에는 아무런 모순이 없다. 내가 지금이 여름이라고 믿음에도 불구하고 실제로는 지금이 여름이 아닌 것이 얼마든지 가능하기 때문이다. 그럼에도 불구하고 왜 이런 주장이 난센스로 들리는지를 설명하기 위해 〈이론〉이 제시되었다.

〈이론〉

'나는 p라고 믿는다'라고 주장하는 것은 많은 경우에 나의 심리상태를 보고하는 것이 아니라, 대화 상대방을 고려하여 p를 완곡하게 주장하는 것이다. 가령, 상대방이 "지금이 여름입니까?"라고 물을 때, 나는 이를 완곡하게 긍정하는 방식으로 "나는 그렇게 믿습니다."라고 말할 수 있다. 따라서 '나는 지금이 여름이라고 믿지만 지금은 여름이 아니다'라는 주장은 사실상 '지금은 여름이지만 지금은 여름이 아니다'라는 모순된 내용을 표현하게 되며, 그래서 난센스로 들리는 것이다.

보 기

ㄱ. 〈이론〉이 옳다면, '너는 지금이 여름이라고 믿지만 지금은 여름이 아니다'라고 주장하는 것 역시 난센스로 들려야 할 것이다.

ㄴ. 〈이론〉이 옳다면, '나는 지금이 여름이라고 믿지만 지금은 여름이 아니라고도 믿는다'라고 주장하는 것 역시 난센스로 들려야 할 것이다.

ㄷ. 〈이론〉이 옳다면, '나는 지금이 여름이라고 믿지만 지금은 여름이 아니다'라고 마음속으로 말없이 판단하는 것 역시 난센스로 여겨져야 할 것이다.

① ㄱ 　　　　　　　② ㄴ 　　　　　　　③ ㄱ, ㄷ

④ ㄴ, ㄷ 　　　　　　⑤ ㄱ, ㄴ, ㄷ

문항 성격	인문 – 언어 추리

평가 목표 이 문항은 '무어의 역설'이라 불리는 언어 현상을 화용론적으로 설명하는 이론을 소개하고, 이 이론의 함축을 정확하게 파악할 수 있는지를 평가하는 문항이다.

문제 풀이 정답 : ②

여기서 다루고 있는 무어의 역설은 다음과 같은 현상이다. "나는 p라고 믿지만, p가 아니다"가 난센스로 들리지만, 의미론적 모순은 없다. 이 난센스를 어떻게 설명할지에 대해 여러 가지 견해가 제시되었는데, 제시문은 한 가지 화용론적 설명을 소개하고 있다. 〈이론〉은 "나는 p라고 믿는다"라고 주장하는 것은 대화 상대방을 고려하여 p를 완곡하게 주장하는 것이고, 이 때문에 "나는 p라고 믿지만 p가 아니다"는 사실상 모순된 내용을 표현한다고 주장함으로써, 무어의 역설을 설명하고자 한다.

〈보기〉 해설 ㄱ. 〈이론〉은 '나는 p라고 믿는다'를 주장하는 것이 대화 상대방을 고려하여 p를 완곡하게 주장하는 것이라고 말하고 있다. 그러나 〈이론〉으로부터 '너는 p를 믿는다'가 p에 대한 완곡한 주장이라는 것이 함축되지 않는다. 따라서 〈이론〉은 '너는 지금이 여름이라고 믿지만 지금은 여름이 아니다'라고 주장하는 것 역시 난센스로 들릴 것이라고 예측하지는 않는다. 따라서 ㄱ은 옳지 않은 분석이다.

　　ㄴ. 〈이론〉은 '나는 p라고 믿는다'를 주장하는 것이 대화 상대방을 고려하여 p를 완곡하게 주장하는 것이라고 말하고 있다. 이로부터 '나는 p가 아니라고 믿는다'라고 주장하는 것은 'p가 아니다'를 완곡하게 주장하는 것에 해당한다는 것을 추론할 수 있다. 따라서 '나는 p라고 믿지만 p가 아니라고도 믿는다'라는 주장은 'p이고 p가 아니다'를 주장하는 것으로 읽히게 된다. 이 주장은 명백한 모순이며, 따라서 〈이론〉은 '나는 p라고 믿지만 p가 아니라고도 믿는다'라고 주장하는 것 역시 난센스로 들릴 것이라고 예측한다. 따라서 ㄴ은 옳은 분석이다.

　　ㄷ. 〈이론〉은 '나는 p라고 믿는다'를 주장하는 것이 대화 상대방을 고려하여 p를 완곡하게 주장하는 것이라고 말하고 있다. 마음속으로 말없이 판단할 때에는 대화 상대방이라는 것이 없다. 이 때문에 〈이론〉은 '나는 p라고 믿지만 p가 아니다'고 마음속으로 판단하는 것이 난센스로 여겨져야 할 것이라고 예측하지는 않는다. 따라서 ㄷ은 옳지 않은 분석이다.

　　〈보기〉의 ㄴ만이 옳은 분석이므로 정답은 ②이다.

20.

다음 논쟁에 대한 분석으로 옳은 것만을 〈보기〉에서 있는 대로 고른 것은?

> 갑 : 과학 이론의 변화가 '진정한 진보'인지는 분명치 않다. 물론 과학의 역사를 보면, 후속 이론이 더 많은 수의 사실을 설명하고 예측함으로써 선행 이론을 대체한 경우들도 있다. 그러나 이는 후속 이론이 '진정으로 진보적'이라는 주장의 근거는 되지 못한다. 그 사례들은 후속 이론이 단지 더 많은 사회적 지원을 받았다거나 더 많은 과학자들이 연구에 참여했다는 것만을 보여줄 뿐이다.
>
> 을 : 이론의 과거 성취에 그러한 외재적 요소의 영향이 있었더라도, 진보에 대한 판단이 불가능한 것은 아니다. 왜냐하면 진보 여부에 대한 판단은 과거 성취와 더불어 미래에 달성할 수 있는 성취에도 달려있기 때문이다. 그리고 이론이 미래에 달성할 수 있는 성취는 그런 외재적 요소의 영향을 받지 않는다.
>
> 갑 : 이론의 과거 실적을 비교하는 것은 가능하다. 그러나 이론이 미래에 달성할 설명과 예측의 범위, 즉 이론의 장래성을 비교하는 것은 어렵다. 우리는 한 이론이 미래에 가지게 될 모든 귀결을 알 수는 없기 때문이다.
>
> 을 : 우리는 종종 두 이론의 장래성을 비교할 수 있다. 두 이론 T1과 T2에 대해, T2를 구성하는 진술들로부터 T1을 구성하는 진술들을 연역적으로 도출할 수 있지만 그 역은 성립하지 않는다고 하자. 그러면 T2는 T1의 모든 예측에 덧붙여 새로운 예측을 할 것이다. 이 경우, T2는 T1보다 '더 일반적'이므로 더 장래성이 있다.

보 기

ㄱ. 과학 이론의 변화가 '진정한 진보'이려면 어떤 이론의 성공이 사회적 요소로만 해명되어서는 안 된다는 데 갑과 을은 동의한다.

ㄴ. 과학 이론의 변화는 과거 이론의 설명과 예측을 보존하고 그에 더하여 새로운 설명과 예측을 제공하는 방식으로 이루어져 왔다는 데 갑과 을은 동의한다.

ㄷ. 뉴턴 이론이 잘못 예측했던 부분에 대해 상대성 이론이 옳게 예측했다면, 상대성 이론이 뉴턴 이론보다 '더 일반적'인 이론이라는 데 을은 동의한다.

① ㄱ
② ㄴ
③ ㄱ, ㄷ
④ ㄴ, ㄷ
⑤ ㄱ, ㄴ, ㄷ

인문 – 논쟁 및 반론

이 문항은 과학 이론의 변화가 어떤 경우 진보적이라고 볼 수 있는지에 관한 논쟁을 읽고 각각의 견해를 정확히 분석할 수 있는지를 평가하는 문항이다.

정답 : ①

제시문에서 과학 이론의 변화가 '진정한 진보'인지, 어떤 의미에서 진보인지, 진보인지 여부는 어떻게 판단할 수 있는지를 둘러싼 논쟁이 소개되고 있다. 논쟁에서 갑은 이론이 보여준 과거의 성취를 인정하더라도 이는 사회적 요소에 의해 설명될 수 있기 때문에 진정한 진보의 근거가 되지 못한다고 주장한다. 을은 과거 성취에 대한 갑의 주장을 받아들이더라도, 이론의 장래성을 판단함으로써 진정한 진보를 평가할 수 있다고 주장한다. 논쟁을 분석하여 〈보기〉에서 제시된 여러 주장에 갑과 을이 동의하는지 여부를 판단할 필요가 있다.

ㄱ. 갑은 이론의 성공 사례들이 사회적 요소의 영향이 있었다는 것만을 보여주므로 진보의 근거가 아니라고 주장한다. 이는 이론의 성공이 사회적 요소로만 해명되는 경우 이론의 변화가 진정으로 진보적인 것은 아니라고 주장하는 셈이다. 그렇다면 "이론의 변화가 '진정한 진보'이려면 이론의 성공이 사회적 요소로만 해명되어서는 안 된다"는 데 동의한다. 을은 사회적 요소의 영향을 받지 않는 이론의 장래성에 의해 진보 여부를 판단할 수 있다고 주장하므로, 같은 주장에 동의한다. 따라서 ㄱ은 옳은 분석이다.

ㄴ. 갑은 "후속 이론이 더 많은 수의 사실을 설명하고 예측"하는 경우가 있음을 인정한다. 그러나 그렇다 해도 과학 이론의 변화가 과거 이론의 설명과 예측을 보존하고 그에 더하여 새로운 설명과 예측을 제공하는 방식으로 이루어져 왔다는 주장에 동의한다고 할 수 없다. 따라서 ㄴ은 옳지 않은 분석이다.

ㄷ. 뉴턴 이론이 잘못 예측했던 부분에 대해 상대성 이론이 옳게 예측했다면, 상대성 이론이 뉴턴 이론의 모든 예측에 덧붙여 새로운 예측을 했다고 볼 수 없다. 뉴턴 이론의 예측 가운데 어떤 것을 보존하지 않았기 때문이다. 이 경우 상대성 이론은 을이 말하는 '더 일반적'인 이론에 해당한다고 볼 수 없다. 따라서 ㄷ은 옳지 않은 분석이다.

〈보기〉의 ㄱ만이 옳은 분석이므로 정답은 ①이다.

21.

다음으로부터 추론한 것으로 옳은 것만을 〈보기〉에서 있는 대로 고른 것은?

아래 그림과 같이 크기가 모두 같고 번호가 한 개씩 적혀 있는 빈 상자 12개가 일렬로 나열되어 있다.

1	2	3	4	5	6	7	8	9	10	11	12

이 중 5개의 상자에 5개의 구슬 A, B, C, D, E를 담는다. 한 개의 상자에는 한 개의 구슬만 담을 수 있고, 서로 다른 두 상자 사이에 놓여 있는 상자의 개수를 그 두 상자의 '거리'로 정의한다. 예를 들면 4번 상자와 8번 상자의 거리는 3이다.

이때 다음 정보가 알려져 있다.

- 구슬이 담겨 있는 임의의 두 상자의 거리는 모두 다르다.
- 구슬 A와 D가 각각 담겨 있는 두 상자 사이에 구슬이 담겨 있는 상자는 한 개뿐이다.
- 구슬 A와 E가 각각 담겨 있는 두 상자의 거리는 0이다.
- 구슬 B와 D가 각각 담겨 있는 두 상자의 거리는 1이다.
- 구슬 C와 E가 각각 담겨 있는 두 상자의 거리는 2이다.

보 기

ㄱ. 구슬 A와 B가 각각 담겨 있는 두 상자 사이에는 구슬이 담겨 있는 상자가 없다.

ㄴ. 구슬 C가 담겨 있는 상자의 번호는 구슬 D가 담겨 있는 상자의 번호보다 크다.

ㄷ. 7번 상자와 8번 상자는 모두 비어 있다.

① ㄱ   ② ㄴ   ③ ㄱ, ㄷ

④ ㄴ, ㄷ   ⑤ ㄱ, ㄴ, ㄷ

문항 성격   논리학·수학 – 모형 추리

평가 목표   이 문항은 주어진 조건과 정보로부터 상자들의 가능한 위치를 찾아내는 능력을 평가하는 문항이다.

문제 풀이   정답 : ①

B와 D 사이의 거리는 1이므로 다음 두 가지 경우가 존재한다.

C와 E 사이의 거리는 2이므로 둘 사이에는 상자가 두 개 놓여 있고 A와 E의 거리는 0이므로 서로 인접한다. 구슬이 담겨 있는 임의의 두 상자의 거리는 모두 다르고 B와 D 사이의 거리는 1이므로, A와 C의 거리는 1이 될 수 없고 3이 되어야 한다. 따라서 다음 두 가지 경우가 존재한다.

구슬이 담겨 있는 임의의 두 상자의 거리는 모두 다르므로 B와 D 사이에 C가 있을 수는 없다(B와 D 사이에 C가 있으면 B와 C의 거리도 0이고 C와 D의 거리도 0이어서 같아진다). 또한 A와 D 사이에는 구슬이 담긴 상자가 하나만 있어야 하므로 다음과 같은 두 가지 경우뿐이다.

1	2	3	4	5	6	7	8	9	10	11	12

C			E	A	⋯		B		D

또는

1	2	3	4	5	6	7	8	9	10	11	12

D		B	⋯		A	E			C

구슬이 담겨 있는 임의의 두 상자의 거리는 모두 다르고 A와 E의 거리는 0, B와 D의 거리는 1, C와 E의 거리는 2, A와 C의 거리는 3이므로, A와 B의 거리는 4 이상이 될 수밖에 없다. 상자의 개수가 12개이므로 거리는 정확히 4가 되고 구슬의 위치는 다음 두 가지 중 하나로 결정된다. 이때 A와 B의 거리는 4, A와 C의 거리는 3, A와 D의 거리는 6, A와 E의 거리는 0, B와 C의 거리는 8, B와 D의 거리는 1, B와 E의 거리는 5, C와 D의 거리는 10, C와 E의 거리는 2, D와 E의 거리는 7이므로 모든 정보와 일치한다.

ㄱ. 둘 중 어느 경우든 구슬 A와 B가 각각 담겨 있는 두 상자 사이에는 구슬이 담겨 있는 상자가 없다. ㄱ은 옳은 추론이다.

ㄴ. 첫 번째 경우에는 구슬 C가 담겨 있는 상자의 번호가 구슬 D가 담겨 있는 상자의 번호보다 작다. 주어진 정보들로부터 어떤 진술이 옳게 추론된다고 하기 위해서는, 주어진 정보들이 모두 참이면서 그 진술이 거짓인 가능한 상황이 존재하지 않아야 한다. 첫 번째 경우에서 주어진 정보들은 모두 참이면서 ㄴ은 거짓이므로, ㄴ은 옳지 않은 추론이다.

ㄷ. 두 번째 경우에는 8번 상자에 구슬이 담겨 있다. ㄷ은 옳지 않은 추론이다.

〈보기〉의 ㄱ만이 옳은 추론이므로 정답은 ①이다.

22.

다음으로부터 추론한 것으로 옳은 것만을 〈보기〉에서 있는 대로 고른 것은?

- 모든 사업가는 친절하다.
- 성격이 원만하지 않은 모든 사람은 친절하지 않다.
- 모든 논리학자는 친절하지 않은 모든 사람을 좋아한다.
- 친절하지 않은 모든 사람을 좋아하는 사람은 모두 그 자신도 친절하지 않다.
- 어떤 철학자는 논리학자이다.

보 기

ㄱ. 사업가이거나 논리학자인 갑의 성격이 원만하지 않다면, 갑은 친절하지 않은 모든 사람을 좋아한다.

ㄴ. 을이 논리학자라면, 어떤 철학자는 을을 좋아한다.

ㄷ. 병이 친절하다면, 병은 사업가가 아니거나 철학자가 아니다.

① ㄱ   ② ㄷ   ③ ㄱ, ㄴ
④ ㄴ, ㄷ   ⑤ ㄱ, ㄴ, ㄷ

논리학·수학 – 모형 추리

이 문항은 제시문에 주어진 진술들로부터 〈보기〉의 각 진술이 추론되는지 여부를 판

단하는 능력을 평가하는 문항이다.

정답 : ③

ㄱ. 다음 단계를 거쳐서 ㄱ은 옳은 추론이라는 것을 알 수 있다.

(1) 사업가이거나 논리학자인 갑의 성격이 원만하지 않다(ㄱ의 가정).

(2) 갑의 성격이 원만하지 않다((1)로부터).

(3) 갑은 친절하지 않다((2)와 두 번째 진술로부터).

(4) 갑은 사업가가 아니다((3)과 첫 번째 진술로부터).

(5) 갑은 사업가이거나 논리학자이다((1)로부터).

(6) 갑은 논리학자이다((4)와 (5)로부터).

(7) 갑은 친절하지 않은 모든 사람을 좋아한다((6)과 세 번째 진술로부터).

ㄴ. 다음 단계를 거쳐서 ㄴ은 옳은 추론이라는 것을 알 수 있다.

(1) 을은 논리학자이다(ㄴ의 가정).

(2) 을은 친절하지 않은 모든 사람을 좋아한다((1)과 세 번째 진술로부터).

(3) 을은 친절하지 않은 사람이다((2)와 네 번째 진술로부터).

(4) 어떤 철학자는 친절하지 않은 모든 사람을 좋아한다(세 번째 진술과 다섯 번

째 진술로부터).

(5) 어떤 철학자는 을을 좋아한다((3)과 (4)로부터).

ㄷ. 주어진 진술들로부터 어떤 명제가 옳게 추론된다고 하기 위해서는, 주어진 진술

들이 모두 참이면서 그 명제가 거짓인 가능한 상황이 없어야 한다. 다음의 가능

한 상황에서는 주어진 진술들이 모두 참이면서 ㄷ이 거짓이기 때문에, ㄷ은 옳

지 않은 추론이다.

[가능한 상황]

병과 정만이 존재하고 병과 정이 다음과 같은 특성을 가진다.

	사업가	논리학자	철학자	성격이 원만함	친절함	정을 좋아함
병	○	×	○	○	○	×
정	×	○	○	×	×	○

이 상황에서는 주어진 5개의 진술들이 모두 참이면서 ㄷ은 거짓이다.

제시문의 진술 및 ㄷ	진리치	
모든 사업가는 친절하다.	참	사업가인 병이 친절하다.
성격이 원만하지 않은 모든 사람은 친절하지 않다.	참	성격이 원만하지 않은 정이 친절하지 않다.
모든 논리학자는 친절하지 않은 모든 사람을 좋아한다.	참	논리학자인 정이 친절하지 않은 자신을 좋아한다.
친절하지 않은 모든 사람을 좋아하는 사람은 모두 그 자신도 친절하지 않다.	참	친절하지 않은 모든 사람을 좋아하는 사람은 정이다. 정은 친절하지 않다.
어떤 철학자는 논리학자이다.	참	철학자이면서 논리학자인 정이 존재한다.
병이 친절하다면, 병은 사업가가 아니거나 철학자가 아니다.	거짓	병은 친절하고 사업가이면서 철학자이다.

〈보기〉의 ㄱ, ㄴ만이 옳은 추론이므로 정답은 ③이다.

23.

다음으로부터 추론한 것으로 옳은 것은?

　　총 4번의 경주로 치러지는 육상 대회를 준비하는 한 팀의 코치는 5명의 주자 갑, 을, 병, 정, 무 중 4명을 선발하여 이들 각각이 몇 번째 경주에 참가할 것인지를 결정해야 한다. 선발된 4명의 주자 각각은 첫 번째, 두 번째, 세 번째, 네 번째 경주 중 꼭 하나의 경주에만 참가하고, 2명 이상의 주자가 같은 경주에 참가하지는 않는다.

　　코치의 주자 선발과 그에 따른 결정은 다음 조건을 만족시키고, 선발되지 않은 1명은 육상 대회에 참가하지 않는다.

- 만약 을을 선발하면, 갑을 선발하지 않는다.
- 무는 두 번째 경주에 참가하지 않는다.
- 정은 병이 참가한 경주의 바로 다음 번 경주에 참가한다.
- 만약 갑이 첫 번째 경주에 참가하지 않는다면, 을이 세 번째 경주에 참가한다.

① 갑은 첫 번째 경주에 참가한다.
② 을은 두 번째 경주에 참가한다.
③ 병은 첫 번째 경주에 참가한다.
④ 정은 세 번째 경주에 참가한다.
⑤ 무는 네 번째 경주에 참가한다.

문항 성격 논리학·수학 – 모형 추리
평가 목표 이 문항은 주어진 조건으로부터 각 주자의 참가 여부와 순서를 추론하는 능력을 평가하는 문항이다.
문제 풀이 정답 : ⑤

먼저 첫 번째 조건에 주목하여, 을이 선발되는 경우와 선발되지 않는 경우로 나누어서 추리해 보자.

– 경우1 : 을이 선발되는 경우

첫 번째 조건에 의해 갑은 선발되지 않는다. 5명 중 4명을 주자로 선발해야 하므로, 이 경우 을, 병, 정, 무가 선발된다. 이때 갑은 경주에 참가하지 않기 때문에 네 번째 조건에 의해 을은 세 번째 경주에 참가한다.

세 번째 조건에 의해 정은 병이 참가하는 경주의 바로 다음 경주에 참가하기 때문에, 병은 첫 번째 경주에, 정은 두 번째 경주에 참가하고 무는 네 번째 경주에 참가한다. 이때 무는 두 번째 경주에 참가하지 않으므로, 두 번째 조건도 충족된다.

경주	첫 번째	두 번째	세 번째	네 번째
주자	병	정	을	무

– 경우2 : 을이 선발되지 않는 경우

5명 중 4명을 주자로 선발해야 하므로, 이 경우 갑, 병, 정, 무가 선발된다. 이때 을은 경주에 참가하지 않기 때문에 네 번째 조건에 의해 갑은 첫 번째 경주에 참가한다.

무는 두 번째 조건에 의해 두 번째 경주에 참가하지 않기 때문에, 세 번째 경주에 참가하거나 네 번째 경주에 참가한다. 그런데 무가 세 번째 경주에 참가한다면 '정은 병이 참가한 경주의 바로 다음 번 경주에 참가한다'는 세 번째 조건을 충족하지 못하기 때문에, 무는 네 번째 경주에 참가한다. 그리고 병은 두 번째 경주에, 정은 세 번째 경주에 참가한다.

경주	첫 번째	두 번째	세 번째	네 번째
주자	갑	병	정	무

정답 해설 ⑤ 어느 경우에나 무는 네 번째 경주에 참가하므로, ⑤는 옳은 추론이다.

오답 해설 ① 경우1에 의하면 갑이 경주에 참가하지 않는 것이 가능하므로, ①은 옳지 않은 추론이다.

② 을은 경우1에서는 세 번째 경주에 참가하고 경우2에서는 경주에 참가하지 않으므로, ②는 옳지 않은 추론이다.

③ 경우2에 의하면 병이 두 번째 경주에 참가하는 것이 가능하므로, ③은 옳지 않은 추론이다.

④ 경우1에 의하면 정이 두 번째 경주에 참가하는 것이 가능하므로, ④는 옳지 않은 추론이다.

24.

〈견해〉에 대한 평가로 적절한 것만을 〈보기〉에서 있는 대로 고른 것은?

인간의 형성에 있어 본성과 문화의 역할은 논쟁의 대상이며 다음과 같이 견해가 나뉘고 있다.

〈견해〉

A : 인간의 형성을 이해하려면 인간 본성으로부터 출발해야 한다고 생각해. 집단 간 차이는 엄연히 존재하고 특히 생물학적 특성은 집단 간 차이를 설명하는 데 결정적 역할을 하기 때문이야. 또한 많은 연구자들은 개인 간 지능지수 차이가 유전적 요인에 기인한다는 사실을 입증하고 있어.

B : 인종이나 성별 등을 기준으로 나눈 집단들의 지능지수가 거의 차이를 보이지 않는다는 점은 과학계에서 받아들여지는 엄연한 사실이야. 이처럼 인간이라는 종은 매우 동질적이기 때문에 생물학적 기준에 따른 집단 간 차이를 주장하는 것은 불평등한 사회적 위계를 옹호하려는 잘못된 동기에서 비롯된 것이라 생각해. 사회적 위계가 인간의 가변성을 제한하는 것일 뿐, 인간은 문화나 사회 환경에 따라 다르게 형성될 수 있는 존재야.

보 기

ㄱ. 역사상 모든 사회에서 범죄율이 15세에서 25세 사이의 남자라는 특정 집단에서 압도적으로 높다는 조사 결과는 A를 약화한다.

ㄴ. 모든 사회 구성원의 능력을 공평하게 발전시키려는 다양한 사회 개혁이 실패했다는 조사 결과는 B를 강화하지 않는다.

ㄷ. 영어교육프로그램을 개선한 결과 대다수 초등학생의 영어 시험 점수가 개선 이전보다 크게 향상되었다는 연구 결과는 A를 강화하고 B를 약화한다.

① ㄱ   ② ㄴ   ③ ㄱ, ㄷ
④ ㄴ, ㄷ   ⑤ ㄱ, ㄴ, ㄷ

사회 – 논쟁 및 반론

이 문항은 인간을 형성하는 데 있어 인간 본성과 문화가 어떠한 역할을 하는지에 대한 두 가지 주장을 이해하고 제시된 조사 결과 또는 연구 결과가 각 주장을 강화 혹은 약화하는지를 판단하는 능력을 평가하는 문항이다.

정답 : ②

〈견해〉에서 A는 인간 형성에 있어 인간의 본성, 특히 생물학적 특성의 중요성을 강조하고 있다. 또한 이러한 생물학적 특성에 의해 개인 간, 집단 간 차이가 발생한다고 본다. 반면 B는 인간 형성에 있어 문화나 사회 환경의 중요성을 강조한다. 생물학적 특성을 강조하는 것은 사회적 위계를 옹호하는 것이며, 실질적으로 생물학적 특성에 따른 집단 간 차이는 거의 없다고 반박한다. 나아가 문화나 사회 환경 변화에 따른 인간의 발전 가능성도 강조한다.

ㄱ. 역사상 모든 사회에서 15세에서 25세 사이의 남자라는 특정 집단에서 범죄율이 높았다는 것은 어떠한 문화나 사회 환경에서도 특정 집단의 범죄율이 높다는 것을 의미한다. 즉 문화나 사회 환경이 변화하더라도 특정 연령의 남자라는 생물학적 특성이 범죄율에 결정적 영향을 미친다는 조사 결과로, 인간 형성에 있어 인간의 생물학적 특성을 강조하는 A의 주장을 약화가 아니라 강화한다. ㄱ은 적절하지 않은 평가이다.

ㄴ. 모든 사회 구성원의 능력을 공평하게 발전시키려는 다양한 사회 개혁이라는 것은 문화나 사회 환경의 변화를 통해 인간의 발전을 도모하는 시도라고 할 수 있다. 따라서 그러한 사회 개혁이 실패했다는 조사 결과는 환경 변화를 통한 인간의 가변성과 발전 가능성을 주장하고 있는 B의 주장을 강화하지 않는다. ㄴ은 적절한 평가이다.

ㄷ. 영어교육프로그램 개선으로 대다수 초등학생의 점수가 이전보다 크게 향상되었다는 사실은 인간 형성에 있어 환경, 특히 제도의 변화를 통해 인간의 발전이 가능하다는 것을 말해 준다. 따라서 이러한 연구 결과는 인간 형성에 있어 생물학적 특성을 강조하는 A의 주장을 약화하고 동시에 환경의 중요성을 강조하는 B의 주장을 강화하는 것이라고 할 수 있다. ㄷ은 적절하지 않은 평가이다.

〈보기〉의 ㄴ만이 적절한 평가이므로 정답은 ②이다.

25.

㉠을 입증하는 실험결과에 포함될 수 <u>없는</u> 것은?

사회과학에서 고전적 실험연구는 실험결과를 현실 세계로 일반화시킬 수 없을 가능성이 있다. 예를 들어 '흑인이 영웅으로 등장하는 영화 관람'(실험자극)이 '흑인에 대한 부정적 편견 정도'를 줄이는지를 알아보고자 실험연구를 수행한 결과 다음과 같은 사실이 관찰되었다고 하자. 첫째, 실험자극을 준 실험집단의 경우 사전조사보다 사후조사에서 편견 정도가 낮았다. 둘째, 실험자극을 주지 않은 통제집단에서는 사전과 사후조사에서 편견 정도의 변화가 없었다. 이 경우 영화 관람이 실험집단 피험자들의 편견 정도를 줄였다고 볼 수 있다. 그러나 그 영화를 일상생활 중 관람했다면 동일한 효과가 나타날 것이라고 확신할 수는 없다. 실험에서는 사전조사를 통해 피험자들이 이미 흑인 편견에 대한 쟁점에 민감해져 있을 수 있기 때문이다. 이 문제를 해결하기 위해서는 사전조사를 하지 않는 실험을 추가한 〈실험설계〉를 해야 한다. 이를 통해 ㉠영화 관람이 편견 정도를 줄였다는 것을 입증하는 실험결과를 발견한다면 일반화 가능성을 높일 수 있다.

〈실험설계〉

- 집단1 : 사전조사 ───────▶ 실험자극 ───────▶ 사후조사
- 집단2 : 사전조사 ──────────────────────────▶ 사후조사
- 집단3 : 사전조사 없음 ───▶ 실험자극 ───────▶ 사후조사
- 집단4 : 사전조사 없음 ──────────────────────▶ 사후조사

단, 집단1~4의 모든 피험자는 모집단에서 무작위로 선정되었다.

---

① 집단1에서 사후조사 편견 정도가 사전조사 편견 정도보다 낮게 나타났다.
② 집단1의 사후조사 편견 정도가 집단2의 사후조사 편견 정도보다 낮게 나타났다.
③ 집단3의 사후조사 편견 정도가 집단2의 사전조사 편견 정도보다 낮게 나타났다.
④ 집단3의 사후조사 편견 정도가 집단4의 사후조사 편견 정도보다 낮게 나타났다.
⑤ 집단4의 사후조사 편견 정도가 집단1의 사후조사 편견 정도보다 낮게 나타났다.

문항 성격   사회 – 논증 분석

평가 목표   이 문항은 사회과학의 실험연구에서 사전조사가 가질 수 있는 문제와 이에 대한 해결책을 이해하고 흑인 영웅 영화의 관람이 흑인에 대한 부정적 편견 정도를 줄였음을 보여주는 실험결과를 찾아내는 능력을 평가하는 문항이다.

정답 : ⑤

사회과학의 고전적 실험연구에서 사전조사를 하게 되면 피험자들이 실험자극에 대해 민감해질 수 있고 이로 인해 실험결과에도 영향을 줄 수 있다. 따라서 이렇게 얻어진 실험결과는 현실 세계로 일반화시키기 곤란하다. 이러한 문제를 해결하기 위해서는 사전조사를 하지 않는 추가 실험을 해야 한다. 〈실험설계〉의 실험집단인 집단1과 집단3에서는 실험자극의 영향이 나타나 편견 정도가 낮아지고 반면에 통제집단인 집단2와 집단4에서는 편견 정도의 변화가 없다고 하는 결과가 관찰된다면, 영화 관람이 흑인에 대한 부정적 편견 정도를 줄였다는 것을 입증할 수 있다. 단서로 모든 피험자들이 무작위로 선정되었다는 점을 제시하였으므로, 집단 간 비교가 가능하다.

정답 해설 ⑤ 실험자극을 주지 않은 집단4의 사후조사 편견 정도가 실험자극을 준 집단1의 사후조사 편견 정도보다 낮게 나타났다면 실험자극의 효과가 발견되지 않은 것이다. ⑤는 ㉠을 입증할 수 없다.

오답 해설 ① 집단1에서 실험자극을 준 후의 사후조사 편견 정도가 실험자극을 주기 전 사전조사 편견 정도보다 낮게 나타났다면 실험자극의 효과가 발견된 것이다. ①은 ㉠을 입증할 수 있다.

② 실험자극을 준 집단1의 사후조사 편견 정도가 실험자극을 주지 않은 집단2의 사후조사 편견 정도보다 낮게 나타났다면 실험자극의 효과가 발견된 것이다. ②는 ㉠을 입증할 수 있다.

③ 실험자극을 준 집단3의 사후조사 편견 정도가 실험자극을 주지 않은 집단2의 사전조사 편견 정도보다 낮게 나타났다면 실험자극의 효과가 발견된 것이다. ③은 ㉠을 입증할 수 있다.

④ 실험자극을 준 집단3의 사후조사 편견 정도가 실험자극을 주지 않은 집단4의 사후조사 편견 정도보다 낮게 나타났다면 실험자극의 효과가 발견된 것이다. ④는 ㉠을 입증할 수 있다.

26.

다음으로부터 추론한 것으로 옳은 것만을 〈보기〉에서 있는 대로 고른 것은?

X국에서 국회의원 후원회가 후원금을 기부받은 때에는 그 날부터 30일 이내에 정치자금영수증을 후원인에게 교부해야 한다. 단, 1회 1만 원 이하의 후원금은 해당 연도 말일에 합산하여 일괄 발행·교부할 수 있다. 정치자금영수증은 '정액영수증'과 '무정액영수증'으로 구분된다. 정액영수

증은 1만·5만·10만·50만·100만·500만 원이 표시된 6종이다. 무정액영수증은 10만 원 미만 후원금에 한해 발행할 수 있다. 또한 10만 원을 초과해 기부한 경우라도 10만 원 미만 금액에 한해 발행할 수 있다. 예컨대 13만 원을 기부받았다면 10만 원 정액영수증 1장과 3만 원 무정액영수증 1장을 발행할 수 있다.

다음 중 하나에 해당하는 경우 정치자금영수증을 교부하지 않을 수 있다. 첫째, 후원인이 정치자금영수증 수령을 원하지 않는 경우, 둘째, 후원인이 연간 1만 원 이하의 후원금을 기부한 경우이다. 그러나 후원회는 위 두 가지 경우에도 정치자금영수증을 발행하여 원부와 함께 보관해야 한다.

갑은 2020년 5월 국회의원 을, 병, 정의 후원회에 후원금을 기부했다. 을 후원회에 1만 원 3회, 2만 원 1회, 병 후원회에 1회 72만 원, 정 후원회에는 1회 100만 원을 기부했다.

보 기

ㄱ. 을 후원회는 2020년 12월 31일에 5만 원에 해당하는 정치자금영수증 1장을 발행하여 갑에게 교부할 수 있다.

ㄴ. 병 후원회가 갑으로부터 기부받은 금액에 대해 정액영수증과 무정액영수증을 함께 발행했다면, 발행된 정치자금영수증은 4장 이상이다.

ㄷ. 갑이 정 후원회에 기부한 금액에 대해 정치자금영수증 수령을 원하지 않았다면, 정 후원회는 정치자금영수증을 발행하지 않아도 된다.

① ㄴ   ② ㄷ   ③ ㄱ, ㄴ
④ ㄱ, ㄷ   ⑤ ㄱ, ㄴ, ㄷ

문항 성격	사회 – 언어 추리
평가 목표	이 문항은 국회의원 후원회의 정치자금영수증 발행·교부에 관한 규정을 이해하고 사례에 적용하는 능력을 평가하는 문항이다.
문제 풀이	정답 : ①

국회의원 후원회에 기부한 후원금에 대해 후원회가 정치자금영수증을 발행하여 후원인에게 교부하는 것에 관한 규정을 이해하고 이를 사례에 적용하는 것이 이 문제 풀이의 핵심이다. 특히 정치자금영수증의 발행 및 교부 시기에 관한 규정, 정치자금영수증의 종류와 용도에 관한 규정, 그리고 교부 예외 규정에 관한 내용을 이해하고 구체적 사례에 적용할 수 있어야 한다.

ㄱ. 을 후원회는 2020년 5월에 갑으로부터 1만 원을 3회, 2만 원을 1회 기부받았다. 후원회는 기부받은 날부터 30일 이내에 정치자금영수증을 발행하고 후원인에게 교부해야 한다. 단, 1만 원 이하의 금액에 대해서는 해당 연도 말일에 합산하여 일괄 발행·교부할 수 있다. 따라서 2만 원의 후원금에 대해서는 30일 이내에 정치자금영수증을 발행해야 하고, 나머지 3만 원(1만 원 3회)의 후원금에 대해서만 2020년 12월 31일에 일괄 발행·교부할 수 있다. ㄱ은 옳지 않은 추론이다.

ㄴ. 병 후원회는 2020년 5월 갑으로부터 72만 원을 1회 기부받았다. 만약 병 후원회가 정액영수증과 무정액영수증을 함께 발행했다면, 50만 원 정액영수증 1장, 10만 원 정액영수증 2장, 그리고 10만 원 미만인 2만 원에 대해 무정액영수증 1장, 총 4장을 발행하는 것이 영수증 발행 장수가 최소가 될 것이다. ㄴ은 옳은 추론이다.

ㄷ. 정 후원회는 2020년 5월 갑으로부터 100만 원을 1회 기부받았다. 만약 갑이 정치자금영수증 수령을 원하지 않았다면 교부 예외에 해당하는데, 정 후원회는 이 경우에도 정치자금영수증을 발행하여 원부와 함께 보관해야 한다. ㄷ은 옳지 않은 추론이다.

〈보기〉의 ㄴ만이 옳은 추론이므로 정답은 ①이다.

27.

〈사례〉에 대해 판단한 것으로 옳은 것만을 〈보기〉에서 있는 대로 고른 것은?

어떤 개인이나 집단이 다른 개인이나 집단에 '기생'한다는 것과 '무임승차'한다는 것을 다음과 같이 정의한다.

• 갑이 을에게 기생한다는 것은, 갑이 자신의 어떤 행위를 통해 순이익을 얻지만 그 행위로 인해 을이 순손실을 입는다는 것이다.

• 갑이 을에게 무임승차한다는 것은, 갑이 병의 행위를 통해 순이익을 얻지만 그 행위로 인해 을이 순손실을 입는다는 것이다.

단, 순이익은 이익이 손실보다 큰 경우 발생하며 이익에서 손실을 뺀 값이다. 순손실은 그 반대이다.

<보상원칙>

갑이 기생이나 무임승차를 통해 순이익을 얻었고, 을이 그 순손실에 대해 어떤 보상도 받지 못했다면, 갑은 자신이 얻은 순이익과 을이 입은 순손실 중 적은 쪽에 해당하는 양만큼 을에게 보상해야 한다.

<사례>

X, Y, Z의 세 나라만이 있다. 각 나라에는 1901년부터 1980년까지 살았던 이전세대와 1981년부터 현재까지 살고 있는 현세대가 있다. 세 나라의 이전세대와 현세대를 통틀어 X의 이전세대만이 대기 중에 CO_2를 과다 배출하여 온실효과가 발생하는 A산업 행위를 했고 이로 인해 세 나라의 현세대가 손실을 입었다. A산업 행위로 인한 손실을 반영했을 때, 세 나라의 이전세대와 현세대가 A산업 행위로부터 얻은 순이익과 순손실은 다음과 같다.

	X	Y	Z
이전세대	순이익 10	순이익 6	순이익 0
현세대	순이익 7	순이익 3	순손실 4

보기

ㄱ. X의 이전세대는 Z의 현세대에 기생하며 Y의 이전세대는 Z의 현세대에 무임승차한다.

ㄴ. <보상원칙>에 따르면, Z의 현세대가 A산업 행위로 인한 손실에 대해 어떤 보상도 받지 못했을 경우, Y의 현세대는 Z의 현세대에 4를 보상해야 한다.

ㄷ. <보상원칙>을 '기생 또는 무임승차로 현세대가 얻은 순이익의 총합에서 순손실의 총합을 뺀 전체 순이익을 분배하여 각 나라의 현세대가 똑같은 순이익을 갖도록 해야 한다.'로 대체할 경우, X와 Y의 현세대가 Z의 현세대에 제공해야 할 순이익의 총합은 6이다.

① ㄱ   ② ㄴ   ③ ㄱ, ㄷ
④ ㄴ, ㄷ   ⑤ ㄱ, ㄴ, ㄷ

문항 성격   인문 – 언어 추리
평가 목표   이 문항은 제시문에 주어진 개념과 원칙을 이해하여 사례에 올바르게 적용하는 능력을 평가하는 문항이다.

정답 : ③

제시문에서 어떤 사람이 다른 사람에게 기생한다는 것과 어떤 사람이 다른 사람에게 무임승차한다는 것이 무엇을 의미하는지 정의되고 있다. 또한 자신의 행위나 다른 사람의 행위를 통해 순이익을 얻은 경우, 그로 인해 순손실을 입은 쪽에게 보상해야 한다는 〈보상원칙〉이 제시되어 있다.

정의를 통해 〈사례〉에 나타난 관계를 정리하면, X의 이전세대는 Z의 현세대에 기생하며, X의 현세대, Y의 이전세대, Y의 현세대는 Z의 현세대에 무임승차한다.

〈보기〉 해설 ㄱ. X의 이전세대는 자신의 A산업 행위를 통해 10의 순이익을 얻었지만 Z의 현세대는 그 행위로 인해 4의 순손실을 입었다. 그러므로 X의 이전세대는 Z의 현세대에 기생하는 것이다. 한편 Y의 이전세대는 X의 이전세대의 A산업 행위를 통해 6의 순이익을 얻었지만 Z의 현세대는 그 행위로 인해 4의 순손실을 입었다. 그러므로 Y의 이전세대는 Z의 현세대에 무임승차하고 있는 것이다. ㄱ은 옳은 판단이다.

ㄴ. Y의 현세대는 X의 이전세대의 A산업 행위를 통해 3의 순이익을 얻었지만 Z의 현세대는 그 행위로 인해 4의 순손실을 입었다. 그러므로 Y의 현세대는 Z의 현세대에 무임승차하는 것이다. Z의 현세대가 A산업 행위로 인한 손실에 대해 어떤 보상도 받지 못했다면, 〈보상원칙〉에 따라 Y의 현세대는 자신이 얻은 순이익인 3과 Z의 현세대가 입은 순손실인 4 중 적은 금액인 3을 보상해야 한다. 따라서 3이 아니라 4를 보상해야 한다는 ㄴ은 옳지 않은 판단이다.

ㄷ. X의 현세대의 순이익 7과 Y의 현세대의 순이익 3은 Z의 현세대에 무임승차한 결과이다. 그러므로 〈보상원칙〉을 ㄷ과 같이 대체하면, 그 두 순이익의 총합(7+3)에서 순손실의 총합(Z의 4)을 뺀 전체 순이익인 6을 분배하여 각 나라의 현세대가 똑같은 순이익을 갖도록 해야 한다. 이때 각 나라의 현세대가 가져야 할 똑같은 순이익은 2씩이다.

> X의 현세대 : 순이익 7 ⇒ 순이익 2 (−5)
> Y의 현세대 : 순이익 3 ⇒ 순이익 2 (−1)
> Z의 현세대 : 순손실 4 ⇒ 순이익 2 (+6)

따라서 X와 Y의 현세대가 Z의 현세대에 제공해야 할 순이익의 총합은 6(=5+1)이 된다. ㄷ은 옳은 판단이다.

〈보기〉의 ㄱ, ㄷ만이 옳은 판단이므로 정답은 ③이다.

28.

〈논쟁〉에 대한 평가로 적절한 것만을 〈보기〉에서 있는 대로 고른 것은?

X국은 월별 가정용 전기 요금으로 다음과 같은 누진 요금제를 적용하고 있다.

구간별 사용량(kWh)	기본 요금(원)	단가(kWh당 요금, 원)
1구간 : 200 이하	900	90
2구간 : 200 초과 400 이하	1,600	180
3구간 : 400 초과	7,300	280

일례로 한 달에 300kWh의 전력을 소비한 가정은 기본 요금 1,600원에, 단가는 1구간에 90원, 2구간에는 180원이 적용되어 총 37,600원(=1,600+200×90+100×180)의 전기 요금을 부담하게 된다.

최근 X국은 여름철에 사용한 전기에 대해서는 사용량의 각 구간을 '300 이하', '300 초과 450 이하', '450 초과'로 변경하되, 구간별 요금 체계는 이전과 동일하게 하는 '쿨섬머 제도'를 도입하였다.

〈논쟁〉

A : 안정적인 전력 공급을 위해서는 시간당 전력 소비가 가장 클 때의 전력을 발전 설비가 감당할 수 있어야 한다. 쿨섬머 제도 도입으로 전력 공급의 안정성은 낮아질 것이다.

B : 냉방은 선택이 아닌 필수이다. 대부분 가정의 여름철 전기 요금 부담을 낮춰 주기 위해 쿨섬머 제도보다는 1,600원의 기본 요금에 단가를 180원으로 하는 단일 요금제로 변경하는 것이 낫다.

C : 모든 가정보다는 취약 계층 복지에 초점을 맞추는 것이 낫다. 쿨섬머 제도를 취약 계층에 한해 적용하도록 변경할 필요가 있다.

보기

ㄱ. X국의 시간당 전력 소비가 여름철에 가장 크게 나타난다는 자료는 A를 약화한다.

ㄴ. 대부분의 가정이 월 400~450kWh의 전력을 소비한다는 자료는 B를 약화한다.

ㄷ. 취약 계층의 대다수를 차지하는 독거노인들은 월 200kWh 이하의 전력만 사용한다는 자료는 C를 약화한다.

① ㄱ   ② ㄴ   ③ ㄱ, ㄷ

④ ㄴ, ㄷ   ⑤ ㄱ, ㄴ, ㄷ

사회 – 논쟁 및 반론

이 문항은 누진 요금제의 구간을 변경하는 정책을 이해하고 이 정책에 관한 논쟁의 각 주장이 제시된 자료에 의해 강화 혹은 약화되는지 판단하는 능력을 평가하는 문항이다.

정답 : ④

누진 요금제는 단일 요금제와는 달리 구간별로 적용하는 요금이 상이하고 상위 구간이라고 하더라도 하위의 각 구간에 규정된 단가를 해당 구간에서 누적적으로 적용하는 방식이다. 사용량의 구간 기준을 변경하여 각 구간의 범위를 확장하는 경우, 상위 구간에 속한 가정일수록 요금 인하 혜택이 커진다. 제시문의 쿨섬머 제도를 예로 들면, 변경 전에 최하위 구간인 1구간에 속했던 가정은 이미 가장 낮은 요금제를 적용받고 있으므로 구간 범위 확장에 따른 효과가 발생하지 않지만, 변경 전 2구간에 속했던 가정은 200~300kWh 구간에 대하여 kWh당 90원(=180원-90원)이라는 단가 인하 혜택을 받게 되며(200~300kWh의 전력을 소비하는 가정에는 700원의 기본 요금 인하 효과도 발생한다), 변경 전 3구간에 속했던 가정은 200~300kWh 구간에 대하여 같은 혜택을 받고 추가로 400~450kWh 구간에 대하여 kWh당 100원(=280원-180원)이라는 단가 인하 혜택을 받게 된다(400~450kWh의 전력을 소비하는 가정에는 5,700원의 기본요금 인하 효과도 발생한다).

ㄱ. A는 쿨섬머 제도를 도입하여 요금을 인하하면 여름철 전력 소비가 확대되고 이에 따라 여름철의 시간당 전력 소비가 가장 클 때에 소비되는 전력도 많아질 것이므로 전력 공급의 안정성이 낮아질 것이라고 주장한다. 그러므로 X국의 시간당 전력 소비가 여름철이 아닌 시기에 가장 크고 쿨섬머 제도 도입으로 여름철 전력 소비가 확대되어도 이것이 역전될 가능성이 없다면 A가 약화될 것이다. 그러나 X국의 시간당 전력 소비가 여름철에 가장 크게 나타난다는 자료는 A를 약화하지 않는다. ㄱ은 적절하지 않은 평가이다.

ㄴ. 누진 요금제하에서는 전력 소비량이 많아 높은 구간에 속하더라도 이전 구간에서의 낮은 요금을 누적적으로 부담하게 된다. 월 400~450kWh의 전력을 소비하는 가정은 쿨섬머 제도하에서 2구간에 속하므로, 기본 요금은 1,600원이며, 단가는 300kWh까지에 대하여 kWh당 90원이고 300kWh 초과분에 대하여 kWh당 180원이 된다. 그러나 B가 주장하는 기본 요금 1,600원에 단가 180원인 단일 요금제하에서는 300kWh까지에 대해서도 kWh당 180원이 적용되므로, 오히려 쿨섬머 제도하에서보다 많은 전기 요금을 부담하게 된다. 따라서 이러한 가정이 대부분이라는 자료는 B를 약화한다. ㄴ은 적절한 평가이다.

ㄷ. C는 모든 가정보다는 취약 계층 복지에 초점을 맞추는 것이 나으므로 모든 가정에 적용하는 쿨섬머 제도를 취약 계층에 한해 적용하도록 변경할 필요가 있다고 주장한다. 따라서 모든 가정에 적용하는 쿨섬머 제도를 취약 계층에 한해 적용하는 것으로 변경할 때 취약 계층에 혜택이 발생할 경우에만, 이 주장이 설득력을 가질 것이다. 그러나 취약 계층의 대다수를 차지하는 독거노인들이 월 200kWh 이하의 전력만 사용한다면, 독거노인들은 쿨섬머 제도를 도입하기 전 상황, 쿨섬머 제도를 도입하여 모든 가정에 적용하는 상황, 쿨섬머 제도를 취약 계층에 한해 적용하도록 변경한 상황 모두에서 전기 요금은 같을 것이다. 따라서 쿨섬머 제도를 취약 계층에 한해 적용하도록 변경하더라도 독거노인들에게 어떤 혜택도 발생하지 않을 것이므로, 쿨섬머 제도를 취약 계층에 한해 적용하도록 변경하자는 C는 약화된다. ㄷ은 적절한 평가이다.

〈보기〉의 ㄴ, ㄷ만이 적절한 평가이므로 정답은 ④이다.

29.
다음으로부터 추론한 것으로 옳은 것만을 〈보기〉에서 있는 대로 고른 것은?

> 주가의 수익률 변동성은 예측치 못한 상황으로 인한 수익률의 불확실성 정도를 의미한다. 일반적으로 수익률 변동성이 클수록 주식 투자에 따른 위험이 증가하는데, 투자자들은 위험한 주식을 보유하기를 꺼리므로 이런 주식에 투자할 유인이 생기려면 주가가 낮아 높은 기대 수익률이 보장되어야 한다.
>
> 수익률 변동성은 두 가지 특성을 가진다. 첫째, 수익률 변동성은 군집성을 가진다. 즉, 특정일의 변동성이 높으면 익일의 변동성도 높고, 변동성이 낮으면 익일의 변동성도 낮게 나타난다. 변동성의 군집성은 주가에 영향을 미치는 정보가 일정 기간 지속적으로 시장에 유입되기 때문에 나타난다.
>
> 둘째, 수익률 변동성은 주가가 상승할 때보다는 하락할 때 상대적으로 더 크게 나타나는 비대칭성을 가진다. 이러한 비대칭성을 설명하기 위한 가설로는 레버리지 효과 가설과 변동성 피드백 가설이 있다. 레버리지 효과 가설에 따르면, 주가 하락이 기업의 부채 비율인 레버리지를 상승시킴으로써 재무 위험이 증가하고 수익률 변동성을 높이는 반면, 주가 상승은 레버리지를 하락시켜 변동성을 낮춘다. 한편, 변동성 피드백 가설은 수익률 변동성의 증가로 주식 투자의 위험이 증가

하므로 주식 보유 유인으로서의 위험 프리미엄*이 높아져 주가가 하락한다는 것이다. 두 가설은 수익률 변동성과 주가 간 음(−)의 상관관계를 예측한다는 점에서는 유사하나 인과 구조는 서로 상반된다.

*위험 프리미엄 : 위험 보상을 위한 추가 수익률

보 기

ㄱ. 주가가 상승한 시기보다 하락한 시기에 수익률 변동성의 군집성이 더 오래 지속 될 것이다.

ㄴ. 레버리지 효과 가설에 따를 경우, 부채 비율이 동일하게 유지되는 기업에서는 주 가와 수익률 변동성 간 음(−)의 상관관계는 나타나지 않을 것이다.

ㄷ. 변동성 피드백 가설에 따를 경우, 수익률 변동성 증가로 인한 위험 프리미엄의 상승이 주식의 기대 수익률을 높이는 요인으로 작용할 것이다.

① ㄱ   ② ㄴ   ③ ㄱ, ㄷ

④ ㄴ, ㄷ   ⑤ ㄱ, ㄴ, ㄷ

문항 성격   사회 − 언어 추리

평가 목표   이 문항은 주가의 수익률 변동성의 개념 및 특성을 이해하고 다양한 상황에서 이러한 특성이 가지는 의미를 추론하는 능력을 평가하는 문항이다.

문제 풀이   정답 : ④

수익률 변동성은 군집성과 비대칭성의 특성을 가진다. 이중 군집성은 주가의 등락과는 관계없이 변동성이 높은 상태나 낮은 상태가 일정 기간 지속되는 특성인 반면, 비대칭성은 주가의 등락에 따라 변동성의 크기가 달라지는 특성을 의미한다.

〈보기〉 해설   ㄱ. 군집성은 주가의 등락과는 관련이 없는 특성이므로 주가가 상승한 시기와 하락 한 시기의 수익률 변동성의 군집성을 비교할 수 없다. ㄱ은 옳지 않은 추론이다.

ㄴ. 레버리지 효과 가설에 따를 경우, 주가 하락이 부채 비율의 조정을 통해 위험 을 증가시켜 수익률 변동성을 높인다. 만약 주가 변화에서 수익률 변동성 변화 로 이어지는 경로에 있는 부채 비율의 조정이 이루어지지 않는다면, 주가 하락 이 수익률 변동성을 높게 하는 인과 고리가 형성되지 않게 되어 이들 간 음(−) 의 상관관계가 나타나지 않게 된다. ㄴ은 옳은 추론이다.

ㄷ. 변동성 피드백 가설에 따를 경우, 주식의 수익률 변동성이 높아지면 위험이 증가하여 이 주식에 대한 투자 유인이 낮아지게 되므로 투자 유인을 높이기 위해 적절한 보상이 필요하다. 이러한 보상이 위험 프리미엄의 형태로 나타나며 이는 주가를 하락시켜 기대 수익률을 높이는 요인으로 작용한다. ㄷ은 옳은 추론이다.

〈보기〉의 ㄴ, ㄷ만이 옳은 추론이므로 정답은 ④이다.

30.

빅셀의 주장으로부터 추론한 것으로 옳은 것만을 〈보기〉에서 있는 대로 고른 것은?

리카도는 어음, 수표와 같은 신용 수단은 화폐 사용을 절약하는 도구로만 인식하여 화폐의 범주에서 제외하였다. 그에 따르면 화폐량 증가는 이자율을 하락시키고 물가는 상승시키는 요인이 된다. 이에 반해 투크는 물가는 화폐량뿐만 아니라 신용 수단을 포함한 모든 형태의 신용에 의해 영향을 받는다고 반박하였다. 그는 물가 상승은 기업가의 이윤 동기를 자극하여 투자를 위한 신용 수요를 확대시킴으로써 이자율을 상승하게 만든다고 보았다.

빅셀은 이자율과 물가의 관계에 대한 리카도와 투크의 주장이 서로 배치되지 않음을 보이고자 하였다. 그는 리카도와 투크가 사용하는 이자율을 '화폐 이자율'이라 정의하고 이와는 별개로 '자연 이자율'이라는 새로운 개념을 도입하였다. 화폐 이자율은 은행 신용에 대한 수요와 공급을 일치시키는 이자율이고, 자연 이자율은 자본재에 대한 수요와 공급을 일치시키는 이자율이다. 그는 두 이자율이 같아질 때 경제 내 균형이 달성된다고 보았다.

화폐량 증가로 화폐 이자율이 자연 이자율을 하회하여 경제가 균형에서 이탈하는 상황이 발생하였다고 하자. 이 상황의 초기에는 자본재에 대한 기업들의 투자 수요가 늘어난다. 이런 투자를 실행하기 위해서는 소비재 생산에 투입되던 생산 요소들이 자본재 생산으로 이동하면서 소비재 공급이 감소하고 물가는 상승한다. 한편 시간이 경과하면서 소비재 물가의 상승에 따른 기업들의 이윤 동기가 자극되어 소비재 생산을 위한 투자 수요 역시 증가한다. 이 과정에서 기업들의 은행 신용에 대한 수요가 확대되고 화폐 이자율이 상승하여 장기적으로는 자연 이자율과 일치하는 수준에서 균형이 회복된다. 빅셀은 ㉠두 이자율 간 괴리가 발생하는 초기 상황 및 이후의 동태적 조정 과정을 통해 이자율과 물가의 관계에 대한 리카도와 투크의 주장이 서로 양립 가능함을 보였다.

보기

ㄱ. 자본재와 소비재 간 생산 요소의 이동이 빠를수록 리카도가 주장하는 물가와 이자율의 관계가 더 빨리 나타날 것이다.

ㄴ. 균형에서 벗어나 화폐 이자율이 자연 이자율을 상회할 경우, 은행이 신용 공급을 축소하여 자연 이자율을 상승시키면 두 이자율 간 균형이 회복된다.

ㄷ. ㉠에서 물가와 이자율의 관계는, 초기 상황에서는 리카도의 주장에 부합하고 이후의 동태적 조정 과정에서는 투크의 주장에 부합한다.

① ㄱ   ② ㄴ   ③ ㄱ, ㄷ

④ ㄴ, ㄷ   ⑤ ㄱ, ㄴ, ㄷ

문항 성격 사회 – 언어 추리

평가 목표 이 문항은 경제 변수들 간 관계에 대한 상반된 주장들 및 이를 통합하는 새로운 견해를 이해하고 이를 바탕으로 〈보기〉의 각 진술이 추론되는지 판단하는 능력을 평가하는 문항이다.

문제 풀이 정답 : ③

리카도는 물가와 이자율 간에는 음(–)의 상관관계가 있다고 주장하는 반면, 투크는 이들 간에 양(+)의 상관관계가 있다고 주장한다. 빅셀은 이러한 상반된 견해가 서로 배치되지 않음을 규명하기 위해 기존의 화폐 이자율에 더해 자연 이자율이라는 새로운 개념을 도입하였다. 그는 경제에 어떤 충격이 발생할 경우 두 이자율이 시간에 따른 동태적 조정 과정을 거치면서 리카도와 투크가 주장했던 물가와 이자율 간의 관계가 모두 나타나므로 두 주장이 서로 양립 가능하다고 설명한다.

〈보기〉 해설 ㄱ. 경제 충격의 초기에는 [화폐량 증가 → 화폐 이자율이 자연 이자율보다 낮아짐 → 자본재에 대한 기업의 투자 수요 증가 → 생산 요소가 소비재 생산에서 자본재 생산으로 이동 → 소비재 공급의 감소 → 물가 상승]이 나타난다. 그러므로 자본재와 소비재 간 생산 요소의 이동이 빠를수록 물가 상승 또한 빨라질 것이고, 리카도가 주장하는 물가와 (화폐) 이자율의 관계가 더 빨리 나타날 것이다. ㄱ은 옳은 추론이다.

ㄴ. 제시문 세 번째 단락은 균형에서 벗어나 화폐 이자율이 자연 이자율을 하회하는 경우에 관한 빅셀의 주장이다. 이것을 균형에서 벗어나 화폐 이자율이 자연 이자율을 상회하는 경우에 적용해 보면, 초기에는 자연 이자율의 상대적 하락이 자본재에 대한 기업의 투자 및 생산 유인을 감소시켜 자본재 생산에서 소비재 생산으로 생산 요소가 이동하면서 소비재 공급이 증가하고 물가는 하락할 것이다. 한편 시간이 경과하면서 소비재 물가의 하락에 따라 기업의 소비재 투자 유인이 감소하여 은행 신용에 대한 수요는 감소하고, 이에 따라 화폐 이자율이 하락할 것이다. 즉 두 이자율 간 균형이 회복될 것 같지만, 그 원인이 은행 신용 공급의 축소에 따른 자연 이자율 상승이라는 것은 추론되지 않는다. ㄴ은 옳지 않은 추론이다.

ㄷ. 외부 충격으로 경제가 균형에서 이탈할 경우, 충격의 초기에는 화폐 이자율의 움직임이 물가와 반대로 움직이므로 리카도의 주장과 일치하며, 일정 시간이 경과한 이후에는 은행 신용에 대한 수요의 증가 또는 감소로 인해 물가와 이자율은 같은 방향으로 움직여 투크의 주장과 일치한다. ㄷ은 옳은 추론이다.

〈보기〉의 ㄱ, ㄷ만이 옳은 추론이므로 정답은 ③이다.

31.

다음으로부터 추론한 것으로 옳지 <u>않은</u> 것은?

연역적 질의–응답 체계는 주어진 데이터베이스(DB)에 근거하여 입력된 명제에 대한 판정을 출력한다. 이 과정에서 DB는 '열린 세계' 또는 '닫힌 세계' 중 하나로 가정된다.

DB를 열린 세계로 가정하면, DB는 관련 영역에 대한 모든 정보를 갖는 것은 아니다. 따라서 DB 내에 명제로 표현된 사실들, 또는 그 명제들을 이용하여 참(또는 거짓)을 논리적으로 증명할 수 있는 명제들만 참(또는 거짓)으로 판정된다. 참 또는 거짓을 증명할 수 없는 명제는 결정불가능이라는 판정을 받는다.

DB를 닫힌 세계로 가정하면, DB는 관련 영역에 대한 모든 정보를 갖는다. 따라서 참을 증명할 수 있는 명제는 참, 그렇지 않은 명제는 거짓으로 판정된다.

한 항공사의 운항 정보 DB가 다음 〈사실〉을 포함하고 있고 〈규칙〉이 적용된다고 하자.

〈사실〉

- 서울발 제주행 항공편이 있다.
- 제주발 부산행 항공편이 있다.
- 광주발 부산행 항공편이 있다.

〈규칙〉

- 'X발 Y행 항공편이 있다'와 'Y발 X행 항공편이 있다'는 동일하게 판정한다.
- 'X와 Y가 항공편으로 연결된다'와 'X발 Y행 항공편이 있거나, X와 Y 모두와 항공편으로 연결된 Z가 있다'는 동일하게 판정한다.

① 열린 세계를 가정하면 '광주발 제주행 항공편이 있다'는 결정불가능으로 판정된다.
② 열린 세계를 가정하면 '부산과 광주가 항공편으로 연결된다'는 참으로 판정된다.
③ 닫힌 세계를 가정하면 '제주발 서울행 항공편이 없다'는 거짓으로 판정된다.
④ 닫힌 세계를 가정하면 '서울과 부산이 항공편으로 연결되지 않는다'는 참으로 판정된다.
⑤ 열린 세계를 가정하든 닫힌 세계를 가정하든 '광주와 서울이 항공편으로 연결되지 않는다'는 거짓으로 판정된다.

문항 성격 과학기술 – 언어 추리

평가 목표 이 문항은 열린 세계 가정과 닫힌 세계 가정의 원리를 이해하고 이를 주어진 DB에 적용하여 연역적 질의–응답 체계의 예상되는 판정을 추론할 수 있는 능력을 평가하는 문항이다.

문제 풀이 정답 : ④

항공기 운항 정보 DB를 이용한 연역적 질의–응답 체계는 도시 사이를 연결하는 항공편에 대한 DB 내의 사실을 표현하는 명제에 규칙을 적용하여 입력된 명제에 대한 판정(참, 거짓, 결정불가능)을 출력한다. 이 과정에서 DB가 열린 세계와 닫힌 세계 중 어느 쪽으로 가정되느냐에 따라 입력된 명제에 대한 판정이 달라질 수 있다. 그러나 어떤 가정을 택하건 〈사실〉과 〈규칙〉으로부터 연역적으로 도출할 수 있는 명제에 대해서는 동일한 판정이 출력된다(그 판정은 '참'이다).

우선 첫 번째 규칙과 〈사실〉로부터 연역적으로 도출할 수 있는 명제는 다음과 같다.

"서울발 제주행 항공편이 있다." → "제주발 서울행 항공편이 있다."
"제주발 부산행 항공편이 있다." → "부산발 제주행 항공편이 있다."
"광주발 부산행 항공편이 있다." → "부산발 광주행 항공편이 있다."

두 번째 규칙으로부터, "X발 Y행 항공편이 있다."가 참이면 "X와 Y가 항공편으로 연결된다."도 참이다. "X발 Y행 항공편이 있다."가 참이 아닌 경우에도, "X와 Y 모두와 항공편으로 연결된 Z가 있다."가 참이면 "X와 Y가 항공편으로 연결된다."도 참이다. 따라서 앞서 도출한 항공편에 관한 명제에 두 번째 규칙을 반복 적용하여 임의의 두 도시가 항공편으로 연결되어 있는지에 대한 명제를 다음과 같이 도출할 수 있다.

우선 두 도시 간 항공편이 있으면 두 도시는 항공편으로 연결된다. 따라서 앞서 도출한 항공편에 관한 명제로부터 항공편 연결에 관한 다음의 명제를 도출할 수 있다.

"서울과 제주는 항공편으로 연결된다."
"제주와 서울은 항공편으로 연결된다."
"제주와 부산은 항공편으로 연결된다."
"부산과 제주는 항공편으로 연결된다."
"광주와 부산은 항공편으로 연결된다."
"부산과 광주는 항공편으로 연결된다."

다음으로 도시 X, Y, Z에 대해 X와 Y 모두와 항공편으로 연결된 Z가 있으면, X와 Y는 항공편으로 연결된다. 따라서 다음의 명제를 도출할 수 있다.

"서울과 제주는 항공편으로 연결된다."와 "제주와 부산은 항공편으로 연결된다."
→ "서울과 부산은 항공편으로 연결된다."
"부산과 제주는 항공편으로 연결된다."와 "제주와 서울은 항공편으로 연결된다."
→ "부산과 서울은 항공편으로 연결된다."
"제주와 부산은 항공편으로 연결된다."와 "부산과 광주는 항공편으로 연결된다."
→ "제주와 광주는 항공편으로 연결된다."
"광주와 부산은 항공편으로 연결된다."와 "부산과 제주는 항공편으로 연결된다."
→ "광주와 제주는 항공편으로 연결된다."

마지막으로 지금까지 도출한 명제를 이용하면 서울과 광주, 두 도시가 항공편으로 연결되었는지에 대한 명제를 도출할 수 있다.

"서울과 부산은 항공편으로 연결된다."와 "부산과 광주는 항공편으로 연결된다."
→ "서울과 광주는 항공편으로 연결된다."
"광주와 부산은 항공편으로 연결된다."와 "부산과 서울은 항공편으로 연결된다."
→ "광주와 서울은 항공편으로 연결된다."

따라서 문제에 등장하는 도시들 중 임의의 두 도시를 선택했을 때, 두 도시는 항공편으로 연결된다. 이러한 결과들은 다음과 같이 시각적으로 나타낼 수 있다.

④ 모든 도시가 항공편으로 연결되어 있으므로 해당 명제는 거짓임을 증명할 수 있다. 따라서 열린 세계나 닫힌 세계에 관계없이 해당 명제는 거짓으로 판정된다. ④는 옳지 않은 추론이다.

① 해당 명제의 참 또는 거짓을 증명할 수 없다. 따라서 열린 세계를 가정하면 해당 명제는 결정불가능으로 판정되고 닫힌 세계를 가정하면 해당 명제는 거짓으로 판정된다. ①은 옳은 추론이다.

② 모든 도시가 항공편으로 연결되어 있기 때문에 해당 명제는 참임을 증명할 수 있다. 따라서 열린 세계나 닫힌 세계에 관계없이 해당 명제는 참으로 판정된다. ②는 옳은 추론이다.

③ 제주발 서울행 항공편이 있으므로 해당 명제는 거짓임을 증명할 수 있다. 따라서 열린 세계나 닫힌 세계에 관계없이 해당 명제는 거짓으로 판정된다. ③은 옳은 추론이다.

⑤ 모든 도시가 항공편으로 연결되어 있기 때문에 해당 명제는 거짓임을 증명할 수 있다. 따라서 열린 세계나 닫힌 세계에 관계없이 해당 명제는 거짓으로 판정된다. ⑤는 옳은 추론이다.

32.

〈이론〉에 따라 〈사례〉를 분석한 것으로 옳은 것만을 〈보기〉에서 있는 대로 고른 것은?

〈이론〉

복지 분배의 불평등이 최소화되어야 한다고 주장하는 평등주의 이론에는 두 사람 사이의 불평등 정도를 결정하는 방식과 관련하여 다음과 같은 견해들이 있다.

• 생애 전체 견해 : 두 사람이 생애 전체에서 얻는 복지의 총량이 서로 다르면, 그 차이만큼 복지의 분배는 불평등하다.

- 동시대 부분 견해 : 20년 단위로 동시대 부분들을 구분하여, 두 사람이 모두 생존해 있는 동시대 부분에서만 그들이 얻는 복지의 양을 서로 비교하여 차이를 구한다. 복지의 분배는 그 차이들을 모두 더한 만큼 불평등하다.
- 해당 부분 견해 : 개인의 생애를 유년기, 청년기, 중년기, 노년기로 구분하여, 두 사람이 각 해당 기간마다 얻는 복지의 양을 서로 비교하여 차이를 구한다. 복지의 분배는 그 차이들을 모두 더한 만큼 불평등하다.

〈사례〉

갑과 을은 각각 1921년과 1941년에 태어나 80년 동안 살았다. 각 생애는 20년 단위로 유년기, 청년기, 중년기, 노년기로 나뉜다. 다음은 가설적인 두 상황에서 각 기간에 개인이 얻은 복지의 양을 숫자로 나타내었다.

(상황1)

	1921~1940	1941~1960	1961~1980	1981~2000	2001~2020
갑	3	7	6	5	–
을	–	7	6	4	5

(상황2)

	1921~1940	1941~1960	1961~1980	1981~2000	2001~2020
갑	2	8	6	5	–
을	–	7	6	4	5

<보 기>

ㄱ. 해당 부분 견해에 따르면, (상황1)의 불평등 정도와 (상황2)의 불평등 정도는 2만큼의 차이를 보인다.

ㄴ. (상황1)과 (상황2)의 불평등 정도를 비교한다면, 생애 전체 견해만이 두 상황의 불평등 정도가 같다고 판단할 것이다.

ㄷ. (상황2)의 갑과 을이 1941~1960년의 동시대 부분에서 얻은 복지의 양이 서로 바뀐 경우, 생애 전체 견해에 따르면 불평등 정도가 커지지만, 동시대 부분 견해에 따르면 그렇지 않다.

① ㄱ

② ㄷ

③ ㄱ, ㄴ

④ ㄴ, ㄷ

⑤ ㄱ, ㄴ, ㄷ

인문 – 언어 추리

이 문항은 복지 분배의 불평등 정도를 계산하는 방식에 관한 세 가지 견해를 이해하고 이를 사례에 적용하여 불평등 정도를 계산하는 능력을 평가하는 문항이다.

정답 : ⑤

불평등을 최소화해야 한다고 주장하는 평등주의 이론을 구체적으로 전개하려면 불평등의 정도가 어떻게 계산될 수 있는지 밝혀야 한다. 이 문항에서는 복지 분배의 불평등 정도를 계산하는 방식과 관련하여 생애 전체 견해, 동시대 부분 견해, 해당 부분 견해의 세 가지를 소개한다. 생애 전체 견해는 두 사람의 생애 전체의 복지 총량을 비교해야 한다고 주장하고, 동시대 부분 견해는 20년 단위로 '동시대 부분'을 구분하여 두 사람이 모두 생존해 있는 동시대 부분에 각자가 얻는 복지의 양을 하나하나 비교해야 한다고 주장하며, 해당 부분 견해는 두 사람이 각 연령대에 얻는 복지의 양을 하나하나 비교해야 한다고 주장한다.

ㄱ. 해당 부분 견해에 따라 (상황1)의 불평등 정도를 계산하면 (7−3)+(7−6)+(6−4)+(5−5)=7이고, (상황2)의 불평등 정도를 계산하면 (7−2)+(8−6)+(6−4)+(5−5)=9이다. 두 값의 차이는 2이므로, ㄱ은 옳은 분석이다.

ㄴ. 해당 부분 견해에 따르면 (상황1)과 (상황2)의 불평등 정도는 각각 7과 9로 서로 다르다(ㄱ 참조). 동시대 부분 견해에 따라 (상황1)의 불평등 정도를 계산하면 (7−7)+(6−6)+(5−4)=1이고, (상황2)의 불평등 정도를 계산하면 (8−7)+(6−6)+(5−4)=2이므로, 두 상황의 불평등 정도는 서로 다르다. 생애 전체 견해에 따라 (상황1)의 불평등 정도를 계산하면 (7+6+4+5)−(3+7+6+5)=1이고, (상황2)의 불평등 정도를 계산하면 (7+6+4+5)−(2+8+6+5)=1이므로, 두 상황의 불평등 정도는 서로 같다. ㄴ은 옳은 분석이다.

ㄷ. (상황2)의 갑과 을이 1941∼1960년의 동시대 부분에서 얻은 복지의 양(각각 8과 7)이 서로 바뀐 경우, 동시대 부분 견해에서는 불평등 정도에 아무런 차이가 없지만, 생애 전체 견해에서는 불평등 정도가 (8+6+4+5)−(2+7+6+5)=3이 되어 원래 값인 1보다 커지게 된다. ㄷ은 옳은 분석이다.

〈보기〉의 ㄱ, ㄴ, ㄷ 모두 옳은 분석이므로 정답은 ⑤이다.

33.

다음 글에 대한 분석으로 옳은 것만을 〈보기〉에서 있는 대로 고른 것은?

다음 두 정의를 받아들여 보자.

(정의1) '사건 Y가 사건 X에 인과적으로 의존한다'는, X와 Y가 모두 실제로 일어났고 만약 X가 일어나지 않았더라면 Y도 일어나지 않았을 것이라는 것이다.

(정의2) '사건 X가 사건 Y의 원인이다'는, X로부터 Y까지 이르는 인과적 의존의 연쇄가 있다는 것이다.

갑이 치사량의 독약을 마시자마자 건물 10층에서 떨어졌고 땅바닥에 부딪쳐 죽었다. 사건 A~E는 다음과 같다.

A : 갑이 독약을 마시는 사건

B : 독약이 온몸에 퍼지는 사건

C : 갑이 건물 10층에서 떨어지는 사건

D : 갑이 땅바닥에 부딪치는 사건

E : 갑의 죽음

C로부터 D를 거쳐 E까지 모두 실제로 일어났다. 하지만 ㉠B는 실제로 일어나지 않았다. 즉, 독약이 온몸에 퍼지기 전에 갑은 이미 죽었다. 반면에 ㉡'만약 C가 일어나지 않았더라면 E는 일어나지 않았을 것이다'는 거짓이다. C가 일어나지 않은 경우에는, A로부터 B를 거쳐 E까지 이르는 인과적 의존의 연쇄가 실현되었을 것이기 때문이다. 그래서 ㉢C는 E의 원인이 아니라는 귀결이 도출되는 듯 보인다. 하지만 Z가 X에 인과적으로 의존하지 않더라도, Y가 X에, Z가 Y에 인과적으로 의존할 수 있다. C가 일어나지 않았더라면 D가 일어나지 않았을 것이고, D가 일어나지 않았더라면 E가 일어나지 않았을 것이다.

보 기

ㄱ. 위 글로부터 '갑이 건물 10층에서 떨어진 것이 갑의 죽음의 원인이다'가 따라 나온다.

ㄴ. (정의1)과 ㉠으로부터 '어떠한 사건도 B에 인과적으로 의존하지 않는다'가 따라 나온다.

ㄷ. (정의1), ㉡, 그리고 'C가 E의 원인이라면 E는 C에 인과적으로 의존한다'로부터, ㉢이 따라 나온다.

① ㄱ   ② ㄷ   ③ ㄱ, ㄴ
④ ㄴ, ㄷ   ⑤ ㄱ, ㄴ, ㄷ

문항 성격   인문 – 논증 분석

평가 목표   이 문항은 (정의1)과 (정의2) 및 이들 정의를 특수한 사례에 적용한 논증을 제대로 이해하고 이로부터 타당한 결론을 도출하는 능력을 평가하는 문항이다.

문제 풀이   정답 : ⑤

제시문에서 사건의 흐름은 다음과 같다.

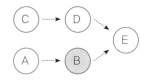

C에서 D를 거쳐 E까지 이어지는 인과적 의존의 연쇄는 모두 실제로 일어났다(그림의 파란색으로 표시한 B만이 실제로 일어나지 않은 사건이다). 그리고,

> C가 일어나지 않았더라면, D는 일어나지 않았을 것이다.
>
> D가 일어나지 않았더라면, E는 일어나지 않았을 것이다.

이 둘이 모두 성립한다.

그런데 ⓒ과 같이, "C가 일어나지 않았더라면 E는 일어나지 않았을 것이다."는 성립하지 않는다. C는 실제로 일어났지만, C가 일어나지 않았다고 가정해 보자. 그러면 갑은 독약에 의해 죽었을 것이다. 즉, A–B–E로 이어지는 인과적 의존의 연쇄가 실현되었을 것이다. 그래서 ⓒ과 같이 C가 E의 원인이 아닌 듯 보인다.

그러나 ⓒ은 제시문의 주장이 아니다. 제시문의 마지막 네 줄에 서술되어 있듯이, 다음의 (1)과 (2)가 함께 참이라는 데는 어떠한 모순도 없다.

> X–Y–Z

(1) "X가 일어나지 않았더라면 Z는 일어나지 않았을 것이다."는 거짓이다.

(2) "X가 일어나지 않았더라면 Y는 일어나지 않았을 것이다."와 "Y가 일어나지 않았더라면 Z는 일어나지 않았을 것이다."는 모두 참이다.

여기서 (1)이 바로 ⓒ에 해당하며, (2)가 제시문의 마지막 문장에 해당한다. 따라서 ⓒ이 아니라 제시문의 마지막 문장이 이 글의 주장이다.

ㄱ. 제시문의 마지막 문장에 따르면 다음이 성립한다.

(1) C가 일어나지 않았더라면 D는 일어나지 않았을 것이다.

(2) D가 일어나지 않았더라면 E는 일어나지 않았을 것이다.

(1), (2), 그리고 제시문의 "C로부터 D를 거쳐 E까지 모두 실제로 일어났다."에 (정의1)을 적용하면 다음의 (3), (4)가 얻어진다.

(3) D는 C에 인과적으로 의존한다.

(4) E는 D에 인과적으로 의존한다.

마지막으로 (3)과 (4)에 (정의2)를 적용하면 다음의 (5)가 얻어진다.

(5) C는 E의 원인이다.

즉 갑이 건물 10층에서 떨어지는 사건은 갑의 죽음의 원인이다. 이 문장은 제시문 전체의 결론이기도 하다. ㄱ은 옳은 분석이다.

ㄴ. (정의1)에 사건 B를 대입해서 다시 쓰면 다음과 같다.

Y가 B에 인과적으로 의존한다. ↔ (B가 일어났다. & Y가 일어났다. & B가 일어나지 않았더라면 Y는 일어나지 않았을 것이다.)

그런데 ㉠에 따르면 밑줄 친 부분은 거짓이므로 위 쌍조건문의 오른쪽은 언제나 거짓이 된다. 따라서 Y의 자리에 어떤 사건이 대입되더라도 위 쌍조건문의 왼쪽 역시 언제나 거짓이다. 그러므로 모든 사건 Y에 대해서, "Y가 B에 인과적으로 의존한다."는 거짓이다. 즉 어떠한 사건도 B에 인과적으로 의존하지 않는다. ㄴ은 옳은 분석이다.

ㄷ. 위의 ㄴ에 대한 해설에서와 같이 (정의1)은 쌍조건문으로 되어 있다. (정의1)에 사건 C와 E를 대입해서 다시 쓰면 다음과 같다.

E가 C에 인과적으로 의존한다. ↔ (C가 일어났다. & E가 일어났다. & C가 일어나지 않았더라면 E는 일어나지 않았을 것이다.)

그런데 ㉢에 따르면 밑줄 친 부분은 거짓이므로 위 쌍조건문의 오른쪽은 언제나 거짓이 되고, 따라서 왼쪽도 언제나 거짓이다. 즉 E는 C에 인과적으로 의존하지 않는다. 여기에 "C가 E의 원인이라면 E는 C에 인과적으로 의존한다."(대우

명제인 "E가 C에 인과적으로 의존하지 않는다면 C는 E의 원인이 아니다."와 동치이다)를 적용하면 "C는 E의 원인이 아니다."가 도출된다. 이 말은 ⓒ에 해당한다. 그러므로 ⓒ이 도출됨을 알 수 있다. ㄷ은 옳은 분석이다.

〈보기〉의 ㄱ, ㄴ, ㄷ 모두 옳은 분석이므로 정답은 ⑤이다.

34.

다음 글에 대한 평가로 적절한 것만을 〈보기〉에서 있는 대로 고른 것은?

다음 가설을 검증하기 위해 [실험1]과 [실험2]가 이루어졌다.

(가설1) 사람은 자신의 기대 수익*을 최대화하는 행위를 선택한다.
(가설2) 사람은 자신에게 유리하지만 불공정한 행위가 상대방에게 발각되지 않을 가능성이 높다고 믿을수록, 그 행위를 할 가능성이 높아진다.

[실험1]

참가자를 무작위로 제안자와 반응자로 나눈다. 제안자는 실험자로부터 받을 1만 원의 돈을 반응자와 어떻게 나눌 것인지에 대해 다음 중 하나를 제안한다.

• 5–5안 : 제안자와 반응자가 5천 원씩 가진다.
• 8–2안 : 제안자는 8천 원, 반응자는 2천 원을 가진다.
• 동전안 : 공평한 동전을 던져 앞면이 나오면 5–5안, 뒷면이 나오면 8–2안에 따른다.

반응자는 제안자의 제안을 수용 또는 거부한다. 제안된 5–5안이나 8–2안을 반응자가 수용하면 제안한 안대로 금액을 나눈다. 동전안이 제안되고 반응자가 수용하면 실험자는 반응자가 보는 앞에서 동전을 던져 동전안대로 금액을 나누어 준다. 어떤 제안에 대해서든 반응자가 거부하면 제안자와 반응자 모두 0원을 받는다. 실험 규칙은 참가자들에게 미리 알려준다.

[실험2]

다음을 제외하면 나머지는 [실험1]과 동일하다. 제안자가 동전안을 선택하면, 실험자는 반응자가 모르게 동전을 던져 앞면이 나오면 5–5안이, 뒷면이 나오면 8–2안이 제안되었다고 반응자에게 알려준다. 예컨대 반응자는 8–2안을 제안받았을 때, 제안자가 직접 이 안을 제안한 것인지, 아니면 동전을 던져 뒷면이 나와 8–2안이 제안된 것인지 알 수 없다.

*기대 수익 : '행위로 인해 각 상황에서 얻게 될 수익'에 '해당 상황이 발생할 확률이라고 믿는 값'을 곱한 값을 모두 더한 값

보기

ㄱ. [실험1]에서 8–2안을 제안받은 반응자의 60%가 제안을 거부했다면, (가설1)은 약화된다.

ㄴ. [실험1]에서 반응자가 5–5안, 8–2안, 동전안을 수용할 확률이 각각 100%, 20%, 80%라고 믿는 제안자가 동전안을 제안했다면, (가설1)은 강화된다.

ㄷ. 참가자들이 5–5안과 동전안은 공정하지만 8–2안은 불공정하다고 믿을 경우, [실험1]에서보다 [실험2]에서 8–2안을 선택하는 제안자의 비율이 더 높다면, (가설2)는 강화된다.

① ㄱ   ② ㄷ   ③ ㄱ, ㄴ
④ ㄴ, ㄷ   ⑤ ㄱ, ㄴ, ㄷ

문항 성격 인문 – 논증 평가 및 문제해결

평가 목표 이 문항은 실험 결과가 주어진 가설을 강화하는지 약화하는지 옳게 판단할 수 있는 능력을 평가하는 문항이다.

문제 풀이 정답 : ⑤

(가설1)은 상식적인 견해로 사람은 자신의 기대 수익을 최대화하는 행위를 한다는 것이다. (가설2)는 사람은 자신의 불공정한 행위가 상대방에게 발각되지 않을 법한 경우에는 자신에게 이득이 되는 불공정한 행위를 한다는 것이다.

[실험1]에서는 제안자는 다음 세 개의 안 중 하나를 제안한다.

5–5안 : 제안자와 반응자 둘 다 5,000원씩 가진다.

8–2안 : 제안자는 8,000원을 가지고 반응자는 2,000원을 가진다.

동전안 : 공평한 동전을 던져 앞면이 나오면 5–5안에 따르고, 뒷면이 나오면 8–2안에 따른다.

반응자가 제안을 수용하거나 거부하는데, 거부할 경우 제안자와 반응자 모두 0원을 가진다. 제안자가 5–5안이나 8–2안을 제안하여 반응자가 수용할 경우 그 안대로 돈을 나누어 가지게 된다. 제안자가 동전안을 제안하여 반응자가 수용할 경우 실험자가 반응자 앞에서 동전을 던져 앞면이 나오면 5–5안에 따라, 뒷면이 나오면 8–2안에 따라 제안자와 반응자가 돈을 나누어 가진다.

[실험2]에서는 [실험1]과 마찬가지로 제안자는 세 개의 안 중 하나의 안을 선택한다. 그러나 만약 제안자가 동전안을 선택하면 실험자는 반응자 몰래 동전을 던져 앞면이 나오면 5–5안이, 뒷면이 나오면 8–2안이 제안되었다고 반응자에게 알려준다. 나머지는 [실험1]과 동일하게 진행된다. 반응자는 예컨대 8–2안이 제안되었음을 들을 때, 제안자가 직접 이 안을 제안했기 때문인지, 아니면 동전을 던져 뒷면이 나왔기 때문인지 알 수 없다. 반응자가 이를 알 수 없다는 사실은 제안자도 알고 있다.

<보기> 해설　ㄱ. [실험1]에서 8–2안을 제안받은 반응자는 이 안을 거부할 경우 기대 수익이 0원이고, 수용할 경우 기대 수익이 2,000원이므로, 기대 수익 최대화의 원칙인 (가설1)에 의하면 반응자는 8–2안을 수용할 것이다. 따라서 8–2안을 제안받은 반응자의 과반수인 60%가 제안을 거부했다면 (가설1)은 약화된다. ㄱ은 적절한 평가이다.

　　　　　　　ㄴ. [실험1]에서 반응자가 5–5안, 8–2안, 동전안을 수용할 확률이 각각 100%, 20%, 80%라고 믿는 제안자가 각각의 안을 선택했을 때의 기대 수익은 다음과 같다.

5–5안 : 5,000원×100/100＝5,000원
8–2안 : 8,000원×20/100＝1,600원
동전안 {(5,000원×50/100)＋(8,000원×50/100)}×80/100＝5,200원

제안자가 세 개의 안 중 기대 수익이 가장 높은 동전안을 제안했다면 기대 수익 최대화의 원칙인 (가설1)은 강화된다. ㄴ은 적절한 평가이다.

　　　　　　　ㄷ. [실험1]에서는 반응자가 제안자가 세 개의 안 중 어떤 안을 선택했는지 알 수 있다. 그러나 [실험2]에서 반응자는 8–2안이 제안으로 들어왔을 때 이것이 제안자가 직접 8–2안을 선택했기 때문이지 아니면 동전안을 거쳐 8–2안이 선택되었기 때문인지 알 수 없다. 그러므로 [실험2]에서 제안자는 자신이 제안했다는 사실을 반응자에게 은폐하면서 8–2안을 제안하는 것이 가능하다. 즉 [실험2]에서 제안자는 자신을 포함한 참가자들이 불공정한 행위라고 생각하는 8–2안 제안이 상대방에게 발각되지 않을 것이라고 믿을 것이다. 반면에 [실험1]에서는 그런 믿음을 가지지 못한다. 따라서 [실험1]에서보다 [실험2]에서 8–2안을 선택하는 제안자의 비율이 더 높다면 (가설2)는 강화된다. ㄷ은 적절한 평가이다.

　　<보기>의 ㄱ, ㄴ, ㄷ 모두 적절한 평가이므로 정답은 ⑤이다.

35.

〈이론〉에 대한 평가로 적절한 것만을 〈보기〉에서 있는 대로 고른 것은?

〈이론〉

A의 개념은 A를 정의하는 특성들, 즉 어떤 것이 A가 되기 위한 필요충분조건에 해당하는 특성들로 구성된다. 예를 들어, 어떤 대상이 총각이기 위한 필요충분조건이 미혼 남성이라면, 어떤 대상이 총각이기 위해서는 미혼이면서 남성이어야 하고, 미혼이면서 남성인 모든 대상은 총각이다. 이 경우 총각의 개념은 미혼이라는 특성과 남성이라는 특성으로 이루어진다. 만일 어떤 사람이 A의 개념을 가지고 있다면, 그는 어떤 대상이 A에 속하는지 아닌지 판단하는 데 A의 개념을 사용할 것이다. A의 개념을 사용해 어떤 대상이 A에 속하는지 판단하는 데 걸리는 시간은, A를 정의하는 각 특성을 그 대상이 가지는지 확인하는 데 소요되는 시간의 합이다.

〈실험〉

과학자들은 실험참여자들에게 다양한 종류의 동물들을 예로 들어 그것이 새인지 판단하는 과제를 수행하도록 했다. 그들은 실험참여자들에게 "x는 새입니까?"와 같은 질문을 던진 후 답하는 데 걸리는 시간을 측정했다. 그 결과, 참새가 새라고 답변하는 데 걸리는 시간은 평균 0.4초였던 반면, 펭귄의 경우 평균 1.4초였다.

보 기

ㄱ. 실험참여자들이 새의 개념을 가지지 않아서 '참새'와 '펭귄'의 언어표현이 주는 느낌에 의거해 답변을 했다면, 〈실험〉의 결과는 〈이론〉을 약화하지 않는다.

ㄴ. 새의 개념을 구성하는 각각의 특성에 대해, 참새와 펭귄이 그 특성을 가지는지 여부를 확인하는 데 걸리는 시간이 서로 다르다면, 〈실험〉의 결과는 〈이론〉을 약화한다.

ㄷ. 인간의 개념은 이성적 동물로 정의된다고 생각하는 사람들이 어떤 대상을 동물이라고 판단하는 데 걸리는 시간보다 그 대상을 인간이라고 판단하는 데 걸리는 시간이 더 짧다면, 〈이론〉은 약화된다.

① ㄱ   ② ㄴ   ③ ㄱ, ㄷ
④ ㄴ, ㄷ   ⑤ ㄱ, ㄴ, ㄷ

인문 – 논증 평가 및 문제해결

이 문항은 개념이란 무엇인지에 관한 이론을 가상의 실험 결과가 약화하는지 판단할 수 있는 능력을 평가하는 문항이다.

정답 : ③

〈이론〉에 따르면 개념은 곧 정의와 같아서, A의 개념은 어떤 것이 A가 되기 위한 필요충분조건에 해당하는 특성들로 구성된다. A의 개념을 가진 사람은 어떤 대상이 A에 속하는지 여부를 판단하는 데 A의 개념을 사용할 것이다. 그러면 개념을 이용한 범주화 판단에 걸리는 시간을 측정함으로써 〈이론〉을 평가해 볼 수 있다. 〈실험〉은 소위 '전형성 효과'를 보여주는 심리학 실험을 매우 단순화한 형태로 제시한다.

ㄱ. 만일 실험참여자들이 새의 개념을 가지지 않는다면 그들은 범주화 과제에서 새의 개념을 사용하지 않았을 것이다. 〈실험〉은 실험참여자들이 새의 개념을 사용하여 물음에 답변하였다는 전제하에서만 〈이론〉을 평가할 수 있다. 그러므로 개념이 아니라 언어표현이 주는 느낌에 의거해서 답변을 했다면 〈실험〉의 결과는 〈이론〉을 약화하지 않는다. ㄱ은 적절한 평가이다.

ㄴ. 새의 개념이 X 특성과 Y 특성으로 이루어져 있다고 가정해 보자. 〈실험〉의 결과는 참새가 새라고 답변하는 데 걸리는 시간보다 펭귄이 새라고 답변하는 데 걸리는 시간이 긴 것으로 나타났으므로, X 특성과 Y 특성에 대해 참새가 각 특성을 가지는지 확인하는 시간과 펭귄이 각 특성을 가지는지 확인하는 시간이 같거나 후자가 더 짧은 경우에만, 〈실험〉의 결과는 〈이론〉을 약화할 수 있다. 참새와 펭귄이 각 특성을 가지는지 확인하는 시간이 서로 다르다면, 참새가 각 특성을 가지는지 확인하는 시간이 더 짧은 경우도 포함되므로, 〈이론〉은 〈실험〉의 결과와 양립할 수 있다. 따라서 〈실험〉의 결과는 〈이론〉을 약화하지 않는다. ㄴ은 적절하지 않은 평가이다.

ㄷ. 인간의 개념이 이성적 동물로 정의된다고 생각하는 사람들은 어떤 대상이 인간인지 판단하려면 그 대상이 이성적인지, 그리고 동물인지를 확인해야 한다. 따라서 그 대상이 인간인지 판단하는 데 걸리는 시간은 그 대상이 동물인지 판단하는 데 걸리는 시간보다 짧을 수 없다. 이와 반대되는 결과가 나왔다면 〈이론〉은 약화된다. ㄷ은 적절한 평가이다.

〈보기〉의 ㄱ, ㄷ만이 적절한 평가이므로 정답은 ③이다.

36.

㉠과 ㉡에 대한 평가로 적절한 것만을 〈보기〉에서 있는 대로 고른 것은?

> 서인도양의 세이셸 제도에는 '호랑이 카멜레온'이라는 토착종이 살고 있다. 그런데 세이셸 제도는 아프리카 남동쪽의 큰 섬인 마다가스카르로부터 북동쪽으로 약 1,100km, 인도로부터는 서쪽으로 약 2,800km 떨어진 외딴 곳이다. 날지도 못하고 수영도 능숙하지 않은 이 작은 동물이 어떻게 이곳에 살게 되었을까?
>
> 이에 대해 다음의 두 설명이 제시되었다. 하나는 ㉠호랑이 카멜레온의 조상은 원래 장소에 계속 살고 있었으나 대륙의 분리 및 이동으로 인해 외딴 섬들에 살게 되었다는 것이다. 세이셸 제도는 원래 아프리카, 인도, 마다가스카르 등과 함께 곤드와나 초대륙의 일부였으나 인도-마다가스카르와 아프리카가 분리되고, 이후 인도와 마다가스카르가 분리된 다음, 최종적으로 인도와 세이셸 제도가 분리되어 지금에 이르렀다. 위 설명에 따르면, 호랑이 카멜레온의 조상은 세이셸 제도가 다른 지역과 분리된 후 독립적으로 진화했다.
>
> 다른 하나는 ㉡호랑이 카멜레온의 조상이 마다가스카르 또는 아프리카의 강이나 해안가로부터 표류하는 나뭇가지 등의 '뗏목'을 타고 세이셸 제도에 도착했다는 것이다. 이에 따르면 호랑이 카멜레온의 조상은 본래 아프리카나 마다가스카르에 살고 있었는데, 서식지 근처 강의 범람과 같은 사건의 결과로 표류물을 타고 세이셸 제도로 이주한 후 독립적으로 진화했다.

보기

ㄱ. 해저 화산의 분화로 형성된 후 대륙과 연결된 적이 없는 외딴 섬인 코모로 제도에만 서식하는 카멜레온 종이 있다는 사실은 ㉠을 강화한다.

ㄴ. 세이셸 제도가 인도에서 분리된 후 최근까지 서인도양의 해류가 서쪽에서 동쪽으로 흘렀다는 연구 결과가 있다면 이는 ㉡을 약화한다.

ㄷ. 아프리카 동부의 카멜레온과 호랑이 카멜레온의 가장 가까운 공동조상이 마다가스카르의 카멜레온과 호랑이 카멜레온의 가장 가까운 공동조상보다 더 나중에 출현했다는 연구 결과가 있다면 이는 ㉠을 약화하나 ㉡은 약화하지 않는다.

① ㄱ ② ㄷ ③ ㄱ, ㄴ
④ ㄴ, ㄷ ⑤ ㄱ, ㄴ, ㄷ

문항 성격	과학기술 – 논쟁 및 반론
평가 목표	이 문항은 세이셸 제도에 살고 있는 호랑이 카멜레온의 기원에 관한 두 경쟁 가설을 이해하고 각 가설을 강화하거나 약화하는 근거를 찾을 수 있는 능력을 평가하는 문항이다.
문제 풀이	정답 : ②

㉠에 따르면 대륙의 분리가 호랑이 카멜레온의 진화에 영향을 미친다. 세이셸 제도를 기준으로 대륙이 분리된 순서는 '아프리카 → 마다가스카르 → 인도'이므로, 각 지역에 살고 있는 다른 카멜레온과 호랑이 카멜레온의 분화 순서 역시 동일할 것이다. 그러나 ㉡에 따르면 대륙 이동과 독립적으로 호랑이 카멜레온이 세이셸 제도에 살게 되었으므로 분화 순서가 ㉠과 같지 않아도 된다. 또한 ㉡은 수영을 잘하지 못하는 동물도 우연에 의해 외딴 섬에 정착할 수 있다는 주장을 포함한다. 덧붙여 제시문 초반에 제시된 지리적 정보를 이용하면 언급된 지역들 사이의 상대적 위치를 아래와 같이 추론할 수 있다(실제 거리 및 면적 무시).

<보기> 해설 ㄱ. 해저 화산의 분화로 형성된 후 대륙과 연결된 적이 없는 외딴 섬에서만 서식하는 카멜레온 종이 있다면 그 종은 다른 곳에서 이주했을 것이다. 이는 카멜레온의 원거리 이주가 가능함을 강하게 시사한다. 따라서 세이셸 제도 호랑이 카멜레온의 외부로부터의 이주를 주장하는 ㉡은 다소 강화될 수 있으나 ㉠이 강화될 수는 없다. ㄱ은 적절하지 않은 평가이다.

ㄴ. ㉡에 따르면 아프리카나 마다가스카르에서 서식하던 호랑이 카멜레온의 조상은 나뭇가지 등을 타고 동쪽에 있는 세이셸 제도로 이동해야 한다. 따라서 해류가 서쪽에서 동쪽으로 흘렀다면 표류물을 타고 세이셸 제도로 이동하기가 수월해진다(위 그림 참조). 따라서 이러한 연구 결과가 있다면 이는 ㉡을 약화하지 않으며 오히려 ㉡을 다소 강화한다고 볼 수 있다. ㄴ은 적절하지 않은 평가이다.

ㄷ. ㉠에 따르면 아프리카와 마다가스카르 중 먼저 세이셸 제도와 분리된 것은 아프리카이므로, 아프리카 동부의 카멜레온이 상대적으로 먼저 분화하여 독립적으로 진화하였을 것이다. 따라서 호랑이 카멜레온과 마다가스카르 카멜레온의 최근 공동조상은 호랑이 카멜레온과 아프리카 동부 카멜레온의 최근 공동조상보다 더 늦은 시기에 등장했을 것이다. 따라서 연구 결과가 이와 반대로 나왔다면 ㉠은 약화된다. ㉡은 세이셸 제도가 자리 잡은 후 호랑이 카멜레온의 조상이

이주해 왔을 것이라 주장한다. 따라서 아프리카 동부에 살던 카멜레온이 표류물을 타고 세이셸 제도에 이주했다면 호랑이 카멜레온과 아프리카 동부 카멜레온의 최근 공동조상이 호랑이 카멜레온과 마다가스카르 카멜레온의 최근 공동조상보다 나중에 등장했을 것이다. 따라서 ⓒ은 다소 강화되며, 적어도 ⓒ이 약화된다고 말할 수는 없다. ㄷ은 적절한 평가이다.

〈보기〉의 ㄷ만이 적절한 평가이므로 정답은 ②이다.

37.

ⓐ에 대한 평가로 적절한 것만을 〈보기〉에서 있는 대로 고른 것은?

18세기 말 프랑스의 화학자 라부아지에는 물질의 연소는 물질이 그가 '산소'라고 명명한 물질과 결합하는 과정이라 주장했다. 그러나 이 주장은 물질이 산소와 결합할 때 왜 열이 발생하는지 설명할 수 없다는 반론에 부딪혔다.

그는 이에 대응하여 다음을 가정했다. 첫째, 열은 사실 '열소'라는 질량이 없는 물질로, 열의 발생은 물질과 결합했던 열소가 방출되는 과정이다. 둘째, 기체는 고체나 액체에 비해 훨씬 많은 열소를 포함하고 있다. 액체 상태의 물에 막대한 양의 열을 공급하면 수증기가 되는 이유는 물과 다량의 열소가 서로 결합했기 때문이다. 마찬가지로 기체 산소 역시 산소와 열소가 결합한 화합물이다. 이 두 가지 가정을 바탕으로 라부아지에는 ⓐ물질이 연소하는 과정에서 기체 산소 내의 산소는 타는 물질과 결합하여 화합물을 생성하나, 기체 산소 내 열소는 물질과 결합하지 않고 공기 중으로 빠져나가기 때문에 열이 발생한다고 주장했다.

보기

ㄱ. 많은 고체 물질이 연소할 때 열이 발생함과 동시에 기체가 생성된다는 사실은 ⓐ을 강화한다.

ㄴ. 산소화합물을 포함한 화약은 기체 산소가 없어도 폭발적으로 연소하면서 엄청난 양의 열을 방출한다는 사실은 ⓐ을 약화한다.

ㄷ. 물질이 연소하는 과정에서 발생한 열이 아무리 많이 공기 중으로 방출되더라도 공기의 질량은 증가하지 않는다는 사실은 ⓐ을 약화한다.

① ㄱ   ② ㄴ   ③ ㄱ, ㄷ
④ ㄴ, ㄷ   ⑤ ㄱ, ㄴ, ㄷ

과학기술 – 논증 평가 및 문제해결
이 문항은 라부아지에가 제안한 가설을 경험적 근거가 강화 또는 약화하는지 판단할
수 있는 능력을 평가하는 문항이다.

정답 : ②

라부아지에의 산소 연소 이론은 연소 과정의 질량 변화에 대한 강력한 설명력을 바탕으로 수용되
었다. 그러나 라부아지에의 이론에도 몇 가지 약점이 있었는데, 그중 하나가 연소 과정에서 왜 열
이 발생하는지 설명하기 어렵다는 것이었다. 그는 연소 과정에서 발생하는 열의 출처로 기체 상
태에 포함되어 있는 열소를 지목하는 이론 ㉠을 제시했으나, 그의 이론은 당시에도 많은 비판을
받았다. ㉠에 따르면 연소 과정, 즉 기체 산소와 결합하는 과정에서 열이 발생하는 이유는 기체
산소에 포함되어 있던 열소가 연소 과정에서 공기 중으로 빠져나가기 때문이다. 유의할 점은 라
부아지에의 이론에서 등장하는 열소 개념이 현대 과학의 에너지 개념과 동일하지 않다는 것이다.
열소는 일종의 물질로 다른 물질(예 : 산소)과 결합하여 화합물을 형성하는데, 기체는 충분한 양
의 열소가 물질과 결합한 결과로 생성되는 화합물인 것이다. 현대 과학에서 말하는 것과 달리 라
부아지에에게 기체는 일종의 화합물인 것이다.

ㄱ. 라부아지에의 연소 이론에서는 물질의 연소 과정에서 물질은 산소와만 결합한
다. 이 과정에서 기체 산소에 포함되어 있던 열소가 공기 중으로 빠져나가면서
열이 발생한다. 이는 다음의 도식으로 나타낼 수 있다.

물질+기체 산소(산소+열소) → 산화물(물질+산소)+방출되는 열소

그런데 석탄과 같은 고체 상태의 물질이 연소하면서 기체 화합물이 생성된다고
하자. 이는 열소가 적은 고체 상태의 물질이 열소를 훨씬 많이 포함하는 기체
화합물로 되는 과정이므로, 산소뿐 아니라 열소와도 결합해야 한다. 이러한 과
정은 다음의 도식으로 나타낼 수 있다.

고체 상태 물질+기체 산소(산소+열소) → 기체 산화물(물질+산소+열소)

또는

고체 상태 물질+기체 산소(산소+열소) → 기체 산화물(물질+산소+열소)+
소량의 잔여 열소

즉 외부로 빠져나가는 열소의 부족으로 이어지게 되므로, 연소 과정에서 열이
발생하지 않거나 발생하더라도 소량만 발생해야 한다. 따라서 고체 상태의 물질
이 연소할 때 열이 발생함과 동시에 기체가 생성된다는 사실은 ㉠을 강화하지
않는다. ㄱ은 적절하지 않은 평가이다.

ㄴ. ㉠은 연소 과정에서 발생하는 열의 출처를 기체 상태의 산소와 결합해 있던 열소라고 가정했다. 그런데 화약은 기체 상태의 산소가 없어도 연소하면서 엄청난 양의 열을 방출한다. 물론 화약 내부에 산소화합물이 있기 때문에 연소가 가능하기는 하나, 그것은 화약 내 고체 상태로 존재하며 열소가 매우 적다. 따라서 연소 과정에서 기체 산소에 포함되어 있던 열소가 빠져나감으로써 열이 발생한다고 설명하는 ㉠은 약화된다. ㄴ은 적절한 평가이다.

ㄷ. 라부아지에는 열소를 질량이 없는 물질로 간주했기 때문에, 연소 과정에서 공기 중으로 열소가 방출되더라도 공기의 질량은 증가하지 않는다. 따라서 연소 과정에서 발생하는 열의 출처를 기체 상태의 산소와 결합해 있던 열소에서 찾는 ㉠을 약화하지 않는다. ㄷ은 적절하지 않은 평가이다.

〈보기〉의 ㄴ만이 적절한 평가이므로 정답은 ②이다.

38.

다음으로부터 추론한 것으로 옳은 것만을 〈보기〉에서 있는 대로 고른 것은?

> 포유동물의 소화기관은 위-소장-대장의 순서로 되어 있는데, 일반적인 포유동물의 경우 위에서는 일부 단백질의 분해가 일어나고 소장에서는 단백질, 탄수화물, 지질 등이 분해된 후 소장 점막을 통해 흡수가 일어난다. 이후 대장에서는 수분과 일부 영양분의 흡수가 일어난 후, 나머지 성분들이 대변의 형태로 배출된다.
>
> 식물을 주 영양원으로 사용하는 초식동물들조차 식물의 주성분인 셀룰로오스를 분해하는 효소를 가지고 있지 않아서 미생물의 도움을 받아 셀룰로오스를 분해한다. 소와 같은 반추동물의 경우, 반추위에서 셀룰로오스를 분해하여 먹고 사는 다양한 종류의 미생물을 배양한다. 이후 셀룰로오스가 분해 및 발효된 성분과 배양된 미생물은 실질적 위에 해당하는 네 번째 위와 소장, 대장을 지나게 된다. 토끼와 같은 초식동물들은 반추위가 없기 때문에 대장의 일부인 맹장에서 미생물에 의한 셀룰로오스의 분해와 미생물의 배양이 일어난다. 토끼는 맹장에서 배양된 미생물 등을 작은 알갱이 형태의 식변으로 배출한 후, 자신의 변을 먹는 자기분식(cecotrophy)을 함으로써 음식물에 포함된 영양분을 효과적으로 섭취한다. 초식동물이지만 반추와 자기분식을 하지 않는 말의 경우에도 셀룰로오스 성분의 분해와 발효는 주로 맹장에서 미생물에 의해 일어나며, 그 결과물은 대장을 지나게 된다.

ㄱ. 셀룰로오스가 주성분인 먹이를 섭취했을 때, 셀룰로오스로부터 유래된 영양분의 흡
　수가 주로 대장에서 일어나는 동물은 소, 말, 토끼 중 말일 것이다.

ㄴ. 소의 경우 소화된 영양분의 흡수는 주로 소장에서 일어나고, 토끼의 경우 소화된 영
　양분의 흡수는 주로 위에서 일어날 것이다.

ㄷ. 반추동물이 아니면서 자기분식을 하지 않는 육식성 포유동물인 고양이의 경우 섭취
　한 셀룰로오스의 대부분을 소장에서 분해하고 흡수할 것이다.

① ㄱ　　　　　　　　　② ㄷ　　　　　　　　　③ ㄱ, ㄴ

④ ㄴ, ㄷ　　　　　　　　⑤ ㄱ, ㄴ, ㄷ

문항 성격　과학기술 – 언어 추리

평가 목표　이 문항은 셀룰로오스가 미생물의 도움으로 분해된다는 내용을 파악하고 이를 포유
　　　　　　동물의 소화기관과 연관시켜 영양소의 분해와 흡수가 일어나는 방식을 추리할 수 있
　　　　　　는 능력을 평가하는 문항이다.

문제 풀이　정답 : ①

식물은 광합성을 통해 유기물을 합성하는 생산자의 역할을 한다. 하지만 육식동물은 물론이고,
식물을 주된 먹이로 사용하는 1차 소비자인 초식동물들조차 식물의 주요 구성 성분인 셀룰로오스
를 분해하는 효소를 가지고 있지 않기 때문에 스스로는 셀룰로오스를 분해할 수 없다. 따라서 초
식동물들은 셀룰로오스를 분해할 수 있는 능력을 가진 다양한 종류의 미생물을 이용하여 식물성
먹이를 분해하고 발효함으로써 식물을 주된 먹이로 사용할 수 있다. 이때 미생물을 이용한 셀룰
로오스의 분해와 발효가 일어나는 부위에 따라 초식동물들을 크게 두 가지로 구분할 수 있다. 전
장 발효 동물은 음식물의 소화 및 흡수가 주로 일어나는 위와 소장 이전에 미생물을 이용하여 셀
룰로오스를 분해하고 발효시키며, 후장 발효 동물은 위와 소장 이후의 소화기관인 맹장 등에서
미생물을 이용하여 셀룰로오스를 분해하고 발효시킨다.

〈보기〉해설　ㄱ. 소의 경우는 미생물에 의한 셀룰로오스의 분해 및 발효, 그리고 셀룰로오스 성
　　　　　　　분을 먹고 살아가는 미생물의 배양이 반추위에서 일어난 후, 셀룰로오스가 분해
　　　　　　　및 발효된 성분과 배양된 미생물이 위–소장–대장을 지나기 때문에, 셀룰로오
　　　　　　　스로부터 유래된 영양분의 흡수가 주로 소장에서 소장 점막을 통해 일어난다는
　　　　　　　사실을 추론할 수 있다. 토끼의 경우에는 미생물에 의한 셀룰로오스의 분해 및
　　　　　　　발효, 그리고 셀룰로오스 성분을 먹고 살아가는 미생물의 배양이 맹장에서 일어

난 후, 셀룰로오스가 분해 및 발효된 성분과 배양된 미생물이 식변으로 배출되었다가 다시 입으로 섭취되기 때문에, 위-소장-대장을 다시 한 번 지나게 된다. 따라서 토끼의 경우도 셀룰로오스로부터 유래된 영양분이 주로 소장에서 소장 점막을 통해 흡수되리라는 것을 추론할 수 있다. 말의 경우에는 토끼처럼 맹장에서 미생물을 이용하여 셀룰로오스 성분을 소화하지만 토끼와 달리 식변을 하지 않기 때문에, 소화기관의 순서가 위-소장-대장이고 맹장이 대장의 일부라는 점을 고려하면, 소화된 셀룰로오스 성분의 흡수는 대장에서 일어날 수밖에 없다는 것을 추론할 수 있다. ㄱ은 옳은 추론이다.

ㄴ. 소화기관은 위-소장-대장의 순서인데, 소의 경우에는 반추위에서 미생물에 의해 소화된 셀룰로오스 성분이 실질적 위에 해당하는 네 번째 위와 소장에서 추가적으로 분해되고 소장에서 소장 점막을 통해 영양분이 흡수된다. 토끼의 경우 맹장에서 미생물에 의해 셀룰로오스가 분해되는데, 맹장은 대장의 일부이므로 맹장에서 분해된 셀룰로오스 성분이 소장으로 되돌아갈 수 없다. 따라서 토끼는 일단 맹장에서 배양된 미생물과 이들에 의해 분해된 성분을 식변으로 배출하고 이를 다시 섭취한다. 이로부터 토끼의 경우도 소화된 영양분의 흡수는 주로 소장에서 소장 점막을 통해 일어나는 것으로 추론할 수 있다. ㄴ은 옳지 않은 추론이다.

ㄷ. 식물을 주 영양원으로 사용하는 초식동물들조차 미생물의 도움이 없이는 셀룰로오스를 분해할 수 없고, 이들 중 반추동물을 제외하고는 맹장에서 셀룰로오스를 분해한다. 맹장은 대장의 일부이므로, 자기분식을 하지 않는 한 맹장에서 분해된 셀룰로오스 성분이 소장으로 되돌아갈 수는 없다. 그렇기 때문에 반추와 자기분식을 하지 않는 말과 같은 초식동물의 경우에도 분해된 셀룰로오스 성분을 대장에서만 흡수할 수 있다(ㄱ 해설 참조). 따라서 육식동물인 고양이는 셀룰로오스를 분해 및 흡수하지 못하거나, 할 수 있다 하더라도 소장이 아니라 대장에서 분해 및 흡수할 것이다. ㄷ은 옳지 않은 추론이다.

〈보기〉의 ㄱ만이 옳은 추론이므로 정답은 ①이다.

39.
다음으로부터 추론한 것으로 옳은 것만을 〈보기〉에서 있는 대로 고른 것은?

> 항원변이는 감염원이 자신의 표면에 존재하는 표면 항원을 변형시켜 숙주가 기존 감염을 통해 획득한 기억 면역시스템을 회피하는 메커니즘이다. 바이러스의 항원변이에는 항원연속변이와 항원불연속변이가 있는데, 항원연속변이는 하나의 바이러스 유전자에 돌연변이가 축적되는 과정을 통해 항원이 서서히 변하는 것이고, 항원불연속변이는 서로 다른 두 개 이상의 바이러스 유전자가 혼합되는 과정을 통해 항원이 급격하게 변하는 것이다.
>
> 항원변이에 대한 연구는 인플루엔자 바이러스 A와 B를 대상으로 주로 진행되어 왔다. 세균에 비해 인플루엔자 바이러스에서 돌연변이가 더 잘 일어나는 이유는 유전체의 복제 과정에서 교정 기능이 없는 RNA 중합효소가 사용되기 때문이다. 돌연변이가 일어나는 정도는 인플루엔자 바이러스 사이에서도 차이가 있는데, 인플루엔자 바이러스 B보다 A에서 돌연변이가 더 잘 일어나는 것으로 알려져 있다.
>
> 인플루엔자 바이러스 A와 B는 8개의 절편으로 이루어진 유전체를 가지고 있기 때문에, 서로 다른 유전체를 가진 바이러스들이 한 세포를 감염시켜 새로운 바이러스가 만들어지는 경우 8개의 절편은 다양한 조합으로 재편성될 수 있다. 인플루엔자 바이러스 B는 주로 사람만 감염시키지만, 인플루엔자 바이러스 A는 사람뿐 아니라 돼지, 그리고 다양한 조류도 감염시키는 것으로 알려져 있다. 실제로 2009년에 전 세계적으로 대유행한 인플루엔자는 사람, 돼지, 조류 인플루엔자 바이러스의 유전자가 모두 섞인 새로운 형태로 밝혀졌다.

보기

ㄱ. 항원연속변이를 통한 항원의 변화는 인플루엔자 바이러스 A보다 B에서 더 크고, 항원불연속변이를 통한 항원의 변화는 인플루엔자 바이러스 B보다 A에서 더 클 것이다.

ㄴ. 어린 시절 특정 인플루엔자 바이러스 A와 B에 노출되어 각각에 대한 기억 면역이 생긴 사람의 경우, 성인이 되었을 때 인플루엔자 바이러스 B보다 A에 감염될 확률이 더 높다.

ㄷ. '평년보다 다소 증가한 인플루엔자의 소규모 유행'이 발생한 것이 아니라 '전 세계적인 인플루엔자의 대규모 유행'이 발생했다면, 이 유행은 항원불연속변이보다 항원연속변이에 의해 일어났을 확률이 높다.

① ㄴ   ② ㄷ   ③ ㄱ, ㄴ

④ ㄱ, ㄷ   ⑤ ㄱ, ㄴ, ㄷ

문항 성격   과학기술 – 언어 추리

평가 목표   이 문항은 항원변이를 통한 인플루엔자 바이러스의 면역시스템 회피에 대한 내용을 이해하고 이로부터 〈보기〉에 제시된 내용이 추론 가능한지 판단하는 능력을 평가하는 문항이다.

문제 풀이   정답 : ①

항원변이는 원생동물, 세균 혹은 바이러스와 같은 감염원이 표면에 존재하는 단백질이나 탄수화물 같은 분자, 즉 표면 항원을 변형시켜 숙주의 면역시스템을 회피하는 메커니즘이다. 항원변이를 통해 감염원은 숙주가 기존에 획득한 기억 면역시스템을 회피함으로써 효율적으로 숙주를 감염시킬 수 있게 된다. 항원변이를 통한 숙주의 면역시스템 회피 메커니즘은 원생동물이나 세균보다 바이러스에서 더 많이 발견된다.

바이러스의 항원변이 중 서로 다른 두 종류 이상의 바이러스 유전자가 혼합되는 과정을 거침으로써 바이러스의 항원성이 크게 변화하는 것을 항원대변이 혹은 항원불연속변이라 하고, 한 종의 바이러스가 돌연변이를 통해 서서히 항원성이 변하는 것을 항원소변이 혹은 항원연속변이라 한다.

〈보기〉 해설   ㄱ. 항원연속변이는 하나의 바이러스 유전자에 돌연변이가 축적되는 과정을 통해 항원이 서서히 변하는 것이고, 인플루엔자 바이러스 B보다 A에서 돌연변이가 더 잘 일어난다고 알려져 있다. 따라서 항원연속변이를 통한 항원의 변화는 인플루엔자 바이러스 B보다 돌연변이가 더 잘 일어나는 인플루엔자 바이러스 A에서 더 클 것이다.

항원불연속변이는 서로 다른 두 개 이상의 바이러스 유전자가 혼합되는 과정을 통해 항원이 급격하게 변하는 것이다. 인플루엔자 바이러스 B는 항원연속변이를 통한 항원의 변화가 A에 비해 작은데다 주로 사람만 감염시키기 때문에, 인플루엔자 바이러스 B 사이의 유전자 차이는 크지 않을 것이다. 이로 인해 인플루엔자 바이러스 B 사이에서는 유전자가 서로 혼합되는 과정을 거치더라도 항원의 변화가 크지 않을 것이다. 이에 비해 인플루엔자 바이러스 A는 항원연속변이를 통한 항원의 변화가 B에 비해 큰데다 사람뿐 아니라 돼지나 조류도 감염시키기 때문에, 인플루엔자 바이러스 A 사이의 유전자 차이는 클 것이다. 이로 인해 인플루엔자 바이러스 A 사이에서 유전자가 서로 혼합되는 과정을 거치게 되면 항원의 변화가 클 것이다. 따라서 항원불연속변이를 통한 항원의 변화는 인플루엔자 바이러스 B보다 A에서 더 클 것이다.

ㄱ의 뒷부분은 옳은 추론이나 앞부분이 옳지 않은 추론이므로, ㄱ은 옳지 않은 추론이다.

ㄴ. 항원연속변이를 통한 항원의 변화와 항원불연속변이를 통한 항원의 변화 모두 인플루엔자 바이러스 B보다 A에서 더 클 것임을 추론할 수 있다(ㄱ 해설 참조). 따라서 인플루엔자 바이러스 A가 B보다 어린 시절 감염으로 획득된 기억 면역시스템을 더 쉽게 회피할 수 있기 때문에, 성인이 되었을 때 인플루엔자 바이러스 B보다 A에 감염될 확률이 높을 것이다. ㄴ은 옳은 추론이다.

ㄷ. '평년보다 다소 증가한 인플루엔자의 소규모 유행'이 아니라 '전 세계적인 인플루엔자의 대규모 유행'이 발생했다면, 이는 많은 사람들의 기억 면역시스템을 효과적으로 회피할 수 있는 항원변이가 크게 일어난 새로운 형태의 인플루엔자 바이러스에 의한 것임을 추론할 수 있다. 항원연속변이는 하나의 바이러스 유전자에 돌연변이가 축적되는 과정을 통해 항원이 서서히 변하는 것이고, 항원불연속변이는 서로 다른 두 개 이상의 바이러스 유전자가 혼합되는 과정을 통해 항원이 급격하게 변하는 것이다. 따라서 항원변이가 크게 일어난 새로운 형태의 인플루엔자 바이러스는 항원연속변이보다는 항원불연속변이에 의해 일어났을 확률이 높다. ㄷ은 옳지 않은 추론이다.

〈보기〉의 ㄴ만이 옳은 추론이므로 정답은 ①이다.

40.

다음으로부터 추론한 것으로 옳은 것만을 〈보기〉에서 있는 대로 고른 것은?

웨스턴 블랏은 단백질 사이의 특이적인 상호작용을 이용하여 원하는 단백질을 검출하는 방법으로, 단백질인 항체를 이용하여 이 항체와 특이적으로 결합하는 표적단백질을 검출하는 것이다. 웨스턴 블랏은 먼저 단백질들을 크기별로 분리하고, 이 단백질들을 여과막에 결합시키는 블랏 과정을 거친 후, 최종적으로 항체를 이용하여 표적단백질을 검출한다.

블랏 과정에 사용되는 여과막에는 모든 종류의 단백질이 비특이적으로 결합할 수 있다. 따라서 블랏 과정과 항체를 이용한 단백질 검출 과정 사이에는, 분리된 단백질이 결합해 있지 않아 비어 있는 여과막 부분에 다른 단백질을 결합시키는 과정이 필요하다. 이를 '여과막 차단'이라 하며, 이 과정을 거치는 이유는 여과막의 비어 있는 부분에 항체가 비특이적으로 결합하여 표적단백질과 상관없는 '백그라운드 신호'를 발생시키는 것을 방지하기 위함이다.

여과막 차단 과정을 거친 후에는 검출을 원하는 표적단백질과 특이적으로 결합하는 1차 항체를 처리한 후, 이 1차 항체에 특이적으로 결합하는 2차 항체를 순차적으로 처리한다. 2차 항체에는 효소가 결합되어 있는데, 이 효소에 의한 신호를 확인함으로써 표적단백질을 검출할 수 있게 된다.

표적단백질 검출을 위해 1차 항체만을 사용하지 않고 추가적으로 2차 항체를 사용하는 이유는 크게 두 가지로 요약할 수 있다. 첫째, 여러 종류의 표적단백질 검출을 위한 다양한 종류의 1차 항체 각각에 효소를 결합시킬 필요가 없어지기 때문이다. 둘째, 1차 항체 1개당 여러 개의 2차 항체가 결합할 수 있기 때문에 최종적으로 검출 신호의 증폭이 일어나기 때문이다.

보기

ㄱ. 2차 항체가 1차 항체뿐 아니라 표적단백질에도 결합한다면, 백그라운드 신호가 증가할 것이다.

ㄴ. 여과막 차단에 사용된 단백질 중 2차 항체와 결합하는 능력을 가진 단백질이 존재한다면, 백그라운드 신호는 증가하지 않을 것이다.

ㄷ. 1차 항체에 단백질 검출을 위한 효소가 결합되어 있고 이 효소가 검출에 충분한 신호를 낸다면, 2차 항체를 사용하지 않고도 표적단백질 검출이 가능할 것이다.

① ㄱ　　　　　　② ㄷ　　　　　　③ ㄱ, ㄴ
④ ㄴ, ㄷ　　　　　⑤ ㄱ, ㄴ, ㄷ

문항 성격　과학기술 – 언어 추리

평가 목표　이 문항은 웨스턴 블랏의 실험 과정과 원리를 이해하고 이로부터 〈보기〉에 제시된 내용이 추론 가능한지 판단하는 능력을 평가하는 문항이다.

문제 풀이　정답 : ②

웨스턴 블랏은 단백질 사이의 특이적인 상호작용을 이용하여 특정 단백질을 검출하는 방법으로, 일반적으로 항체를 이용하여 이 항체에 특이적으로 결합하는 특정 단백질을 검출하게 된다. 일반적인 웨스턴 블랏은 먼저 단백질들을 아크릴아마이드 전기영동을 통해 분리하고, 분리된 단백질들을 여과막에 결합시키는 블랏 과정을 거친 후, 최종적으로 탐침의 역할을 하는 항체를 이용하여 원하는 단백질을 검출하는 방법이다.

〈보기〉해설 ㄱ. 백그라운드 신호는 표적단백질과 상관이 없는 신호이므로, 2차 항체가 표적단백질에 결합하더라도 백그라운드 신호에는 영향을 미치지 않을 것이다. ㄱ은 옳지 않은 추론이다.

ㄴ. 여과막 차단에 사용된 단백질 중 2차 항체와 결합하는 능력을 가진 단백질이 존재할 경우, 1차 항체를 결합시킨 후에 2차 항체를 결합시키는 과정에서 2차 항체가 1차 항체뿐 아니라 여과막 차단에 사용된 단백질에도 결합하게 되므로, 표적단백질과 상관이 없는 백그라운드 신호가 증가할 것이다. ㄴ은 옳지 않은 추론이다.

ㄷ. 2차 항체를 사용하는 이유가 모든 1차 항체에 단백질 검출을 위한 효소를 결합시키기가 어렵기 때문이고 또한 2차 항체를 활용한 신호 증폭을 위해서이므로, 1차 항체에 단백질 검출을 위한 효소가 결합되어 있고 이 효소가 단백질 검출에 충분한 신호를 낸다면, 2차 항체를 사용하지 않고도 표적단백질 검출이 가능할 것이다. ㄷ은 옳은 추론이다.

〈보기〉의 ㄷ만이 옳은 추론이므로 정답은 ②이다.

2022

법학적성시험
추리논증 영역

2020학년도 추리논증 영역 출제 방향

1. 출제의 기본 방향

추리논증 시험은 이해력, 추리력, 비판력을 측정하는 시험이 될 수 있도록 제시문에 주어진 내용을 단순히 문자적으로 이해하는 것을 넘어 제시된 글의 의미, 상황, 함의를 논리적으로 분석하고 핵심 정보를 취합하여 종합적으로 평가할 수 있어야 해결할 수 있도록 문제를 구성하였다. 특히 정상적인 학업과 독서 생활을 통하여 사고력을 함양한 사람이면 해결할 수 있는 내용을 제시문으로 구성하였다.

전 학문 분야 및 일상적·실천적 영역에 걸쳐 다양하게 문항의 제재를 선택함으로써 영역 간 균형 잡힌 제재 선정을 위해 노력하는 한편, 제시문의 내용에 관한 선지식이나 제시문으로 선택된 영역의 전문 지식이 문항 해결에 영향을 미치지 않도록 하는 데에도 주력함으로써 전공에 따른 유·불리를 최소화하고자 하였다. 특히 각 영역 내에서도 제시문의 세부 분야를 다변화함으로써 다양한 분야에 대한 폭넓은 지식을 갖춘 법조인 양성의 취지를 살리고자 하였다.

또한 추리 능력을 측정하는 문항과 논증 분석 및 평가 능력을 측정하는 문항을 규범, 인문, 사회, 과학기술 각 영역 모두에서 균형 있게 출제함으로써 상이한 토대와 방법론에 따라 진행되는 다양한 종류의 추리와 비판을 상황과 맥락에 맞게 파악하고 점검하는 능력을 측정하고자 하였다.

2. 출제 범위 및 문항 구성

40문항으로 확대된 작년 시험의 기조를 유지하되 세부 학문 분야의 다양화를 도모하고자 하였다. 인문학 영역의 문항이 늘고, 규범, 사회, 과학기술 영역의 문항은 예년과 큰 차이 없이 균형 있게 출제되었다. 규범 관련 제재를 다루는 13개 문항, 철학과 윤리학을 포함한 인문학 제재를 다루는 12개 문항, 사회와 경제를 다루는 6개 문항, 자연과학 제재를 다루는 6개 문항, 그리고 논리·수리적 추리를 다루는 3개 문항으로 구성하였다.

올해 추리논증 시험에서는 추리 문항을 55%, 논증 문항을 45% 정도로 출제함으로써 양쪽 사고력이 골고루 평가될 수 있도록 하였다. 규범적 평가를 다양한 상황으로 확대 적용하여 문항을 구성하였으며, 증거에 비추어 가설이나 견해의 올바름을 평가하는 문항의 출제 비중도 늘렸다.

3. 난이도

제시문의 이해도를 높이기 위해서 전문적인 용어를 순화하여 전공 여부에 상관없이 누구나 어렵지 않게 내용에 접근하고 이해할 수 있도록 하였다.

또한 문제를 해결하기 위해 거쳐야 할 추리나 비판 및 평가의 단계가 지나치게 많고 복잡해지지 않도록 함으로써 수험생들이 보다 손쉽게 문제를 해결할 수 있도록 하였다.

4. 출제 시 유의점

- 제시문을 분석하고 평가하는 데 충분한 시간을 사용할 수 있도록 제시문의 독해 부담을 줄여 주면서 동시에 추리 능력과 비판 능력을 적절히 측정할 수 있는 변별력 있는 문항으로 구성하고자 하였다.
- 선지식에 의해 풀게 되거나 전공에 따른 유·불리가 분명해지는 제시문의 선택과 문항의 출제를 지양하였다.
- 법학 지식 평가를 배제하기 위해 문항에 나오는 개념, 진술, 논리 구조, 함의 등을 이해하는 데 법학 지식이 요구되지 않도록 하였다.
- 출제의 의도를 감추거나 오해하게 하는 질문을 피하고, 평가하고자 하는 능력을 정확히 평가할 수 있도록 간명한 형식을 취하였다.
- 문항 및 선택지 간의 간섭을 최소화하고, 선택지 선택에서 능력에 따른 변별이 이루어질 수 있도록 하였다.

01.

〈견해〉에 대한 분석으로 옳은 것만을 〈보기〉에서 있는 대로 고른 것은?

〈사례〉

　X국에서 다음의 사건이 발생하였다. 甲은 자신을 놀린 乙에게 복수하기로 하였다. 甲의 부탁을 받은 丙은 乙을 때려 상해를 입혔다. X국 법률에는 "사람의 신체를 상해한 자는 5년 이하의 징역에 처한다"고 상해죄가 규정되어 있다. 丙이 상해죄로 처벌되는 것 이외에 甲도 상해죄로 처벌할 수 있는지에 대해서 다음과 같은 견해가 있다.

〈견해〉

A : 甲이 乙에 대한 상해를 유발했다고 甲을 상해죄로 처벌해서는 안 돼. 甲이 직접 乙을 상해한 것은 아니잖아. 丙이 甲의 부탁을 거절할 수 없는 상황이었어야만 甲을 상해죄로 처벌할 수 있어.

B : 甲이 乙에 대한 상해를 유발했다는 사실만으로는 甲을 상해죄로 처벌할 수는 없어. 하지만 丙을 상해죄의 범죄자로 만들었으니까 甲을 처벌해야지. 甲의 부탁이 없었다면 丙은 상해죄의 범죄자가 되지 않았을 거야. 상해를 유발한 것보다 타인을 범죄자로 만든 것이 더 중한 범죄잖아.

C : 丙을 상해죄의 범죄자로 만들었다는 이유로는 甲을 처벌할 수 없어. 타인을 범죄자로 만든 것을 처벌하는 법이 없기 때문이야. 그렇지만 甲을 상해죄로는 처벌해야 해. 왜냐하면 상해죄의 법규정이 상해 행위를 직접 하는 경우로 한정하고 있지 않기 때문이야.

보기

ㄱ. A와 C는 타인을 이용하여 상해를 유발한 자가 처벌을 받는 경우에 직접 폭력을 행사하여 상해를 입힌 자와 같은 죄목의 범죄로 처벌받을 수 있다고 본다.

ㄴ. 甲이 丙에게 부탁을 하였고 丙이 甲의 부탁을 거절할 수 있는 상황임에도 불구하고 丙이 乙에게 상해를 입힌 경우, A와 C는 甲을 상해죄로 처벌할 수 있는지 여부에 대해 견해가 일치하지 않는다.

ㄷ. A, B, C는 모두 甲이 처벌받지 않을 수 있음을 인정한다.

① ㄱ　　　　　　　　② ㄷ　　　　　　　　③ ㄱ, ㄴ
④ ㄴ, ㄷ　　　　　　⑤ ㄱ, ㄴ, ㄷ

이 문항은 규범이 주어졌을 때 그것을 해석하는 다양한 견해들을 이해하고 각각의 견해에 따를 때 규범을 구체적인 사례에 적용할 수 있는 능력을 평가하는 문항이다.

문제 풀이 정답 : ③

甲은 丙에게 부탁하여 乙에게 상해를 입혔다. 그런데 X국 법률에는 상해죄에 관하여 "사람의 신체를 상해한 자는 5년 이하의 징역에 처한다"라고만 규정하고 있어서 이 법률을 甲에게 적용할 수 있는지가 문제가 된다.

이에 대해서 A는 타인에게 부탁을 하여 상해를 유발한 자를 상해죄로 처벌할 수 있기 위해서는 그 타인이 부탁을 거절할 수 없는 상황이었어야 한다고 주장한다.

반면에 B는 타인에게 부탁을 하여 상해를 유발한 자를 처벌해야 한다는 것에는 동의하지만, 그 이유가 상해를 유발했다는 사실 때문이 아니라 타인을 범죄자로 만들었다는 사실 때문이라고 주장한다.

또한 C는 타인을 범죄자로 만들었다는 이유로 처벌하는 법률이 존재하지 않기 때문에 그러한 이유로는 처벌할 수 없다고 주장하면서 B의 주장에 반대한다. 대신에 그는 상해죄에 관한 규정이 '사람의 신체를 상해한 자'라고만 규정하고 있을 뿐 '사람의 신체를 직접 상해한 자'라고 한정하고 있지 않기 때문에 '사람의 신체를 간접적으로 상해한 자'에게도 상해죄에 관한 규정이 적용된다고 주장한다.

〈보기〉 해설 ㄱ. 직접 폭력을 행사하여 상해를 입힌 자는 상해죄로 처벌받는다. A는 甲이 타인에게 부탁하여 상해를 유발했을 때 그 타인이 부탁을 거절할 수가 없었던 경우에만 甲이 상해죄로 처벌받을 수 있다고 주장하고, C는 타인을 간접적으로 상해한 경우에도 상해죄로 처벌받는다고 주장한다. 따라서 A와 C는 타인을 이용하여 상해를 유발한 자가 처벌을 받는 경우에 직접 폭력을 행사하여 상해를 입힌 자와 같은 죄목의 범죄로 처벌받을 수 있다고 본다. ㄱ은 옳은 분석이다.

ㄴ. 甲이 丙에게 부탁을 하였고 丙이 甲의 부탁을 거절할 수 있는 상황이었다면, "丙이 甲의 부탁을 거절할 수 없는 상황이었어야만 甲을 상해죄로 처벌할 수 있어"라고 주장하고 있는 A는 甲을 상해죄로 처벌할 수 없다고 본다. 상해죄 규정이 상해 행위를 직접 하는 경우로 한정하지 않는다고 보는 C는 甲을 상해죄로 처벌해야 한다고 본다. ㄴ은 옳은 분석이다.

ㄷ. B는 甲이 丙을 범죄자로 만들었기 때문에 처벌받아야 한다고 보고 C는 甲을 상해죄로 처벌해야 한다고 본다. 따라서 A, B, C 모두가 甲이 처벌받지 않을 수 있음을 인정한다고 볼 수는 없다. ㄷ은 옳은 분석이 아니다.

〈보기〉의 ㄱ, ㄴ만이 옳은 분석이므로 정답은 ③이다.

02.

다음으로부터 추론한 것으로 옳은 것만을 〈보기〉에서 있는 대로 고른 것은?

〈사례〉

　X국에서는 장애아동보호법에 "장애아동은 각자의 능력과 필요에 따라 적절한 공교육을 무상으로 받을 권리를 가진다"고 규정하고 있다. 적절한 공교육의 범위에 관해 다음과 같이 견해가 나뉜다.

〈견해〉

甲 : 잠재능력을 발현할 수 있도록 장애아동에게 제공되는 기회는 비장애아동에게 주어진 기회와 상응하는 수준이어야 한다. 이를 위해 공교육이 실시되기 전에 장애아동과 비장애아동의 잠재능력을 측정하고, 공교육의 결과 장애아동과 비장애아동이 잠재능력을 어느 정도 발현하고 있는지 확인해야 한다. 그런 다음 장애아동과 비장애아동이 각각 자신의 잠재능력에 비례하는 성과를 내는 데 차이가 나지 않도록 개별 장애아동에게 필요한 추가적인 학습 과정과 지원 서비스를 무상으로 제공해야 한다.

乙 : 공교육이 적절하다는 것은 어떤 특별한 교육적 수준의 보장이나 능력에 관계없는 절대적 교육 기회의 평등을 의미하기보다는 장애아동에게 기본적 수준의 교육 기회에 평등하게 접근할 수 있도록 공교육을 무상으로 제공하는 것을 의미한다. 장애아동이 수업을 이수하고 과목별 합격 점수를 받아 상급 학년으로 진급하는 학업 성취 결과가 나왔다면 그러한 평등이 실현된 것으로 볼 수 있다.

> **보기**
>
> ㄱ. 청각장애가 갑자기 생겨 성적이 떨어졌지만 상급 학년으로 진급하는 데에는 어려움이 없는 아동에게 부모가 자비로 수화 통역사를 제공하였더니 종전의 성적을 회복한 경우, 공교육이 그 아동에게 수화 통역사를 무상으로 제공해야 하는지 여부에 대하여 甲과 乙의 견해가 일치한다.
>
> ㄴ. 乙의 견해에 따르면, 청각장애아동들이 공교육의 수업을 이수하고 과목별 합격 점수를 받아 중학교 1학년 과정에서 2학년 과정으로 모두 진급하는 데 성공하는 경우, 공교육 기관은 그 중학교 1학년 과정에 이전까지는 제공되지 않았던 학습 과정과 지원 서비스를 요청하는 청각장애아동의 요구를 받아들이지 않아도 된다.
>
> ㄷ. 공교육 기관은 장애아동이 공교육에서 배제되지 않도록 하면 되고 공교육을 통한 장애아동의 학업 성취 결과까지는 고려하지 않아도 된다는 주장을 甲은 받아들이지 않고 乙은 받아들인다.

① ㄱ   ② ㄴ   ③ ㄱ, ㄷ
④ ㄴ, ㄷ   ⑤ ㄱ, ㄴ, ㄷ

규범 – 언어 추리

이 문항은 장애아동에게 무상으로 제공되어야 하는 적절한 공교육의 범위에 관한 서로 다른 주장을 이해하여 구체적인 사례에 적용한 결과를 추리할 수 있는 능력을 평가하는 문항이다.

정답 : ②

적절한 공교육의 범위에 대하여 甲은 장애아동과 비장애아동이 각각 자신의 잠재능력에 비례하는 성과를 내는 데 차이가 나지 않도록 개별 장애아동에게 필요한 추가적인 학습 과정과 지원 서비스를 무상으로 제공해야 한다고 본다. 반면에 乙은 공교육을 통하여 장애아동이 수업을 이수하고 과목별 합격 점수를 받아 상급 학년으로 진급할 수 있도록 해야 한다고 본다.

ㄱ. 甲은 청각장애가 생긴 아동이 청각장애가 생기기 전에 내었던 성과를 낼 수 있을 정도의 추가적인 지원 서비스가 무상으로 제공되어야 한다고 봐서 공교육이 그 아동에게 수화 통역사를 무상으로 제공해야 한다고 본다. 반면에 乙은 청각장애가 생긴 아동이 상급 학년으로 진급할 수 있을 정도의 공교육만 무상으로 제공하면 된다고 보므로 공교육이 그 아동에게 수화 통역사를 무상으로 제공하지 않아도 된다고 본다. 따라서 甲과 乙의 견해가 일치하지 않는다. ㄱ은 옳은 추론이 아니다.

ㄴ. 乙의 견해에 따를 때 공교육은 수업을 이수하고 과목별 합격 점수를 받아 상급 학년으로 진급할 수 있을 정도의 평등을 실현하면 되므로 기존의 공교육 1학년 과정은 청각장애아동에게 이미 적절한 공교육이라고 볼 수 있다. 따라서 공교육 기관은 청각장애아동의 추가적인 요구를 받아들이지 않아도 된다. ㄴ은 옳은 추론이다.

ㄷ. 甲은 잠재능력에 비례하는 성과라는 장애아동의 학업 성취 결과를 고려해야 한다고 보고, 乙은 상급 학년 진급이라는 장애아동의 학업 성취 결과를 고려해야 한다고 본다. 따라서 공교육 기관이 장애아동의 학업 성취 결과를 고려하지 않아도 된다는 주장에 대하여 甲과 乙 모두 받아들이지 않는다. ㄷ은 옳은 추론이 아니다.

〈보기〉의 ㄴ만이 옳은 추론이므로 정답은 ②이다.

03.

다음 논쟁에 대한 평가로 옳은 것만을 〈보기〉에서 있는 대로 고른 것은?

X국에서 甲은 불법 도박장을 운영하면서 乙, 丙, 丁을 종업원으로 고용하였다. 甲은 乙이 열심히 일하자 乙을 지배인으로 승진시켜 丙, 丁을 관리하게 하였다. 그러던 중 甲은 경찰의 단속을 피해 해외로 도주하였고 乙, 丙, 丁은 체포되었다. 검사는 乙, 丙, 丁 중 乙만 기소하고 丙, 丁은 기소하지 않았다. 검사의 기소와 관련하여 다음과 같은 논쟁이 전개되었다.

A : 乙만 기소하고 丙과 丁을 기소하지 않았다면, 이것은 차별적 기소로 검사가 권한을 남용한 것이야.

B : 범죄의 혐의가 있더라도 검사는 재량으로 기소하지 않을 수 있어. 경미한 범죄를 저지른 사람은 기소하지 않을 수 있게 해 주면, 법관이 중요한 사건의 재판에 전념할 수 있게 되어 사회 전체적으로 더 이득이 될 수 있어.

C : 기소에 있어서 검사의 재량을 인정하면, 검사는 권한을 독선적으로 사용하게 되고, 누군가가 검사에 대해서 압력을 행사하는 것을 배제할 수 없어.

D : 인권을 생각해 봐. 기소의 필요성이 적은 사람이 기소되지 않으면, 재판 절차를 거치지 않고서 빨리 자유롭게 생활할 수 있어. 그런 점에서 검사의 기소에 대한 재량을 인정하는 것이 인권 보호에 유리해.

E : 지금 인권이 보호된다고 말하는데, 내가 말하고 싶은 것은 기소된 乙의 입장이야. 乙도 인권이 있는데, 검사의 권한 남용으로 乙만 혼자 기소되면 乙의 인권은 충분히 보호받지 못하잖아.

F : 검사가 범죄 혐의자들을 차별적으로 기소했다고 바로 권한 남용이라고 볼 수는 없지. 검사가 최소한 어떤 부당한 의도를 가지고 차별적으로 기소한 경우에만 권한 남용이라고 해야 하는데 이 사안에서는 그런 의도를 찾을 수가 없어.

보기

ㄱ. 乙은 범행에 가담한 정도가 크지만 丙과 丁은 그렇지 않다는 사실을 검사가 기소 여부의 근거로 삼았다면, A를 강화하고 F를 약화한다.

ㄴ. 외부 압력에 의해 중한 범죄 혐의자도 기소하지 않은 경우가 많았고 그로 인해 검찰에 대한 국민들의 신뢰도가 낮아졌다는 조사 결과는 B를 약화하고 C를 강화한다.

ㄷ. D와 E는 모두 범죄 혐의자의 인권 보호에 대해 언급하고 있지만, 각 주장이 보호하고자 하는 구체적 대상이 다르다.

① ㄱ   ② ㄴ   ③ ㄱ, ㄷ

④ ㄴ, ㄷ   ⑤ ㄱ, ㄴ, ㄷ

문항 성격	규범 – 논쟁 및 반론
평가 목표	이 문항은 검사가 재량으로 범죄 피의자 중 일부만 선별적으로 기소하는 것이 정당화 될 수 있는지에 대한 논쟁의 내용을 분석하고 논거의 관련성을 이해할 수 있는 능력을 평가하는 문항이다.
문제 풀이	정답 : ④

같은 불법 도박장에서 종업원으로 일을 한 乙, 丙, 丁이 있는데, 검사가 丙과 丁은 기소하지 않고 乙만 기소한 것에 대해서 각자 다양한 관점에서 비판 또는 옹호하는 입장이 제시되어 있다. 각 입장을 분석하고, 〈보기〉의 논거가 어떤 입장을 강화 또는 약화하는지 평가할 수 있어야 한다.

〈보기〉 해설
ㄱ. 검사가 범행에 가담한 정도를 살펴서 기소 여부의 근거로 삼았다는 사실은, 선별적 기소는 검사의 권한 남용이라고 주장하는 A를 강화한다고 볼 수 없다. 그리고 이 사실은 부당한 의도를 가지고 차별적으로 기소한 경우에만 권한 남용을 인정해야 한다고 주장하는 F를 약화하는 것이 아니라, 오히려 강화한다고 볼 수 있다. 따라서 ㄱ은 옳은 평가가 아니다.

ㄴ. 외부 압력에 의해 중한 범죄 혐의자도 기소하지 않아 검찰에 대한 국민들의 신뢰도가 낮아졌다는 조사 결과는 기소에 대한 검사의 재량을 인정할 경우 나쁜 결과가 나온다는 것을 보여 주는 증거이므로 검사의 재량을 인정하는 것에 대해 찬성하는 입장인 B를 약화하며, 독선적 사용과 외부의 압력 때문에 검사의 재량을 인정하는 것에 대해 부정적인 입장인 C를 강화한다.

ㄷ. D는 기소의 필요성이 적은 사람의 인권에 주목하고, E는 혼자 기소된 사람의 인권에 주목하고 있다. D와 E는 범죄 혐의자의 인권 보호에 대해 언급하고 있지만, 누구의 인권에 관심을 가지고 있는지가 다르다. 따라서 ㄷ은 옳은 평가이다.

〈보기〉의 ㄴ, ㄷ만이 옳은 평가이므로 정답은 ④이다.

04.

다음 논쟁에 대한 분석으로 옳은 것만을 〈보기〉에서 있는 대로 고른 것은?

X국에서는 유전자 검사를 통해 건강하고 재능 있는 자녀를 출산하려는 '선택적 출산'이 우려되었다. 이에 X국은 법률을 개정하여 의료인이 태아의 유전적 우열성 판별을 목적으로 임신 여성을 진찰하거나 검사하는 것을 금지하고, 의료인이 태아의 유전적 우열성을 알게 된 경우에도 태아의 부모 또는 다른 사람에게 알릴 수 없도록 하였다. 甲, 乙, 丙은 이 법률의 존속 여부에 대해 논쟁을 벌이고 있다.

甲 : 무분별한 선택적 출산을 막을 필요는 있다고 생각하지만, 의료인이 임신 여성에게 태아의 상태나 유전적 질환 등을 무조건 알려 주지 못하게 한 것은 임신 여성의 알 권리를 침해할 소지가 커.

乙 : 낙태를 할 경우 임신 여성의 생명이나 건강에 중대한 위험을 초래하여 낙태가 거의 불가능하게 되는 시기가 있어. 그러한 시기에는 태아의 유전적 소질을 부모에게 알려 줘도 무방하다고 생각해.

丙 : 태아의 유전적 우열성에 따른 낙태가 계속된다면 생명과 인간의 존엄성이 경시될 수 있어. 이를 방지하기 위해서는 임신 여성이 태아의 유전적 소질에 대해 궁금하더라도 출산할 때까지 참아야 해. 태아의 유전적 소질에 관한 정보를 임신 여성에게 알려 주는 경우, 어떤 시기라 하더라도 낙태의 가능성이 완전히 사라지는 것은 아니야.

보기

ㄱ. 甲은 유전적 질환의 발생이 염려되어 진료 목적상 태아 상태의 고지가 필요한 경우 이를 고지할 수 있어야 한다고 본다.

ㄴ. 임신 말기로 갈수록 낙태 건수가 현저히 줄어든다는 통계는 乙의 견해를 강화한다.

ㄷ. 장래 가족의 일원이 될 태아의 유전적 우열성에 대해 미리 알고 싶은 인간의 본능에 가까운 호기심의 충족은 태아의 생명에 비해 중시될 이익이 아니라는 주장은 丙의 견해를 지지하지 않는다.

① ㄱ   ② ㄷ   ③ ㄱ, ㄴ

④ ㄴ, ㄷ   ⑤ ㄱ, ㄴ, ㄷ

| 문항 성격 | 규범 - 논쟁 및 반론 |

| 평가 목표 | 이 문항은 선택적 출산의 방지를 위해 태아의 유전자 검사 및 유전적 우열성 고지를 금지하는 것이 정당한지를 둘러싼 논쟁의 내용을 분석하고 논거의 관련성을 이해할 수 있는 능력을 평가하는 문항이다. |

| 문제 풀이 | 정답 : ③ |

선택적 출산 방지를 위한 태아의 유전적 우열성 고지 금지와 관련하여 태아의 생명권과 인간의 존엄성을 중시하는 견해와 임신 여성의 알 권리를 중시하는 견해가 제시되고 있다. 각 견해에서 추론될 수 있는 입장을 파악하고, 〈보기〉의 논거가 어떤 관련을 갖는지 분석할 수 있어야 한다.

〈보기〉 해설　ㄱ. 甲은 태아의 상태나 유전적 질환의 무조건적인 고지 금지는 임신 여성의 알 권리를 침해하기 때문에 반대하는 입장이다. 따라서 유전적 질환의 발생이 염려되어 진료 목적상 태아 상태의 고지가 필요한 경우 이를 고지할 수 있어야 한다고 볼 것이다. ㄱ은 옳은 분석이다.

ㄴ. 임신 말기로 갈수록 낙태 건수가 현저히 줄어든다는 통계는 낙태가 거의 불가능하게 되는 시기가 있다는 주장을 강화한다. 따라서 그러한 시기가 존재하고 그러한 시기에는 태아의 유전적 소질을 알려 주더라도 무방하다는 乙의 주장을 강화한다. ㄴ은 옳은 분석이다.

ㄷ. 태아의 생명이 알 권리보다 경시되지 않아야 한다는 주장은 태아의 생명 보호를 위해 태아의 유전적 소질을 알고자 하는 호기심을 참아야 한다는 丙의 견해를 지지한다고 볼 수 있다. ㄷ은 옳지 않은 분석이다.

〈보기〉의 ㄱ, ㄴ만이 옳은 분석이므로 정답은 ③이다.

05.

〈견해〉에 대한 평가로 옳은 것만을 〈보기〉에서 있는 대로 고른 것은?

X국에서는 개명을 할 때 법원의 허가를 받도록 법으로 규정하고 있다. 그러나 법원의 개명 허가 기준에 관한 세부 규정이나 지침이 없어 다음과 같이 견해가 나뉘고 있다.

〈견해〉

A : 이름을 변경할 권리는 보호되어야 해. 자신의 의사와 상관없이 부모 등에 의해 일방적으로 결정되는 이름에 불만이 있는데도 그 이름으로 살아갈 것을 강요하는 것은 정당화될 수 없어.

개명 신청이 있으면, 법원은 과거의 범죄행위를 은폐하여 새로운 범죄행위를 할 위험이 있는 경우를 제외하고는 모두 허가해 주는 것이 마땅해.

B : 이름을 바꾸는 것은 이름을 짓는 것과 달라서 사회적 질서나 신뢰에 영향을 주어 혼란을 초래할 수 있어. 개명은 개인의 자유로운 의사에 맡기면 범죄를 은폐하는 수단으로 활용될 수도 있어. 그러니 개명은 독립된 사회생활의 주체라 할 수 없는 아동에 대해서만 제한적으로 허용해야 해.

C : 글쎄... A와 B 모두 일면 타당한 점이 있어. 다만 개명 허가 여부를 법관의 재량에 맡겨 두면 법관 개인의 기준에 따라 결과가 달라질 소지가 있기 때문에 현재로서는 어떻게든 구체적인 기준을 마련하여 이에 따라 허용 여부를 결정하는 것이 시급해.

보 기

ㄱ. 이름을 결정할 권리는 자기 고유의 권리이나 출생 시점에는 예외적으로 부모가 대신 행사하는 것일 뿐이라고 보는 견해는 A를 지지한다.

ㄴ. 수사 과정에서 범죄자의 동일성 식별에 이름 대신 주민등록번호가 사용된다는 사실은 B를 약화한다.

ㄷ. 개명을 원하는 초등학생이 바꾸려는 이름과 이유를 기재한 개명 신청서를 법원에 제출하기만 하면 범죄에 악용될 우려가 없는 한 개명을 허용하게 하는 '초등학생 개명허가처리지침'을 시행하는 것에는 A는 반대하고 B와 C는 찬성할 것이다.

① ㄴ   ② ㄷ   ③ ㄱ, ㄴ

④ ㄱ, ㄷ   ⑤ ㄱ, ㄴ, ㄷ

문항 성격 규범 – 논쟁 및 반론

평가 목표 이 문항은 법원의 개명 허가 기준에 관한 견해를 이해하고, 〈보기〉의 논거가 어떤 견해를 강화 또는 약화하는지 올바르게 판단할 수 있는 능력을 평가하는 문항이다.

문제 풀이 정답 : ③

A, B, C는 개명을 할 수 있는 권리에 관한 세 가지 견해이다.

A는 이름을 변경할 권리는 보호되어야 하므로 과거의 범죄행위를 은폐하여 새로운 범죄행위를 할 위험이 있는 경우를 제외하고 허가해 주어야 한다는 입장이다.

B는 개명이 사회적 질서나 신뢰에 영향을 주어 혼란을 초래할 수 있기 때문에 독립된 사회생활의 주체라 할 수 없는 아동에 대해서만 제한적으로 허용해야 한다는 입장이다.

C는 개명 허가 여부를 법관의 재량에 맡겨 두면 법관 개인의 기준에 따라 결과가 달라질 소지가 있기 때문에 구체적인 기준을 마련하여 이에 따라 허용 여부를 결정하는 것이 시급하다는 입장이다.

<보기> 해설　ㄱ. 이름을 결정할 권리는 자기 고유의 권리로 출생 시점에는 예외적으로 부모가 대신 행사하는 것일 뿐이라고 보는 견해는 부모 등에 의해 일방적으로 결정된 이름을 변경할 권리가 자신에게 있다는 주장을 지지한다. 따라서 이 견해는 A를 지지한다. ㄱ은 옳은 평가이다.

ㄴ. 수사 과정에서 범죄자의 동일성 식별에 이름 대신 주민등록번호가 사용된다면 "개명은 개인의 자유로운 의사에 맡기면 범죄를 은폐하는 수단으로 활용될 수도 있다"는 주장이 약화된다. 따라서 이 주장을 포함하는 B가 약화된다. ㄴ은 옳은 평가이다.

ㄷ. A는 범죄에 악용될 우려가 없는 한 자유로운 의사에 의한 개명을 허용해야 한다는 것이므로, 개명을 원하는 초등학생이 개명 신청서를 법원에 제출하기만 하면 범죄에 악용될 우려가 없는 한 개명을 허용하게 하는 '초등학생 개명허가처리지침'의 시행에 찬성할 것이다. B는 개명은 독립된 사회생활의 주체라 할 수 없는 아동에 대해서만 허용해야 한다는 것이므로, '초등학생의 개명허가처리지침'에 대해 특별히 반대할 이유는 없을 것이다. 개명 허가 여부에 관한 구체적인 기준을 조속히 마련해야 한다는 C도 지침의 시행에 특별히 반대할 이유는 없을 것이다. 따라서 'A는 반대하고'라고 기술되어 있는 ㄷ은 옳은 평가가 아니다.

〈보기〉의 ㄱ, ㄴ만이 옳은 평가이므로 정답은 ③이다.

06.

다음으로부터 추론한 것으로 옳은 것만을 〈보기〉에서 있는 대로 고른 것은?

P회사에 근무하던 甲은 상습절도를 한 혐의로 수사를 받게 되었다. 甲은 혐의를 완강하게 부인하였고 명확한 증거는 없었다. 불구속수사가 원칙임에도 불구하고 검사는 甲의 혐의를 인정하고 구속기소하였다. 그러자 P회사는 이를 이유로 甲을 해고하였다. 이에 P회사의 직원들은 甲의 구속기소와 해고를 둘러싸고 논쟁을 하게 되었다.

乙 : 평소에 甲의 행동이 수상하다고 생각했어. 우리 급여 수준에 비해 씀씀이가 지나치게 컸어. 우리 물건이 없어질 수도 있었는데 회사의 적절한 대응이었다고 생각해.

丙 : 법에는 "누구든지 유죄의 판결이 확정될 때까지는 무죄로 추정된다"는 원칙이 있다고 들었어. 甲이 절도를 했다는 명확한 증거가 없는 상태에서 구속기소까지 한 것은 무죄추정의 원칙에 위배돼.

丁 : 무죄추정의 원칙은 재판 과정에서 검사가 피고인의 유죄를 증명하지 못하는 한 피고인을 처벌할 수 없다는 의미일 뿐이고 다른 의미는 없어. 그러니까 수사 과정에서 유죄가 의심되면 구속기소해도 무방해.

乙 : 무죄추정의 원칙은 수사 절차에서 재판 절차에 이르기까지 형사 절차의 전 과정에서 구속 등 어떠한 형사 절차상 불이익도 입지 않아야 한다는 것만을 말해. 회사에서 직원을 해고하는 것은 무죄추정의 원칙과 상관없어.

丙 : 무죄추정의 원칙은 이를 실현하는 구체적인 규정이 있을 때 오직 그 경우에만 인정되는 거야. 형사 절차와 관련해서는 무죄추정에 관한 구체적인 규정이 있지만, 회사의 해고와 관련해서는 규정이 없어.

보기

ㄱ. 丙은 甲의 해고가 무죄추정의 원칙에 위배되는지 여부에 대하여 乙과 결론을 같이 한다.

ㄴ. 丁은 수사기관이 수사를 행하면서 알게 된 피의 사실을 재판 전에 공개하여 마치 유죄인 것처럼 여론을 형성하는 것이 무죄추정의 원칙에 위배되지 않는다고 주장할 것이다.

ㄷ. 상습절도의 재판에서 절도하지 않았음을 스스로 증명하지 못하는 피고인은 처벌을 받도록 하는 특별법이 무죄추정의 원칙에 위배된다는 주장에 대해 乙과 丁은 입장을 달리한다.

① ㄱ   ② ㄷ   ③ ㄱ, ㄴ
④ ㄴ, ㄷ   ⑤ ㄱ, ㄴ, ㄷ

문항 성격 규범 – 논쟁 및 반론

평가 목표 이 문항은 무죄추정의 원칙이 의미하는 바와 그 보호 범위에 대한 견해들을 분석하고 그것들을 구체적인 사례에 적용할 수 있는 능력을 평가하는 문항이다.

乙은 무죄추정의 원칙은 수사 절차에서 재판 절차에 이르기까지 형사 절차의 전 과정에서 어떠한 형사 절차상 불이익도 입지 않아야 한다는 것으로 보고 회사에서 직원을 해고하는 것은 무죄추정의 원칙과 상관이 없는 것으로 본다.

　丙은 무죄추정의 원칙은 이를 실현하는 구체적인 규정이 있을 때 오직 그 경우에만 인정되는 것으로 본다. 형사 절차와 관련해서는 무죄추정에 관한 구체적인 규정이 있지만, 회사의 해고와 관련해서는 규정이 없다고 본다.

　丁은 무죄추정의 원칙이 재판 과정에서 검사가 피고인의 유죄를 증명하지 못하는 한 피고인을 처벌할 수 없다는 의미일 뿐이고 다른 의미는 없다고 본다.

〈보기〉 해설　ㄱ. 乙은 회사에서 직원을 해고하는 것은 무죄추정의 원칙과 상관이 없다고 보므로 甲의 해고는 무죄추정의 원칙에 위배되지 않는다고 볼 것이다. 丙은 구체적인 규정이 존재하는 경우에만 무죄추정의 원칙이 인정되는 것으로 보는데, 회사의 해고와 관련해서는 규정이 없으므로 甲의 해고는 무죄추정의 원칙에 위배되지 않는다고 볼 것이다. 따라서 丙은 甲의 해고가 무죄추정의 원칙에 위배되는지 여부에 대하여 乙과 결론을 같이한다. ㄱ은 옳은 추론이다.

ㄴ. 수사기관이 수사를 행하면서 알게 된 피의 사실을 재판 전에 공개하여 마치 유죄인 것처럼 여론을 형성하는 것은 재판 과정이 아니라 수사 과정에 관한 것이다. 丁은 무죄추정의 원칙이 재판 과정에서 검사가 피고인의 유죄를 증명하지 못하는 한 피고인을 처벌할 수 없다는 의미일 뿐이고 다른 의미는 없다고 보므로, 해당 사례가 무죄추정의 원칙에 위배되지 않는다고 주장할 것이다. ㄴ은 옳은 추론이다.

ㄷ. 재판에서 절도하지 않았음을 스스로 증명하지 못하는 피고인은 처벌을 받도록 하는 특별법에 대하여 乙은 무죄추정의 원칙의 범위를 수사 절차로부터 재판 절차에 이르기까지의 형사 절차의 전 과정으로 보고 그 과정에서 피고인은 어떠한 형사 절차상 불이익도 받아서는 안 된다고 보므로 그 법률이 무죄추정의 원칙에 위배된다는 주장에 동의할 것이다. 丁은 무죄추정의 원칙을 재판 과정에서 검사가 피고인의 유죄를 입증하지 못하는 한 피고인을 처벌할 수 없다는 의미로 이해하므로 특별법이 무죄추정의 원칙에 위배된다는 주장에 동의할 것이다. 따라서 乙과 丁은 그러한 주장에 대하여 입장을 같이한다. ㄷ은 옳은 추론이 아니다.

〈보기〉의 ㄱ, ㄴ만이 옳은 추론이므로 정답은 ③이다.

07.

다음으로부터 추론한 것으로 옳은 것만을 〈보기〉에서 있는 대로 고른 것은?

X협회는 전국의 소상공인들이 결성한 단체로서, 회원총회와 대의원회를 두고 있다. 회원총회는 X협회의 재적회원 전원으로 구성된다. 대의원회는 소관 전문위원회와 전원위원회를 둔다. 전문위원회는 대의원회의 의장이 필요하다고 인정하거나 전문위원회 재적위원 4분의 1 이상의 요구가 있을 때에만 개최될 수 있다. 전문위원회는 재적위원 과반수의 출석과 출석위원 과반수의 찬성으로 의결한다.

대의원회는 전문위원회의 심사를 거친 안건 중 협회 구성, 회비 책정, 회칙 변경, 회원 징계, 협회 해산 등 주요 사항의 심사를 위하여 대의원회 재적의원 4분의 1 이상이 요구할 때에만 대의원 전원으로 구성되는 전원위원회를 개최할 수 있다. 전원위원회는 재적위원 4분의 1 이상의 출석과 출석위원 과반수의 찬성으로 의결한다.

회칙의 변경, 회원의 징계, 협회의 해산에 관한 사항은 대의원회 전원위원회를 거쳐서만 회원총회에 상정된다. 회원총회는 재적회원 과반수의 출석과 출석회원 과반수의 찬성으로 의결한다.

〈사례〉

X협회는 재적회원이 10,000명이다. 대의원회는 재적의원이 300명이고, 각 전문위원회는 재적위원이 20명이다. 대의원회 재적의원의 종사 업종 비율은 A업종 40%, B업종 35%, C업종 15%, D업종 10%이다. 이 협회의 재적회원 및 각 전문위원회의 재적위원의 종사 업종 비율도 위와 동일하다. 단, 각 회원, 의원, 위원은 하나의 업종에만 종사하고 있다. 회칙의 변경을 위한 안건(이하 안건이라 한다)이 대의원회 소관 전문위원회에서 의결된 후 전원위원회를 거쳐 회원총회에 상정되었다. 각 회의의 표결 결과 무효표나 기권표는 없는 것으로 한다.

보기

ㄱ. 회비 인상에 대한 사항이 소관 전문위원회의 심사를 거친 때에는 대의원회의 의장이 필요하다고 인정하면 그 사항을 심사하기 위한 전원위원회가 개최될 수 있다.

ㄴ. A업종 종사 전문위원들만 안건 심사를 위한 전문위원회의 개최를 요구하고 다른 업종 종사 전문위원들이 그에 반대한다면, 전문위원회는 열리지 못한다.

ㄷ. 전문위원회에서 A업종 종사 전문위원 전원과 B업종 종사 전문위원 전원만 출석하여 투표하고 A업종 종사 전문위원 전원이 안건에 찬성한다면, 안건은 가결된다.

ㄹ. 회원총회에서 재적회원 전원이 출석하여 투표하고 A업종에 종사하는 회원 전원과 D업종에 종사하는 회원 전원만 안건에 찬성한다면, 안건은 부결된다.

① ㄱ, ㄴ   ② ㄱ, ㄹ   ③ ㄴ, ㄷ

④ ㄴ, ㄹ   ⑤ ㄷ, ㄹ

문항 성격 규범 – 언어 추리

평가 목표 이 문항은 회의 절차에 관한 규정을 사례에 적용하여 올바른 결론을 이끌어 낼 수 있는 능력을 평가하는 문항이다.

문제 풀이 정답 : ⑤

제시문에는 X협회의 각종 회의체에서의 안건 심의 절차 중 개최 요건, 심사 대상, 의결 요건 등에 관한 규정이 나와 있다. 〈보기〉의 각 선택지가 이 규정을 〈사례〉에 올바로 적용한 결과인지 그렇지 않은지 추리할 수 있어야 한다.

〈보기〉 해설 ㄱ. 전문위원회는 대의원회의 의장이 필요하다고 인정할 경우 개최될 수 있지만, 전원위원회는 대의원회 재적의원 4분의 1 이상이 요구할 때에만 개최될 수 있다. 전문위원회의 심사를 거친 회비 인상에 대한 사항을 심사하기 위한 경우라 할지라도, 대의원회의 의장이 필요하다고 인정하는 것만으로는 전원위원회는 개최될 수 없다. ㄱ은 옳은 추론이 아니다.

ㄴ. 소관 전문위원회는 "전문위원회 재적위원의 4분의 1 이상의 요구"가 있을 때에도 개최될 수 있다. A업종 종사 전문위원의 수는 8명(20명의 40%)이고, 이는 전문위원회 재적위원 4분의 1에 해당하는 5명(=20명÷4)을 상회한다. 따라서 A업종 종사 전문위원 8명이 개최를 요구한다면, 다른 업종 종사 전문위원 12명(20명의 60%)이 개최에 반대하더라도 안건 심사를 위한 전문위원회는 개최될 수 있다. ㄴ은 옳은 추론이 아니다.

ㄷ. 전문위원회 의결 요건은 재적위원 과반수의 출석과 출석위원 과반수의 찬성이다. 소관 전문위원회 재적위원 20명 중 A업종 종사 전문위원 8명(20명의 40%)과 B업종 종사 전문위원 7명(20명의 35%)이 출석하여 "재적위원 과반수"라는 출석 요건을 충족한다. 그리고 안건에 찬성한 A업종 종사 전문위원(8명)이 전체 출석위원의 수(15명) 중에서 과반수가 되므로 안건은 가결된다. ㄷ은 옳은 추론이다.

ㄹ. X협회 회원 10,000명 전원이 출석하여 투표한다면 출석 요건은 당연히 충족한다. 그렇지만 A업종 종사 회원 4,000명(10,000명의 40%)과 D업종 종사 회원 1,000명(10,000명의 10%)을 합한 5,000명만이 찬성한다면, "출석회원 과반수의 찬성" 요건을 충족하지 못하여 안건이 부결된다. ㄹ은 옳은 추론이다.

〈보기〉의 ㄷ, ㄹ만이 옳은 추론이므로 정답은 ⑤이다.

08.

다음으로부터 〈사례〉를 판단한 것으로 옳은 것만을 〈보기〉에서 있는 대로 고른 것은?

X국은 출산과 관련된 산모의 비밀 유지를 보장하고 신생아의 생명과 신체의 안전을 보장하기 위하여 익명출산제를 시행하기로 하였다. 이에 따라 의료기관의 적극적인 협조를 포함하는 다음의 〈규정〉이 제정되었다.

〈규정〉

제1조 ① 익명출산을 하고자 하는 자(이하 신청자라 한다)로부터 익명출산 신청을 받은 의료기관은 의료기록부에 신청자의 이름을 가명으로 기재한다.

② 신청자는 자녀가 출생한 때로부터 7일 내에 다음 사항을 포함하는 신상정보서를 작성하여 출산한 의료기관에 제출한다.

⑴ 자녀의 이름을 정한 경우 그 이름, 성별, 출생 일시, 출생 장소 등 자녀에 관한 사항

⑵ 신청자의 이름 및 주소, 익명출산을 하게 된 사정 등 자녀의 부모에 관한 사항

제2조 신청자는 신상정보서를 작성한 때로부터 2개월이 경과한 때 자녀에 관한 모든 권리를 상실한다.

제3조 국가심의회는 성년에 이른 자녀(자녀가 사망한 경우에는 성년에 이른 그의 직계 후손)의 청구가 있으면 제1조 ②의 신상정보서의 사항을 열람하게 한다.

제4조 제3조에도 불구하고 제1조 ② ⑵의 사항은 신청자의 동의를 받은 때에만 열람하게 한다. 그러나 신청자가 신상정보서 작성 시 자신이 사망한 이후에 이를 공개하는 것에 대하여 명시적으로 반대하지 않으면, 신청자가 사망한 이후에는 청구에 따라 언제든지 열람할 수 있게 한다.

〈사례〉

X국에 살고 있는 甲(여)은 乙(남)과의 사이에 丙을 임신하였고, 甲은 익명출산을 신청하였다.

보기

ㄱ. 甲과 乙이 혼인관계에 있다면, 乙이 甲의 출산 사실 및 丙에 대한 신상정보의 열람을 청구한 경우, 국가심의회는 甲의 동의를 받아 열람을 허용한다.

ㄴ. 성인이 된 丙이 신상정보서상 자신의 혈연에 관한 정보, 출생 당시의 정황에 관한 정보의 공개를 청구한 경우, 甲의 사망 사실이 확인되는 이상 국가심의회는 해당 정보를 열람할 수 있게 허용하여야 한다.

ㄷ. 丙이 사망한 후 그의 딸 丁(23세)이, 丙이 출생할 당시 甲이 丙에게 지어 준 이름, 丙의 출생 일시, 출생 장소에 관한 정보의 열람을 청구한 경우, 국가심의회는 甲의 명시적인 반대의 의사에도 불구하고 해당 정보를 열람하게 할 수 있다.

① ㄱ   ② ㄷ   ③ ㄱ, ㄴ
④ ㄴ, ㄷ   ⑤ ㄱ, ㄴ, ㄷ

문항 성격	규범 - 언어 추리
평가 목표	이 문항은 제시된 규정의 내용을 정확하게 이해하여 사례에 올바로 적용할 수 있는 능력을 평가하는 문항이다.
문제 풀이	정답 : ②

일부 외국에서 시행되고 있는 익명출산제는 산모의 비밀을 유지하고, 일정한 요건 하에 신생아의 신상정보를 열람하게 하는 제도이다. 〈규정〉에는 열람청구자격을 가진 자와 그 공개의 요건 및 공개 내용이 규정되어 있다. 제1조에서는 '신상정보서'상에 기재되는 정보의 내용을 규정하고 있고, 제3조에서는 열람청구권자를 익명출산신청자의 자녀와 그 직계비속으로 한정하고 있다. 제4조는 산모에 관한 정보의 열람에 관하여 요구되는 추가적인 요건을 규정하고 있다.

〈보기〉 해설   ㄱ. 〈사례〉의 乙은 익명출산제 하에 태어난 신생아의 父인데, 제3조의 열람청구권자에 규정되지 않았으므로 청구 자격이 없다. ㄱ은 옳은 진술이 아니다.

ㄴ. 익명출산으로 태어난 丙이 성인이 되면 '신상정보서'상의 정보에 관하여 열람을 청구할 수 있다. 그러나 제시된 "혈연에 관한 정보, 출생 당시의 정황"은 제1조 ② ⑵의 "자녀의 부모에 관한 사항"에 해당하므로, 제4조의 적용을 추가적으로 받게 된다. 즉 익명출산신청자인 甲이 신상정보서 작성 시 자신이 사망한 이후에 신청자의 정보를 공개하는 것에 대하여 반대하였다면 그의 사망 사실이 확인되더라도 열람이 허용될 수 없다. ㄴ은 옳은 진술이 아니다.

ㄷ. 익명출산으로 태어난 丙이 사망한 경우 丙의 딸 丁도 성인이 되면 '신상정보서'의 열람을 청구할 수 있다. 제1조 ② ⑴의 "자녀에 관한 사항"의 열람에 관해서는 제한 요건이 존재하지 않으므로 어떤 경우에든 제3조의 열람청구권자의 청구에 따라 열람이 허용된다. ㄷ은 옳은 진술이다.

〈보기〉의 ㄷ만이 옳은 진술이므로 정답은 ②이다.

09.

다음으로부터 〈사례〉를 판단한 것으로 옳지 <u>않은</u> 것은?

X국의 법에 의하면, 누구나 유언을 통하여 한 사람 또는 여러 사람의 상속인을 지정할 수 있다. 그리고 임의로 각 상속분도 정할 수 있다. 상속인을 지정하는 유언이 없는 경우에는 일정한 범위의 혈연관계 내지 가족관계에 있는 자들이 상속인 지위를 얻어 상속재산을 취득하는데, 자녀, 손자 같은 직계비속 및 배우자가 1순위 상속인이고, 부모, 조부모와 같은 직계존속이 2순위 상속인이며, 형제, 자매 같은 방계의 친족이 3순위를 이룬다. 선순위의 상속인이 상속을 받으면 후순위의 상속인은 상속을 받을 수 없다. 같은 순위의 공동상속인 사이의 상속분은 균등하다.

혈연관계 내지 가족관계에 있지 않은 사람도 유언을 통하여 상속인으로 지정될 수 있고, 직계존비속을 포함한 친족을 상속인으로 지정하지 않는 유언도 유효하다. 그렇지만 친족이면서도 상속인으로 지정되지 않아 상속에서 배제된 자가 사정에 따라서는 유언한 자의 사후에 경제적으로 매우 곤궁한 상태에 처하게 될 우려도 있다. 이와 같은 경우에 X국에서는 법이 정하고 있는 상속순위에 있는 자 중 상속에서 배제된 자에 한하여 그 유언이 윤리에 반한다고 주장하면서 해당 유언의 무효를 선언해 줄 것을 요구하는 소(이하 반윤리의 소라 한다)를 제기할 수 있다. 판사가 유언의 반윤리성 여부를 심사할 때에는 그 상속 사안에서 상속 순위에 있는 친족들에게 존재하는 사정만을 판단의 근거로 삼을 수 있다. 유언의 반윤리성이 인정되어 유언이 효력을 잃으면 유언이 없는 것과 같은 상태가 된다.

〈사례〉

X국에 사는 甲에게는 혈연관계 내지 가족관계에 있는 사람으로는 자녀 乙과 동생 丙만 있고, 평소 친하게 지내는 친구 丁이 있다.

① 甲이 유언으로 丙과 丁만을 상속인으로 지정하였다면, 이때 乙이 반윤리의 소를 제기하여 승소하지 않는 한 乙은 상속에서 배제된다.
② 甲은 유언으로 乙과 丁만을 상속인으로 지정하면서 상속분을 균등하게 정할 수 있다.
③ 甲이 유언으로 丁을 유일한 상속인으로 지정하였고 이에 대해 乙이 반윤리의 소를 제기한 경우, 판사는 丁이 甲의 생전에 甲을 부양해 왔다는 丁의 주장을 반윤리성 판단의 근거로 삼을 수 없다.
④ 甲이 유언으로 乙과 丁만을 상속인으로 지정하면서 丁에게 더 많은 상속분을 정한 경우, 乙은 반윤리의 소를 제기할 수 있다.
⑤ 甲이 유언으로 丁을 유일한 상속인으로 지정한 경우, 丙이 제기한 반윤리의 소에 대하여 승소 판결이 내려지면 乙이 단독으로 상속재산을 취득한다.

규범 – 언어 추리

이 문항은 제시된 규범의 내용을 정확하게 이해하여 사례에 올바로 적용할 수 있는 능력을 평가하는 문항이다.

정답 : ④

제시문에서 X국의 법은 유언에 의한 상속인 지정을 인정하고, 자유롭게 상속분을 정하도록 하고 있다. 이와 같은 제도에서는 근친인 친족이 있는데도 유언으로 타인에게 재산을 상속하게 함으로써 근친을 경제적으로 매우 곤궁한 상태에 두어 생계유지조차 어렵게 할 우려도 있다. 이 경우에 근친으로 하여금 당해 유언이 윤리에 반한다고 하여 무효를 주장하게 함으로써 근친의 경제적 생활을 보장할 수 있는 방안을 마련하고 있다.

④ 반윤리의 소는 "친족이면서도 상속인으로 지정되지 않아 상속에서 배제된 자"를 경제적 곤궁에서 구제하기 위한 것으로 "법이 정하고 있는 상속 순위에 있는 자 중 상속에서 배제된 자"로 소 제기의 자격을 한정하였다. 따라서 乙이 상속인으로 지정된 이상 乙에게는 반윤리의 소를 제기할 자격이 없다. ④는 옳지 않은 진술로 정답이다.

① 유언을 통하여 근친과 근친이 아닌 자를 동시에 상속인으로 지정할 수 있다. 이때 지정되지 않은 근친은 상속에서 배제된다.

② 유언을 통하여 근친과 근친이 아닌 자를 상속인으로 지정할 수 있으며, 자유롭게 상속분을 정할 수 있다.

③ 제시문의 반윤리성 심사에서 "그 상속 사안에서 상속 순위에 있는 친족들에게 존재하는 사정만을 판단의 근거로 삼을 수 있다"고 하였으므로, 친족이 아닌 丁이 甲의 생전에 甲을 부양한 것과 같은 丁의 사정은 판단의 근거가 될 수 없다.

⑤ 제시문에서 "법이 정하고 있는 상속 순위에 있는 자 중 상속에서 배제된 자"에게 소 제기의 자격이 있다고 하였으므로, 丙은 상속 순위에 있어 소 제기가 가능하다. 그리고 丙이 제기한 반윤리의 소에 대하여 승소 판결이 내려지면 유언이 없는 것과 같은 상태가 되어 법정상속이 개시되므로, 이때에는 1순위자인 乙이 단독으로 상속재산을 취득한다.

10.

다음으로부터 추론한 것으로 옳은 것만을 〈보기〉에서 있는 대로 고른 것은?

인터넷이나 모바일 등에서 거래를 중개하는 사업 모델 중 포털사이트나 가격비교사이트는 판매 정보를 제공하고 판매자의 사이트로 연결하는 통로의 역할만 한다. 이에 비해 오픈마켓 형태의 모델은 사이버몰을 열어 놓고 다수의 판매자가 그 사이버공간에서 물건을 판매하도록 한다. 후자의 모델은 중개자가 거래 공간을 제공할 뿐만 아니라 계약 체결이나 대금 결제의 일부에 참여하기도 하여 소비자가 중개자를 거래 당사자로 오인할 가능성이 크다. 이러한 판매 중개와 관련하여 X국의 법률은 다음과 같이 규정하고 있다.

(1) '사이버몰판매'란 판매자가 소비자와 직접 대면하지 않고 사이버몰(컴퓨터, 모바일을 이용하여 재화를 거래할 수 있도록 설정된 가상의 영업장을 말한다)을 이용하고 계좌이체 등을 이용하는 방법으로 소비자의 청약을 받아 재화를 판매하는 것이다.

(2) '사이버몰판매중개'란 사이버몰의 이용을 허락하거나 중개자 자신의 명의로 사이버몰판매를 위한 광고수단을 제공하거나 청약의 접수 등 사이버몰판매의 일부를 수행하는 방법으로 거래 당사자 간의 사이버몰판매를 알선하는 행위이다.

(3) 사이버몰판매중개자는 사이버몰 웹페이지의 첫 화면에 자신이 사이버몰판매의 당사자가 아니라는 사실을 고지하면 판매자가 판매하는 상품에 관한 손해배상책임을 지지 않는다. 다만, 사이버몰판매중개자가 청약의 접수를 받거나 상품의 대금을 지급받는 경우 사이버몰판매자가 거래상 의무를 이행하지 않을 때에는 이를 대신하여 이행해야 한다.

보 기

ㄱ. P는 인터넷에서 주문을 받아 배달하는 전문 업체로서, 유명 식당에 P의 직원이 직접 가서 주문자 대신 특정 메뉴를 주문하고 결제하여 주문자가 원하는 곳으로 배달까지 해 주는 서비스를 제공한다. 이 경우 P는 사이버몰판매중개자가 아니다.

ㄴ. Q는 모바일 어플리케이션을 이용하여 원룸과 오피스텔의 임대차를 전문적으로 중개하는 사업자이다. 이 경우 Q는 사이버몰판매중개자이다.

ㄷ. R는 인터넷에서 테마파크의 할인쿠폰을 판매하는 업체이다. R는 인터넷 쇼핑몰 웹페이지에 자신이 사이버몰판매의 당사자가 아니라고 고지한 경우 상품에 관한 손해배상책임에서 면제된다.

① ㄱ   ② ㄷ   ③ ㄱ, ㄴ

④ ㄴ, ㄷ   ⑤ ㄱ, ㄴ, ㄷ

문항 성격	규범 – 언어 추리
평가 목표	이 문항은 규정상 용어의 정의를 이해하고 이를 사례에 적용하여 문제를 해결하는 능력을 평가하는 문항이다.
문제 풀이	정답 : ①

「전자상거래법」상의 통신판매중개에 관한 규정을 변형한 문제이다. 새로운 거래플랫폼에 대한 규제 원리 및 관련 규정을 이해하여 사이버몰판매중개자로 규제받는 자와 아닌 자를 구별할 수 있어야 한다.

〈보기〉 해설 ㄱ. 사이버몰판매중개는 사이버몰판매를 중개하는 것이다. 그런데 ㄱ에서 유명 식당의 음식점 판매는 주문자와 유명 식당 간에 이루어지는 것이 아니라 P와 유명 식당 간에 이루어지는 것으로, P의 직원이 유명 식당에 직접 가서 주문하고 결제하기 때문에 오프라인 판매이지 사이버몰판매가 아니다. P는 음식을 구매하여 배달까지 해 줄 것을 인터넷상으로 위탁받은 것이다. 유명 식당의 음식점 판매가 사이버몰판매가 아니므로, P는 사이버몰판매중개자가 아니다.

ㄴ. 사이버몰판매중개자는 사이버몰판매, 즉 재화의 "판매"를 중개하는 자이므로 부동산 "임대차"를 중개하는 자는 사이버몰판매중개자가 아니다.

ㄷ. 할인쿠폰은 재화에 포함되므로 R는 인터넷에서 재화를 판매하는 사이버몰판매자로 판매에 대한 책임을 져야 하는 거래 당사자이다. 사이버몰판매중개자의 경우는 거래 당사자가 아님을 고지하는 방법으로 판매의 책임을 면제받을 가능성이 있으나 사이버몰판매자는 책임의 면제 가능성이 적용될 여지가 없다.

〈보기〉의 ㄱ만이 옳은 추론이므로 정답은 ①이다.

11.

다음으로부터 추론한 것으로 옳은 것만을 〈보기〉에서 있는 대로 고른 것은?

여러 상품들을 취급하는 기업의 입장에서는 각 상품을 개별 단위로 판매하기보다 여러 조합으로 묶어서 판매하는 것이 비용 절감이나 시장 공략 측면에서 효과적인 전략일 수 있다. 휴대전화+집전화+초고속인터넷+IPTV 등 여러 상품을 묶어서 판매하는 경우가 자주 등장하는 이유도 그 때문이다. 예컨대 상품 A와 상품 B의 묶음상품 판매 방식은 다음 세 가지로 나눌 수 있다.

판매 방식 1 : A와 B를 묶어서 가격을 할인하여 판매하고 개별 상품은 별도로 판매하지 않는 방식

판매 방식 2 : A와 B를 묶거나 개별적으로 판매하는 방식. 다만 묶어서 판매하는 경우 가격을 할인

판매 방식 3 : A를 구입하려면 B도 반드시 구입해야 하는 방식. 다만 B만 구입하는 것은 가능

하지만 이와 같이 상품을 묶어서 판매하는 것은 소비자의 선택권을 제한하거나 다른 기업에 불리한 경쟁 환경을 조성하는 결과를 초래할 수 있기 때문에 법적 규제의 대상이 된다. 다만 묶어서 판매하는 방식에 가격 할인이 뒤따르는 경우에는 그로 인해 기대되는 소비자의 경제상 이익이나 가격 경쟁 촉진 효과 등을 종합적으로 고려하여 법 위반 여부를 결정하게 된다. 형식적으로는 소비자에게 선택권을 주고 있으나 개별 상품 가격의 총합이 묶음상품의 가격에 비해 현저히 높아서 소비자들이 개별 구매할 가능성이 낮은 경우나 가격 할인이 과도해서 효율적인 경쟁자를 배제하는 경우는 규제 대상에 포함된다.

보 기

ㄱ. A, B를 개별적으로 모두 구매하려는 소비자는 판매 방식 2를 판매 방식 3보다 선호한다.

ㄴ. 소비자의 선택권을 선택지의 개수로만 판단하면 판매 방식 3이 선택권을 가장 크게 제한한다.

ㄷ. 두 상품을 묶어서 판매하는 가격이 단일 상품만 취급하는 기업의 단일 상품 가격보다도 낮은 경우에는 규제 대상에 포함될 수 있다.

① ㄱ   ② ㄴ   ③ ㄱ, ㄷ
④ ㄴ, ㄷ   ⑤ ㄱ, ㄴ, ㄷ

문항 성격 규범 – 언어 추리

평가 목표 이 문항은 묶음상품 판매 방식에 관한 소비자의 선택권과 경쟁 제한의 측면을 이해하고 규제 필요성에 관하여 적절하게 추론할 수 있는 능력을 평가하는 문항이다.

문제 풀이 정답 : ③

제시문에서는 기업의 입장에서 비용 절감이나 시장 공략 측면에서 효과적인 전략일 수 있는 세 가지의 묶음상품 판매 방식을 소개하고, 이러한 판매 방식이 소비자의 선택권을 제한하거나 다른 기업에 불리한 경쟁 환경을 조성할 수 있기 때문에 법적 규제의 대상이 될 수 있다는 것을 설명하고 있다.

ㄱ. 판매 방식 2에서는 소비자가 A를 개별적으로 구입하는 것도 B를 개별적으로 구
입하는 것도 가능하나, 판매 방식 3에서는 B를 개별적으로 구입하는 것은 가능
하지만 A를 개별적으로 구입하는 것은 불가능하다. 따라서 A, B를 개별적으로
모두 구매하려는 소비자는 판매 방식 2를 판매 방식 3보다 선호할 것이다. ㄱ은
옳은 추론이다.

ㄴ. 판매 방식 1의 경우 소비자의 선택지는 A+B 1개이고 판매 방식 2의 경우 A, B,
A+B 3개이며, 판매 방식 3의 경우는 A+B, B 2개이다. 따라서 소비자 선택지
개수로만 판단하면 판매 방식 1이 선택권을 가장 크게 제한한다. ㄴ은 옳은 추
론이 아니다.

ㄷ. 제시문 마지막 단락에서 "개별 상품 가격의 총합이 묶음상품의 가격에 비해 현
저히 높아서 소비자들이 개별 구매할 가능성이 낮은 경우나 가격 할인이 과도
해서 효율적인 경쟁자를 배제하는 경우는 규제 대상에 포함된다."고 하였다. 두
상품을 묶어서 판매하는 가격이 단일 상품만 취급하는 기업의 단일 상품 가격
보다도 낮다면, 소비자들이 단일 상품을 개별 구매할 가능성이 매우 낮아지게
되므로 규제 대상에 포함될 수 있다. ㄷ은 옳은 추론이다.

〈보기〉의 ㄱ, ㄷ만이 옳은 추론이므로 정답은 ③이다.

12.

다음으로부터 추론한 것으로 옳은 것만을 〈보기〉에서 있는 대로 고른 것은?

X국 코인거래소에서는 A, B, C 3개 종류의 코인이 24시간 거래되고 있다.

구분	A코인	B코인	C코인
가격	1,000원	2,000원	2,500원

코인거래소는 코인의 구매 및 사용에 대해 다음과 같은 〈규정〉을 두고 있다.

〈규정〉

(1) 코인은 원화 또는 다른 종류의 코인으로 구매할 수 있다. 코인의 최소 거래단위는 1개이다.

(2) 원화로 구매할 수 있는 코인의 1개월간 총한도는 1인당 1,000만 원(이하 구매한도액이라 한다)
을 초과할 수 없다.

⑶ 코인을 다른 코인으로 구매할 경우 거래자 1명이 1회의 거래에서 그 지급대가로 사용할 수 있는 코인 개수는 구매한도액으로 취득할 수 있는 최대 코인 개수의 10분의 1을 초과할 수 없다. 단, 이때의 최대 코인 개수는 코인 종류별로 구매한도액 내에서 취득할 수 있는 최대 코인 개수를 비교하여 그중 최저치로 한다. 이 기준은 ⑷에도 적용된다.

⑷ 거래자 1명이 코인을 구매하거나 지급에 사용한 결과, 1일 동안(같은 날 0시부터 24시 사이를 말한다) 그 거래자의 총보유량이 같은 날 0시 총보유량과 비교하여 구매한도액으로 취득할 수 있는 최대 코인 개수의 5분의 1을 초과해서 감소한 경우 그 시점부터 24시간 동안 거래가 정지된다.

보 기

ㄱ. 1명의 거래자가 2개의 코인 계정을 가지고 1개월간 원화로 각각 600만 원의 코인을 구매하는 것은 허용된다.

ㄴ. 2019년 6월 26일 19시에 코인 1,000개를 보유한 채 그날의 거래를 시작한 자가 첫 거래에서 현금으로 200개를 구매하고 이후 3번의 거래에서 코인을 지급에 사용한 결과 마지막 거래의 종료 시점인 같은 날 20시에 총보유량이 300개가 된 경우 그 시점부터 24시간 동안 코인 사용이 정지된다.

ㄷ. 거래자가 1회의 거래에서 코인 구매에 사용할 수 있는 코인은 400개를 초과할 수 없다.

ㄹ. 2019년 6월 26일 23시 40분에 코인 1,500개를 보유한 채 그날의 거래를 시작한 자가 자정 전까지 몇 차례의 거래로 600개를 지급에 사용하고 자정 이후 300개를 추가로 지급에 사용하더라도, 그 시점에 코인 사용은 정지되지 않는다.

① ㄱ, ㄴ   ② ㄱ, ㄷ   ③ ㄴ, ㄷ
④ ㄴ, ㄹ   ⑤ ㄷ, ㄹ

문항 성격 규범 – 언어 추리

평가 목표 이 문항은 코인의 구매 및 사용에 관한 규정을 이해하고 사례에 이를 적용하여 올바른 결과를 추론할 수 있는 능력을 평가하는 문항이다.

문제 풀이 정답 : ⑤

제시문에는 코인의 투기상품화 방지를 위한 코인의 구매와 사용에 대한 규정이 나와 있다. 규정의 세부 내용을 이해하여 〈보기〉의 각 선택지의 추리가 정확한지 확인할 수 있어야 한다.

ㄱ. 규정 (2)의 원화에 의한 코인 구매한도는 거래자 1인 기준으로 계산하고 있으므로 동일인이 여러 개의 계정을 가지고 있더라도 이들 계정을 통한 구매액은 합산되어 구매한도가 적용되어야 한다. 1명의 거래자가 2개의 코인 계정을 가지고 1개월간 원화로 각각 600만 원의 코인을 구매한다면, 합산 구매액이 1,200만 원으로 1,000만 원을 초과한다. ㄱ은 옳은 추론이 아니다.

ㄴ. 규정 (4)에도 적용되는 규정 (3)의 '이때의 최대 코인 개수'는 코인 종류별로 구매한도액 내에서 취득할 수 있는 최대 코인 개수를 비교하여 그중 최저치로 한다고 하였다. 구매한도액 1,000만 원 지급 시 A코인은 10,000개, B코인은 5,000개, C코인은 4,000개를 구매할 수 있으므로 '최대 코인 개수'는 4,000개이다. 이것의 5분의 1은 800개이므로, 규정 (4)에 따르면 거래자 1명이 코인을 구매하거나 지급에 사용한 결과 1일 동안 그 거래자의 총보유량이 같은 날 0시 총보유량과 비교하여 800개를 초과하여 감소한 경우 그 시점부터 24시간 동안 거래가 정지된다. 2019년 6월 26일 19시에 코인 1,000개를 보유한 채 그날의 거래를 시작한 자가 총 4번의 거래 후 같은 날 20시에 코인 총보유량이 300개가 되었다면, 0시의 총보유량에 비해 700개가 감소되었을 뿐이므로 코인 거래는 정지되지 않는다. ㄴ은 옳은 추론이 아니다.

ㄷ. ㄴ에서 보았듯이 구매한도액으로 구매할 수 있는 '최대 코인 개수'는 4,000개이다. 규정 (3)에서 거래자 1명이 1회의 거래에서 코인 구매에 사용할 수 있는 코인 개수는 구매한도액으로 취득할 수 있는 최대 코인 개수의 10분의 1을 초과할 수 없다고 했으므로, 400개를 초과할 수 없다. ㄷ은 옳은 추론이다.

ㄹ. ㄴ에서 보았듯이 규정 (4)에 따르면 거래자 1명이 코인을 구매하거나 지급에 사용한 결과 1일 동안 그 거래자의 총보유량이 같은 날 0시 총보유량과 비교하여 800개를 초과하여 감소한 경우 그 시점부터 24시간 동안 거래가 정지된다. 그런데 규정 (4)에 의하면 '1일 동안'은 같은 날 오전 0시부터 24시 사이를 의미하므로 코인 사용 중 자정을 넘겨 다음 날이 되면 다시 0시를 기준으로 보유량 변동을 산정해야 한다. 자정 전까지 코인 600개가 감소하고 자정 이후 코인 300개가 추가로 감소하더라도 자정 전까지나 자정 이후나 각각 코인 보유량이 1일 동안 800개 미만으로 감소하였으므로 코인 사용은 정지되지 않는다. ㄹ은 옳은 추론이다.

〈보기〉의 ㄷ, ㄹ만이 옳은 추론이므로 정답은 ⑤이다.

13.

다음으로부터 추론한 것으로 옳은 것만을 〈보기〉에서 있는 대로 고른 것은?

규칙을 제정할 때는 항상 그 규칙을 정당화하는 목적이 있어야 한다. 그런데 규칙의 적용이 그 목적의 관점에서 정당화되지 않는 경우들이 존재한다. 규칙이 그 목적의 관점에서 볼 때 어떤 사례를 포함하지 않아도 되는데도 포함하는 경우 이 사례를 '과다포함'한다고 하고, 어떤 사례를 포함해야 하는데도 포함하지 않는 경우 이 사례를 '과소포함'한다고 한다. 예를 들어 '시속 80km 초과 금지'라는 규칙이 있다고 하면, 그 목적은 '운전의 안전성 확보'가 된다. 하지만 운전자들이 시속 80km 초과의 속도로 운전하지 않아야 안전하다는 것이 대부분의 경우 사실이라 하더라도, 시속 80km 초과로 달려도 안전한 경우가 있다. 이때 이 규칙은 시속 80km 초과로 달려도 안전한 사례를 '과다포함'한다고 한다. 반면 '시속 80km 초과 금지'라는 규칙은 안개가 심한 날 위험한데도 시속 80km로 달리는 차량을 금지하지 않게 되어 그 목적을 달성하지 못할 수 있다. 이 경우 규칙이 해당 사례를 '과소포함'한다고 한다.

〈사례〉

X동물원에서는 동물원 내 차량 진입 금지 규칙의 도입을 검토하고 있다. 이 규칙의 목적은 ㉠동물원 이용자의 안전 확보, ㉡차량으로 인한 동물원 내의 불필요한 소음 방지의 두 가지이다. 도입될 규칙의 후보로 다음의 세 가지가 제시되었다.

규칙 1 : 동물원 내에는 어떠한 경우에도 차량이 진입할 수 없다.
규칙 2 : 동물원 내에는 동물원에 의해 사전 허가를 받은 차량 외에 다른 차량은 진입할 수 없다.
규칙 3 : 동물원 내에는 긴급사태로 인해 소방차, 구급차가 진입하는 경우 외에 다른 차량은 진입할 수 없다.

보기

ㄱ. 목적 ㉠의 관점에서 본다면, 규칙 1은 '동물원 내 무단 진입한 차량이 질주하여 이용자의 안전을 위협하자 이를 막기 위해 경찰차가 사전 허가 없이 진입하는 경우'를 '과다포함'한다.

ㄴ. 목적 ㉡의 관점에서 본다면, 규칙 2는 '불필요한 소음을 발생시키는 핫도그 판매 차량이 사전 허가를 받아 동물원에 진입하는 경우'를 '과소포함'한다.

ㄷ. 목적 ㉠, ㉡ 모두의 관점에서 본다면, 규칙 3은 '불필요한 소음을 발생시키지 않는 구급차가 동물원 이용자를 구조하기 위해 동물원 내로 진입하는 경우'를 '과다포함'하지도 않고 '과소포함'하지도 않는다.

① ㄱ   ② ㄴ   ③ ㄱ, ㄷ
④ ㄴ, ㄷ   ⑤ ㄱ, ㄴ, ㄷ

문항 성격	규범 – 언어 추리
평가 목표	이 문항은 규칙이 그 목적과의 관계에서 볼 때 어떤 사례를 '과다포함' 혹은 '과소포함' 한다는 개념을 이해하여 구체적인 사례에 적용할 수 있는 능력을 평가하는 문항이다.
문제 풀이	정답 : ⑤

제시문에서 어떤 금지 규칙이 사례를 '과다포함' 혹은 '과소포함'한다고 할 때 '포함'이란 금지를 의미한다는 것을 읽어내는 것이 중요하다. 그렇다면 '과다포함'이란 어떤 규칙이 그 목적의 관점에서 볼 때 금지하지 않아도 되는 사례를 금지하는 경우이며, '과소포함'이란 어떤 규칙이 그 목적의 관점에서 볼 때 금지해야 하는 사례를 금지하지 않는 것을 의미한다.

〈보기〉해설   ㄱ. 목적 ㉠의 '동물원 이용자의 안전 확보'라는 관점에서 보면 동물원 이용자의 안전을 보호하기 위해 경찰차가 동물원에 진입하는 사례를 포함하지 않아도 된다. 하지만 "동물원 내에는 어떠한 경우에도 차량이 진입할 수 없다."는 규칙 1은 동물원에 진입하려는 모든 차량을 포함하므로 '과다포함'이 된다. ㄱ은 옳은 추론이다.

ㄴ. 목적 ㉡의 '차량으로 인한 동물원 내의 불필요한 소음 방지'라는 관점에서 보면 불필요한 소음을 발생시키는 핫도그 판매 차량이 사전 허가를 받아 동물원에 진입하는 사례를 포함해야 한다. 하지만 "동물원 내에는 동물원에 의해 사전 허가를 받은 차량 외에 다른 차량은 진입할 수 없다."는 규칙 2는 사전 허가를 받은 핫도그 판매 차량을 포함하지 않으므로 '과소포함'이 된다. ㄴ은 옳은 추론이다.

ㄷ. 목적 ㉠의 '동물원 이용자의 안전 확보'라는 관점 및 목적 ㉡의 '차량으로 인한 동물원 내의 불필요한 소음 방지'라는 관점에서 보면 불필요한 소음을 발생시키지 않는 구급차(목적 ㉡에 부합)가 동물원 이용자를 구조하기 위해(목적 ㉠에 부합) 동물원 내로 진입하는 사례는 규칙이 포함하지 않아도 된다. "동물원 내에는 긴급사태로 인한 소방차, 구급차가 진입하는 경우 외에 다른 차량은 진입할 수 없다."는 규칙 3은 이 사례를 포함하지 않아 '과다포함'하지 않는다. 또한 규칙이 포함해야 하는 경우도 아니므로, 포함해야 하는데도 포함하지 않는 경우가 아니다. 따라서 '과소포함'하지도 않는다. ㄷ은 옳은 추론이다.

〈보기〉의 ㄱ, ㄴ, ㄷ 모두 옳은 추론이므로 정답은 ⑤이다.

14.

다음으로부터 추론한 것으로 옳은 것만을 〈보기〉에서 있는 대로 고른 것은?

〈이론〉

각 사람의 행복을 극대화하는 행동이 올바른 행동이다. 이를 판단하기 위해서 다음의 네 가지 원리가 있다. 단, X와 Y는 가능한 상황을, p와 q는 사람을 나타낸다.

원리 1 : p가 상황 X에서 누리는 행복보다 더 많은 행복을 누리게 될 다른 가능한 상황이 없다면, p는 X에서 나쁘게 대우받는 것은 아니다.

원리 2 : p가 X에서 존재하고 X에서보다 더 많은 행복을 누리게 되는 가능한 상황 Y가 존재하는 경우, Y에서 존재하는 사람 중에 Y보다 X에서 더 많은 행복을 누리게 되는 q가 존재하지 않는다면 p는 X에서 나쁘게 대우받는 것이고, 그러한 q가 존재한다면 p는 X에서 나쁘게 대우받는 것이 아니다.

원리 3 : p가 X에서 존재하지 않는다면, p가 존재하여 더 많은 행복을 누리게 될 가능한 상황이 있더라도 p가 X에서 나쁘게 대우받는 것은 아니다.

원리 4 : 원리 1~3에 따라 X에서 누구도 나쁘게 대우받지 않는 경우에만 X는 도덕적으로 허용될 수 있다.

〈사례〉

남편인 甲과 아내인 乙에게 자녀 丙이 있다. 이 부부가 둘째 아이를 낳으면 甲의 행복도는 그대로인 반면 乙은 건강이 나빠져 행복도가 떨어지지만, 丙의 행복도는 알려져 있지 않다. A는 이 부부가 둘째 아이를 낳지 않는 상황이고, B는 이 부부가 둘째 아이 丁을 낳는 상황이다. 아래 표는 각각의 상황에서 甲, 乙, 丙, 丁의 행복도를 나타낸다. 단, 가능한 상황은 A와 B 뿐이며, 甲, 乙, 丙, 丁 외에 다른 사람은 존재하지 않고, 상황 A에서 丁은 존재하지 않으므로 행복도는 0이라고 가정한다.

사람	A	B
甲	5	5
乙	5	3
丙	5	α
丁	0	5

ㄱ. A에서 甲~丁 중 누군가 나쁘게 대우받는 것이 가능하다.

ㄴ. B에서 甲~丁 중 한 사람만 나쁘게 대우받고 있다면 α는 5보다 작다.

ㄷ. A, B가 모두 도덕적으로 허용 가능하다면 α는 5보다 크다.

① ㄱ   ② ㄷ   ③ ㄱ, ㄴ

④ ㄴ, ㄷ   ⑤ ㄱ, ㄴ, ㄷ

문항 성격   규범 – 언어 추리

평가 목표   이 문항은 원리를 사례에 적용하여 결론을 올바로 추론할 수 있는 능력을 평가하는 문항이다.

문제 풀이   정답 : ②

원리 1~4를 종합하면 다음과 같이 요약할 수 있다. p가 상황 X에서 존재하는 경우, p가 X에서보다 더 많은 행복을 누리게 되는 다른 가능한 상황 Y가 존재하고, Y에서 존재하는 사람 중 Y보다 X에서 더 많은 행복을 누리게 되는 사람 q가 존재하지 않는 경우, 그리고 오직 그 경우에만 p는 X에서 나쁘게 대우받는 것이다. p가 상황 X에서 존재하지 않는다면 p는 X에서 나쁘게 대우받는 것이 아니다. 그리고 나쁘게 대우받는 사람이 없는 상황은 도덕적으로 허용 가능하다.

〈보기〉 해설   ㄱ. 甲과 乙의 행복도는 A보다 B에서 더 높은 것은 아니다. 따라서 원리 1에 의해 甲과 乙은 A에서 나쁘게 대우받는 것은 아니다. 그리고 丁은 A에서 존재하지 않으므로 원리 3에 의해 A에서 나쁘게 대우받는 것은 아니다. α가 5 이하인 경우 丙의 행복도는 A보다 B에서 더 높은 것이 아니므로 丙은 A에서 나쁘게 대우받는 것은 아니다. α가 5보다 큰 경우에 丙의 행복도는 A보다 B에서 더 높지만, 乙의 행복도가 B보다 A에서 더 높기 때문에 원리 2에 의해 丙은 A에서 나쁘게 대우받는 것은 아니다. 결국 α의 값이 무엇이든 상관없이 A에서 누구도 나쁘게 대우받지 않는다. 따라서 ㄱ은 옳은 추론이 아니다.

       ㄴ. 甲과 丁의 행복도는 B보다 A에서 더 높지 않으므로 원리 1에 의해 B에서 甲과 丁이 나쁘게 대우받는 것은 아니다. 乙과 丙에 대해서는 α가 5보다 작은 경우, 5인 경우, 5보다 큰 경우로 나누어 판단해 보자.

       (1) α가 5보다 작은 경우

          乙과 丙 모두 B보다 A에서 행복도가 높고 A에서 존재하는 사람 중에 A보다 B에서 더 높은 행복도를 가지는 사람이 없으므로, 원리 2에 의해 B에서 나쁘게 대우받는 사람은 乙과 丙으로 2명이 된다.

⑵ α가 5인 경우

丙의 행복도는 B보다 A에서 더 높지 않으므로 원리 1에 의해 B에서 나쁘게 대우받는 것이 아니다. 반면에 乙의 행복도는 B보다 A에서 더 높으며 A에서 존재하는 사람 중에 A보다 B에서 더 높은 행복도를 가지는 사람이 존재하지 않으므로, 원리 2에 의해 乙은 B에서 나쁘게 대우받는다. 결국 B에서 나쁘게 대우받는 사람은 1명이다.

⑶ α가 5보다 큰 경우

丙의 행복도는 B보다 A에서 더 높지 않으므로 원리 1에 의해 B에서 나쁘게 대우받는 것이 아니다. 乙의 행복도는 B보다 A에서 더 높지만 A에서 존재하며 A보다 B에서 더 높은 행복도를 가지는 사람인 丙이 존재하므로, 원리 2에 의해 乙은 나쁘게 대우받는 것이 아니다. 따라서 나쁘게 대우받는 사람은 0명이다.

위의 설명으로부터 B에서 甲~丁 중 한 사람만 나쁘게 대우받고 있다면 α는 5라는 것을 알 수 있다. 따라서 ㄴ은 옳은 추론이 아니다.

ㄷ. A와 B가 모두 도덕적으로 허용 가능하려면 원리 4에 따라 A에서도 B에서도 나쁘게 대우받는 사람은 없어야 한다. ㄱ에서 설명했듯이 α가 어떤 값을 가지든 상관없이 A에서 나쁘게 대우받는 사람은 없다. 또한 ㄴ에서 설명했듯이 α가 5보다 큰 경우에만 B에서 나쁘게 대우받는 사람이 존재하지 않는다. 따라서 A, B가 모두 도덕적으로 허용 가능하다면 α는 5보다 커야 한다. 따라서 ㄷ은 옳은 추론이다.

〈보기〉의 ㄷ만이 옳은 추론이므로 정답은 ②이다.

15.

다음으로부터 추론한 것으로 옳은 것만을 〈보기〉에서 있는 대로 고른 것은?

연민은 이성에 앞서는 것으로 인간에게 보편적인 자연적 감정이다. 연민은 동물들에게도 뚜렷이 나타난다. 동물이 새끼에 대해 애정을 품고 같은 종의 죽음에 대해 불안감을 느낀다는 사실이 이를 보여 준다. 이 감정은 모든 이성적 반성에 앞서는 자연의 충동이며, 교육이나 풍속에 의해서도 파괴하기 어려운 자연적인 힘이다. 연민은, 본성에 의해서 우리에게 새겨진 또 다른 감정인 자기애가 자연이 설정한 범위를 넘어서 과도하게 작용되는 것을 방지하여 종 전체의 존속에 기여한다. 남이 고통 받는 모습을 보고 깊이 생각할 여지도 없이 도와주러 나서게 되는 것도 연민 때문이다. 하지만 연민이 자기희생을 의미하는 것은 아니다. 연민은 굶주리고 있는 인간에게까지 약한 어린이나 노인이 힘겹게 획득한 식량을 빼앗지 말라고 하지는 않는다. "남이 해 주길 바라는 대로 남에게 행하라"는 이성의 원리에 앞서 "타인의 불행을 되도록 적게 하라"라는 생각을 먼저 품게 하는 것이 연민이다. 인간이 고통을 당하는 것을 보거나 인간이 악을 행했을 때 느끼는 혐오감의 원인도 정교한 이성적 논거가 아니라 이 연민이라는 자연의 감정 속에서 그 근원을 발견할 수 있다. 만일 인류의 생존이 인류 구성원들의 이성적 추론에만 달려 있었다면 인류는 벌써 지상에서 자취를 감추었을 것이다.

보 기

ㄱ. 연민은 이성적 반성 없이는 작동되지 않는다.
ㄴ. 혐오감과 자기애는 모두 연민의 감정에서 비롯된다.
ㄷ. 타인에 대한 연민의 감정은 자기애와 양립 가능하다.

① ㄱ ② ㄷ ③ ㄱ, ㄴ
④ ㄴ, ㄷ ⑤ ㄱ, ㄴ, ㄷ

문항 성격 인문 – 언어 추리
평가 목표 이 문항은 연민의 감정을 설명하는 제시문으로부터 연민이 이성적 반성, 혐오감, 자기애와 어떠한 관계를 가지고 있는지 추론할 수 있는 능력을 평가하는 문항이다.
문제 풀이 정답 : ②

사회적 계약 상태에 들어가서 이성을 사용하기 전인 자연 상태에서도 연민이라는 인간의 보편적 감정을 통해 불완전한 정도의 정의감이 존재한다는 루소의 주장을 담은 글이다.

연민의 감정과 자기애의 감정은 본성에서 주어진 보편적 감정이라는 점에서 공통점을 가지고 있다. 연민은 동물에게도 나타나는 것으로 인간의 또 다른 보편적 감정인 자기애와 달리 종 전체의 존속에 기여한다. 연민의 감정은 자기희생을 요구하는 상황에서는 나타나지 않는다. 연민은 정의에 대한 이성의 명령이 작동되기도 전에 불안한 정도이기는 하지만 정의를 실행하게 만드는 역할을 한다. 타인이 악을 행하거나 당할 때 느끼는 혐오감도 이성을 통해서가 아니라 연민이 작동한 결과이다.

〈보기〉 해설 ㄱ. 연민은 "모든 이성적 반성에 앞서는 자연의 충동"이다. 또 "연민은 이성에 앞서는 것으로 인간에게 보편적인 자연적 감정이다." ㄱ은 옳은 추론이 아니다.
ㄴ. 본성에 의해서 우리에게 새겨진 서로 다른 두 감정이 자기애와 연민이며, 혐오

감은 연민으로부터 발생한다. 따라서 혐오감은 연민의 감정에서 비롯된다고 말할 수 있지만 자기애는 연민의 감정에서 비롯된다고 말할 수 없다. 오히려 "본성에 의해서 우리에게 새겨진 또 다른 감정인" 것이다. ㄴ은 옳은 추론이 아니다.

ㄷ. "연민은, 본성에 의해서 우리에게 새겨진 또 다른 감정인 자기애가 자연이 설정한 범위를 넘어서 과도하게 작용되는 것을 방지하여 종 전체의 존속에 기여한다."로부터, 타인에 대한 연민의 감정은 자기애와 양립 가능하다는 것을 추론할 수 있다. ㄷ은 옳은 추론이다.

〈보기〉의 ㄷ만이 옳은 추론이므로 정답은 ②이다.

16.

다음으로부터 추론한 것으로 옳은 것만을 〈보기〉에서 있는 대로 고른 것은?

甲, 乙, 丙 세 사람 모두 약속 위반이 잘못된 행위이며 특별한 사정이 없는 한 그런 행위자를 도덕적으로 비난할 수 있다고 생각한다. 이들이 인정하는 특별한 사정이란 "당위는 능력을 함축한다"라는 근본적인 도덕 원리와 관련된 것으로서, 만약 약속을 지킬 수 있는 능력이 없는 경우라면 약속 위반자를 도덕적으로 비난하지 않겠다는 것이다. 이와 더불어 세 사람은 모두 행위자가 물리력을 행사하여 수행할 수 있는 범위 내에 있는 행위라면 '그 행위자에게 그 행위를 할 수 있는 능력이 있는 것'으로 간주한다. 하지만 행위 능력이 있더라도 행위자가 그 능력을 인지하는지 여부에 따라 추가로 특별한 사정이 생길 수 있다는 ⑤입장과 그런 여부와 상관없이 특별한 사정은 생기지 않는다는 ⑥입장이 갈릴 수 있다.

〈사례〉

丁은 오늘 정오에 戊를 공항까지 태워 주기로 약속했지만 끝내 제시간에 약속 장소에 나타나지 않았다. 밝혀진 바에 따르면, 丁은 약속을 분명히 기억하고 있었고 시간을 착각한 것도 아니면서 제때 방에서 나오지 않았다. 하지만 약속 위반자인 丁에게 특별한 사정이 있었을 수도 있다. 이제 다음 세 가지 상황을 고려해 보자.

〈상황〉

(1) 丁은 집주인이 방문을 잠가 놓았다는 사실을 알게 되었다. 밖에서 방문을 열어 주지 않는 한 그가 나갈 수 있는 방법은 전혀 없었고 외부와의 연락 수단도 없었다.

(2) 丁은 집주인이 방문을 잠가 놓았다는 사실을 알게 되었다. 밖에서 열어 주지 않는 한 방문을 열 수 있는 방법은 전혀 없었고 외부와의 연락 수단도 없었다. 하지만 방 안에는 丁이 전혀 모르는 버튼이 있는데, 그 버튼을 누르면 비밀 문이 열린다. 버튼을 누르는 일은 丁이 물리력을 행사하여 수행할 수 있는 범위 내에 있었다.

(3) 집주인이 방문을 잠가 놓았고 밖에서 방문을 열어 주지 않는 한 丁이 방에서 나갈 수 있는 방법은 전혀 없었다. 방에는 외부와의 연락 수단도 없었다. 하지만 丁은 귀찮아서 방을 나가려 하지 않았고 방문이 잠겨 있다는 사실을 전혀 몰랐다.

보 기

ㄱ. 甲이 (1)과 (3)의 상황에서 丁에 대한 도덕적 판단이 서로 달라야 할 이유가 없다고 생각한다면, 甲은 ⓒ을 채택한 것이다.

ㄴ. ⓒ을 채택한 乙은 (2)의 상황에서 丁을 도덕적으로 비난하지 않을 것이다.

ㄷ. 丙은 ⊙을 채택하든 ⓒ을 채택하든 (3)의 상황에서 丁이 도덕적 비난의 대상이 될 수 있다는 것을 설명할 수 없다.

① ㄱ   ② ㄷ   ③ ㄱ, ㄴ

④ ㄴ, ㄷ   ⑤ ㄱ, ㄴ, ㄷ

문항 성격 인문 – 언어 추리

평가 목표 이 문항은 도덕 원리의 적용과 관련하여 여러 가지 상이한 상황들에서 관련 요소를 고려하여 올바르게 판단할 수 있는 능력을 평가하는 문항이다.

문제 풀이 정답 : ②

약속 준수의 행위 능력 유무와 인지 여부에 따른 제시문의 입장을 정리하면 다음의 〈표 1〉과 같다.

〈표 1〉

약속 준수의 행위 능력 유무	행위 능력의 인지 여부	도덕적 비난 가능 여부	
		⊙	ⓒ
능력 없음	능력 없음을 인지함	비난하지 않음	비난하지 않음
	능력 없음을 인지하지 못함		
능력 있음	능력 있음을 인지함	비난할 수 있음	비난할 수 있음
	능력 있음을 인지하지 못함	비난하지 않음	비난할 수 있음

〈상황〉을 분석하여 각 입장을 〈상황〉에 적용한 결과는 다음의 〈표 2〉와 같다.

〈표 2〉

	약속 준수의 행위 능력 유무	행위 능력의 인지 여부	도덕적 비난 가능 여부	
			㉠	㉡
상황 (1)	능력 없음	능력 없음을 인지함	비난하지 않음	비난하지 않음
상황 (2)	능력 있음	능력 있음을 인지하지 못함	비난하지 않음	비난할 수 있음
상황 (3)	능력 없음	능력 없음을 인지하지 못함	비난하지 않음	비난하지 않음

〈보기〉해설　ㄱ. 〈표 2〉에서 보듯이 ⑴과 ⑶의 상황 모두 행위자가 행위 능력이 없다는 점에서 동일하므로 ㉠을 채택하든 ㉡을 채택하든 丁에 대한 도덕적 판단이 다르지 않다. 즉 도덕적으로 비난하지 않을 것이다. 따라서 甲이 ⑴과 ⑶의 상황에서 丁에 대한 도덕적 판단이 서로 달라야 할 이유가 없다고 생각하더라도 반드시 ㉡을 채택했다는 보장은 없다. 따라서 ㄱ은 옳은 추론이 아니다.

ㄴ. ㉡을 채택했다는 것은 약속 준수의 행위 능력의 유무로만 도덕적 비난 여부를 판단하겠다는 것이다. 〈표 2〉에서 보듯이 ⑵의 상황에서 ㉡을 채택한 사람은 丁을 도덕적으로 비난할 수 있다고 판단할 것이다. 따라서 ㄴ은 옳은 추론이 아니다.

ㄷ. 귀찮아서 약속을 지킬 의도조차 없었던 것으로 보이는 상황 ⑶의 丁을 도덕적으로 비난할 수 있을 것이라 생각하는 사람도 있을 것이다. 하지만 〈표 2〉에서 보듯이 ⑶의 상황은 丁이 약속을 지킬 수 있는 능력이 없는 경우이므로, 丙이 ㉠과 ㉡ 중 어떤 것을 채택하더라도 丁이 도덕적 비난의 대상이 될 수 없다고 판단할 것이다. 따라서 ㄷ은 옳은 추론이다.

〈보기〉의 ㄷ만이 옳은 추론이므로 정답은 ②이다.

17.

다음으로부터 평가한 것으로 옳은 것만을 〈보기〉에서 있는 대로 고른 것은?

사람들의 행위 동기를 연구하기 위해 다음 실험이 수행되었다.

〈실험〉

보상이 기대되는 긍정적인 업무와 아무런 보상도 기대할 수 없는 중립적 업무가 참가자에게 각각 하나씩 제시된다. 참가자에게 참가자가 아닌 익명의 타인이 한 명씩 배정되고, 참가자는 두 개의 업무를 그 타인과 본인에게 하나씩 할당해야 한다. 할당 방식에는 두 가지가 있다. A방식은 참가자 본인의 임의적 결정으로 업무를 할당하는 것이며, B방식은 참가자가 동전 던지기를 통해 업무를 할당하는 것이다. 참가자는 둘 중 하나의 방식을 공개적으로 선택하지만, 선택이 끝난 후 업무를 할당하기까지의 전 과정은 공개되지 않는다.

〈결과〉

40명의 참가자를 대상으로 실험한 결과, 20명의 참가자가 A방식을 선택하였고 이들 중 17명이 긍정적 업무를 자신에게 할당하였다. 긍정적 업무를 타인에게 할당한 참가자는 3명이었다. 한편 나머지 20명의 참가자는 B방식을 선택했는데, 이들 중 18명이 자신에게 긍정적 업무를 할당하였고 타인에게 긍정적 업무를 할당한 참가자는 2명이었다.

동전 던지기에서 통상적으로 기대되는 결과와 비교할 때 B방식에 따른 이런 할당 결과는 매우 이례적인 것이어서 이를 설명하기 위해 다음 가설들이 제시되었다.

가설 1 : B방식을 택한 대부분의 사람들은 원래는 공정하게 업무를 할당할 의도가 있었지만, 실제로 동전을 던져서 자신에게 불리한 결과가 나왔을 때 이기적인 동기가 원래의 공정한 의도를 압도하면서 결과를 조작한 것이다.

가설 2 : B방식을 택한 대부분의 사람들은 원래부터 공정하게 업무를 할당할 의도가 없었으며, 단지 결과 조작을 통해 업무 할당의 이득을 안전하게 확보할 수 있고 사람들에게 공정한 사람처럼 보일 수 있는 추가 이득까지 얻을 수 있기 때문에 이 방식을 택한 것뿐이다.

보 기

ㄱ. B방식을 택한 참가자들 대부분이 A방식도 B방식만큼 공정하다고 사람들이 생각하리라 믿었다면, 가설 2는 약화된다.

ㄴ. B방식을 택한 참가자들 중 결과를 조작한 사람들 대부분이 자신의 업무 할당이 공정하지 않았음을 인정한다면, 가설 1은 약화되고 가설 2는 강화된다.

ㄷ. B방식에서 동전 던지기를 통한 업무 할당 과정이 공개되도록 실험 내용을 수정하여 동일한 수의 새로운 참가자들을 대상으로 실험한 후에도 B방식을 선택하는 참가자의 수에 큰 변화가 없다면, 가설 1은 강화되고 가설 2는 약화된다.

① ㄱ   ② ㄴ   ③ ㄱ, ㄷ

④ ㄴ, ㄷ   ⑤ ㄱ, ㄴ, ㄷ

문항 성격 인문 – 논증 평가 및 문제해결

평가 목표 이 문항은 새로 추가된 정보가 두 가설을 각각 강화하는지 약화하는지 옳게 판단할 수 있는 능력을 평가하는 문항이다.

문제 풀이 정답 : ③

업무 할당 방식 중 B방식의 특징은 동전 던지기를 통해 업무를 할당하는 일견 공정한 방식이지만, 이 방식을 선택하더라도 실제 업무 할당 과정이 공개되지 않으므로 A방식과 마찬가지로 자기에게 유리하도록 결과를 조작하여 임의로 업무를 할당할 여지가 있다. 실제로 실험 결과는 B방식을 택한 사람들의 일부가 결과를 조작했다는 것을 강하게 암시한다. B방식을 택한 20명의 참가자 중 18명이 자신에게 긍정적 업무를 할당했기 때문이다. 실험 결과를 설명하고자 하는 다음 두 가설이 제시되었다.

가설 1 : 공정하게 업무를 할당할 의도로 B방식을 채택했지만, 결국은 이기적인 동기가 원래의 공정한 의도를 압도하면서 결과를 조작했다.

가설 2 : 원래 공정하게 업무를 할당할 의도가 없었으며, 업무 할당의 이득을 확보하면서 사람들에게 공정한 사람처럼 보일 수 있는 추가 이득까지 얻을 수 있기 때문에 B방식을 택한 것이다.

〈보기〉 해설 ㄱ. 가설 2에 따르면, B방식을 택한 대부분의 사람들은 결과 조작을 통해 업무 할당의 이득을 확보할 수 있고 사람들에게 공정한 사람처럼 보일 수 있는 추가 이득까지 얻을 수 있기 때문에 이 방식을 채택했다. 하지만 A방식도 B방식만큼 공정하다고 사람들이 생각하리라고 믿었다면, 굳이 B방식을 택할 이유가 없어진다. 그러므로 추가 이득 때문에 B방식을 택했다는 가설 2는 약화된다. ㄱ은 옳은 평가이다.

ㄴ. B방식을 택한 참가자들 중 결과를 조작한 사람들 대부분이 자신의 업무 할당이 공정하지 않음을 인정한다는 정보만으로는 가설 1이나 가설 2의 강화 및 약화를 평가할 근거가 되지 않는다.

ㄷ. 동전 던지기를 통한 업무 할당 과정이 모두 공개되는 것으로 수정된다는 것은 결과 조작을 통한 업무 할당의 이득을 안전하게 확보할 수 없다는 뜻이다. 그럼에도 불구하고 여전히 B방식을 택한 참가자의 수에 큰 변화가 없다면, 이것은 B방식을 택한 사람들 대부분이 처음에는 공정하게 업무를 할당할 의도가 있었음을 강화하는 증거가 된다. ㄷ은 옳은 평가이다.

〈보기〉의 ㄱ, ㄷ만이 옳은 평가이므로 정답은 ③이다.

18.

다음으로부터 추론한 것으로 옳은 것만을 〈보기〉에서 있는 대로 고른 것은?

> 甲 : 신은 완전한 존재이다. 이는 첫째로 신이 전능함을 함축한다. 따라서 신은 자신이 원한다면 무슨 일이든지 할 수 있을 것이다. 기적을 일으켜 자연법칙을 거스를 수도 있고 이미 지나가 버린 과거를 바꿀 수도 있다. 둘째로 신의 완전함은, 신이 이 세상을 완벽하게 창조했으며 자신이 계획한 그대로 역사를 진행시킨다는 것을 함축한다. 신의 이러한 계획에 개입할 수 있는 존재는 없다.
>
> 乙 : 甲의 주장에는 문제가 있다. 우선 甲의 두 주장은 서로 상충한다. 신이 완벽하게 과거 현재 미래를 이미 결정한 채 역사를 진행시키고 있다는 것이 사실이라면, 신이 그렇게 진행되어 온 과거를 결코 바꾸지 않을 것이다. 게다가 각 주장도 거짓이라 볼 이유가 있다. 첫째, 신은 엄청난 능력을 가지고 있기는 하나 무엇이든지 다 할 수 있다고 보는 것은 문제가 있다. 신은 아직 결정되지 않은, 장차 벌어질 사건들에서는 무한한 능력을 발휘할 수 있다. 하지만 신조차도 시간의 흐름만은 통제할 수 없기에, 과거로 거슬러 올라가 이미 벌어진 사건을 바꿀 수는 없다. 둘째, 만일 신이 자신이 계획한 대로 역사를 진행시킨다면, 우리가 신에게 기도하는 현상을 설명할 수 없다. 우리는 기도를 통해 우리가 신의 계획에 영향을 줄 수 있다고 믿는다. 이 믿음이 옳다면, 신이 세상을 계획에 따라 창조했더라도 신의 계획은 변경될 수 있을 것이다.

보기

ㄱ. 甲과 乙은 둘 다 기적이 있을 수 있다고 믿는다.
ㄴ. 甲과 乙은 신이 역사를 진행시키는 방식에 대한 견해가 다르다.
ㄷ. 乙은 신이 과거를 바꾼다는 것은 신의 계획이 완전하지 않음을 의미한다고 여긴다.

① ㄱ   ② ㄴ   ③ ㄱ, ㄷ
④ ㄴ, ㄷ   ⑤ ㄱ, ㄴ, ㄷ

| 문항 성격 | 인문 – 언어 추리 |

| 평가 목표 | 이 문항은 신에 대한 두 가지 다른 입장의 차이를 이해하고 이로부터 추론한 것이 옳은지 판단할 수 있는 능력을 평가하는 문항이다. |

| 문제 풀이 | 정답 : ⑤ |

甲에 의하면 신은 완전한 존재이다. 이는 첫째로 신이 자신이 원하면 무엇이든지 할 수 있음을 함축한다. 신은 기적을 일으킬 수 있으며 이미 지나가 버린 과거를 바꿀 수도 있다. 둘째로 신의 완전함은 신이 이 세상을 완전하게 창조했으며 자신이 계획한 그대로 역사를 진행시킨다는 것을 함축한다. 이에 반해 乙은 甲의 주장에 모순이 있음을 지적하면서 자신의 입장을 전개한다. 우선 신이 완벽하게 과거 현재 미래를 이미 결정한 채 역사를 진행시키고 있다는 것이 사실이라면 신이 그렇게 진행되어 온 과거를 결코 바꾸지 않을 것이라는 것을 지적하고 있다. 또한 신도 시간의 흐름만은 통제할 수 없기에 과거의 사건을 바꿀 수는 없으며, 신이 자신이 계획한 대로 역사를 진행시킨다면 우리가 신에게 기도하는 현상을 설명할 수 없다고 주장한다.

〈보기〉 해설   ㄱ. 甲은 신이 전능하여 기적을 일으킬 수 있다고 명시적으로 말하고 있다. 乙은 신이 이미 벌어진 사건을 바꿀 수는 없지만, 아직 결정되지 않은 장차 벌어질 사건들에서는 무한한 능력을 가질 수 있다고 주장하고 있으므로 기적이 있을 수 있음을 인정한다고 볼 수 있다. ㄱ은 옳은 추론이다.

ㄴ. 甲은 신이 전능하므로 이미 지나가 버린 과거를 바꿀 수 있으며, 또한 완전하므로 자신이 계획한 그대로 역사를 진행시킨다고 주장한다. 반면에 乙은 신(조차)도 시간의 흐름을 통제할 수 없기에 과거로 거슬러 올라가 이미 벌어진 사건을 바꿀 수는 없으며, 우리의 기도를 통해 신의 계획은 변경될 수도 있을 것이라고 주장하고 있다. 따라서 甲과 乙은 신이 역사를 진행시키는 방식에 대해 서로 다른 견해를 가지고 있다. ㄴ은 옳은 추론이다.

ㄷ. 乙은 "신이 완벽하게 과거 현재 미래를 이미 결정한 채 역사를 진행시키고 있다는 것이 사실이라면, 신이 그렇게 진행되어 온 과거를 결코 바꾸지 않을 것이다."라고 주장하고 있으므로, 乙은 신이 과거를 바꾼다는 것은 신의 계획이 완전하지 않음을 의미한다고 여길 것이다. ㄷ은 옳은 추론이다.

〈보기〉의 ㄱ, ㄴ, ㄷ 모두 옳은 추론이므로 정답은 ⑤이다.

19.

다음 논쟁에 대한 평가로 옳은 것만을 〈보기〉에서 있는 대로 고른 것은?

공포 영화의 중요한 특징은 영화 속의 공포의 존재가 우리에게 두려움과 역겨움의 반응을 유발하고 그로 인해 우리가 고통이나 불쾌감을 느끼게 된다는 것이다. 쾌락의 추구와 고통의 회피가 인간의 보편적인 성향임을 고려할 때, 어떻게 많은 사람들이 그런 공포 영화를 즐길 수 있는 것인지 의아해진다. 이를 설명하기 위해 다음과 같은 두 개의 주장이 제시되었다.

A : 우리가 공포 영화를 즐길 수 있는 이유는 결국은 고통이나 불쾌감을 상쇄하고도 남을 충분한 보상을 얻을 수 있기 때문이다. 그런 영화에 전형적으로 등장하는 미지의 대상은 두려움과 역겨움을 유발하기도 하지만 그만큼 그 대상의 정체를 알아내고 싶은 우리의 호기심을 자극하기도 한다. 우리는 영화를 보면서 그 대상의 정체를 파악하기 위해 가설을 세우고, 증거를 찾고, 추리를 하고, 검증을 하려 애쓴다. 그러다가 영화가 끝날 때쯤 그 대상의 정체가 밝혀지고 얽히고설킨 모든 문제가 해소되는 순간 우리는 ㉠엄청난 쾌감을 느끼게 되는 것이다.

B : 영화는 영화일 뿐이다. 정말로 눈앞에 괴물이 나타난다면 누구나 허겁지겁 도망치겠지만, 영화 속 괴물을 보고 그렇게 반응하는 사람은 거의 없다. 공포 영화에 아무리 두렵고 역겨운 대상이 등장하더라도 그로 인해 발생하는 고통이나 불쾌감은 충분히 통제할 만한 것이다. 그 정도의 고통이나 불쾌감을 상쇄하기 위해 ㉠까지 필요치는 않으며, 대부분 판에 박힌 플롯의 공포 영화가 그런 쾌감을 제공할 수도 없다. 우리가 공포 영화를 즐기는 이유는 통제 가능한 수준의 고통이나 불쾌감은 오히려 적절한 자극제가 되어 정신 건강에 유익하기 때문일 뿐이다.

보 기

ㄱ. 소설을 원작으로 한 공포 영화 관객 대부분이 소설을 먼저 읽어 본 사람들이었던 것으로 밝혀진다면 A는 약화된다.

ㄴ. 고통이나 불쾌감의 강도는 사람마다 다른 것이라면 A는 약화되고 B는 강화된다.

ㄷ. 호기심을 일으킬 만한 미지의 대상이 전혀 등장하지 않으면서 ㉠과 같은 수준의 엄청난 쾌감을 보상하는 공포 영화가 다수 존재한다면, A는 약화되고 B는 강화된다.

① ㄱ   ② ㄴ   ③ ㄱ, ㄷ

④ ㄴ, ㄷ   ⑤ ㄱ, ㄴ, ㄷ

인문 – 논증 평가 및 문제해결

이 문항은 각 주장의 논거를 정확히 파악하여 추가적인 정보에 따라 각 주장이 약화 또는 강화되는지 올바르게 판단할 수 있는 능력을 평가하는 문항이다.

정답 : ①

쾌락의 추구와 고통의 회피가 인간의 보편적인 성향임에도 불구하고 많은 사람들이 공포 영화를 즐길 수 있는 이유를 설명하고자 하는 두 개의 주장이 제시되었다.

A : 공포 영화는 엄청난 쾌감을 제공한다. 그러한 쾌감은 공포 영화에 등장하는 미지의 대상에 대한 관객의 호기심이 충족되는 순간 주어진다.

B : 공포 영화는 엄청난 쾌감을 제공하지 않는다. 공포 영화에 등장하는 대상이 일으키는 고통이나 불쾌감은 충분히 통제할 만한 것이므로 그 정도의 쾌감으로 보상할 필요도 없고, 줄거리가 뻔한 공포 영화가 그런 엄청난 쾌감을 제공할 수도 없다. 우리가 공포 영화를 즐기는 이유는 통제 가능한 수준의 고통이나 불쾌감은 적절한 자극제가 되어 정신 건강에 유익하기 때문이다.

ㄱ : 원작 소설을 이미 읽었다는 것은 공포 영화의 줄거리와 영화에서 공포를 불러 일으키는 대상의 정체를 이미 알고 있다는 뜻이다. 따라서 미지의 대상이 정체를 드러내는 순간에 호기심이 충족되면서 엄청난 쾌락을 느끼게 된다고 주장하는 A는 약화된다. ㄱ은 옳은 평가이다.

ㄴ : B는 '엄청난 쾌감'이 필요할 정도로 공포 영화에 등장하는 대상이 유발하는 고통이나 불쾌감이 크다는 것을 부정하고 있다. 그러한 고통이나 불쾌감은 통제 가능하며, 우리가 공포 영화를 즐기는 이유는 이러한 통제 가능한 수준의 고통이나 불쾌감은 오히려 적절한 자극제가 되어 정신 건강에 유익하기 때문이라는 것이다. 따라서 고통이나 불쾌감의 강도가 사람마다 다른 것이라면, 고통이나 불쾌감이 통제 가능한 수준이라고 말하는 B는 강화되지 않는다. 따라서 ㄴ은 옳은 평가가 아니다.

ㄷ : 다수의 공포 영화에 호기심을 일으키는 미지의 대상이 등장하지 않는다는 것은 A를 약화하고, 그런 영화가 엄청난 쾌감을 보상한다는 것은 B를 약화한다. ㄷ은 옳은 평가가 아니다.

〈보기〉의 ㄱ만이 옳은 평가이므로 정답은 ①이다.

20.

다음 논증의 구조를 가장 적절하게 파악한 것은?

> ㉠ 선(善)을 정의하려는 시도는 성공할 수 없다. ㉡ 선을 정의할 수 있으려면 그것을 자연적 속성과 동일시하거나, 아니면 형이상학적 속성과 동일시해야 한다. ㉢ 선을 쾌락이라는 자연적 속성과 동일시하여 "선은 쾌락이다"라고 정의를 내릴 수 있다고 한다면, "선은 쾌락인가?"라는 물음은 "선은 선인가?"라는 물음과 마찬가지로 동어반복으로서 무의미한 것이 되어야 한다. ㉣ 그러나 "선은 쾌락인가?"라는 물음은 무의미하지 않다. ㉤ 쾌락 대신에 어떠한 자연적 속성을 대입하더라도 결과는 마찬가지이므로, ㉥ 선을 자연적 속성과 동일시하는 모든 정의는 오류이다. ㉦ 선을 형이상학적 속성과 동일시하는 정의들은 사실 명제로부터 당위 명제를 추론한다. ㉧ 즉 어떠한 형이상학적 질서가 존재한다는 사실로부터 "선은 무엇이다"라는 정의를 이끌어 낸다. ㉨ 그런데 당위는 당위로부터만 도출되기 때문에 사실로부터 당위를 끌어내는 것은 가능하지 않다. ㉩ 따라서 선을 형이상학적 속성과 동일시하는 정의들은 모두 오류이다.

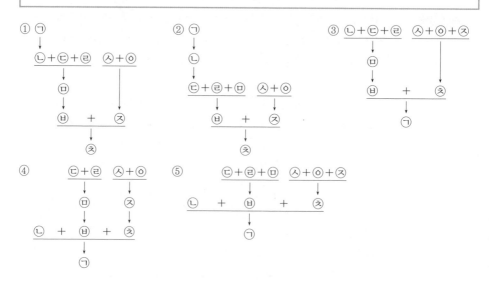

문항 성격   인문 – 논증 분석

평가 목표   이 문항은 논증의 전체적인 논리적 구조 및 요소들 사이의 논리적 관계를 파악하는 능력을 평가하는 문항이다.

이 논증의 결론은 ㉠의 "선을 정의하려는 시도는 성공할 수 없다."이며, 이 결론은 ㉡, ㉤, ㉨으로부터 논리적으로 도출된다. ㉡에서 "선을 정의할 수 있으려면 그것을 자연적 속성과 동일시하거나, 아니면 형이상학적 속성과 동일시해야 한다."라고 했는데, ㉤에서 선을 자연적 속성과 동일시할 수 없다고 했고, ㉨에서 선을 형이상학적 속성과 동일시할 수 없다고 했다. 따라서 ㉤, ㉨에 의해 조건문 ㉡의 뒷부분 "그것을 자연적 속성과 동일시하거나, 아니면 형이상학적 속성과 동일시해야 한다."가 부정되므로, 선을 정의할 수 있음이 부정되어 ㉠이 도출되는 논증 구조이다.

　㉤은 ㉢, ㉣, ㉥에 의해 지지된다. 선을 쾌락과 동일시한다면 "선은 쾌락인가?"라는 물음은 무의미한 것이 되어야 하지만(㉢), 그 물음이 무의미하지 않다고 주장하고 있으며(㉣), 쾌락 대신에 어떠한 자연적 속성을 대입하더라도 결과는 마찬가지라고 했으므로(㉥), 이로부터 "선을 자연적 속성과 동일시하는 모든 정의는 오류이다."(㉤)가 추론된다.

　한편 선을 형이상학적 속성과 동일시하는 정의들은 사실 명제로부터 당위 명제를 추론한다는(㉧), 즉 어떠한 형이상학적 질서가 존재한다는 사실로부터 "선은 무엇이다"라는 정의를 이끌어낸다는 것(㉦)과 사실로부터 당위를 끌어내는 것은 가능하지 않다는 것(㉨)으로부터 선을 형이상학적 속성과 동일시하는 정의들은 모두 오류라는 것(㉨)이 추론되기 때문에, ㉧, ㉦, ㉨으로부터 ㉨이 추론된다.

⑤만이 위의 해설에서 설명한 논증 구조를 적절히 파악하고 있다. ①과 ②는 논증의 결론을 ㉨으로 잘못 파악하고 있기 때문에 오답이며, ③은 ㉠을 지지하는 명제로 ㉤과 ㉨만을 배치하고 ㉡을 다른 곳에 배치하고 있기 때문에 오답이다. ④는 ㉢, ㉣에 의해 ㉥이 지지되도록 하고 ㉧, ㉦에 의해 ㉨이 지지되도록 한다는 점에서 오답이다.

21.

다음 글에 대한 분석으로 옳은 것만을 〈보기〉에서 있는 대로 고른 것은?

한 명제가 다른 명제를 필연적으로 함축한다면 전자가 참일 가능성은 후자가 참일 가능성을 필연적으로 함축한다. 예를 들어 지구에 행성이 충돌하는 것이 인간이 멸종하는 것을 필연적으로 함축한다면, 지구에 행성이 충돌할 가능성은 인간이 멸종할 가능성을 필연적으로 함축한다. 왜 그럴까?

㉠지구에 행성이 충돌한다는 것이 인간 멸종을 필연적으로 함축하지만, 그런 충돌 가능성이 있는데도 인간 멸종의 가능성은 없다고 가정해 보자. 사람들은 지구에 행성이 충돌하는 일이 실제로 일어나겠느냐고 의심할지 모르지만, 그런 충돌이 가능하다고 가정했기 때문에, 그런 일이 실제로 일어나는 상황이 있다고 해도 아무런 모순이 없다. 그리고 그런 일이 실제로 일어난다는 것은 인간 멸종을 필연적으로 함축하므로, 그 상황에서는 인간이 멸종한다. 그런데 인간이 멸종하는 상황은 없다고 가정했으므로 모순이 발생한다. 그러므로 ㉡지구에 행성이 충돌한다는 것이 인간 멸종을 필연적으로 함축한다면, 행성 충돌의 가능성은 인간 멸종의 가능성을 필연적으로 함축한다.

보 기

ㄱ. ㉡을 도출하는 과정에서 인간 멸종이 가능하지 않다는 것과 인간이 멸종하는 상황이 없다는 것을 동일한 의미로 간주하고 있다.

ㄴ. 지구에 행성이 충돌할 가능성이 실제로는 없다고 밝혀지더라도, ㉠으로부터 ㉡을 추론하는 과정에 아무런 문제가 없다.

ㄷ. ㉠으로부터 ㉡으로의 추론은, 어떤 가정으로부터 모순이 도출된다면 그 가정의 부정은 참이라는 원리를 이용한다.

① ㄱ ② ㄴ ③ ㄱ, ㄷ
④ ㄴ, ㄷ ⑤ ㄱ, ㄴ, ㄷ

문항 성격 인문 – 논증 분석

평가 목표 이 문항은 논증을 이루는 명제들의 의미를 정확히 이해하고 이를 바탕으로 결론까지 이어지는 논증의 구조 전체를 파악하는 능력을 평가하는 문항이다.

정답 : ⑤

명제 A가 명제 B를 필연적으로 함축한다면 A가 참일 가능성은 B가 참일 가능성을 필연적으로 함축한다는 것을 증명하는 논증이 제시되고 있다. 이 논증은 귀류법의 형태를 취한다. 즉 결론인 ⓒ을 증명하기 위하여, 그 부정에 해당하는 명제인 ⓐ을 먼저 가정하고 이로부터 모순되는 결과를 이끌어 내는 구조로 이루어져 있다. 먼저 ⓐ은 다음과 같은 가정이다.

　(지구에 행성이 충돌한다는 것이 인간 멸종을 필연적으로 함축한다) & (지구에 행성이 충돌할 가능성이 있다 & 인간 멸종의 가능성이 없다)

　ⓐ은 세 명제로 이루어져 있으므로 그중 하나인 "지구에 행성이 충돌할 가능성이 있다."도 가정된다. 그러므로 지구에 행성이 충돌하는 상황이 있다. 이 명제와 함께, 역시 가정된 다른 명제인 "지구에 행성이 충돌한다는 것은 인간이 멸종한다는 것을 필연적으로 함축한다."로부터, 그 상황에서는 인간이 멸종한다는 것이 추론된다. 그런데 인간이 멸종하는 상황이 있다는 이 결론은 인간이 멸종하는 상황이 없다는 가정과 모순된다. 그러므로 가정 ⓐ의 부정인 결론 ⓒ이 도출된다.

〈보기〉 해설　ㄱ. 앞의 해설에서 보았듯이 ⓒ 명제를 증명하기 위하여 그 부정에 해당하는 명제인 ⓐ을 먼저 가정하고 이로부터 모순되는 결과를 이끌어 내고 있다. ⓐ에서 "인간 멸종의 가능성은 없다."가 가정되고 있다. 그런데 끝에서 세 번째 문장의 "그 상황에서는 인간이 멸종한다."는 인간이 멸종하는 상황이 있다는 뜻이다. 이로부터 "그런데 인간이 멸종하는 상황은 없다고 가정했으므로 모순이 발생한다."라고 말하고 있으므로, "인간 멸종의 가능성은 없다."는 것과 "인간이 멸종하는 상황은 없다."는 것을 동일한 의미로 간주하고 있다는 것을 알 수 있다. ㄱ은 옳은 분석이다.

　ㄴ. 앞의 해설에서 보았듯이 ⓐ은 가정이다. 가정이 실제로 참인가의 여부는 가정으로부터의 추론에 어떠한 영향도 주지 않는다. 이는 제시문 두 번째 단락의 두 번째 문장("… 그런 충돌이 가능하다고 가정했기 때문에, 그런 일이 실제로 일어나는 상황이 있다고 해도 아무런 모순이 없다.")을 통해서도 간접적으로 확인할 수 있다. ㄴ은 옳은 분석이다.

　ㄷ. 앞의 해설에서 보았듯이 이 논증은 ⓐ을 가정함으로써 모순을 도출하고 이로부터 ⓐ의 부정인 ⓒ이 참임을 이끌어 내는 구조를 가지고 있다. ㄷ은 옳은 분석이다.

〈보기〉의 ㄱ, ㄴ, ㄷ 모두 옳은 분석이므로 정답은 ⑤이다.

22.

다음 논증에 대한 평가로 옳은 것만을 〈보기〉에서 있는 대로 고른 것은?

> 인간의 마음을 연구하는 많은 학자들은 정신적인 현상이 물리적인 현상에 다름 아니라는 물리주의의 입장을 받아들인다. 물리주의는 다음과 같은 원리들을 받아들일 때 자연스럽게 따라 나온다고 생각된다. 첫 번째 원리는 모든 정신적인 현상은 물리적 결과를 야기한다는 원리이다. 이는 지극히 상식적이며 우리 자신에 대한 이해의 근간을 이루는 생각이다. 가령 내가 고통을 느끼는 정신적인 현상은 내가 "아야!"라고 외치는 물리적 사건을 야기한다. 두 번째 원리는 만약 어떤 물리적 사건이 원인을 갖는다면 그것은 반드시 물리적인 원인을 갖는다는 원리이다. 다시 말해 물리적인 현상을 설명하기 위해서 물리 세계 밖으로 나갈 필요가 없다는 것이다. 세 번째 원리는 한 가지 현상에 대한 두 가지 다른 원인이 있을 수 없다는 원리이다.
>
> 이제 이 세 가지 원리가 어떻게 물리주의를 지지하는지 다음과 같은 예를 통해서 살펴보자. 내가 TV 뉴스를 봐야겠다고 생각한다고 하자. 첫 번째 원리에 의해 이는 물리적인 결과를 갖는다. 가령 나는 TV 리모컨을 들고 전원 버튼을 누를 것이다. 이 물리적 결과는 원인을 가지고 있으므로, 두 번째 원리에 의해 이에 대한 물리적 원인 또한 있다는 것이 따라 나온다. 결국 내가 리모컨 버튼을 누른 데에는 정신적 원인과 물리적 원인이 모두 있게 되는 것이다. 정신적 원인과 물리적 원인이 서로 다른 것이라면, 세 번째 원리에 의해 이는 불가능한 상황이 된다. 따라서 정신적인 원인은 물리적인 원인에 다름 아니라는 결론이 따라 나온다.

보 기

ㄱ. 어떤 물리적 결과도 야기하지 않는 정신적인 현상이 존재한다면, 이 논증은 이런 정신적 현상이 물리적 현상에 다름 아니라는 것을 보여 주지 못한다.

ㄴ. 아무 원인 없이 일어나는 물리적 사건이 있다면, 위의 세 원리 중 하나는 부정된다.

ㄷ. 행동과 같은 물리적인 결과와 결심이나 의도와 같은 정신적인 현상을 동시에 야기하는 정신적 현상이 존재한다면, 이 논증이 의도한 결론은 따라 나오지 않는다.

① ㄱ
② ㄷ
③ ㄱ, ㄴ
④ ㄴ, ㄷ
⑤ ㄱ, ㄴ, ㄷ

문항 성격 인문 – 논증 평가 및 문제해결

평가 목표 이 문항은 정신적 현상이 물리적 현상에 다름 아니라는 물리주의에 대한 논증을 이해할 수 있는 능력을 평가하는 문항이다.

438

정답 : ①

제시문은 다음 세 가지 원리로부터 정신적 현상이 물리적인 현상에 다름 아니라는 물리주의를 이 끌어 내고 있다.

첫째 원리 : 모든 정신적인 현상은 물리적 결과를 야기한다.

둘째 원리 : 어떤 물리적 사건이 원인을 갖는다면, 그것은 반드시 물리적 원인을 갖는다.

셋째 원리 : 한 가지 현상에 대한 두 가지 다른 원인이 있을 수 없다.

세 원리로부터 물리주의로의 논증은 다음과 같다. 정신적 현상 M이 있다고 하자. M은 첫째 원리에 의해 물리적 결과 P를 갖는다. 이제 P는 M을 원인으로 가지므로, 원리 2에 의해 물리적 원인 N을 갖는다. M과 N이 다르다는 것은 원리 3에 의해 불가능하다. 따라서 M과 N은 동일하다고 결론내릴 수 있다.

〈보기〉 해설 ㄱ. 어떤 물리적 결과도 야기하지 않는 정신적 현상이 존재한다는 진술은 첫째 원리와 직접적으로 모순된다. 따라서 논증의 전제를 부정하게 되는 셈인데, 특히 이런 정신적 현상의 경우 논증의 첫 단계가 성립하지 않아 물리적 현상에 다름 아니라는 결론을 내릴 수 없게 된다. 따라서 ㄱ은 옳은 평가이다.

ㄴ. 언뜻 보기에 아무 원인 없이 일어나는 물리적인 사건이 있다면 둘째 원리가 부정되는 것 같지만, 둘째 원리는 어떤 물리적 사건이 원인을 갖는다면 그것은 물리적 원인을 갖는다는 조건적 원리이다. 따라서 아무 원인 없이 일어나는 물리적인 사건이 있다는 것은 둘째 원리를 부정하지 못한다. 이런 물리적인 사건이 있다는 것은 다른 원리도 부정하지 못하기 때문에 ㄴ은 옳은 평가가 아니다.

ㄷ. 위의 논증은 정신적인 현상이 물리적 결과를 야기한다는 것을 전제로 사용하고 있다. 따라서 어떤 정신적 현상이 물리적 결과 외에 다른 현상을 추가적으로 야기한다고 해도 여전히 그 정신적 현상이 물리적 결과를 야기한다는 것이 성립하므로 논증은 영향을 받지 않는다. 따라서 ㄷ은 옳은 평가가 아니다.

〈보기〉의 ㄱ만이 옳은 평가이므로 정답은 ①이다.

23.

다음으로부터 추론한 것으로 옳은 것만을 〈보기〉에서 있는 대로 고른 것은?

형사사건에서는 검사의 입증이 '합리적 의심'의 수준을 넘어서야 한다. 정의의 관점에서 무고한 사람을 처벌하는 것이 범죄를 저지른 사람을 풀어 주는 것에 비해 훨씬 더 나쁘기 때문이다. 왜 그런지 보기 위해 유죄 입증 수준을 수치화할 수 있다고 해 보자. 가령 판사는 95% 이상으로 유죄를 확신할 수 있을 때만 유죄를 선고한다고 가정하자. 10명의 피고인이 있고 그들 각각이 90%의 확률로 범죄자일 가능성이 있다고 생각해 보자. 검사는 이 확률로 각 피고인에 대해 유죄를 확신할 수 있는 증거를 확보하였다. 이때 판사가 자신의 역할을 제대로 수행한다면 모든 피고인이 처벌받지 않을 것이다. 검사가 95%라는 유죄 입증 수준을 충족하지 못한 셈이기 때문이다. 하지만 10명의 피고인 각각이 범죄를 실제로 저질렀을 확률이 90%이므로, 피고인 10명 중 9명이 실제로는 범죄를 저질렀지만 처벌받지 않은 것이라고 생각할 수 있다. 이는 정의롭지 못한 것이 틀림없으나 중요한 것은 그중 무고한 1명이 처벌받을 가능성을 없앨 수 있다는 점이다.

같은 계산을 구체적인 상황에 적용해 보자. 유죄 입증 수준을 다르게 설정한 A상황, B상황은 다음과 같다. 단, 각 상황에서 피고인의 수는 300명이며, 검사는 각 피고인이 실제 범죄자일 확률로 증거를 확보하였다.

상황	유죄 입증 수준	피고인의 수, 각 피고인이 실제 범죄자일 확률	유죄가 선고되는 피고인의 수	무죄가 선고되는 피고인의 수	범죄자인데도 처벌받지 않은 피고인의 수	범죄자가 아닌데도 처벌받은 피고인의 수
A	90%	100, 95%	100	0	0	5
		100, 80%	0	100	80	0
		100, 65%	0	100	65	0
B	75%	100, 95%	100	0	0	5
		100, 80%	100	0	0	20
		100, 65%	0	100	65	0

가령 범죄자인데도 처벌받지 않은 피고인이 1명 있을 경우 나쁨의 값을 1, 범죄자가 아닌데도 처벌받은 피고인이 1명 있을 경우 나쁨의 값을 10이라고 한다면, A상황에서보다 B상황에서 나쁨의 값의 총합이 더 크기 때문에 A상황보다 B상황이 더 나쁘다고 할 수 있다.

<보 기>

ㄱ. 한 사람의 무고한 피고인을 처벌하는 것이 세 사람의 범죄자를 방면하는 것과 똑같은 정도로 나쁘다고 가정한다면, A상황이 B상황보다 더 나쁘다.

ㄴ. B상황에서 피고인들이 실제로 범죄를 저질렀을 확률이 10%p 낮아져 각각 85%, 70%, 55%라면, 유죄 입증 수준을 65%로 낮추어도 무고하게 처벌받은 사람의 수는 변하지 않는다.

ㄷ. A상황에서 유죄 입증 수준을 95%로 높인다면, 무고하게 처벌받는 사람의 수를 줄일 수 있다.

① ㄱ   ② ㄴ   ③ ㄱ, ㄷ
④ ㄴ, ㄷ   ⑤ ㄱ, ㄴ, ㄷ

문항 성격 인문 – 언어 추리

평가 목표 이 문항은 형사사건에서 검사에게 높은 정도의 입증 책임을 부과하는 것을 정당화하는 논증을 이해하고 이를 여러 상황에 적용할 수 있는 능력을 평가하는 문항이다.

문제 풀이 정답 : ①

제시문은 검사의 입증 책임을 높게 설정하는 것을 정당화하는 논증을 담고 있다. 이 논증은 두 가지 가정을 하고 있는데, 하나는 검사의 유죄 입증 수준을 수치화할 수 있다는 것이고 다른 하나는 일단 피고인들 각각이 범죄자일 확률이 주어져 있고 검사는 그 확률의 수준으로 증거를 확보하였다는 가정이다. 이런 가정 하에 피고인의 수와 각 피고인이 범죄자일 확률이 주어지면, 유죄 입증 수준이 변화함에 따라 범죄자인데도 처벌받지 않는 피고인의 수와 범죄자가 아닌데도 처벌받는 피고인의 수를 계산할 수 있게 된다. 다른 조건이 동일할 때, 유죄 입증 수준을 높일수록 범죄자가 아닌데도 처벌받는 피고인의 상대적인 수를 줄일 수 있기 때문에, 정의의 관점에서 유죄 입증 수준을 높이는 것이 정당화된다는 논리이다.

두 번째 단락은 이런 계산을 구체적인 상황에 적용한다. A상황과 B상황에서 범죄자인데도 처벌받지 않은 피고인의 수가 각각 145와 65, 범죄자가 아닌데도 처벌받은 피고인의 수가 각각 5와 25이다. 범죄자가 아닌데도 처벌받은 피고인에 10배의 가중치를 두어 상황의 나쁨의 정도를 측정한다고 가정하였으므로, A상황의 나쁨의 정도는 195(=145+(5×10)), B상황의 나쁨의 정도는 315(=65+(25×10))가 되어 B상황이 더 나쁜 것으로 드러난다. 다시 말해 높은 수준의 유죄 입증 수준이 정당화될 수 있다는 것이다.

ㄱ. 제시문에 주어진 두 상황에서 다른 것은 그대로 두고, 범죄자가 아닌데도 처벌받은 것의 나쁨의 정도의 가중치를 3배로 변화시킨 경우이다. 이 경우 A상황의 나쁨의 정도는 160(=145+(5×3))이고, B상황의 나쁨의 정도는 140(=65+(25×3))이므로, A상황이 더 나쁜 것으로 드러난다. ㄱ은 옳은 추론이다.

ㄴ. B상황에서 피고인들이 범죄를 저질렀을 확률이 10%p 낮아져 각각 85%, 70%, 55%이고 유죄 입증 수준도 75%에서 65로 낮출 경우, 무고하게 처벌받는 피고인의 수는 25에서 {100−(100×85%)}+{100−(100×70%)}=45로 늘어난다는 것을 알 수 있다. ㄴ은 옳은 추론이 아니다.

ㄷ. A상황에서 유죄 입증 수준을 95%로 높인다면, 첫 번째 그룹의 피고인은 실제 범죄자일 확률이 95%이므로 검사는 이 확률로 각 피고인에 대해 유죄를 확신할 수 있는 증거를 확보할 것이고, 따라서 유죄 입증 수준 95%를 만족시켜 모두 처벌받게 된다. 다른 두 그룹의 피고인은 실제 범죄자일 확률이 80%이거나 65%이므로, 유죄 입증 수준 95%를 만족시키지 못하여 모두 처벌받지 않게 된다. 따라서 무고하게 처벌받는 사람의 수는 5명으로, 원래 상황과 변함이 없다. ㄷ은 옳은 추론이 아니다.

<보기>의 ㄱ만이 옳은 추론이므로 정답은 ①이다.

24.
다음 글에 대한 분석으로 옳은 것만을 <보기>에서 있는 대로 고른 것은?

A : 자기기만이란 문자 그대로 자기 자신을 속이는 행위이다. 그것은 타인을 속이는 행위와 동일한 방식으로 이해된다. 甲이 乙로 하여금 무언가를 사실로 믿도록 속인다는 것은 甲이 의도를 갖고서 자신은 그 무언가가 사실이 아니라고 믿으면서 乙이 그것을 사실로 믿도록 하는 것이다. 이 결과 甲이 자신의 믿음을 유지하면서 乙이 그 무언가가 사실이라고 믿으면 甲이 乙을 속이는 데 성공한 것이다. 자기기만을 이와 같은 방식으로 이해한다는 것은 '乙'의 자리에 단순히 '甲'을 대입하여 甲이 甲을 속이는 것과 같은 것으로 이해한다는 것이다. 자기기만에 의해 자기 자신을 속이는 것은 실제로 성공 가능하며 따라서 적어도 일부의 사람들은 자기기만에 의해 형성된 믿음들을 가지고 있다.

B : 자기기만이란 선택적이고 편향적인 정보 수집에 의한 믿음 형성이다. 가령 다음과 같은 사례가 자기기만의 전형적인 사례이다. 대부분의 엄마들은 자신의 아이가 머리가 좋다고 생각하는데, 이는 엄마들은 대부분 아이가 머리가 좋기를 희망하기 때문이다. 이 희망에 이끌려 자신도 모르게 아이가 머리가 좋다는 것을 보여 주는 일부 정보들에만 편향적으로 주의를 집중하게 된다. 즉 아이의 지적 우수성을 보여 주는 정보들만 아이 엄마에게 주어지는 것과 같은 일이 의도치 않게 벌어진다. 그리고 그 결과 자연스럽게 아이의 지적 능력에 관해 편향적인 믿음, 즉 자신의 아이가 머리가 좋다는 믿음을 형성하게 된다.

C : 사람은 때로 거짓된 믿음을 가질 수 있다. 예를 들어 대부분의 사람들은 지구가 둥글다고 믿겠지만, 어떤 사람들은 지구가 둥글지 않다고 믿는다. 하지만 그 누구도 지구가 둥글다고 믿으면서 동시에 둥글지 않다고 믿을 수는 없다. 모순된 믿음을 가지는 것은 불가능한 일이기 때문이다.

보 기

ㄱ. C는 A와 양립 불가능하지만 B와는 양립 가능하다.

ㄴ. 자기 자신의 지적 능력이 남들보다 뛰어나다고 자기기만하는 사람의 사례는 B로는 설명 가능하지만 A로는 그렇지 않다.

ㄷ. 진술 "甲이 乙을 속이려고 할 때, 乙을 속이려는 甲의 의도가 만일 乙에게 알려진다면 乙은 甲에게 속지 않을 것이다"와 "자신의 의도를 자신이 모를 수 없다"가 참이라면, A는 약화된다.

① ㄱ   ② ㄴ   ③ ㄱ, ㄷ

④ ㄴ, ㄷ   ⑤ ㄱ, ㄴ, ㄷ

문항 성격	인문 – 논증 평가 및 문제해결
평가 목표	이 문항은 자기기만에 대한 두 가지 다른 견해를 소개하고 이를 비교하고 평가할 수 있는 능력을 평가하는 문항이다.
문제 풀이	정답 : ③

제시문 A, B는 자기기만에 대한 두 가지 다른 견해를 소개한다. C는 한 사람이 모순되는 믿음을 가질 수 없다는 주장을 담고 있다.

A는 자기기만을 문자 그대로 자기 자신을 속이는 것으로 이해한다. 甲이 乙로 하여금 무언가를 사실로 믿도록 속인다는 것은 甲이 의도를 갖고서 자신은 그 무언가가 사실이 아니라고 믿으면서 乙이 그것을 사실로 믿도록 하는 것이다. 이를 그대로 자기 자신에게 적용하면, 자기기만이란 자신이 의도를 갖고서 자신은 그 무언가가 사실이 아니라고 믿으면서 자신이 그것을 사실로 믿도록 하는 것이다. 이것이 성공하면 자기기만하는 사람은 어떤 것이 사실이 아니라고 믿으면서 동시에 사실이라고 믿게 된다.

B는 자기기만을 완전히 다른 방식으로 본다. 이 견해에 따르면 자기기만은 희망에 이끌려 의도치 않게 편향된 정보를 수집하여 믿음을 갖게 되는 것이다.

<보기> 해설 ㄱ. C는 한 사람이 모순된 믿음을 갖는 것이 불가능하다고 주장한다. A에 따르면 자기기만은 성공 가능하며 이때 어떤 사람이 어떤 것이 참이라는 믿음과 그것이 거짓이라는 믿음을 동시에 가지게 되므로 C에 따르면 A는 불가능하다. 반면 B는 자기기만을 편향된 증거 사용에 의한 믿음 형성으로 보며 이렇게 형성된 믿음이 반드시 자신이 가진 다른 믿음과 모순될 이유가 없으므로, C와 양립 가능하다. ㄱ은 옳은 분석이다.

ㄴ. A와 B 모두 자기기만에 의해 가질 수 있는 구체적 믿음에 대해서는 어떤 한정도 두지 않는다. B는 어떤 사람이 자기 자신의 지적 능력에 대한 편향된 정보로부터 자신의 지적 능력이 남들보다 뛰어나다는 믿음을 갖게 된 것으로 설명할 수 있으며, A는 어떤 사람이 자기 자신의 지적 능력이 남들보다 뛰어나지 않다고 믿으면서 자신의 지적 능력이 남들보다 뛰어나다고 믿도록 자신을 속이는 것으로 설명할 수 있다. ㄴ은 옳은 분석이 아니다.

ㄷ. ㄷ의 첫 번째 조건에서 '乙'에 '甲'을 대입하면 "甲이 甲을 속이려고 할 때, 甲을 속이려는 甲의 의도가 만일 甲에게 알려진다면 甲은 甲에게 속지 않을 것이다."가 된다. 또 두 번째 조건은 자기 자신의 의도는 자신이 알 수밖에 없다고 말하고 있으므로, 甲은 甲을 속일 수 없다는 것이 따라 나온다. A는 자기기만을 자기 자신을 속이는 것으로 보므로, 이 조건들이 성립한다면 A는 약화된다. ㄷ은 옳은 분석이다.

<보기>의 ㄱ, ㄷ만이 옳은 분석이므로 정답은 ③이다.

25.

A~D에 대한 평가로 옳은 것만을 〈보기〉에서 있는 대로 고른 것은?

〈연구 목적〉

　X국에서 차량 과속 단속에 걸린 운전자 중 특정 인종의 비율이 높은 것으로 나타났다. 甲은 그러한 현상이 특정 인종이 실제 과속을 많이 하기 때문인지 아니면 경찰이 과속한 차량을 모두 단속하지 않고 인종적 편견에 따라 차별적으로 일부 차량만 단속했기 때문인지 궁금해졌다. 이에 甲은 "경찰이 과속하는 차량들 중 어떤 차는 세워 단속하고 어떤 차는 무시할지를 결정하는 데 운전자의 인종이 중요한 요인으로 작용한다"라는 ㉠가설을 세우고 이를 검증하고자 한다.

〈연구 설계〉

　甲은 경찰의 과속 단속에서 어떤 인종 차별도 개입하지 않을 때 기대되는 특정 인종 집단에 대한 단속률과 경찰에 의해 실제 단속이 행해진 특정 인종 집단에 대한 단속률을 비교한다. 구체적인 연구 설계는 다음과 같다.

A : 고속도로 요금소를 통과하는 운전자 모집단 중 특정 인종 비율과 고속도로에서 과속으로 경찰에 의해 단속된 운전자들 중 특정 인종의 비율을 비교한다.

B : 주간과 야간의 과속 단속 결과에서 단속된 운전자의 인종별 비율을 비교한다.

C : 경찰의 6개월간 과속 운전자 단속 자료의 인종 분포를 같은 기간 동일한 조건(시간대, 장소 등)에서 甲이 객관적으로 직접 관찰한 과속 운전자의 인종 분포와 비교한다.

D : 관할 구역 거주민 모집단에서 특정 인종이 차지하는 비율과 경찰에 의해 단속된 운전자들 중에서 특정 인종이 차지하는 비율을 비교한다.

보기

ㄱ. A는 ㉠의 타당성을 검증하지 못한다.

ㄴ. B를 통해 ㉠의 타당성을 검증하려면, 운전자의 인종을 구별할 수 있는 외양적 특징이 주·야간에 다르게 드러난다는 조건이 충족되어야 한다.

ㄷ. C에서 경찰 단속 결과에 나타난 과속 운전자의 인종 비율과 甲의 관찰 결과에 나타난 과속 운전자의 인종 비율이 유사하다면, 이는 ㉠을 약화한다.

ㄹ. D에서 만약 관할 구역 거주민 모집단 중 특정 인종 비율이 15%이고 단속된 운전자들 가운데 특정 인종 비율이 25%였다면, 이는 ㉠의 타당성을 뒷받침하는 논거가 된다.

① ㄱ, ㄹ   ② ㄴ, ㄷ   ③ ㄴ, ㄹ
④ ㄱ, ㄴ, ㄷ   ⑤ ㄱ, ㄷ, ㄹ

사회 – 논증 평가 및 문제해결

이 문항은 차량의 과속 단속에 걸린 운전자 중 특정 인종의 비율이 높은 것으로 나타난 현상을 설명하고자 하는 가설을 검증하는 데 필요한 연구 설계 방법을 이해하고 있는지를 평가하는 문항이다.

정답 : ④

이 문제를 풀기 위한 핵심은 〈연구 설계〉의 A~D 각각이 경찰이 과속 단속 여부를 결정하는 데 운전자의 인종이 중요한 요인으로 작용한다고 하는 ㉠의 검증과 관련된 차별적인 자료를 만들어 낼 수 있는지 여부를 판단하는 것이다.

ㄱ. A에서 고속도로 요금소를 통과하는 운전자의 인종별 비율은 단지 특정 시점에 어떤 인종이 고속도로에 더 많이 진입했는지를 보여 줄 수는 있으나, 어떤 인종이 과속 운전을 더 많이 했는지를 보여 주지는 못한다. 따라서 이 비율을 고속도로에서 과속으로 경찰에 의해 단속된 운전자의 인종별 비율과 비교하더라도 그 비율의 차이가 특정 인종이 실제 과속을 많이 하기 때문인지 아니면 그 인종에 대한 경찰의 인종적 편견 때문인지 알 수 없다. 따라서 ㄱ은 옳은 평가이다.

ㄴ. 경찰이 과속 단속을 할 때 운전자의 인종이 중요한 요인으로 작용하기 위해서는 경찰이 운전자의 인종을 식별할 수 있어야 한다. 과속 운전자의 인종적 특징을 식별할 수 없다면 경찰의 과속 단속 결과는 인종이 아닌 과속 행위에만 영향을 받을 것이다. 운전자의 인종을 구별할 수 있는 외양적 특징이 주·야간에 다르게 드러날 경우, 주간과 야간의 과속 단속 결과에서 단속된 운전자의 인종별 비율을 비교하여 유의미한 차이가 있다면 과속 단속에서 인종이 중요한 요인으로 작용했을 가능성이 크다고 결론 내릴 수 있다. 그러나 유의미한 차이가 없다면 인종이 중요한 요인으로 작용할 가능성이 적다고 결론 내릴 수 있다. 따라서 ㄴ은 옳은 평가이다.

ㄷ. C에서 甲은 경찰이 과속 운전을 단속하는 것과 동일한 조건에서 6개월 동안 객관적으로 직접 관찰했다고 했으므로, 甲의 관찰 자료는 인종적 편견이 개입되지 않은 상태에서 실제 과속한 운전자의 인종 분포가 반영된 것이라 할 수 있다. 6개월 동안 경찰이 실시한 과속 단속에서의 인종 분포가 甲의 관찰 자료와 유사하다면, 이것은 경찰의 과속 단속도 인종적 편견이 개입하지 않았을 가능성이 크다는 것을 의미하므로, ㉠이 약화된다. 따라서 ㄷ은 옳은 평가이다.

ㄹ. 과속으로 단속된 운전자의 인종별 비율이 실제 과속 운전자의 인종별 비율과

차이가 있는지 여부를 알 수 있으려면, 도로를 이용하는 운전자 중 과속 운전자

의 인종별 비율과 경찰에 의해 과속으로 단속된 운전자의 인종별 비율을 비교

해야 한다. 그런데 경찰의 과속 단속이 이루어지는 어떤 도로가 특정 관할 구역

에 있을 때, 그 도로를 이용하는 운전자는 그 관할 구역의 주민에 한정되지 않

는다. 더욱이 그 관할 구역 주민 일부가 그 과속 단속이 행해지는 도로를 이용

하지 않을 수도 있다. 따라서 관할 구역 거주민 모집단의 인종별 분포는 경찰의

과속 단속이 행해지는 도로를 이용하는 운전자 모집단의 인종별 분포나 과속

운전자의 인종별 비율에 대해 아무런 정보도 제공해 주지 못한다. 따라서 ㄹ에

서 제시된 자료는 ㉠의 타당성을 뒷받침하는 논거가 되지 못한다. ㄹ은 옳은 평

가가 아니다.

〈보기〉의 ㄱ, ㄴ, ㄷ만이 옳은 평가이므로 정답은 ④이다.

26.

다음으로부터 추론한 것으로 옳지 <u>않은</u> 것은?

인터넷 신문에 배치되어 있는 배너 광고들의 효과가 크지 않다는 연구 결과가 있다. 이 결과의

가장 근본적인 원인은 배너 광고가 독자들이 수행하고자 하는 과제(인터넷 신문 기사를 읽는 것)

와 관련되지 않는 일종의 방해 자극이기 때문이다. 우리의 지각 시스템은 어떤 과제를 보다 잘 수

행하기 위해 과제와 관련된 자극의 정보는 더 정교하고 빠르게 처리하는 반면, 관련 없는 자극은

방해 자극으로 간주하여 처리되지 않도록 억제하는데, 이를 주의 통제 기제라고 한다.

하지만 몇몇 연구들에 따르면 방해 자극의 정보도 처리되는 경우가 있다고 한다. 예를 들어 학

자 甲은 방해 자극의 선명도에 따라 방해 자극의 정보가 처리되는 정도가 달라지며 그 결과 과제

수행이 영향을 받는다고 주장하였다. 甲은 연구 대상자들로 하여금 빠르게 제시되는 영어 알파벳

안에 숨겨져 있는 두 개의 숫자를 보고하도록 하면서 주변에 방해 자극을 주어 그것이 과제 수행

을 방해하는 정도를 측정하였다. 그 결과, 방해 자극이 쉽게 지각될 수 있을 정도로 선명하면 과

제 수행에 영향을 끼치지 못하지만, 방해 자극이 쉽게 지각되지 않는 역치하(subliminal) 수준일

때는 과제 수행을 효과적으로 방해하였다.

甲은 이 결과 또한 주의 통제 기제의 작용으로 설명하였다. 방해 자극의 선명도가 높을 경우

방해 자극에 주의가 가게 되어 방해 자극의 정보 처리가 효과적으로 억제됨으로써 과제 수행이 저하되지 않지만, 그 정도로 선명하지 않은 방해 자극인 경우에는 방해 자극에 주의를 기울일 수가 없어서 과제 수행이 저하될 수 있다는 것이다. 한편, 과제의 난이도를 높일수록 선명한 방해 자극의 정보가 처리될 가능성이 높아진다.

① 방해 자극의 지각 정도와 방해 자극이 과제 수행을 방해하는 정도는 역의 상관관계를 보인다.
② 만일 甲의 실험에서 과제의 난이도를 높이면, 선명한 방해 자극은 과제 수행을 방해할 것이다.
③ 방해 자극의 선명도를 매우 높게 해서 아주 쉽게 지각되도록 하면, 그 방해 자극의 정보는 처리될 것이다.
④ 방해 자극이 과제의 수행과 연관성이 높아 보여 방해 자극으로 보이지 않게 되면, 그 방해 자극의 정보는 처리될 것이다.
⑤ 방해 자극의 선명도를 역치하 수준으로 낮게 해도 방해 자극 자체에 의도적으로 주의를 가게 하면, 그 방해 자극의 정보 처리가 억제될 것이다.

| 문항 성격 | 사회 – 언어 추리 |

평가 목표 이 문항은 제시문으로부터 어떤 조건에서는 방해 자극의 정보가 처리되어 과제 수행에 영향을 미치고 어떤 조건에서는 그렇지 않은지 올바르게 추론할 수 있는 능력을 평가하는 문항이다.

문제 풀이 정답 : ③

주의 통제 기제는 우리의 지각 시스템이 어떤 과제를 보다 잘 수행하기 위해 과제와 관련된 자극의 정보는 더 정교하고 빠르게 처리하는 반면, 관련이 없는 자극은 방해 자극으로 간주하여 처리되지 않도록 억제하는 기제이다. 방해 자극의 선명도가 높을 경우 방해 자극에 주의가 가게 되어 방해 자극의 정보 처리가 효과적으로 억제됨으로써 과제 수행이 저하되지 않지만, 그 정도로 선명하지 않은 방해 자극인 경우에는 방해 자극에 주의를 기울일 수가 없어서 과제 수행이 저하될 수 있다.

정답 해설 ③ 세 번째 단락에서 방해 자극의 선명도가 높을 경우 방해 자극에 주의가 가게 되어 방해 자극의 정보 처리가 효과적으로 억제됨으로써 과제 수행이 저하되지 않는다고 하였다. 이로부터 선명한 방해 자극의 정보는 처리가 억제된다는 점을 추론할 수 있으므로 ③은 옳은 추론이 아니다.

① 세 번째 단락에서 방해 자극에 주의가 가게 되면 방해 자극의 정보 처리가 효과

적으로 억제됨으로써 과제 수행이 저하되지 않지만, 방해 자극에 주의를 기울일

수가 없으면 과제 수행이 저하될 수 있다고 했으므로, 방해 자극의 지각 정도와

방해 자극이 과제 수행을 방해하는 정도는 역의 상관관계에 있음을 알 수 있다.

따라서 ①은 옳은 추론이다.

② 제시문의 마지막 문장에서 과제의 난이도가 높을수록 선명한 방해 자극의 정보

가 처리될 가능성이 높아진다고 하였다. 한편 방해 자극의 정보가 처리된다는

것은 과제 수행에 방해가 된다는 것을 의미하므로, 甲의 실험에서 과제의 난이

도를 높이면 선명한 방해 자극은 과제 수행을 방해할 것이라는 것을 추론할 수

있다. 따라서 ②는 옳은 추론이다.

④ 방해 자극이 과제의 수행과 연관성이 높아 보여 방해 자극으로 보이지 않게 된

다는 것은 그 방해 자극의 정보가 과제와 관련된 정보로 간주된다는 것을 의미

한다. 주의 통제 기제는 과제와 관련된 정보는 처리한다고 했으므로 ④는 옳은

추론이다.

⑤ 세 번째 단락에서 선명한 방해 자극의 정보에는 주의를 기울일 수 있어 그 정보

의 처리가 효과적으로 억제되어 처리되지 않지만, 선명하지 않은 방해 자극의

정보에는 주의를 기울일 수 없어 그 정보 처리가 효과적으로 억제되지 않고 처

리됨을 알 수 있다. 이로부터 비록 방해 자극의 선명도가 역치하 수준으로 낮더

라도 그 자극에 의도적으로 주의를 가게 하면 방해 자극으로 인식됨으로써 그

정보의 처리는 억제될 것이라고 추론할 수 있다. 따라서 ⑤는 옳은 추론이다.

27.

〈주장〉에 대한 평가로 옳은 것은?

> 〈주장〉
>
> A : 지역 간 경제적 격차는 시장 논리에 따라 자연히 완화될 수 있다. 노동이나 자본은 수익률이
> 높은 곳으로 움직이는데 그 결과 노동이나 자본의 경쟁이 심화되어 수익률이 하락하게 된다.
> 이러한 경쟁을 방해하는 국가의 개입은 오히려 지역 간 균등화를 방해한다.
> B : 지역 간 경제적 격차는 심화되는 경향이 있다. 경제 발전의 핵심은 혁신이다. 혁신은 다양한
> 인재가 모여 일어난다. 인재는 물리적, 문화적 인프라가 있는 곳에 몰린다. 따라서 자본과 노
> 동은 발전된 곳을 쉽게 떠나려고 하지 않는다. 지역의 인프라를 무시하고 자본과 노동을 이동

시키려는 국가 정책은 대부분 실패한다.

C : 지역 간 경제적 격차는 국가의 경제 발전 전략으로 생겨난다. 국가가 정치적 이해관계, 산업 정책 등을 이유로 특정한 발전 전략을 수행하면, 어떤 지역은 특권화되어 발전하나 다른 지역은 소외될 수 있다. 이렇게 해서 생긴 지역 간 격차는 국가가 개입함으로써 해소된다.

〈자료〉

ㄱ. 세계적으로 자본과 노동은 주로 북미, 서유럽, 동북아시아에서 움직인다. 남미와 아프리카는 배제되어 있다. 국내적으로도 자본과 노동은 산업화된 지역에 집중된다. 개별 국가나 지방자치단체의 노력으로 이러한 불균등이 시정된 경우는 거의 없다.

ㄴ. 예술 대학이 근처에 있고 임대료가 저렴하여 창의적인 인재와 산업이 모인 결과 X지역은 소비문화가 번성하고 사람과 돈이 몰려들었다. 그러나 X지역의 성장을 이끌었던 인재와 산업은 높아진 부동산 가격을 견디지 못하고 다른 곳으로 밀려났다. 국가는 그 지역의 쇠퇴를 지연할 수 있었지만 막을 수는 없었다.

ㄷ. 1980년대 Y국 정부는 금융과 서비스 산업 성장을 추진하는 동시에 노동조합의 약화를 꾀했다. 그 결과로 노동조합 근거지의 경제는 상대적으로 침체되고 실업이 크게 증가하였다. 1990년대 후반부터 Y국 정부는 지역 정책을 통해 외국 자본을 유치하여 쇠퇴된 지역의 경제를 회복하려 노력했지만 성공하지 못했다.

① ㄱ은 A를 강화한다.
② ㄱ은 B를 약화하고 C를 강화한다.
③ ㄴ은 B를 강화한다.
④ ㄴ은 A와 C를 강화한다.
⑤ ㄷ은 C를 약화한다.

문항 성격	사회 – 논증 평가 및 문제해결
평가 목표	이 문항은 경험적 증거가 주어질 때 지역 격차와 이에 대한 국가 개입의 효과를 설명하는 주장들이 강화되는지 아니면 약화되는지 판단할 수 있는 능력을 평가하는 문항이다.
문제 풀이	정답 : ⑤

A, B, C는 지역 간 경제적 격차의 원인, 지역 간 경제적 균등화 가능성 및 국가가 지역 간 격차를 해소할 수 있는 능력이 있는지 여부에 대해 서로 다른 주장을 하고 있다.

A는 지역 간 경제적 격차는 자본과 노동이 시장 논리에 따라 자연스럽게 이동할 것이므로 해소된다고 본다. 즉 A는 국가의 인위적 개입이 없더라도 지역 간 경제적 균형은 가능하며 국가의 인위적인 개입은 지역 균등화를 방해한다고 봄으로써 지역 균형을 만드는 국가의 능력에 대해 부정적인 태도를 취하고 있다.

B는 경제가 발전하기 위해서는 혁신적인 인재가 필요하고 물리적, 문화적 인프라가 있는 곳은 혁신적인 인재가 몰려 경제가 발전하며 자본과 노동은 경제가 발전한 곳을 떠나려 하지 않기 때문에 지역 간 경제적 격차는 심화된다고 본다. 또한 B는 지역의 인프라를 무시하고 자본과 노동을 이동시키려는 국가 정책은 대부분 실패한다고 말함으로써 지역 균형을 만드는 국가의 능력에 대해 부정적인 태도를 취하고 있다.

C는 지역 간 경제적 격차는 국가의 경제 발전 전략의 결과이고 지역 간 경제적 격차는 국가 개입으로 해소된다는 견해를 피력하고 있다. 즉 C는 국가가 지역 간 경제적 격차를 만들 수 있는 능력과 이를 해결할 수 있는 능력을 모두 갖춘 것으로 판단하고 있음을 알 수 있다.

정답 해설 ⑤ ㄷ에서 1980년대 Y국 정부의 경제 정책으로 인해 노동조합 근거지의 경제가 침체되고 실업이 크게 증가하였다는 부분은 국가가 지역 간 경제적 격차를 만들 수 있다는 C의 주장과 부합한다. 하지만 Y국 정부가 쇠퇴된 지역의 경제를 회복하기 위해 개입했지만 성공하지 못했다는 내용은 국가가 지역 간 경제적 균형을 만들 수 있다는 C의 주장과 상충된다. ㄷ은 C에 상충되는 내용을 담고 있으므로, 일부 부합하는 내용을 담고 있다고 하여도 결국 C를 약화한다. 따라서 ⑤는 옳은 평가이다.

오답 해설 ① ㄱ은 세계적으로 자본과 노동은 주로 북미, 서유럽, 동북아시아에서 움직인다는 것과 국내적으로도 자본과 노동은 산업화된 지역에 집중된다는 내용을 담고 있다. 이러한 내용은 지역 간 경제적 격차는 시장 논리에 따라 자연히 완화될 수 있다고 말하는 A와 부합하지 않는다. 따라서 ㄱ은 A를 강화한다는 것은 옳은 평가가 아니다.

② ㄱ은 자본과 노동이 지역 간에 편중되어 있다는 것과 개별 국가나 지방자치단체가 이러한 불균등을 시정한 경우가 거의 없다는 내용을 담고 있다. B는 자본과 노동의 이동 가능성이 낮다는 것과 지역의 인프라를 무시하고 자본과 노동을 이동시키려는 국가 정책은 대부분 실패한다는 주장을 하고 있다. 따라서 ㄱ은 B를 약화한다는 것은 옳은 평가가 아니다. C는 국가가 지역 간 불균등을 해소할 수 있는 능력이 있다고 보고 있기 때문에 ㄱ은 C를 약화한다. 따라서 ②는 옳은 평가가 아니다.

③ ㄴ은 X지역의 성장을 이끌었던 인재와 산업은 높아진 부동산 가격을 견디지 못하고 다른 곳으로 밀려나 그 지역이 쇠퇴했다는 내용을 담고 있다. B는 자본과 노동이 발전된 곳을 쉽게 떠나려고 하지 않는다는 것을 주장하고 있으므로, ㄴ은 B를 약화한다. 따라서 ③은 옳은 평가가 아니다.

④ ㄴ은 X지역의 성장을 이끌었던 인재와 산업은 높아진 부동산 가격을 견디지 못하고 다른 곳으로 밀려나 그 지역이 쇠퇴했다는 것과 국가는 그 지역의 쇠퇴를 막을 수 없었다는 내용을 담고 있다. C는 국가가 지역 간 경제적 격차를 일으킬 수 있는 능력과 해소시킬 수 있는 능력이 있다고 보고 있으므로 ㄴ은 C를 강화하지 않는다. 따라서 ㄴ이 C를 강화한다고 기술한 ④는 옳은 평가가 아니다.

28.

다음 글에 대한 분석으로 옳은 것만을 〈보기〉에서 있는 대로 고른 것은?

甲, 乙, 丙 세 사람이 상품 A, B, C를 소유한 사회를 고려하자. 세 사람이 각자 현재 소유한 상품과 가장 선호하는 상품은 다음과 같다.

사람	현재 소유한 상품	가장 선호하는 상품
甲	A	C
乙	B	A
丙	C	B

각 사람은 자신이 가장 선호하는 상품을 가질 때까지 다른 사람과 교환하며, 가장 선호하는 상품을 소유하면 더 이상 교환하지 않는다. 각 사람이 가장 선호하는 상품을 갖기 위해 다른 사람과 교환하여 잠시 보유하게 되는 상품은 그 사람에게 교환의 매개 도구 즉 화폐로 사용되는 것이다.

보기

ㄱ. 모든 상품이 화폐가 될 수 있다.
ㄴ. 甲이 화폐로 사용할 수 있는 상품은 B뿐이다.
ㄷ. 이 사회에서는 세 번의 교환이 발생할 수 없다.
ㄹ. 상품 A가 화폐로 사용된다면 乙과 丙이 가장 먼저 교환해야 한다.

① ㄱ, ㄴ   ② ㄴ, ㄹ   ③ ㄷ, ㄹ
④ ㄱ, ㄴ, ㄷ   ⑤ ㄱ, ㄷ, ㄹ

세 명의 사람과 세 개의 상품으로 이루어진 경제에서 아직 자신이 원하는 상품을 갖지 못한 사람은 교환의 기회를 찾는다. 예를 들어, 甲과 乙의 상품 교환이 이루어지면 乙은 자신이 가장 선호하는 상품 A를 갖게 되어 더 이상 교환하지 않는다. 아직 교환의 유인을 갖는 사람은 甲과 丙이므로 둘은 서로 상품을 교환할 것이고 이를 통해 자신이 가장 선호하는 상품을 소유하게 된다. 이때 甲은 자신이 가장 선호하는 상품을 얻기 위해 B를 잠시 보유하는데 이것이 이 경제에서는 화폐로 정의된다.

이 경제의 가능한 교환 방식은 모두 세 가지이고 각 경우에 나타나는 교환 순서와 화폐는 다음 〈표〉와 같다.

〈표〉

방법	첫 번째 교환	두 번째 교환	화폐
(1)	甲–乙	甲–丙	B
(2)	甲–丙	乙–丙	A
(3)	乙–丙	甲–乙	C

ㄱ. 위 〈표〉에서 알 수 있듯이 교환의 순서가 어떻게 결정되는지에 따라 하나의 상품이 화폐가 된다. 세 가지 방법이 존재하고 각 경우에 화폐는 다르므로 모든 상품이 화폐가 될 수 있다. 따라서 ㄱ은 옳은 분석이다.

ㄴ. 甲이 화폐를 사용했다면 두 번의 교환을 했을 것이므로 위 〈표〉의 방법 (1)뿐이다. 이때 화폐는 B이므로 ㄴ은 옳은 분석이다.

ㄷ. 위 〈표〉에서 알 수 있듯이 이 경제에서 한 번이나 두 번의 교환을 통해 누구든 자신이 가장 선호하는 상품을 얻게 되므로, 세 번 이상의 교환은 일어날 수 없다. 따라서 ㄷ은 옳은 분석이다.

ㄹ. 상품 A가 화폐로 사용될 수 있는 경우는 위 〈표〉의 방법 (2)뿐이다. 이때 첫 번째 교환은 甲과 丙이 해야 하므로 ㄹ은 옳은 분석이 아니다.

〈보기〉의 ㄱ, ㄴ, ㄷ만이 옳은 분석이므로 정답은 ④이다.

29.

〈사실〉을 근거로 〈사례〉를 분석한 것으로 옳은 것만을 〈보기〉에서 있는 대로 고른 것은?

〈사실〉

　순보험료란 과거에 발생한 보험금 지급 자료에 근거해 계산한 것으로, 보험사가 약정한 사안의 발생으로 가입자에게 지급하게 될 보험금의 기댓값에 상응하는 보험료를 뜻한다. 이를 기반으로 산정된 보험료 대비 실제 지급된 보험금을 나타내는 손해율은 보험사가 예상한 범위에서 벗어날 수 있다. 특히 과거 자료가 부족한 경우 손해율의 변동성은 커지게 된다.

〈사례〉

　X국의 보험통계기관은 최근까지 축적된 각 보험사의 자료를 통합하여 반려동물보험(펫보험)에 대한 순보험료를 계산해 발표했다. 펫보험은 매년 손해율이 들쭉날쭉해 보험사들이 상품 출시에 소극적이었으나, 최근 반려동물 개체 수가 급증하면서 수요가 커졌다. 발표에 따르면 네 살 반려견을 기준으로 연간 25만 원의 순보험료라면 건수 상관없이 동물병원에서 총 200만 원 한도의 치료를 받을 수 있다고 한다. 반려묘에 대해 같은 수준의 보장을 받으려면 연간 20만 원의 순보험료가 필요한 것으로 계산되었다. ㉠반려동물 주인이 치료 비용의 일정 비율을 보험으로 보장받고 나머지는 본인이 부담하는 보험 상품이 출시될 수도 있다. 예를 들어 보장률이 70%인 상품이면 30%는 반려동물 주인이 부담한다. ㉡반려동물 주인이 일정 금액까지 치료비를 우선적으로 부담하고 나머지를 보험금으로 전액 충당하는 보험 상품도 나올 것으로 전망된다.

보 기

ㄱ. 반려묘의 보험금 수령 건수는 네 살 반려견의 보험금 수령 건수의 80%이다.
ㄴ. 보험통계기관의 순보험료 발표로 개별 보험사의 펫보험 손해율의 변동성이 작아질 것으로 기대된다.
ㄷ. ㉡에 가입하면 ㉠에 비해 진료비가 비싸질수록 진료비에 대한 보험 가입자의 부담이 커진다.

① ㄱ　　　　　　　　② ㄴ　　　　　　　　③ ㄱ, ㄷ
④ ㄴ, ㄷ　　　　　　⑤ ㄱ, ㄴ, ㄷ

| 평가 목표 | 이 문항은 보험 관련 용어의 정의를 이해하여 펫보험 시장을 분석하는 능력을 평가하는 문항이다. |

| 문제 풀이 | 정답 : ② |

〈사실〉에서는 순보험료는 과거 자료를 이용하여 계산되고, 만약 과거 자료가 충분치 못한 경우 실제 보험사들의 손해율의 변동성은 커지게 된다는 점을 지적한다. 〈사례〉에서는 펫보험 시장 사례를 설명하고 있다. 아직 성숙되지 못한 시장 상황에서 보험사들이 손해율의 큰 변동성을 우려해 상품 출시에 소극적이었으나 보험통계기관이 과거의 축적된 자료를 모아 순보험료를 계산·발표함으로써 개별 보험사의 보험설계에 도움을 주게 된 상황을 제시한다. 반려견과 반려묘의 순보험료를 제시하고, 나아가 보험 상품의 두 가지 변형으로 보장률이 고정된 상품(⊙)과 자기부담금이 있는 상품(ⓒ)을 언급하고 있다.

| 〈보기〉 해설 | ㄱ. 순보험료의 실제 계산에서 고려되어야 할 중요 변수로 특정 보험 상품의 보험금, 보험금 수령 건수, 보험금 지급 상황 발생 확률 등을 생각할 수 있다. 이때 제시된 반려묘의 순보험료가 반려견의 순보험료의 80%라는 사실이 반려묘의 보험금 수령 건수가 반려견의 보험금 수령 건수의 80%라는 사실을 보장하지는 못한다. 따라서 ㄱ은 옳은 분석이 아니다. |

ㄴ. 〈사례〉에 따르면 X국의 보험통계기관이 최근까지 축적된 각 보험사의 자료를 통합하여 펫보험에 대한 순보험료를 계산·발표했다. 〈사실〉의 마지막 문장에서 과거 자료가 부족한 경우 순보험료를 기반으로 산정된 손해율의 변동성이 커지게 된다는 점이 지적되고 있으므로, 〈사례〉의 보험통계기관의 순보험료 발표로 인해 순보험료를 기반으로 산정되는 개별 보험사의 펫보험 손해율의 변동성이 작아질 것으로 기대할 수 있다. 따라서 ㄴ은 옳은 분석이다.

ㄷ. ⊙의 경우 진료비의 일정 비율은 보험 가입자가 부담해야 하므로 진료비가 늘어날수록 그 부담도 늘어난다. 하지만 ⓒ의 경우 일정 금액까지만 가입자가 부담하면 그 금액을 초과하는 진료비는 보험금으로 충당되므로 진료비가 늘어나도 가입자의 부담은 일정하다. 따라서 ㄷ은 옳은 분석이 아니다.

〈보기〉의 ㄴ만이 옳은 분석이므로 정답은 ②이다.

30.

다음 글에 대한 분석으로 옳은 것만을 〈보기〉에서 있는 대로 고른 것은?

> 이동통신 사업자들이 서로 경쟁하는 수단에는 단말기 보조금(이하 보조금이라 한다)과 통신 서비스 요금(이하 요금이라 한다)이 있다. 현재 정부는 이동통신 사업자들이 설정된 상한을 넘겨 보조금을 지급하지 못하도록 보조금상한제를 실시하고 있다. 보조금상한제가 요금 인하에 미치는 영향에 대해 다음과 같은 논쟁이 있다.
>
> 甲 : 사업자들은 통신 서비스 가입자를 유치하는 경쟁에서 높은 보조금을 이용한다. 보조금이 높으면 소비자가 더 쉽게 사업자를 전환할 수 있기 때문이다. 그런데 높은 보조금에 끌려 소비자가 통신 사업자를 전환할지 고려하다 보면 요금에 대한 소비자의 반응도 더 민감해질 수 있다. 그 결과 사업자 간 요금 경쟁이 더욱 활발해질 것이다.
>
> 乙 : 경쟁이 보조금과 요금 중 어느 하나에 집중되면 다른 하나의 경쟁은 약화된다. 또한 한 영역의 경쟁을 제한하면 경쟁은 다른 쪽으로 옮겨 간다. 보조금 경쟁이 과열될수록 요금 경쟁이 약화될 것이므로, 정부가 법으로써 보조금 수준을 제한하면 요금 경쟁이 활성화되어 요금이 낮아질 것이다.
>
> 丙 : 더 많은 가입자를 유치하기 위해 높은 보조금을 지급하는 것이 사업자에게는 전반적인 비용 상승 요인이 된다. 이를 보전하기 위해 요금은 높아질 것이다.

보 기

ㄱ. 보조금상한제 시행 후 소비자가 통신 사업자를 전환하는 비율이 증가했다는 사실은 甲의 주장을 강화한다.

ㄴ. 乙의 주장은 정부가 요금 인하를 위해 보조금상한을 낮추는 정책의 근거가 될 수 있다.

ㄷ. 요금 인하 효과의 측면에서 甲은 보조금상한제를 반대하고 丙은 찬성할 것이다.

① ㄱ   ② ㄴ   ③ ㄱ, ㄷ

④ ㄴ, ㄷ   ⑤ ㄱ, ㄴ, ㄷ

문항 성격	사회 – 논쟁 및 반론
평가 목표	이 문항은 이동통신 서비스 시장에서 단말기 보조금상한제의 경제적 효과에 대한 다양한 견해를 이해하고 분석하는 능력을 평가하는 문항이다.

정답 : ④

이동통신 서비스 사업자들의 경쟁 수단인 보조금과 요금의 상호 관계를 보조금상한제의 유지 또는 폐지를 지지하는 입장에서 달리 바라보는 다양한 견해가 소개되고 있다.

甲은 보조금상한제가 폐지되면 자유롭게 보조금 지급 경쟁이 일어날 것이고 높은 보조금은 가입자들이 통신 사업자를 쉽게 전환하도록 만들 것이라고 본다. 이런 전환 과정에서 요금에 대한 소비자의 반응도 더 민감해질 것이고, 따라서 사업자들도 요금 경쟁을 활발히 할 것이라는 주장이다.

乙은 보조금상한제를 통해 보조금 경쟁을 제한하면 요금 경쟁이 활성화되어 요금이 낮아질 것이라는 주장이다.

丙은 높은 보조금을 지급하면 이는 기업의 전반적인 비용 상승 요인이 될 것이며 이를 보존하기 위해 요금은 높아질 것이라는 주장이다.

〈보기〉해설   ㄱ. 甲의 주장에 의하면 보조금상한제의 시행은 보조금 경쟁을 약화시킬 것이고 이 경우 소비자들은 통신 사업자를 전환할 유인이 낮아진다. 따라서 보조금상한제 시행 후 전환 비율이 증가했다는 사실은 甲의 주장을 약화한다. 따라서 ㄱ은 옳은 분석이 아니다.

ㄴ. 乙은 요금 경쟁이 심화되어 요금을 낮아지게 만들기 위해서는 보조금 경쟁을 제한해야 한다는 입장이다. 보조금상한을 낮추면 기업 간 보조금 경쟁은 제한될 것이므로 요금은 낮아질 것이다. 따라서 ㄴ은 옳은 분석이다.

ㄷ. 甲은 보조금 제한이 없어서 보조금이 높아진다면 요금에 대한 소비자의 반응도 더 민감해져 사업자 간 요금 경쟁이 더욱 활발해질 것이라고 주장한다. 따라서 甲은 요금 인하 효과의 측면에서 보조금상한제를 반대할 것이다. 丙은 사업자가 높은 보조금을 지급하게 되면 이 비용을 보존하기 위해 요금은 높아질 것이라고 주장한다. 따라서 요금 인하 효과의 측면에서 丙은 보조금상한제를 찬성할 것이다. 따라서 ㄷ은 옳은 분석이다.

〈보기〉의 ㄴ, ㄷ만이 옳은 분석이므로 정답은 ④이다.

31.

⟨성적 산출 기준⟩으로부터 추론한 것으로 옳지 <u>않은</u> 것은?

어떤 교수가 수업 시간에 문제 1과 문제 2의 두 문제로 구성된 쪽지 시험을 실시하고 그 채점 결과로 성적을 산출한다. 각 문제의 채점 결과는 정답, 오답, 무답 중 하나만 가능하다. 정답, 오답, 무답에 따른 다음의 ⟨성적 산출 기준⟩을 반영하여 각 학생에게 A, B, C, D 중 하나의 성적을 부여하고자 한다.

⟨성적 산출 기준⟩
- 문제 1과 문제 2의 채점 결과가 모두 정답이면 A를 부여한다.
- 문제 1의 채점 결과가 정답이 아니고 문제 2의 채점 결과도 정답이 아닌 경우 D를 부여한다. 단, 이때 문제 1과 문제 2의 채점 결과 중 적어도 하나가 무답이 아니면 풀이 내용에 따라 C를 부여할 수도 있다.

① 甲이 C를 받을 가능성이 없다면 B를 받을 수 없다.
② 乙이 두 문제 모두 무답으로 제출한 경우 반드시 D를 받는다.
③ 丙이 B를 받았다면 두 문제의 채점 결과 중 반드시 어느 한 쪽이 정답이어야 한다.
④ 丁의 답안지에서 문제 1의 채점 결과가 오답, 문제 2의 채점 결과가 정답이면 C를 받을 수 없다.
⑤ 戊가 문제 2를 무답으로 제출한 경우, 문제 1의 채점 결과가 정답이 아닌 한 B를 받을 수 없다.

> **문항 성격** 논리학·수학 – 모형 추리
> **평가 목표** 이 문항은 제시문의 진술들로부터 선택지가 타당하게 추론되는지, 그렇지 않은지를 판단할 수 있는 능력을 평가하는 문항이다.
> **문제 풀이** 정답 : ④
>
> 문제 1과 문제 2의 채점 결과는 정답과 오답, 그리고 무답 세 가지 중 하나만 가능하다. 따라서 채점 결과의 가능한 조합은 다음의 ⟨표 1⟩과 같이 아홉 가지로 나누어진다.

〈표 1〉

경우	문제 1	문제 2	성적
1	정답	정답	
2	정답	오답	
3	정답	무답	
4	오답	정답	
5	오답	오답	
6	오답	무답	
7	무답	정답	
8	무답	오답	
9	무답	무답	

〈성적 산출 기준〉의 첫째 기준에 의하면 문제 1과 문제 2의 채점 결과가 (정답, 정답)인 경우 A를 부여해야 한다. 그리고 둘째 기준에 의하면, (무답, 무답)인 경우 D를, (오답, 오답), (오답, 무답), (무답, 오답)인 경우 C 또는 D를 부여해야 한다. 나머지 (정답, 오답), (정답, 무답), (오답, 정답), (무답, 정답)인 경우에는 A, B, C, D 중 하나의 성적을 부여하는 것이 가능하다.

〈표 2〉

경우	문제 1	문제 2	성적
1	정답	정답	A(첫째 기준)
2	정답	오답	A 또는 B 또는 C 또는 D
3	정답	무답	A 또는 B 또는 C 또는 D
4	오답	정답	A 또는 B 또는 C 또는 D
5	오답	오답	C 또는 D(둘째 기준)
6	오답	무답	C 또는 D(둘째 기준)
7	무답	정답	A 또는 B 또는 C 또는 D
8	무답	오답	C 또는 D(둘째 기준)
9	무답	무답	D(둘째 기준)

정답 해설 ④ 〈표 2〉의 경우 4에 따라 문제 1의 채점 결과가 오답, 문제 2의 채점 결과가 정답인 경우 C를 받을 수도 있다. ④는 옳지 않은 추론이다.

오답 해설 ① 〈표 2〉에 따라 C를 받을 가능성이 없는 경우는 1 또는 9이고 이때 각각 A 또는 D를 받는다. 따라서 甲이 C를 받을 가능성이 없다면 B를 받을 수 없다.

② 乙이 두 문제 모두 무답으로 제출한 경우는 〈표 2〉의 경우 9에 해당한다. 이

경우 반드시 D를 받는다.
③ 丙이 B를 받았다면, 〈표 2〉의 경우 2, 3, 4, 7에 따라 두 문제의 채점 결과 중 어느 한쪽은 반드시 정답이어야 한다.
⑤ 戊가 문제 2를 무답으로 제출한 경우는 〈표 2〉의 경우 3, 6, 9이며, 이 경우 문제 1의 채점 결과가 정답이 아닌 한 B를 받을 수 없다.

32.

다음으로부터 추론한 것으로 옳지 <u>않은</u> 것은?

> 네 명의 피의자 甲, 乙, 丙, 丁은 다음과 같이 진술하였다. 단, 이 네 명 이외에 범인이 존재할 가능성은 없다.
>
> 甲 : 丙이 범인이다.
> 乙 : 나는 범인이 아니다.
> 丙 : 丁이 범인이다.
> 丁 : 丙의 진술은 거짓이다.

① 범인이 두 명이면 범인 중 적어도 한 명의 진술은 거짓이다.
② 거짓인 진술을 한 사람이 세 명이면 乙은 범인이다.
③ 범인이 세 명이면 두 명 이상의 진술이 거짓이다.
④ 丙과 丁 중에 적어도 한 명의 진술은 거짓이다.
⑤ 乙이 범인이 아니면 두 명 이상의 진술이 참이다.

문항 성격 논리학·수학 – 모형 추리
평가 목표 이 문항은 진실 또는 거짓을 말하는 여러 사람들의 진술들로부터 선택지가 타당하게 추론되는지, 그렇지 않은지를 판단할 수 있는 능력을 평가하는 문항이다.
문제 풀이 정답 : ③

丁은 범인이거나 丁은 범인이 아니다. 丁이 범인이라면, 丙의 진술은 참이고 丁의 진술은 "丙의 진술은 거짓이다"이므로 거짓이 된다. 丁이 범인이 아니라면, 丙의 진술은 거짓이고 丁의 진술은 "丙의 진술은 거짓이다"이므로 참이 된다. 따라서 丙과 丁의 진술 중 하나는 참이고 다른 하나는 거짓이다.

③ 범인이 甲, 丙, 丁인 경우 甲, 乙, 丙의 진술은 참이고 丁의 진술만 거짓이다. 따라서 범인이 세 명이면서 한 명의 진술만 거짓인 경우가 있으므로, ③은 옳지 않은 추론이다.

① 범인이 두 명이라고 가정하자. 만약 乙이 범인이라면, 乙의 진술은 거짓이다. 따라서 범인 중 적어도 한 명의 진술은 거짓이다. 乙이 범인이 아니라면, 범인은 甲과 丙이거나 甲과 丁이거나 丙과 丁일 것이다. 범인이 甲과 丙인 경우, 丁은 범인이 아니므로 丙의 진술은 거짓이다. 범인이 甲과 丁이거나 丙과 丁인 경우, 丁이 범인이므로 丙의 진술은 참이고 丁의 진술은 거짓이다. 어떤 경우든 범인 중 적어도 한 명의 진술은 거짓이므로 ①은 옳은 추론이다.

② 거짓인 진술을 한 사람이 세 명이고 乙이 범인이 아니라고 가정하자. 이때 乙의 진술은 참이므로 甲, 丙, 丁의 진술이 모두 거짓이어야 하지만 丙과 丁의 진술이 동시에 거짓일 수는 없으므로 모순이다. 따라서 ②는 옳은 추론이다.

④ 丙과 丁의 진술 중 하나는 참이고 다른 하나는 거짓이다. 따라서 ④는 옳은 추론이다.

⑤ 乙이 범인이 아니라고 가정하자. 이 경우 乙의 진술은 참이다. 또한 앞에서 설명했듯이 丙과 丁의 진술 중 하나는 참이다. 따라서 두 명 이상의 진술이 참이므로 ⑤는 옳은 추론이다.

33.

다음으로부터 추론한 것으로 옳은 것은?

어떤 교수가 피아노 연주회에서 자신이 지도하는 6명의 학생 甲, 乙, 丙, 丁, 戊, 己의 연주 순서를 정하는 데 다음 〈조건〉을 적용하고자 한다.

〈조건〉
• 각자 한 번만 연주하며 두 명 이상이 동시에 연주할 수 없다.
• 丙은 戊보다 먼저 연주해야 한다.
• 丁은 甲과 乙보다 먼저 연주해야 한다.
• 戊는 甲 직전 또는 직후에 연주해야 한다.
• 己는 乙 직전에 연주해야 한다.

① 甲이 己 직전에 연주하면 丙과 丁의 순서가 결정된다.
② 乙이 丙 직전에 연주하면 甲과 戊의 순서가 결정된다.
③ 丙이 戊 직전에 연주하면 甲과 乙의 순서가 결정된다.
④ 丁이 甲 직전에 연주하면 丙과 己의 순서가 결정된다.
⑤ 戊가 己 직전에 연주하면 丙과 丁의 순서가 결정된다.

문항 성격	논리학·수학 – 모형 추리
평가 목표	이 문항은 주어진 조건 아래에서 특정한 두 대상의 순서가 정해졌을 때, 나머지 대상들 사이의 순서를 파악하는 능력을 평가하는 문항이다.
문제 풀이	정답 : ④

주어진 조건을 간단히 표현하면 다음과 같다('–'는 왼쪽에 있는 사람이 오른쪽에 있는 사람보다 먼저 연주한다는 것을 의미하며, 연이어 이름이 나오는 경우는 그 순서대로 연이어 연주한다는 것을 의미한다).

1) 각자 한 번만 연주하며 두 명 이상이 동시에 연주할 수 없다.
2) 丙 – 戊
3) 丁 – 甲 그리고 丁 – 乙
4) 戊甲 또는 甲戊
5) 己乙

정답 해설 ④ 丁이 甲 직전에 연주하면 위의 4)에 의해 '丁甲戊'로 결정된다. 또 3), 5)에 의해 '丁甲戊己乙'로 결정되고 2)에 의해 '丙–丁甲戊'이므로 '丙丁甲戊己乙'로 순서가 완전히 결정된다.

오답 해설 ① 甲이 己 직전에 연주하면 4), 5)에 의해 '戊甲己乙'로 결정된다. 그러나 丙과 丁은 2), 3)에 의해 이들보다 이전에 연주한다는 것만 결정될 뿐 어떤 학생이 먼저 연주하는지 결정되지 않는다. 즉 '丙丁戊甲己乙' 또는 '丁丙戊甲己乙'이 가능하다.

② 乙이 丙 직전에 연주하면 5)에 의해 '己乙丙'이 결정된다. 그러나 이 경우 '丁己乙丙戊甲' 또는 '丁己乙丙甲戊'가 가능하므로, 甲과 戊의 순서가 결정되지 않는다.

③ 丙이 戊 직전에 연주하면 4)에 의해 '丙戊甲'이 결정된다. 그러나 이 경우 '丁丙戊甲己乙' 또는 '丁己乙丙戊甲'이 가능하므로, 甲과 乙의 순서가 결정되지 않는다.

⑤ 戊가 己 직전에 연주하면 4), 5)에 의해 '甲戊己乙'이 결정된다. 그러나 丙과 丁은 2), 3)에 의해 이들보다 이전에 연주한다는 것만 결정될 뿐 어떤 학생이 먼저 연주하는지 결정되지 않는다. 즉 '丙丁戊甲己乙' 또는 '丁丙戊甲己乙'이 가능하다.

34.

다음으로부터 평가한 것으로 옳은 것만을 〈보기〉에서 있는 대로 고른 것은?

A이론은 과학적 연구가 가능하기 위해서는 '중력'과 같은 과학 용어의 정확한 의미, 즉 개념이 먼저 정의되어야 한다고 주장한다. "개념부터 정의해야 한다"가 이들의 핵심 구호이다. 그러나 甲은 다음 두 가지 이유에서 A이론은 과학의 실제 모습과 충돌한다고 비판한다.

첫째, A이론이 참이라면 과학자들은 과학 연구에 앞서 과학 용어의 완벽한 정의를 먼저 추구할 것이다. 하지만 실제 과학자들은 세계를 연구하기 전에 어떤 용어를 어떻게 정의할 것인지 거의 논쟁하지 않는다. 예를 들어 대학의 생물학과나 생물학 연구소에서는 '생명'의 정의를 논의하지 않으며, 생물학자들은 자신들의 연구가 정확한 정의의 부재 때문에 방해받는다고 생각하지 않는다. 과학 용어의 의미는 용어의 정의에 의해 주어지는 것이 아니라 자료와 이론의 상호 작용에 의해 주어지기 때문이다.

둘째, 실제 과학에서 용어의 정의는 연구가 진행됨에 따라 끊임없이 변화한다. 뉴턴 역학에서 중력은 질량을 가진 두 물체 사이의 잡아당기는 힘으로 정의되었으나, 아인슈타인의 일반상대성 이론에서 중력 개념은 뒤틀려 있는 시공간의 기하학적 구조의 발현으로 사용된다. A이론은 과학의 발전에 따른 이러한 변화를 제대로 해명하지 못한다.

보 기

ㄱ. 과학의 역사에서 결정적인 실험은 그 실험의 배경 이론에 포함된 용어의 정의보다 앞서 실행된 경우가 많다는 사실은 A이론을 약화한다.

ㄴ. 개념에 대한 정의를 내리는 활동과 그 개념에 관련된 과학 연구 활동은 원칙적으로 구별될 수 없다는 사실은 A이론을 강화한다.

ㄷ. 과학자들이 '중력'의 개념을 뉴턴 역학뿐만 아니라 일반상대성 이론에서의 개념과도 다르게 사용한다면 甲의 주장은 약화된다.

① ㄱ   ② ㄴ   ③ ㄱ, ㄷ

④ ㄴ, ㄷ   ⑤ ㄱ, ㄴ, ㄷ

| 평가 목표 | 이 문항은 과학적 용어에 관한 본질주의적 견해를 비판하는 두 가지 근거를 이해하고 그것이 甲의 주장을 어떻게 뒷받침하는지 파악할 수 있는 능력을 평가하는 문항이다. |

| 문제 풀이 | 정답 : ① |

A이론은 과학 개념에 대한 본질주의적 견해이다. 甲은 본질주의의 문제점을 실제 과학 용어 사용에 비추어 비판하고 있다. 甲에 따르면 실제 과학자들은 과학 용어를 본질주의자들이 요구하는 것처럼 연구에 앞서 정의하지 않는다. 오히려 연구를 수행해 나가면서 얻은 경험적 자료와 이론의 상호 작용에 의해 용어를 정의하고, 때때로 과거의 정의를 수정하기도 한다. 甲은 실제 과학자들의 연구가 본질주의자들의 주장과 다른 방식으로 진행된다는 것을 사례들을 통해 보임으로써 본질주의가 과학의 실제 모습과 충돌한다고 비판한다.

| 〈보기〉 해설 | ㄱ. 첫 번째 단락에서 A이론은 과학적 연구보다 과학 용어의 정의가 시간적으로 선행한다고 주장함을 확인할 수 있다. '먼저', '부터' 등의 표현이 이를 직접적으로 나타낸다. 그러나 ㄱ에서 과학적 연구의 중요한 부분인 '결정적 실험'이 용어의 정의보다 앞서 실행된 예를 언급한다. 이는 A이론의 주장에 대한 반박 사례이므로 A이론을 약화한다. 따라서 ㄱ은 옳은 평가이다. |

ㄴ. A이론은 용어의 정의가 과학적 연구보다 시간적으로 선행한다고 주장한다. 그런데 개념에 대한 정의를 내리는 활동과 그 개념에 관련된 과학 연구 활동이 원칙적으로 구별될 수 없다면 둘 사이의 시간적 선후 관계도 없을 것이다. 두 사건 사이에 시간적 선후 관계가 있기 위해서는 두 사건이 서로 구별 가능해야 하기 때문이다. 그러므로 개념에 대한 정의를 내리는 활동과 그 개념에 관련된 과학 연구 활동이 원칙적으로 구별될 수 없다면, 이 사실은 A이론을 약화한다. 따라서 ㄴ은 옳은 평가가 아니다.

ㄷ. 세 번째 단락에서 서술된 甲의 입장은, "실제 과학에서 용어의 정의는 연구가 진행됨에 따라 끊임없이 변화한다."는 것이다. 따라서 과학자들이 '중력'의 개념을 뉴턴 역학뿐만 아니라 일반상대성 이론에서의 개념과도 다르게 사용한다면, 이는 용어의 정의가 계속 변화한다는 甲의 주장을 지지하는 사례이므로 甲의 주장을 강화한다. 따라서 ㄷ은 옳은 평가가 아니다.

〈보기〉의 ㄱ만이 옳은 평가이므로 정답은 ①이다.

35.

다음으로부터 추론한 것으로 옳은 것은?

어떤 데이터를 사전에 성공적으로 예측한 가설과 그 데이터를 사후에 설명하기 위해 도입된 가설이 있다고 하자. 이 데이터가 두 가설들을 입증했다고 말할 수 있을까? 입증에 관한 〈이론〉은 다음과 같이 대답한다.

〈이론〉

가설은 시험을 통과함으로써만 입증 정도가 높아지며, 통과하지 못함으로써만 입증 정도가 낮아진다. 그리고 가설은 예측 성공이나 실패를 통해서만 시험을 통과하거나 통과하지 못한다. 예측의 경우 가설이 먼저 만들어져 앞으로 어떤 일이 일어날지를 이야기하기에 실제로는 그런 일이 일어나지 않았음이 밝혀질 위험을 감수한다. 그러나 사후 설명은 그런 위험을 전혀 감수하지 않는다. 사후 설명의 절차를 통해서는 가설이 틀렸음이 밝혀질 수 없는데, 왜냐하면 그 가설은 애초부터 알려진 자료와 일치하도록 구성되었기 때문이다.

〈사례〉

지난 99일간의 날씨에 대해 甲은 강우 현상에 관한 과학적 이론인 A가설에 따라 매번 그다음 날에 비가 올지 안 올지에 대해 예측하였고, 그러한 甲의 예측은 매번 성공적이었다. 甲이 예측에 성공한 99번의 강우 현상들을 C증거라고 부르자. 이제 甲은 99일째인 오늘 A가설에 따라 내일 비가 온다고 예측한다. 甲과 달리 乙은 내일 비가 오지 않는다고 예측한다. 乙의 예측은 강우 현상에 관한 또 다른 과학적 이론인 B가설에 따른 것이다. 그런데 이 가설은 지난 99일의 날씨가 관측된 이후에 만들어졌다. 따라서 이 가설은 99일 시점까지 어떤 예측도 한 적이 없고, 이에 당연히 예측에 성공한 적도 없다. 그러나 B가설은 C증거에 대한 좋은 설명을 제시한다. C증거는 甲의 A가설과 乙의 B가설을 비교할 수 있는 경험적 증거의 전부이다.

① 두 가설이 같은 증거들을 가지고 있다면 그 가설들이 내놓는 예측은 서로 다를 수 없다.

② 〈이론〉에 따르면, 100일째에 비가 오지 않았다는 증거는 A가설의 입증 정도에 영향을 주지 않는다.

③ 〈이론〉에 따르면, 100일째에 비가 오지 않았다고 하더라도 B가설의 입증 정도는 올라가지 않는다.

④ 〈이론〉에 따르면, 99일째의 시점에서 볼 때 B가설은 입증되기는 하였으나 그 정도는 A가설보다 낮다.

⑤ 〈이론〉에 따르면, B가설이 아직 구성되지 않은 어떤 시점에서 A가설은 이미 어느 정도 입증되었다.

〈이론〉에 따르면, 가설은 예측 성공이나 실패를 통해서만 시험을 통과하거나 통과하지 못하며, 시험을 통과함으로써만 입증 정도가 높아진다. 즉, 위험을 감수하는 시험을 통과함으로써만 가설이 입증된다는 것이다.

제시문의 〈사례〉의 조건을 정리하면 다음과 같다.

- 1~99일까지의 날씨 : C증거
- C증거를 예측하는 것 : A가설
- C증거를 설명하는 것 : B가설
- A가설과 B가설이 예측하는 시점 : 99일째(즉, 오늘)
- A가설과 B가설이 예측하는 것 : 100일째(즉, 내일)의 날씨

정답 해설   ⑤ 〈이론〉에 따르면 입증은 예측의 성공을 통해 이루어진다. 그런데 A가설은 이미 지난 99일 동안 예측에 성공하고 있었다. 따라서 1일 차부터 99일 차 사이의 어느 시점에서든 A가설은 이미 어느 정도 입증되었음을 알 수 있다. 물론 1일 차에서 99일 차로 갈수록 A가설의 입증의 정도는 점점 더 높아질 것이다. B가설은 지난 99일의 날씨가 관측된 이후에 만들어졌으므로, B가설이 아직 구성되지 않은 어떤 시점에서 A가설은 이미 어느 정도 입증되었다는 것을 추론할 수 있다.

오답 해설   ① 〈사례〉의 마지막 문장에서 C증거가 A가설과 B가설을 비교할 수 있는 증거의 전부라고 되어 있다. 그런데 100일째의 날씨에 대해 A가설은 비가 올 것이라고 예측하고, B가설은 비가 오지 않을 것이라고 예측한다. 따라서 ①은 옳은 추론이 아니다.

② 〈이론〉에 따르면 가설은 시험을 통과함으로써만 입증의 정도가 높아지며 시험을 통과하지 못함으로써만 입증의 정도가 낮아진다. 100일째에 비가 오지 않았다는 증거는 A가설이 100일째의 날씨 예측에 실패했다는 것을 보여 주는 증거이므로, 이는 A가설의 입증 정도를 낮출 것이다. 따라서 ②는 옳은 추론이 아니다.

③ 100일째에 비가 오지 않았다는 증거는 B가설이 100일째의 날씨 예측에 성공했다는 것을 보여 주는 증거이므로, 이는 B가설의 입증 정도를 높일 것이다. 따라서 ③은 옳은 추론이 아니다.

④ 〈이론〉에 따르면 입증이 이루어지는 유일한 경로가 예측의 성공을 통한 시험의 통과이다. 그런데 〈사례〉에 따르면 99일까지 B가설은 예측을 한 적이 한 번도 없으므로, 99일째의 시점에서 B가설은 전혀 입증이 이루어지지 않았다. 따라서 ④는 옳은 추론이 아니다.

36.

다음으로부터 평가한 것으로 옳은 것만을 〈보기〉에서 있는 대로 고른 것은?

특정 병인에 의하여 발생하고 원인과 결과가 명확히 대응하는 '특이성 질환'과 달리, '비특이성 질환'은 그 질환의 발생 원인과 기전이 복잡하고 다양하며, 유전·체질 등 선천적 요인 및 개인의 생활 습관, 직업적·환경적 요인 등 후천적 요인이 복합적으로 작용하여 발생하는 질환이다.

역학조사를 통해 어떤 사람에게서 특정 위험인자와 비특이성 질환 사이에 역학적 상관관계가 인정된다고 하자. 이러한 경우 비특이성 질환의 원인을 밝히기 위해서는 추가적으로 그 위험인자에 노출된 집단과 노출되지 않은 다른 일반 집단을 대조하여 역학조사를 해야 한다. 그뿐만 아니라, 그 집단에 속한 개인이 위험인자에 노출된 시기와 정도, 발병 시기, 그 위험인자에 노출되기 전의 건강 상태, 생활 습관 등을 면밀히 살펴 특정 위험인자에 의하여 그 비특이성 질환이 유발되었을 개연성을 확실히 증명하여야 한다.

폐암은 비특이성 질환이다. 폐암은 조직형에 따라 크게 소세포암과 비소세포암으로 나뉜다. 비소세포암은 특정한 유형의 암을 지칭하는 것이 아니라 소세포암이 아닌 모든 유형의 암을 통틀어 지칭하는 것이다. 여기에는 흡연과 관련성이 전혀 없거나 현저하게 낮은 유형의 폐암도 포함되어 있다. 의학계에서는 일반적으로 흡연과 관련성이 높은 폐암은 소세포암이고, 비소세포암 중에서는 편평세포암과 선암이 흡연과 관련성이 높다고 보고하고 있다. 세기관지 폐포세포암은 선암의 일종이지만 결핵, 폐렴, 바이러스, 대기 오염 물질 등에 의해 발생한다는 보고가 있으며 흡연과의 관련성이 현저히 낮다고 알려져 있다.

<사례>

甲은 30년의 흡연력을 가지고 있으며 최근 폐암 진단을 받았다. 甲은 하루에 한 갑씩 담배를 피웠고, 이 때문에 폐암이 발생하였다고 주장하며 자신이 피우던 담배의 제조사 P를 상대로 소송을 제기하였다. 하지만 P는 甲의 폐암은 흡연에 의해 유발되었을 개연성이 낮다고 주장하였다.

보기

ㄱ. 흡연에 노출되지 않은 집단에서 폐암이 발병할 확률이 甲이 포함된 흡연자 집단에서 폐암이 발병할 확률보다 낮은 것으로 확인되었다면 P의 주장이 강화된다.
ㄴ. 甲의 부친은 만성 폐렴으로 오랫동안 고생한 후 폐암으로 사망하였으며 甲 또한 청년기부터 폐렴을 앓아 왔고 조직검사 결과 甲의 폐암은 비소세포암으로 판명되었다면 P의 주장이 약화된다.
ㄷ. 조직검사 결과 甲의 폐암이 소세포암으로 판명되었다면 甲의 주장이 강화된다.

① ㄱ   ② ㄷ   ③ ㄱ, ㄴ
④ ㄴ, ㄷ   ⑤ ㄱ, ㄴ, ㄷ

문항 성격   과학기술 – 논증 평가 및 문제해결

평가 목표   이 문항은 폐암에 관한 제시문을 읽고 새로운 증거가 제시된 주장을 강화 또는 약화하는지 올바르게 판단할 수 있는 능력을 평가하는 문항이다.

문제 풀이   정답 : ②

첫 번째 단락은 특이성 질환과 비특이성 질환의 차이에 대해 설명하고 있다. 두 번째 단락에서는 비특이성 질환의 원인을 밝혀내기 위한 방법이 기술되어 있다. 비특이성 질환의 원인을 밝히기 위해서는 그 위험인자에 노출된 집단과 노출되지 않은 다른 일반 집단을 대조하여 역학조사를 해야 하며, 그뿐만 아니라 그 집단에 속한 개인이 위험인자에 노출된 시기와 정도, 발병 시기, 그 위험인자에 노출되기 전의 건강 상태, 생활 습관 등을 면밀히 살펴 특정 위험인자에 의하여 그 비특이성 질환이 유발되었을 개연성을 확실히 증명하여야 한다는 것이다.

마지막 단락에서는 비특이성 질환인 폐암의 종류에 대해 설명하고 있다. 폐암은 조직형에 따라 크게 소세포암과 비소세포암으로 나눌 수 있고, 여기에는 흡연과 관련성이 높은 것부터 흡연과 관련성이 전혀 없거나 현저히 낮은 것까지 다양한 종류의 폐암이 존재한다는 내용을 기술하고 있다.

<사례>는 30년 동안 매일 한 갑씩 담배를 피운 甲이 제조사 P를 상대로 소송을 제기한 내용을 다루고 있다.

ㄱ. 흡연에 노출되지 않은 집단에서 폐암이 발병할 확률이 甲이 포함된 흡연자 집단에서 폐암이 발병할 확률보다 낮은 것으로 확인되었다면, 이는 흡연자 집단에서 폐암에 걸릴 확률이 더 높다는 것이다. 이 결과는 흡연과 폐암 사이의 상관성을 높여주는 결과이므로, 甲의 폐암이 흡연에 의해 유발되었을 개연성이 낮다는 P의 주장을 약화한다. 따라서 ㄱ은 옳은 평가가 아니다.

ㄴ. 甲의 부친은 만성 폐렴으로 오랫동안 고생한 후 폐암으로 사망하였고 甲 또한 청년기부터 만성 폐렴을 앓아 왔고 조직검사 결과 甲의 폐암이 비소세포암으로 판명되었다면, 우선 만성 폐렴이 폐암을 유발하였을 가능성이나 부친과 甲이 모두 가지고 있는 유전적 요인에 의해 폐암이 유발되었을 가능성을 생각해 볼 수 있다. 따라서 이러한 사실이 甲의 폐암이 흡연에 의해 유발되었을 개연성이 낮다는 P의 주장을 약화하는 것은 아니다. 또한 비소세포암에는 흡연과 관련성이 전혀 없거나 현저하게 낮은 유형의 폐암도 포함되어 있기 때문에, 甲의 폐암이 흡연에 의해 유발되었을 개연성이 낮다는 P의 주장을 약화하는 것은 아니다. 따라서 ㄴ은 옳은 평가가 아니다.

ㄷ. 제시문에 따르면 소세포암은 흡연과 관련성이 높다고 하였으므로, 조직검사 결과 甲의 폐암이 소세포암으로 판명되었다면 흡연으로 인해 폐암이 발생하였다는 甲의 주장이 강화된다. 따라서 ㄷ은 옳은 평가이다.

〈보기〉의 ㄷ만이 옳은 평가이므로 정답은 ②이다.

37.

㉠과 ㉡에 대한 판단으로 옳은 것만을 〈보기〉에서 있는 대로 고른 것은?

의태란 한 종의 생물이 다른 종의 생물과 유사한 형태를 띠는 것이다. 의태 중에서 가장 잘 알려진 것 중 하나는 베이츠 의태로, 이는 독이 없는 의태자가 독이 있는 모델과 유사한 경고색 혹은 형태를 가짐으로써 포식자에게 잡아먹히는 것을 피하는 것이다. 서로 형태가 유사하지만 독성이 서로 다른 2종의 모델, 즉 약한 독성을 가진 모델 A와 강한 독성을 가진 모델 B가 동시에 존재하는 경우에 의태자 C가 어떻게 의태할지에 대해서는 여러 가지 가설이 제시되었다. 그중 ㉠C가 A보다 B의 형태로 진화하는 것이 생존에 유리하다는 가설이 지배적이었다.

하지만 최근에 '자극의 일반화'라는 현상을 기반으로 ⓒC가 B보다 A의 형태로 진화하는 것이 생존에 유리할 것이라는 가설이 제시되었다. 자극의 일반화란 자신에게 좋지 않은 약한 자극에 노출된 경우에는 포식자가 이후에 이와 동일한 자극만 회피하려고 하지만, 자신에게 좋지 않은 강력한 자극에 노출된 경우에는 포식자가 이후에 이 자극과 동일 종류의 자극뿐 아니라 유사한 종류의 자극도 회피하려고 한다는 것이다. 이로 인해 C가 A를 의태할 경우에는 A 또는 B에 대한 학습 경험이 있는 포식자 모두로부터 잡아먹히지 않지만, B를 의태할 경우에는 B에 대한 학습 경험만 있는 포식자로부터만 잡아먹히지 않는다는 것이다.

보 기

ㄱ. 독에 대한 경험이 없던 닭들이 개구리의 형태로 독성을 판단하여 강한 독을 가진 개구리는 잡아먹으려고 시도하지 않지만 약한 독을 가진 개구리는 잡아먹으려고 시도한다는 사실은 ㉠을 강화하고, ㉡을 약화한다.

ㄴ. 독에 대한 경험이 없던 닭들 중 강한 독이 있는 나방을 잡아먹은 닭들은 모두 죽었으나, 약한 독이 있는 나방을 잡아먹은 닭들은 죽지 않고 이후에 약한 독이 있는 나방과 동일하게 생긴 독이 없는 나방을 잡아먹지 않으려고 한다는 사실은 ㉠과 ㉡ 모두를 약화한다.

ㄷ. 독에 대한 경험이 없던 닭들이 아주 강력한 독이 있는 나방을 잡아먹은 이후에 이와 유사하게 생긴 독이 없는 나방은 잡아먹으려 하지 않지만, 전혀 다르게 생긴 독이 있는 개구리는 잡아먹으려고 시도한다는 사실은 ㉡을 약화한다.

① ㄱ   ② ㄷ   ③ ㄱ, ㄴ
④ ㄴ, ㄷ   ⑤ ㄱ, ㄴ, ㄷ

문항 성격 과학기술 – 논증 평가 및 문제해결

평가 목표 이 문항은 베이츠 의태에 대한 두 개의 다른 가설을 이해하고 새로이 제시된 사실이 각 가설을 강화 또는 약화하는지 올바르게 판단할 수 있는 능력을 평가하는 문항이다.

문제 풀이 정답 : ①

베이츠 의태는 독이 없는 의태자가 독이 있는 모델과 유사한 경고색 혹은 형태를 가짐으로써 포식자에게 잡아먹히는 것을 피하는 것이다. 서로 형태가 유사하지만 독성이 서로 다른 2종의 모델, 즉 약한 독성을 가진 모델 A와 강한 독성을 가진 모델 B가 동시에 존재하는 경우에 의태자 C가 어떻게 의태하는 것이 의태자의 생존에 유리한가에 대해 다음 두 가지 가설이 제시되어 있다.

ㄱ 의태자 C가 독성이 더 강한 B의 형태로 진화하는 것이 생존에 유리하다.

ㄴ 의태자 C가 독성이 더 약한 A의 형태로 진화하는 것이 생존에 유리하다.

㉠은 널리 알려지고 직관적인 가설이지만, '자극의 일반화'라는 현상을 기반으로 가설 ㉡도 제시되었다. 자극의 일반화란 자신에게 좋지 않은 약한 자극에 노출된 경우에는 포식자가 이후에 이와 동일한 자극만 회피하려고 하지만, 자신에게 좋지 않은 강력한 자극에 노출된 경우에는 포식자가 이후에 이 자극과 동일 종류의 자극뿐 아니라 유사한 종류의 자극도 회피하려고 한다는 것이다.

〈보기〉 해설 ㄱ. 독에 대한 경험이 없던 닭들이 개구리의 형태로 독성을 판단하여 강한 독을 가진 개구리는 잡아먹으려고 시도하지 않지만 약한 독을 가진 개구리는 잡아먹으려고 시도한다는 것이 사실이라고 하자. 이 사실로부터 독이 없는 개구리가 약한 독을 가진 개구리와 강한 독을 가진 개구리 중에서 강한 독을 가진 개구리의 형태로 진화하는 것이 생존에 더 유리할 수 있다는 것을 추론할 수 있다. 따라서 이 사실은 의태자 C가 강한 독을 가진 모델 B의 형태로 진화하는 것이 생존에 유리하다는 가설 ㉠을 강화하고, 의태자 C가 약한 독을 가진 모델 A의 형태로 진화하는 것이 생존에 유리하다는 가설 ㉡을 약화한다. 따라서 ㄱ은 옳은 판단이다.

ㄴ. 독에 대한 경험이 없던 닭들 중 강한 독이 있는 나방을 잡아먹은 닭들은 모두 죽었으나, 약한 독이 있는 나방을 잡아먹은 닭들은 죽지 않고 이후에 약한 독이 있는 나방과 동일하게 생긴 독이 없는 나방을 잡아먹지 않으려고 한다는 것이 사실이라고 하자. 이로부터 어떤 닭이 독이 있는 나방을 잡아먹었다면, 약한 독을 가진 나방의 형태로 진화한 의태자는 그 닭에게 잡아먹히지 않을 것이라는 것을 추론할 수 있다. 왜냐하면, 그 닭은 강한 독이 있는 나방을 잡아먹었거나 약한 독이 있는 나방을 잡아먹었을 것인데, 강한 독이 있는 나방을 잡아먹었다면 죽었을 것이기 때문에 이후에 독이 없는 의태자를 잡아먹지는 못할 것이며, 약한 독이 있는 나방을 잡아먹었다면 이후에 약한 독이 있는 나방과 동일하게 생긴 독이 없는 의태자를 잡아먹지는 않을 것이기 때문이다. 따라서 ㄴ에서 말하고 있는 사실은 의태자 C가 약한 독을 가진 A의 형태로 진화하는 것이 생존에 유리하다는 ㉡ 가설을 강화한다. ㄴ은 이러한 사실이 ㉡을 약화한다고 말하고 있기 때문에 옳은 판단이 아니다.

한편, 독이 있는 나방을 잡아먹은 닭들 중 약한 독이 있는 나방을 잡아먹은 닭은 죽지 않고 살아남기 때문에 강한 독을 가진 나방의 형태로 진화한 의태자를 이후에 잡아먹을 수 있다. 이 가능성이 있다면, ㄴ에서 말하고 있는 사실들은 ㉠을 약화한다고 할 수 있다.

ㄷ. 독에 대한 경험이 없던 닭들이 아주 강력한 독이 있는 나방을 잡아먹은 이후에 이와 유사하게 생긴 독이 없는 나방은 잡아먹으려 하지 않는다는 사실은 '자극의 일반화'에 부합하는 사실이다. 자극의 일반화란 자신에게 좋지 않은 약한 자극에 노출된 경우에는 포식자가 이후에 이와 동일한 자극만 회피하려고 하지만, 자신에게 좋지 않은 강력한 자극에 노출된 경우에는 포식자가 이후에 이 자극과 동일 종류의 자극뿐 아니라 유사한 종류의 자극도 회피하려고 한다는 것이기 때문이다. 따라서 이 사실은 자극의 일반화에 기반한 가설인 ⓒ을 강화한다. 한편 독에 대한 경험이 없던 닭들이 아주 강력한 독이 있는 나방을 잡아먹은 이후에 전혀 다르게 생긴 독이 있는 개구리는 잡아먹으려고 시도한다는 사실은 ⓒ과 무관하다. ㄷ은 이러한 사실들이 ⓒ을 약화한다고 말하고 있기 때문에 옳은 판단이 아니다.

〈보기〉의 ㄱ만이 옳은 판단이므로 정답은 ①이다.

38.

〈실험〉에 대한 평가로 옳은 것만을 〈보기〉에서 있는 대로 고른 것은?

췌장은 고농도의 중탄산 이온(HCO_3^-)을 분비하여 위산을 중화시킨다. 췌장의 고농도 HCO_3^- 분비 기전을 알기 위해, 실험으로 다음 가설을 평가하였다.

〈가설〉

췌장에 존재하는 CFTR는 염소 이온(Cl^-)을 수송하는 이온 통로이나 특정 조건에서는 HCO_3^-도 수송한다. 췌장 세포에는 A단백질과 B단백질이 존재하는데, 세포 내 Cl^- 농도가 변화하면 CFTR와 직접 결합하여 CFTR의 기능을 변화시킨다.

〈실험〉

A단백질과 B단백질을 발현시키는 유전자를 제거한 췌장 세포를 이용하여 CFTR를 통해 이동하는 이온의 종류를 실시간으로 측정해 보았다. 이 세포에 A단백질, B단백질을 각각 또는 동시에 세포 내로 주입한 뒤 세포 내 Cl^- 농도 변화에 따라 CFTR를 통해 이동하는 이온 종류가 어떻게 변화하는지 시간별로 측정하고 이를 A단백질, B단백질을 주입하지 않은 경우와 비교하였다. 단, 췌장에는 A단백질, B단백질 외에 CFTR의 기능을 변화시킬 수 있는 단백질은 없다고 가정한다.

〈결과〉

세포 내 Cl⁻ 농도	A단백질	B단백질	수송되는 이온 종류		
			1분 후	5분 후	10분 후
낮음	×	×	Cl^-	Cl^-	Cl^-
높음	×	×	Cl^-	Cl^-	Cl^-
낮음	○	×	HCO_3^-	Cl^-, HCO_3^-	Cl^-
높음	○	×	Cl^-	Cl^-	Cl^-
낮음	×	○	Cl^-	Cl^-	Cl^-
높음	×	○	Cl^-	Cl^-	Cl^-
낮음	○	○	HCO_3^-	HCO_3^-	HCO_3^-
높음	○	○	Cl^-	Cl^-	Cl^-

○ : 있음, × : 없음

보 기

ㄱ. CFTR의 기능이 Cl^- 수송에서 HCO_3^- 수송으로 전환되는 데 A단백질이 있어야 한다.

ㄴ. 세포 내 Cl^- 농도는 A단백질이 CFTR의 기능을 변화시키는 데 중요한 변수이다.

ㄷ. 세포 내 Cl^- 농도가 낮은 상황에서 A단백질이 존재할 때, B단백질은 CFTR의 HCO_3^- 수송 기능을 유지하는 데 중요하다.

① ㄱ   ② ㄷ   ③ ㄱ, ㄴ

④ ㄴ, ㄷ   ⑤ ㄱ, ㄴ, ㄷ

문항 성격 과학기술 – 언어 추리

평가 목표 이 문항은 췌장의 중탄산 이온 분비에 관한 가설을 토대로 실험 결과를 올바르게 평가할 수 있는 능력을 평가하는 문항이다.

문제 풀이 정답 : ⑤

췌장에 존재하는 CFTR는 Cl^-를 수송한다. 하지만 췌장 세포 내 Cl^- 농도가 낮다면 A단백질이 활성화된다. 활성화된 A단백질은 CFTR와 결합을 하는데, 이는 CFTR의 구조를 변화시켜 Cl^-보다 HCO_3^-를 더 잘 통과시킬 수 있도록 한다. 하지만 이는 구조적으로 불안하여 CFTR가 HCO_3^-를 통과시키도록 유지하지 못하고 이내 다시 Cl^- 통로로 돌아가게 된다. 하지만 B단백질이 같이 존재하면 CFTR+A단백질 복합체에 B단백질이 결합하여 안정적인 구조를 형성하고 비로소 HCO_3^-만을 수송하는 통로로서의 기능을 수행할 수 있다. CFTR의 이러한 기능은 실험 결과로 증명되었다.

ㄱ. 〈결과〉를 보면, HCO_3^-가 수송되는 모든 경우에 A단백질은 있으며, A단백질
이 없다면 Cl^-가 수송된다는 것을 확인할 수 있다. 반면에 B단백질은 없더라도
HCO_3^-가 수송되는 경우가 있다. 따라서 CFTR의 기능이 Cl^- 수송에서 HCO_3^-
수송으로 전환되기 위해서는 A단백질이 필요하다는 것을 알 수 있다.

ㄴ. 〈결과〉를 보면, A단백질만 있고 세포 내 Cl^- 농도가 낮을 때, CFTR는 HCO_3^-를
수송하다 시간이 경과함에 따라 점차적으로 Cl^-를 수송하였다. 하지만 세포 내
Cl^- 농도가 높을 때에는 시간의 경과와 무관하게 Cl^-만을 수송하였다. 한편 B
단백질만 있을 경우 세포 내 Cl^- 농도와 무관하게 Cl^-만을 수송하였다. 따라서
CFTR의 기능을 변화시킬 수 있는 것은 A단백질이고, 이때 세포 내 Cl^- 농도가
CFTR 기능 변화의 중요한 변수라는 것을 알 수 있다.

ㄷ. 〈결과〉를 보면, A단백질만 있고 세포 내 Cl^- 농도가 낮을 때, CFTR는 HCO_3^-를
수송하다 시간이 경과함에 따라 점차적으로 Cl^-를 수송하였다. 반면에 A단백질
과 B단백질이 모두 있고 Cl^- 농도가 낮을 때 CFTR는 지속적으로 HCO_3^-를 수
송한다는 것을 알 수 있다. 따라서 세포 내 Cl^- 농도가 낮은 상황에서 A단백질
이 존재할 때, B단백질은 CFTR의 HCO_3^- 수송 기능을 유지하는 데 중요하다는
것을 추론할 수 있다.

〈보기〉의 ㄱ, ㄴ, ㄷ 모두 옳은 평가이므로 정답은 ⑤이다.

39.

다음으로부터 추론한 것으로 옳은 것만을 〈보기〉에서 있는 대로 고른 것은?

단백질의 전하량은 각 단백질에 고유한 단백질의 pI와 이 단백질이 들어 있는 완충용액의 pH
에 따라 결정된다. 단백질의 pI는 단백질의 전하량이 0이 되도록 하는 완충용액의 pH를 측정함으
로써 알 수 있다. 완충용액의 pH가 단백질의 pI보다 낮아질수록 단백질은 양전하를 더 많이 가지
게 되고, 높아질수록 음전하를 더 많이 가지게 된다.

이온교환 크로마토그래피는 단백질의 전하량 차이를 이용하여 단백질을 분리하는 방법이다.
이는 음전하를 가진 양이온교환수지를 사용하는 양이온교환 크로마토그래피와 양전하를 가진 음
이온교환수지를 사용하는 음이온교환 크로마토그래피로 구분된다. 이온교환 크로마토그래피로
단백질을 분리하기 위해서는, 먼저 적절한 pH의 완충용액을 이용하여 분리하고자 하는 단백질을
이 단백질과 상반되는 전하를 가진 이온교환수지에 결합시키고 이온교환수지와 결합하지 않은

단백질은 씻어 낸다. 이후 완충용액 속의 NaCl 농도를 증가시키면 Na^+ 혹은 Cl^-가 이온교환수지에 결합해 있는 단백질과 교환됨으로써 단백질이 흘러나오게 된다. 단백질이 가진 전하량이 클수록 이온교환수지와의 결합력이 강해지기 때문에, 더 큰 전하량을 가진 단백질이 더 높은 농도의 NaCl에서 흘러나오게 된다.

<보 기>

ㄱ. pI가 7인 단백질은 pH 8인 완충용액에서 양이온교환수지보다 음이온교환수지와 더 잘 결합한다.

ㄴ. pI가 9인 단백질은 pH 7인 완충용액보다 pH 8인 완충용액에서 양이온교환수지와 더 잘 결합한다.

ㄷ. pH 8인 완충용액을 이용하여 pI가 6인 단백질과 pI가 7인 단백질을 분리하고자 할 경우, 음이온교환 크로마토그래피보다 양이온교환 크로마토그래피를 사용하면 이 두 단백질을 서로 더 잘 분리할 수 있다.

① ㄱ
② ㄷ
③ ㄱ, ㄴ
④ ㄴ, ㄷ
⑤ ㄱ, ㄴ, ㄷ

문항 성격 과학기술 – 언어 추리

평가 목표 이 문항은 단백질 분리 방법 중 하나인 이온교환 크로마토그래피의 원리를 이해하고, 이를 〈보기〉에 제시된 추론들의 적절성을 판단하는 데에 활용할 수 있는지 평가하는 문항이다.

문제 풀이 정답 : ①

단백질을 분리할 때 가장 많이 사용되는 방법은 관(管, column) 크로마토그래피로서, 플라스틱이나 유리로 만들어진 관 속에 수지(樹脂)라고 불리는 합성 폴리머를 채운 크로마토그래피 관을 이용한다. 완충용액에 들어 있는 단백질 혼합물을 크로마토그래피 관 위에 넣고 추가적으로 완충용액을 넣어 주면, 수지와 단백질이 상호작용하는 정도에 따라 관을 통한 단백질의 이동 속도가 달라지는데, 이러한 현상을 이용하여 서로 다른 종류의 단백질을 분리할 수 있게 된다. 단백질마다 서로 다른 특징인 크기, 전하량, 특정 물질과의 결합 능력 등이 특정 수지와의 상호작용에 이용된다. 단백질의 성질 중 가장 많이 이용되는 것 중 하나가 단백질의 전하량 차이이며, 이를 이용하여 단백질을 분리하는 방법이 이온교환 크로마토그래피 방법이다.

이 문제를 해결하기 위해서는 제시문으로부터 단백질의 pI와 완충용액의 pH 사이의 관계를 파악한 후 단백질의 pI와 완충용액의 pH에 따라 단백질의 전하량이 어떻게 변화하는지 이해하고,

전하량을 가진 단백질이 이온교환수지와 어떻게 상호작용하는지 파악하여야 한다.

<보기> 해설 ㄱ. 첫 번째 단락의 세 번째 문장으로부터 pI가 7인 단백질은 pH가 8인 완충용액에서 음전하를 띠게 된다는 것을 알 수 있다. 따라서 이 단백질은 상반되는 전하인 양전하를 가진 음이온교환수지와는 결합을 잘 하지만, 같은 종류의 전하인 음전하를 가진 양이온교환수지와는 결합을 하지 않는다. 따라서 ㄱ은 옳은 진술이다.

ㄴ. 첫 번째 단락의 세 번째 문장으로부터 pI가 9인 단백질은 pH 8인 완충용액보다 pH 7인 완충용액에서 양전하를 더 많이 가지게 된다는 것을 알 수 있다. 따라서 이 단백질은 pH 8인 완충용액보다 pH 7인 완충용액에서 음전하를 가진 양이온교환수지와 더 강하게 결합한다. 따라서 ㄴ은 옳지 않은 진술이다.

ㄷ. 첫 번째 단락의 세 번째 문장으로부터 pI가 6인 단백질과 pI가 7인 단백질은 pH 8인 완충용액에서 모두 음전하를 가지게 된다는 것을 알 수 있다. 따라서 pH 8의 완충용액에서는 두 단백질 모두 음전하를 가진 양이온교환수지에는 결합하지 않으므로 분리가 불가능하다. 하지만, 양전하를 가진 음이온교환수지를 이용할 경우, pI가 6인 단백질과 pI가 7인 단백질 모두 음이온교환수지에 결합한다. 음이온교환수지에 결합시킨 후, NaCl을 이용하여 흘러나오게 할 경우에 음이온교환수지와 상호작용이 약한 pI가 7인 단백질이 먼저 흘러나오게 되고 이후에 음이온교환수지와 강하게 결합한 pI가 6인 단백질이 흘러나오게 되므로, 음이온교환수지를 사용하면 이 두 단백질을 분리할 수 있다. 따라서 양이온교환 크로마토그래피보다 음이온교환 크로마토그래피를 사용해야 이 두 단백질을 분리할 수 있다. 따라서 ㄷ은 옳지 않은 진술이다.

<보기>의 ㄱ만이 옳은 추론이므로 정답은 ①이다.

40.

다음으로부터 추론한 것으로 옳은 것만을 〈보기〉에서 있는 대로 고른 것은?

갈바니 전지는 금속의 물리화학적 변화를 이용하여 전자를 이동시킴으로써 전기를 생산한다. 예컨대 황산아연 수용액에 들어 있는 아연 전극과 황산구리 수용액에 들어 있는 구리 전극을 이용할 경우, 아연 전극에서는 금속 아연(Zn)이 전자를 잃어 아연 이온(Zn^{2+})으로 변하는 산화 반응이 일어나서 아연 전극의 질량이 감소하고, 구리 전극에서는 구리 이온(Cu^{2+})이 전자를 얻어 금속 구리(Cu)로 변하는 환원 반응이 일어나서 구리 전극의 질량이 증가한다.

각 전극에서 일어나는 반응은 '표준환원전위'를 이용하면 알 수 있는데, 이 값이 큰 물질일수록 그 물질은 환원되려는 경향이 크다. $Zn^{2+} \rightleftharpoons Zn$의 표준환원전위는 $-0.76V$이고, $Cu^{2+} \rightleftharpoons Cu$의 표준환원전위는 $+0.34V$이므로 위와 같은 반응이 일어난다.

표준 조건에서 전지를 구성하는 두 전극의 전위차를 '표준전지전위'라 하며, 이 값은 환원 전극의 표준환원전위 값에서 산화 전극의 표준환원전위 값을 빼서 얻는다. 따라서 구리-아연 전지의 표준전지전위는 1.10V가 된다.

표준 조건에서 금속 A, B, C, D를 이용하여 다양한 종류의 갈바니 전지를 구성했을 때, 다음과 같은 사실이 알려졌다. 단, 각 전극에서 각 금속 원자 및 이온이 잃거나 얻는 전자의 수는 동일하다.

- A~D에 대한 금속이온 $\rightleftharpoons$ 금속의 표준환원전위는 모두 +1.20V 이하이다.
- A에 대한 금속이온 $\rightleftharpoons$ 금속의 표준환원전위는 +0.92V이다.
- C와 A를 이용한 전지에서 환원 반응은 C 전극에서 일어났다.
- A와 B를 이용한 전지에서 양쪽 전극의 전위차는 1.05V이다.
- C와 D를 이용한 전지에서 양쪽 전극의 전위차는 1.95V이다.

보 기

ㄱ. D 전극의 질량이 증가하는 갈바니 전지 구성이 적어도 하나 존재한다.

ㄴ. 가장 큰 표준전지전위를 갖는 갈바니 전지는 C와 D로 만든 전지이다.

ㄷ. A와 C를 이용한 전지의 표준전지전위는 B와 D를 이용한 전지의 표준전지전위보다 크다.

① ㄱ   ② ㄴ   ③ ㄱ, ㄷ

④ ㄴ, ㄷ   ⑤ ㄱ, ㄴ, ㄷ

| 문항 성격 | 과학기술 – 언어 추리 |

| 평가 목표 | 이 문항은 금속의 서로 다른 표준환원전위 차이를 이용하는 전지에 대한 설명을 이해하고, 이를 〈보기〉에 제시된 추론들의 적절성을 판단하는 데에 활용할 수 있는지 평가하는 문항이다. |

| 문제 풀이 | 정답 : ② |

갈바니 전지 혹은 볼타 전지라고 불리는 전기화학적 전지는 서로 다른 금속의 산화환원 반응을 통해 전자를 이동시킴으로써 전기를 생산하는 전지이다. 이때 전지에 사용된 두 종류의 금속 전극 중 더 큰 표준환원전위를 가진 금속 전극에서는 전자를 얻는 환원 반응이 일어나 전극의 질량이 증가하게 되고, 더 작은 표준환원전위를 가진 금속 전극에서는 전자를 잃는 산화 반응이 일어나 전극의 질량이 감소하게 된다. 이때 두 전극 사이의 전위차인 표준전지전위는 환원 전극의 표준환원전위에서 산화 전극의 표준환원전위를 뺀 값이다.

금속 A, B, C, D를 이용하여 갈바니 전지를 구성했을 때, 다음 사실이 알려졌다.

(1) A~D에 대한 금속이온 $\rightleftarrows$ 금속의 표준환원전위는 모두 +1.20V 이하이다.

(2) A에 대한 금속이온 $\rightleftarrows$ 금속의 표준환원전위는 +0.92V이다.

(3) C와 A를 이용한 전지에서 환원 반응은 C 전극에서 일어났다.

(4) A와 B를 이용한 전지에서 양쪽 전극의 전위차는 1.05V이다.

(5) C와 D를 이용한 전지에서 양쪽 전극의 전위차는 1.95V이다.

(2)에 의하면 A의 표준환원전위는 +0.92V이다. (4)에 의하면 A와 B를 이용한 전지에서 전위차가 1.05V이므로, B−A=1.05 혹은 A−B=1.05이다. 그런데 B−A=1.05인 경우는 B=1.05+0.92=1.97이므로 A~D 모두 표준환원전위가 1.2V 이하라는 사실 (1)에 위배된다. 따라서 A−B=1.05, 즉 B=0.92−1.05=−0.13이다.

(3)에 의하면 C와 A를 이용한 전지에서 환원 반응이 C 전극에서 일어났으므로 C의 표준환원전위는 A의 표준환원전위인 +0.92V보다 크고, +1.2V 이하이다. 즉 0.92<C≤1.2가 성립한다.

(5)에 의하면 C와 D를 이용한 전지에서 전위차가 1.95V이므로, C−D=1.95 혹은 D−C=1.95이다. 그런데 C의 표준환원전위는 +0.92V보다 크므로, D−C=1.95가 되기 위해서는 D가 +2.87V보다 커야 되므로 (1)에 위배된다. 따라서 C−D=1.95, 즉 D=C−1.95이다. 위에서 0.92<C≤1.2이므로 −1.03<C−1.95≤−0.75, 즉 −1.03<D≤−0.75가 성립한다.

따라서 A~D를 표준환원전위가 작은 것부터 순서대로 나열하면, 다음 〈표〉와 같다.

〈표〉

D	B	A	C
−1.03<D≤−0.75	−0.13	+0.92	+0.92<C≤+1.2

〈보기〉 해설 ㄱ. D에 대한 표준환원전위가 가장 작으므로 어떤 다른 금속과 조합하여 전지를 만
들더라도 D 전극은 항상 산화되어 질량이 감소한다. 따라서 ㄱ은 옳은 추론이
아니다.

ㄴ. 표준환원전위가 가장 큰 C와 표준환원전위가 가장 작은 D로 갈바니 전지를 만
들 때 가장 큰 표준전지전위를 갖게 된다. 따라서 ㄴ은 옳은 추론이다.

ㄷ. A와 C를 이용한 전지의 표준전지전위는 C−A이고 0<C−A≤0.28이다. B와 D
를 이용한 전지의 표준전지전위는 B−D이고 0.62≤B−D<0.90이다. 따라서 A
와 C를 이용한 전지의 표준전지전위(0.28V 이하)는 B와 D를 이용한 전지의 표
준전지전위(0.62V 이상)보다 작다. ㄷ은 옳은 추론이 아니다.

〈보기〉의 ㄴ만이 옳은 추론이므로 정답은 ②이다.

추리논증 영역 정답표

홀수형

문항번호	정답	문항번호	정답	문항번호	정답	문항번호	정답
1	④	11	③	21	②	31	①
2	③	12	②	22	②	32	⑤
3	②	13	①	23	①	33	⑤
4	③	14	①	24	①	34	④
5	③	15	⑤	25	④	35	①
6	③	16	③	26	④	36	②
7	⑤	17	②	27	②	37	④
8	③	18	⑤	28	③	38	③
9	④	19	⑤	29	⑤	39	⑤
10	④	20	①	30	①	40	③

2024학년도 법학적성시험 답안지

② 교시 추 리 논 증

답안 작성시 반드시 지켜야 하는 사항

1. 본 답안지의 모든 작성은 반드시 컴퓨터용 사인펜을 사용하여야 합니다.

2. 답란은 〈보기〉와 같이 올바르게 표기하여야 합니다.
〈보기〉 올바른 표기: ● 잘못된 표기: ⊘ ◐ ⊙ ◓ 등

3. 답안지의 답란에 연필, 볼펜 등으로 가표기를 한 경우 인식될 수 있으며, 가표기로 인한 모든 불이익의 책임은 응시자에게 있습니다.

4. 수정테이프를 이용하여 답란 수정은 가능하나, 수정테이프가 떨어지는 등 불완전한 수정처리로 인해 발생되는 불이익의 책임은 응시자에게 모두 있으니 주의 바랍니다.

위 사항을 지키지 않아 발생하는 불이익의 책임은 응시자에게 있습니다.

문제 유형 표기란

○ 홀수형
○ 짝수형

※ 수험번호 끝 자리가 홀수인 응시자는 반드시 홀수형 문제지를, 짝수인 응시자는 반드시 짝수형 문제지를 풀어야 함.

성 명

수험번호

※ 결시자 표기 및 감독관 날인란

※ 결시자 표기 및 감독관 날인란	
결시자 표기	컴퓨터용 사인펜으로 수험번호와 옆란 표기 ○
감독관 확인	본인확인 및 수험번호 정확한 표기 확인
날 인	수험번호 끝자리와 문제유형 동일 확인

※ 아래 문구를 '필적확인란'의 빈칸에 정자로 기재하시오.

법학전문대학원은 여러분을 기다리고 있습니다.

필적확인란

문번	답 란					문번	답 란					문번	답 란				
1	①	②	③	④	⑤	16	①	②	③	④	⑤	31	①	②	③	④	⑤
2	①	②	③	④	⑤	17	①	②	③	④	⑤	32	①	②	③	④	⑤
3	①	②	③	④	⑤	18	①	②	③	④	⑤	33	①	②	③	④	⑤
4	①	②	③	④	⑤	19	①	②	③	④	⑤	34	①	②	③	④	⑤
5	①	②	③	④	⑤	20	①	②	③	④	⑤	35	①	②	③	④	⑤
6	①	②	③	④	⑤	21	①	②	③	④	⑤	36	①	②	③	④	⑤
7	①	②	③	④	⑤	22	①	②	③	④	⑤	37	①	②	③	④	⑤
8	①	②	③	④	⑤	23	①	②	③	④	⑤	38	①	②	③	④	⑤
9	①	②	③	④	⑤	24	①	②	③	④	⑤	39	①	②	③	④	⑤
10	①	②	③	④	⑤	25	①	②	③	④	⑤	40	①	②	③	④	⑤
11	①	②	③	④	⑤	26	①	②	③	④	⑤						
12	①	②	③	④	⑤	27	①	②	③	④	⑤						
13	①	②	③	④	⑤	28	①	②	③	④	⑤						
14	①	②	③	④	⑤	29	①	②	③	④	⑤						
15	①	②	③	④	⑤	30	①	②	③	④	⑤						